LATIN AMERICA

中国社会科学院老年学者文库

拉丁美洲地名考察

INVESTIGATION ON PLACE NAMES
OF LATIN AMERICA

焦震衡 / 著

社会科学文献出版社
SOCIAL SCIENCES ACADEMIC PRESS (CHINA)

前　言

20世纪80年代，科普出版社曾出版过我撰写的《世界地名故事》一书。这本书虽介绍了一些拉美地名方面的内容，但受当时条件的限制，内容较为简单，而且侧重讲的是故事，并没有对地名进行深层次的研究。这些年国内虽出版过几本关于地名的书籍，但都是泛泛而谈世界的一些地名，还未有一部全面、系统研究拉丁美洲地名的专著问世。国外情况亦大致如此，对拉美地名的研究也是分散的、零星的，还没有出现全面研究拉美地名的专著。

地名是人们对具有特定方位、地域范围的地理实体赋予的专有名称。近年来，人们对地名的研究越来越重视，1987年联合国第五届地名标准化会议6号决议就特别提出"地名是民族文化遗产"的一部分。地名蕴含着十分深厚的文化内涵，是见证千古历史沧桑的"活化石"。拉丁美洲地名文化丰富多彩，是拉美文明史的见证。它忠实地记录了拉美民族的历史沿革，再现了古代印第安文化的文明成果，揭露了西方殖民者入侵的罪恶事实，反映了宗教在拉美的传播，记载了英雄人物和名人的事迹，记录了自然环境的变迁和拉美民族的融合进程。拉美地名既有世界地名的共性，又有自己的特色。特别是在地名构成方面，可以看到许多独特现象。在拉丁美洲同我国关系快速发展，双方的官方、民间往来日益频繁的今天，对拉美地名文化进行多视角、多层面的系统研究，可以加深对拉丁美洲的了解，领略其独具特色的风采，进而认识它的发展内涵，可以对人们探索拉美的自然、历史、政治、经济、社会、文化、风俗习惯、宗教信仰、民族分布以及语言特征等提供极有价值的参考资料。

20多年来,我一直想写一本关于拉美地名的专著。2004年退休后,我在墨西哥一所大学执教期间,有机会接触和收集了大量的新鲜资料。2008年回国后,我继续关注和收集有关资料。经过多年的努力,《拉丁美洲地名考察》一书终于脱稿。即将奉献给读者的本书是一本考察和研究拉丁美洲地名的专著,在向读者介绍拉美地名知识的同时,通过对拉美地名的命名缘起、语种源流、语法结构、词形变化、分布规律、历史沿革与演变的考察和分析,来阐释和总结其丰富的历史文化内涵以及其与自然、地理和社会发展的密切关系,向读者展现有关拉美地名研究的最新成果。必须提到的是,在这部拉美地名专著的写作过程中,笔者得到社会科学院拉丁美洲研究所曾昭耀和吴德明研究员的大力支持,他们提出了宝贵的意见,徐京丽为本书立项和成书做过大量工作,在此对他们的无私帮助和辛勤付出表示衷心的感谢。

目 录
CONTENTS

一 从美洲、拉丁美洲、中美洲和西印度群岛名称说起 …………… 1

二 拉美国家的国名、国都名、州（省）名及其首府名来源 ……… 4

（一）北美洲和中美洲国家 ……………………………………… 4
    1. 墨西哥合众国 ……………………………………………… 4
    2. 巴拿马共和国 …………………………………………… 21
    3. 伯利兹 …………………………………………………… 23
    4. 哥斯达黎加共和国 ……………………………………… 25
    5. 洪都拉斯共和国 ………………………………………… 27
    6. 尼加拉瓜共和国 ………………………………………… 32
    7. 萨尔瓦多共和国 ………………………………………… 36
    8. 危地马拉共和国 ………………………………………… 40

（二）南美洲国家 ………………………………………………… 46
    1. 阿根廷共和国 …………………………………………… 46
    2. 巴拉圭共和国 …………………………………………… 56
    3. 巴西联邦共和国 ………………………………………… 61
    4. 秘鲁共和国 ……………………………………………… 72
    5. 多民族玻利维亚国 ……………………………………… 81
    6. 厄瓜多尔共和国（Republica del Ecuador） …………… 84
    7. 哥伦比亚共和国 ………………………………………… 92

8. 圭亚那合作共和国 …………………………………… 104
9. 苏里南共和国 ………………………………………… 107
10. 委内瑞拉玻利瓦尔共和国 …………………………… 109
11. 乌拉圭东岸共和国 …………………………………… 116
12. 智利共和国 …………………………………………… 122

(三) 西印度群岛国家 ……………………………………… 129
1. 安提瓜和巴布达 ……………………………………… 129
2. 巴巴多斯 ……………………………………………… 132
3. 巴哈马联邦 …………………………………………… 134
4. 多米尼加共和国 ……………………………………… 140
5. 多米尼克国 …………………………………………… 152
6. 格林纳达 ……………………………………………… 154
7. 古巴共和国 …………………………………………… 158
8. 海地共和国 …………………………………………… 165
9. 圣基茨和尼维斯 ……………………………………… 169
10. 圣卢西亚 ……………………………………………… 173
11. 圣文森特和格林纳丁斯 ……………………………… 176
12. 特立尼达和多巴哥共和国 …………………………… 177
13. 牙买加 ………………………………………………… 181

三 源于印第安语的地名 ……………………………………… 186
(一) 克丘亚语地名 ………………………………………… 186
(二) 瓜拉尼语地名 ………………………………………… 198
(三) 图皮语地名 …………………………………………… 206
(四) 马普切语地名 ………………………………………… 209
(五) 艾马拉语地名 ………………………………………… 218
(六) 奇布查语地名 ………………………………………… 221
(七) 纳瓦特尔语地名 ……………………………………… 227
(八) 玛雅语地名 …………………………………………… 246
(九) 其他印第安语地名 …………………………………… 251

四 源于西班牙语的地名 ……………………………………………… 258
（一）源于神话和传说的地名 ……………………………………… 259
（二）源于宗教的地名 ……………………………………………… 262
（三）纪念探险家、殖民者和历史事件的地名 …………………… 282
（四）纪念英雄人物的地名 ………………………………………… 289
（五）纪念独立后重要历史人物的地名 …………………………… 312
（六）源于自然地理的地名 ………………………………………… 347
（七）源于动植物的地名 …………………………………………… 357
（八）与数字、日期、天文、天气相关的地名 …………………… 364
（九）寓托式地名和讹传形成的地名 ……………………………… 365

五 印第安语同西班牙语结合而成的地名 ………………………… 371
（一）印第安语同西班牙语结合组成的地名 ……………………… 371
（二）印第安语与西班牙语总统名字结合的地名 ………………… 372
（三）印第安语与西班牙语政要、军人名字结合的地名 ………… 373
（四）印第安语与西班牙语圣徒名字相结合的地名 ……………… 373
（五）印第安语与西班牙语英雄名字相结合的地名 ……………… 374

六 源于葡萄牙语的地名 ……………………………………………… 375
（一）纪念历史名人的地名 ………………………………………… 375
（二）源于宗教的地名 ……………………………………………… 383
（三）源于历史事件的地名 ………………………………………… 386
（四）源于自然风光的地名 ………………………………………… 387
（五）以山河湖海等地形为名的地名 ……………………………… 388
（六）以动植物为名的地名 ………………………………………… 391
（七）以金属、钻石等为名的地名 ………………………………… 393

七 源于英语的地名 …………………………………………………… 394
（一）以英文姓氏为名的地名 ……………………………………… 394
（二）反映历史进程的地名 ………………………………………… 397
（三）体现自然风貌的地名 ………………………………………… 398

（四）体现宗教色彩的地名 ··· 398

　　（五）以动植物为名的地名 ··· 399

　　（六）以民族为名的地名 ·· 400

　　（七）以英文短语和寓托式名字为名的地名 ···················· 401

　　（八）其他 ·· 402

八　源于法语的地名 ··· 403

　　（一）以法国殖民者、名人命名 ··· 403

　　（二）以独立运动领导人命名 ·· 404

　　（三）以法语姓名为名 ··· 404

　　（四）带有宗教色彩的地名 ·· 404

　　（五）表现自然环境的地名 ·· 405

　　（六）以动植物为名的地名 ·· 406

　　（七）以职业、民族等为名的地名 ····································· 406

　　（八）以法语短语为名的地名和寓托式地名 ···················· 407

　　（九）表现历史事件的地名 ·· 407

九　源于外国地名的地名 ··· 408

　　（一）以英国城镇为名的地名 ·· 408

　　（二）以葡萄牙地名为名的地名 ··· 410

　　（三）以欧洲其他国家城市为名的地名 ···························· 410

　　（四）与美国和拉美国家城市同名的地名 ························ 413

　　（五）以中东地区为名的地名 ·· 415

　　（六）以非洲地区为名的地名 ·· 417

　　（七）源于亚洲国家的地名 ·· 417

　　（八）源于大洋洲的地名 ·· 418

参考书目和网站 ·· 420

地名索引 ·· 439

一　从美洲、拉丁美洲、中美洲和西印度群岛名称说起

北美洲、中美洲和南美洲合称美洲，美洲是亚美利加州的简称。

美洲的得名，普遍的说法是为纪念意大利佛罗伦萨的一位名叫亚美利哥·维斯普奇（Amerigo Vespucci，1451－1512）的著名航海家。尽管哥伦布早在1492年就已"发现"了美洲，然而他却误认为这块大陆是亚洲的一部分。7年之后的1499年，亚美利哥随同葡萄牙人奥赫达率领的船队从海上驶往印度，他们沿着哥伦布走过的航路向前航行，克服重重困难终于到达美洲大陆。亚美利哥经过对南美洲东北部沿岸的详细考察，确信这块大陆是世界的另一个大洲，并编制了最新地图。1507年，他的《海上旅行故事集》一书问世，引起了全世界的轰动。在这本书中，他引人入胜地叙述了发现新大陆的经过，并对这块大陆进行了绘声绘色的描述和渲染。亚美利哥向世界宣布了新大陆的概念，一下子冲垮了中世纪西方地理学的绝对权威普多列米制定的地球结构体系。于是，法国几个学者便修改和补充了普多列米的名著《宇宙学》，并以亚美利哥的名字为新大陆命名，以表彰他对人类认识世界所做的杰出贡献。新《宇宙学》一书出版后，根据书中的材料，在地图上也加上了新大陆——亚美利哥洲。后来，仿照其他大洲的名称词尾形式，"亚美利哥"又被改成"亚美利加"。起初，这一名字只指南美洲，到1541年麦卡多的地图上，北美洲也成为美洲的一部分了。

近来，有人对亚美利加洲名的来历提出异议，认为亚美利哥同哥伦布一样，至死还错误地认为他所到达的地方是中国或日本的一部分。持这种

观点的人认为，把新大陆取名为亚美利加，是源于新大陆的土著"亚美利可斯"部族的称呼。1502年9月，哥伦布第四次航行到美洲，在埃斯孔迪多河口上岸，遇到许多脖子上佩戴金饰的印第安人。他们见此情景欣喜若狂，以为到了传说中的"黄金国"，连忙打听产金的地方。这些印第安人用手指着西方，并把那些出售黄金的人叫作"亚美利可斯"。哥伦布返回欧洲后，关于"亚美利可斯"人居住的地区盛产黄金的消息不胫而走，于是人们开始用"亚美利加"来称呼新大陆的东南岸地区，以后便泛指整个大陆了。1507年，在《宇宙志绪论》一书中最早用文字确定了亚美利加的名称，并一直沿用至今。

拉丁美洲是美国以南，包括墨西哥、中美洲、西印度群岛和南美洲地区的通称。为什么把美洲这一大片地区与拉丁二字联系起来呢？原来，从15世纪末起，这个地区的绝大部分国家先后沦为西班牙和葡萄牙的殖民地，大批移民蜂拥而入。19世纪以后，这些国家才陆续获得独立。由于殖民统治长达300年之久，因此这些国家深受西班牙和葡萄牙的社会制度、风俗习惯、宗教信仰和文化传统的影响，而且当地的印第安语逐渐被属于拉丁语系的西班牙语和葡萄牙语所取代，这两种语言成为这里许多国家的国语，所以人们便把这个地区称为"拉丁美洲"。

中美洲是指北美洲和南美洲之间的陆地。1811～1814年，德尔加多领导人民掀起了反对西班牙殖民统治的起义，殖民当局把起义镇压下去之后，就把危地马拉、萨尔瓦多、洪都拉斯、尼加拉瓜和哥斯达黎加称为"中美联合省"，置于墨西哥总督的直接控制之下。1821年这几个国家获得独立。1823年它们组合为"中美洲共和国联邦"，1838年解体。因此，中美洲开始时仅指危地马拉等5个国家，后来范围逐渐扩大，把墨西哥的东南部、伯利兹以及巴拿马也都包括在内。

西印度群岛位于大西洋及其属海墨西哥湾、加勒比海之间，由1200多个岛屿和暗礁、环礁组成，主要有大小安的列斯群岛和巴哈马群岛。把这些岛群冠以"西印度"，实际来自古时错误的观念。15世纪末，西班牙王室为掠夺东方的资源，开拓新的海外市场，同意意大利航海家哥伦布乘船寻找一条通往中国和印度的新航路。1492年8月3日，哥伦布率领"圣玛丽亚号"等三条帆船，从西班牙的巴洛斯港出发，径直朝西驶去。哥伦布坚信地球是个球体，只要沿着大西洋向西航行，就一定可以到达中国和印度。船队在茫茫无际的大海上航行了两个多月，终于在10月12日深夜两点钟发现了一片新的陆地，登上了巴哈马群岛中的华特林岛。当时他们误以为到了亚洲。接着，他们又继续向西航行，发现了古巴和海地等岛屿。在哥伦布后来的三次航行中，又陆续发现了牙买加、瓜德鲁普、波多黎各、特立尼达和多巴哥等岛，这些岛屿都是西印度群岛的一部分。哥伦布错误地认为自己所"发现"的这片土地是印度，并把这里的居民称作印第安人。1498年，葡萄牙航海家达·伽马率领船队绕过非洲南端的好望角，穿过印度洋抵达印度，开辟了通往印度的航路。而哥伦布直到1506年去世时，还始终认为他所"发现"的地方是印度。西班牙人为了把哥伦布所到达的加勒比海中的岛屿与葡萄牙人所"发现"和命名的东印度群岛相区别，便把这些群岛统称西印度群岛。尽管后来人们发现这里并非印度，而是新大陆美洲的一部分，但因习惯使然，西印度群岛这个名称却沿用下来了。

二 拉美国家的国名、国都名、州（省）名及其首府名来源

（一） 北美洲和中美洲国家

北美洲和中美洲位于西半球北部，东濒大西洋，西临太平洋，北濒北冰洋，南隔巴拿马运河与南美洲分开。这个地区的拉美国家有：墨西哥、伯利兹、危地马拉、萨尔瓦多、洪都拉斯、尼加拉瓜、哥斯达黎加、巴拿马、巴哈马、巴巴多斯、格林纳达、古巴、海地、牙买加、圣卢西亚、多米尼加、多米尼克、圣文森特和格林纳丁斯、特立尼达和多巴哥、安提瓜和巴布达、圣基茨和尼维斯。这些国家的国名、首都名和州（省）及首府名的来源各不相同，包含许多动人的传说、有趣的历史典故。

1. 墨西哥合众国

（1）国名

墨西哥合众国（Los Estados Unidos Mexicanos）位于北美洲南部，北邻美国，南接危地马拉和伯利兹，东濒墨西哥湾和加勒比海，西南临太平洋。19世纪初墨西哥还处于西班牙殖民统治之时，一些独立运动的先驱已把自己的国家称为"América Mexicana"，意为"墨西哥美洲"。在1813年召开的奇尔潘辛戈议会上，一些议员提议用"阿纳瓦克"（Anahuac，阿兹特克人用于称呼自己控制的土地）作为国家的名字，但最终奇尔潘辛戈议会采

用了墨西哥（México）之名。

墨西哥（México）源于纳瓦特尔语（náhuatl）的"Mēxihco",关于它的名字来源存在多种说法。有人说"México"是由"Meztli"（月亮）、"xictli"（中心）和"co"（地方）组合而成，意为"月亮中心的地方"。有人说"墨西哥"意为"月亮湖中心的地方","湖"指的是"特斯科科湖",因为墨西哥城的前身特诺奇蒂特兰城位于月亮湖的中心。还有人认为"México"意为"月亮上的兔子"或"宇宙中心的中心"。不过，很多人认为墨西哥的名字源于一个流传很久的古老传说。

墨西哥土著阿兹特克人是美洲古老的印第安人的一支，他们崇信太阳神惠齐洛波奇特利（Huitzilopochtli）。传说太阳神的母亲有400个子女，老大是女儿，其余的都是儿子。一天，她在清扫月亮神庙时，因拾起一颗晶莹碧绿的玉球而有孕在身。她的400个儿女甚为恼火，决定杀死婴儿。在母亲临盆之际，他们如狼似虎般地待在一旁，手执利器准备下手。突然之间，金光万道，手执弓箭、腰悬宝剑的惠齐洛波奇特利出世了。他拈弓搭箭，支支利箭射向其狠毒的兄姐们。他们吓得抱头鼠窜，大姐则丧生于他的宝剑之下。从此，阿兹特克人把英俊威武的惠齐洛波奇特利封为自己的部落神。人们认为，他是天上下凡的太阳神和战神，他的母亲象征着大地，而他的兄姐们则分别是天上的星辰和月亮。

太阳神向阿兹特克人发出启示，让他们向南迁徙，如果看见一只屹立于仙人掌上的老鹰正在啄食一条蛇，就一定要在那里定居下来，这样部落就会兴旺。按照太阳神的旨意，阿兹特克人跋山涉水，从北向南迁移，1325年，他们来到墨西哥谷地的特斯科科湖畔。湖中有座小岛，岛上绿荫掩映，郁郁葱葱。两个祭司被派往小岛探察，他们上岸后惊喜地发现，在红、蓝两条河流的交汇处矗立着一块巨石，上有一颗葳蕤挺拔的仙人掌。一只雄鹰昂首兀立在仙人掌的顶端，嘴里叼食着一条长蛇，这正是太阳神所预示的地方。正当他们和雄鹰相互致意时，一个祭司突然消失在水中，另一个祭司慌忙回去报告。很快，失踪的祭司也返回了驻地。原来他被接到水神的宫殿，受到热情的款待，水神向他表示欢迎阿兹特克人在这里定居。听此消息，阿兹特克人高兴万分，纷纷驾舟驶往小岛，在岛上盖房筑屋，建起了自己的都城，起名为特诺奇蒂特兰城（Tenochtitlan），印第安语意即"石头上的仙人掌"。阿兹特克人认为部落的兴旺是太阳神惠齐洛波奇特利赐予的，为了得到太阳神的庇佑，便以他的别名"墨西特里"（Mexihtli）作为国家的名称，后来又演化为"墨西哥"（México），意为"墨西特里人居住的地方"。以后，墨西哥渐渐成为这个国家、首都墨西哥城（Ciudad de México）和墨西哥州（Estado de México）的名字。

（2）首都名

墨西哥城（Ciudad de México）位于墨西哥中南部，其名与国名同。它的前身为阿兹特克人的都城特诺奇蒂特兰，鼎盛时期曾有6万幢房屋，到处可见花园和屋顶花园，巨大的公共建筑物上涂以石膏，白光耀眼，瑰丽壮观。城里的居民最多时曾达30万，是当时世界上最大的城市之一。1521年，西班牙殖民者把这座神话般的城市烧成灰烬，接着又在古城的废墟上兴建了一座新城，取名为墨西哥城。如今，这座古老的城市已换新颜，吸引着世界各地的游客。

（2）州名和首府名

墨西哥划分为31个州和1个联邦区。各州和其首府的名称来源各具特色。

墨西哥州（Estado de México）的来源同国名和首都名。

首府托卢卡德莱尔多（Toluca de Lerdo）的名字是由印第安语和西班牙语合成而来。该城原名为托卢卡·德圣何塞（Toluca de San José），1521年由抵达此地的西班牙殖民者所起。名中的"何塞"为一天主教圣徒名，托卢卡之名一说来自印第安纳瓦特尔语"Tollohcan"，意为"托略神之地"。另一说其名来自城北的托洛切山（Cerro del Toloche），意为"低垂头的托洛神之地"。1861年，当地议会通过法令宣布托卢卡德莱尔多（Toluca de Lerdo）为新的城名，以缅怀当年去世的墨西哥政治家米格尔·莱尔多·德特加达（Miguel Lerdo de Tejada，1812–1861）。莱尔多生于韦拉克鲁斯港，是曾任墨西哥总统的塞瓦斯蒂安·莱尔多的长兄。他曾担任过墨西哥市市长、财政部部长、外交部部长等职，与贝尼托·华雷斯一起制定了1858年莱尔多法。著有多部著作，其中包括《从政府至今的墨西哥对外贸易》。1861年，莱尔多在墨西哥城去世。

下加利福尼亚州（Baja California）名中的"加利福尼亚"（California）源于16世纪初西班牙作家加西亚·罗德里格斯·奥尔多涅斯·德蒙塔尔沃（Garcia Rodriguez Ordoñez de Montalvo）撰写的小说《埃斯普兰迪安的奇迹》（Las Sergas de Esplandian）。这本1510年在塞维利亚出版的小说描述了阿马迪斯·德加乌拉（Amadis de Gaula）之子埃斯普兰迪安（Esplandian）历尽艰难，终于抵达一个靠近天堂的名叫加利福尼亚的岛屿，岛上遍地是黄金。欧洲殖民者未到达加利福尼亚地区之前，就听说墨西哥北部地区有七座金城。后来，欧洲殖民者便利用上述小说出现的岛名，把这个地区命名为加利福尼亚，包括今墨西哥的下加利福尼亚州和南下加利福尼亚州以及美国的加利福尼亚州。也有人说"加利福尼亚"源于法语"Califerne"，它是11世纪法国一部史诗中所描述的地方。

首府墨西卡利（Mexicali）之名，是墨西哥（México）和加利福尼亚（California）两个名字相结合的产物。它是墨西哥最北部的城市，始建于1903年3月14日。因该地夏季气温高达45摄氏度，而被称为"抓住太阳的城市"（La ciudad que capturo al sol）。

南下加利福尼亚州（Baja California Sur）之名来源与上述下加利福尼亚州相同。

首府拉巴斯（La Paz）之名西班牙语意为"和平"。西班牙殖民者埃尔南·科尔特斯（Hernán Cortés）抵达这里时，曾把它取名为"圣克鲁斯"（Santa Cruz），西班牙语意为"圣十字架"。他本想在这个地方建立一个殖民点，但未能实现。1596年7月至11月间，西班牙殖民者塞瓦斯蒂安·比斯坎（Sebastian Vizcaino）来到下加利福尼亚半岛，在小海湾上建立了一个居民点，取名为"拉巴斯"（La Paz），即"和平"，后因供应困难，居民点被放弃。许多年之后，1720年，几位天主教神父终于在该地建起了城镇，采用了原名"拉巴斯"。其实，所谓"和平"是对殖民者野蛮扩张的绝妙讽刺。

普埃布拉州（Puebla）是位于墨西哥中东部的州，得名于首府普埃布拉德萨拉戈萨（Puebla de Zaragoza）。墨西哥古代居民称普埃布拉德萨拉戈萨为"奎特拉斯科阿潘"（Cuetlaxcoapan）。该词源于纳瓦特尔语"Cuetlaxcōāpan"，意为"蜈蛇蜕皮的地方"。普埃布拉德萨拉戈萨是墨西哥第四大城，1530年4月30日，传教士托里比奥·德贝纳文特（Toribio de Benavente）在此建城（另有人说建于1531年4月16日），取名天使普埃布拉（Puebla de los Angeles）。天使普埃布拉之名来源于一段美丽的传说：特拉斯卡拉第一任主教胡利昂·加尔塞斯（Julion Garces）梦中看见一片原野，一条河从原野中间流过，两边还有另外两条河；原野上泉水叮咚，芳草萋萋，鲜花盛开；两位美丽天使出现在原野上，她们用绳子给地区划界。主教醒来后，向周围的人叙说了梦境。人们陪他去寻找他梦中到过的地方。他们走了25公里，终于发现了梦中的原野。后来，托里比奥·德贝纳文特在此地建城，便以天使普埃布拉为名。如今普埃布拉德萨拉戈萨的别称"Angelópolis"（天使城）就源于此。1532年3月20日，西班牙国王卡洛斯一世之妻、葡萄牙伊萨贝尔女王（其夫出访欧洲时代理朝政）发布敕令，授予该城"天使普埃布拉"称号。从此，普埃布拉正式成为该城的名字。1862年9月11日，墨西哥总统贝尼托·华雷斯下令将城名改为普埃布拉德萨拉戈萨，以纪念伊格纳西奥·德萨拉戈萨（Ignacio de Zaragoza，1829－1862）将军。德萨拉戈萨青年时期从军，1860年，他参加保卫1857年宪法的斗争，率军击败保守党军队。1861年4月至10月，他任华雷斯政府国防部部长。英、法和西班牙武装干涉墨西哥时，他担任东方军队司令。1862年5月5日，在普埃布拉战役中，他以少胜多，击溃法国侵略军。同年9月8日，他因患斑疹伤寒病逝。1950年8月4日，普埃布拉州议会宣布该城名为英雄的普埃布拉德萨拉戈萨（Heroica Puebla de Zaragoza）。1987年，该城被联合国教科文组织评定为世界文化遗产。

伊达尔戈州（Hidalgo）是墨西哥中南部的一个州。1869年1月15日，墨西哥议会宣布成立该州，第二天该州正式成立，以墨西哥独立运动领袖米格尔·伊达尔戈－科斯蒂利亚（Miguel Hidalgo y Costilla，1753－1811）之名命名。详见后述纪念墨西哥独立运动领袖伊达尔戈和其他英雄的地名。

首府帕丘卡德索托（Pachuca de Soto）简称帕丘卡，其名源于印第安纳瓦特尔语，但源于具体的哪个词却有很多说法。大多数人认为来自"Pachoa"，意为"狭窄"或"开启"；一说来自"Pachoacan"，意为"统治的地方"或"泪水之地";另一说源于"Pachyohcan"一词,该词派生于"pachtli",意为"干草"或"缠绕树干的植物";还有人认为来自"Pachyohcan"一词,意为"金银之地"。

帕丘卡德索托之名中的索托(Soto)是1920年所加,以纪念曼努埃尔·费尔南多·索托·帕斯特拉纳(Manuel Fernando Soto Pastrana, 1825-1898)。他是伊达尔戈州图兰辛格人,是成立伊达尔戈州的推动者,曾任众议员、大法官和墨西哥州州长。

帕丘卡德索托俗称"拉贝利亚艾罗萨"(La Bella Airosa),西班牙语意为"美妙的风",因为每年6~10月都会从东北部吹来和煦的微风。帕丘卡德索托还被称为"风的女友"(La Novia del Viento)。该名来自一个美丽的传说:风爱上了一位姑娘,姑娘却为救朋友而死,从此,风开始狂吹。

莫雷洛斯州(Morelos)是墨西哥中南部一州,原为墨西哥州的一部分。1869年,贝尼托·华雷斯总统(Benito Juárez)下令该州所在地脱离墨西哥州,另立新州,以墨西哥独立运动英雄何塞·马里亚·莫雷洛斯-帕冯(José María Morelos y Pavon)的名字命名。详见后述以莫雷洛斯为名。

首府库埃纳瓦卡(Cuernavaca)之名来自印第安纳瓦特尔语"Cuauhnā-huac",意为"森林环绕"或"靠近森林"。西班牙人抵达这里后,把"Cuauhnā-huac"西班牙语化,改为"Cuernavaca"。因该城四季如春,德国地理学家亚历山大·洪堡(Alexander von Humboldt)称其为"春城",阿兹特克帝国的夏宫也曾设在此城。

米却肯州(Michoacán)是位于墨西哥中西部的一州。米却肯(Michoacán)源于印第安纳瓦特尔语"Michhuahcān",意为"渔夫之地"。另一说其名源于塔拉斯卡语"Michimacuán",意为"靠近水的地方"。这是因为史前最早的居民在帕兹夸罗湖、萨卡普湖、奎特泽奥湖和西拉文湖周围筑屋定居。

首府莫雷利亚(Morelia)之名也是为了纪念墨西哥独立运动英雄何塞·马里亚·莫雷洛斯-帕冯(José María Morelos y Pavon)。西班牙占领前,此地名为"Guayangareo",意为"长而平的小山"。1541年,胡安·德阿尔瓦拉多(Juan de Alvarado)、胡安·德维利亚塞尼奥尔(Juan de Villaseñor)和路易斯·德莱昂·罗马诺(Luis de León Romano)奉新西班牙总督安东尼奥·德门多萨（Antonio de Mendoza）之命兴建该城，取名为梅丘阿坎城（Ciudad de mechuacán）。1545年改称巴利亚多利德（Valladolid），以纪念殖民者的故乡西班牙巴利亚多利德。1828年又改名为莫雷利亚，以纪念出生于该城的独立运动英雄何塞·马里亚·莫雷洛斯-帕冯。

格雷罗州（Guerrero）是墨西哥南部一州。1849年10月27日以墨西哥独立运动著名人物、前总统维森特·格雷罗·萨尔达尼亚（Vicente Guerrero Saldaña, 1782-1831）的姓氏命名。详见后述纪念墨西哥总统的地名。

首府奇尔潘辛戈德洛斯布拉沃（Chilpancingo de los Bravo）中的"奇尔潘辛戈"（Chilpancingo）源自印第安纳瓦特尔语，"Chilpan"意为"胡蜂之地"，"cingo"意为"小"，全词合起来意为"小胡蜂之地"。另一说Chilpancingo源于纳瓦特尔语的"Chilli-pan-tzingo"，"Chilli"意为"辣椒"，也意为"红色的"，"pan"意为"旗"，"tzin"是缩小词，"go"意为"地方"，全词合起来即"小红旗之地"。还有一说意为"红色班德里塔（一种药用植物）之地"。城名中的"布拉沃"（Bravo）是为纪念参加墨西哥独立战争的南方起义领导人布拉沃家族。

索诺拉州（Sonora）是墨西哥西北部一州。索诺拉其实指的是天主教徒所崇信的"圣母"。一种说法是：1533年7月4日，新加利西亚都督奴尼奥·贝尔特兰（Nuño Beltrán）的侄儿迭戈·德古斯曼（Diego de Guzman）奉命去寻找传说中新西班牙北部西沃拉的七座城市。9月24日他抵达马约河时，遭到印第安人顽强抵抗。后在被俘的一个印第安人带领下，10月7日抵达亚基河。这一天正是圣母罗萨里奥日（Nuestra Señora del Rosario）。按照西班牙人发现新地区起名的习惯，遂将该地区取名为萨里奥（Señora），即指"圣母"。由于该地区部落的语言中没有"ñ"的字母，于是"Señora"变为"Senora"或"Sonora"，中文音译为"索诺拉"。第二种说法是：1536年，阿尔瓦罗·奴涅斯（Alvaro Núñez）等人所乘坐的船只在弗洛里达海岸失事，他们被迫上岸，携带一幅圣母像从北向南穿行。经过索诺拉州时，遇到当地土著奥帕塔人。奥帕塔人发不出圣母中"ñ"的音，把"Señora"说成"Senora"或"Sonora"。于是，索诺拉逐渐成为州名。不过，有人说索诺拉州的名字是因误解而产生：古时该地区有一口泉眼，泉眼周围居住着众多印第安部落。他们用甘蔗和玉米叶搭成房子，他们把垂直的房子称作"sonot"，把斜的房子称作"sonota"，来到此地的西班牙人误听为"sonora"，由此成为州名。还有人说索诺拉之名来自当地一个名叫"sonot"的水井，西班牙人把它改称为"sonora"，索诺拉之名由此产生。

首府埃莫西略（Hermosillo）由新西班牙总督、孔基斯塔公爵佩德罗·德卡斯特罗-菲格罗亚（Pedro de Castro y Figueroa）建于1741年，取名皮蒂克要塞（El presidio de Pitic），1783年更名为皮蒂克镇（Villa de Pitic）。1828年9月5日，西方州（现在的索诺拉州和锡那罗阿州）州长何塞·马里亚·加科希奥拉（José María Gaxiola）和州议会宣布将该城改名为埃莫西略，以纪念墨西哥独立运动领导人之一何塞·马里亚·埃莫西略（José María Hermosillo，1774-1825）少将。埃莫西略1774年2月2日生于哈利斯科州萨波特兰。1810年10月，他开始参加伊达尔戈领导的独立运动，被派往索诺拉州和锡那罗阿州开展武装斗争。他率领起义军多次取得胜利，沉重打击了西班牙在墨西哥北方的殖民统治，为墨西哥的独立做出了重要贡献。1825年2月1日，他不幸遇害。1879年，埃莫西略成为索拉州首府的名称。埃莫西略又名"太阳城"。

金塔纳罗奥州（Quintana Roo）是位于墨西哥东部的一个州，位于尤卡坦半岛东部。它的名字是为纪念墨西哥独立宣言的签字人安德烈斯·金塔纳·罗奥（Andrés Quintana Roo，1787-1851）。金塔纳1787年生于尤卡坦州梅里达城。他是一名政治家，曾是奇尔潘辛戈议会普埃布拉议员，后任立宪大会主席。1813年起草墨西哥独立宣言，并与卡洛斯·马里亚·布斯塔曼特（Carlos María Bustamante）共同起草阿帕特辛甘宪法（Apatzingán），该宪法于1814年颁布。他还在政府担任过多种职务。他曾创办《联邦主义者报》，并是宣传共和思想的报纸《联邦邮报》的撰稿人。他还是位作家和诗人，他写的赞歌《九月十六日》受到广泛称颂。1851年，金塔纳逝世于墨西哥城。

首府切图马尔（Chetumal）建于1898年，当时取名为帕约主教（Payo Obispo）。1936年改名为切图马尔（Chetumal），以纪念该地区一个名叫"Chac-temal"的玛雅村庄。切图马尔之名源自玛雅语"Chactemal"，意为"生长红色树木的那里"。另一种说法是在玛雅语中，"chac"意为"雨"，"té"意为"那里"，"mal"意为"下"，全词"Chactemal"意为"下雨的地方"。

塔毛利帕斯州（Tamaulipas）之名来自土著瓦斯特克语"Tamaholipa"。瓦斯特克人最早在该地区定居，塔毛利佩克家族（Tamaulipec）的名字成为一个地方的名字，后又扩展到整个地区。其名意为"高山之地"。另说塔毛利帕斯州原始居民是来自佛罗里达的"奥利沃斯"（Olivos）人，"Olivos"转为西班牙语后变成"holipa"，与前缀tam组成Tamaholipas，意为"奥利沃斯人之地"。1544年它成为一个新建城镇的名字，后又成为整个地区的名字。还有一说，在瓦斯特克语中，前缀"tam"意为"地方"，"holipa"意为"经常祈祷"，全词"Tamaholipa"意为"经常祈祷的地方"。

首府维多利亚城（Victoria）由戈尔达伯爵何塞·德埃斯坎东－埃尔格拉（José de Escandón y Helguera）建于1750年10月6日，取名为圣玛丽亚德阿瓜约镇（Villa de Santa María de Aguayo）。1825年4月20日，塔毛利帕斯州议会下令将该镇升格为城，改称维多利亚，以纪念墨西哥首任总统瓜达卢佩·维多利亚（Guadalupe Victoria，1786－1843）。详见后述以维多利亚为名。

纳亚里特州（Nayarit）之名是为纪念科拉族国王纳亚里特，意为"天上和太阳中的神之子"。纳亚里特是马德罗山脉高地的瓦西卡王国（Huacica）或称塞科拉王国（Xécora）的创建者，于1500年左右即位。他曾领导王国人民抵抗西班牙军队的入侵。在他死后，这个王国继续进行了长达200多年的抵抗斗争。科拉族人和墨西哥人崇拜这位英雄，遂把其名作为州名。

首府特皮克（Tepic）源自纳瓦特尔语，其意有几种解释：一说在纳瓦特尔语中，"tetl"意为"石头"，"picqui"意为"实心的东西"，"tepic"意为"多实心石头的地方"。一说"tepic"意为"居民密集的地方"；一说"tepic"源于"tepictli"，是当地一种变种玉米的称呼，故"tepic"意为"玉米之地"。

塔巴斯科州（Tabasco）之名的来源有多种解释。一说殖民初期，西班牙殖民者胡安·德格里哈尔瓦（Juan de Grijalva）率领的远征队抵达一条以当地Tabscoob族酋长名字命名的大河——塔巴斯科河，于是便把该地区称为塔巴斯科。有人说其名来自玛雅语的"Tab-uaxac-coh",意为"我们的有八只狮子的主人";有人说其名源于纳瓦特尔语的"Tlapalco",意为"土地潮湿的地方";有人说其名来自纳瓦特尔语的"Tlapachtli",意为"多草的地方";有人说其名来自纳瓦特尔语的"Tlahuashco",意为"有主人的地方";还有一说认为玛雅毁灭后,一些幸存者在此地建立了一个名叫"Taab-scoob"的酋长领地,意为"我们被判决了"或"我们被欺骗了"。

首府比利亚埃尔莫萨(Villahermosa)由西班牙殖民者1596年6月24日正式建城,其城名西班牙语意为"漂亮城镇"。1826年增加了圣徒胡安的名字,改为圣胡安包蒂斯塔比利亚埃尔莫萨(Villa Hermosa de San Juan Bautista)。1915年,塔巴斯科州州长弗朗西斯科·穆西卡(Francisco J. Mújica)下令将城名恢复原名比利亚埃尔莫萨。

圣路易斯波多西州(San Luis Potosí)之名源于其首府圣路易斯波多西(San Luis Potosí)。首府圣路易斯波多西建于1592年11月3日,原名为圣路易斯梅斯基蒂克镇(Pueblo de San Luis Mesquitique)。圣路易斯是为纪念法国国王圣路易九世(Luis IX de Francia),圣路易是该城的保护神。1656年5月30日,总督弗朗西斯科·费尔南德斯·德拉奎瓦(Francisco Fernandez de la Cueva)改城名为圣路易斯波多西。使用波多西之名是指该地附近圣佩德罗山丰富的矿藏可同玻利维亚波多西的矿藏相媲美。

新莱昂州(Nuevo León)最初是由阿尔贝托·德尔坎托(Alberto del Canto)建立的。1579年,西班牙殖民者路易斯·卡瓦哈尔－德拉奎瓦(Luis Carvajal y de la Cueva)将该州命名为新雷诺德莱昂(Nuevo Reino de León),以纪念西班牙国王费利佩二世(Felipe Ⅱ)的出生地莱昂王国(Reino de León)。

首府蒙特雷(Monterrey)正式建城前,1577年,西班牙传教士阿尔贝托·德尔坎托曾在该地建立圣卢西亚镇(Valle de Santa Lucía)。1582年,葡萄牙人路易斯·卡瓦哈尔－德拉奎瓦(Luis Carvajal y de la Cueva)又建立名为"法国国王圣路易"的村镇。1596年9月20日,迭戈·蒙特马约尔(Diego Montemayor)负责正式建城,取名蒙特雷圣母城(Ciudad Metropolitana de Nustra Señora de Montrrey),以纪念当时的新西班牙总督、蒙特雷伯爵加斯帕尔·德苏尼加-阿塞韦多（Gaspar de Zúñiga y Acevedo）。蒙特雷是墨西哥三大城市之一，也是北方的重要工业城市，被称为"北方战舰"。因其地处山区，又被称为"山城"。

杜兰戈州（Durango）和首府杜兰戈由西班牙殖民者弗朗西斯科·德伊瓦拉（Francisco de Ibarra）建于1563年7月8日。以杜兰戈命名，是为纪念殖民者西班牙故乡比斯开省的城市杜兰戈。杜兰戈是巴斯克语，意为"水那边"。有人认为该词义为"长满蕨类植物的地方"。首府杜兰戈的全称为维多利亚德杜兰戈（Victoria de Durango），当时取名为杜兰戈镇（Villa de Durango）。后来在城名中添加维多利亚，是为纪念出生于该州的墨西哥首任总统瓜达卢佩·维多利亚（Guadalupe Victoria）（详见塔毛利帕斯州首府维多利亚城）。因杜兰戈城位于瓜迪亚纳谷，故被称为"瓜迪亚纳的珍珠"。

尤卡坦州（Yucatán），西班牙殖民者殖民扩张时，有时错把土著居民的话当作当地的名字，并流传下来。尤卡坦半岛和尤卡坦州的名字就是这样产生的，但名字的误传有多种说法。一说西班牙传教士托尔维奥·德贝纳文特（Toribio de Benavente）在其所著《新西班牙印第安人史》（*Historia de los indios de la Nueva España*）一书中说，1517年左右，第一批西班牙殖民者来到尤卡坦半岛时，向遇到的土著人打听所在地的名字，土著人用玛雅语回答道"Tectetán, Tectetán"，意思是说"我不懂你的话"。西班牙人误以为土著人说的是当地地名，又错把"Tectetán, Tectetán"听成了"Yucatán"，从此这就作为地名流传下来。后来阿隆索·德索里塔在其《新西班牙关系》（*Relación de la Nueva España*）一书中印证了传教士托尔维奥·德贝纳文特的前述说法，并补充说，来到尤卡坦半岛的第一批西班牙人是弗朗西斯科·埃尔南德斯·德科尔多瓦（Francisco Hernández de Córdoba）、克里斯托瓦尔·莫兰特（Cristóbal Morante）和洛佩·奥乔亚·德凯塞多（Lope Ochoa de Cayzedo）。但贝尔纳尔·迪亚斯·德尔卡斯蒂略（Bernal Díaz del Castillo）撰写的《新西班牙真实征服史》认为，"Yucatá"意为"木薯之地"，木薯是玛雅人种植的一种农作物，是玛雅人重要的口粮。传教士迭戈·德兰达（Diego de Landa）说，"Yucatán"一词源于玛雅语的"Ki u t'ann"，意为"我不懂你说的话"。另一种说法是，西班牙殖民者来到尤卡坦半岛东南部时，遇到一些手拿玉珠的印第安玛雅人。西班牙人用手势问玛雅人这个地方的名字，玛雅人以为是在问他们手里的东西，于是回答说"yuuc catán"，意思是"它们是我们妻子的玉珠"。西班牙人误认为是当地之名，于是便称这个地方为尤卡坦，并一直沿用下来。在《当代尤卡坦百科全书》（Yucatán en el Tiempo）中的巴托洛梅·哥伦布（Bartolomé Colón）词条中说，1502年8月，哥伦布兄弟巴托洛梅·哥伦布在加勒比沿海航行时，遇到一群玛雅商人，他们交换商品后，玛雅人指着远处的海岸陆地说"Yuk'al-tan mayab"，意思是"那里所有人都讲玛雅语"。后来巴托洛梅·哥伦布在所写的报告中记录了这句话，把洪都拉斯北海岸至尤卡坦半岛东海岸统称为"Yucathan maian"，这样尤卡坦便成为半岛名和州名。西班牙殖民者抵达前，玛雅人将这个地区称为"Mayab"，源于玛雅语的"ma' ya'ab"，意为"一些"。

首府梅里达（Mérida）是1542年1月6日开始兴建，奠基人为来自西班牙梅里达的弗朗西斯科·德蒙特霍（Francisco de Montejo）等人。他们认为玛雅废墟与西班牙梅里达的罗马废墟十分相像，遂将此地以故乡梅里达命名。梅里达的玛雅语旧称为"Ichcaanziho"，意为"五座山"。梅里达是墨西哥一座漂亮的城市，2001年被评为"美洲文化之都"。

韦拉克鲁斯州（Veracruz de Ignacio de la Llave）全称韦拉克鲁斯德伊格纳西奥德拉利亚韦州。其名的由来与墨西哥的历史和宗教紧密相连。1519年4月22日，西班牙殖民者埃尔南·科尔特斯（Hernán Cortés）率领船队在查尔奇乌埃坎海滩登陆。这一天是天主教的圣星期五——韦拉克鲁斯日（Vera Cruz），即真正十字架日（Verdadera Cruz），是纪念耶稣基督死于十字架的日子。科尔特斯在这个地方建立了一座城镇，称其为富裕的韦拉克鲁斯里卡镇（Villa Rica de la Vera Cruz），其中"Villa"意为"镇"，"Rica"（里卡）意为"富裕的"，因当地曾多金矿。1599年，该州定名为韦拉克鲁斯州。1863年7月10日，该州发布法令，宣布韦拉克鲁斯州名改名为韦拉克鲁斯德伊格纳西奥德拉利亚韦州，以纪念英勇抵抗法国侵略的伊格纳西奥·德拉利亚韦将军（Ignacio de la Llave，1818－1863）。德拉利亚韦将军曾参加抵抗美国侵略的墨美战争、反对保守势力的"革新战争"和抵抗英、法侵略的战争。1861～1862年曾任韦拉克鲁斯州州长。

首府哈拉帕德恩里克斯（Xalapa de Enríquez）简称哈拉帕。西班牙殖民者抵达前，该城的印第安纳瓦特尔语的地名为"Xallapan"。在纳瓦特尔语中"xālli"意为"沙"，"āpan"意为"有水之地"，全词"Xallapan"意为"沙中之泉"。西班牙占领该城后，将城名"Xallapan"西班牙语化为"Jalapa"。1892年改名为哈拉帕德恩里克斯（Jalapa de Enriquez），以纪念已故州长胡安·德拉鲁斯·恩里克斯（Juan de la Luz Enriquez）。他在使该城成为首府中发挥了重要作用。1978年，韦拉克鲁斯议会下令将"Jalapa"改为"Xalapa"。1804年，亚历山大·冯·洪堡曾造访该城，称其为"花城"（La ciudad de las flores）。因该城在19世纪末建立了多所学校，故又有"韦拉克鲁斯州的雅典"的别称。

阿瓜斯卡连特斯州（Aguascalientes）和首府阿瓜斯卡连特斯的名字在西班牙语中意为"热水"。1575年10月22日，根据瓜达拉哈拉皇家检审庭庭长、新加利西亚地区都督赫罗尼莫·德奥罗斯科（Jeronimo de Orozco）的命令，胡安·德蒙托罗·罗德里格斯（D. Juan de Montoro Rodriguez）等人开始建城。因该地区多温泉，故取名为阿瓜斯卡连特斯。

恰帕斯州（Chiapas）其名由当地古代印第安人取的名字"Chiapan"或"Tepechiapan"演变而来。在印第安纳瓦特尔语中，"tepetl"意为"山"，"chi"意为"下面"，"atl"意为"水"，"pan"意为"河，地方"。全词义为"山下河水流过的地方"。另一说意为"鼠尾草种子山"。殖民初期，西班牙人在这个地区建立了两座城镇，一座是印第安人的恰帕斯，另一座是西班牙人的恰帕斯。最后，把省名定为拉斯恰帕斯省，即恰帕斯的复数形式。后来省改州后，州名沿用了省名，但去掉了复数。

首府图斯特拉古铁雷斯（Tuxtla Gutiérrez）最初的名字是科亚托克（Coyatoc），印第安索克语意为"多兔子窝的地方"。后阿兹特克人占据该地，称其为托奇特兰（Tochtlan），纳瓦特尔语也意为"多兔子的地方"。索克人把这个词改为"图奇特兰"（Tuchtlan）。1560年，西班牙多明我会传教士在此建立村镇，称为圣马科斯埃万赫利斯塔图奇特拉（San Marcos Evangelista Tuchtla），后西班牙语化为"Tuxtla"（图斯特拉）。1748年，该城被称为圣马科斯图斯特拉（San Marcos Tuxtla）。1848年5月31日，恰帕斯州州长尼科拉斯·鲁伊斯·马尔多纳多（Nicolás Ruiz Maldonado）将该城改名为图斯特拉古铁雷斯，以纪念曾任该州州长的霍阿金·米格尔·古铁雷斯（Joaquín Miguel Gutiérrez）将军。

奇瓦瓦州（Chihuahua）与其首府奇瓦瓦同名。奇瓦瓦之名有多种解释：一些人认为源于拉拉穆里语（Raramuri），意为"河水汇聚的地方"；一些人认为奇瓦瓦源于印第安纳瓦特尔语"Xicahua"，意为"干燥的东西"或"多沙的东西"，因为奇瓦瓦所在地区干燥多沙；还有一说认为其意为"在水的两旁"。

哈利斯科州（Jalisco）之名源于印第安纳瓦特尔语"Xalisco"，意为"沙面上"。在纳瓦特尔语中，"xalli"意为"沙"，"ixco"意为"表面"或"面"。1836年，"Xalisco"中的首字母"X"改为"J"，变为"Jalisco"。

首府瓜达拉哈拉（Guadalajara）是墨西哥第二大城，建于1532年1月5日，奠基者为西班牙人克里斯托瓦尔·德奥尼亚德（Cristóbal de Oñate，1504–1567）。他为纪念墨西哥西部的征服者努尼奥·贝尔特兰·德古斯曼（Nuño Beltrán de Guzmán，1490–1544），用其西班牙出生地瓜达拉哈拉命名该城。瓜达拉哈拉可能源于阿拉伯语"وادي الحجارة"（wādi al-ḥiŷara），意为"石头河"或"城堡谷"。

特拉斯卡拉州（Tlaxcala）之名源于古代传说。传说古时卡马斯特利神引导人们来到该州所处的特佩蒂克帕克山脉，在那里建立了一块领地，称为"Texcallac"，意为"悬崖绝壁"，以此形容当地的地势。后来，变音为"Tlaxcalla"，其含义也从"悬崖绝壁"变为"玉米饼之地"。语言学家的解释也印证了上述说法。他们认为，"Tlaxcala"之名源于纳瓦特尔语"Tlax-calli"，意为"玉米饼"。"Tlaxcalla"是"Tlaxcalli"复数形式，意为"玉米饼之地"。

首府特拉斯卡拉德希科滕卡特尔（Tlaxcala de Xicohténcatl）之名是为纪念土著英雄希科滕卡特尔·阿哈亚卡钦（Xīcohténcatl āxāyacatzin，1484–1521）。他曾率领印第安人英勇抗击西班牙的入侵，1521年，他被捕后牺牲。

科阿韦拉州（Coahuila）其名来自纳瓦特尔语。有人认为其名由"coatl"

（蛇）和"huila"（飞翔的）组成，意为"飞翔的蛇"。有人认为由"coatl"（蛇）和"huila"（爬行的）组成，意为"爬行的蛇"。还有人认为，其名源于土著印第安人为当地取的名字"Coahuilan"，意为"林木草丛之地"或"在林中"。该州的全名为科阿韦拉德萨拉戈萨（Coahuila de Zaragoza），以纪念伊格纳西奥·德萨拉戈萨（Ignacio de Zaragoza）将军。

首府萨尔蒂略（Saltillo）由西班牙殖民者阿尔贝托·德尔坎托（Alberto del Canto）建于1577年，取名圣地亚哥德萨尔蒂略镇（Villa de Santiago de Saltillo）。西班牙语中，萨尔蒂略（saltillo）是瀑布（salto）的缩小词。因为他们抵达这里时，发现了一个小瀑布。还有一说意为"多水的高地"。19世纪上半叶，城名简化为萨尔蒂略。

坎佩切州（Campeche）和首府坎佩切的名字来源有多种说法。一说源自玛雅语，由"can"（蛇）和"pech"（虱）合成，意为"蛇和虱之地"。得名是因在当地玛雅村落中有一座蛇的雕像，蛇头上有一虱子。蛇和虱作为图腾，并在其雕像下举行人祭。一说其名源自玛雅语"Kin"（太阳神）和"pech"（虱）两词，再加上表示"地方"的前缀"ah"，合起来意为"太阳神和虱之地"。另一说认为"Ah Kin Pech"中的Pech是一个传教士的姓，意为"太阳的崇拜者佩奇先生"。西班牙殖民者抵达此地时，把听到的土著地名西班牙语化为坎佩切（Campeche），并把该城命名为萨拉曼卡德坎佩切（Salamanca de Campeche）。在完成对尤卡坦半岛的征服后，改城名为圣弗朗西斯科德坎佩切（San Francisco de Campeche）。20世纪中叶，为纪念著名船长佩德罗·萨因斯·德巴兰达（Pedro Sainz de Baranda），改城名为坎佩切德巴兰达（Campeche de Baranda）。不久，城名简化为坎佩切，并沿用至今。该城是少数有城墙的美洲城市之一。1999年，该城被联合国教科文组织评定为世界文化遗产。

瓦哈卡州（Oaxaca）之名源于其首府瓦哈卡德华雷斯。

首府瓦哈卡德华雷斯（Oaxaca de Juárez）之名中的"瓦哈卡"（Oaxaca）来自印第安纳瓦特尔语"Huaxyacac"。"huax"是该地区谷地中生长的一种常见植物，"yaca"意为"鼻子"，后缀"c"是"地方"的意思。全词义为"在瓦合树尖上"，意指在长满瓦合树的山脉峰顶上。瓦哈卡（Oaxaca）是"Huaxyacac"的西班牙语化。

1532年，西班牙国王卡洛斯五世赐予瓦哈卡德华雷斯城"非常高贵与忠诚的城市"的称号，称其为"安特克拉"（Antequera）。安特克拉是西班牙一城市名。1821年，改城名为瓦哈卡。1872年，墨西哥著名改革家贝尼托·华雷斯总统（Benito Juarez，1806－1872）病逝后，将该城改名为瓦哈卡德华雷斯，以示对他的纪念。华雷斯出生在瓦哈卡州的一个印第安人农民家庭。虽然他的身高仅有1.35米，却是墨西哥人人敬仰的民族英雄。1858年至1872年间，他曾5次出任墨西哥总统。他制定了1857年宪法和1859年的改革法，宣布没收教会财产，实行政教分离，改善印第安人的地位和生活，并于在任期间全力推行这些法律。他领导墨西哥人民，击退英、法、西三国联军的武装干涉，粉碎法国在墨西哥建立的傀儡帝国。除瓦哈卡州首府瓦哈卡德华雷斯之名与华雷斯总统有关外，奇瓦瓦州的华雷斯城（Ciudad Juarez）也在1888年以华雷斯总统的姓氏为名，该城的原名为帕索德尔诺尔特（Paso del Norte）。

锡那罗亚州（Sinaloa）之名是印第安卡伊塔语、塔拉斯科语和纳瓦特尔语相结合的产物。其名中的"sina"卡伊塔语意为"仙影拳"；"lo"是塔拉斯科语的"ro"的变异，意为"地方"；"a"源于纳瓦特尔语的"alt"，意为"水"。这样，"锡那罗亚"（Sinaloa）就是"水中有仙影拳的地方"。关于"锡那罗亚"一词的来源还有一种说法，即完全来自卡伊塔语。"sina"（仙影拳）和"lobola"（圆形的）两个词组成"Sinalobola"，后演变为"Sinaloa"，意为"圆形的仙影拳"。

首府库利亚坎（Culiacán）之名源于印第安纳瓦特尔语。自628年，来到此地的阿兹特克人开始建立村落，并用纳瓦特尔语称其为"Colhuacan"。其意一说是"崇拜科尔秦神（Coltzin）的地方"（现该城城徽中绘有科尔秦神的图像）；一说是"道路转弯的地方"。1531年，努尼奥·贝尔特兰·德古斯曼（Nuno Beltran de Gusman）建城，取名圣米格尔德库利亚坎（San Miguel de Culiacan）。

萨卡特卡斯州（Zacatecas）之名源于首府萨卡特卡斯，原指西班牙殖民者征服该州前生活在当地的土著人，后泛指整个州。其名来自纳瓦特尔语"zacatl"和"co",在纳瓦特尔语中"zacate"是一种芦苇。全词义为"芦苇繁茂的地方"。1546年9月8日,胡安·德托洛萨等人开始建城,因附近矿藏丰富,该城曾被称为米纳斯德萨卡特卡斯(Minas de Zacatecas),其中"米纳斯"意为"矿藏"。1585年,西班牙国王费利佩二世授予该城"非常高贵与忠诚的圣母德萨卡特卡斯城"称号。1993年,该城被联合国教科文组织评定为世界文化遗产。

瓜纳华托州(Guanajuato)之名源于首府瓜纳华托。最初土著人称瓜纳华托为"Mo-o-ti",意为"产金属的地方"。后阿兹特克人称它为"Paxtitlan",意为"麦秸之地"。现名"Guanajuato"派生于印第安普雷佩查语"kuanasi"(青蛙)和"uata"(山),全词义为"青蛙山"。

科利马州(Colima)的名字源于印第安纳瓦特尔语。一种说法认为,由"col"(祖父)、"i"(的)、"ma"(手)和"n"(地方)组成,意为"祖父手里的地方",或"我们祖先征服的地方";一种说法认为,其名意为"火神统治的地方"(指当地的火山);另一说法认为,意为"水流(或河流)弯曲的地方"。

首府科利马建于1527年1月20日,曾取名为圣塞瓦斯蒂安镇(Villa de San Sebastian),以纪念圣徒塞瓦斯蒂安,后改为现名。因这里有很多棕榈树,故也被称为"棕榈城"。

克雷塔罗州(Querétaro)之名是以该地的古印第安语为名,源于印第安普雷佩查语"K'erhiretarhu",其中"K'eri"意为"大的","ireta"意为"村","rhu"意为"地方",全词义为"大村落聚集的地方";或源于印第安普雷佩查语"K'erendarhu",其中"k'erenda"意为"多石的","rhu"意为"地方",全词义为"多岩石的地方"。根据1867年7月23日国会颁布的法令,克雷塔罗州的名称中添加阿特阿加一词,成为"Querétaro de Arteaga",以纪念19世纪墨西哥著名军人、曾任该州州长的马里亚·卡叶塔诺·阿特阿加·马加良斯(María Cayetano Arteaga Magallanes)。2010年,州议会宣布州名简化为克雷塔罗州。

首府圣地亚哥德克雷塔罗(Santiago de Querétaro)建于1531年,建城日恰为圣徒圣地亚哥日,遂为该城添加圣地亚哥名字。墨西哥独立后,城名改为克雷塔罗城。1996年该城被联合国教科文组织宣布为世界文化遗产后，恢复了圣地亚哥德克雷塔罗的名字。该城名普雷佩查语为"克雷塔鲁"（keretarhu），意为"大城之地"；奥托米语为"恩达姆塞"（Ndamxei）；纳瓦特尔语为"特拉奇科"（Tlachco），后两词都意为"球戏"。

2. 巴拿马共和国

（1）国名

巴拿马共和国（República de Panamá）位于中美地峡的最南端，西接哥斯达黎加，东连哥伦比亚，南濒太平洋，北临加勒比海。其名来源存在几种不同说法：一说源于当地一种名叫"panamá"的树的名字；一说该国多奇花异草，吸引来许多色彩斑斓的蝴蝶，尤其在加通湖畔，蝴蝶四处飞舞，天空布满彩蝶，形成一片绮丽的"蝶海"。巴拿马城兴建时正值蝴蝶漫天飞舞，故以印第安语"panamá"（大量蝴蝶）命名；一说"panamá"印第安语意为"鱼多"，源于当地海边一印第安村落的名字；印第安库纳族人认为"panamá"一词派生于"pannaba"，库纳语意为"非常远"。西班牙殖民者把"Panamá"作为在太平洋沿岸建起的这座城市的名字，后又成为巴拿马整个地区的名字。

（2）首都名

巴拿马城（Ciudad de Panamá）位于巴拿马运河太平洋岸河口附近的半岛上。始建于1519年，其名来源同上述国名。

（3）省名和首府名

巴拿马共有9个省。

博卡斯德尔托罗省（Bocas del Toro）位于巴拿马西北部，由陆地和一些岛群组成。其名源于首府博卡斯德尔托罗。

首府博卡斯德尔托罗（Bocas del Toro）之名西班牙语意为"牛嘴"。名称来源一说从空中看，岛群的形状像是牛嘴；一说源于曾在该地区居住的一个叫"Boka Toro"的土著酋长名。

奇里基省（Chiriquí）位于巴拿马西部，其名由土著印第安人所取，意为"月亮谷"。哥伦布第四次远航美洲路过该地区，听土著人讲过这个名字。1522年在西班牙的文件中第一次出现这个地名。

首府戴维（David）之名来源有几种说法。一说是为纪念西班牙自然科学家戴维·翁拉多（David Honrado），他为避免入狱而前往巴拿马的圣地亚哥·德阿兰赫（Santiago de Alanje）经商，用商品换鱼、猎物和黄金。后来他迁往马德雷别哈河口附近的奇里基塔，受到当地居民的热情接待，人们甚至用他的姓氏戴维为一个村落命名。1602 年，根据巴拿马都督胡安·洛佩斯·德塞凯拉（Juan López de Sequeira）的命令，新建城市被命名为圣何塞德戴维（San José de David）。另一说都督洛佩斯·德塞凯拉是犹太人，他以著名的犹太国王的名字为新建的城镇命名。

科克莱省（Cocle）其名源于流经该地区的北科克莱河和南科克莱河，"科克莱"（Cocle）可能是曾统治该地区的酋长名字。

首府佩诺诺梅（Penonomé）是由迭戈·洛佩斯·德比利亚努埃瓦－萨帕塔（Diego López de Villanueva y Zapata）建于 1581 年 4 月 30 日。一说其名源于"pena de Nomé"，"Nomé"是土著酋长的名字，"pena"西班牙语意为"痛苦"。传说酋长所爱的公主去世，他感觉非常痛苦，该城便以此为名。一说西班牙殖民者巴达霍斯（Badajoz）捉住诺梅酋长，对他严刑拷打，逼他说出财宝的藏匿处，最后把他杀掉。在诺梅的墓碑上写有"Aquí penó Nomé"，西班牙语意为"诺梅在这儿受苦"，后来这句话成为城名。还有一个说法是该城以酋长的全名"Be Nu Nomé"命名。

科隆省（Colón）和首府科隆之名是为纪念意大利航海家哥伦布（Cristóbal Colón），哥伦布第四次远航美洲时，曾抵达这里。首府科隆建于 1852 年 2 月 27 日，原名阿斯平沃尔（Aspinwoll）。

达连省（Darién）源于印第安奎瓦语（cueva）中的塔内拉河（Río Tanela），"Tanela"被西班牙语化后，因读音不准，变成了达连（Darién）。西班牙殖民者把在美洲建立的第一座城市取名为"圣玛利亚德安蒂瓜德尔达连"（Santa María de Antigua del Darién），后来整个地区也以"达连"为名。

首府帕尔马（La Palma）一名的西班牙语意为"棕榈树"。

埃雷拉省（Herrera）设立于 1915 年 1 月 18 日，其名是为纪念托马斯·埃雷拉将军（Tomás Herrera，1800 – 1854）。埃雷拉源于拉丁文"ferrum"，意为"铁"。托马斯·埃雷拉是哥伦比亚政治家和军人,曾几次担任巴拿马省省长一职。

首府奇特雷（Chitré）由本土拉·索利斯（Ventura Solís）等人于1848年10月29日建立。一说其名源于曾统治该地区的土著酋长奇特雷,一说其名意为"播种玉米的地方"。

洛斯桑托斯省（Los Santos）之名源于首府洛斯桑托斯。

首府洛斯桑托斯建立于1569年11月1日,这一天正巧是万圣节（Día de Todos Los Santos）,便取名为洛斯桑托斯城（Villa de los Santos）。

巴拿马省（Panam）和首府巴拿马城的名称来源见上述巴拿马国名。

贝拉瓜斯省（Veraguas）之名源于土著语"Viracua"或"Viragua"。

首府圣地亚哥（Santiago）建于1621年10月23日,以天主教圣徒圣地亚哥为名。

3. 伯利兹

（1）国名

伯利兹（Belice）位于中美洲东北部,其北部和东北部与墨西哥相连,南部与西部同危地马拉相接,东部濒临加勒比海。伯利兹其名来源有几种说法。一说1638年苏格兰海盗彼得·沃利斯（Peter Wallace）占领伯利兹,后人便把他的姓氏作为这个国家的名称,只是翻译所致,西班牙语把"沃利斯"（Wallace）译成"伯利兹"（Belice）；一说源于玛雅语"beells",意为"果实之路"；一说来自玛雅语"belix",意为"淤泥水"；一说源于玛雅语"beelis",意为"奴隶之国"；一说源于法语"balise",意为"灯塔"或"航标"；一说来自西班牙语"baliza",也是意为"航标"。古西班牙地图中把该地区称为"Baliza",因为这一带有很多礁石或暗礁。

（2）首都名

贝尔莫潘（Belmopan）地处伯利兹河岸。1961年,原殖民地首府伯利兹遭飓风严重破坏,伯利兹当局决定迁都内陆。1967年开始兴建新都贝尔（Bel）,1970年新都建成。贝尔之名是由伯利兹河（Belice）的前三个字母组成。1973年改名为贝尔莫潘,其名由伯利兹河（Belice）的前三个字母和伯利兹河的支流莫潘河（mopan）的名字组合而成。

(3) 区名和首府名

伯利兹分为6个区。

伯利兹区（Belice District）位于伯利兹东部，其名见上述国名。

首府伯利兹城（Belize City）是伯利兹最大的城市，曾是该国首都。原先是玛雅人建的一座小城，名叫霍尔朱兹（Holzuz）。1638年，英国海盗和奴隶贩子再次在此建城，其名来源见上述国名。

卡约区（Cayo District）位于伯利兹西部，是该国最大的区。其名西班牙语意为"岛"或"礁石"。首府圣伊格纳西奥（San Ignacio）由西班牙殖民者胡安·德萨利纳斯·洛约拉（Juan de Salinas Loyola）建于1557年，最初西班牙殖民者为该城取名埃尔卡约（El Cayo）。1646年，耶稣会传教士加斯帕尔·库西亚（Gaspar Cujía）和卢卡斯·德拉奎瓦（Lucas de la Cueva）来到这座小城传教，曾将城名改为圣伊格纳西奥德洛约拉（San Ignacio de Loyola）。城名中的"圣伊格纳西奥"是为纪念基督教创始人，"洛约拉"是为纪念该城奠基人胡安·德萨利纳斯·洛约拉。

科罗萨尔区（Corozal District）是地处伯利兹最北部的一个区，其名源于首府科罗萨尔。

首府科罗萨尔（Corozal）之名源于原居住民抵达此地时所发现的科内棕榈树（cohne）。科内棕榈树曾是玛雅人丰产的象征。

奥兰治沃克区（Orange Walk District）位于伯利兹西北部，其名源于首府橘园城。

首府橘园城（Orange Walk Town），在流经该城的新河两岸长满了橘树，故而得名。

斯坦克里克区（Stann creke District）位于伯利兹东南部。17世纪末，欧洲清教徒商人和农夫来到斯坦克里克城（今丹格里加）定居，他们称贸易点为"斯坦德"（stande），英文意为"摊"，但人们把它误读为"斯坦"（stann），"斯坦克里克"（Stann creke）遂成为城名，意为"斯坦港城"。后来斯坦克里克区便以该城名作为区名。但是，斯坦克里克城后来改称为丹格里加。

首府丹格里加（Dangriga）原称斯坦克里克（Stann creke）。1832年，

来自洪都拉斯的、被称为加里弗纳人（garifuna）的加勒比黑人到达此地后，将此城改称为丹格里加，意为"甜水"。

托莱多区（Toledo）是伯利兹最南端的区，"托莱多"是西班牙语姓氏。

首府蓬塔戈尔达（Punta Gorda）是西班牙语地名，意为"胖角"。

4. 哥斯达黎加共和国

（1）国名

哥斯达黎加共和国（República de Costa Rica）位于中美洲南部，北与尼加拉瓜接壤，南同巴拿马交界，东临加勒比海，西濒太平洋。西班牙殖民者到来前，这里原是奇罗特加人、博鲁阿人和塔拉曼卡人等印第安人的居住地。在西班牙语中，哥斯达黎加（Costa Rica）意为"富庶的海岸"。其得名有几种说法：一说著名航海家哥伦布第四次航行美洲时，于1502年抵达利蒙港，发现当地印第安人佩戴着耀眼的金饰物，便称其为哥斯达·德尔奥洛（Costa del Oro），意为"黄金海岸"，后通称"哥斯达黎加"，即"富庶的海岸"；另一说1524年西班牙殖民者科尔多瓦来到尼科亚半岛，看到这里树木繁茂、土地肥沃、物产丰富，便在1539年把这个地方命名为"哥斯达黎加"。近年来，哥斯达黎加学者迪奥尼西奥·卡瓦尔·安蒂利翁（Dionisio Cabal Antillón）提出一种新的看法，他认为"哥斯达黎加"不是出自欧洲语言，而是源于土著韦塔尔人（Huetar）对其所居住地区的称呼"Coquerrica"、"Coquerrique"或"Cotaquerrique"，西班牙人按照自己的习惯，把它简化为"Costarrica"。

（2）首都名

圣何塞（San José，旧译圣约翰）始建于1736年，当时莱昂市市政会下令在阿塞里谷建立天主教堂。于是，开始在位于阿塞里中心的库里达瓦山口兴建教堂。1738年，胡安·曼努埃尔·德卡萨索拉神父（Juan Manuel de Casasola）完成了教堂的建设。教会下令阿塞里山谷中的居民在教堂周围修建住宅。然而，居民们拒绝搬迁，一是不愿离开自己的土地，二是因为库里达瓦山口严重缺水。1747年，胡安·德波马尔－布尔戈斯神父（Juan de Pomar y Burgos）修建了一条水渠，把托雷斯河与阿里亚斯河水引入此地，解决了缺水问题。这样，教堂周围的民房逐渐多了起来。卡塔戈市市长托马斯·洛佩斯·德尔科拉尔（Tomás López del Corral）强迫阿塞里山谷中的居民搬迁至此，否则他们将被处以罚款或被施体罚。这样，以教堂为中心，逐渐形成一座城市，取名比利亚努埃瓦（Villa Nueva），西班牙语意为"新镇"。由于新镇居民崇拜圣经人物约瑟（即何塞），把他作为教区的守护神，遂改其名为圣何塞，并沿用至今。何塞是基督教圣经中的故事人物。他是犹太人祖先雅各12个儿子中的第11个，曾被哥哥们出卖为奴，后被埃及法老看中而当了宰相。圣何塞于1823年成为哥斯达黎加的国都，现为全国政治、经济、文化的中心和交通枢纽。

(3) 省名和首府名

哥斯达黎加共有7个省。

阿拉胡埃拉省（Alajuela）之名源于阿拉胡埃拉河（Río Alajuela）。这条河中的石头很像光滑的薄石板（laja），故被称为"拉拉胡埃拉"（La Lajuela）。1657年，拉拉胡埃拉成为该地区的名字。后来，根据当地的习惯，省略了"la"中的"l"，简称为"Alajuela"。

首府阿拉胡埃拉与所在省同名，1782年10月12日建城。1813年曾称为"Villa Hermosa de Alajuela"，西班牙语意为"阿拉胡埃拉美丽城"。1834~1835年曾为哥斯达黎加首都。该城被称为"杧果城"，因为在中央公园中有许多杧果树。

卡塔戈省（Cartago）之名是1540年11月29日西班牙国王卡洛斯一世（Carlos I）下令命名的，该名同非洲北部的古老强国"卡塔西内斯共和国"（República Cartagginesa）有关，卡塔西内斯文明曾对西班牙产生过重要影响。

首府卡塔戈由西班牙殖民者胡安·巴斯克斯·德科罗纳多（Juan Vázquez de Coronado）建于1563年，以卡塔戈省的名字命名。19世纪初，西班牙国王卡洛斯四世赐予该城"非常高贵与忠诚的卡塔戈城"（La Muy Noble y Leal Ciudad de Cartago）的称号。

瓜纳卡斯特省（Guanacaste）之名一说源于土著语，是指哥斯达黎加国树——瓜纳卡斯特树；一说源于阿兹特克语"Quah-Nacaz-Tlan"，意为"耳朵树旁的地方"。瓜纳卡斯特省曾一度改称为"莫拉希亚"（Moracia），以纪念哥斯达黎加总统胡安·拉菲尔·莫拉·波拉斯（Juan Rafael Mora Porras）。

首府利韦里亚城（Liberia）1831年7月23日建城时名为瓜纳卡斯特镇（Villa de Guanacaste），1836年9月3日改称瓜纳卡斯特城（Ciudad de Guanacaste），1854年5月30日改称利韦里亚城（Ciudad de Liberia），西班牙语意为"自由城"。该城常被称为"白城"（Ciudad Blanca），因为该城一直使用白砾石铺路，而且殖民时期建设的大部分建筑也都使用白砾石。

埃雷迪亚省（Heredia）之名源于首府埃雷迪亚。

首府埃雷迪亚之名是为纪念危地马拉检审庭长官阿隆索·费尔南德斯·埃雷迪亚（Alonso Fernández de Heredia）。

利蒙省（Limón）之名的西班牙语意为"柠檬"，得名是因1840年该地区一个贩卖珉瑰的商人房前曾有一个小的柠檬树种植园。

首府利蒙（Limón）由菲利普·瓦伦蒂尼（Philipp J. J. Valentini）建于1854年。

蓬塔雷纳斯省（Puntarenas）之名源于首府蓬塔雷纳斯。

首府蓬塔雷纳斯的名字第一次出现于1720年西班牙国家档案馆的一份文件中。"Puntarenas"西班牙语意为"沙角"，这是因为巴兰卡河和其他河流的水流与信风带来的泥沙形成了沙角。

圣阿塞省，其得名同首都名，该省包括首都及附近区域。

5. 洪都拉斯共和国

（1）国名

洪都拉斯共和国（República de Honduras）位于中美洲北部，北濒加勒比海，南临太平洋，东、南与尼加拉瓜和萨尔瓦多为邻，西与危地马拉交界。关于洪都拉斯名称的来源，存在着多种解释，但许多说法都没有确凿的依据。有人说，洪都拉斯得名之前，其所在地区称为瓜伊姆拉斯（Guaymuras）；有些文件说，洪都拉斯过去的名字是伊格拉斯（Higueras），意为"无花果"，因为哥伦布远航美洲时，发现洪都拉斯廷托河（Río Tinto）上漂浮着大量的无花果；有些西班牙人把这个地区称为新埃斯特雷马杜拉（Nueva Extremadura）；但也有人说，洪都拉斯是由西班牙探险家巴托洛梅·德拉斯卡萨斯发现的，他说这块土地名叫"Hondure"，是当地土著人取的名字；还有些文件说，洪都拉斯过去叫维马斯（Waimas）、丰杜拉（Fondura）和特尔努拉（Ternura）等。然而，最为普遍的说法是，1502年，哥伦布第四次率船队远航美洲抵达洪都拉斯时，突然遭到暴风雨的袭击。哥伦布的船队躲进一岬角，这里成为他们的避难所。风暴过后，哥伦布高呼："感谢上帝（Gracias a Dios），我们逃出了深渊（Honduras）！"从此，这一岬角被称为格拉西亚斯阿迪奥斯（Gracias a Dios），而科科河（或称塞戈维亚河）以西的地区则被称为洪都拉斯。1607年，洪都拉斯的名称开始出现在官方文件中。

（2）首都名

特古西加尔巴（Tegucigalpa）1578年9月29日建城，取名为雷阿尔比亚圣米格尔德特古西加尔巴（Real Villa de San Miguel de Tegucigalpa）。"雷阿尔比亚"是"皇家城镇"之意；"圣米格尔"是该城的守护神；"特古西加尔巴"则源于印第安纳瓦特尔语"Teguz—galpa"，意为"银山"，那时特古西加尔巴矿业发达，盛产白银和黄金。洪都拉斯首都几经变迁。第一个首都是位于大西洋岸的特鲁西略港（Trujillo），后迁往格拉西亚斯城（Gracias）。成立共和国后，首都曾从特古西加尔巴迁往科马亚瓜（Comayagua）。1880年，又迁回特古西加尔巴。据说，当时总统索托的妻子是特古西加尔巴人，而科马亚瓜一些上流社会的人蔑视总统夫人。这样，总统决定把首都迁往特古西加尔巴。1982年1月20日生效的现行宪法第1章第8条规定，首都由特古西加尔巴城和科马亚圭拉城（Comayagüela）共同组成。

（3）省名和首府名

洪都拉斯全国共分为18个省。

阿特兰蒂达省（Atlántida）之名源于西班牙语，意为"大西洋岛"。详见后述源于欧洲神话的地名。

首府拉塞瓦（La Ceiba）西班牙语意为"木棉树"。该城临海地区多高大挺拔的木棉树，早年从圣文森特岛来到此地的加里夫纳人把木棉树视为从天上到大地游览的阶梯，因而将这个地方称作"拉塞瓦"。

科隆省（Colón）之名是为纪念著名航海家克里斯托瓦尔·哥伦布（Cristóbal Colón），1502年哥伦布第四次远航美洲时，曾踏上洪都拉斯的土地。

首府特鲁希略（Trujillo）1525年5月18日由胡安·德梅迪纳（Juan de Medina）根据弗朗西斯科·德拉斯卡萨斯（Francisco de las Casas）的命令所建，用德拉斯卡萨斯的西班牙家乡特鲁希略（Truxillo）的名字命名。

科马亚瓜省（Comayagua）之名源于首府科马亚瓜。

首府科马亚瓜之名源于土著伦卡语（Lenca），"Comayagua"中的"coma"意为"荒凉地方"，"agua"意为"水"，全词的意思就是"多水的荒凉地方"。奉洪都拉斯都督弗朗西斯科·德蒙特霍（Francisco de Montejo）之命，1537年阿隆索·德卡塞雷斯（Alonso de Cáceres）建城，取名为圣玛丽亚德科马亚瓜（Santa María de Comayagua）。1543年9月3日，根据西班牙皇家法令，改名为巴利亚多利德康塞普西翁科马亚瓜城（Villa de Valladolid de Concepción de Comayagua）。其中"巴利亚多利德"（Valladolid）是西班牙的一个省名和其首府名，"康塞普西翁"（Concepción）西班牙语意为"圣母受孕节"，"Villa"西班牙语意为"城"，该城简称科马亚瓜。

科潘省（Copán）建于1869年。其名源于韦伊特拉诺王国（或称帕亚基王国）旧都科潘特尔（Copantl）。"Copantl"来自纳瓦特尔语"Quanhpantli"，意为"木桥"。

首府圣罗莎德科潘（Santa Rosa de Copán），1812年时取名洛斯利亚诺斯圣罗莎（Los Llanos de Santa Rosa），"洛斯利亚诺斯"（Los Llanos）的西班牙语意为"平原"，因为该城位于平原，"圣罗莎"（Santa Rosa）是为纪念该城保护神圣罗莎-德利马（Santa Rosa de Lima）。1869科潘省成立后，该城改名为圣罗莎德科潘。

科尔特斯省（Cortés）成立于1893年7月4日，其名是为纪念西班牙殖民者埃尔南·科尔特斯（Hernán Cortés），他曾征服墨西哥，1825年到过洪都拉斯。

首府圣佩德罗苏拉（San Pedro Sula）由西班牙殖民者佩德罗·德阿尔瓦拉多（Pedro de Alvarado）建于1536年6月27日，当时称为圣佩德罗德卡瓦略港（San Pedro de Puerto Caballos），"圣佩德罗"之名是来自佩德罗·德阿尔瓦拉多的名字，取"卡瓦略港"是因为该城靠近卡瓦略港。1541年改名为圣佩德罗苏拉城（Villa de San Pedro Sula）。其中的"苏拉"（Sula）

一说源于玛雅语，意为"百合"或"百合生长之地"；一说该城建于"乌苏拉谷"（Valle de Usula），其中的"Usula"意为"鸽子"；一说"sula"是纳瓦特尔语，意为"鹑"。

乔卢特卡省（Choluteca）之名源于首府乔卢特卡。

首府乔卢特卡1535年由西班牙殖民者克里斯托瓦尔·德拉奎瓦（Cristóbal de la Cueva）建城，取名为赫雷斯德拉弗龙特拉城（Villa de Jerez de la Frontera de la Choluteca），这是德拉奎瓦西班牙故乡的名称，"Choluteca"源于纳瓦特尔语"Chollolteca"，是"Cholollan"的复数形式，即今墨西哥普埃布拉州的乔卢拉（Cholula）。乔卢特卡的最早居民很多来自墨西哥普埃布拉州的乔卢拉，故以乔卢特卡为名。

埃尔帕拉伊索省（El Paraíso）成立于1869年5月28日，其名西班牙语意为"天堂"。

首府尤斯卡兰（Yuscaran）建立于1730~1740年，其名意为"花房之地"。

弗朗西斯科莫拉桑省（Francisco Morazán）之名是为纪念出生于该省首府特古西加尔巴的1830~1839年中美洲联邦共和国总统弗朗西斯科·莫拉桑（Francisco Morazán），他被视为中美洲和洪都拉斯的民族英雄。

首府特古西加尔巴（Tegucigalpa）也是洪都拉斯首都（详见首都名）。

格拉西亚斯阿迪奥斯省（Gracias a Dios）成立于1957年。1502年哥伦布第四次远航美洲抵达洪都拉斯时，突遭暴风雨袭击。哥伦布的船队躲进一岬角，风暴过后，哥伦布高呼："感谢上帝（Gracias a Dios），我们逃出了深渊（Honduras）！"此后，"感谢上帝"一词便成为该省的名字。

首府伦皮拉港（Puerto Lempira）原来的土著名称为"奥亚亚里"（Auya Yari），意为"大海滩"。1933年，卡洛斯·萨纳夫里亚将军将其改为现名伦皮拉港（Puerto Lempira），伦皮拉（Lempira）是洪都拉斯反抗西班牙侵略的民族英雄。

因蒂布卡省（Intibucá）成立于1883年4月16日，因蒂布卡（Intibucá）意为"高原"。

首府拉埃斯佩兰萨（La Esperanza）建立于1848年9月22日，其名西班牙语意为"希望"。该城被称为"花园城"。

海湾群岛省（Islas de La Bahia）由乌蒂拉岛（Utila）、罗阿坦岛（Roatán）和瓜纳哈岛（Guanaja）三大岛和许多小岛组成，1850年英国政府称其为海湾群岛。乌蒂拉岛（Utila）纳瓦特尔语意为"盛产引火松烟黑燃料"。罗阿坦岛（Roatán）纳瓦特尔语意为"女人之地"，由"eoatl"（女人）和"tlan"（地方）组成；另一说该岛名不是源自土著语，而是来自英语。传说英国海盗来到岛上时，发现了大量老鼠，他们惊叫道"Rat-land!"，意为"老鼠之地"，随后演变为罗阿坦岛（Roatán）。瓜纳哈岛（Guanaja）也是出自土著语，但1502年哥伦布到此地时称其为"松树岛"（Islas de Pinos）。

首府罗阿坦（Roatán）建于1872年3月14日。

拉巴斯省（La Paz）成立于1869年5月28日，其名源于首府拉巴斯。

首府拉巴斯曾叫作拉斯彼得拉斯（Las Peidras），西班牙语意为"石头"，因为这里地面多石。1848年9月14日，该城改名为拉巴斯，因教士何塞·费利西塔斯·哈隆（José Felicitas Jalón）赠送该城贞女拉巴斯像而得名。

伦皮拉省（Lempira）成立于1825年6月28日，其名是为纪念本地的土著民族英雄伦皮拉（Lempira）。

首府格拉西亚斯（Gracias）之名是由佩德罗·德阿尔瓦拉多的堂兄弟贡萨洛·德阿尔瓦拉多-查韦斯（Gonzalo de Alvarado y Chávez）所取城名——格拉西亚斯阿迪奥斯（Gracias a Dios）的简称，西班牙语意为"感谢上帝"。

奥科特佩克省（Ocotepeque）成立于1906年，其名源于首府奥科特佩克。

首府奥科特佩克，土著人称其为"Ocotepetl"，墨西哥方言意为"在遍布引火松的山上"，因为谷地遍布松树，这种松木带油脂，故被称为引火松（ocote）。1526年，西班牙殖民者弗朗西斯科·德拉斯卡萨斯（Francisco de las Casas）和希尔·冈萨雷斯·达维拉（Gil González Dávila）征服此地时，曾称它为埃尔阿西斯滕特（El Asistente），西班牙语意为"助手"。

奥兰乔省（Olancho）成立于1825年，其名土著语意为"胶皮之地"。

首府胡蒂卡尔帕（Juticalpa）建于1530年，其名源于纳瓦特尔语，意为"饭豆之地"。

圣巴巴拉省（Santa Barbara）成立于1825年6月28日，其名源于首府圣巴巴拉。

首府圣巴巴拉之名是为了纪念贞女圣巴巴拉。

巴列省（Valle）成立于1872年7月15日，其名是为纪念中美洲独立运动先驱何塞·塞西利奥·德尔巴列（José Cecilio del Valle, 1780－1834）。

首府纳考梅（Nacaome）建于1535年。当时乔卢拉和查帕拉斯蒂克两个部落厌倦了彼此之间的流血争斗，决定联合在一起，在查普拉帕（今纳考梅河）河边建立新的村镇，取名为"NACA-OME"，意为"两块肉的融合"。

约罗省（Yoro）成立于1825年6月28日，首府约罗与其同名。在墨西哥方言中，约罗意为"心脏中心"。

6. 尼加拉瓜共和国

（1）国名

尼加拉瓜共和国（República de Nicaragua）位于中美洲中部，北与洪都拉斯接壤，南同哥斯达黎加相连，东临加勒比海，西濒太平洋。"Nicaragua"是西班牙语化的名字，由"Nicarao"和"agua"两词组成。"agua"西班牙语意为"水"，这是因为尼加拉瓜靠近尼加拉瓜湖。"Nicarao"名字一说原为居住在尼加拉瓜湖畔一土著纳瓦特尔酋长的名字，该酋长曾英勇抵抗西班牙人的入侵；一说源于曾居住在该国太平洋岸边的古代居民尼卡劳人（Nicarao）的族称；还有一说"Nicaragua"来自纳瓦特尔语"Nican-atl-hua"，意为"这里水的主人"，或来自纳瓦特尔语"Nican-nahuan"，意为"这里靠水"。

（2）首都名

马那瓜（Managua）是尼加拉瓜最大的城市，也是中美洲第二大城市，仅次于危地马拉城。殖民时期，马那瓜是个小渔村，到1811年发展成为村镇，1846年发展为城市，1852年成为首都。有人说它的名字源自土著语"Mana-ahuac"，意思是"靠近水"；有人说意思是"水环绕"；还有人说意为"池塘环绕"，因为它地处广阔的马那瓜湖边，而且附近还有很多火山湖，如蒂斯卡帕湖、阿索科斯塔湖等。1819年，西班牙国王费尔南多七世赐其名为"Leal Villa de Santiago de Managua"，意为"圣地亚哥德马那瓜忠诚城",以表彰其忠于西班牙。1824年7月24日,更名为圣地亚哥德马那瓜,简称马那瓜。

(3) 省名和首府名

尼加拉瓜全国共分为15个省和2个自治区。

博阿科省（Boaco）成立于1938年,其名源于首府博阿科。

首府博阿科的名字来源有几种说法：一说源于苏莫和阿兹特克语,由"boa"或"boaj"（巫师）和后缀"o"（地方或村）两个词组成,意为"巫师村"；一说源于古代叫"Boaj"的部落名；还有一说"Boaco"源于"guaco"一词,意为"米甘草",是一种药用灌木,可用作被毒蛇咬伤后的解毒剂。

卡拉索省（Carazo）成立于1891年,其名是为纪念埃瓦里斯托·卡拉索总统（Evaristo Carazo,1821-1889）。他于1887年3月1日起任尼加拉瓜总统,直至1889年8月1日去世。

首府希诺特佩（Jinotepe）建立于1883年2月11日,其名源于纳瓦特尔语的"Xilotl"和"Tepet",意为"风山"。

奇南德加省（Chinandega）成立于1858年,其名源于首府奇南德加。

首府奇南德加建于1835年。"Chinandega"源于纳瓦特尔语,一说来自"Chinamitl-tacalt"一词,意为"芦苇围起的地方"；一说来自纳瓦特尔语的"Chinantecatl",意为"临时住所"。首府奇南德加也被称为"橘城"和"热情的城市"。

琼塔莱斯省（chontales）成立于19世纪,其名源于纳瓦特尔语,意为"外地人"。

首府惠加尔帕（Juigalpa）建立于1668年4月24日。其名来源有几种说法：一说源于阿兹特克语,意为"大城市"；一说源于墨西哥语,意为"盛产加拉巴木的地方"；一说意为"黑蜗牛养殖地"。

埃斯特利省（Estelí）成立于1891年12月8日,其名源于首府埃斯特利。

首府埃斯特利建于1685年6月13日,"Estelí"的名字一说意为"血河"、"黑曜岩河"、"红河"或"红碧玉石河"；一说源于米斯特克语"ix"（眼睛）和"telli"（平原、谷地）,意为"谷地上的眼睛"。

格拉纳达省（Granada）之名源于首府格拉纳达。

首府格拉纳达由弗朗西斯科·埃尔南德斯·德科尔多瓦斯（Francisco Hernández de Córdobas）建于1524年4月21日，为纪念他在西班牙的出生地格拉纳达而取此名。

希诺特加省（Jinotega）之名源于首府希诺特加。

首府希诺特加之名来自纳瓦特尔语"Xinotencatl"，其意有几种解释：有人说意为"永恒之城"；有人说是"邻人居住的地方"；还有人认为是"拥有希尼奥夸霍斯树的居民"。

莱昂省（León）之名源于首府莱昂。

首府莱昂由弗朗西斯科·埃尔南德斯·德科尔多瓦斯建于1524年，曾是尼加拉瓜首都。取莱昂之名是为纪念西班牙城市莱昂。

马德里斯省（Madriz）成立于1936年，其名是为纪念何塞·马德里斯·罗德里格斯总统（José Madriz Rodrigues）。他是尼加拉瓜第50届总统（1909年12月至1910年8月）。在美国干预下，1910年8月，他被迫流亡墨西哥，1911年5月14日死于墨西哥城。

首府索莫托（Somoto）原土著名称是"Tecpecxomotli"，其中"tépec"意为"谷"，"xomotl"意为"火鸡"，全词义为"火鸡谷"。西班牙到达后称其为特佩索纳特（Tepesonate），即以其靠近特佩索纳特山为名，特佩索纳特意为"水山"。后改称圣地亚哥德洛斯卡瓦列罗德索莫托格兰德（Santiago de Los Caballeros de Somoto Grande），今称索莫托。也有人说索莫托源于乔罗特加诺斯和乔罗特加斯人的部落名。

马那瓜省（Managua）和首府马那瓜同名（详见首都马那瓜）。

马萨亚省（Masaya）之名源于首府马萨亚。

首府马萨亚之名源于纳瓦特尔语的"Mazātlān"，一说该名中的"Mazāt"意为"鹿"，"lān"意为"地方"，全词义为"鹿之地"；一说意为"有许多湖的地方"；还有一说它是以活火山马萨亚火山（volcán Masaya）的名字为名。马萨亚被称为"花城"和"尼加拉瓜民俗的摇篮"。

马塔加尔帕省（Matagalpa）成立于1838年，其名源于首府马塔加尔帕。

首府马塔加尔帕建于1851年4月5日。"Matagalpa"一名的来源有多种解释：一说源于土著语"Matlatl-calli-pan"，意为"渔网的房子"；一说源于土著语"Matlactli-calli-pan"，意为"在10户家庭中"；一说源于土著语"Matlati-galpa"，意为"投石手的土地"；一说源于土著语"Maika-calpa"，意为"大村落"；一说"Matagalpa"源于苏莫语，"matlatl"意为"我们去"，"galpa"意为"石头"，全词义为"我们去石头那儿"；一说"Matagalpa"的意思是"绿色的地方"和"蓝黏土之地"；一说"Matagalpa"中的"galpa"意为"山"，全词义为"10座山的地方"或"多山之地"。

新塞哥维亚省（Nueva Segovia）。1543年，西班牙殖民者迭戈·德卡斯塔涅达（Diego de Castañeda）在该地区建立了第一个居民点，为了讨好都督罗德里戈·德孔特雷拉斯（Rodrigo de Contreras），便以他西班牙家乡的名字塞哥维亚（Segovia）为这个居民点命名（今别哈城）。1611年，在该地建立第二个塞哥维亚居民点（今安蒂瓜城）。1858年成立该省时，便以新塞哥维亚为省名。

首府奥科塔尔（Ocotal）是纳瓦特尔语名字"Ocotlalpan"的西班牙语化。前缀"ocotl"意为"引火松"，"tlalli"意为"大量的"，后缀"pan"意为"地方"，全词义为"生长大量引火松的地方"。该城被称为"北方战舰"和"松树城"。

里瓦斯省（Rivas）成立于1826年4月8日，当时名为尼加拉瓜行政区（Partido de Nicaragua）；1838年12月21日改称为南方省（Departamento Meridional）；1858年最终定名为里瓦斯，其名源于首府里瓦斯。

首府里瓦斯原来名叫尼加拉瓜谷地村（El Pueblo del Valle de Nicaragua），1720年5月12日改称纯洁康塞普西翁德里瓦斯城（Villa de la Pura y Limpia Concepción de Rivas），简称里瓦斯，以纪念危地马拉检审庭庭长弗朗西斯科·罗德里格斯·德里瓦斯（Francisco Rodríguez de Rivas）上将。

圣胡安河省（Río San Juan）成立于1957年，其名源于流经尼加拉瓜的圣胡安河（Río San Juan），该河源于格兰湖，流入加勒比海。

首府圣卡洛斯（San Carlos）建于1526年，当时取名新哈恩（Nueva Jaén），以纪念西班牙城市哈恩（Jaén），后该城被毁。17世纪重建后，以该城保护神圣卡洛斯的名字命名，每年10月4日是"圣卡洛斯节"。

北大西洋自治区（Región Autónoma del Atlántico Norte）以地理位置命名。该区靠加勒比海，在尼加拉瓜北部，故称为北大西洋自治区。

首府卡贝萨斯港（Puerto Cabezas）建于1690年，很多人称它为"比尔维"（Bilwi）：一说这源于梅斯蒂索人（白人和印第安人的混血）的米斯基托语，其意为"叶蛇"；一说源于苏莫语，其意为"蛇蜕皮"；一说源于英文的"Bill Way"，意为"比尔的方式"。卡贝萨斯港之名则是1926年其升级为城市时所起，以纪念把加勒比海海岸并入尼加拉瓜的里戈韦托·卡贝萨斯（Rigoberto Cabezas）。

南大西洋自治区（Región Autónoma del Atlántico Sur）以地理位置命名。该区邻近加勒比海，在尼加拉瓜南部，故称为南大西洋自治区。

首府布卢菲尔兹（Bluefields）一名源于17世纪初荷兰海盗亚伯拉罕·布劳维尔特（Abraham Blauvelt）的名字，他曾在该城附近水域活动。

7. 萨尔瓦多共和国

（1）国名

萨尔瓦多共和国（República del Salvador）位于中美洲北部，东部和北部与洪都拉斯接壤，西部和西北部同危地马拉交界，南濒太平洋。新大陆被发现前，印第安阿兹特克部族的后裔皮皮尔人（Pipil）曾在今圣萨尔瓦多附近建立都城库斯卡特兰（Cuscatlan），后被放弃。1524年，西班牙殖民者佩德罗·德阿尔瓦拉多（Pedro de Alvarado）从危地马拉率军出征库斯卡特兰失败后，第二年又派其弟冈萨罗·德阿尔瓦拉多（Gonzalo de Alvarado）再次进军库斯卡特兰。1525年4月，冈萨罗在现圣萨尔瓦多（San Salvador）兴建城镇，按事前佩德罗的盼咐，给该镇取名为圣萨尔瓦多。此名同教皇加里斯都三世有关。1456年8月6日，十字军在贝尔格莱德击溃穆罕默德二世率领的奥斯曼帝国军队，结束了土耳其人对该城的统治。次年，教皇加里斯都三世规定每年的8月6日为主显圣容节。此后，欧洲许多城镇和教堂都以救世主耶稣基督（Salvador）命名。哥伦布远航美洲时，也将其登上的第一个岛——瓜纳尼岛（Guanahani）命名为"救世主"。1546年，西班牙国王卡洛斯一世正式赐予该城圣萨尔瓦多的名号。圣萨尔瓦多同时还是监督管辖区的名字，辖有库斯卡特兰、圣文森特、圣米格尔和乔卢特卡等省。1824年，圣萨尔瓦多监督管辖区和松索纳特辖区的议员一致同意成立联邦国家，国名亦为萨尔瓦多（Salvador）。1824年7月12日颁布的萨尔瓦多第一部宪法确认了这个国名，并一直沿用至今。首都则一直以"圣萨尔瓦多"之名沿用至今。

（2）首都名

圣萨尔瓦多（San Salvador）最早建于1525年。位于圣萨尔瓦多山西南的阿马卡斯河谷，被称为"活火山观光城"。圣萨尔瓦多之名来源参见上述国名。

（3）省名和首府名

萨尔瓦多全国共分为14个省。

阿瓦查潘省（Ahuachapán）位于萨尔瓦多最西部，成立于1869年2月9日，其名源于首府阿瓦查潘。

首府阿瓦查潘之名为纳瓦特尔语，其中"Ahua"意为"栎树"，"cha"意为"房子"，"pan"意为"城"，全词义为"栎树房城"。该地栎树很多，建筑多用栎树木料。公元5世纪，玛雅-基切人的波科马梅斯部落已开始在此建城，1869年，该城成为阿瓦查潘省首府。

圣安娜省（Santa Ana）成立于1855年，其名源于首府圣安娜。

首府圣安娜由玛雅人建城于公元5世纪，名为查尔丘阿帕（Chalchuapa）。900~1200年，皮皮尔人移居此地，改称西瓦特瓦坎（Cihuatehuacán），意为"女祭司之地"。1530~1540年，西班牙殖民者占领该城。1569年7月26日，危地马拉主教贝尔纳迪诺·比利亚尔潘多（Bernardino Villalpando）将该城名改为圣安娜。

松索纳特省（Sonsonate）位于萨尔瓦多西部，建省于1824年。其名源于首府松索纳特。

首府松索纳特由安东尼奥·罗德里格斯（Antonio Rodriguez）建于1552年，当时取名圣灵城（Villa of Sagrado Espiritu）。曾改名为圣特立尼达（Villa de la Santísima Trinidad）。1553年，又以流经该城的松索纳特河（Zonzonate）之名将该城命名为松索纳特（Zonzonate），后将名称中的头一个字母"Z"改为"S"，变为"Sonsonate"。关于"Sonsonate"有几种解释：一说源于纳瓦特尔语，意为"多水"；一说源于亚基或皮皮尔语，意为"大河"。

拉利伯塔德省（La Libertad）建于1865年，其名为西班牙语，意为"自由"。

首府圣特克拉（Santa Tecla）建于1854年8月8日。1853年，圣萨尔瓦多遭遇强烈地震，被严重破坏，政府欲迁都此地，遂将此地命名为新圣萨尔瓦多（Nueva San Salvador）。1858年，萨尔瓦多政府放弃了迁都的打算，但新圣萨尔瓦多的名称却被保留下来。2003年，新圣萨尔瓦多市市长奥斯卡·奥尔蒂斯（Oscar Ortiz）提议将城名改为圣特克拉，它是建立城市时所在地"圣特克拉庄园"的名称。2003年12月，萨尔瓦多国会发布第201号令，宣布新圣萨尔瓦多正式改名为圣特克拉。2004年1月1日，该法令生效。圣特克拉是天主教圣徒，受到天主教徒的尊崇。

查拉特南戈省（Chalatenango）位于萨尔瓦多西北部，建省于1855年2月14日，其名源于首府查拉特南戈。

首府查拉特南戈之名源于纳瓦特尔语，其中"chal"（shal）意为"沙"，"at"意为"水"，"tenango"意为"谷地"，全词义为"沙水谷地"。

库斯卡特兰省（Cuscatlán）位于萨尔瓦多中部，建省于1835年5月22日。其名一说源于纳瓦特尔语，意为"珍宝之地"；一说来自阿兹特克语的"Cocatlán"，意为"珠宝城"。

首府科胡特佩克（Cojutepeque）原名苏奇托托（Suchitoto），皮皮尔语意为"贵族"或"领主"。大部分人认为，科胡特佩克意为"火鸡山"，一些人认为意为"鹦鹉山"，还有一些人认为是"狼山"或"雄山"的意思。

圣萨尔瓦多省（San Salvador）和首府圣萨尔瓦多同名，其名来源详见上述萨尔瓦多国名。

拉巴斯省位于萨尔瓦多中南部，其名西班牙语意为"和平"，纳瓦特尔语意为"鱼的住所"。

首府萨卡特科卢卡（Zacatecoluca）源于纳瓦特尔语，意为"草场和雕鸮之地"，其中"zacat"意为"青草"，"tecolut"意为"雕鸮"，"can"意为"地方"。

卡瓦尼亚斯省（Cabañas）成立于1873年2月10日，其名是为纪念何塞·特立尼达·卡瓦尼亚斯（José Trinidad Cabañas，1805－1871），1852～1855年，他曾任洪都拉斯总统。

首府森松特佩克（Sensuntepeque）建于1550年，其名源于皮皮尔语的"Centzuntepec"，其中"centzunt"意为"400"，"tepec"意为"山"，全词义为"400座小山"或"多山"，意指该地区多山。

圣维森特省（San Vicente）位于萨尔瓦多中部，建省于1824年，其名源于首府圣维森特。

首府圣维森特建于1635年12月26日。当时，来自西班牙的50多户移民在阿卡瓦帕河边的坦普斯克山中建起村庄，取名圣维森特德洛伦萨纳（San Vicente de Lorenzana），以纪念莱昂克劳迪奥修道院院长圣文森特神父，圣维森特之名由此而来。

乌苏卢坦省（Usulután）位于萨尔瓦多东部，建省于1865年6月22日，其名源于首府乌苏卢坦。

首府乌苏卢坦"Usulután"之名源于纳瓦特尔语，意为"美洲豹猫之城"。词中"usulut"是"ucelut"的变异，意为"美洲豹猫"；后缀"tan"，意为"城"。美洲豹猫是当时居住在此地的部落的图腾。有人认为"Usulután"意为"多鬣蜥的地方"。

圣米格尔省成立于1824年6月12日，其名源于首府圣米格尔。

首府圣米格尔由路易斯·莫斯科索（Luis Moscoso）建于1530年5月8日，这一天正巧是大天使米格尔节（Arcángel Miguel），故取名为边疆的圣米格尔（San Miguel de la Frontera）。该城被誉为"东方战舰"和"东方珍珠"。

莫拉桑省（Morazán）位于萨瓦尔多东部，建省于1875年7月14日。1887年3月14日，国会下令将该省改为现名，以纪念中美联合主义者弗朗西斯科·莫拉桑（Francisco Morazán，1792－1842）。莫拉桑是洪都拉斯人，曾任中美洲联合省（中美洲联邦共和国）最后一任总统。

首府圣弗朗西斯科戈特拉（San Francisco Gotera），简称戈特拉。戈特拉是土著伦卡语，意为"蛇山"，其中"got"意为"蛇"；"era"意为"山"。

拉乌尼翁省（La Unión）位于萨瓦尔多东部，建省于1865年6月22日，其名源于首府拉乌尼翁。

首府拉乌尼翁18世纪末曾名为圣卡洛斯港（Puerto San Carlos），以纪念西班牙国王卡洛斯三世（Carlos Ⅲ）。1824年，作为"大港"改名为中美洲联盟港（Puerto de La Unión Centroamericana）。1865年2月28日，获得圣卡洛斯德拉乌尼翁（San Carlos de La Unión）称号，简称拉乌尼翁（La Unión）。

8. 危地马拉共和国

（1）国名

危地马拉共和国（República de Guatemala）位于中美洲西北部，东北部与伯利兹为邻，西部和北部同墨西哥相接，东南部邻近洪都拉斯和萨尔瓦多，南濒太平洋，东邻加勒比海。国名来源于首都名（详见下述国都）。

（2）首都名

危地马拉城（Ciudad de Guatemala）是该国和中美洲最大的城市，位于危地马拉中部的山谷中。1524年7月28日，西班牙殖民者建危地马拉城，当时取名圣地亚哥（Santiago），后改名为新危地马拉德拉亚松森（Nueva Guatemala de la Asunción），到后来只简称为危地马拉城，全称几乎被遗忘。关于危地马拉的得名，有以下几种说法。

其一，源于印第安阿兹特克语"Quauhtemellan"，意为"鹰族人的土地"，鹰为当地部落崇拜的图腾。危地马拉即是把原阿兹特克地名加以西班牙语化的结果。

其二，是印第安语"Uhatzmalha"的西班牙语译名，意为"喷水的山"，指阿瓜火山。阿瓜火山喷吐的岩浆曾像汹涌的洪水，淹没并毁灭了危地马拉城。后因地震，危地马拉城再次被毁灭。现在的危地马拉城是第三代城。

其三，是由当地土著名称"瓜特马样库阿乌"（Quauhtemallan，cu auh）转化而来，原意是"腐烂的树木"，后转意为"森林之地""森林之国"，因古时该国山林面积占全国土地面积的2/3，也因首都周围有许多被当地纳瓦特尔人称为朽木的林木，故而得名。

其四，源于卡克奇克尔宫廷（Cakchiquel）当时的所在地即特查瓜特马兰（Techan Quatemalan）之名。

其五，源于印第安纳瓦特尔语的"瓜乌特马拉"（Guauhitemala），意为"森林之地"或"多林的地方"。

（3）省名和首府名

危地马拉共分为22个省。

上韦拉帕斯省（Alta Verapaz）位于危地马拉北部。西班牙殖民者抵达此地时，上韦拉帕斯省和下韦拉帕斯省一起被称为特苏卢特兰（Tezulutlán），或写成"Tuzulutrán""Tucurután""Tesulutlán"，意为"战争之地"。此名得来是因为当地土著人奋勇抵抗西班牙入侵者。后来，多明我会传教士巴托洛梅·德拉斯卡萨斯（Bartolomé de las Casas）通过传教欺骗土著人，使西班牙殖民者得以和平占领该地区，故取名韦拉帕斯（Verapaz）。"Verapaz"是"verdadera paz"的简称，意为"真正的和平"。因该省位于危地马拉北部，故称上韦拉帕斯省。

首府科万（Cobán）由多明我会传教士建于1543年，其名玛雅语意为"阴云密布之地"，因为该地经常下雨，特别是下毛毛雨，且常常持续多日。

下韦拉帕斯省（Baja Verapaz）位于危地马拉北部，其名来源同上述上韦拉帕斯省。因该省位于上韦拉帕斯省之下，故称下韦拉帕斯省。

首府萨拉马（Salamá）建于1550~1560年，其名源于基切语"Tzalamhá"。一说"tzalam"意为"监狱"，"há"意为"水狱"，全词义为"水狱"；一说"tzalam"意为"木板"，"há"意为"房"，全词义为"木板房"；一说"tzalam"意为"木板"，"há"意为"水"，全词义为"木板河"或"水上的木板"，原住民皮皮尔人经常用木板作为独木舟在河上划行。

奇马尔特南戈省（Chimaltenango）位于危地马拉中部，建省于1839年9月12日，其名源于首府奇马尔特南戈。

首府奇马尔特南戈由西班牙殖民者佩德罗·波托卡雷罗（Pedro Portocarrero）建于1526年。哥伦布发现新大陆前，此地区名为"Boko'b"，是原住民卡克奇克尔人（kaqchikel）所取，后改为现名，即纳瓦特尔语的奇马尔特南戈。"Chimaltenango"由"chimal"（盾）和"tenango"（围墙）两部分组成，全词义为"盾墙"，该城原为军事要塞。

奇基穆拉省（Chiquimula）位于危地马拉东部，建省于1839年，其名源于首府奇基穆拉。

首府奇基穆拉建于1821年，其名源于纳瓦特尔语的"Chiquimolín"，意为"朱顶雀"。

埃尔普罗格雷索省（El Progreso）位于危地马拉东北部，原名瓜斯塔托亚（Guastatoya），纳瓦特尔语意为"冷去暖来的地方"。1908年建省时取现名埃尔普罗格雷索，西班牙语意为"进步"。1919年改名为埃斯特拉达卡夫雷拉省（Estrada Cabrera），是以当时危地马拉总统埃斯特拉达-卡夫雷拉的名字为名。1920年该省被取消。1934年4月3日再建该省时，恢复埃尔普罗格雷索的名称。

首府瓜斯塔托亚（Guastatoya）之名来源见埃尔普罗格雷索省原名。

埃斯昆特拉省（Escuintla）位于危地马拉中南部，建省于1825年11月4日，其名源于首府埃斯昆特拉。

首府埃斯昆特拉之名源于皮皮尔语"Itzcuintlan"或"Itzcuintepeque"，意为"狗山"或"狗地"。当地土著人饲养大量南美大豚鼠用作食物，西班牙人把它同狗混淆起来，故用"狗山"或"狗地"命名该省。

危地马拉省（Guatemala）位于危地马拉中南部，建省于1825年。首府危地马拉城（Ciudad de Guatemala），也是危地马拉首都。其名来源见国名和首都名。

韦韦特南戈省（Huehuetenango）位于危地马拉西北部，建省于1866年5月8日，其名源于首府韦韦特南戈。

首府韦韦特南戈由贡萨洛·德阿尔瓦拉多（Gonzalo de Alvarado）建于1524年。史前该城是马姆领地的都城，称为奇纳布胡尔（Chinabjul），意为"峡谷之间"。西班牙殖民者抵达此地时，土著人称它为韦韦特南戈（Ueuetenango），一些人认为这是纳瓦特尔语，意为"老人的地方"；一些人认为这个词是生长在塞莱瓜河畔一种树的名称，在墨西哥称其为"ahuehuetle"。

伊萨瓦尔省（Izabal）位于危地马拉东北部，建省于1866年5月18日，其名源于巴斯克语。在巴斯克语中，"zabal"意为"宽的"，可能指该省所邻近的海湾十分宽阔。

首府巴里奥斯港（Puerto Barrios）是何塞·马里亚·巴里奥斯（José María Reina Barrios）将军1895年7月19日下令兴建的一座新城市，以其叔父胡斯托·鲁菲诺·巴里奥斯（Justo Rufino Barrios）将军之名命名。

哈拉帕省（Jalapa）位于危地马拉中南部，建省于1873年11月24日。其名源于首府哈拉帕。

首府哈拉帕建于1825年11月4日，其名源于纳瓦特尔语的"xal"和"pan"两个词，全词义为"沙之地"或"多沙水之地"。

胡蒂亚帕省（Jutiapa）位于危地马拉东南部，建省于1852年，其名源于首府胡蒂亚帕。

首府胡蒂亚帕建于1852年。一说"Jutiapa"由玛雅语"jute"（小蜗牛）和"apán"（河）组成，全词义为"小蜗牛河"；一说"Jutiapa"源于纳瓦特尔语"Xo-chiapán"，意为"花河"；一说源于制黏土器皿的匠人所用的词"enjutar"，意为"弄干"。

佩滕省（Peten）位于危地马拉北端，建省于1866年5月8日，其名意为"岛"。古时玛雅人称佩滕伊特萨湖中的岛为"佩滕"（Peten），后便成为该省名。

首府弗洛雷斯（Flores），玛雅文明时期该城曾名为诺赫佩滕（Noj Petén）、塔亚萨尔（Tayasal）等。1831年5月2日，危地马拉总统发布第6号令，宣布该城名为弗洛雷斯（Flores），以纪念该国副总统西里洛·弗洛雷斯（Cirílo Flores）。

克萨尔特南戈省（Quetzaltenango）建省于1845年9月16日，其名源于首府克萨尔特南戈。

首府克萨尔特南戈所在地最早的居民是马姆人（mam），他们称这个地方为"库纳阿"（Cunahá）或"库拉哈"（Culajá），意为"多水峡谷"。公元7世纪，基切人赶走马姆人占领此地。基切人称该城为"Xelahuh"和"Xelahúh Queh"，意为"有10只鹿的地方"，或意为"在10座山下"，所以，现在克萨尔特南戈也被称为"赫拉胡"（Xelajú）和"赫拉"（Xela）。佩德罗·德阿尔瓦拉多征服此地后，1524年5月7日正式在此地建城，用纳瓦特尔语取名为"Quezaltenango"，意为"格查尔鸟之地"，因为那里有许多格查尔鸟。1984年，危地马拉政府下令在城名中添加一个字母"t"，最终城名为"Quetzaltenango"。

基切省（Quiche）位于危地马拉西北部，建省于1872年。大多数人认为，"Quiche"（或 k'iche'）由"qui"（或 ki）（许多）和"che"（树）组成，全词义为"森林、热带雨林或许多树木"。有些人认为，"k'iche'"意为"带刺的树林"。

首府圣克鲁斯德尔基切（Santa Cruz del Quiche）建于1539年，1825年10月12日成为基切省首府。圣克鲁斯德尔基切之名于1539年由弗朗西斯科·马罗金主教（Obispo Francisco Marroquín）所取，是基切语"Quiche"和天主教圣十字架（Santa Cruz）的结合。

雷塔卢莱乌省（Retalhuleu）位于危地马拉西南部，建省于1877年10月16日，其名源于首府雷塔卢莱乌。

首府雷塔卢莱乌建于1625年10月29日。雷塔卢莱乌（Retalhuleu）源于基切语，其中"retal"意为"标志"，"hul"意为"坑"，"uleu"意为"土地"，全词义为"土地的标志"。关于雷塔卢莱乌之名来源，还有一段传说。传说土著人要求佩德罗·德阿尔瓦拉多为他们的土地划界。阿尔瓦拉多举起剑在空中划了一个标志，指出右边的土地属马姆人，左边的土地属基切人，而界限就是尼尔河。

萨卡特佩克斯省（Sacatepequez）位于危地马拉中部，建省于1776年。其名源自纳瓦特尔语或皮皮尔语，其中"saca"意为"草"，"tepet"意为"山"，全词义为"草山"。

首府旧危地马拉（Antigua Guatemala）曾是危地马拉第三个首都。建于1543年，当时名为"非常忠实、非常高贵的洛斯卡瓦列罗斯德危地马拉圣地亚哥城"（Muy Leal y Muy Noble Ciudad de Santiago de los Caballeros de Goathemala），1773年的大地震使该城大部分建筑被毁，于是在埃尔米塔谷地兴建了新的首都危地马拉城。1774年重建后，该城被称为旧危地马拉。1979年，旧危地马拉被联合国教科文组织评定为世界文化遗产。

圣马科斯省（San Marcos）位于危地马拉西南部，建省于1866年5月8日。该地区原名为"埃尔巴里奥"（El Barrio），后因该地建立的天主教堂尊崇福音书作者之一圣马可（San Marcos Evangelista），该省名改为圣马可。

首府圣马科斯由西班牙殖民者胡安·德莱昂·卡多纳（Juan de León Cardona）建于1533年4月25日。

圣罗莎省（Santa Rosa）位于危地马拉东南部，建省于1852年5月8日，它是以在秘鲁出生的、美洲第一位女圣徒圣罗莎（Santa Rosa）的名字为名。

首府奎拉帕（Cuilapa）原名夸希尼基拉帕（Cuajiniquilapa），源于"Cuajinicuil"、"Quijinicuil"或"Cuajiniquil"，意为"库西内斯河"（Cushines），即"一种土生树的果实河"。

索洛拉省（Solola）位于危地马拉西南部，建省于1825年11月4日，其名源于首府索洛拉。

首府索洛拉建于1547年10月30日，原来称为"Tzolohá"和"Tzoloyá"，一说此名源于印第安玛雅人的基切语和特图希尔语，其意为"西洋接骨木水"；一说"Solola"源于卡克奇克尔语的三个词"tzol"、"ol"和"yá"。"tzol"意为"回到"，"ol"为"前置词"，"yá"意为"水"，全词意为"回到水边"。

苏奇特佩克斯省（Suchitepequez）位于危地马拉西南部，建省于1877年10月16日。其名源于纳瓦特尔语"Xōchitepēk"，"xōchi"意为"花"，"tepē"意为"山"，"-k"意为"在"，全词义为"在花山上"。

首府马萨特南戈（Mazatenango），其原名是基切语的"Kakolkiej"，"kakol"意为"土地"，"kiej"意为"鹿"，全词义为"鹿之地"。现名马萨特南戈（Mazatenango）源于纳瓦特尔语，也是"鹿之地"的意思，其中"mazatl"意为"鹿"，"tenango"意为"土地"。

托托尼卡潘省（Totonicapan）位于危地马拉西南部，建省于1872年8月12日。其名源于首府托托尼卡潘。

首府托托尼卡潘之名一说源于纳瓦特尔语的"totl"和"nicapan"，意为"鸟山"；一说源于纳瓦特尔语"atotonilco"或"totonilco"，意为"热水之地"；一说源于基切语"Chwi meq'ina"，意为"在热水上面"。原名奥特索亚（Otzoyá），意为"小鱼群"。

萨卡帕省（Zacapa）位于危地马拉东北部，建于1871年11月10日，其名源于首府萨卡帕。

首府萨卡帕之名由纳瓦特尔语的"zacatl"（草）和"apán"（在河上）组成，全词义为"在草河上"。

（二）南美洲国家

南美洲位于西半球的南部，西濒太平洋，东临大西洋，北濒加勒比海。南美洲共包括13个国家（哥伦比亚、委内瑞拉、圭亚那、苏里南、厄瓜多尔、秘鲁、巴西、玻利维亚、智利、巴拉圭、乌拉圭、阿根廷）和地区（法属圭亚那）。

1. 阿根廷共和国

（1）国名

阿根廷共和国（República Argentina）位于南美洲东南部，西邻智利，北接玻利维亚和巴拉圭，东北部与巴西和乌拉圭接壤，东濒大西洋，南同南极洲隔海相望。阿根廷（Argentina）的国名，源于拉丁语"argentum"，意为"白银"。阿根廷的国名实际上名不副实，因为它根本不产白银。为什么没有白银，又偏偏以"白银"为名呢？说起来还有一段故事。1516年，西班牙探险家胡安·迪亚斯·索利斯（Juan Díaz de Solís）率领船队沿巴西海岸南下，意图寻找一条通向南海（太平洋）的航路。船行至拉普拉塔河口，他们误以为这是个海湾，但尝尝"海水"，却没有咸味，于是便称它为"淡水海"（Mar Dulce）。他们继续驾船前行，在一个小岛上登陆，不料遭到印第安人的围攻，索利斯被当场打死，探险队也几乎全军覆没。1527年，意大利探险家塞瓦斯蒂安·加沃托（Sebastián Gaboto, 1484-1557）率领一支西班牙船队又来到这里。他们看到当地印第安人身上佩戴着银光闪闪的装饰物，欣喜若狂，以为这里盛产白银，于是把"淡水海"改为拉普拉塔河（Río de la Plata）。"Río"西班牙语意为"河"，"la Plata"意为"银"，全词意即"银河"。1776年，该地区被正式称为拉普拉塔河总督辖区（Virreinato del Río de la Plata）。实际上，这个地区并没有银矿，当地印第安人佩戴的银饰是从玻利维亚等地输入的。后来，从拉丁文"argentum"（意为"银"）演变而来的阿根廷（Argentina），渐渐代替了拉普拉塔，并变成该地区的名字。1536年，在威尼斯出版的一张地图上第一次出现阿根廷这个词。1602

年，胡安·奥尔蒂斯·德萨拉特（Juan Ortíz de Zárate）探险队的成员、西班牙人马丁·德尔巴尔科·森特内拉（Martín del Barco Centenera）在西班牙出版名为《阿根廷》（La Argentina）的长诗，讲述了拉普拉塔河、秘鲁、图库曼和巴西的历史，描述了拉普拉塔河地区和布宜诺斯艾利斯的建设与发展，并把拉普拉塔河地区称为埃尔阿根蒂诺（El Argentino）。他的诗使阿根廷之名广为流传。1612 年，西班牙编年史家鲁伊·迪亚斯·德古斯曼（Ruy Díaz de Gusmán）出版历史著作《拉普拉塔河的发现、居民和征服史》（Historia del descubrimiento, de la población y de la conquista del Río de la Plata），书中把索利斯发现的地区命名为阿根廷地区（Tierra la Argentina），从而使阿根廷的名字更加深入人心。18 世纪末，阿根廷已被广泛用来称呼拉普拉塔河地区。19 世纪末 20 世纪初，诗人曼努埃尔·何塞·德拉瓦尔登（Manuel José de Lavardén）在他的作品中使用了"阿根廷"（Argentina）一词，《商品电报报》（El Telégrafo Mercantil）把"阿根廷"（Argentina）引申为国名。

不过，阿根廷独立之初，并未正式使用阿根廷之名。1811 年，第一届洪他政府用拉普拉塔河省（Provincias del Río de la Plata）作为国名。1813 年，国民大会决定采用拉普拉塔河联合省（Provincias Unidas del Río de la Plata）的名字，1816 年，改为南美洲联合省（Provincias Unidas en Sud América）。1824 年，国民大会决定国名为南美洲拉普拉塔河联合省（Provincias Unidas del Río de la Plata en Sudamérica）。1826 年 12 月 24 日，政府颁布的宪法批准使用阿根廷共和国（República Argentina）之名，但该宪法从未生效。1835~1852 年，胡安·曼努埃尔·德罗萨斯（Juan Manuel de Rosas）统治时期，曾使用阿根廷联盟（Confederación Argentina）、阿根廷共和国合众国（Estados Unidos de la República Argentina）、阿根廷联盟共和国（República de la Confederación Argentina）和阿根廷联邦（Federación Argentina）等国名。1853 年宪法批准使用阿根廷联盟（Confederación Argentina）之名，1860 年 10 月 1 日颁布的宪法规定国名为阿根廷国（Nación Argentina）。1860 年 10 月 8 日，圣地亚哥·德尔基总统（Santiago Delqui）使用阿根廷共和国（República Argentina）的名字，此后，阿根廷共和国便成为该国国名。

(2) 首都名

布宜诺斯艾利斯（Buenos Aires）从字面含义来看，有"好空气"的意思。这个城市前濒大西洋，背靠潘帕斯大草原，虽地处阿根廷亚热带湿润的中部，但受海洋气流的影响，气候温和，空气清新，因此"好空气"之称却也名副其实。可是，布宜诺斯艾利斯只是简称，它的全称要长得多，而且布宜诺斯艾利斯在这里也同"好空气"毫无相干。布宜诺斯艾利斯的全称为西乌达德德拉桑蒂希马特立尼达德伊普埃尔托德努埃斯特拉塞尼奥拉德圣玛丽娅德洛斯布宜诺斯艾利斯（Ciudad de La Santísima Trinidad y Puerto de Nuestra Señora de Santa María de los Buenos Aires），其名的意思是"至圣三位一体神城兼我主圣玛丽亚的一帆风顺港"。了解这个名字的来龙去脉必须要追溯一段建城的历史。

传说 14 世纪 20 年代，西班牙阿拉贡王朝派军队征伐萨丁岛和意大利南部。他们包围了卡利亚里后，开始在附近修筑房屋，并在小博纳伊雷山上建立"博纳伊雷"教堂。"博纳伊雷"（Bonayre）是中世纪卡塔卢尼亚语，意为"好空气"，以此与坎皮达诺地区的坏空气相对应。1370 年，一场暴风雨过后，渔夫们在通往博纳伊雷山的海岸上发现了一个小盒子，里面装有圣母玛丽亚像，随后圣母玛丽亚像被安置在山上的一座教堂中。很多年过去后，一个名叫莱昂纳多·格列博（Leonardo Griebo）的来自意大利卡利亚里的人在科西嘉海岸航行时，其船遇险沉没，而格列博被幸运地救上岸，他随身携带的圣母玛丽亚像也完好无损。之后，他把自己大难不死归功于圣母玛丽亚的保佑，从此人们更加尊崇圣母玛丽亚。在圣母的庇护下，这里出现了多次水手获救的奇迹，圣母因此被尊称为"博纳伊雷圣母"（Virgin of Bonaira），受到西班牙、意大利和其他地中海国家人民的崇拜，也成为水手的保护神。

1535 年 8 月 24 日，西班牙冒险家佩德罗·德门多萨－卢汉（Pedro de Mendoza y Lujan）受西班牙国王卡洛斯五世之命，率由 1200 人和 11 艘船组成的庞大舰队从圣卢卡尔港出发驶往南美大陆。格列博作为部将也随同远征。1536 年 2 月 3 日，门多萨的舰队抵达拉普拉塔河口，与先期到达的其兄迭戈相遇，然后一起驶往里亚丘埃洛河口附近的拉普拉塔河南岸。门多萨抛锚上岸后建立起居民点，他听从格列博的建议，以西班牙安达卢西亚地区信奉的水手保护神"圣玛丽亚"命名此地，取名圣玛丽亚布恩艾雷城，意为"我主圣玛丽亚的一帆风顺港"。"布恩艾雷"（Buen Aire）是从"博纳伊雷"（Bonaira）转化而来，其复数形式为"布宜诺斯艾利斯"（Buenos Aires），意为"一帆风顺"。因为对于这些漂洋过海、经常与狂风恶浪进行顽强搏斗的航海者来说，在航行中能够一帆风顺，是求之不得的美事。

后来，这个小镇因常遭土著人袭击，1541年被遗弃。1580年5月29日，即"圣三位一体"日，西班牙殖民者胡安·德加拉伊（Juan de Garay）来到此地，6月11日重新建城。为了纪念抵达的日子，加拉伊在原来门多萨所起的城名上加上"圣三位一体"，于是出现至圣三位一体神城兼我主圣玛丽亚的一帆风顺港的称呼，简称布宜诺斯艾利斯。1880年，阿根廷国会宣布布宜诺斯艾利斯为共和国首都。1987年，阿方辛总统建议将首都南迁至别德马市。国会虽通过迁都计划，但至今尚未实施。

在布宜诺斯艾利斯的五月广场上，有一个1815年5月25日建成的13米高的金字塔形纪念碑，这是为纪念在1810年五月革命中献身的爱国志士而建。最初，该碑基座为两层，碑顶饰有花瓶。1856年改建后的纪念碑塔尖上竖起自由女神塑像。如今，这座纪念碑既是布宜诺斯艾利斯，也是阿根廷国家的象征。

（3）省名和首府名

阿根廷共分为24个行政单位，其中包括23个省和1个联邦首都区。

联邦首都区布宜诺斯艾利斯名称来源见上述首都名。

布宜诺斯艾利斯省（Buenos Aires）之名同布宜诺斯艾利斯自治市。

首府拉普拉塔（La Plata）是由布宜诺斯艾利斯省省长建于1882年11月19日。其名意为"银"，与国名含义相同。1952年，埃娃·庇隆（Eva Peron）去世，为了纪念她，该城改名为埃娃庇隆城（Ciudad Eva Peron）。1955年，胡安·多明戈·庇隆（Juan Domingo Peron）政府倒台后，该城恢复原城名。

卡塔马卡省（Catamarca）之名源于首府卡塔马卡。

首府卡塔马卡之名一说源于迪亚吉塔人所讲的卡坎语（cacán），由

"kata"（意为"山坡"）和"marka"（意为"堡垒"）两词组成，全词义为"山坡上的堡垒"。一说卡塔马卡源于克丘亚语的"qata"（大衣）和"marca"（人民），全词义为"穿大衣的人们"。另说源于艾马拉语"catán"（小的）和"marca"（城），全词义为"小城"。首府全称为圣费尔南多·德尔巴列·德卡塔马卡（San Fernando del Valle de Catamarca），位于德尔巴列河畔，圣费尔南多（San Fernando）是天主教圣徒名，德尔巴列是上述河名，巴列（Valle）西班牙语意为"谷地"。

查科省（Chaco）位于阿根廷东北部，1585年，第一个抵达该地区的西班牙殖民者为该地取名为康塞普西翁圣母（Concepción de Nuestra Señora），西班牙语意为"圣母受孕节"。1951年建省时取名为庇隆总统省（Provincia）。1955年改为现名查科。查科源于克丘亚语"Chacú"，意为"游猎地区"（zona de cacería）。

首府雷西斯滕尼亚（Resistencia）西班牙语意为"抵抗"。一些人认为该名是指19世纪后期当地原住民抵抗土著人的袭击。该城市因街道上竖有500多个雕像，被誉为"雕像城"和"露天博物馆"。

丘布特省（Chubut）是阿根廷南部省份，其名源于流经该省的丘布特河。在特维尔切语（tehuelche，南美巴塔哥尼亚地区的游牧民族语言）中，该词意为"透明"，是指这里的河水清澈、透明。

首府罗森（Rawson）建于1865年9月15日，取其名是为纪念当时的内政部部长吉列尔莫·罗森（Guillermo Rawson）。罗森1821年6月24日生于圣胡安，1844年毕业于布宜诺斯艾利斯医学系，曾从医，他是该国第一个保健学教授，后从政。1862年任内政部部长时，解决了威尔士人居民点问题。1890年1月20日在巴黎去世。

科尔多瓦省（Córdoba）之名源于首府科尔多瓦。

首府科尔多瓦1573年7月6日由赫罗尼莫·路易斯·德卡夫雷拉（Jerónimo Luis de Cabrera）所建，取名新安达卢西亚科尔多瓦城（Córdoba de la Andalucía），以纪念他的故乡——西班牙安达卢西亚自治区的科尔多瓦。

科连特斯省（Corrientes）之名源于首府科连特斯。

首府科连特斯原来的全称是圣胡安德贝拉德谢特科连特斯（San Juan de Vera de las Siete Corrientes）。1588年4月3日，总督胡安·托雷斯·德贝拉－阿拉贡（Juan Torres de Vera y Aragón）在阿隆索·德贝拉－阿拉贡（Alonso de Vera y Aragón）和埃尔南多·阿里亚斯·德萨韦德拉（Hernando Arias de Saavedra）支持下开始建城，并以自己的姓氏为该城取名为贝拉城（Ciudad de Vera）。一个世纪后，该城改名为圣胡安德贝拉德谢特科连特斯（San Juan de Vera de las Siete Corrientes）。城名中保留了奠基者贝拉总督的姓氏，新添的"圣胡安"是贝拉的保护神，"谢特"意为"七"，"科连特斯"意为"水流"或"河流"。全词义为"圣胡安德贝拉七条河城"。后简化为现名科连特斯。

恩特雷里奥斯省（Entre Rios）位于阿根廷中部，其名西班牙语意为"河流之间"。

首府巴拉那（Paraná）的名字源于同名河。巴拉那是图皮－瓜拉尼语"Para reje onaba"的简化形式，意为"像海一样"，用以形容巴拉那河的壮阔，16世纪该城由邻近的圣菲城居民所建。

福莫萨省（Formosa）位于巴拉那河右岸，其名源于首府福莫萨。

首府福莫萨名字源于拉丁语。1528年，西班牙殖民者迭戈·加西亚·德莫格尔－塞瓦斯蒂安（Diego García de Moguer y Sebastián）率领的远征船队航行于巴拉那河，看到福莫萨地区的美景，认为该地区是钓鱼、狩猎和船只停泊的绝妙之地，不禁用拉丁语赞叹道"Formosa"（福莫萨），意为"真漂亮"。此后，福莫萨成为省名和首府名。

胡胡伊省（Jujuy）位于阿根廷西北部，其名来自一印第安部族的名字。殖民者侵入阿根廷初期，该地区居住着许多土著部族，最主要的是奥马瓜卡部族。奥马瓜卡部族由奥克洛亚人、亚维人、亚拉人、丘鲁马塔人和胡胡伊人组成，该省名即从胡胡伊人而来。

首府圣萨尔瓦多德胡胡伊（San Salvador de Jujuy）历史上曾三次建城。1561年8月20日，格雷戈里奥·德卡斯塔涅达（Gregorio de Castañeda）奉图库曼都督胡安·佩雷斯·德苏里塔（Juan Pérez de Zurita）之命在现今城区第一次建城，取名涅瓦城（Ciudad de Nieva），意为"雪城"。1575年10月13

日，佩德罗·奥尔蒂斯·德萨拉特（Pedro Ortiz de Zárate）在格兰德河与希维-希维河交汇处第二次建城，取名圣弗朗西斯科德阿拉瓦（San Francisco de Alava）。1593 年 4 月 19 日，巴斯克人弗朗西斯科·德阿尔加尼亚斯-穆尔吉亚（Francisco de Argañarás y Murguía）遵照图库曼都督拉米雷斯·德贝拉斯科（Ramírez de Velazco）的命令，为改善图库曼与上秘鲁的联系，在现今贝尔格拉诺广场第三次建城，取名圣萨尔瓦多德贝拉斯科埃内尔胡胡伊谷地（San Salvador de Velazco en el Valle de Jujuy）。该城名中，"圣萨尔瓦多"是指"救世主"；"贝拉斯科"是为纪念图库曼都督拉米雷斯·德贝拉斯科；"胡胡伊"是指当地土著民族"胡胡伊人"。简称圣萨尔瓦多德胡胡伊。

拉潘帕省（La Pampa）位于阿根廷中部潘帕斯地区，其名艾马拉语意为"大草原"。

首府圣罗莎（Santa Rosa）1892 年建城，原称圣罗莎德尔托艾（Santa Rosa del Toay），其名是为纪念圣女罗莎。1916 年 5 月 1 日改为现名。

拉里奥哈省（La Rioja）之名源于首府拉里奥哈。

首府拉里奥哈 1591 年 5 月 20 日由图库曼地区都督拉米雷斯·德贝拉斯科兴建，取名万圣新拉里奥哈（Todos los Santos de la Nueva Rioja），"Todos los Santos"西班牙语意为"万圣"。其名是为纪念西班牙的拉里奥哈地区和宗教节日万圣节，简称为拉里奥哈。

门多萨省（Mendoza）之名源于首府门多萨。

首府门多萨之名源于智利都督加西亚·乌尔塔多·门多萨（García Hurtado Mendoza, 1535-1609）之名。1561 年 3 月 2 日，佩德罗·德尔·卡斯蒂略（Pedro del Castillo）奉智利都督门多萨之命在此地建城，取名为新拉里奥哈谷的门多萨城（Ciudad de Mendoza del Nuevo Valle de La Rioja），以纪念智利都督门多萨。城名中的"拉里奥哈"（La Rioja）是西班牙北部的一个省名。后该城简称门多萨，同时城名也成为该省省名。

米西奥内斯省（Misiones）位于阿根廷东北部，其名西班牙语意为"传教地区"，指 17 世纪有许多传教士来此地传教。

首府波萨达斯（Posadas）之名是为纪念阿根廷政治家赫瓦西奥·安东

尼奥·德波萨达斯（Gervasio Antonio de Posadas）。波萨达斯生于1757年6月18日，去世于1833年7月2日。1813年曾是阿根廷三人执政者之一，1814年担任阿根廷联合省的最高总监。波萨达斯由传教士罗克·冈萨雷斯·德圣克鲁斯（Roque Gonzalez de Santa Cruz）建于1615年3月25日，当时这个居民点称为阿农西亚西翁德伊塔普阿（Anunciacion de Itapua），意为"伊塔普阿的圣母领报节"。10年后，其居民迁往巴拉纳河对岸，但原居民点仍被保留。19世纪初，曼努埃尔·贝尔格拉诺将军在该地建立了一座堡垒，称为林科纳达德圣何塞（Rinconada de San José）。该城所在地历来是阿根廷、巴拉圭和巴西激烈争夺之地。1838～1840年，巴拉圭统治者加斯帕尔·罗德里格斯·德弗朗西亚（Gaspar Rodriguez de Francia）入侵该地，建立起一道高3米、长2.5公里的城墙，城墙被称为"巴拉圭人战壕"（Trinchera de los Paraguayos）；后阿根廷独裁者胡安·曼努埃尔·德罗萨斯（Juan Manuel de Rosas）收复该地，改称圣何塞战壕（Trinchera de San José）；1879年该城改名为波萨达斯，城名保留至今。

内乌肯省（Neuquén）之名源于首府内乌肯。

首府内乌肯之名源于同名河。内乌肯（Neuquén）来自马普切语"Newenken"，意为"湍急的（河流）"。

里奥内格罗省（Río Negro）位于巴塔哥尼亚地区北部边区，以该省最重要的河流里奥内格罗河为名。里奥内格罗意为"黑河"，实际上其河水并不黑，而是呈绿色。

首府别德马（Viedma）的名字是为纪念该城的创建者弗朗西斯科·德别德马-纳瓦埃斯（Francisco de Biedma y Narvaez）。他于1779年4月22日修建堡垒"卡门圣母"（Nuestra Senora del Carmen），后在此建城。1880年，该城被命名为别德马，以纪念其创建人。

萨尔塔省（Salta）之名源于首府萨尔塔。

首府萨尔塔是由西班牙殖民者埃尔南多·德莱尔马（Hernando de Lerma）根据秘鲁总督弗朗西斯科·德托莱多（Francisco de Toledo）的命令于1582年4月16日建立的。他用自己的姓氏"Lerma"为该城取名，全称圣菲利佩德莱尔马德萨尔塔谷地（San Felipe de Lerma, valle de Salta）。其中，

"圣菲利佩"是该城的保护神,而"萨尔塔"来自土著印第安部族"Salta"之名,但也有人说是来自克丘亚语"sagtay",表示"智者汇聚",还有人说来自艾马拉语"sagta",意为"非常好"。由于莱尔马为人残暴、欺压百姓,后来人们抛弃了他的姓氏,只保留了全称中的萨尔塔。

圣胡安省(San Juan)之名源于首府圣胡安。

首府圣胡安之名是纪念耶稣的十二位使徒之一圣约翰。1562年6月13日,胡安·胡弗雷·德洛埃萨-蒙特塞(Juan Jufre de Loayza y Montese)根据智利总督弗朗西斯科·德比利亚格拉(Francisco de Villagra)的命令建城,取名圣胡安德拉弗朗特拉(San Juan de la Frontera)。城名中的"拉弗朗特拉"(Frontera)的西班牙语意为"边境",是指该城靠近图库曼地区,"圣胡安"是纪念该城的保护神"圣胡安洗者"(San Juan Bautista)。胡安(基督教译名"约翰")是基督教的先行者。他是耶稣基督的表兄(年长半岁),曾为耶稣施洗,并为耶稣宣讲教义做过先期宣传工作。后被犹太王希律·安提帕杀害。天主教定每年的6月24日为圣胡安洗者日,殉道日为8月29日。

圣路易斯省(San Luis)之名源于首府圣路易斯。

首府圣路易斯由库约副市长路易斯·胡弗雷·德洛艾萨-梅内塞斯(Luis Jufré de Loaysa y Meneses)建于1594年,后被废弃。1596年,智利总督马丁·加西亚·奥涅斯·德洛约拉(Martín García Oñez de Loyola)在该地重建城市,取名圣路易德洛约拉新梅迪纳德里奥塞科(San Luis de Loyola Nueva Medina de Río Seco)。

圣克鲁斯省(Santa Cruz)的名字是以圣克鲁斯河为名。1520年3月26日,麦哲伦一行抵达该河河口,为河流取名圣克鲁斯,意为"圣十字",后它又成为省名。

首府里奥加列戈斯(Río Gallegos)的西班牙语意为"加列戈斯河",1525年建城时名为里奥圣伊德尔丰索(Río San Idelfonso),意为"圣伊德尔丰索河",仍是以河的名字命名。1535年,西蒙·德阿尔卡萨瓦-索托马约尔(Simón de Alcazaba y Sotomayor)率领远征队抵达此地时又将该河改称为加列戈斯河。

圣菲省（Santa Fe）位于阿根廷中东部，其名源于首府圣菲。

首府圣菲全称圣菲德拉韦拉克鲁斯（Santa Fe de la Vera Cruz）。1573年11月15日，由从亚松森率军来到此地的胡安·德加拉伊上尉（Juan de Garay）正式建城，宣布该城名为圣菲德拉韦拉克鲁斯（Santa Fe de la Vera Cruz）。城名带有浓厚的宗教色彩，"圣菲"（Santa Fe）意为"神圣的信仰"；"韦拉克鲁斯"（Vera Cruz）意为"真正的十字架"，以纪念耶稣基督死于十字架。因遭受附近卡亚斯塔河发大水的冲击和土著印第安人的袭击，1650年，该城迁至现址。

圣地亚哥德尔埃斯特罗省（Santiago del Estero）位于阿根廷北部，其名源于首府圣地亚哥德尔埃斯特罗。

首府圣地亚哥德尔埃斯特罗是阿根廷最古老的城市。圣地亚哥德尔埃斯特罗由来自秘鲁的胡安·努涅斯·德普拉多（Juan Núñez de Prado）建于1550年6月24日，取名埃尔巴尔科（El Barco），以纪念他在西班牙的家乡埃尔巴尔科德阿维拉（El Barco de ávila），1551年和1552年，该城曾两次迁址。1553年7月25日，弗朗西斯科·德阿吉雷（Francisco de Aguirre）第三次迁址另建新城，改名为圣地亚哥德尔埃斯特罗（Santiago del Estero），城名中的"圣地亚哥"（Santiago）是为纪念天主教使徒圣地亚哥，"埃斯特罗"是因为该城靠近杜尔塞河的小湖埃斯特罗湖。

火地岛省（Tierra del Fuego）的名字与伟大的航海家麦哲伦有关。1520年，费尔南多·麦哲伦（Fernando Magellan）率领的船队发现该岛，看到岛上弥漫着的烟雾，这可能是当地土著人为取暖而燃火。于是，他为该岛取名为"烟岛"，后又改称"火岛"。以后该岛便被称为"火地岛"了。

首府乌斯怀亚（Ushuaia）源于亚马纳语（Yámana）或亚甘语（yagán），由"ush"（意为"向深处"或"向西方"）和"wuaia"（意为"小海湾"）两词组成，全词义为"深向西方的小海湾"。

图库曼省（Tucumán）之名源于首府圣米格尔德图库曼。

首府圣米格尔德图库曼（San Miguel de Tucumán）之名中的"图库曼"（Tucumán）来源有多种说法：一说源于鲁莱语"tuku-manita"，意为"萤火虫多的地区"；一说源于鲁莱语，但不是"tuku-manita"，而是"yukkuman"

或"yakuman",意为"前往水多之地"（指河流汇聚的地方）；一说源于迪亚吉塔人所讲的卡坎语"Tukma-nao",其中"图克马"（Tukma）为古迪亚吉塔人领袖的名字,"Tukma-nao"即意为"图克马的人民"或"图克马的土地"；还有人猜测其源于克丘亚语"Tukkumano",意为"边疆地区"。历史学家曼努埃尔·利松多·博尔达（Manuel Lizondo Borda）则认为,图库曼源于克丘亚语"Yucumán",意为"河流的发源地"。还有人提出,其名源于克丘亚语,意为"棉花国",也有人说图库曼是艾马拉语"Tukuymana"的缩略语,意为"尽头"。

2. 巴拉圭共和国

（1）国名

巴拉圭共和国（República del Paraguay）是南美洲中部的内陆国家。北与玻利维亚交界,西、南同阿根廷接壤,东邻巴西。关于巴拉圭（Paraguay）的名字来源,存在多种说法：有人认为"Paraguay"的名字中,"para"意为"海洋","gua"意为"源于","y"意为"水"。因此,"巴拉圭"之名意为"来自海洋的水",此处的海洋可能指的是大沼泽。有人说,"Paraguay"意为"像海一样的河"；有人说意为"海上居民之河"；有人说意为"冠状河"或"奇花异草装饰起来的河流",因为古时巴拉圭河经常泛滥成灾,土壤被冲走后,水面上会漂浮着一层绚丽的花草,使河流犹如一条斑斓的彩带；有人认为,巴拉圭的名字源于帕亚瓜部族（Payagua）；有人提出,其名源于一个名叫"巴拉圭奥"（Paraguaio）的酋长；还有人认为源于艾马拉语"Pharaway",意为"非常干燥",这客观地描述了该地区的特点。

（2）首都名

亚松森（Asunción）是巴拉圭最大的城市,位于巴拉圭河的东岸,即皮科马约河和巴拉圭河的汇合处。1537年8月15日,西班牙殖民者胡安·德萨拉萨尔（Juan de Salazar）在此地建城,这一天正值天主教"圣母玛利亚升天节",故起名为非常高贵与忠诚的圣母玛利亚亚松森城（La Muy Noble y Leal Ciudad de Nuestra Señora Santa María de la Asunción）,简称亚松森。西班牙语中"亚松森"（Asunción）意为"升天节"。亚松森是南美最古老的城市之一。人们称该城为"城市之母",因为殖民时期,西班牙人从那里出发，在南美洲建立起许多城市，例如布宜诺斯艾利斯、科连特斯等。亚松森城里林木葱郁，又位于巴拉圭河畔，因而被称为"森林与水之都"。城中橘树众多，收获季节，橘子挂满枝头，十分壮观，故又被称为"橘城"。

(3) 省名和首府名

巴拉圭分为17个省和1个特别区（首都亚松森）。

康塞普西翁省（Concepción）之名源于首府康塞普西翁。

首府康塞普西翁建于1773年，奠基人、巴拉圭都督阿古斯丁·费尔南多·德皮内多（Agustín Fernando de Pinedo）将其取名为雷阿尔德康塞普西翁镇（Villa Real de Concepción），"康塞普西翁"意为"圣母受孕节"。

圣佩德罗省（San Pedro）之名源于首府圣佩德罗德尔伊夸曼迪尤。

首府圣佩德罗德尔伊夸曼迪尤（San Pedro del Ycuamandiyu）建于1786年3月16日。当时何塞·费雷拉少校（José Ferreira）和佩德罗·加西亚·拉伊斯克塔上尉（Pedro García Lacoizqueta）受总督佩德罗·梅洛·德波图加尔（Pedro Melo de Portugal）的派遣来此地建城，取名伊夸曼迪尤使徒圣佩德罗镇（Villa San Pedro Apóstol del Ycuamandiyú），以纪念使徒圣佩德罗。城名中的"伊夸曼迪尤"是瓜拉尼语"ykua"（井）和"mandyju"（棉花）被西班牙语化的一个词。传说建立该城的地方有一口井，井中生长出一种棉花。另一说该城圣安娜区丰塔奥梅萨大街和法米利亚塞拉蒂大街的街角有一口井，井中的水看上去像是棉花的花朵。

科迪勒拉省（Cordillera）1770年4月4日由卡洛斯·墨菲（Carlos Murphy）建立，西班牙语意为"山脉"。原名"Caraguatay"，1945年该国颁布第9484号法令改省名为现名。

首府卡库佩（Caacupé）源于瓜拉尼语"Ka'akupe"或"Ka'aguy kup"，意为"山后"。该城1770年由为西班牙国王卡洛斯三世服务的爱尔兰人卡洛斯·墨菲（Carlos Murphy）所建。也有说可能是方济各会传教士路易斯·德博拉尼奥斯（Luis de Bolaños）所建，他曾在巴拉圭的许多地区传教。

瓜伊拉省（Guairá）源于瓜拉尼语"guay"（河流）和"ra"（地方），合起来意为"有河流的地方"。另一说瓜伊拉是一位瓜拉尼族酋长的名字，他居住在瓜伊拉瀑布附近。

首府比亚里卡（Villarrica）西班牙语意为"富镇"。1570年5月14日，西班牙殖民者鲁伊·迪亚斯·德梅尔加雷霍（Ruy Díaz de Melgarejo）在此建城，取名圣灵比亚里卡镇（Villa Rica del Espíritu Santo），简称里卡镇。"比亚里卡"（Villarrica），是因这个西班牙殖民者相信附近有丰富的金矿和银矿；"圣灵"（Espíritu Santo）是因建城日正赶上圣灵降临节。

卡瓜苏省（Caaguazú）是1945年得名的，是瓜拉尼语"Ka'a rehasa-pa"的缩写，意为"大山那边"。

首府奥维多上校镇（Coronel Oviedo），1758年10月7日，总督海梅·圣胡斯特上校（Jaime Sanjust）在此建城，取名圣母玛利亚德洛斯阿霍斯（Nuestra Señora Santa María de los Ajos），以纪念圣母玛利亚。后简称阿霍斯镇（Villa Ajos）。"阿霍斯"（Ajos）西班牙语意为"大蒜"，有人说取名"阿霍斯"是因该地区盛产大蒜；但也有人认为"阿霍斯"仅是一个名称，与大蒜无关。1931年2月5日，巴拉圭总统何塞·古贾里（José P. Guggiari）颁布第39296号令，将该城改名为弗洛朗坦奥维多上校镇（Colonel Florentín Oviedo），以纪念在三国联盟战争中的巴拉圭英雄弗洛朗坦·奥维多上校。奥维多上校英勇善战，虽被巴西人俘虏，但拒不投降和叛变，因而受到巴拉圭人民的爱戴。

卡萨帕省（Caazapá）之名源于首府卡萨帕。

首府卡萨帕由传教士路易斯·德博拉尼奥斯（Luis de Bolaños）建于1607年。其名源于瓜拉尼语"Ka'aguy jehasapa"，意为"在森林后面"，因为土著人相信神在森林后的大地中造出了水。该城最初名为圣胡安德卡萨帕（San José de Caazapá）。

伊塔普阿省（Itapúa）源于瓜拉尼语，由"itá"（石头）和"puá"（尖）组成，意为"石尖"。该省建于1906年。

首府恩卡纳西翁（Encarnación）始建于1615年3月25日。当时耶稣会传教士、巴拉圭第一个圣徒罗克·冈萨雷斯·圣克鲁斯（Roque González Santa Cruz）在巴拉那河边建立起一个名为伊塔普阿恩卡纳西翁圣母（Nuestra Señora de la Encarnación de Itapúa）的传教点，后来这个传教点逐渐发展为村镇。1843年4月8日升格为城镇。

米西奥内斯省（Misiones）之名的西班牙语意为"传教地区"。该省建于1906年，当时名为圣伊格纳西奥省（San Ignacio）。1945年改为现名，表示这个地区是耶稣会传教所在地。

首府圣胡安包蒂斯塔（San Juan Bautista）是为纪念圣徒胡安包蒂斯塔，该城1945年成为首府。

巴拉瓜里省（Paraguarí）之名来自首府巴拉瓜里。

首府巴拉瓜里，1775年根据西班牙国王卡洛斯三世（Carlos Ⅲ）的命令，由阿古斯丁·费尔南多·德皮内多在一座小丘上兴建。其名来自瓜拉尼语，意为"酋长羽毛冠的一部分"。巴拉瓜里被称为"巴拉圭民族独立的摇篮"，因为1811年1月13日，巴拉圭人民在此地击败了阿根廷军队。

上巴拉那省（Alto Paraná）之名来自巴拉那河。巴拉那一词是图皮语 "para rehe onáva" 的缩写，意为"像海一样大"。

首府埃斯特城（Ciudad del Este）建于1957年2月3日，取名为弗洛尔德利斯港（Puerto Flor de Lis），西班牙语意为"百合花港"。后改名为斯特罗斯纳总统港（Puerto Presidente Stroessner），以纪念巴拉那独裁者阿尔弗雷多·斯特罗斯纳（Alfredo Stroessner）。后又改为斯特罗斯纳总统城（Ciudad Presidente Stroessner）。1989年2月3日斯特罗斯纳被推翻后，经公民投票，此城改为现名埃斯特城，西班牙语意为"东方城"。

中央省（Departamento Central）在殖民初期曾是巴拉圭的中心地区，后逐渐向外扩展，并建成多个城镇。后来该省便以中央省命名。

首府阿雷瓜（Areguá）之名源于姆比亚瓜拉尼人所取的名字阿里瓜（Ariguá），意为"上面住人的地方"，因为该地地势较高。阿雷瓜因盛产草莓，又被称为"草莓城"。

涅恩布库省（Ñeembucú）是巴拉圭东部地区南部省份，其名瓜拉尼语意为"大声叫喊"。

首府皮拉尔（Pilar）位于巴拉圭河与涅恩布库河河畔。1779年10月12日，由佩德罗·梅洛·德波图加尔-比列纳（Pedro Melo de Portugal y Villena）兴建，取名涅恩布库镇（Villa del Ñeembucú）。4年后，来自萨拉戈萨的西班牙传教士马西亚尔·安东尼奥·乌利亚姆夫雷（Marcial Antonio Uliambre）改其名为皮拉尔镇（Villa del Pilar），以纪念皮拉尔贞女（Virgen del Pilar）。

阿曼拜省（Amambay）1945年成为巴拉圭第10个省时，以卡瓜苏山脉支脉阿曼拜山脉的名称命名。"Amanbay"由"ama""mba"和"y"三部分构成。"ama"意为"雨"；"mba"意为"一个行动的结束"；"y"是"ry"的省略，全词义为"某种东西的汁或汤"。

首府佩德罗胡安卡瓦列罗（Pedro Juan Caballero）建于1899年，取其名是纪念巴拉圭独立运动领袖佩德罗·胡安·卡瓦列罗。该城曾被称作蓬塔波拉（Punta Porá），是由马车夫所取的名字，他们曾把巴西马托格罗索的马黛茶运往康塞普西翁港。佩德罗胡安卡瓦列罗被誉为"南方的珍珠"。

卡宁德尤省（Canindeyu）是巴拉圭东部地区东北部的省份，设省于1973年。其名"Canindeyu"一说源于曾居住于该地区的一位瓜拉尼族酋长的名字，一说其名是一种体型很大的鹦鹉的称呼，这种鹦鹉羽毛颜色多样，有蓝色、红色和金黄色等。

首府萨尔托德尔瓜伊拉（Salto del Guairá）建于1959年3月3日，其名西班牙语意为"瓜伊拉瀑布"，即由瓜伊拉瀑布而得名。

阿耶斯总统省（Presidente Haayes）以美国总统拉瑟福德·海斯（Rutherford B. Hayes）命名，阿耶斯是海斯的西班牙语读音。拉瑟福德·海斯是美国第19位总统。1822年生于俄亥俄州，1868年任俄亥俄州州长，1877~1881年任美国总统，1893年去世。1864~1870年巴拉圭战争结束后，他曾担任巴拉圭和阿根廷边界争议的仲裁人。巴拉圭政府为感谢海斯的仲裁，遂以他的姓氏为该省命名。

首府阿耶斯镇（Villa Hayes）是根据1879年5月13日坎迪多·巴雷罗总统（Cándido Bareiro）签署的法令命名的，也是为纪念美国总统拉瑟福德·海斯。

上巴拉圭省（Alto Paraguay）位于巴拉圭西部地区的最北端，以其地理位置特征而得名。

首府奥林波堡（Fuerte Olimpo）由西班牙人建于1792年，根据都督华金·阿洛斯-布鲁（Joaquín Alós y Brú）的命令，取名博尔冯堡（Fuerte

Borbón)，以纪念当时统治西班牙的王朝。加斯帕尔·罗德里格斯·德弗朗西亚（Gaspar Rodríguez de Francia）执政时期改为现名，原因可能是当地的山脉让人想起了古希腊罗马时代的奥林匹斯山。

博克龙省（Boquerón）是巴拉圭西部地区的省份，其名西班牙语意为"大开口"或"大窟窿"。

首府菲拉德尔菲亚（Filadelfia）建于1930年，其名由两个希腊名词组成，意为"兄弟友爱之城"。

3. 巴西联邦共和国

（1）国名

巴西联邦共和国（República Federativa do Brasil）位于南美洲东南部，是南美洲面积最大、人口最多的国家，也是南美洲第一经济大国。意大利著名航海家哥伦布发现新大陆之前，巴西还处于与世隔绝的状态，当地土著人把巴西称作"平多拉马"（Pindorama），意即"棕榈地"（Terra de Palmeras）。最早踏上巴西土地的欧洲人是葡萄牙航海家佩德罗·阿尔瓦雷斯·卡布拉尔（Pedro álvares Cabral）。1500年3月，卡布拉尔在率领一支船队驶向印度的过程中，不知是因为迷失了方向，还是受洋流和飓风的影响，船队没有沿着非洲海岸绕过好望角，而是径直朝西驶去。4月22日，他们到达了一块不知名的陆地。卡布拉尔以为他们登上了一座岛屿，便在岸边竖起了一块刻有葡萄牙王室徽章的十字架，把这个地方取名为"真正的十字架岛"（Isla de Vera Cruz），并宣布这里的土地属于葡萄牙国王。后来他们才知道，所发现的土地并不是一个岛，而是美洲大陆的一部分，于是又将其更名为圣十字架地（Terra de Santa Cruz）。后来到达这里的葡萄牙殖民者在此地发现了一种名贵的红木，这种树平均每年生长1米左右，大约可生长二三十年，树高一般在15米以上，最高可达30米，直径达1米。这种树纹路细密、色泽鲜艳、坚固耐用，是制作高级家具和造船的优质原料，可以经百年而不腐。它的木质中还含有一种当时欧洲紧缺的红色染料，这对于喜欢穿红色服装的欧洲权贵来说是很需要的。那时这种树木还没有名称，葡萄牙殖民者就借用东方一种类似红木的名字，称它为"pau-brasil"，葡萄牙语的意思就是"巴西木"（红木）。后来，葡萄牙人疯狂采伐"巴西木","巴西木"成为当地唯一出口的物资。1856年化学合成染料问世后,滥采滥伐"巴西木"的现象才逐渐减少。但是后来,法国人土特父子发明了现代提琴弓,"巴西木"又成为制作大、小提琴弓的最佳原料。据说制作一个琴弓,需要砍掉8～10吨的"巴西木"。"巴西"这个原来属于木头的名称,慢慢地代替了"圣十字架地",成为巴西的国名。如今,"巴西木"已受到国家的保护,对"巴西木"贸易实行了国家垄断,禁止私自采伐。

(2) 首都名

巴西利亚(Brasilia)是一座建筑新颖的现代化城市,位于巴西中部高原,海拔1150米,气候温和,年均温度为19.6°C,最高气温26°C,最低为2°C。城名由该国国名的葡萄牙语"Brasil"加后缀"ia"组成。巴西利亚是巴西的新都,原来的首都为萨尔瓦多(Salvador,意为救世主)和里约热内卢(Rio de Janeiro,意为正月之河)。

早在18世纪初,葡萄牙彭巴尔侯爵就提议把首都从沿海迁至内地。在1789年"拔牙者起义"中,起义领袖们都主张迁都内地。1809年,巴西报刊上又掀起了一场关于里约热内卢是否适宜做国都的争论。不少人提议在巴西内地另立新都,理由是里约热内卢处在一个角落里,与其他州的联系十分不便。1822年,众议院第一次讨论关于迁都的提案。1891年,巴西第一部宪法明确了新首都的面积和地理位置。1892年,当时的巴西国会授权一支考察队到该国中部地区考察。经过3个多月的工作,考察队认为在戈亚斯高原上建都是适宜的。1922年,埃皮塔西奥·达席尔瓦·佩索阿总统(Epitacio da Silva pessoa)在巴西利亚埋下了象征性的基石。但因条件所限,迁都计划被搁置了半个多世纪,直至1956年儒塞利奥·库比契克(Juscelino Kubitschek)任巴西总统后,为发展国内偏远地区的经济,并减轻里约热内卢和圣保罗的人口压力,决定在距里约热内卢西北600公里的处女地上兴建新首都——巴西利亚。

世界各国的著名设计师闻风而动,纷纷向巴西总统提出设计方案。最后,在26个设计方案中,库比契克总统还是选中了本国路西奥·科斯塔教授(Lucio Costa)的方案,并任命曾参加联合国大厦建筑的巴西著名建筑师奥斯卡·尼梅耶尔(Oscar Niemeyer)为城市建设的总建筑师。5万名工人参加了建设新首都的会战，仅用了3年2个月的时间，一座崭新、漂亮的现代化城市就出现在中部高原一片荒凉的大地上。1960年，巴西首都从里约热内卢迁到了巴西利亚。该城的城市布局独出心裁，建筑新颖别致，有"世界建筑博览会"之称。1987年12月7日，联合国教科文组织宣布将巴西利亚城列为世界文化遗产。

(3) 州名和首府名

巴西共分26个州和1个联邦区（巴西利亚联邦区），分别属于北部地区、东北部地区、中西部地区、东南地区和南部地区。北部地区包括阿克里州、阿马帕州、亚马孙州、帕拉州、朗多尼亚州、罗赖马州和托坎廷斯州；东北地区有马拉尼昂州、皮奥伊州、塞阿拉州、北里奥格兰德州、帕拉伊巴州、伯南布哥州、阿拉戈斯州、塞尔希培州和巴伊亚州；中西地区有戈亚斯州、马托格罗索州、南马托格罗索州和联邦区；东南地区有圣埃斯皮里图州、米纳斯吉拉斯州、里约热内卢州和圣保罗州；南部地区有巴拉那州、圣卡塔琳娜州和南里奥格兰德州。

阿克里州（Acre）的名字是1962年定下的，来自同名河流阿克里河。"Acre"源于图皮语"a'kir ǔ"，意为"绿色河流"；或源于图皮语"ker"，意为"去睡吧"或"去休息吧"；另一说"Acre"源于当地阿基里河（Aquiri）。

首府里奥布朗库（Río Branco）建于1882年12月28日，其名是为纪念巴西外交家里奥·布朗库男爵（Barón del Río Branco, 1845-1912）。里奥·布朗库男爵原名为若泽·马里亚·达席尔瓦·帕拉诺斯（José María da Silva Paranhos），1889年获里奥·布朗库男爵称号。他从1876年开始政治生涯，曾任驻英国利物浦总领事，1920年代初任驻德国大使，1902～1912年，他分别在四届政府中任外交部部长，被誉为"巴西外交之父"，他曾和平解决与邻国的领土争端。1903年，他与玻利维亚签订《彼德罗波利斯条约》，结束了包括阿克里州在内的两国领土争端。

阿马帕州（Amapá）位于巴西北端，其名为土著阿鲁阿克语（Aruak），意为"土地的尽头"。

首府马卡帕（Macapá）之名源于图皮语，意为"盛产巴卡瓦（bacaba）之地"。巴卡瓦是当地一种海枣树，学名"Oenocarpus bacaba Mart"。1764

年，葡萄牙人修建了圣若泽马卡帕堡，以抵御法国人的入侵。在小堡的基础上逐渐发展成马卡帕城。马卡帕的第一个名字为新安达卢西亚阿德兰塔多（Nueva Andalucia Adelantado），这是1544年西班牙国王卡洛斯五世（Carlos V）赐予的名字。

亚马孙州（Amazonas）位于巴西西北角，其名源于流经该州的同名河，"亚马孙"之名由西班牙探险家弗朗西斯科·德奥雷利亚纳（Francisco de Orellana）所取。1541年，奥雷利亚纳率领一支探险队，乘船从安第斯东麓亚马孙河上游出发，一直航行到大河与大西洋的汇合处，对亚马孙河进行了全面的考察。他们起航之后，发现大河两旁森林密布、猛兽出没、人迹罕至，所带食品吃光后便无法补充，面临着饥饿的严重威胁。正当他们一筹莫展之际，忽然发现前面有印第安人的村庄，顿时欣喜若狂。船继续向东航行，河面变得越来越开阔，看见的人也越来越多。他们选择了一个地点上岸后，便悄悄朝印第安人村庄扑去，准备抢劫村里的粮食，却发现村庄里一片寂静，他们心情紧张地四处张望。突然发现村庄前面的田野上出现了大批手持大刀、长矛和弓箭的印第安人，人群中还夹杂着不少女人。这些女人除下体系块遮羞布外，上身赤裸，一丝不挂，头上盘着一条漆黑的长辫。印第安人挥舞着手中的武器，吼叫着朝入侵者凶猛地冲来，西班牙人惊慌失措，急忙举枪向印第安人射击，许多印第安人倒在血泊中。西班牙人乘印第安人退入密林深处之机，赶忙钻进村庄，把粮食抢劫一空后又放火烧毁了村庄。他们把粮食装运上船，又接着向东驶去。印第安人看到家毁人亡，不由怒火中烧，心如刀绞。他们沿着河岸追赶西班牙人，并举箭射去，无奈船已走远，箭纷纷落入水中。这次交战，使奥雷利亚纳和其他殖民者惊恐万分，尤其是那些剽悍的印第安女战士，更给他们留下了深刻的印象。奥雷利亚纳想起了希腊神话中一个名叫亚马孙的女人王国，这个王国位于黑海高加索一带，王国里的妇女英勇善战，尤精骑射。由此，奥雷利亚纳便给乘船航行过的这条世界上流量最大、支流最多的河取名为亚马孙河，并流传下来，沿用至今。

首府马瑙斯（Manaus）1669年建城，取名为黑河沙洲圣何塞堡（forte de São José da Barra do Rio Negro），1832年改名为马瑙斯。马瑙斯之名源于葡萄牙殖民者到来前在该地区居住的土著马瑙斯部族,意为"神的母亲"。1848年曾易名为"黑河沙洲城"(Cidade da Barra do Rio Negro),1856年,亚马孙州州长埃库拉诺·费雷拉·佩纳(Herculano Ferrera Pena)决定恢复马瑙斯的名称,并沿用至今。

帕拉州(Pará)之名源于其首府贝伦的原名圣玛利亚德贝伦多格拉奥帕拉(Santa Maria de Belém do Grão Pará)。"帕拉"(Pará)为图皮-瓜拉尼语,意为"河",帕拉河流经帕拉州首府贝伦附近。

首府贝伦(Belém)是以耶稣的诞生地伯利恒命名。葡萄牙上尉弗朗西斯科·卡尔代拉斯·布兰科(Francisco Caldeiras de Castelo Branco)奉葡萄牙王室之命在该地区抵御法国、荷兰和英国殖民者的入侵。1616年1月12日,修建了普雷塞皮奥堡(Forte do Presépio,今称卡斯特洛堡)。后在该堡的基础上建城,取名费利斯卢西塔尼亚(Feliz Lusitânia),后改称圣玛利亚德贝伦多格拉奥帕拉,最终简化为现名贝伦。贝伦被称为"亚马孙地区的大都会",因为这里生长着大量杧果树,又被称为"杧果城"。

朗多尼亚州(Rondônia)位于巴西西北部,得名于1956年,是为纪念在此开拓土地的巴西人坎迪多·朗多(Candido Rondon,1865-1958)。坎迪多·朗多是陆军元帅,曾勘查马托格罗索和西亚马孙流域,一生都为维护印第安人的权益而努力,是印第安人保护局首任局长。

首府波多韦柳(Porto Velho)葡萄牙语意为"旧港",1907年在此兴建马德拉马莫雷铁路时开始建城,正式建成于1914年10月2日。

罗赖马州(Roraima)位于巴西最北部,属亚马孙地区。罗赖马(Roraima)之名取自罗赖马山,源于佩蒙语(Pemon)的"roroi"(深蓝)和"ma"(大),全词义为"蓝而大的山"。一说源于亚诺马米语"Roro imã",意为"极大的山"。

首府博阿维斯塔(Boa Vista),葡萄牙语意为"美妙的景色"。1830年,伊纳西奥·洛佩斯·德麦哲伦(Inácio Lopes de Magalhães)在此建城,取名博阿维斯塔多里奥布朗库(Boa Vista do Rio Branco),葡萄牙语意为"里奥布兰科的博阿维斯塔",简称博阿维斯塔。

托坎廷斯州(Tocantins)位于北部地区东南部,是1988年才从戈亚斯州分离出来设立的州，其名源于流经该州的同名河托坎廷斯河。"Tocantins"源于图皮语，由"tukan"（南美洲的一种鸟）和"tin"（鼻子）组成，意为"鸟鼻"。托坎廷斯河是从南向北流的河，流入大西洋，长 2640 公里，是巴西第二大河。托坎廷斯河与阿拉瓜亚河交汇处形如鸟嘴，因而托坎廷斯也被称为"鹦鹉嘴"。

首府帕尔马斯（Palmas）建于 1990 年，其名葡萄牙语意为"棕榈"。其名的得来一是因为该地多棕榈树，二是纪念 1809 年第一次巴西独立运动的发源地、位于巴拉纳河河口的小镇圣若昂达帕尔马（Sao Joao da Palma）。

马拉尼昂州（Maranhão）位于巴西东北部，北靠大西洋。其名来源有几种说法：一说这是欧洲人到来前，当地土著人给亚马孙河取的名字；一说这同秘鲁马拉尼翁河（Río Marañón）有关；一说是该地区有一种名叫卡胡（Caju）的水果，这种水果西班牙文为"maranon"；还有一说马拉尼昂意为"大海"或"流动的海"。

首府圣路易斯（São Luís）建于 1612 年，最初是法国贵族达尼埃尔·德拉图什（Daniel de la Touche）率人在此建起一座堡垒，取名圣路易（São Luís），以纪念法国国王路易十三（Louis XIII，1601 - 1643）。路易十三是亨利四世的长子，1610~1643 年在位。1643 年 5 月 14 日，路易十三因骑马落水患肺炎去世。后来，堡垒逐渐发展成为城市，城名沿用了堡垒的名字，葡萄牙语化为路易斯。

皮奥伊州（Piauí）位于巴西东北部，其名源于图皮语，由"piau"（鱼）和"y"（河）两词构成，全词义为"小鱼河"。

首府特雷西纳（Teresina）建于 1852 年 8 月 16 日，取名波蒂新镇（Vila Nova do Poty）。城名中的"波蒂"，得于其位于波蒂河畔。后改称特雷西纳，以纪念巴西皇帝佩德罗二世之妻特雷莎·克里斯蒂娜皇后（Teresa Cristina）。

塞阿拉州（Ceará）位于巴西东北部，濒临大西洋。其名一说在图皮-瓜拉尼语中，"ceará"意味"青绿色"或"绿水"；一说"ceará"派生于"siriará"，指海边的蟹。

首府福塔莱萨（Fortaleza）葡萄牙语意为"城堡"，是"圣母升天堡"

的简称。1649年，荷兰人在该地建立起名为"Fort Schoonenborch"的城堡，1726年，升格为城镇，1823年，巴西皇帝佩德罗一世承认其城市地位，并称它为新布拉干萨堡（Fortaleza de Nova Bragança），"布拉干萨"是葡萄牙布拉干萨区首府名。后改称圣母升天堡（Fortaleza de Nossa Senhora da Assunção），简称福塔莱萨。

北里奥格兰德州（Rio Grande do Norte）位于巴西东北部。1501年，意大利航海家阿梅里科·韦斯普奇（Amerigo Vespucci）率领的葡萄牙探险船队抵达该地区，取名圣日，并为流经该地区的一条河取名为格兰德河（Rio Grande），意为"大河"（图皮-瓜拉尼人称此河为"Potengi"，意为"虾河"）。后来，该州便以这条河的名字命名。韦斯普奇1454年3月9日生于意大利佛罗伦萨，1512年去世于西班牙塞维利亚。他曾四次前往南美洲探险。1507年，德国地理美洲学家马丁·瓦尔德塞弥勒在其《世界地理概念》一书中，首次将新大陆称为"阿美利加"，就是取自阿梅里科的拉丁文写法。

首府纳塔尔（Natal）意为"圣诞"，派生于拉丁文"natale"。1597年12月25日，安东尼奥·巴伦特·达科斯塔（Antonio Valente da Costa）、热罗莫·阿尔武克尔克（Jerome Albuquerque）率领葡萄牙殖民军抵达格兰德河地区，为防备印第安人和法国海盗的袭击，他们在博卡达巴拉建起一座堡垒，名为达巴拉格兰德里奥堡（Fortaleza da Barra Grande Río），堡垒周围逐渐形成居民区，被称为"王城"（Ciudad de los Reyes）。后来，改名为纳塔尔城（Ciudad de Natal），一说因为1597年圣诞节这一天，葡萄牙殖民军进入格兰德河地区；一说是1599年12月25日，热罗莫·阿尔武克尔克开始兴建该城。

帕拉伊巴州（Paraíba）位于巴西东北部，其名源于土著图皮语，一说由"pa'ra"（糟糕的）和"a'iba"（航行）组成，全词义为"糟糕的航行"；一说意为"河湾"。

首府若昂佩索阿（João Pessoa）建于1585年，原来与帕拉伊巴州同名，1930年改为现名，以纪念同年7月26日被刺杀的州长若昂·佩索阿（João Pessoa Cavalcanti de Albuquerque）。若昂佩索阿是世界上树木第二多的城市，城市中的植物保护区占地 700 公顷以上，仅次于巴黎。

伯南布哥州（Pernambuco）位于巴西东北部，其名源于图皮语"paranǎ-buku"，意为"长海"。

首府累西腓（Recife）为巴西第五大城。其名派生于葡萄牙文"Arrecife"，意为"礁"，意指该城所临海岸多珊瑚礁。累西腓因多水流和桥，被誉为"巴西的威尼斯"。

阿拉戈斯州（Alagoas）位于巴西东北部地区的东部，因拥有众多湖泊而得名，在葡萄牙语中，"lagoas"意为"许多湖泊"。

首府马塞约（Maceió）之名源于土著印第安语，是指地下涌出的水流。这些水流一部分流入大海，一部分形成水塘（maceió）和湖泊。该城有许多水塘，故以马塞约称之。

塞尔希培州（Sergipe）是巴西最小的州，位于东北部的大西洋沿岸。一说其名源于当地头人的姓氏"Serijipe"；一说源于图皮语，意为"蟹河"。

首府阿拉卡茹（Aracaju）建于 1855 年。其名源于印第安语，"ara"是一种鹦鹉名，"caju"是巴西槚如树坚果名。该地有大量鹦鹉和槚如树，故以"阿拉卡茹"称之。

巴伊亚州（Bahia）位于巴西东北部的大西洋沿岸，其名"Bahia"的葡萄牙语意为"海湾"。

首府萨尔瓦多（Salvador）是南美洲最古老的城市之一，也是巴西人口第三大城。1549 年，巴西首任总督托梅·德索萨（Tomé de Sousa）奉葡萄牙国王之命，在托多斯·奥斯圣托多斯海湾边建起一座名叫圣萨尔瓦多的堡垒，以抵御法国人和荷兰人的入侵。此后，堡垒周边的建筑物不断增多，逐渐形成一座城市，取名为圣萨尔瓦多巴伊亚德托多斯奥斯桑托斯（São Salvador da Bahía de Todos os Santos），意为"万圣湾圣萨尔瓦多"。因名称太长，人们一般简称它为萨尔瓦多，意为"救世主"。直到 1763 年，萨尔瓦多一直是葡萄牙在美洲领地的首府，后来葡萄牙王室才把首府迁到里约热内卢。这个城市是巴伊亚州首府，所以有时人们又叫它巴伊亚。萨尔瓦多被称为"快乐之都"，因为在该城举办的庆祝活动和狂欢节举世闻名；它还被称为"黑罗马"，因为它拥有 350 座教堂。

戈亚斯州（Goiás）是巴西中部的省份。其名源于现已消失的一个土著部落的名称，派生于"guaiá"一词，由"gua"和"iá"两个词组成，意为"同样的人"或"有相同血统的人"。

首府戈亚尼亚（Goiania）是由戈亚斯州州长佩德罗·卢多维科（Pedro Ludovico）建于1933年10月24日。当地报纸《社会》（Social）在全国范围举行征集该城城名的竞赛，比较突出的名称包括"Pedrônia""Americana""Petrolandia""Goianópolis""Goiania""Bartolomeu Bueno""Campanha""Eldorado""Anhanguera""Liberdade""Goianésia""Pátria Nova"等。最后选用了阿尔弗雷多·德法里亚·卡斯特罗教授（Alfredo de Faria Castro）提议的戈亚尼亚。

马托格罗索州（Mato grosso）位于巴西中西部，其名葡萄牙语意为"浓密的热带雨林"或"茂密的草场"，源于瓜拉尼语"Kaaguazú"或"Kaaguasu"。

首府库亚巴（Cuiabá）由圣保罗执政官罗德里戈·塞萨尔·德梅内塞斯（Rodrigo César de Menezes）建于1727年1月1日。其名源于瓜拉尼语"Ikuiapá"，由"ikuia"（弓和箭）和"pá"（地方）两个词组成，全词义为"弓和箭之地"。土著博罗罗人习惯于在库亚巴河支流普拉伊纳河畔用弓和箭捕鱼。

南马托格罗索州（Mato Grosso do Sul）之名葡萄牙语意为"南部茂密的森林"。该州原为北部邻州马托格罗索州的一部分，1970年，独立成州，其名也从马托格罗索州名字派生而来。

首府大坎普（Campo Grande）葡萄牙语意为"广阔的田野"。1877年，来自米纳斯吉拉斯州的两个农民何塞·安东尼奥·佩雷拉（José Antônio Pereira）和曼努埃尔·维埃拉·德索萨（Manoel Vieira de Sousa），在靠近马拉卡茹山普罗萨河与塞格雷多河交汇处建立了一个村庄，取名圣安东尼奥德大坎普（Santo Antônio de Campo Grande）。大坎普意为"广阔的田野"，圣安东尼奥是指天主教圣徒安东尼奥。后来，城名就延续了村庄的名字。

联邦区（Distrito Federal）即首都巴西利亚。

圣埃斯皮里图州（Espíritu Santo）位于巴西东南部，其名意为"圣灵"。1535年的一个星期日，葡萄牙殖民者瓦斯科·费尔南德斯·科蒂纽（Vasco

Fernandes Coutinho）在此地登陆，遂为该地取名为圣埃斯皮里图。

首府维多利亚（Vitória）建于1551年。圣埃斯皮里图州的首府原为韦利亚镇（Vila Velha），因常遭图皮瓜拉尼人、法国人和荷兰人攻击，葡萄牙殖民者决定把首府迁往离大陆不远的瓜纳尼岛（Guanaani）。1551年9月8日建城，取名圣灵新镇（Vila Nova do Espírito Santo）。后改为现名维多利亚，意为"胜利"，以纪念瓦斯科·费尔南德斯·科蒂纽（Vasco Fernandes Coutinho）率军取得对印第安人战役的胜利。

米纳斯吉拉斯州（Minas Gerais）位于巴西东南部，是全国第二人口大州。米纳斯吉拉斯州1996年与我国江苏省结为友好省。其名源于"Minas dos Matos Gerais"（马托斯将军的矿山）。该州在殖民时期曾称作"Minas dos General Woods"（伍兹将军的矿山），简称"General Mines"（将军的矿山）。现名中的"Gerais"是"general"的形容词。另一说历史上该州由"Minas"地区和"Gerais"地区组合而成，这两个地区的名字组合起来成为该州的名字。

首府贝洛奥里藏特（Belo Horizonte）为巴西第三大城。1701年，圣保罗探险家若昂·莱特·达席尔瓦·奥尔蒂斯来到此地，发现这里气候湿润、土地肥沃，便建立了一座小村镇，取名为"Curral del Rey"，葡萄牙语意为"国王的场地"。这座小村镇就是贝洛奥里藏特的前身。1897年替代欧罗普雷托（Ouro Preto）成为米纳斯吉拉斯州首府，并改称贝洛奥里藏特（Belo Horizonte），葡萄牙语意为"美丽的地平线"。

里约热内卢州（Rio de Janeiro）位于巴西东南部，其名源于首府里约热内卢。

首府里约热内卢是巴西的旧都，它依山傍海，林木葱茏，风景优美，是驰名世界的游览胜地。这个地方原被土著印第安人称为"瓜那巴拉"（Guanabara），里约热内卢之名乃是葡萄牙殖民者所后取，其名的得来有一番曲折的经历。按照当时葡萄牙殖民者的习惯，此地本应以宗教名字命名，取宗教名原因有三：一是祈求神灵的庇护，二是不忘宗教节日，三是当时随船探险总有牧师相随。但为何里约热内卢的名字偏偏例外呢？原来是葡萄牙殖民者加斯帕尔·德莱莫斯（Gaspar de Lemos）率领船队驶抵"甜面包"山下瓜那巴拉湾的那天，恰是1502年1月1日。在葡萄牙人所信奉的天主教中，1月1日没有圣人可纪念，而这一天却是"割礼节"。如果以"割礼节"作为地名，似乎有伤大雅，最后他们决定不用宗教名字，改用别名。殖民者们观察了船只停泊的周围环境，发现这里港口狭窄，水又非常深，误以为这是一条大河的出口，而且当时又正值一月，于是便把此地命名为里约热内卢，葡萄牙语意为"正月之河"，这个名字慢慢被人们所公认，沿用至今。

圣保罗州（São Paulo）位于巴西南部，其名源于首府圣保罗。

首府圣保罗是巴西第一大城，其名葡萄牙语意为"使徒保罗"。原为印第安人村落，1554年1月25日，耶稣会传教士曼努埃尔·达诺布雷加（Manuel da Nóbrega）和若泽·德安谢塔（José de Anchieta）在现今市中心一所中学的院子中用土坯盖起了一座用来传道的小教堂，不久，以这座小教堂为中心，外来移民在其周围搭房建屋，形成一个自然村，并逐渐扩展成一座城市。因为小教堂开工那天正巧是圣保罗改宗日，遂为城市取名为圣保罗多斯坎普斯皮拉蒂宁加（São Paulo dos Campos de Piratininga），简称圣保罗。保罗是圣经中初期教会主要领袖之一，是以色列人，公元0～10年生于小亚细亚的塔尔索。原名扫罗（Saulus），最初他信奉犹太教，曾迫害耶稣门徒；后改信基督教并改名为保罗，曾有过三次漫长的宣教之旅，走遍罗马帝国，将基督教传至小亚细亚和希腊、罗马等地，最后在耶路撒冷被捕，押往罗马。传说公元67年他被罗马皇帝尼禄所杀。圣经中罗马人书、哥林多人书等，据称是他所写。公元320年，君士坦丁大帝为保罗建立小教堂。390年，狄奥多西皇帝扩建教堂，并将保罗遗骸置入石棺，埋入教堂地下。1823年，这座教堂毁于大火，后在原址建造使徒保罗大教堂。保罗的纪念日为6月29日。

巴拉那州（Paraná）位于巴西南部，其名源于流经该州的同名河。巴拉那河（Río Paraná）的名字源于图皮语，意为"像海一样大"。

首府库里蒂巴（Curitiba）之名源于图皮语"kurí tyba"，意为"很多松果"。该城建立前，此地有大量松果。另一说源于图皮语"kurit"（松树）和"yba"（大量）的结合，全词义为"有限多松树"。1693年，葡萄牙人在此地建立了一个移民点，取名为"Vila da Nossa Senhora da Luz dos Pinhais",葡萄牙语意为"光辉圣母松树镇"。1721年,改称库里蒂巴(Curitiba)。1812年,升级为城市,称为"Curityba",但也称"Curitiba"。1919年,巴拉那州下令将该城名定为库里蒂巴。

圣卡塔琳娜州(Santa Catarina)之名是因为首府弗洛里亚诺波利斯位于圣卡塔琳娜岛,而圣卡塔琳娜岛的名字是为纪念圣徒卡塔琳娜。卡塔琳娜是公元4世纪一位虔诚的天主教徒,她到当时罗马帝国统治下的埃及传教时,遭受罗马帝国皇帝尼禄的酷刑并在西奈山被斩首。公元6世纪,人们在西奈山建立了圣卡塔琳娜修道院,小礼拜堂的后室存放着装有圣徒卡塔琳娜遗骨的棺椁。长期以来,圣徒卡塔琳娜受到天主教徒的顶礼膜拜。圣卡塔琳娜州把圣卡塔琳娜作为自己的保护神,州名也以她的名字命名。

首府弗洛里亚诺波利斯(Florianópolis)在1893年之前称为圣母德斯特罗(Nossa Senhora do Desterro),意为"圣母流放",简称德斯特罗,意为"流放"。现名是为纪念1891~1894年担任巴西第二任总统的马歇尔·弗洛里亚诺·佩肖托(Marshal Floriano Peixoto)。城名中的"波利斯"(polis)源于希腊语,意为"城"。

南里奥格兰德州(Rio Grande do Sul)位于巴西最南端,其名葡萄牙语意为"南大河"。该州名是为与里奥格兰德州之名相区别。

首府阿雷格里港(Porto Alegre)为巴西第十大城,葡萄牙语意为"快乐港"。1730年,来到此地的葡萄牙人称该城为比亚马奥港(Puerto de Viamão)。18世纪中期,葡萄牙政府鼓励亚速尔群岛居民移居巴西,以解决该群岛人口膨胀和葡萄牙人在巴西南部殖民地受西班牙人威胁的问题。1752年,第一批来自亚速尔群岛的居民抵达这里。因大部分移民是夫妇结伴而来,故1752年把该城命名为多斯卡萨伊斯港(Porto dos Casais),葡语意为"已婚港"。1772年,南里奥格兰德州州长若泽·马塞利诺·德菲盖雷多(José Marcelino de Figueiredo)把首府迁至"已婚港"后,翌年将该城改为现名阿雷格里港,意为"快乐港"。

4. 秘鲁共和国

(1) 国名

秘鲁共和国(República de Perú)位于南美洲西部,北与厄瓜多尔、哥伦比亚接壤，南与智利为邻，东与巴西相接，东南与玻利维亚毗连，西濒太平洋。秘鲁是南美洲的文明古国，印加部族世世代代生息在这里，并形成了印第安三大文化之一——印加文化。他们所建立的印加帝国（Imperio Incaico）曾鼎盛一时，疆域非常辽阔。"印加"（Inca）一词在克丘亚语（Quechua）中是"太阳的子孙"之意。帝国的国王也自称"印加"。"印加帝国"是西班牙人对这里的称呼。印加人所讲的克丘亚语则称自己的国家为塔万廷苏约（Tawantinsuyu），意即"世界的西方"。他们认为印加古国的首都库斯科是世界的中心，在克丘亚语里，"库斯科"就是"宇宙中心"的意思。关于秘鲁（Perú）国名的来源，存在着不同的看法。有人认为源自印第安语，与玉米有密切联系。玉米是秘鲁印第安人的基本口粮，是古代秘鲁文明的基石，这里的人以自己种植的玉米为豪。"秘鲁"（Perú）的名字是从克丘亚语"皮鲁阿"（pirua）演变而来，而"皮鲁阿"即"大玉米穗"或"玉米之仓"之意。有人提出"秘鲁"一词源于第一位印加王的名字"Pirua Pacaric Manco"。有人说1522年西班牙殖民者抵达此地时，听到当地印第安人用"Pelu"或"Biru"称呼该地区或该地区的一条河，于是他们就以"Perú"称呼该地区，后来便成为国名。关于"秘鲁"的来历，还有一个传说，相传1513年瓦斯科·努涅斯·德巴尔沃亚发现南海（即太平洋）后，被西班牙国王授予南海和巴拿马海军总督之职。他几次派人前往南美沿海探险。一次，西班牙殖民者乘船驶抵秘鲁海岸，在一条河的河口处捉住一个正在捕鱼的印第安人。殖民者问印第安人这个地方叫什么名字，印第安人不懂西班牙语，以为他们在打听他的名字，便回答说："我的名字叫Berú，我在Pelú（河）里捕鱼。"西班牙人也同样不懂印第安语，以为"Berú"和"Pelú"就是这个地方的名字，以后Pelú就被作为国家的名字沿用下来。

然而，上述说法并未得到多数专家的认同。秘鲁历史学家劳尔·波拉斯·巴雷内切亚（Raúl Porras Barrenechea）独辟蹊径，提出了一种全新的说法。他在其撰写的《秘鲁的国名》（*El Nombre de Perú*）一书中指出，秘鲁的国名不是源于克丘亚语，也不是源于加勒比语，而是来自巴拿马地区圣米格尔湾附近一个巴拿马部族酋长的名字"Birú"。他说，16世纪20年代，西班牙殖民者帕斯夸尔·德安达戈亚（Pascual de Andagoya, 1495 – 1548）率领船队穿过圣米格尔湾，抵达巴拿马的一个地区。上岸后，他询问当地土著人该地区的名字，土著人以为问的是酋长的名字，便答道："Birú"。随后，安达戈亚认识了那位土著酋长。后来安达戈亚在圣胡安河重新上船，船开启时突然倾覆，危急之中是那位土著酋长将他救起。随着安达戈亚的远征，西班牙人知道了"Birú"的名字。安达戈亚征服中美地区后，1522 年率军入侵秘鲁，但后来因病返回巴拿马。1524 年，弗朗西斯科·皮萨罗（Francisco Pizarro）代替安达戈亚征服了秘鲁。最初，皮萨罗等人想称秘鲁为"南海的新土地"（Tierra Nueva de la Mar del Sur）或"新卡斯蒂利亚"（Nueva Castilla），也想以他们途经的重要城市的土著名字，如通贝斯（Tumbes）、库斯科（Cusco）、钦查（Chincha）等为秘鲁命名，但最后还是使用了西班牙语化的巴拿马部族酋长的名字"Perú"。

（2）首都名

利马（Lima）坐落在离太平洋海岸不远的一片肥沃绿洲上，蓝色的利马河穿城而过注入大海。利马是南美洲一座古老的城市。利马（亦为秘鲁一区名）也是印第安语的名字。1535 年 1 月 18 日，弗朗西斯科·皮萨罗建立利马城，取名诸王之城（Ciudad de los Reyes），以纪念西班牙国王卡洛斯一世和他的母亲胡安娜女王。可是这个名字却未被人们所接受，随着时间的推移，该城恢复了土著名称利马。关于利马一词的来源存在不同的解释。一说源于艾马拉语（Aymara）"Limac"，它是一种黄色花的名字，是学者佩德罗·比利亚尔·科尔多瓦（Pedro Villar Córdova）在其撰写的《利马考古》（Arqueología de Lima）一书中提出来的；一说源于克丘亚语"利马克"（rimaq），意为"讲演者"，指当地土著人非常敬重的前印加时代一个被神话了的人，此人居住于利马附近，后来利马克慢慢演化成利马；一说源于利马克河（Rio Rímac），"Rímac"是前印加时期当地语言中的一个词。利马终年少雨多雾，这里房子的屋顶一般都是平的，没有房檐，有些屋顶上还特意砌了一圈矮墙，以堆放东西，利马人根本不需要准备雨具，所以利马有"无雨之都"的美称。造成这种情况的原因是：由南极北上的"温博特寒洋流"使秘鲁海域的水分很难得到蒸发，而从大海上吹来的潮湿空气却被寒洋流冷却,凝聚成雾,而且高耸的安第斯山脉也挡住了大西洋信风,所以形成包括利马在内的安第斯山西麓干燥缺雨的状况。利马古城保存着大量殖民时期的建筑物和广场,如大教堂、圣弗朗西斯科修道院和圣马丁广场等,近郊有著名的"黄金博物馆"。1991 年,联合国教科文组织将该城列为世界文化遗产。

(3) 区名和首府名

秘鲁全国划分为 24 个区和 1 个直属区(卡亚俄区)。

亚马孙区(Amazonas)位于秘鲁北部,其名来源详见前述巴西亚马孙州。

首府查查波亚斯(Chachapoyas)原为印加帝国城镇。其名源于土著语"Chachapoyacuno",意为"烟雾弥漫的树林"或"烟雾弥漫的山"。1536 年,西班牙殖民者阿隆索·德阿尔瓦拉多重建该城时曾为该城取名圣胡安查查波亚斯边境城,其中"圣胡安"是该城保护神,"边境"指其地处边境,"查查波亚斯"是沿用土著名称。

安卡什(Ancash)区位于该国北部。1839 年,根据阿古斯丁·加马拉总统(Agustín Gamarra)的命令,该区以 1725 年雪崩中消失的古安卡什人和安卡什河的名字命名。一说其名源于克丘亚语"anqash",意为"绿松石";一说源于克丘亚语"ancash mayu",意为"蓝色的河"、"流量较大的河"或"雀鹰光顾的河"。

首府瓦拉斯(Huaras)的名称一说源于克丘亚语,意为"穿短裤人的村落";一说意为"天亮时到达的村落"。

阿普里马克区(Apurimac)位于秘鲁南部山区,其名源于同名河。克丘亚语中"Apu Rimaq"意为"在那里交谈的众神仙",这里的众神是指该地区的众山,而山是安第斯地区宗教信仰中的神。"Apu Rimaq"还意为"最高神"或"保护者"。

首府阿班凯(Abancay)的名字源于该地区一种名叫"amankay"的花,克丘亚语意为"白黄色的花",指的是秘鲁安第斯地区的百合花。西班牙殖民者抵达这里后,把所建城叫作"Villa de Abancay de Santiago de los Reyes",西班牙语意为"诸王圣地亚哥阿班凯镇",后简称为阿班凯镇

(Villa de Abancay)。

阿雷基帕区（Arequipa）之名源于首府阿雷基帕。阿雷基帕是秘鲁第二大城。其名来源有两种说法。一说源于克丘亚语"Ari kepay"。传说印加王麦塔·卡帕克（Maita Capac）路经此地并过夜。第二天早上要重新上路时，有几个随从要求留下来在此定居。卡帕克回答说："Ari kepay。"意思是："行，你们留下吧。"这句话后来竟成为当地的地名。另一说源于艾马拉语"Ari qhipaya"，意为"山峰后面"。山峰是指当地的米斯蒂火山。1540年8月15日，曼奴埃尔·加尔西·德卡拉瓦哈尔（Manuel Garcí de Carabajal）奉弗朗西斯科·皮萨罗之命在此建城，取名"Villa de Asunción de Nuestra Señora del Valle Hermoso de Arequipa"，意为"美丽谷地阿雷基帕圣母升天城"。

阿亚库乔区（Ayacucho）之名源于首府阿亚库乔。

首府阿亚库乔之名源于克丘亚语，由"aya"（尸体或死人）和"cucho"（角落）组合而成，意为"死人的角落"。其名得来可能与印加人来到此地时与当地原住民发生战斗后尸横遍野有关。该城还曾叫作瓦曼加（Huamanga），源于克丘亚语的"huaman"，意为"游隼"。西班牙殖民者为该城取名为圣胡安瓦曼卡边境城（San Juan de la Frontera de Huamanga），其中"瓦曼卡"是土著旧称，"圣胡安"是指该城保护神，"边境"指其地处边境，这里曾是西班牙人抵御印加人的堡垒。1825年，"解放者"西蒙·玻利瓦尔下令该城使用原始名称阿亚库乔。

卡哈马卡区（Cajamarca）是秘鲁北部的一个区，其名来自其首府卡哈马卡。

首府卡哈马卡源于克丘亚语"kasha"（刺）和"marca"（村落）的结合，意为"有刺植物的村落"，指城市所在的谷地长满仙人掌。

卡亚俄区（Callao）之名源于首府卡亚俄，还被称为"宪法省"（Provincia Consticional）。

首府卡亚俄之名源于西班牙海员使用的西班牙古代语言"Callao"，意为"鹅卵石"或"有石头的海滩"。17世纪初，这个城镇便开始用卡亚俄的称呼，最早出现在编年史家马丁·德穆鲁亚（Martín de Murúa）1616年的文件中。《卡亚俄日报》曾组织研究人员对卡亚俄名称的来历进行研究，有人认为，"Callao"源于土著语"Calla"或"Chalhua"，意为"海岸"或"捕鱼"。

库斯科区（Cusco）之名源于首府库斯科。

首府库斯科是古印加帝国的首都，11世纪末12世纪初由第一位印加王兴建。其名源于克丘亚语"Qosqo"，意为"肚脐"或"中心"。根据印加神话，上部世界（Uku Pacha）与可见世界（Kay Pacha）在该地聚集，故称为"Qosqo"。西班牙殖民者抵达后，"Qosqo"被西班牙语化为"Cusco"。

万卡维利卡区（Huancavelica）是秘鲁中南部的省份，其名源于首府万卡维利卡。

首府万卡维利卡于1571年8月4日根据秘鲁总督弗朗西斯科·阿尔瓦雷斯·德托莱多（Francisco Alvarez de Toledo）的指示兴建，当时取名为奥罗佩萨富镇（Villa Rica de Oropesa），因为总督生于奥罗佩萨镇，而且当时该城附近矿藏丰富。后改名为万卡维利卡（Huancavelica），该名源于克丘亚语"Wanka Willka"，意为"圣石"。

瓦奴科区（Huanuco）之名源于首府瓦奴科。

首府瓦奴科一说源于克丘亚语"Guanacu Pampa"，意为"原驼的草原"；一说源于克丘亚语"Wuañuc"，意为"病入膏肓"或"死"。

伊卡区（Ica）是秘鲁位于太平洋沿岸的中南部省份，其名来自首府伊卡。

首府伊卡1563年6月17日由赫罗尼莫·路易斯·德卡夫雷拉（Jerónimo Luis de Cabrera）兴建，取名伊卡谷巴尔韦德镇（Villa de Valverde del Valle de Ica）。后改名为圣赫罗尼莫德伊卡（San Jerónimo de Ica），以纪念城市奠基者赫罗尼莫·路易斯·德卡夫雷拉。该城简称伊卡。

胡宁区（Junin）原名塔尔马（Tarma），1825年9月13日，西蒙·玻利瓦尔下令将该区改为现名，以纪念胡宁战役的胜利。其名源于克丘亚语"Junish"或"Sunin"，意为"3500~4000米的高原"。

首府万卡约（Huancayou）建于1572年6月1日，取名为最神圣三位一体的万卡约（Santísima Trinidad de Huancayo）。万卡约（Huancayou）源于克丘亚语的"wanka"（石头）和"yuq"（拥有）两词，意为"石头地"。据说该城瓦曼马尔卡公园中过去有一块椭圆形的巨石，如今这块巨石已下落不明。另一说万卡约源于克丘亚语的"Wuancamayo",这个词由"wanka"(石头)和"mayu"(河)组成,全词义为"石头河"。

拉利伯塔德区(La Libertad)的名字西班牙语意为"自由",1825年,秘鲁国会通过这一名称。

首府特鲁希略(Trujillo)于1534年12月6日由迭戈·德阿尔马格罗(Diego de Almagro)兴建,取名特鲁希略镇(Villa Trujillo),以纪念弗朗西斯科·皮萨罗(Francisco Pizarro)的出生地——西班牙埃斯特雷马杜拉的特鲁希略(Tryjillo, Extremadura)。翌年3月5日,皮萨罗正式建城,取名新卡斯蒂利亚的特鲁希略(Ciudad de Tryjillo de Nueva Castilla)。该城的别称为"春城"和"马里内拉舞之都"。

兰巴耶克区(Lambayeque)是位于秘鲁西北部的省份,其名来自西班牙语,派生于"Yampellec"神。该神受到第一个兰巴耶克国王纳伊姆拉普(Naymlap)的崇拜。

首府奇克拉约(Chiclayo)的名字一说源于一个名叫"Chiclayoc"或"Chiclayep"的土著印第安人,他在萨尼亚、奇克拉约和莫罗佩之间做运送石膏的生意;一说该城盛产一种绿色果实,这种果实在莫奇卡语中叫"chiclayep"或"chiclayop",意为"绿果干";一说在莫奇卡语中有几个同"Chiclayo"相似的词,如"chiclayap"和"chekliayok",意为"有绿枝的地方";另一说其名源于穆奇克语,由"che1ta"(一半)和"yoc"(财产或地产)两词组合而成,全词义为"一半地产"。

利马区(Lima)和首府利马之名来源见上述首都名。

洛雷托区(Loreto)是秘鲁最北部的省份,约占全国面积的29%。洛雷托的名字可能源于意大利安科纳的洛雷托。传说1291年十字军被逐出巴勒斯坦,1294年,圣母的石砌房子(拿撒勒圣母领报堂)被神秘地运往意大利洛雷托的小山上。1492年哥伦布发现美洲后,西班牙殖民者在寻找所谓的黄金国过程中,途经秘鲁的洛雷托。他们历经艰辛,不由得想起了供在洛雷托的拿撒勒圣母领报堂的航海者保护神,于是把这个地方称作洛雷托。

首府伊基托斯(Iquitos)是该国亚马孙地区最重要的城市,也是良好的港口,其名源于土著伊基托人(Iquito)的名称。伊基托人现栖居于秘鲁和厄瓜多尔的马拉尼昂河（Marañon）、蒂格雷河（Tigre）与纳纳伊河（Nanay）沿岸的村落中。

马德雷德迪奥斯区（Madre de Dios）是秘鲁25区之一，位于该国东南部。其名西班牙语意为"基督耶稣之母"，即"圣母玛利亚"。

首府是马尔多纳多港（Puerto Maldonado）。1901年，秘鲁政府建立了一个考察国内河流航道的委员会。胡安·比利亚尔塔（Juan Villalta）率领考察队从桑迪亚出发，沿坦博帕塔河进行考察。1902年7月10日，比利亚尔塔发现马尔多纳多港。他以探险家福斯蒂诺·马尔多纳多（Faustino Maldonado）的姓氏为该城命名。1861年，马尔多纳多曾考察马德雷德迪奥斯河全程，在马德雷德迪奥斯河与坦博帕塔河交汇处的一棵巨树上刻下了自己的名字，后来他丧生在马莫雷河的激流中。

莫克瓜区（Moquegua）是秘鲁南部的省份，其名源于克丘亚语，意为"平静的地方"。

首府莫克瓜（Moquegua）建于1541年11月25日。西班牙殖民者来到此地时，询问该地名字，当地人回答："Moquehua。"西班牙人保留了该名，但把字母"h"变成"g"。一说"Moquehua"为克丘亚语，由"muki"和"hua"组成，意为"肥沃的土地能容下很多人"。另一说城名源于艾马拉语"Mukihua"或"Mukihuaa"，意为"好的时候拥有一块潮湿的土地"。

帕斯科区（Pasco）是秘鲁中部的省份，其名源于首府塞罗德帕斯科。

首府塞罗德帕斯科（Cerro de Pasco）西班牙语意为"帕斯科山"，建于16世纪末，当时此地的采矿业吸引了大批移民。

皮乌拉区（Piura）位于秘鲁西北部，其名源于首府皮乌拉。

首府皮乌拉之名源于古安第斯克丘亚语"Piuhua"，意为"粮仓"。1532年，弗朗西斯科·皮萨罗（Francisco Pizarro）在此建城。该城还被称为"热情城"（Ciudad de la Hospitalidad）、"太阳不落城"（Ciudad del Eterno Sol）、"角豆树城"（Ciudad de los algarrobos）。

普诺区（Puno）是秘鲁东南部的省份，其名源于首府普诺。

首府普诺是圣卡洛斯德普诺（San Carlos de Puno）的简称，由秘鲁总督佩德罗·安东尼奥·费尔南德斯·德卡斯特罗（Pedro Antonio Fernándaz de

Castro）于 1668 年所建，名为圣胡安包蒂斯塔德普诺（San Juan Bautista de Puno），后为纪念西班牙国王卡洛斯二世，改称圣卡洛斯德普诺。

圣马丁区（San Martin）是以拉美民族英雄何塞·德圣马丁（José de Martin）的姓氏为名。1906 年 9 月 6 日，莫约班巴省、瓦利亚省和圣克鲁斯省组成圣马丁区，以纪念南美洲解放者何塞·德圣马丁。圣马丁 1778 年生于阿根廷拉普拉塔的亚佩尤。青年时期曾参加西班牙军队，后加入秘密革命组织"劳塔罗"。1812 年，他返回阿根廷，参加独立战争。1813 年年末，他担任了北方军司令。1817 年，圣马丁与奥希金斯率安第斯军翻越安第斯山，解放了智利。1820 年，组建解放秘鲁的军队，同年 8 月，圣马丁率领船队从海上进军秘鲁。翌年 7 月，占领利马，秘鲁宣布独立。秘鲁人民推举圣马丁为"护国公"。1822 年 9 月 22 日，他辞去护国公职务，1824 年 4 月前往法国。1850 年 8 月 17 日逝世。

首府莫约班巴（Moyobamba）名称源于克丘亚语"Muyupampa"，意为"圆形的平原"。它由胡安·佩雷斯·德格瓦拉（Juan Perez de Guevara）建于 1540 年 7 月 25 日，取名为"Santiago de los Ocho Valles de Moyobamb"，意为"八个莫约班巴谷地的圣地亚哥"，简称莫约班巴。八个谷地是马约河（Río Mayo）八条支流组成的谷地，它们是尤拉西亚库河谷地、内格罗河谷地、通奇马河谷地、因多切河谷地、鲁米亚库河谷地、赫拉河谷地、瓦斯卡亚库河谷地和胡宁格河谷地。莫约班巴是西班牙人在秘鲁亚马孙地区建立的第一座城市。该城生长着 2500 多种兰花，故也被誉为"兰花城"。

塔克纳区（Tacna）之名源于首府塔克纳。塔克纳源于克丘亚语"taka"和"na"，意为"打击之地"，可能是指克丘亚人征服艾马拉人。1572 年，西班牙殖民者称其为圣佩德罗德塔克纳（San Pedro de Tacna）。

通贝斯区（Tumbes）之名源于首府通贝斯。通贝斯的名字没有确切来源：有人说是当地酋长的名字"Tumba"，他的父亲在这里建立起最初的村落；有人说是当地酋长使用的权杖名"Tumpi"或"Tumbi"；有人说由 16 世纪西班牙殖民者给当地一些村落取的名字"Tumpis"变化而来；还有人说源于当地一种植物名。

乌卡亚利区（Ucayali）是位于秘鲁中部的省份，其名源于同名河。

首府普卡尔帕（Pucallpa）建于19世纪40年代，其名源于克丘亚语，由"puca"和"allpa"组合而成。"puca"意为"土地"，"allpa"意为"红色的"，合起来即"红色土地"之意。西班牙殖民者抵达前，在此居住的土著西皮博人称该地为"麦尤辛"（May Yushin），意为"魔鬼之地"。一些人认为，此名的得来是因当地土著部落间长期存在冲突。

莫克瓜区首府莫克瓜（Moquegua）的地名来源有几种解释。有人推测源于克丘亚语的"Moquehua"，意为"很多人拥有的肥沃土地"。有人推测源于艾马拉语的"Mukihua"或"Mukihuaa"，意为"幸好有块湿地"。有人说1120年左右，印加人在当地建立了两个村落，分别叫"Cuchuna"和"Moquehua"，并处于印加帝国统治下。1541年，西班牙殖民者抵达该地，询问该地的名称，得到的回答是"Moquehua"。于是"Moquehua"便成为该城的名称。后来，名字中的"h"逐渐被"g"所取代。

5. 多民族玻利维亚国

（1）国名

多民族玻利维亚国（Estado Plurinacional de Bolivia）是位于南美洲中部的内陆国。西邻秘鲁和智利，北部和东部与巴西交界，南部同阿根廷和巴拉圭接壤。玻利维亚地区原来称作查尔卡斯（Charcas），"Charcas"是该地区一印第安部族的名称。殖民时期玻利维亚被称为上秘鲁（Alto Perú）。玻利维亚成立共和国时，宣布国名为玻利瓦尔共和国（República de Bolívar），以表达对解放者西蒙·玻利瓦尔的尊敬。1825年10月，在丘基萨卡召开的玻利瓦尔第一届国会上，根据神父曼努埃尔·马丁·克鲁斯（Manuel Martín Cruz）的提议，改国名为玻利维亚共和国（República de Bolivia）。2009年，易名为多民族玻利维亚国。

（2）首都名

拉巴斯（La Paz）是政府、议会所在地，位于玻利维亚高原东部，西距世界上最高的淡水湖之一的的喀喀湖55公里。市区地势陡峭，山峦起伏，是世界上海拔最高的首都。"拉巴斯"一词的西班牙语意为"和平"。取此名的背景是秘鲁征服者弗朗西斯科·皮萨罗死后，西班牙国王任命布拉斯科·努涅斯·贝拉（Blasco Núñez Vela）为秘鲁总督。由于他颁布了一些令殖民军不满的法令，弗朗西斯科·皮萨罗之弟冈萨洛·皮萨罗（Gonzalo Pizarro）率军发动叛乱。利马检审庭庭长佩德罗·德拉加斯卡（Pedro de la Gasca）平息了叛乱，逮捕并处死了冈萨洛·皮萨罗，秘鲁局势得以安定。受佩德罗·德拉加斯卡派遣，西班牙殖民者阿隆索·德门多萨（Alonso de Mendoza）来到这一地区。1548年10月20日，他开始兴建该城，作为在波托西和库斯科之间来往的人的歇脚处。当时取名为圣母和平城（Nuestra Señora de La Paz），以纪念平息了冈萨洛·皮萨罗的叛乱，恢复了和平。1825年阿亚库乔战役后，圣母和平城曾改名为拉巴斯德阿亚库乔（La Paz de Ayacucho），即阿亚库乔和平城，以纪念爱国者取得对西班牙殖民军的决定性胜利。后又恢复原名圣母和平城，简称拉巴斯。

法定首都苏克雷（Sucre）最早称为查尔卡斯（Charcas），这是西班牙殖民者对土著人的称呼。1538年11月30日，坎波雷东多伯爵佩德罗·德安苏雷斯（Pedro de Anzures）奉皮萨罗之命率军从库斯科来到此地，修建了一座要塞，取名为新托莱多拉普拉塔城（Ciudad de la plata de la Nueva Toledo），简称拉普拉塔城，西班牙语意为"银城"，因当地银储量丰富。1555年，西班牙和德国皇帝卡洛斯五世下令批准该城名为拉普拉塔城。1776年，改称丘基萨卡"Chuquisaca"（见后丘基萨卡省）。1839年成为玻利维亚首都后，改称苏克雷（Sucre），全称拉伊鲁斯特雷埃罗伊卡苏克雷（La Ilustre y Heróica Sucre），西班牙语意为"杰出和英勇的苏克雷"，以纪念民族英雄、阿亚库乔大元帅安东尼奥·何塞·苏克雷（Antonio José Sucre）。苏克雷作为南美解放者玻利瓦尔的助手，为玻利维亚的独立起到了决定性的作用。由于功勋卓著，苏克雷当选为玻利维亚第一任总统。1899年，政府和议会迁往拉巴斯，苏克雷只留下最高法院，成为法定首都。1991年，苏克雷作为文化遗产被联合国教科文组织列入《世界遗产目录》。苏克雷因有许多白色的建筑又被称为"白色城市"（La Ciudad Blanca）。

（3）省名和首府名

玻利维亚共有9个省。

贝尼省（Beni）是玻利维亚东北部的省份。"贝尼"土著语意为"风"，是指流经该地区的河流流速很快。

首府特立尼达（Trinidad）由总督胡安·德门多萨·德卢纳（Juan de Mendoza de Luna）建于1603年，以天主教三位一体命名。

丘基萨卡省（Chuquisaca）位于该国东南部，一些人认为其名源于克丘亚语"Chuquichaca,"意为"金山"；有人认为这个词中的"chuqui"意为"主要的"，"chaca"意为"桥"，全词义为"主要的桥"；但有人认为"chuqui"意为"金"，全词义为"金桥"。

首府苏克雷名称来源见上述首都名。

科恰班巴省（Cochabamba）之名源于首府科恰班巴。

首府"Cochabamba"之名来自克丘亚语的"qucha"或"qhucha"（意为"湖"）和"pampa"（意为"平原"），科恰班巴曾称作卡纳塔（Kanata）。1571年8月2日，赫罗尼莫·德奥索里奥船长（Gerónimo de Osorio）根据总督弗朗西斯科·德托莱多（Francisco de Toledo）的命令建立该城，取名为奥罗佩萨镇（Villa de Oropesa），奥罗佩萨是托莱多总督在西班牙的出生地。1786年，西班牙国王卡洛斯三世命名该城为忠诚和勇敢的科恰班巴。

拉巴斯省（La Paz）和首府拉巴斯之名来源见上述首都名。

奥鲁罗省（Oruro）位于该国西部，其名源于首府奥鲁罗。

首府奥鲁罗的名字源于安第斯地区具有千年文明史的玻利维亚乌鲁斯人（Urus）。1606年11月1日，查卡斯检审庭法官曼努埃尔·德卡斯特罗－帕迪利亚（Manuel de Castro y Padilla）在此建城时，曾为该城取名为奥地利圣费利佩镇（Villa de San Felipe de Austria），以纪念西班牙费利佩三世（Felipe Ⅲ）。

潘多省（Pando）位于该国西北部，其名是为纪念1899~1905年担任玻利维亚总统的何塞·曼努埃尔·潘多（José Manuel Pando）。

首府科维哈（Cobija）由恩里克·科尔内霍（Enrique Cornrjo）上校建于1906年，原称巴伊亚港（Puerto Bahía），因与巴西一座城市同名，为避免混淆，1908年改为现名，以纪念原玻利维亚太平洋沿岸的城市科维哈。

波托西省（Potosí）之名源于首府波托西。

首府波托西古称波托西皇城（Villa Imperial de Potosí）。传说印加人早就知道当地山上蕴藏大量铜矿。印加国王开始开采这里的铜矿时，矿山发出震耳欲聋的爆裂声，这使他停止了开采。后来，爆裂的象声词"P'utuqsi"变成了该城的名字，并逐渐演变为波托西。

圣克鲁斯省（Santa Cruz）位于该国东南部，其名源于首府圣克鲁斯。

首府圣克鲁斯全称圣克鲁斯德拉谢拉（Santa Cruz de la Sierra.）。1561年，西班牙殖民者纽弗洛·德查韦斯（Ñuflo de Chaves）率领一支远征军从亚松森抵达此地，建起一座村镇，取名为圣克鲁斯德拉谢拉，以纪念他在西班牙的出生地——埃斯特雷马杜拉。圣克鲁斯原来被来自加勒比海移民的查内人（Chané）称作拉斯利亚努拉斯德尔格里戈塔（Las Llanuras del Grigotá），意为"格里戈塔的平原"。"格里戈塔"是查内人对其国王的称呼。

塔里哈省（Tarija）之名源于首府塔里哈。

首府塔里哈是路易斯·德富恩特斯－巴尔加斯（Luis de Fuentes y Vargas）根据秘鲁总督弗朗西斯科·阿尔瓦雷斯·德托莱多（Francisco Alvarez de Toledo）的命令于1574年7月4日开始兴建，取名为圣贝尔纳多塔里哈边境城（Villa de San Bernardo de la Frontera de Tarixa），也称圣贝尔纳多边境城（San Bernardo de la Frontera）。关于塔里哈名称的来源，一说是为纪念1535年抵达此地的迭戈·德阿尔马格罗（Diego de Almagro）远征队中一个名叫弗朗西斯科·德塔里哈（Francisco de Tarija）的殖民者；一说塔里哈来自土著印第安语；一说邻近地区有几个地名"Tariquía""Taxara"的发音很像"Tarija"，西班牙殖民者没能读准，读成了"Tarija"，从此成为该城的名字；一说"Tarija"是安达卢西亚的阿拉伯语的一个词，意为"小塔"；也有人说是迭戈·德阿尔马格罗的部队来到罗西利亚谷地时，发现楼房废墟很像西班牙塔里哈谷地的建筑，于是便把这个谷地称为塔里哈谷地（Valle de Tarija）。

6. 厄瓜多尔共和国（Republica del Ecuador）

（1）国名

厄瓜多尔共和国位于南美洲大陆的西北部，北邻哥伦比亚，东和南与秘鲁相接，西濒太平洋。安第斯山脉由北向南纵贯全境，赤道线横穿北部。

厄瓜多尔原为公元1000年左右建立的基多王国所在地，公元15世纪后半叶被印加王瓦伊纳·卡帕科（Huayna Capac）征服，并被并入印加帝国。1535年，沦为西班牙殖民地。1822年，加入大哥伦比亚联邦。1824年玻利瓦尔颁布《新国家领土划分法》时，将基多地区称为厄瓜多尔，这是在正式文件中第一次出现"厄瓜多尔"的名称。1830年，在基多地区成立共和国，正式取名为厄瓜多尔，并沿用至今。

在西班牙语中，厄瓜多尔（Ecuador）乃是"赤道"之意。取"赤道"为国名，如实地反映了这个国家的地理位置，因为赤道正好横贯它的北部。凡是来到厄瓜多尔的游客，都不会错过参观距首都基多不远的"赤道纪念碑"。

首都基多有新旧两座赤道纪念碑。1744年所建的旧碑位于基多城以北24公里处的拉加加里小镇上。纪念碑高约10米，用赭红色花岗岩砌成，碑四周镌刻有"EOSN"四个表示东、西、南、北的西班牙语字母。碑上写着"这里是地球的中心"和碑文，以纪念那些对测量赤道、修建碑身做过贡献的法国和厄瓜多尔的科学家。碑顶放置一个石刻地球仪，南极朝南，北极朝北。在地球仪的腰部，有一条象征赤道的白色中心线，从上至下与碑东西两侧台阶上的白线相连，这条白线把地球分为南北两部分。每年3月21日和9月23日，太阳从赤道线上经过，直射赤道，全球昼夜平分。这时，厄瓜多尔人总要在此举行盛大的迎接太阳神的活动，感谢太阳给人类带来的温暖和光明。

落成于1982年8月9日的新碑矗立在距旧碑不远的埃基诺西亚尔谷，据说这是世界上最准确的赤道标记。其形与旧碑同，但高为30米，顶端的地球仪直径4.5米，重4.5吨。碑的东面刻着：西经格林尼治78度27.8分，纬度0度0分。碑里修建了电梯，碑顶设有瞭望台。新旧赤道纪念碑自建成起就成为厄瓜多尔重要的国家象征。

（2）首都名

基多（Quito）正式名称为圣弗朗西斯科德基多（San Francisco de Quito），位于皮钦查火山脚下葱翠的谷地中，是一座具有悠久历史的古城。远处青山如黛，近处乳白色的建筑掩映在繁花绿叶之中，景色秀丽多姿。

基多城所在地最早的居民是印第安基图部落（Quitu），传说基多古城是由"基图"神的儿子"基图姆贝"（Qitumbe）所建，"基图"名字的变音"基多"遂成为城名。后基多被"卡拉斯"（Caras）部落征服，大约公元前980年建立基多王国。卡拉斯部落征服基多几百年后，1487年，印加将军鲁米尼亚维（Rumiñaui）抵达该地，把小镇基多变成城市，成为印加帝国的北方中心。1533年，鲁米尼亚维下令将该城焚毁，以免落入西班牙人手中。第二年，弗朗西斯科·皮萨罗抵达该地区，8月15日开始第二次建城，取名圣弗朗西斯科德基多。西班牙殖民者塞瓦斯蒂安·德贝纳尔卡萨（Sebastian de Benalcázar）在击败印加军队和俘虏鲁米尼亚维后，于1534年12月6日再次建城，后来这一天被称为基多的正式建城日。1535年1月10日，鲁米尼亚维被处死。1541年3月14日，基多被升级为城市。建城之初，城市居民只有204人，后来逐渐扩大。1535年建立的基多美术学校，后来成为南美洲第二大美术学校（仅次于库斯科美术学校）。基多很快成为行政和宗教中心。1556年2月14日，基多被授予"非常高贵和忠诚的圣弗朗西斯科德基多城"（Muy Noble y Muy Leal ciudad de San Franccisco de Quito）的称号。16世纪和17世纪该城属于秘鲁总督辖区。1979年7月27日，基多作为世界文化遗产被联合国教科文组织列入《世界遗产目录》。

（3）省名和首府名

厄瓜多尔分为24个省。

阿苏艾省（Azuay）的名称源于土著卡尼亚里语（cañari），如今卡尼亚里语已消失，但留下了大量的词语。"Azuay"意为"天下大雨"。阿苏艾省曾是卡尼亚里文化的发源地。

首府昆卡（Cuenca）全称是圣安娜德洛斯夸特罗里奥斯德昆卡（Santa Ana de los Cuatro Ríos de Cuenca），地名中的"昆卡"（Cuenca）是为纪念1557年下令建立该城的西班牙总督安的列斯·乌尔塔多·德门多萨（Andrés Hurtado de mendoza）在西班牙的出生地昆卡，"圣安娜"（Santa Ana）是根据西班牙人给新建城市起名加上一位圣徒的习惯而添加，也是该城的保护神。"德洛斯夸特罗里奥斯"西班牙语意为"四条河"，是指流经该城的托梅班巴河、塔尔基河、亚农凯河和马昌加拉河。1999年联合国教科文组织将昆卡列为世界文化遗产。

玻利瓦尔省（Bolivar）是厄瓜多尔中部的省份，其名是为纪念拉美解放者西蒙·玻利瓦尔。

首府瓜兰达（Guaranda）建于1571年，其名可能源于土著瓜兰加斯人部落名。1997年10月23日，该城被宣布为"厄瓜多尔文化遗产"。

卡尼亚尔省（Cañar）是位于厄瓜多尔南部的省份，其名源于卡尼亚里语。"Cañar"由"can"和"ara"组成，"can"意为"蛇"，"ara"意为"金刚鹦鹉"。取此名是因卡尼亚里人认为自己是蛇和金刚鹦鹉的后代。

首府阿索格斯（Azogues）的全称为圣弗朗西斯科德佩莱乌西德阿索格斯（San Francisco de Peleusí de Azoques）。"阿索格斯"（Azoques）的西班牙语意为"水银"，"佩莱乌西"（Peleusí）是当地一种黄花的名字，"圣弗朗西斯科"（San Francisco）则是一位天主教圣徒的名字。

卡尔奇省（Carchi）是位于厄瓜多尔中部的省份，其名源于同名河（Río Carchi）。其名一说源于加勒比查伊纳语（chaina），意为"在那一边"；一说源于奇布查语，"car"意为"界线"，"chi"意为"水"，全词义为"水的界线"。

首府图尔坎（Tulcán）之名一说是"Tulcanquer"的简写，它是一个土著村落的名字；一说源于玛雅语"Hulcán"，意为"游击战士"；一说源于纳瓦特尔语，"tul"意为"人"，"ca"意为"战士""卫士""游击战士"，全词义为"驻扎着游击战士的村落"或"游击战士守卫的村落"。

钦博拉索省（Chimborazo）之名源于海拔6310米的钦博拉索火山（Volcán Chimborazo），这是厄瓜多尔最高的山峰。"Chimborazo"一说意为"雪男人"，一说意为"强烈的冷风"。

首府里奥班巴（Riobamba）由迭戈·德阿尔马格罗（Diego de Almagro）建于1534年8月14日，是在厄瓜多尔建立的第一座城市，其名来自普卢阿埃斯人的古都名，意为"广阔的平原"。里奥班巴被人们誉为"厄瓜多尔民族的摇篮"（Cuna de la Nacionalidad Ecuatoriana）、"祖国的心脏"（Corazón de la Patria）、"美丽的城市"（Ciudad Bonita）等。

科托帕希省（Cotopaxi）是位于厄瓜多尔中北部的省份，过去曾叫莱昂省（Provincia de León）。科托帕希省的名字源于科托帕希火山（Volcán

Cotopaxi）。科托帕希火山位于科托帕希省东北部，海拔5897米，是厄瓜多尔第二高的山。其名一说源于卡亚帕语（cayapa），意为"太阳漂亮的脖子"；一说源于潘特萨莱阿语（pantzalea），意为"火喉"；一说意为"月亮的王位"。

首府拉塔昆加（Latacunga）建于1534年，1698~1798年曾四次遭地震破坏。其名可能源于克丘亚语"llacata kunka"，意为"湖神"。

埃尔奥罗省（El Oro）是位于厄瓜多尔西南部沿海的省份。其名中的"oro"西班牙语意为"金"。历史上这个地区盛产黄金，故得此名。

首府马查拉（Machala）是该国第五大城市，其名源于玛雅基切语的"Mac-chal"和奇穆语的"Mashall"，都意为"高贵的地界或大的地界"，因为1537年在胡博内斯河口附近广阔的平原上发现了许多土著村落。

埃斯梅拉达斯省（Esmeraldas）是位于厄瓜多尔西北部的省份，其名西班牙语意为"绿宝石"，因为该地区被大量绿色植物覆盖，俯瞰如同绿宝石般美丽。该省享有"绿省"之称。

首府埃斯梅拉达斯（Esmeraldas）是厄瓜多尔西北部的主要海港，其名来源同埃斯梅拉达斯省。

加拉帕戈斯省（Galápagos）是距大陆有1000公里的海岛省，其名西班牙语意为"龟"。1535年3月10日，多明我会传教士、巴拿马主教托马斯·德贝兰加（Tomás de Berlanga）奉西班牙国王卡洛斯五世之命前往秘鲁的途中发现了加拉帕戈斯群岛，在其致卡洛斯五世的信中提到了该群岛上的龟。1570年，亚伯拉罕·奥特柳斯（Abraham Ortelius）制作的第一批有关该群岛的地图上就使用了"龟群岛"（Insulae de los Galopegos）的称呼。从1832年2月12日起，加拉帕戈斯群岛归属厄瓜多尔，取名为哥伦布群岛（Archipiélago de Colón）。

首府黑巴克里索港（Puerto Baquerizo Moreno）之名是为纪念阿尔弗雷多·巴克里索·莫雷诺（Alfredo Baquerizo Moreno，1859-1951）总统，他是在任期间第一个造访该群岛的厄瓜多尔总统。

瓜亚斯省（Guayas）是位于厄瓜多尔西南部的沿海省份，其名源于瓜亚斯河（Río Guayas）。

首府瓜亚基尔（Guayaquil）全称圣地亚哥德瓜亚基尔（Santiago de Guayaquil），但通常简称为瓜亚基尔。瓜亚基尔是厄瓜多尔人口最多和面积最大的城市，最早建于1534年，取名圣地亚哥德瓜亚基尔。其名中的"圣地亚哥"（Santiago）是为纪念耶稣基督的十二使徒之一圣地亚哥，他是该城的保护神，也是西班牙和智利圣地亚哥的保护神。关于瓜亚基尔的名字来源有几种说法。一说它是一个名叫"瓜亚斯"（Guayas）的酋长和其妻子"基尔"（Quil）名字的结合，他们英勇抵抗西班牙殖民军队，最后光荣牺牲。一说该地区有个名叫"瓜亚基莱"（Guayaquile）的酋长，他的名字成为其统治的村落的名称，后来城市建立时便以这个村落的名字命名。1547年该城建成后，得到"非常高贵和非常忠诚的圣地亚哥德瓜亚基尔城"（Muy Noble y Muy Leal Ciudad de Santiago de Guayaquil）的称号。厄瓜多尔脱离西班牙独立后，抛弃了带有殖民色彩的"非常高贵和非常忠诚的"（Muy Noble y Muy Leal）的词句，仅留下圣地亚哥德瓜亚基尔。

音巴布拉省（Imbabura）是位于厄瓜多尔北部的省份，其名来源于音巴布拉火山。一说音巴布拉（Imbabura）源于克丘亚语，意为"父亲山"；一说源于卡兰基语（caranqui），意为"金色草原的土地"；一说源于一种已消失的语言，意为"西方的土地"；一说是卡塔卢尼亚语，意为"母驴的路"，指这里是贸易和运输的战略要点。该省因湖泊众多而被称为"湖泊省"。

首府伊瓦拉（Ibarra）由西班牙人克里斯托瓦尔·德特罗亚（Cristóbal de Troya）根据基多皇家检审庭庭长米格尔·德伊瓦拉－马列亚（Miguel de Ibarra y Mallea）的命令于1606年9月28日兴建，并以该庭长的姓氏为名。

洛哈省（Loja）是位于厄瓜多尔南部的省份，其名源于首府洛哈。

首府洛哈在1546年贡萨洛·皮萨罗（Gonzalo Pizarro）下令第一次建城时，曾取名拉萨尔萨（La Zarza）。1548年，阿隆索·德梅尔卡迪略（Alonso de Mercadillo）奉佩德罗·德拉加斯卡（Pedro de la Gasca）之命第二次建城，把自己在西班牙的出生城市格拉纳达的洛哈作为城名。

洛斯里奥斯省（Los Rios）位于瓜亚斯河流域，有多条河流流经该省，如文塞斯河、萨尔托河、塞科河和奇林托莫河等。由于具有这个地理特色，1860年10月6日，加夫列尔·加西亚·莫雷诺（García Moreno）总统下令成立该省时,给它取名为洛斯里奥斯,西班牙语意为"众河流"。

首府巴巴奥约(Babahoyo)得名于巴巴奥约河(Río Babahoyo)。1756年,在巴巴奥约河右岸建城,1869 年被大火焚毁后,在该河左岸重建。1948 年 9 月,该城成为洛斯里奥斯省首府。"Babahoyo"由"Babaolio"转化而来,它由"baba"和"olio"两个词组成,意为"黑色鹞鹰"。

马纳维省(Manabi)之名有人说是以土著马纳维部族或其酋长的名字命名;也有人说源于克丘亚语"mana"和"phi"两个词,"mana"意为"什么都没有","phi"意为"水",全词义为"没有水的土地"。

首府别霍港(Portoviejo)全称圣格雷戈里奥别霍港(San Gregorio de Portoviejo)。1535 年 3 月 12 日该城建立时称圣格雷戈里奥别霍港新城(Villa Nueva de San Gregorio de Puerto Viejo),西班牙语意为"圣格雷戈里奥旧港新城",简称别霍港。18 世纪末,意大利人吉罗拉诺·本佐尼(Girolano Benzoni)把城名中的西班牙语"Puerto"改为意大利语的"Porto",这样就变成了现今的"Portoviejo"。

莫罗纳圣地亚哥省(Morona Santiago)位于厄瓜多尔东南部亚马孙地区,1952 年 9 月 5 日脱离圣地亚哥萨莫拉省自立为省。

首府马卡斯(Macas)是由发现该地区的西班牙殖民者何塞·比利亚努埃瓦·马尔多纳多(José Villanueva Maldonado)1575 年所建,取名为塞维利亚德奥罗(Sevilla de Oro),"塞维利亚"是西班牙城市名,"奥罗"西班牙语意为"金"。后来改名为马卡斯(Macas),马卡斯是居住在亚马孙地区的土著卡尼亚里人部落的名称。

纳波省(Napo)是位于厄瓜多尔中北部的省份,地处该国亚马孙地区。其名源于纳波河(Río Napo)。

首府特纳(Tena)的全称为圣胡安德洛斯多斯里奥斯德特纳(San Juan de los Dos Rios de Tena),城名中为"圣胡安"是一位天主教圣徒,根据西班牙建立新城在城名上加一圣徒名的习惯加入;"洛斯多斯里奥斯"西班牙语意为"两条河",特纳河(Río Tena)与帕纳奥河(Río Panao)流经该城;1560 年,西班牙殖民者希尔·拉米雷斯·达瓦洛斯(Gil Ramíres Dávalos)在此建城,城名中的"特纳"源于特纳河。有关特纳河的得名流传着一段凄美的故事。很久很久以前，一位印第安酋长有个漂亮女儿，她的名字叫特纳。一天，特纳和女伴在和河中洗澡时，偶遇外出打猎的一位名叫帕诺的健美小伙儿，他是另一位酋长的儿子。他们一见钟情，此后便天天在河边桃花心木树下约会。特纳父亲得知情况后，大发雷霆，禁止女儿外出与帕诺相会。帕诺见不到特纳，伤心不已，跳入急流自杀。此后，这条河被称为帕诺河。特纳见不到帕诺，同样悲伤。一天她在窗前，听到一只小鸟给她带来帕诺跳河自杀的噩耗，特纳悲痛欲绝，偷偷逃出家门，跑到另一条河边跳河殉情。河水载着她向前漂流，与载着帕诺的河汇合，两个年轻人紧紧地抱在一起。从此，两条汇合在一起的河被称为特纳河。

奥雷利亚纳省（Orellana）是位于厄瓜多尔东部的省份，其名是为纪念西班牙探险家弗朗西斯科·德奥雷利亚纳（Francisco de Orellana），他在南美洲探险时发现了亚马孙河。

首府弗朗西斯科德奥雷利亚纳（Puerto Francisco de Orellana）得名同奥雷利亚纳省，又名科卡（Coca），得名于科卡河（Río Coca）。

帕斯塔萨省（Pastaza）是位于厄瓜多尔东部的省份，其名源于帕斯塔萨河（Río Pastaza）。

首府皮约（Piyo）建于1899年5月12日。其名源于皮约河（Río Piyo）。"皮约"来自基克瓦语（Kihcwa），意为"大雾"。

皮钦查省（Pichincha）是位于厄瓜多尔北部的省份，其名源于皮钦查火山（Volcán Pichincha）。

首府基多（Quito）见上述首都名。

圣埃莱娜省（Santa Elena）之名源于圣海伦纳，她是君士坦提乌斯一世的妻子和君士坦丁大帝的母亲，公元270年生于俾斯尼亚，曾寻找过真十字架，是天主教圣徒。1531年8月18日，弗朗西斯科·皮萨罗（Francisco Pizarro）在厄瓜多尔一个半岛登陆时，正值天主教"圣埃莱娜节"，于是便给该岛起名为圣埃莱娜半岛，后来成为圣埃莱娜省。

首府圣埃莱娜（Santa Elena）名字来源同圣埃莱娜省。在哥伦布发现美洲前这里叫作苏姆帕（Sumpa），奇穆语意为"尖"（punta）。

圣多明各德洛斯特萨奇拉斯省（Santo Domingo de los Tsáchilas），其名

源于土著特萨奇拉斯人。历史上曾称尤姆博斯省（Yumbos）。

首府圣多明各（Santo Domingo）全称圣多明各德洛斯科洛拉多斯（Santo Domingo de los Colorados），其名西班牙语意为"有色人的圣多明各"，有色人是指特萨奇拉斯人，他们有用从胭脂树提取的染料染头发的习俗。

苏库姆比奥斯省（Sucumbios）是位于厄瓜多尔东北部的省份，其名来自16世纪居住在该地区的土著苏库姆比奥斯人。

首府新洛哈（Nueva Loja）之名源于第一批到达该地的西班牙殖民者，他们都来自西班牙洛哈省。

通古拉瓦省（Tungurahua）是位于厄瓜多尔中部的省份，其名源于通古拉瓦火山。通古拉瓦火山是厄瓜多尔最活跃的火山之一，其名来自克丘亚语，意为"火舌"（lengua de fuego），这是因为在历史上该火山曾多次喷发。通古拉瓦火山又被称为"黑巨人"（Gigante negro）。

首府安巴托（Ambato）之名可能源于克丘亚语"Hambatu"或"Jambatu"，意为"蛙丘"。

萨莫拉钦奇佩省（Zamora Chinchipe）是位于厄瓜多尔东南部的省份，其名源于萨莫拉河（Río Zamora）与钦奇佩河（Río Chinchipe）。

首府萨莫拉（Zamora）由西班牙殖民者埃尔南多·德巴拉奥纳（Hernando de Barahona）建于1549年，取其名是为纪念他在西班牙的出生地萨莫拉（Zamora）。

7. 哥伦比亚共和国

（1）国名

哥伦比亚共和国（República de Colombia）位于南美洲西北部，北濒加勒比海，西临太平洋，东与委内瑞拉和巴西、南与秘鲁和厄瓜多尔、西北与巴拿马为邻。1536年，哥伦比亚沦为西班牙殖民地。殖民时期，哥伦比亚与今委内瑞拉、厄瓜多尔和巴拿马一起被称为新格拉纳达（Nueva Granada）。格拉纳达（Granada）为西班牙的一个省和该省的首府名，西班牙语意为"石榴"。西班牙殖民军头目冈萨洛·希门尼斯·德克萨达（Gonzalo Jiménez de Quesada）用家乡的名字给这块地方命名，一是怀念自己的故乡，二是他认为两地有某些相似之处。

哥伦比亚的名字是为纪念1492年发现美洲大陆的意大利航海家哥伦布（意大利文Cristoforo Colombo；西班牙文Cristóbal Colón，1451－1506）。哥伦布的姓氏"Colombo"来自拉丁文"columbus"，即象征和平的"雄鸽"。哥伦布1451年生于意大利热那亚，他从小热爱航行，14岁开始当水手，多次航行于地中海、北海之间。他在实践中积累了丰富的航海经验，学会了航海驾驶技术，掌握了罗盘、海图和各种航海仪器的运用，为他后来远航美洲创造了条件。他在移居里斯本后，与葡萄牙一名贵族女子结婚，岳父送给他大量航海资料。1485年，他又移居西班牙。当时的欧洲流传着东方尤其是中国和日本有数不尽的金银财宝的说法。哥伦布相信地圆说，认为从欧洲西渡大西洋就可以到达远东，但他并不知道欧亚之间还有一个辽阔的美洲大陆。为了实现开辟新航路的夙愿，他曾多次上书葡萄牙王室、西班牙王室、法国和英国宫廷，恳求允许其自主航行，但均遭到拒绝。他在西班牙苦苦等了8年，直到1492年4月，西班牙国王斐迪南和女王伊萨贝拉才批准了他的远航计划。经过几个月的准备，同年8月3日，哥伦布率领由三艘帆船组成的船队驶离西班牙巴罗斯港。经过两个多月的艰苦航行，终于在10月12日"发现"了美洲。此后，哥伦布又对美洲进行了三次远航。哥伦布开辟了从欧洲横渡大西洋到美洲并安全返回的新航路，把美洲和欧洲，进而把新大陆和旧大陆紧密地联系起来，与此同时，新航路的发现为西班牙、葡萄牙向美洲扩张开辟了道路。1506年5月20日，哥伦布在西班牙北部巴利亚多利德的一个旅店里去世。随后，他被安葬在该城圣方济各会的一座修道院墓地内。

把哥伦比亚作为地名，是委内瑞拉人、独立运动的先驱弗朗西斯科·德米兰达（Francisco de Miranda）最先提出来的，用来指新大陆，特别是指西班牙和葡萄牙统治下的地区。玻利瓦尔（Simón Bolívar）也赞成这种想法。他在1815年5月发表的《牙买加来信》（Carta de Jamaica）中提出："新格拉纳达和委内瑞拉如能达成协议组成一个共和国……这个国家将称作哥伦比亚，以表示我们对这个半球的发现者哥伦布的敬意和感激。"1819年2月15日，安格斯图拉大会宣布将成立以哥伦布为名的哥伦比亚共和国（即大哥伦比亚，用以避免同今哥伦比亚相混淆）。同年12月，包括委内瑞拉和新格拉纳达在内的哥伦比亚共和国在波哥大正式成立。1822年，厄瓜多尔也成为这个共和国的组成部分。1830年，哥伦比亚共和国解体，1831年，现哥伦比亚的部分改称新格拉纳达共和国（República de la Nueva Granada）。1851年颁布新宪法后，又改称为格拉纳迪纳联邦（Confederación Granadina）。1863年，开始采用哥伦比亚合众国（Estados Unidos de Colombia）的称呼，1886年，改名为哥伦比亚共和国（República de Colombia），并沿用至今。确定使用哥伦比亚这个国名后，曾遭厄瓜多尔和委内瑞拉议会的抗议，认为此举是单方面篡夺了共同历史的财产。然而，随着时间的推移，哥伦比亚这一国名逐渐被各国所接受。有趣的是，乌伊拉省的一座城市，也叫哥伦比亚（Colombia），又名阿里瓦（Arriba）。

对于哥伦布是否到过哥伦比亚有几种说法：一说1498年哥伦布第三次航行美洲时，曾到过哥伦比亚海岸；一说1502年哥伦布第四次航行时曾在此地登陆；还有一说哥伦布本人从未到过这里。为了纪念这位发现新大陆的伟大航海家，美洲有许多地方以他的名字命名。

（2）首都名

波哥大（Bogotá）是哥伦比亚最大的城市，位于东科迪勒拉山脉西侧苏马帕斯高原谷地上。该城虽地处热带，但气候凉爽，四季盛开绚丽夺目的鲜花，宛如一座天然花园。绿荫丛中，现代化的高层建筑与殖民时期的古老建筑错落有致、交相辉映。波哥大原为印第安奇布查人的文化中心，是灿烂的奇布查文化的发祥地。波哥大所在地区过去的名字是"Muequetá"，意为"田野"。波哥大始建于1538年。1536年，西班牙殖民者贡萨洛·希门尼斯·德克萨达率领殖民军到达这个地区，残酷屠杀印第安人，并把他们驱逐殆尽。1538年8月6日耶稣显圣容节这天，以克萨达为首的殖民者开始在这块洒满印第安人鲜血的土地上建城，取名圣母的拉埃斯佩兰萨（Nuestra Señora de la Esperanza），意为"圣母的希望城"。第二年改城名为圣菲（Santafé或Santa Fe），西班牙语意为"神圣的信仰"。为了区别其他也叫圣菲的城市，该城名中加上了土著名称"波哥大"（Bogotá），于是圣菲德波哥大（Santafé de Bogotá）成了通用的名字。波哥大（Bogotá）之名源于土著语"Bacatá"。"Bacatá"是古姆伊斯卡文明（muisca）时期西帕联邦（Confederación del Zipa）都城的名字，意为"田园外的村镇"（cercado fuera de la labranza）或"边境村镇的土地"（territorio del cercado de la frontera）。西班牙编年史家胡安·德卡斯特利亚诺斯（Juan de Castellanos）认为，"Bacatá"一词意为"田野的尽头"。从字面上看，现名"Bogotá"中的"Bo"意为"神灵"，"go"意为"集体劳动"，"tá"意为"土地"或"田园"，原词义为"神灵劳役的田园"。1991年，哥伦比亚宪法确认首都名为圣菲德波哥大。2000年通过的宪法修正案中去掉了"圣菲德"（Santafé de）一词，首都被定名为波哥大（Bogotá）。

（3）省名和首府名

哥伦比亚分为32个省和波哥大首都区。

亚马孙省（Amazonas）位于哥伦比亚南部，其名源于亚马孙河。"亚马孙"名字的来源与希腊神话有关（详见巴西亚马孙州的介绍）。

首府莱蒂西亚（Letícia）起初是个河港，建于1867年，最初名叫圣安东尼奥（San Antonio），由秘鲁洛雷托长官贝尼格诺·布斯塔曼特（Benigno Bustamante）所取，因为在此地发现一个写有"San Antonio"字样的十字架。同年12月，工程师曼努埃尔·查龙（Manuel Charón）改其名为莱蒂西亚，以纪念来自伊基托斯的女青年莱蒂西亚·史密斯（Leticia Smith）。还有一说是一个哥伦比亚士兵爱上了一位名叫莱蒂西亚的姑娘，遂以她的名字为新建村落命名。

安蒂奥基亚省（Antioquia）是位于哥伦比亚西北部的省份。豪尔赫·罗夫莱多（Jorge Robledo）为建在埃贝希科谷地的城镇命名为安蒂奥基亚，后来这个名字成为整个省的名字。安蒂奥基亚的含义不详，可能出自土著语，意为"金山"。

首府麦德林（Medellín）是哥伦比亚第二大城市。1675年，它以西班牙埃斯特雷马杜拉自治区巴达霍斯省城市麦德林（Medellín de Extremadura）为名，同时也为纪念西班牙殖民者、印度（指西印度）等地事务委员会（Consejo de Indias）主席、埃斯特雷马杜拉的麦德林伯爵佩德罗·波托卡雷罗（Pedro Portocarrero y Aragón）。全称坎德拉里亚圣母麦德林城（Villa de Nuestra Señora de la Candelaria de medellín），简称麦德林。西班牙的麦德林由金托·塞希略·梅特罗·皮奥（Quinto Cecilio Metelo Pío）建于公元前75年，原名"Metellium"，后改称麦德林。

阿劳卡省（Arauca）之名源于首府阿劳卡。

首府阿劳卡全称圣巴尔瓦拉德阿劳卡镇（Villa de Santa Bárbara de Arauca）。阿劳卡之名源于同名河——阿劳卡河（Río Arauca），而阿劳卡是当地平原一种鸟的名称。

大西洋省（Atlántico）因其北部濒临加勒比海，便以大西洋命名。1905年建省，但随后被撤消。1910年7月14日再次建省。

首府巴兰基亚（Barranquilla）是西班牙语"barranca"的缩小词，意为"悬崖，峭壁"，指的是马格达莱纳河附近地区的悬崖。殖民时期，许多河边村镇用"barranca"（悬崖，峭壁）命名，如巴兰卡贝梅哈（Barrancabermeja）、新巴兰卡（Barranca Nueva）、旧巴兰卡（Barranca Vieja）等。

波哥大首都区之名详见上述首都名。

玻利瓦尔省（Bolívar）是位于哥伦比亚北部的省份，原名卡塔赫纳省（Cartagena），1857年改为现名，以纪念南美独立运动领袖西蒙·玻利瓦尔。

首府卡塔赫纳（Cartagena）全称卡塔赫纳德印第亚斯（Cartagena de Indias）。第一个到达该地的西班牙殖民者罗德里戈·德巴斯蒂达斯（Rodrigo de Bastidas）为该地取名为巴鲁湾（Golfo de Barú）。1503年，西班牙人胡安·德拉科萨（Juan de la Cosa）抵达卡塔赫纳附近的海岸，发现这里颇像西班牙卡塔赫纳附近的海湾，于是将此地改名为卡塔赫纳海湾（Bahía de Cartagena）。1533年，西班牙殖民者佩德罗·德埃雷迪亚（Pedro de Heredia）在此地建城，城名沿用了卡塔赫纳海湾的名称。1984年，卡塔赫纳被联合国教科组织作为为世界文化遗产列入《世界遗产目录》。

博亚卡省（Boyacá）之名源于姆伊斯卡语"Boiaca"，意为"酋长的土地"。1821年召开的库库塔制宪会议确定了该省的这个名称。

首府通哈（Tunja）由贡萨洛·苏亚雷斯·伦东（Gonzalo Suárez Rendón）建于1539年。通哈的名字在哥伦布发现美洲前就已存在，"Tunja"派生于土著奇布查语的"junza"或"tchunza"，意为"强势的男人"或"精明的男人"。

卡尔达斯省（Caldas）是哥伦比亚32省之一，其名是为纪念哥伦比亚爱国科学家弗朗西斯科·何塞·德卡尔达斯（Francisco José de Caldas，1768－1816）。他曾积极参加争取国家独立的斗争，1816年被保皇军杀害。

首府马尼萨莱斯（Manizales）之名来自一种石头的名称，即当地拥有的马尼石（piedras de maní），西班牙语意为"花生石"。马尼石是一种灰色坚硬的石头，由云母、长石和石英组成。大量马尼石组合在一起，称为"马尼萨尔"（manizal）。因此，马尼萨莱斯（Manizales）意为"花生石堆"。

卡克塔省（Caquetá）位于哥伦比亚东南部，其名来源不详。

首府弗洛伦西亚（Florencia）用的是意大利佛罗伦萨（Florence）的名字。1902年12月25日，多罗特奥·德普皮亚莱斯传教士（Doroteo de Pupiales）在此建城时，得到拉帕尔迪斯河畔一座橡胶仓库的帮助。多罗特奥·德普皮亚莱斯传教士与橡胶仓库的主人、意大利橡胶商保罗·里奇（Paolo Ricci）交往密切，便以保罗·里奇家乡的城市佛罗伦萨为该城命名，同时也寓意着这里有许多让传教士着迷的色彩缤纷的鲜花（弗洛伦西亚意为"鲜花盛开"）。

卡萨纳雷省（Casanare）是位于哥伦比亚中东部的省份，其名源于阿查瓜语"Casanari"，意为"黑水河"。

首府约帕尔（Yopal），其名一说源于阿查瓜语"Yopo"，意为"心"；一说该地过去有许多叫作"约帕尔"的树，郁郁葱葱，十分壮观，后来，该城便以约帕尔为名。

考卡省（Cauca）之名源于流经该省的考卡河（Río Cauca）。考卡河是流经哥伦比亚的最重要的河流之一，其名来自曾在莫姆波斯地区居住的土著酋长名。最初西班牙人曾把考卡河称作格兰德河（Río Grande）、圣玛尔塔河（Río Marta）。"格兰德"的西班牙语意为"大河"，"圣玛尔塔"则是一位圣徒的名字。西班牙人认为考卡河与马格达雷那河是姊妹河，于是便都用女性圣徒的名字命名。

首府波帕扬（Popayán）之名来源有不同说法。一说其名来自当地土著部落酋长帕扬（Payán）之名。西班牙殖民者入侵时，该部落生活于拉埃梅山周围地区。一说该名来自克丘亚语的"Pampayán"，由"pampa"（意为

"山谷""地方")和"yan"(意为"河")组成,全词义为"河流穿过的地方"。

塞萨尔省(César)位于哥伦比亚北部,建于1967年。其名源于土著奇米拉语"Chet-tzar"或"Zazare",意为"静水",指的是塞萨尔河。

首府巴耶杜帕尔(Valledupar)城名中的"巴耶"西班牙语意为"谷地",因为该城位于塞萨尔河谷地。西班牙殖民者弗朗西斯科·萨尔格罗(Francisco Salguero)抵达此地时,统治该地区的酋长名叫"Eupari",萨尔格罗便以这个酋长的名字为该地区命名,称为"Valle D'Upar"。方济各会传教士正式在此地建城时正是1月6日天主教会的三王节(Día de los Reyes Magos),于是将该城名改为"Ciudad de los Santos Reyes del Valle de Upar",后来名字简化为巴耶杜帕尔(Valledupar)。所谓"三王"是指东方三圣人或三博士。《圣经》称,耶稣降生时,他们从东方来到伯利恒祝贺,并献上了黄金、乳香和没药。后来,1月6日这一天就成为天主教的盛大节日。

乔科省(Chocó)是位于哥伦比亚西北部的省份,建于1944年。殖民时期,西班牙人用当地土著乔科人(chocó)的名字为该地区命名,为洛斯乔科埃斯省(provincia de los chocoes),后简称为乔科省。

首府基布多(Quibdó)之名源于名叫基布多的土著酋长(Cacique de Guibdó)。1648年,教士马蒂亚斯·阿瓦德(Matías Abad)第一次在这里建居民点时,这里被称为"西塔拉"(Citará)。1690年,曼努埃尔·卡尼萨莱斯(Manuel Cañizales)在酋长瓜塞巴(Guasebú)和酋长基布多(Quibdó)的土地上建立了一个村落。1702年扩大为城镇,取名为圣弗朗西斯科德基布多(San Francisco de Quibdó),名字中的"基布多"是原土地所有者酋长的名字,"圣弗朗西斯科"则是根据城市名要有一位圣徒名字的习惯而添加。

科尔多瓦省(Córdoba)是位于哥伦比亚北部的省份,1952年6月18日设省。其名是为纪念哥伦比亚独立运动英雄何塞·马里亚·科尔多瓦·穆尼奥斯(José María Córdoba Muñoz,1799-1829)。详见后述纪念哥伦比亚独立运动英雄人物的地名。

首府蒙特里亚(Montería)1777年5月1日由安东尼奥·德拉托雷-米兰达(Antonio de la Torre)正式建立,取名为圣赫罗尼莫德布埃纳维斯塔

（San Jerónimo de Buenavista）。后来改名为圣赫罗尼莫蒙特里亚（San Jerónimo de Motería）。城名中的"圣赫罗尼莫"是圣徒名，"蒙特里亚"则是西班牙语，其意为"两个猎户集合的地点"。

昆迪纳马卡省（Cundinamarca）是位于哥伦比亚中部的省份，其名源于奇布查语"Kuntur marqa"，意为"秃鹰之巢"。西班牙殖民者抵达该地时把听到的地名书写为西班牙语的"Cundinamarca"，意为"秃鹰区"或"秃鹰省"。在西班牙语中，"Namarca"是"comarca"或"marca"的变异，用来命名欧洲的一些地区。另一说"Cundinamarca"中的"cundin"源于克丘亚语的"kuntur""kundur""cundur""condor"，用来指安第斯鹰，后缀"marca"意指地区或村镇。全词义为"安第斯鹰所在的地区"

首府波哥大（Bogotá）见前述首都名。

瓜伊尼亚省（Guainía）是位于哥伦比亚东部的一个省份，其名源自土著语，意为"多水之地"。

首府伊尼里达港（Puerto Inírida）是哥伦比亚最年轻的城市之一，建于1963年。其名源于当地一种美丽的伊尼里达花（Flor de Inírida），花名来自传说中的伊尼里达公主（Princesa Inírida）。

瓜维亚雷省（Guaviare）是位于哥伦比亚中南部的省份，建于1991年7月4日，其名来自首府圣何塞德尔瓜维亚雷。

首府圣何塞德尔瓜维亚雷（San José del Guaviare）建于1910年3月19日，以圣徒"圣何塞"加上瓜维亚雷河的名字命名。

乌伊拉省（Huila）是位于哥伦比亚西南部的省份，建于1905年。其名一说源于土著语，意为"橙色的"；一说源于帕埃斯语，意为"光辉的山"，指安第斯山的一座高峰——乌伊拉的内瓦多峰（Nevada del Huila）。

首府内瓦（Neiva）由胡安·德卡夫雷拉（Juan de Cabrera）于1539年兴建，取名为拉林皮亚康塞普西翁德尔巴耶德内瓦镇（Villa de la Limpia Cocepción del Valle de Neiva）。1550年8月18日，胡安·阿隆索（Juan Alonso）第二次建城时为其取名圣胡安德内瓦（San Juan de Neiva）。"内瓦"（Neiva）之名的来源有几种说法。一说其名由西班牙人所取，因为它与葡萄牙或安的列斯群岛的某个地名相像；一说"Neiva"可能是源于俄罗斯西部涅瓦河

（Nieva）的名字，这也是俄罗斯和意大利皮亚蒙特某个村庄的名字，或是葡萄牙一条河的名字；一说是因该地与圣多明各的"Neyba"山谷相像，所以西班牙人取了这个名字。历史学家华金·加西亚·博雷罗（Joaquín García Borrero）在其书 El Huila y sus Aspectos 中认为，内瓦的名字可能源于海地，西班牙人在那里发现了一条名叫"Neyve"或"Neyva"的河。

瓜希拉省（La Guajira）是位于哥伦比亚北部的一个省份，其名来自同名半岛，而"瓜希拉"源于加勒比语"Guajiros"，指生活在该地区的印第安人群。

首府里奥阿查（Riohacha）的名称来源存在三种说法，都与斧头有关。第一种说法是西班牙殖民者在这里探险时迷了路，而且口渴难忍，这时一个土著青年指给他们河流的方向，救了他们的命，殖民军头领便送给青年一把斧头作为酬劳，并把那个地方命名为斧头河（El Río de La Hacha）。第二种说法是西班牙殖民军头领过河时丢了自己的斧头，于是把这条河命名为斧头河。第三种说法是西班牙殖民军探险来到河边，在河畔发现这里的地下埋有一把漂亮的斧头，于是把该河称为斧头河。西班牙人抵达前，该城名叫苏奇马（Süchiimma），源自土著瓦尤奈基语（wayuunaiki），意为"河流流过的土地"。

马格达莱纳省（Magdalena）是位于哥伦比亚北部的省份，地处马格达莱纳河（Río Magdalena）西岸，其名也源于该河。1501年4月1日，西班牙殖民者罗德里戈·德巴斯蒂达（Rodrigo de Bastidas）等人在河口上岸，为纪念圣徒玛利亚·马格达莱纳（María Magdalena）给河取名为格兰德德拉马格达莱纳河（Río Grande de la Magdalena），意为"马格达莱纳大河"，简称马格达莱纳河。

首府圣玛尔塔（Santa Marta）建于1525年7月29日，是哥伦比亚最古老的城市和南美第二古老的城市，以圣徒玛尔塔命名。

梅塔省（Meta）是位于哥伦比亚中部的省份。其名源于同名河——梅塔河（Río Meta）。

首府比利亚维森西奥（Villavicencio）建于1840年4月6日。1850年10月21日，波哥大省议会下令将该城改为现名，以纪念哥伦比亚独立运动先驱安东尼奥·比利亚维森西奥－贝拉斯特吉（Antonio Villavicencio y Verástegui，1775－1816）。比亚维森西奥生于基多，曾积极参加争取哥伦比亚独立的斗争，1815年8月15日至11月15日，他曾在哥伦比亚执政。1816年6月6日，他被保皇军队杀害。

纳里尼奥省（Nariño）位于哥伦比亚西南部，其名是为纪念哥伦比亚独立运动的先驱安东尼奥·纳里尼奥（Antonio Nariño，1785－1823）。详见后述纪念哥伦比亚独立运动英雄人物的地名。

首府帕斯托（Pasto），全称圣胡安德帕斯托（San Juan de Pasto）。1537年，西班牙殖民者塞瓦斯蒂安·德贝拉尔卡萨（Sebastián de belalcázar）最早在此建城，1539年，洛伦索·德阿尔达纳（Lorenzo de Aldana）将城迁至现址，取名为圣胡安德帕斯托。"帕斯托"（Pasto）是当时居住在该地的印第安人的名字，"圣胡安"是一圣徒名。

北桑坦德省（Norte de Santander）与桑坦德省曾同属桑坦德主权州（Estado Soberano de Santander），后分为两省，但都以哥伦比亚独立运动英雄桑坦德命名。北桑坦德省因位于北部，而取现名。详见后述纪念哥伦比亚独立运动英雄人物的地名。

首府库库塔（Cúcuta），全称圣何塞德库库塔（San José de Cúcuta）。"圣何塞"是指基督的养父、玛利亚的丈夫。天主教称圣何塞为圣若瑟，基督新教称圣约瑟。圣何塞是个木匠。"库库塔"是巴里印第安酋长名，"Cúcuta"意为"妖魔之家"。该城1733～1793年曾名为圣何塞德瓜西马莱斯（San José de Guasimales）。库库塔也被人们称为"没有边境的城市"（Ciudad sin frontera）、"北方明珠"（Perla del Norte）、"共和国的摇篮"（Cuna de la República）和"森林之城"（Ciudad Bosque）等。

普图马约省（Putumayo）是位于哥伦比亚西南部的省份，其名源自流经该地的亚马孙河支流普图马约河的名字。"Putumayo"源于克丘亚语，其中的"putuy"意为"奔流向前"，"mayo"是"mayu"的变体，意为"河"，全词义为"奔流向前的河"。

首府莫科阿（Mocoa）最早由贡萨洛·德阿文达尼奥（Gonzalo H. De Avendaño）建于1563年，1886年7月17日，何塞·马里亚·埃尔南德斯

(José María Hernández）重建该城，其名源于莫科阿河（Río Mocoa）。

金迪奥省（Quindío）是位于哥伦比亚中西部的省份，其名源于流经该省的金迪奥河（Río Quindío）。"Quindío"之名来自克丘亚语，意为"纯金"或"天堂"。

首府亚美尼亚城（Armenia）是源自欧洲国家亚美尼亚（Armenia）的名字。1889年10月14日，耶稣会传教士玛丽娅·苏亚雷斯（María Suárez）在此建城，当时名为霍尔金城（Villa Holguín），以纪念哥伦比亚前总统卡洛斯·霍尔金·马利亚里诺（Carlos Holguín Mallarino，1832－1894）。1888~1892年，他任哥伦比亚总统。后改为现名以纪念欧洲亚美尼亚大屠杀的死难者。

里萨拉尔达省（Risaralda）是位于哥伦比亚中西部的省份，1966年建省，其名源于里萨拉尔达河（Río Risaralda）。

首府佩雷拉（Pereira）建于1869年，卡塔戈市政会命名该城为佩雷拉镇（Villa de Pereira），以纪念弗朗西斯科·佩雷拉·马丁内斯博士（Francisco Pereira Martínez，1783－1863）。佩雷拉是一名律师，积极支持西蒙·玻利瓦尔领导的独立运动。玻利瓦尔的爱国军队在卡奇里战役中失败后，佩雷拉与弟弟曼努埃尔逃亡到该地区。他曾想在该地区建立一座城市，在他死后第六天，他的朋友雷米希奥·安东尼奥·卡尼亚尔特（Remigio Antonio Cañarte）开始兴建该城，完成了他的遗愿。

圣安德烈斯普罗维登西亚省（San Andrés y Providencia）是由群岛组成的省份，位于加勒比海，全称圣安德烈斯普罗维登西亚和圣卡塔利纳省（San Andrés, Providencia y Santa Catalina）。该群岛名字与宗教密切相关。"圣卡塔利纳"和"圣安德烈斯"之名分别源于11月25日的"圣卡塔利纳节"和11月30日的"圣安德烈斯节"。1510年（一说1503年）11月25日，西班牙人迭戈·德尼奎萨（Diego de Nicuesa）发现了这个群岛，便把最小的岛和最大的岛分别命名为圣卡塔利纳岛（Isla Santa Catalina）和圣安德烈斯岛（Isla San Andrés），把第二大岛命名为普罗维登西亚岛（Isla Providencia），西班牙语意为"上帝岛"。后来该省便以这三个岛的名字命名。

首府圣安德烈斯（San Andrés）之名来源同上述圣安德烈斯岛。

桑坦德省（Santander）之名来源见上述北桑坦德省。

首府布卡拉曼加（Bucaramanga）之名来自印第安奇塔雷罗语。1552年，阿尔瓦罗·德比利亚奴埃瓦（álvaro de Villanueva）发现在奥罗河的沙中可以淘出金子，于是便征召来许多印第安奇塔雷罗人为他淘金。这其中有一个淘金组名叫布卡拉曼加，此名可能是该组领队酋长的名字。后来，这个地方就被称为布卡拉曼加，意为"房间的主人"。还有一说其名源于艾马拉语"Wak'armanqha"，意为"神圣的深处"。

苏克雷省（Sucre）是位于哥伦比亚北部的省份，1966年建省。其名是为纪念安东尼奥·何塞·德苏克雷（Antonio José de Sucre）元帅。

首府辛塞莱霍（Sincelejo）之名是为纪念曾统治该地区的土著人酋长辛塞尔（Cincel）。

托利马省（Tolima）是位于哥伦比亚中西部的省份，其名一说源于土著皮哈奥语，意为"下雪了"；一说源于潘切语，意为"雪河"。

首府伊瓦格（Ibagué）由西班牙殖民者安德烈斯·洛佩斯（Andrés López）建于1550年10月14日，取名为拉斯兰萨斯谷地伊瓦格圣博尼法西奥镇（Villa de San Bonifacio de Ibagué del Valle de las Lanzas）。城名中的"圣博尼法西奥"（San Bonifacio）是一位天主教圣徒的名字，这是根据殖民时期要在城名中加上一位圣徒名字的习惯；"伊瓦格"（Ibagué）有人说是土著皮哈奥斯一位年轻酋长的名字，有人说是一位名叫"伊加埃"（Igahé）的姑娘或公主；至于"拉斯兰萨斯谷地"，是洛佩斯·德加拉尔萨（López de Galarza）奉命要在波帕扬和波哥大之间建立一座城市，1550年7月，他率领军队和波哥大平原的印第安弓箭手出发，他把科埃略河与圣胡安河之间的洼地称作拉斯兰萨斯谷地。"拉斯兰萨斯"的（las Lanzas）西班牙语意为"长矛"，这是指洛佩斯·德加拉尔萨在此曾与持长矛的印第安人相遇。

考卡山谷省（Valle del Cauca）是位于哥伦比亚西南部的省份，其名源于从山谷中流过的考卡河（Río Cauca）。详见上述考卡省。

首府圣地亚哥德卡利（Santiago de Cali）的名字由"圣地亚哥"（Santiago）和"卡利"（Cali）两部分组成。"圣地亚哥"是天主教圣徒的名字，"卡利"则为土著语。关于卡利一词的来源有不同说法。一说该词来自帕埃斯语的"caly"，意为"不用针缝的织物"。一说来自土著人给当地一个村镇或一个地区或一条河取的名字"Lili",帕埃斯语意为"潮湿"。一说这是为西班牙殖民者服务的墨西哥土著人所使用的阿斯特卡语"calli",意为"房子"。一说这是圣地亚哥德卡利的奠基者塞瓦斯蒂安·德贝拉尔卡萨尔(Sebastián de belalcázar)从厄瓜多尔印第安亚纳科纳斯人那里引入的克丘亚语的一个词"Cali Cali",是基多附近一个村镇的名字。

沃佩斯省(Vaupés)是位于哥伦比亚东南部的省份,其名源于同名河沃佩斯河(Río Vaupés)。

首府米图(Mitú)之名是源自土著耶拉尔语(yeral,图皮瓜拉尼语)中一种野鸟的名字,意为"山里的火鸡"。

比查达省(Vichada)是位于哥伦比亚东部的省份,其名源于比查达河(Río Vichada)。

首府卡雷尼奥港(Puerto Carreño)原名埃尔皮卡乔(El Picacho),西班牙语意为"山巅"。1922年改为现名,以纪念当时政府中的一名部长佩德罗·马里亚·卡雷尼奥(Pedro María Carreño)。

8. 圭亚那合作共和国

(1)国名

圭亚那合作共和国(Cooperative Republic of Guyana)地处南美洲东北部,西北与委内瑞拉为邻,南与巴西交界,东连苏里南,东北濒大西洋。"圭亚那"(Guyana)之名源于土著印第安语。一说在奥里诺科河三角洲的印第安瓦拉奥语(warao)中,"guai"意为"名字","yana"是否定,两词合在一起是"没有名字"或"不能命名"之意,由此引申出"Guyana",意为"不敢命名的土地""神圣的土地",这与传说中的"黄金国"有关。另一说该词义为"多水之乡",因为境内多河流、瀑布和湖泊,这里著名的凯厄图尔瀑布落差达226米。

(2)首都名

乔治敦(Georgetown)位于德莫拉拉河入海口东岸,是圭亚那的工商业中心。该城由英国人建于1781年,以英国国王乔治三世(George Ⅲ)的姓氏为名。该城曾被荷兰、英国、法国反复占领过。1782年,被法国人占领,称为"新镇"(La Nouvelle Ville)。1784年,又被荷兰人控制,以荷兰西印度公司总裁斯塔布罗克勋爵尼古拉斯·海尔文克（Lord Stabroek，Nicolaas Geelvinck）的名字命名，称斯塔布罗克。1812年4月，英国人夺回该城统治权，恢复原名乔治敦，并成为英属圭亚那首府。1966年圭亚那独立后，该城成为国家首都。市内多名胜古迹，尤以世界最长铁浮桥、世界最大木结构教堂和印第安大草棚最为著名。

（3）区名和首府名

圭亚那全国分为10个区，各区均以河流为名。

巴里马－瓦伊尼区（Barima-Waini）是圭亚那第一区，位于圭亚那西北部。其名源于流经该区的巴里马河与瓦伊尼河。巴里马河是奥里诺科河支流，发源于圭亚那埃塞奎巴（Esequiba），在圭亚那流经的长度为380公里，后进入委内瑞拉，从奥里诺科河口直接流入大西洋。巴里马源于阿拉瓦克语"baraeima"，"bará"意为"波涛汹涌的海"，"eima"意为"河口湾"，全词义为"汹涌的河口"。瓦伊尼河是巴里马－瓦伊尼区河流，在靠近委内瑞拉交界处流入大西洋。圭亚那所有流入大海的河流名字都源于土著阿拉瓦克语，唯有瓦伊尼河源于瓦劳语（warau），瓦伊尼是一种鹤的名字，在瓦伊尼河口泻湖附近有大量这样的鹤。

首府马巴鲁马（Mabaruma）位于与委内瑞拉交界的阿鲁卡河畔（Aruka River），因前首府莫拉华纳（Morawhanna）面临洪水威胁，将此城改为首府。马巴鲁马之名来源不详。

波默伦－苏佩纳姆区（Pomeroon-Supenaam）是圭亚那第二区，1980年设区。该区名中的"波默伦"（Pomeroon）来自波默伦河。"pomeroon"是裹在叶子里的烤木薯粉球，与熟肉一起食用，便于在长途跋涉中食用。"苏佩纳姆"（Supenaam）源于苏佩纳姆河，"Supenaam"源自阿拉瓦克语，意为"他们想要酒喝"。

首府安娜雷金纳（Anna Regina）位于埃塞奎博河河口西北的大西洋岸边，建于1970年，该地得名于18世纪，是以当时一个荷兰种植园主的女儿名字为名。

埃塞奎博群岛－西德梅拉拉区（Essequibo Islands-West Demerara）北靠大西洋，是圭亚那第三区，埃塞奎博河把该区分为两部分。"埃塞奎博群岛"（Essequibo Islands）之名源于埃塞奎博河；"西德梅拉拉"（West Demerara）之名源于德梅拉拉河，德梅拉拉是圭亚那生产的一种褐色甘蔗。另一说德梅拉拉河原来叫作马拉利河（Malali），马拉利源自阿拉瓦克语，意为"急流"。荷兰人占领圭亚那后，把该河的名字叫成"Demalali"，后来演变成现名德梅拉拉（Demerara）。

首府弗里登胡普（Vreed-en-Hoop）之名源于荷兰语，意为"和平与希望"。

德梅拉拉－马海卡区（Demerara-Mahaica）北靠大西洋，是圭亚那第四区。"德梅拉拉"（Demerara）源于德梅拉拉河；"马海卡"（Mahaica）之名取自马海卡河，马海卡源于马海卡河边生长的马奥卡树（mahóka）。

首府帕拉代斯（Paradise）之名的英语意为"伊甸乐园"或"天堂"。

马海卡－伯比斯区（Mahaica-Berbice）北靠大西洋，是圭亚那第五区。"马海卡"（Mahaica）之名源于马海卡河；"伯比斯"（Berbice）之名取自伯比斯河，"Berbice"源于阿拉瓦克语"beribishi"，是生长于伯比斯河边一种香蕉的名称。

首府惠灵顿堡（Fort Wellington）以英国名将、惠灵顿公爵亚瑟·韦尔兹利（Arthur Wellesley，1769－1852）的名字命名，他在1815年滑铁卢战役中战胜拿破仑。公爵的头衔来自英国萨默塞特郡小镇惠灵顿。"惠灵顿"原意为神圣的林间空地。新西兰、澳大利亚等国也有以惠灵顿命名的城镇，如新西兰首都惠灵顿。

东伯比斯－科兰太因区（East Berbice-Corentyne）是圭亚那第六区，位于圭亚那东部。"东伯比斯"之名源于伯比斯河。"科兰太因"之名源于科兰太因河。科兰太因河发源于阿卡赖山脉（Acarai Mountains），长724公里，流经圭亚那和苏里南，注入大西洋。

首府新阿姆斯特丹（New Amsterdam）位于伯比斯河岸，是圭亚那最大城市之一。荷兰殖民者最早到达圭亚那地区，18世纪初在此建立了拿骚堡（Fort Nassau）。1733年，荷兰殖民者因怀念荷兰首都阿姆斯特丹，将其名改为新阿姆斯特丹。1740年，曾改名为圣安德列斯堡（Fort Sint Andries），后又恢复了新阿姆斯特丹的名称，并沿用至今。

库尤尼－马扎鲁尼区（Cuyuni-Mazaruni）是圭亚那第七区。"库尤尼"

(Cuyuni）之名源于库尤尼河；"马扎鲁尼"（Mazaruni）之名源于马扎鲁尼河。

首府巴蒂卡（Bartica）位于埃塞奎博河左岸，建于1842年。其名源于印第安语，意为"红土地"，因为该地区的土地多为红色。

波塔罗－锡帕鲁尼区（Potaro-Siparuni）是圭亚那第八区。"波塔罗"（Potaro）之名源于波塔罗河；"锡帕鲁尼"（Siparuni）之名源于锡帕鲁尼河。

首府马迪亚（Mahdia）位于海拔414米的圭亚那中心地带。马迪亚之名取自于伊斯兰教古兰经中一位阿拉伯姑娘的名字。

上塔库图－上埃塞奎博区（Upper Takutu-Upper Esequibo）是圭亚那第九区，也是圭亚那最大的区。"上塔库图"（Upper Takutu–）之名源于塔库图河；"上埃塞奎博"（Esequibo）之名源于埃塞奎博河。

首府莱瑟姆（Lethem）是以1941~1947年英属圭亚那总督戈登·詹姆斯·莱瑟姆的姓氏为名。

上德梅拉拉－伯比斯区（Upper Demerara-Berbice）是圭亚那第十区。"上德梅拉拉"（Upper Demerara）之名源于德梅拉拉河；"伯比斯"（Berbice）之名源于伯比斯河。

首府林登（Linden）位于德梅拉拉河畔，是仅次于首都乔治敦的第二大城市。以曾任该国总统的林登·伯纳姆（Linden Burnham）之名命名

9. 苏里南共和国

（1）国名

苏里南共和国（The Republic of Suriname）位于南美洲大陆东北部。西邻圭亚那，东接法属圭亚那，南连巴西，北濒大西洋。其国名一说源于印第安塔伊诺族一个名为"Surinen"（阿拉瓦克语）的部落；一说源于马龙斯语（西非黑奴语言）"Suriname"，意为"低地"；另一说其名源于其境内的苏里南河。

（2）首都名

帕拉马里博（Paramaribo）位于苏里南河畔，距大西洋岸约15公里，是苏里南的政治、经济、文化中心和主要贸易港口。1816~1975年，这里是荷属圭亚那首府，1975年苏里南独立后，该城成为国家首都。帕拉马里博之名一说源于生活在苏里南河南面的土著帕拉马里博部落，图皮瓜拉尼

语中"para"意为"大河","maribo"意为"居民",全词义为"大河边的居民"。另外,其名一说源于加勒比人一个村庄之名"Parmirbo";一说源于17世纪一个印第安村庄之名"Parmurbo";一说源于早先一个印度村名"Parmarbo";一说帕拉马里博原名帕拉马切勒(Paramachire),意思是海上的居民,以后逐渐演变成帕拉马里博。该城绰号为"Par'bo"。由于城市里保留着大量荷兰、法国、西班牙、英国殖民地时的各式建筑和荷兰殖民者当年修建的街道及航运系统,2002年6月,联合国教科文组织决定将帕拉马里博市部分市区作为世界文化遗产列入《世界遗产名录》。

(3) 区名和首府名

苏里南全国共分为10个大区(其中一个为首都区帕拉马里博)。

布罗科蓬多区(Brokopondo)位于苏里南中部偏东的地区,其名源于坐落在该区的布罗科蓬多水库,水库建于1961~1964年,这里的发电量可以满足全国1/2的电力需要。

首府布罗科蓬多与区名同。

科摩韦纳区(Commewijne)位于苏里南河右岸,其名源于流经该区的科摩韦纳河。科摩韦纳河发源于本区山地,注入大西洋,流域面积约为6600平方公里。科摩韦纳(Commewijne)之名可能源于阿拉瓦克语"kama"(貘)和"wini"(水或河),全词义为"貘河"。

首府新阿姆斯特丹(Nieuw Amsterdam),以荷兰首都阿姆斯特丹为名。

科罗尼区(Coronie)位于大西洋沿岸,其名源于皇冠湾(Cala Corona)。

首府托特内斯(Totness)是苏里南最古老的城镇。

马罗维纳区(Marowijne)位于苏里南东北沿海,其名源于马罗维纳河。马罗维纳河长约725公里,发源于图穆库马克山脉,是苏里南与法属圭亚那的界河,向北流经热带雨林区,注入大西洋。

首府阿尔比纳(Albina)之名源于马罗维纳区奠基者奥古斯特·卡普勒(August Kappler, 1815 – 1887)妻子的名字。卡普勒是德国博物学家和探险家,他是马罗维纳区的奠基者。

尼克里区(Nickerie)位于苏里南西北沿海,其名源于尼克里河。尼克里河发源于巴克赫伊斯山脉,先向北流,后向西流,最后注入大西洋。

首府新尼克里（Nieuw Nickerie）是苏里南第四大城市。

帕拉区（Para）位于苏里南北部，其名源于帕拉河。帕拉（Para）图皮瓜拉尼语意为"大河"，实际上帕拉河是苏亚南河的一条小支流，又被称为"De para"、"Para Kreek"和"Parra River"。

首府翁弗瓦赫特（Onverwacht）原来是烟草种植园，18世纪上半叶，被用斯拉纳语（即苏里南大部分人使用的克里奥尔语）命名为鲍斯（Bose），以纪念该种植园的主人博斯（Bossé）。1968年成为帕拉区首府。

帕拉马里博区（Paramaribo）是苏里南首都区，详见首都名。

萨拉马卡区（Saramacca）位于苏里南北部，其名源于萨拉马卡河。阿拉瓦克人曾称这条河为苏拉马河（Surama），可能萨拉马卡的名字由此而来。另一说萨拉马卡之名源于该地区生活的萨拉马卡人。萨拉马卡河长255公里，发源于威廉敏娜山，向北流，注入大西洋。

首府格罗宁根（Groningen）之名由扬·格哈德·威克斯（Jan Gerhard Wichers）所取，以纪念他的出生地，即位于荷兰东北端格罗宁根省的首府格罗宁根。

西帕里维尼区（Sipaliwini）位于苏里南的南部，是该国最大的区。它与流经该区的西帕里维尼河同名。其名源于当地马龙语（Maroon），意为"团扇鳐"。与其他区不同的是西帕里维尼区没有首府，由帕拉马里博国会直接管理。

瓦尼卡区（Wanica）位于苏里南东北部，是1983年新设的区，也是该国面积最小、人口密度最大和城市化程度最高的一个区。

首府莱利多尔普（Lelydorp）是苏里南第二大城市，仅次于首都帕拉马里博。原名科菲德约姆波（Kofi Djompo），是为纪念率领土著马龙人起义的领袖科菲（Kofi），他被荷兰当局逮捕并被处死。科菲（Kofi）意为"星期五出生"。1905年，改为现名莱利多尔普（Lelydorp），以纪念当时的苏里南总督科内利斯·莱利（Cornelis Lely）。

10. 委内瑞拉玻利瓦尔共和国

（1）国名

委内瑞拉玻利瓦尔共和国（República Bolivariana de Venezuela）位于南

美洲大陆北部。西邻哥伦比亚，南连巴西，东与圭亚那接壤，北濒加勒比海和大西洋。1811年7月5日，委内瑞拉宣布独立。1819~1829年，同哥伦比亚、巴拿马和厄瓜多尔组成"大哥伦比亚共和国"。1830年，建立委内瑞拉联邦共和国。1864年，改称委内瑞拉合众国。1953年，改为委内瑞拉共和国。1999年，改名为委内瑞拉玻利瓦尔共和国。

过去认为，委内瑞拉（Venezuela）的国名是西班牙探险家阿方索·德奥赫达（Alfonso de Ojeda）所起。1499年，奥赫达带领一批殖民者乘船从加勒比海出发向南驶去，抵达委内瑞拉境内的马拉开波湖。很早以前，勤劳的印第安人就在马拉开波湖区繁衍生息，形成了自己的文化。奥赫达登岸之后，出现在他眼前的是一派旖旎的景色。马拉开波湖波光粼粼，印第安人的舟筏穿梭于湖面上，岸边绿树成荫，青草茸茸。四周沃野千里，印第安人的住宅筑在露出水面的木桩上，星星点点，别有情趣。见此情景，奥赫达不由想起举世闻名的意大利水城威尼斯，那个城市被77条河流分割成118个小岛，居民的房屋也多采用吊楼的形式盖在水上。奥赫达觉得这一带与威尼斯非常相像，于是就把它称为"Venezuela"，意即"小威尼斯"。从此，该词音译的委内瑞拉也就流传开来，最终成为这个国家的正式国名。

然而，近年来，一些学者通过研究1519年马丁·费尔南德斯·德恩西索（Martín fernandez de Enciso）在西班牙塞维利亚出版的《世界各地区及行省，特别是西印度群岛地理概要》（Suma de Geografía que trata de todas las partes y provincias del mundo, en especial de las Indias）和1629年安东尼奥·巴斯克斯·德埃斯皮诺萨（Antonio Vázquez de Espinosa）撰写的《西印度群岛扫描》（Compendio y descripción de las Indias Occidentales）两本书后得出结论，委内瑞拉不是来自西班牙语，而是地地道道的土著语。他们认为"委内瑞拉"是一个印第安人村落的名字，意为"大水"，因为这个村落就建在马拉开波湖上。

（2）首都名

加拉加斯（Caracas）之名也是源自印第安语。加拉加斯是拉丁美洲一个古老的城市，至今已有400多年的历史。古时候，印第安加拉加斯族人就在这个地方繁衍生息，建立了居民点，以本氏族名"加拉加斯"为该地命名（另说"加拉加斯"源于当地一种名叫"caraca"的野花，是富含蛋白质的药用植物）。16世纪中叶，西班牙殖民者入侵这里，印第安人在首领瓜伊卡普罗的率领下与入侵者进行了英勇斗争。残忍的殖民者对印第安人进行血腥镇压，大批印第安人惨遭杀戮。西班牙人用火与剑确立了其殖民统治。1567年7月25日，西班牙殖民者迭戈·德洛萨达（Diego de Losada）在当地建立一座城市，取名时在加拉加斯的基础上，又加上了带有殖民色彩的东西，称为圣地亚哥德莱昂德加拉加斯（Santiago de León de Caracas）。7月25日的建城日正好是西班牙保护神圣雅各（即圣地亚哥，耶稣十二门徒之一，详见智利条）的祭日，根据西班牙的习惯，遂为城名加上该使徒的名字。名中的"莱昂"是奠基者洛萨达对当时委内瑞拉的都督佩德罗·庞塞·德莱昂（Pedro Ponce de León）表示敬意，因为莱昂都督曾授予他开拓疆土的权力（另说"圣地亚哥德莱昂"是为纪念西班牙古王国莱昂王国的圣地亚哥德莱昂骑士团）。以后的几百年中，这座建筑在山谷里的小城慢慢发展起来，变成一座现代化城市。由于这座城市的名字太长，人们便习惯地把它简称为加拉加斯，并得到世界的公认。

(3) 州名和首府名

苏利亚州（Zulia）之名一说源自土著印第安莫蒂洛纳语，是酋长西斯内拉的漂亮女儿的名字。西班牙人入侵时，其父战死，她继承父亲的遗志，继续与敌人展开英勇斗争，直至牺牲。为了纪念她，该地区以她的名字命名。一说是酋长马拉之子瓜伊马拉尔在旅途中认识了一位美丽的名叫苏利亚的印第安姑娘，并和她结了婚。在归途中遭遇西班牙殖民者，姑娘不幸遇害，瓜伊马拉尔悲痛欲绝，在逃回父亲领地后，他把领地内的河流、村落和地区都用爱妻的名字命名。还有一说其名出于印第安奇布查语，是指生长于委内瑞拉西部地区的一种植物，这种植物的花朵呈蓝色，非常漂亮。另一说其名源于同名苏利亚河（Río Zulia）。"Zulia"派生于"Culibae"（Z与C发音相同），而"Culibae"又出自"Curibae"（在很多语言中l与r常混淆），意为"泛滥的河"或"白薯河"（岸边多白薯地）。

首府马拉开波（Maracaibo）是委内瑞拉第二大城市，也是该国重要的石油中心，位于马拉开波湖湖畔，并以该湖名命名。哥伦布第二次远航美洲时，其同伴阿隆索·德奥赫达（Alonso de Ojeda）于1499年8月24日发现此地。马拉开波曾先后三次建城。第一次是由德国人安布罗西奥·阿尔芬格（Abrosio Alfinger）于1529年所建，取名马拉开波镇（Villa de Maracaibo）。1535年，尼古拉斯·费德曼（Nicolas Federman）下令废弃该城，并强迫该城居民迁往科罗附近的拉韦拉角，但第二次建城失败。1573年，都督迭戈·德马萨列戈斯（Diego Mazariecos）委派佩德罗·马尔多纳多（Pedro Maldonado）第三次建城。1574年，该城建成，取名新萨莫拉德马拉开波（Nueva Zamora de Maracaibo），城名中的"萨莫拉"是为纪念都督迭戈·德马萨列戈斯在西班牙的出生地萨莫拉城，而马拉开波名称的来源有几种说法。一说源自一段历史传说：25岁的印第安部落酋长马拉（Mara）生于普罗登西亚岛，他率领印第安人英勇抵抗德国殖民者的入侵，直至牺牲在战场上。印第安人高呼"Mara cayó"，意为"马拉倒下了"。后来"Mara cayó"的变音"Maracaibo"就成为马拉牺牲的这块地区的名字。一说"马拉开波"是居住于马拉开波湖边的一个非常有权势人的名字，当地的大部分人都受他控制，因此城名和湖名均以他的名字命名。一说此名源自土著语"maara-iwo"，意为"多蛇之地"。还有一说其名源自土著语"maare kaye"，意为"面海之地"。

阿普雷州（Apure）其名源自同名河，但也有人说其名来自一种灌木的名称，也有人说来自老酋长阿普尔（Apur）的名字。

首府圣费尔南多德阿普雷（San Fernando de Apure）是1788年2月28日由当时的巴里纳斯省省长费尔南多·米亚雷斯·冈萨雷斯（Fernando Miyares González）所建，所起城名是为纪念西班牙费尔南多·德博尔冯王子（Fernando de Borbón）。

新埃斯帕塔州（Nueva Esparta）建于1817年5月12日，这是用古希腊奴隶英雄斯巴达的名字命名，以纪念独立战争期间玛格丽塔岛居民英勇无畏的行动。另有一说，埃斯帕塔是在委内瑞拉生长的一种金雀花，可用做编绳。

首府拉亚松森（La Asunción）由佩德罗·冈萨雷斯·塞万提斯（Pedro González Cervantes）建于1562年。曾使用过圣灵镇、圣卢西亚镇和拉玛格丽塔等宗教地名。拉亚松森亦属宗教地名，西班牙语意为"圣母升天"。

阿拉瓜州（Aragua）其名源自印第安库马纳语，是大王椰子树的名字。

首府马拉凯（Maracay）其名一说源于土著语的"maracaya"，意为"美洲豹"，在该城的城徽中就绘有这种动物。一说源于一位土著酋长的名字"Maracaya"，意为"虎"。一些历史学家不认可这两种说法，认为马拉凯的名字与此毫无关系，"Maracay"是由"mara"和"kai"组成，"mara"是半干旱地区一种能产树脂的树"kai"是地方，全词义为"产树脂树生长的地方"。

莫纳加斯州（Monagas）之名是为纪念担任过委内瑞拉总统的何塞·塔德奥·莫纳加斯（José Tadeo Monagas）和何塞·格雷戈里奥（José Gregorio Monagas）兄弟俩，详见以莫纳加斯为名。

首府马图林（Maturín）由传教士卢卡斯·德萨拉格萨（Lucas de Zaragoza）建于1760年，其名一说源于土著部落酋长马图林，1718年12月，他在瓜拉皮切河畔抵抗西班牙入侵的战斗中英勇牺牲。另一说是建城的传教士为纪念圣徒马图林而取其名，圣徒马图林生于法国桑斯，死于意大利罗马。

巴里纳斯州（Barinas）与首府同名。1859年，该州用首府巴里纳斯的名字命名。

首府巴里纳斯（Barinas）之名可能源于土著奇布查语，是雨季从圣多明各河吹向安第斯地区的一种强风的名字，即"巴里纳斯风"。巴里纳斯还是一种矮小灌木的名称，这种灌木多刺，开黄花。

米兰达州（Miranda）是人口仅次于苏利亚州的委内瑞拉第二大州。1889年12月23日，为纪念拉美和委内瑞拉独立运动的先驱弗朗西斯科·德米兰达大元帅而以其名命名该州，详见后述以米兰达为名。

首府洛斯特克斯（Los Teques）建于1777年。其名来源有几种说法。一说是源自印第安加勒比人给自己居住地区所取的名字"Aractoeque"，西班牙人将其简化为"Teques"。一说"teque"是象声词，是该地区土著人发声联络的一种方式，或土著人走路时摇动的项链发出的声响。

苏克雷州（Sucre）之名是为纪念生于首府库马纳的南美独立战争英雄

安东尼奥·何塞·德苏克雷,详见后述以苏克雷为名。

首府库马纳(Cumaná)之名一说来自一条河名,一说源于库马纳格托语的一个词,意为"河与海汇合之处"。

塔奇拉州(Táchira)位于委内瑞拉西南部边境地区的安第斯山脉,其名来自塔奇拉河。塔奇拉"Táchira"是土著奇布查语的一个词,源于一种叫"tachure"的深蓝色植物。这种植物可以药用,也可用于染色,通常称为"tua tua",在该国西部地区也称为"sibidigua"。1863年11月28日,该州以塔奇拉河的河名命名。

首府圣克里斯托瓦尔(San Cristóbal)是1561年由西班牙殖民者胡安·德马尔多纳多(Juan Maldonado)所建,其名是为纪念意大利探险家哥伦布。1856年,该城成为塔奇拉州首府。

波图格萨州(Portuguesa)之名在西班牙语中意为"葡萄牙女人"。根据传说,西班牙殖民者在出发前往平原地区时经过一条水流湍急的河,渡河时,一个葡萄牙女人不小心淹死在河中。后来,这条河就被命名为波图格萨河。1909年8月4日,该州以此河名命名。

首府瓜纳雷(Guanare)之名是"Guanaguanare"的缩写,意为"海鸥之地"。

安索阿特吉州(Anzoátegui)之名是为纪念独立运动中的爱国军将领何塞·安东尼奥·安索阿特吉。详见以安索阿特吉为名的介绍。

首府巴塞罗那(Barcelona)由胡安·奥尔皮(Juan Orpi)建于1638年,他出生在西班牙巴塞罗那附近的皮埃拉,曾在巴塞罗那学习和居住。为纪念自己的出生地,便以巴塞罗那为该城命名。1671年,都督桑乔·费尔南德斯·德安古洛(Sangcho Fernández de Angulo)在旧城以南两公里处重建此城。

瓜里科州(Guárico)其名来自瓜里科河。在加勒比语中,瓜里科(Guárico)意为"酋长"。

首府圣胡安德洛斯莫罗斯(San Juan de Los Morros)建于16世纪末,当时仅以圣徒圣胡安命名。后因城周围环绕着一座座小山(Los Morros),故在城名"圣胡安"后又加上了"洛斯莫罗斯"(小山)一词。

亚马孙州（Amazonas）之名源于亚马孙河。亚马孙（Amazonas）是古希腊神话中生活在高加索地区的一批女游击战士。1542 年，弗朗西斯科·德奥雷利亚纳（Francisco de Orellana）发现该河，便以古希腊神话中的亚马孙为河流命名（详见巴西亚马孙州）。1856 年 4 月 23 日起，该州被命名为亚马孙州。

首府阿亚库乔港（Puerto Ayacucho）由地理工程师圣地亚哥·阿格雷韦雷（Santiano Aguerreverre）建于 1924 年，取名为圣费尔南多德阿塔巴波（San Fernando de Atabapo）。1928 年 12 月 9 日，建城 4 周年时，将该城改名为阿亚库乔港，以纪念阿亚库乔战役。

法尔孔州（Falcón）原名科罗州，是以首府科罗的名字为名。1872 年改名为法尔孔州，以纪念委内瑞拉首任总统胡安·克里索斯托莫·法尔孔（Juan Crisóstomo Falcón）。后该州的州名又有过变动，1901 年又恢复法尔孔州的名称，并沿用至今。

首府科罗（Coro）由胡安·德阿穆皮埃斯（Juan de Ampíes）建于 1527 年，取名圣安纳德科罗（Santa Ana de Coro）。"科罗"（Coro）是原有的土著地名，源于印第安阿拉瓦克语"caquetío"，意为"风"。根据西班牙习惯，为美洲新建城市取名，是用圣徒之名加上原来的土著名字。

拉腊州（Lara）是从 1881 年开始使用此名，以纪念委内瑞拉独立战争中的英雄哈辛托·拉腊（Jacinto Lara）将军。详见后述以拉腊为名。

首府巴基西梅托（Barquisimeto）由胡安·德维列加斯（Juan de Villegas）建于 1552 年。一说该城位于图尔维奥河畔，这里的河水呈灰色。印第安卡克塔语称此地为"Variquicimeto"，意为"灰水河"。另一说其名源于印第安人在庆典中使用的一种名叫"bariquí"的红色染料。

卡拉沃沃州（Carabobo）之名一说源于印第安阿劳卡语，"karau"意为"大平原"，"bo"意为"水"，"bo"双写是最高级形式，意为"多水"或"溪流"，"卡拉沃沃"（Carabobo）意为"多溪流的平原"。另一说卡拉沃沃出自加勒比语，意为"干燥的地方"或"干燥的村落"，是一种当地棕榈树的名字。

首府巴伦西亚（Valencia）由阿隆索·迪亚斯·莫雷诺（Alonso Días

Moreno）建于 1555 年，取名"Nueva Valencia del Rey"，意为"国王的新巴伦西亚"以纪念西班牙国王和西班牙王国的巴伦西亚城，简称巴伦西亚。

亚拉圭州（Yaracuy）源于土著印第安语，"yara"意为"取水"，"cuy"意为"远处那边"，全词义为"在远处那边取水"。

首府圣费利佩（San Felipe）建于 1729 年，同年 11 月 6 日，西班牙国王发布敕令，以圣徒费利佩（San Felipe）为该城命名。

科赫德斯州（Cojedes）的州名源于同名河。"Cojedes"派生于加勒比语，由"coa"和"heri"两词组成。"coa"意为"人民"，"heri"意为"烤锅"，推测全词义为"做陶瓷的人们"。

首府圣卡洛斯（San carlos）1678 年由传教士加夫列尔·德桑卢卡尔（Gabriel de Sanlúcar）兴建，取名"San Carlos de Austria"，意为"奥地利的圣卡洛斯"。

特鲁希略州（Trujillo）之名与首府特鲁希略同名。

首府特鲁希略由西班牙殖民者迭戈·加西亚·德帕雷德斯（Diego Garcia de Paredes）建于 1558 年，取其名是为纪念他在西班牙的故乡特鲁希略。

11. 乌拉圭东岸共和国

（1）国名

乌拉圭东岸共和国（La República Oriental del Urugyay）位于南美洲东南部乌拉圭河东岸，其名即源于此。殖民时期，乌拉圭被称为"东岸"（Banda Oriental），独立运动初期被称为"东岸省"（Provincia Oriental），是拉普拉塔联合省（Provincias Unidas del Río de la Plata）的组成部分。1830 年 7 月 18 日，该国颁布的第一部宪法宣布国名为乌拉圭东岸共和国。随着时间的推移，乌拉圭成为该国的通称。

有人说乌拉圭（Uruguay）一词来自瓜拉尼语，其含义有几种不同的说法：一说"uru"源于一种名叫"乌鲁"的小鸟，属雉科，栖息于乌拉圭河岸地区，"Uruguay"意为"乌鲁河"。一说"urugua"意为"蜗牛"，"Uruguay"意即"蜗牛河"。诗人胡安·索里利亚（Juan Zorrilla De San Martín）认为，"Uruguay"是"彩鸟河"的意思。按照基督教徒鲁卡斯·马通（Lucas Marton）编写的一本书中的说法，"Uruguay"意为"给人带来食物的河"。有人认为"Uruguay"源于艾马拉语"Uruway",意为"多好的天啊",这是当地库里亚纳人在春天来临时发出的感叹。当太阳在雨后探出头来,温暖地照耀着大地时,田野一片绿色,百花盛开,人们会情不自禁地呼喊:"Suma Uruway!"后来库里亚纳人感叹的话语便成为国家的名字。

1885年春天,英国作家哈得逊来到乌拉圭,看到天空中弥漫着淡紫色的雾,遍地盛开紫色的花朵,这美丽的景色给他留下了深刻的印象,于是他便以"紫色国家"为题,写了一本关于乌拉圭的书。后来,"紫色国家"就成了乌拉圭的别称。乌拉圭景色秀丽,气候宜人,又实行过与瑞士相仿的国务会议制,故其又有"南美瑞士"之称。

（2）首都名

蒙得维的亚（Montevideo）位于拉普拉塔河河口北岸,濒大西洋,是乌拉圭全国政治、经济、文化的中心和交通枢纽。蒙得维的亚城中花园遍布,玫瑰的种类尤其繁多,故有"玫瑰之城"的美誉。

1723年,葡萄牙人在现今蒙得维的亚所在地建立了一座堡垒,第二年,布宜诺斯艾利斯总督、西班牙殖民者布鲁诺·毛里西奥·德萨瓦拉（Bruno Mauricio de Zabala）赶走了在这里的葡萄牙人。后来,从布宜诺斯艾利斯迁来了7户人家,又从加那利群岛迁来15户人家,他们成为蒙得维的亚最早的居民。1726年,开始兴建城市。1828年,蒙得维的亚被定为乌拉圭的首都。

蒙得维的亚之名的由来存在好几种说法,但对该词前一部分"蒙得"（Monte）是指海湾对面的小山,这一点没有异议,不同看法主要集中于该词后一部分"维的亚"（video）。

广为流传的一种说法是,1519年,航海家麦哲伦率领船队在南美洲沿岸航行时,在乌拉圭南部遇到暴风雨,他们被迫折入拉普拉塔河。忽然,一个执勤的水手发现前面有一座圆形的山,他情不自禁地高喊起来:"Monte Vide e",译成中文就是"我看见了一座山"。后来这句话被流传开来,蒙得维的亚（Montevideo）就成为乌拉圭首都的名字。

也有一种说法认为,"Montevideo"是由"Monte VI D. E. O."组成,其中"Monte"意为"山","VI"是罗马数字"六","D."为"方向"的缩写,"E."为"东"的缩写,"O."为"西"的缩写。"Montevideo"即"东—西方向的第六座山",也就是说,这是麦哲伦船队在从东向西航行时遇到的第六座山。

还有一种说法把蒙得维的亚与意大利航海家阿梅里戈·韦斯普奇(Amerigo Vespucci)联系在一起。1502年3月10日,阿梅里戈·韦斯普奇登上靠近蒙得维的亚的那座小山。在一块岩石上刻下"VIDI"。"VIDI"是"Vesputius Invenit DI"词首字母缩写,意为"Vesputius发现了501",DI是当时使用的罗马数字。

另外有一种说法是该词源于恰卢亚语的"Ovitti",意为"尖利的山"。这是20世纪20年代小布埃纳文图拉·卡维利亚(Buenaventura Caviglia)博士提出来的,但支持者这种说法的人不多。

(3)省名和首府名

阿蒂加斯省(Artigas)是乌拉圭最北部的一个省份,1884年10月1日建省,以首府阿蒂加斯之名命名。

阿蒂加斯是该国民族英雄的姓氏。1852年9月12日,卡洛斯·卡塔拉(Carlos Catalá)在此建城。当时取名为圣欧热尼奥德尔夸雷姆(San Eugenio del Cuareim),以纪念曾参加独立战争的乌拉圭军人欧热尼奥·加尔松(Eugenio Garzón,1796-1851)。后改为现名,以纪念该国民族英雄何塞·赫瓦西奥·阿蒂加斯(José Gervasio Artigas,1764-1850)。详见后述以阿蒂加斯为名。

卡内洛内斯省(Canelones)位于乌拉圭南部,其名源于小卡内隆河(Río Canelón Chico)与大卡内隆河(Río Canelón Grande)。"卡内隆"(canelon)是生长于这两条河边的一种树,属扁叶轴木科,树高达10米以上,呈角锥形,枝叶繁茂。

首府卡内洛内斯是1783年4月24日由总督胡安·何塞·德韦尔蒂斯-萨尔塞多(Juan José de Vértiz y Salcedo)下令建立的,取名瓜达卢佩圣母镇(Villa de Nuestra Señora de Gaudalupe),但很多人认为该城的真正奠基者是神父胡安·米格尔·德拉拉古纳(Juan Miguel de la Laguna),后来该城改为现名。

塞罗拉尔戈省（Cerro Largo）位于乌拉圭东部，1816年4月2日建省，其名西班牙语意为"绵长的山"。

首府梅洛（Melo）是拉普拉塔河总督区总督佩德罗·德梅洛·德波图加尔-比利纳（Pedro de Melo de Portugal-Villena）的姓氏。1795年6月27日，西班牙王室官员阿古斯丁·德拉罗萨（Agustín de la Rosa）奉拉普拉塔河总督区总督佩德罗·德梅洛之命在洛斯孔本托斯河畔建城，为讨好上司，他以该总督的姓氏为该城命名。

杜拉斯诺省（Durazno）建省于1828年，当时称为伊河与内格罗河之间省（Entre Ríos Yi y Negro）。1930年，更省名为杜拉斯诺，意为"桃树"。取此名是因为在建省时，该地区生长着一棵孤零零的桃树。

首府杜拉斯诺（Durazno）是1821年由葡萄牙人建立的，建城时以当时巴西皇帝的名字佩德罗命名该城，即圣佩德罗德尔杜拉斯诺城（Villa San Pedro del Durazno），简称杜拉斯诺。

科洛尼亚省（Colonia）是乌拉圭西南部省份，省名源于首府科洛尼亚德尔萨克拉门托。

首府科洛尼亚德尔萨克拉门托（Colonia del Sacramento）是1680年1月由葡萄牙军团长曼努埃尔·德洛博（Manuel de Lobo）所建，取名为科洛尼亚圣萨克拉门托（La Colonia do Santísimo Sacramento），"Colonia"意为"殖民地"，"Santísimo Sacramento"意为"圣体"。1683年重建该城，改名为新科洛尼亚圣萨克拉门托（Nova Colonia do Santísimo Sacramento）。后改为现名科洛尼亚德尔萨克拉门托。1995年，该城被联合国教科文组织宣布为世界文化遗产，列入《世界遗产目录》。

弗洛雷斯省（Flores）是以前工党领袖贝南希奥·弗洛雷斯（Venancio Flores）的姓氏为名。弗洛雷斯生于该省首府特立尼达，19世纪40～60年代，他是乌拉圭活跃的政治家和军人。

首府特立尼达（Trinidad）1805年7月18日由何赛·赫瓦西奥·阿蒂加斯（José Gervasio Artigas）将军建立。升格为城镇后，取名最神圣三位一体波龙戈斯镇（Villa de la Santísima Trinidad de los Porongos），后简称为特立尼达。

佛罗里达省（Florida）位于乌拉圭中部，设立于1856年7月10日，其名源于首府佛罗里达。根据神父圣地亚哥·菲格雷多（Santiago Figueredo）的提议，1809年4月24日，蒙特维的亚市议会下令在距平塔多约20公里处建立一座城镇，取名圣费尔南多德拉佛罗里达布兰卡（villa de San Fernando de la Florida Blanca）。城名中的"圣费尔南多"（San Fernando）是为纪念当时被拿破仑囚禁的西班牙国王费尔南多七世（Fernando Ⅶ），"佛罗里达布兰卡"（Florida Blanca）是为纪念卡洛斯三世大臣、西班牙抵抗法国侵略的组织者、佛罗里达布兰卡伯爵何塞·莫尼诺（José Moñino）。该城简称为佛罗里达。

拉瓦耶哈省（Lavalleja）建省于1837年6月16日，原名米纳斯（Minas），意为"矿"。1888年3月改为现名，此名是为纪念独立运动的重要人物胡安·安东尼奥·拉瓦耶哈（Juan Antonio Lavalleja，1784－1853）准将。1811年，他开始参加阿蒂加斯领导的争取乌拉圭独立运动。1818年，他被巴西俘虏，被关押在科布拉斯群岛和里约热内卢，1821年获释。1823年，在争取乌拉圭脱离巴西独立的斗争失败后，他流亡到阿根廷。1825年，他率领乌拉圭爱国者从阿根廷进入乌拉圭领土（史称"33人登陆"），解放了蒙得维的亚，并于同年8月25日宣告乌拉圭脱离巴西而独立。

首府米纳斯（Minas）1783年建立，取名为康塞普西翁德拉斯米纳斯镇（Villa de la Concepción de las Minas）。"米纳斯"的西班牙语意为"矿"，因附近有许多矿藏。1837年，该城成为当时米纳斯省的首府。1927年，米纳斯省改名为拉瓦耶哈省后，该城仍为该省首府。

马尔多纳多省（Maldonado）位于乌拉圭南海岸。马尔多纳多省和首府马尔多纳多的名字是一个殖民者军官的姓氏。1530年，殖民者、航海家塞瓦斯蒂安·加博托（Sebastian Gaboto）从南美大陆返回西班牙卡斯蒂利亚时，留下弗朗西斯科·马尔多纳多中尉（Francisco Maldonado）指挥"圣玛利娅·的埃斯皮纳尔号"船，中尉的姓氏"马尔多纳多"后来成为该省的省名和首府名。

蒙得维的亚省（Montevideo）和省会蒙得维的亚详见上述首都名。

派桑杜省（Paysandú）是位于乌拉圭西海岸的省份，其名源于首府派桑杜。

首府派桑杜"Paysandú"由"pay"和"sandú"组成。"pay"是指用瓜拉尼语传道的"神父","sandú"是生于布宜诺斯艾利斯的耶稣会传教士波利卡波·桑杜（Policarpo Sandú）。1772年，他组织皈依耶稣会的12家土著人在该地建立了村落，后该村慢慢发展为城市。

内格罗河省（Río Negro）位于乌拉圭西北部，其名西班牙语意为"黑河"，该省建于1880年3月20日，原为派桑杜省的一部分。

首府弗赖本托斯（Fray Bentos）是根据1859年4月16日的法令建立，取名为独立镇（Villa Independiente）。1860年，该城成为内格罗河省的首府。现名弗赖本托斯，意为"修道士本托斯"

里韦拉省（Rivera）是位于乌拉圭北部的省份，于1884年10月1日建省，其名源于首府里韦拉。

首府里韦拉1867年6月26日建立，取名里韦拉是为纪念乌拉圭首任总统弗鲁克托索·里韦拉（Fructuoso Rivera）。他参加过争取独立、反对葡萄牙和巴西的多次战役，并参加过反对白党的斗争。

罗恰省（Rocha）位于乌拉圭东南部，其名源于首府罗恰。

首府罗恰的名字来自海边养牛场一位名叫路易斯·马特奥·罗恰（Luis Mateo Rocha）人的姓氏。

萨尔托省（Salto）之名源于首府萨尔托。

首府萨尔托之名的西班牙语意为"瀑布"，取其名是因乌拉圭河在这里有多个瀑布。

圣何塞省（San José）位于乌拉圭南部，其名是用圣徒名命名，是为纪念圣约翰。

首府圣何塞德马约（San José de Mayo）之名中的"mayo"在西班牙语中意为"5月"。1783年5月28日，德拉戈内斯·欧塞维奥·比达尔中尉（Dragones Eusebio Vidal）受贝尔蒂斯总督（Vértiz）派遣，从蒙得维的亚出发到此地建立城镇。

索里亚诺省（Soriano）是位于乌拉圭西部的省份。1624年，圣方济各会传教团为该地区土著部落建立村镇，取名为圣多明各索里亚诺（Villa de Santo Domingo Soriano），简称索里亚诺镇（Villa de Soriano），后成为省名。

首府梅塞德斯（Mercedes）由曼努埃尔·安东尼奥·德卡斯特罗-卡雷阿加神父（Manuel Antonio de Castro y Careaga）建于1788年，取名拉斯梅塞德斯新教堂（Capilla Nueva de las Mercedes），简称梅塞德斯。1857年成为该省首府。

塔夸伦博省（Tacuarembó）是位于乌拉圭北部的省份，其名来自首府塔夸伦博。

首府塔夸伦博之名源于塔夸伦博蒂河（Río Tacuaremboty），瓜拉尼语意为"苇塘河"。1831年10月24日，乌拉圭首任总统弗鲁克托索·里韦拉（Fructuoso Rivera）命其弟贝尔纳韦·里韦拉上校（Bernabé Rivera）在该地建立城镇。贝尔纳韦·里韦拉从蒙得维的亚出发，来到塔夸伦博蒂河畔。1832年1月27日，贝尔纳韦·里韦拉在此地建立起城镇，并以当天"弗鲁克托索节"为该城取名为圣弗鲁克托索（San Fructuoso）。1912年6月17日，该城改名为塔夸伦博。

特雷因塔伊特雷斯省（Treinta y Tres）与首府同名。

首府特雷因塔伊特雷斯的名字意为"33"。1825年，胡安·安东尼奥·拉瓦列哈（Juan Antonio Lavalleja, 1786–1853）率领33名东岸人渡河登陆，开始了摆脱葡萄牙殖民统治、争取乌拉圭东岸省独立的斗争。1853年，在特雷因塔伊特雷斯省南部建立村落时，将其命名为特雷因塔伊特雷斯以纪念上述乌拉圭著名历史事件。

12. 智利共和国

（1）国名

智利共和国（República de Chile）位于南美洲西南部，西靠太平洋，东枕安第斯山，南与南极洲隔海相望，是世界上地形最狭长的国家。它北与秘鲁和玻利维亚为邻，东与阿根廷交界。

智利（Chile）是个古老的印第安名字，其名来源有很多种说法，同时也流传着不少动人的故事。

传说上帝造世界时，把最后一块泥土捏成长条黏在智利这个地方，由此形成了这个南北长、东西窄的国家。由于智利西临广阔无垠的太平洋，东倚连绵起伏的安第斯山，古时交通十分不便，于是生活在这里的印第安人便把它取名为智利,意为"世界的边缘"。

另一传说是西班牙殖民者来到这里,向当地印第安人询问这个地方的名字,印第安人不懂西班牙语,随口说:"智利!智利!"意思是"冷啊,冷啊!"以后"智利"一词就变成这个国家的名字。

还有一说,智利是由古印第安语的"雪"字演变而来,是"寒冷的国家"之意,这或许是因为它的南端距南极不远,天气较为寒冷。

智利的国名还可能源于该国中部地区一种鸟的名字。西班牙殖民者发现,这种鸟的鸣叫声很像西班牙语"Chilli"的发音,后来他们便把"Chilli"演化为"Chile",作为该地区的名字。智利传教士莫利纳(Molina)也说,智利(Chile)是一种羽翼上有黄色斑点的鸟的名字,来自印第安马普切语的"trih o chi"。

不过,18 世纪的智利编年史家迭戈·德罗萨莱斯说,智利是印加人征服此地前一位酋长的名字。

智利历史学家里卡多·拉查姆(Ricardo Latcham)则把智利同印加人联系在一起。他说秘鲁地区有一条名为智利(Chile)的河流,印加人征服智利后,便以家乡这条河流的名字命名智利。

还有人说智利来自艾马拉语的"ch'iwi",意为"冰",另说来自艾马拉语的"chilli",意为"大地尽头"。

智利盛产铜,已探明的铜矿储量为 74 亿多吨,是世界第三大产铜国,它拥有世界上最大的露天铜矿和地下铜矿。所以,智利又有"铜的王国"之称。

(2)首都名

首都圣地亚哥(Santiago)是一座美丽多姿的城市。碧波粼粼的马波乔河从城边缓缓流过,终年积雪的安第斯山仿佛一顶闪闪发光的银冠,给圣地亚哥增添了动人的风韵。这座具有近 500 年历史的南美古城是智利首任都督佩德罗·古铁雷斯·德瓦尔迪维亚(Pedro Gutiérrez de Valdivia,1500 - 1553)于 1541 年 2 月 12 日建立的,命名为圣地亚哥德新埃斯特雷马杜拉(Santiago de Nueva Extremadura)。该地名中的"圣地亚哥"(Santiago)是耶稣十二使徒之一圣雅各的西班牙语读音,也是西班牙保护神圣地亚哥

(Apostol Santiago)。雅各和他的兄弟圣约翰是加利利海的渔夫，是最早受耶稣感召的门徒。雅各是使徒核心圈的人物之一，他见证过有关耶稣的一些重大事件，如主显圣容和耶稣在客西马尼园中忧伤祈祷。耶稣死后，圣雅各在巴勒斯坦宣讲福音，也曾在西班牙布道。公元44年，犹太国王希律·亚基帕一世下令把他斩首，他成为第一个殉难的使徒。据传，他的尸骨被埋葬在西班牙的加利西亚首府圣地亚哥德孔波斯特拉（Santiago de Compostela）。9世纪圣雅各的墓地被发现后，千百年来，每年都有数十万世界各地的天主教徒前去朝圣，圣地亚哥德孔波斯特拉遂成为天主教朝圣胜地之一。西班牙殖民者征服智利的过程中，遭到印第安人的英勇抵抗，他们在战斗中往往会乞求于神明的佑护。瓦尔迪维亚建城时，便把城名取作圣地亚哥，希望得到这个保护神的庇护，并把天主教强加给印第安人。圣地亚哥名字中的"新埃斯特雷马杜拉"（Nueva Extremadura）是瓦尔迪维亚为纪念自己在西班牙的出生地埃斯特雷马杜拉（Extremadura）而添加的。埃斯特雷马杜拉是位于西班牙西部的一个自治区，由卡塞雷斯省和巴达霍斯省组成，首府为梅里达。

（3）区名和首府名

智利共分15大区，从北至南分别为第十五大区、第一大区、第二大区、第三大区、第四大区、第五大区、首都圣地亚哥大区（第十三大区）、第六大区、第七大区、第八大区、第九大区、第十四大区、第十大区、第十一大区、第十二大区。

第十五大区——阿里卡和帕里纳科塔区（Arica y Parinacota），由阿里卡省（Provincia Arica）和帕里纳科塔省（Provincia Parinacota）组成。阿里卡省在公元4~9世纪曾是蒂瓦纳库人（Tiwanaku）控制的地区，他们讲艾马拉语，称这个地方为"Ariacca"、"Ariaka"或"Ariqui"。一说由"ari"（石山）和"iqui"（栖息）组成，全词义为"（飞禽）栖息的石山"；一说由"ari"（刃）和"aka"（尖，角）组成，全词义为"锋利的角"；一说由"ari"（山）和"acca"（靠近）组成，全词义为"靠近山的地方"；还有一说源于土著人的一句话，即阿里卡（Arica），由"ari"（是的）"kay"（有）组成，全词义为"是的，有"，或"是的，这就是"。帕里纳科塔省之名源于帕里纳科塔火山（Parinacota Volcano）。

首府阿里卡（Arica）之名来源同上述区名中的阿里卡省名。由卢卡斯·马丁内斯·德贝加索（Lucas Martínez de Begazo）兴建，取名为圣马科斯德阿里卡镇（Villa San Marcos de Arica），城名中的"圣马科斯"（San Marcos）是为纪念福音书作者之一圣马可（San Marcos），简称阿里卡。

第一大区——塔拉帕卡区（Tarapacá），于1975年设区。

首府伊基克（Iquique）源于土著禅戈语，意为"平静"或"平静的和平"。取此名是因为最早在此定居的禅戈人拥有丰富的水资源，以及食品和衣物。另一说伊基克（Iquique）之名源自智利北部谷地埃尔基（Elqui），这是土著阡戈语，意为"遗产"，以此表示这里的谷地肥沃。

第二大区——安托法加斯塔区（Antofagasta），其名源于其首府安托法加斯塔。

首府安托法加斯塔之名一说源于迪亚吉塔语或卡坎语，由"anto"（大）、"faya"（盐田）和"gasta"（村镇）组成，全词义为"大盐田镇"；一说源于禅戈语，意为"太阳门"；一说源于克丘亚语，由"anta"（铜）和"pakay"（藏）组成，全词义为"蕴藏铜之地"。还有人说，1870年，玻利维亚总统曼努埃尔·马里亚诺·梅尔加雷霍（Manuel Mariano Melgarejo）以自己在该城附近的庄园名为该城市命名。安托法加斯塔也被誉为"北方的珍珠"。

第三大区——阿塔卡马区（Atacama），其名一说源于克丘亚语的"Tacama"，意为"黑鸭"；一说源于克丘亚语的"Tercuman"，意为"大的边境地区"。

首府科皮亚波（Copiapo）源于克丘亚语"Qupa-yapu"，意为"播种绿松石"。在克丘亚语中，"copay"意为"绿色"，"yapu"意为"耕地"。艾马拉语"qupa"也意为"绿色"，有人认为科皮亚波之名是克丘亚语和艾马拉语混合而成。

第四大区——科金博区（Coquimbo），其名一说源于克丘亚语"Coquimpu"，意为"静水之地"；一说派生于"Cuquimbu"，这是对埃尔基谷地的称呼。

首府拉塞雷纳（La Serena）由胡安·博昂（Juan Bohón）建于1544年，取其名是为纪念西班牙殖民者、智利首任都督佩德罗·古铁雷斯·德瓦尔迪维亚的西班牙故乡拉塞雷纳。瓦尔迪维亚青年时期加入西班牙军队，曾服役于意大利和佛兰德。1534年被派往南美，在秘鲁成为皮萨罗的部下。1540年，他率领150名西班牙人入侵智利，1549年，他成为智利首任都督，1553年，他被印第安阿劳科人所杀。

第五大区——瓦尔帕莱索区（Valparaíso），其名源于首府瓦尔帕莱索。

首府瓦尔帕莱索是智利第二大城市和重要海港，该城原来的印第安名称是阿利亚马帕（Aliamapa）。1536年，胡安·德萨韦德拉（juan de Saavedra）率领西班牙殖民军抵达这里后，将城名改为瓦尔帕莱索，以纪念他在西班牙昆卡省出生的村庄瓦尔帕莱索德阿里巴（Valparaíso de Arriba）。"Valparaíso de Arriba"是"Va al Paraíso de Arriba"或"Valle Paraíso de Arriba"的简称，意为"去天堂"。另一说是胡安·德萨韦德拉乘船抵达该城对岸时，发现这里海滩的景色十分优美，便命名为"Valle del Paraíso"，意为"天堂山谷"，后来简化为"Valparaíso"，即瓦尔帕莱索。

圣地亚哥首都区名来源见上述首都名。

第六大区——解放者贝纳尔多奥希金斯将军区（Libertador General Bernardo O'Higgins），其名字是为纪念智利解放者贝纳尔多·奥希金斯（Libertador General Bernardo O'Higgins，1776-1842）将军。奥希金斯是爱尔兰人后裔，生于智利奇廉城，青年时期曾前往伦敦就读。1798年，他加入秘密革命团体"劳塔罗"。1801年，他返回国内，积极参加反对西班牙殖民统治的斗争。1814年，奥希金斯被任命为爱国军总司令。同年10月兰卡瓜战役失利后，他退往阿根廷门多萨。1817年，他与圣马丁一起率军越过安第斯山，打败了西班牙殖民军，解放了智利。奥希金斯被推举为智利最高执政长官。1823年辞职后，流亡秘鲁。奥希金斯将军为解放智利做出了杰出贡献，人们为了纪念他，尊他为"国父"，并在首都圣地亚哥宪法广场上竖立起他的铜像。

首府兰卡瓜（Rancagua）源于马普切语"Rangkulwe"。"rangkul"意为"甘蔗"，"we"意为"地"，全词义为"甘蔗田"。"兰卡瓜"（Rancagua）

是西班牙语化后的变音。

第七大区——马乌莱区（Maule），其名源于马乌莱河（Río Maule）。"Maule"源于马普切语，是"mau"（洼地）和"len"（多雨的）的组合，全词义为"多雨的谷地"。

首府塔尔卡（Talca）1692年由托马斯·马林·德波韦达（Tomás Marín de Poveda）所建。1742年，何塞·安东尼奥·曼索·德贝拉斯科（José Antonio Manso de Velasco）在此重建，取名圣奥古斯丁德塔尔卡镇（Villa San Agustín de Talca），简称塔尔卡。塔尔卡（Talca）源于马普切语的"tralka"，意为"雷鸣"，"圣奥古斯丁"（San Agustín）是指圣奥古斯丁教派曾统治过这个地区。

第八大区——比奥比奥区（Bío-Bío），其名意为"大河"。

首府康塞普西翁（Concepción）由西班牙殖民者佩德罗·德瓦尔迪维亚建于1550年，殖民者为感谢圣母的庇护赢得阿劳科战争并征服智利，为该城取名为新埃斯特雷莫贞节圣母玛利亚康塞普西翁（La Concepción de Maria Purítima del Nuevo Extremo），简称康塞普西翁，西班牙语意为"圣母受孕"。

第九大区——阿劳卡尼亚区（Araucanía），其名源于"阿劳科人"（araucano）一词，这是西班牙殖民者对生活在智利中南部地区人的称呼。

首府特木科（Temuco）是智利第三大城市，建于1881年2月24日，其名源于马普切语，意为"苦籽番樱桃树之水"。苦籽番樱桃树是一种药用植物，被马普切人视为圣树，该树通常高达20米，树皮发红，含铁，树叶芳香。该树全身是宝，其果可食用，并可制成饮料；其皮、叶和根可治疗疱疹、溃疡、腹泻和皮肤损伤等症。

第十四大区——洛斯里奥斯区（Los Ríos），其名西班牙语意为"众河流"。

首府瓦尔迪维亚（Valdivia）是以智利都督佩德罗·古铁雷斯·德瓦尔迪维亚的姓氏命名。1544年，热那亚船长胡安·巴蒂斯塔·帕斯特内（Juan Bautista Pastene）受智利都督瓦尔迪维亚派遣前来考察智利海岸。他在科拉湾发现一条河流，便把该河流经的这一地区以西班牙国王卡洛斯一世的名字命名，把该河以智利都督佩德罗·古铁雷斯·德瓦尔迪维亚的姓氏命名，称为瓦尔迪维亚河。1552年2月9日，瓦尔迪维亚来到帕斯特内汇报过的这片土地，被这里美丽的景色和肥沃的土地所吸引，立刻决定在当地一个名叫阿尼尔土著村落的基础上兴建城市，取名为圣玛利娅拉布兰卡德瓦尔迪维亚（Santa María la Blanca de Valdivia）。它是在智利建立的第二座城市，建城时间仅晚于圣地亚哥。

第十大区——洛斯拉格斯区（Los Lagos），1974年设区，其名西班牙语意为"众湖泊"。

首府蒙特港（Puerto Montt）由维森特·佩雷斯·罗萨莱斯（Vicente Pérez Rosales）建于1853年。现名是为纪念当时的智利总统曼努埃尔·蒙特·托雷斯（Manuel Montt Torres），他于1851~1861年任总统。建城前，该地称为"Melipulli"，马普切语的意思为"四座山丘"。其中"meli"意为"四"，"pulli"意为"山丘"。

第十一大区——卡洛斯伊瓦涅斯德尔坎波将军的艾森区（Aisen del General Carlos Ibanez del Campo），简称艾森区。名字中的伊瓦涅斯将军是指曾任智利总统的卡洛斯·伊瓦涅斯·德尔坎波（Carlos Ibanes del Campo，1877-1960）。伊瓦涅斯1896年加入军校，1927年5月22日，发动政变，第一次上台执政。1931年7月26日，他被迫辞职并逃往阿根廷。1949年，他当选为圣地亚哥参议员。1952年，伊瓦涅斯大选获胜，当选总统，执政至1958年。艾森其名来源有几种说法。一些人认为艾森（Aisén）一词来自英语，1831年，罗伯特·菲茨-罗伊船长（Robert Fitz-Roy）与生物学家查尔斯·达尔文（Charles Darwin）等人乘"比格尔号"船在艾森所在的沿海地区进行考察。罗伯特·菲茨-罗伊船长在暴风雪中绘制了几幅沿海地区的详细地图。为了标名冰雪的终点，他在地图的艾森港处用英文写上"Ice End"，意为"冰的终点"。随着时间的推移，当地居民把"Ice End"错念成"Aisén"，并成为港口名。也有人说早在1763年，即"比格尔号"船抵达前60多年，传教士加西亚即已到达此地区，在他撰写的文件中就已出现"Ice End"的字样。一些土著语研究者认为，艾森（Aisén）一词来自乔诺语的"achén"，意为"分开"，这与该地区的峡湾有关。而根据何塞·德莫拉莱达（José de Moraleda）1783年的考察，他认为其名是维利切人（veliche）使用的一个词，意为"伸展至内地的峡湾"，用此来描述艾森峡湾的自然形状。也有人认为艾森（aisén）是特乌埃尔切语的一个词，意为"韦穆尔鹿之地"。

首府科伊艾克（Coihaique）建于1929年10月12日，曾取名巴克达诺（Baquedano），以纪念智利将军曼努埃尔·巴克达诺（Manuel Baquedano），后因与安托法加斯塔区的一个城市重名，1934年改为现名。科伊艾克（Coihaique）源于巴塔哥尼亚游牧民族特维尔切语的两个词"qoj"和"ajke"，前者意为"小湖"，后者意为"营地"，合起来意为"湖边营地"。

第十二大区——麦哲伦－智利南极区（Magallanes y de la Antártica Chilena），其名是为纪念葡萄牙著名航海家麦哲伦（Fernão de Magalhães, 1480－1521），详见后述纪念探险家的地名。

首府蓬塔阿雷纳斯（Punta Arenas）建于1848年12月18日，其名源于经过此地的英国海员所取的英文名字"Sandy Point"，后改用西班牙语的"Punta Arenas"，意为"沙角"。

（三）西印度群岛国家

西印度群岛主要由巴哈马群岛、大安的列斯群岛和小安的列斯群岛组成。大安的列斯群岛上的国家有古巴、牙买加、多米尼加、波多黎各和海地；小安的列斯群岛上的国家有巴巴多斯、特立尼达和多巴哥、圣基茨和尼维斯、安提瓜和巴布达、多米尼克、圣卢西亚、圣文森特和格林纳丁斯、格林纳达；巴哈马群岛上的国家只有巴哈马。

1. 安提瓜和巴布达

（1）国名

安提瓜和巴布达（Antigua and Barbuda）位于加勒比海小安的列斯群岛北部的背风群岛中，由安提瓜、巴布达和雷东达（Redonda）三个岛组成。该国西临圣基茨和尼维斯（又称圣克里斯托弗和尼维斯），南同瓜德卢普岛相望。安提瓜岛是该国最大的岛屿，面积为280平方公里。岛上最早的居民为来自委内瑞拉的被称为"石头人"（stone people）的西博内人（Ciboney）。公元 700 年左右，来自亚马孙地区的加勒比人占据了该岛屿，将该岛取名为瓦达德利（Wadadli），意为"我们自己的"，现今"瓦达德利"这一名称是该国著名的啤酒品牌名。1493 年，哥伦布第二次远航美洲时发现安提瓜岛，遂以西班牙塞维利亚安提瓜教堂（Iglecia de Santa Maria de la Antigua）的名字为该岛命名，并沿用至今。巴布达岛的面积为 160 平方公里，旧名瓦奥莫尼（Wa'omoni），也是加勒比人所取。"巴布达"西班牙语意为"大胡子"，得名与巴巴多斯类似，因为该岛上的无花果树的气生根看上去很像人的胡子。雷东达岛则是哥伦布以雷东达圣母名为该岛命名。

（2）首都名

首都圣约翰（St. John's）是安提瓜和巴布达最大的城市，也是安提瓜和巴布达的经济和文化中心，位于安提瓜岛西北海岸，濒临大西洋，以施洗约翰命名。施洗约翰是耶稣基督的表兄，在耶稣基督开始播传福音前，他曾为耶稣基督施洗，后因抨击犹太王希律·安提帕斯而被杀。

（3）区名和首府名

安提瓜和巴布达由安提瓜、巴布达和雷东达三个岛屿组成，全国共分为安提瓜 6 个行政区及巴布达和雷东达 2 个属地。

安提瓜 6 个行政区分别是圣乔治、圣约翰、圣玛利、圣保罗、圣彼得和圣菲利普。从字面上可以看出，6 个区的名字同宗教，主要是同基督教紧密联系在一起。

圣乔治区（Saint George）位于安提瓜岛中部，面积为 24 平方公里。1632 年，英国占领安提瓜岛，1667 年，这里正式成为英国殖民地，1981 年，宣布独立，成为英联邦成员国。长期以来，安提瓜深受英国文化影响。圣乔治区的名字就出自从 14 世纪开始成为英格兰守护"主保"圣人的圣乔治。圣乔治约公元 280 年生于巴勒斯坦，曾为罗马骑兵军官，因试图阻止罗马皇帝戴克里先迫害基督徒，于 303 年 4 月 23 日被杀。494 年，教宗哲拉修一世为他封圣。圣乔治是英格兰文化的重要组成部分，英格兰国旗通称"圣乔治旗"，旗上为一白底红色圣乔治十字。按照基督教会的传统，每年的 4 月 23 日是圣乔治纪念日。

首府皮戈特斯（Piggotts）又称圣马克村（St Mark's Village）。皮戈特斯

（Piggotts）之名可能源于 1949 年建立的皮戈特农场（The Piggott family farm）。

圣约翰区（Saint John）位于安提瓜岛西北部，其名源于首府圣约翰。

首府圣约翰（Saint John's）也是该国首都。圣约翰区和首府圣约翰以耶稣十二使徒之一的约翰为名。约翰是基督最亲密的门徒，经常伴随在耶稣左右。在耶稣被钉十字架时，他就站在十字架旁，并受委托奉养耶稣的母亲，他把玛利亚接回自己家。

圣玛利区位于安提瓜岛西南部，以圣母玛利亚之名命名。

首府博兰斯（Bolands）又名博兰村（Boland Village），为该国旅游中心，其名源于英文姓氏博兰（Boland）。

圣保罗区（Saint Paul）位于安提瓜岛中南部，以圣徒保罗之名为名。他是基督教早期领导者之一，也是最有影响的传教士之一。他曾三次到多地传播基督教，公元 67 年，被罗马皇帝尼禄逮捕，68 年被斩首。

首府法尔茅斯（Falmouth）以英国康沃尔郡城镇法尔茅斯之名命名。

圣彼得区（Saint Peter）位于安提瓜岛东北部，以耶稣十二使徒之一的彼得之名为名。彼得原为加利利海边的一名渔夫，后跟随耶稣，并成为耶稣最亲近的门徒之一。公元 65 年被罗马皇帝尼禄钉死在十字架上。

首府帕勒姆（Parham）以英国萨福克郡城镇帕勒姆为名，帕勒姆（Parham）是英语中的一个姓氏。

圣菲利普区（Saint Philip）位于安提瓜岛东端。以耶稣十二使徒之一的菲利普（即腓力）之名为名。他是加利利人，曾前往亚洲一些国家传教。公元 52 年被钉死在十字架上。

首府卡莱尔（Carlisle）以英国坎布里亚君城镇卡莱尔之名为名。卡莱尔（Carlisle）是英文中的一种姓氏。

巴布达岛（Barbuda）与巴巴多斯一样，因当地野生无花果树的气生根像胡须而得名。

首府科德林顿（Codrington）集中了巴布达岛上的大多数人口。1685年，克里斯托弗·科德林顿（Christopher Codrington）和约翰·科德林顿（John Codrington）兄弟俩共同在此建城，遂以他们的姓氏为该城命名。

雷东达岛（Redonda）是个无人居住的岛，没有首府。1493 年哥伦布第二次远航美洲时，抵达该岛。他想起西班牙塞维利亚有个名叫雷东达圣母（Santa Maria de la Redonda）的教堂，遂为该岛取名"雷东达"。

2. 巴巴多斯

（1）国名

巴巴多斯（Barbados）是位于加勒比海西印度群岛最东端的一个独立岛国。欧洲殖民者抵达巴巴多斯之前，当地印第安阿拉瓦克人曾称该岛为伊奇鲁加纳伊姆（Ichirouganaim），意为"外有礁石的红石头岛"。1518年，西班牙人抵达巴巴多斯岛，后来葡萄牙人也接踵而至，成为来到巴巴多斯的第一批欧洲人。巴巴多斯之名起源于西班牙语的"los Barbados"或葡萄牙语的"Barbados"，意思都是"长着胡须的人们"。这个称呼或许是指当地生长的无花果树上悬挂着似胡须的须根；或许是指曾在该岛居住过的加勒比男人都长着长长的胡须；或许是指冲击岛外围礁石的浪花像是人的白色胡须。在1519年热那亚地图绘制员维斯孔德·德马焦洛（Visconde de Maggiolo）绘制的地图上，第一次出现了巴巴多斯的地名和其位于多巴哥岛之北的准确位置。1536年，葡萄牙探险者佩德罗·坎波斯（Pedro Campos）前往巴西途中经过巴巴多斯，看到岛上有许多无花果树，遂给该岛取名为"Os Barbados"。巴巴多斯还曾被称为"Bim"或"Bimshire"，是非洲奴隶所取的名称，意为"我的人民"或"我的地方"。巴巴多斯岛风景秀丽，被称为"西印度群岛的疗养院"。巴巴多斯还被称为"小英格兰"，因为其景色与英国南部沿海的岛屿相仿，而且其司法、教育和政治制度也深受英国的影响。

（2）首都名

布里奇敦（Bridgetown）是该国政治、经济、商业的中心，也是全国唯一的港口，位于巴巴多斯岛西南沿海康斯提尤欣河的入海口，面临卡莱尔湾。1628年英国殖民者建城时，发现这里有一座印第安阿拉瓦克人建造的木桥，故称其为印第安布里奇（Indian Bridge），意为"印第安人桥"。在有关巴巴多斯的官方文件里，布里奇敦曾一度被称为圣迈克尔城（Town of St. Michael）。1654年，这座木桥被重建，该城名也改为布里奇敦，意为"桥城"。

（3）区名和首府名

巴巴多斯全国共分为11个区，它们的形成和该国中的英国圣公会紧密相关。1624 年，巴巴多斯成为英国殖民地，英国圣公会逐渐成为巴巴多斯的主要宗教，并在此建立了多处教堂。1629 年，巴巴多斯总督威廉·塔夫顿（William Tufton）围绕着 6 个教堂以英国教区模式设立了巴巴多斯最初的 6 个区，它们是：圣詹姆斯区（Saint James）、圣卢西区（Saint Lucy）、圣彼得区（Saint Peter）、圣托马斯区（Saint Thomas）、圣迈克尔区（Saint Michael）和克里斯特彻奇区（Christ Church）。到 1645 年，巴巴多斯已分为 11 个行政区，新增的 5 个区是圣菲利普区（Saint Philip）、圣安德鲁区（Saint Andrew）、圣约翰区（Saint John）、圣乔治区（Saint George）和圣约瑟夫区（Saint Joseph）。11 个区的名字都与基督教有关，除克里斯特彻奇区和圣詹姆斯区外，其他的区都是以圣徒的名字命名。

克里斯特彻奇区（Christ Church）位于巴巴多斯岛南部，其名意为"基督教堂"。

首府是奥伊斯廷（Oistins），根据巴巴多斯历史学家理查德·利根（Richard Ligon）的说法，奥伊斯廷的名字来自原来这里海湾的庄园主，他拥有奢华的马车，但因好色、奢靡而在岛上臭名昭著。奥伊斯廷（Oistins）很可能是奥斯汀斯（Austin's）的误传，"奥斯汀"（Austin）是英语的一个姓氏。

圣安德鲁区（Saint Andrew）位于巴巴多斯岛东北部沿海。圣安德鲁是苏格兰的守护神，也是希腊、俄罗斯和罗马尼亚的守护神。他是圣彼得的兄弟，在希腊的佩特雷被罗马当局钉死在 X 形的十字架上。后来，X 形十字成为他的象征，苏格兰的国旗就是蓝白相间的圣安德鲁十字旗。

首府贝勒莱内（Belleplaine）之名源于法语，意为"美丽的平原"。

圣乔治区（Saint George）位于巴巴多斯岛中部。以英格兰的"主保圣人"圣乔治之名为名（详见安提瓜和巴布达圣乔治区介绍）。

首府西格莱贝（The Glebe）之名英语意为"属于教堂的小块土地"。

圣詹姆斯区（Saint James）位于巴巴多斯岛中西部沿海，其名是为纪念约克公爵詹姆斯，即后来的英国国王詹姆斯二世（James Ⅱ）。

首府霍尔镇（Holetown）之名源于霍尔河（The Hole）。霍尔镇曾被称为圣詹姆斯城（Saint James Town），是以英国国王詹姆斯为名。

圣约翰区（Saint John）位于巴巴多斯岛东部沿海，以耶稣十二使徒之一的约翰之名为名（详见安提瓜和巴布达圣约翰区）。

首府福尔罗兹（Four Roads），该词在英语中意为"有四条路"。

圣约瑟夫区（Saint Joseph）位于巴巴多斯岛东部沿海。其名是为纪念圣母玛利亚的丈夫圣约瑟夫。

首府巴思谢巴（Bathsheba）是以希伯来文《圣经》中以色列第二位国王大卫的妻子，即所罗门王母亲的名字命名。

圣卢西区（Saint Lucy）位于巴巴多斯北部沿海。以妇女保护神锡拉丘兹的卢西（Saint Lucy of Syracuse）之名为名。

首府切克霍尔（Checker Hall）之名来源不详。

圣迈克尔区（Saint Michael）位于巴巴多斯东南部沿海。圣迈克尔是《圣经》中出现的七天使之一。

首府布里奇敦（Bridgetown）也是巴巴多斯首都，详见上述首都名。

圣彼得区（Saint Peter）位于巴巴多斯北部，在圣卢西区之南。以基督十二使徒之一的彼得命名，他也是该区的守护神。

首府斯佩特城（Speightstown）是巴巴多斯第二大城市。以殖民时期首届国会议员、当地地主威廉·斯佩特（William Speight）的姓氏为名。

圣菲利普区（Saint Philip）位于巴巴多斯东南沿海，是11个区中最大的区。以耶稣十二使徒之一的菲利普（即腓力）为名（详见安提瓜和巴布达圣菲利普区）。

首府西克克罗斯罗德（Six Cross Roads）英语意为"六条十字路"。

圣托马斯区（Saint Thomas）位于巴巴多斯中部。以基督十二使徒之一的圣托马斯命名，他曾在帕提亚传道并殉教。

首府韦尔什曼霍尔（Welchman Hall）之名为英语中的一个姓氏。

3. 巴哈马联邦

（1）国名

巴哈马联邦（The Commonwealth of the Bahamas）位于西印度群岛最北部，在美国佛罗里达州东南海岸的对面和古巴的北侧，由700多个岛屿及2400多个岩礁和珊瑚礁组成。巴哈马最早的主人是印第安卢卡扬人（Lucayan，即阿拉瓦克人）。巴哈马名字的来源，一说缘于卢卡扬人所取的大巴哈马岛（Grand Bahama）的名字，"ba-ha-ma"意为"浮在海面上的大地"。另一说是1492年10月12日哥伦布首航美洲时，在巴哈马东部的圣萨尔瓦多岛（San Salvador），卢卡扬人称该岛为瓜纳哈尼岛（Guanahani），登陆时，看到围绕群岛的浅滩和阻碍船只前进的珊瑚礁，直说"Baja mar"，西班牙语意为"浅水"或"浅海"，后成为该群岛的名字，并演化为"Bahamas"。还有一说是1513年西班牙驻波多黎各总督庞塞·德莱昂（Ponce de León）来此地寻找传说中的"青春之泉"。"青春之泉"没有找到，却发现了一些岛屿，而且群岛周围有许多浅滩，他便给这些群岛取名为巴哈马（Baja mar）。

（2）首都名

首都拿骚（Nassau）位于新普罗维登斯岛，也是巴哈马的商业中心。17世纪30年代，英国人在此建立殖民点。1670年，英格兰国王查尔斯二世（Charles Ⅱ）将巴哈马群岛授封给英国的6位贵族，他们将居住在百慕大群岛的英国人迁到新普罗维登斯岛，先在此建立起堡垒，后逐渐发展为一座城镇。为了纪念查尔斯二世，人们称这座城镇为查尔斯顿（Charles Town）。1684年，西班牙人将该城烧为灰烬。1695年重建该城时，取名为拿骚，以纪念奥兰治-拿骚家族（Orange-Nassau）的奥兰治王子，即威廉三世（William Ⅲ，1650–1702）。奥兰治-拿骚家族是从中世纪起延续至今的荷兰王族。"拿骚"原是莱茵河畔一个古堡的名称，拿骚家族是位于德国黑森州的拿骚伯爵家族。"拿骚伯爵"的称号于1160年得到正式认可。威廉三世来自荷兰奥兰治-拿骚家族，当时既是荷兰执政者，也是英国国王。

（3）区名和首府名

巴哈马全国分为1个中央区——新普罗维登西亚区（Nueva Providencia）和32个地方区，新普罗维登西亚区直属中央政府，首府也是国家首都。32个地方区均有各自的首府。

阿克林（Acklins）地方区是拿骚东南223海里环礁湖的阿克林湾群岛（Bight of Acklins）中的一个岛。其名来源不详。

首府梅森湾（Mason Bay），"梅森"的英语意为"石工"或"砖石工"。

贝里群岛（Berry Islands）地方区由30个岛和上百个小岛组成，面积为78平方公里，其名的英语意为"浆果岛"，因该岛盛产浆果。

首府尼科尔斯城（Nicholls Town）之名来自英语中的一个姓氏——尼科尔斯（Nicholls）。

比米尼（Bimini）地方区是巴哈马最西部的区，由北比米尼、南比米尼和东比米尼三个群岛组成，其名源自土著卢卡扬语，意为"两个岛"。

首府艾丽斯城（Alice Town）位于北比米尼岛上，是该国的旅游中心，其名源于英语中女性常用的名字。

布莱克角（Black Point）地方区位于拿骚之南，是大瓜纳岛的一部分，其名英语意为"黑角"。

首府布莱克角（Black Point）之名与区名一样。

卡特岛（Cat Island）地方区位于巴哈马群岛中部，岛上的阿韦尼亚山（Mount Alvernia）是巴哈马群岛的最高点。其名一说是以18世纪海盗阿瑟·卡特（Arthur Catt）的姓氏为名，他多次来到该岛藏匿宝物；一说是18世纪来到该岛的英国移民惊讶地发现这里有大量野猫，可能是早期西班牙探险者遗留在岛上的，故取名卡特岛，英语意为"猫岛"。

首府特湾（The Bight）之名英语意为"小海湾"。

中阿巴科（Central Abaco）地方区位于阿巴科岛的中部。阿巴科岛是巴哈马群岛中第二大岛。多种语言中都有"阿巴科"（Abaco）一词，来源也非常不同。一说源于希腊语的"abax"或"abakon"，意为"平坦的表面"；一说是一种计算工具，可译为"算盘"。

首府马什港（Marsh Harbour）之名来源于英语中的一个姓氏。

中安德罗斯（Central Andros）地方区位于安德罗斯岛，安德罗斯岛面积将近6000平方公里，是巴哈马群岛中最大的岛屿。1550年，西班牙探险者曾称该岛为圣灵岛（La Isla del Espiritu Santo）。1782年，尼加拉瓜莫斯基托斯海岸圣安德烈亚斯岛上的居民来到此岛定居，称其为圣安德烈亚斯（San Andreas），后来该岛名演变为安德罗斯岛。

首府弗雷什克里克（Fresh Creek）之名英语意为"新湾"。

中伊柳塞拉（Central Eleuthera）地方区位于伊柳塞拉岛的中部，该岛长约 177 公里，宽约 3.22 公里。伊柳塞拉之名的希腊语意为"自由之地"，由来自百慕大的清教徒所取。

首府总督港（Governor's Harbour）位于伊柳塞拉岛。

弗里波特（Freeport）地方区占据大巴哈马岛的一部分，其名与首府名同。

首府弗里波特城（City of Freeport）是巴哈马第二大城市，其名英语意为"自由港城"。

克鲁克德岛（Crooked Island）地方区位于拿骚东南 240 海里，面积 158 平方公里。其名英语意为"弯弯曲曲的岛"，这正是该岛的地形特点。

首府希尔上校（Colonel Hill）位于克鲁克德岛东北端。

东大巴哈马（East Grand Bahama）地方区位于大巴哈马岛的东部。大巴哈马岛面积 1372 平方公里，是巴哈马第四大岛。

首府海罗克（High Rock）之名英语意为"高大的岩石"。

埃克苏马群岛（Exuma）地方区位于巴哈马群岛中部，由 360 座岛屿组成，最大的岛为大埃克苏马岛（Great Exuma）。埃克苏马（Exuma）一词来自印第安某部族语言，但其意至今未有准确结论。

首府乔治城（George Town）在大埃克苏马岛上，1793 年由来自美国的亲英分子建立，其名是为纪念英国国王乔治三世（George Ⅲ）。

大礁（Grand Cay）地方区位于阿巴科群岛。

绿海龟礁（Green Turtle Cay）地方区长 4.8 公里，宽 0.8 公里，因该地区多绿龟而得此名。

首府新普利茅斯（New Plymouth）建于 18 世纪，是以英国城镇普利茅斯为名。

哈伯岛（Harbour Island）地方区位于伊柳塞拉岛东北海岸之外，英语意为"港口岛"。

首府邓莫尔城（Dunmore Town）之名是为纪念 1786~1798 年巴哈马总督、第四任邓莫尔伯爵约翰·默里（John Murray, 4th Earl of Dunmore），他的夏宫位于该岛。

霍普城（Hope Town）地方区之名英语意为"希望城"。

首府霍普城与区同名。

伊纳瓜（Inagua）地方区位于巴哈马群岛最南面，由大伊纳瓜岛和小伊纳瓜岛组成，是巴哈马第三大岛。伊纳瓜（Inagua）一词源于阿拉瓦克语。

首府马修城（Matthew Town）位于大伊纳瓜岛，其名是为纪念19世纪巴哈马总督乔治·马修（George Matthew）。

长岛（Long Island）地方区得名是因该岛形状长且窄。岛长97公里，面积596平方公里。原住民阿拉瓦克人曾称该岛为尤马（Yuma）。1492年哥伦布第一次远航美洲时，该岛是哥伦布的第三个登陆点，他曾为该岛取名为费尔南迪娜（Fernandina）。

首府克拉伦斯城（Clarence Town）之名源于英语中的一个姓氏。

曼格罗夫岛（Mangrove Cay）地方区位于安德罗斯岛，其名英语意为"红树岛"，得此名是因为该岛上生长着许多红树。

首府莫克西城（Moxey Town）位于岛的东北角，其名来源不详。

马亚瓜纳（Mayaguana）地方区位于巴哈马全岛最东面，最早居住在该岛上的土著人是阿拉瓦克人，它和巴哈马群岛的第三大岛——伊纳瓜岛（Inagua）是巴哈马仅有的两个还保留着阿拉瓦克语名字的岛，意为"小的中西部土地"。该岛面积为285平方公里。

首府亚伯拉罕湾（Abraham's Bay）是以《圣经·旧约》中的亚伯拉罕为名。亚伯拉罕是犹太教、基督教和伊斯兰教的先知，也是传说中希伯来民族和阿拉伯民族的共同祖先。

莫尔岛（Moore's Island）地方区位于阿巴科群岛的西部，长约11公里，宽约5.6公里。莫尔（Moore）是英语中的一个姓氏。

首府哈德巴尔加因（Hard Bargain）之名英语意为"艰难的交易"。

北阿巴科（North Abaco）地方区位于阿巴科群岛北部。

首府库珀斯城（Cooper's Town）名字中的库珀（Cooper）是英语中的一个姓氏。

北安德罗斯（North Andros）地方区是全国最大的区。

首府尼科尔斯城（Nicholl's Town）名字中的尼科尔（Nichol）是英语中的一个姓氏。

北伊柳塞拉（North Eleuthera）地方区位于伊柳塞拉岛的中部，希腊语意为"自由之地"，由来自百慕大的清教徒所取。

首府上博格（Upper Bogue）名字中的博格（Bogue）是英语中的一个姓氏。

拉吉德岛（Ragged Island）地方区面积为38.85平方公里，其名英语意为"凹凸不平的岛"。

首府达尔肯城（Dulcan Town）之名是为纪念19世纪开发该岛的达尔肯·泰勒（Dulcan Taylor）。

朗姆岛（Rum Cay）地方区位于拿骚东南，该岛面积为78平方公里。土著卢卡扬人称该岛为马马纳（Mamana）。该岛是哥伦布登上的第二个岛，他为该岛取名为圣玛利亚德拉康塞普西翁（Santa Maria de la Concepción），意为"圣母玛利亚受孕节"。现名传说是为纪念在该岛周围珊瑚礁失事的一艘装载朗姆酒的船只。

首府纳尔逊港（Port Nelson）位于该岛南部，城名中的纳尔逊（Nelson）是英语中的一个姓氏。

圣萨尔瓦多（San Salvador）地方区位于圣萨尔瓦多岛，该岛东西长11.2公里，南北长19.25公里。土著卢卡扬人称该岛为瓜纳哈尼（Guanahani）。该岛是1492年10月12日哥伦布第一次远航美洲时登上的第一个岛，以圣萨尔瓦多即"救世主"命名。17世纪80年代，英国海盗约翰·沃特林（John Watling）夺占了该岛，并以自己名字将岛名改为沃特林岛（Watling's Island）。1926年，恢复圣萨尔瓦多的岛名，并沿用至今。

首府科伯恩城（Cockburn Town）中的科伯恩（Cockburn）是英语中的一个姓氏。

南阿巴科（South Abaco）地方区位于阿巴科岛南部。

首府桑迪角（Sandy Point）名字中的桑迪（Sandy）是英语中的一个姓氏。

南安德罗斯（South Andros）地方区位于安德罗斯岛南部。

首府肯普斯湾（Kemp's Bay）名字中的肯普是英语中的一个姓氏。

南伊柳塞拉（South Eleuthera）地方区位于伊柳塞拉岛南部。

首府罗克海峡（Rock Sound）名字中的罗克（Rock）是英语中的一个姓氏。

西班牙韦尔斯（Spanish Wells）地方区位于圣乔治岛，其名英语意为"西班牙井"。该岛曾是西班牙大帆船返回欧洲时的中转站，通常要在此岛装满长途航行所需要的水。水从西班牙人在岛上打出的井获得，"井"一词在英文中是"well"，故得名西班牙韦尔斯（Spanish Wells）。

首府下博格（Lower Bogue）之名源于英语中的一个姓氏。

西大巴哈马（West Grand Bahama）地方区位于大巴哈马岛西部。首府名为八海里罗克（Eight Mile Rock），得名来源不详。

4. 多米尼加共和国

（1）国名

多米尼加共和国（República Dominicana）位于加勒比海伊斯帕尼奥拉岛东部。西接海地，南濒加勒比海，北邻大西洋，东隔莫纳海峡与波多黎各相望。岛上土著印第安人曾称该岛为基斯克亚（Quisqueya）。1492年12月5日，哥伦布第一次远航美洲时发现如今多米尼加共和国所在的岛屿，取名为"拉伊斯帕尼奥拉岛"。1697年，该岛的西部被法国占领，1804年，建立海地共和国，1809年，该岛的东部重新被西班牙人控制，1821年，该岛宣布成为独立国家。但几个星期后海地军队侵入该岛的东部，并占领圣多明各。随后的22年，整个岛在海地控制之下。1844年2月27日，岛的东部宣布独立，命名为多米尼加共和国（República Dominicana），国名源于首都名。

（2）首都名

圣多明各（Santo Domingo）位于多米尼加共和国的南部海岸。1492年12月，哥伦布在现今海地海岸建立了第一个居民点，取名为拉纳维达德镇（Villa la Navidad），意为"圣诞节镇"。但很快一场大火把这个居民点烧为灰烬。1494年1月6日，在现今多米尼加共和国普拉塔港建立起第二个居民点——拉伊萨贝拉（La Isabela），它以西班牙女王的名字命名。因传染病的蔓延和火灾，5年后这个殖民点也被放弃。1496年8月4日，已被任命为都督的哥伦布之弟巴托洛梅（Bartolomé）在奥萨马河东岸建立起第三个居民点，取名为新伊萨贝拉（La Nueva Isabela）。随着时间的推移，慢慢改称为圣多明各。由于飓风的袭击和出现了大蚂蚁灾害，圣多明各全城被毁。拉伊斯帕尼奥拉岛都督弗赖·尼古拉斯·德奥万多（Fray Nicolás de Ovando）在奥萨马河口的西岸重建圣多明各。

关于圣多明各的名称存在争议。有人说圣多明各（Santo Domingo）中的多明各（Domingo），西班牙语意为"星期日"。巴托洛梅到达海纳金矿的这一天正是献祭圣人的星期日，人们便把这一天称为"圣多明各"，后来变为城市的名称。但有人认为，1496年8月4日不是星期日，而是星期四。而且还有人考证1234年至1558年献祭圣人的日子不是8月4日，而是8月5日。一些历史学家提出最初该城真正的名字是圣多明各德古斯曼（Santo Domingo de Guzmán），该国1966年的宪法也对此予以确认。这个名字带有强烈的天主教色彩，指的是一位天主教圣徒。圣多明各·德古斯曼1170年生于西班牙卡斯蒂利亚布尔戈斯省的卡来鲁埃加一个笃信天主教的名门望族。其母分娩前梦见将要生下一只嘴上叼着火炬的狗，火炬用来代表礼拜天，西班牙语为"Domingo"。1215年，圣多明各·德古斯曼在法国的图卢兹建立了多明我会。面对异教的活动，他捍卫了天主教的正统观念。1510年9月，多明我会的传教士来到拉伊斯帕尼奥拉岛，曾参与一些维护土著人的活动。1844年2月27日多米尼加立国时，便以这个教派的名字命名该城。

有人考证，哥伦布的小儿子埃尔南多·哥伦布（Hernando Colón）在其撰写的《哥伦布传》中透露，哥伦布曾把其父多米尼库斯·哥伦布（Dominicus Colón）的名字作为该城的城名。

1508年12月7日，西班牙女王胡安娜在关于该城城徽的敕令中，用圣多明各城（Villa de Santo Domingo）来称谓该城。1844年，多米尼加颁布的第一部宪法第6条明确："圣多明各城是共和国首都和政府所在地。"多明我会奠基人圣多明各·德古斯曼的名字并没有出现在这部宪法中。1854年，多米尼加首次修改宪法，在第3条中第一次出现圣多明各·德古斯曼的名字，但指的不是首都，而是圣多明各德古斯曼省。第4条仍规定："圣多明各城是共和国首都和政府所在地。"1878年12月24日颁布的第244号和249号公报中，圣多明各德古斯曼省名又改回圣多明各。1936年1月8日，国会颁布的第1067号法把首都城名改为特鲁希略城（Ciudad Trujillo），该名一直沿用到特鲁希略倒台。1961年9月29日颁布的宪法修改案恢复了首都圣多明各的名字。1966年9月18日颁布的宪法修正案，第一次出现了圣多明各德古斯曼是共和国首都的提法。然而市政委员会与现行宪法意见相左，仍坚持该城名字是圣多明各，而不是圣多明各德古斯曼。

圣多明各是拉美最古老的城市，拥有500多年的历史，拥有众多古老的建筑和历史遗迹。奥萨马堡是拉美第一个军事堡垒，圣尼古拉斯德巴里医院是拉美第一家医院。1521年，在圣多明各建立了拉美第一家大教堂，1538年，建立了拉美第一家大学——圣托马斯德阿基诺大学（Universidad de Santo Tomás de Aquino）。1992年，联合国教科文组织宣布圣多明各为世界文化遗产，将其列入《世界遗产目录》。

(3) 省名和首府名

多米尼加全国共分为31个省和1个国家特区。

阿苏阿省（Azua）位于多米尼加西南部，于1844年11月建省，其名源于首府阿苏阿市。

首府阿苏阿市是西班牙殖民者迭戈·贝拉斯克斯·德奎利亚尔（Diego Velázquez de Cuéllar）根据尼古拉斯·奥万多（Nicolás de Ovando）的命令建于1504年，是多米尼加最早建立的城镇，也是美洲最早建立的城市之一。全称孔波斯特拉德阿苏阿（Compostela de Azua）。关于阿苏阿（Azua）的来源，许多人认为它是源自土著词汇，意为"山"。土著塔伊诺人（taínos）习惯用"Azua"来称呼多米尼加岛的南部地区。但有人说，该城的名字应该写成"Asua"，而不是"Azua"，因为塔伊诺人从不使用"z"。另有一说是，1514年这里有个名叫胡安·阿苏阿（Juan Asua）的西班牙殖民者，他用自己的姓氏"Asua"命名该城镇，后来"Asua"演变为"Azua"。关于孔波斯特拉（Compostela）的来源，有些人认为该城所在地原来是佩德罗·加列戈斯（Pedro Gallegos）元帅的庄园，他是西班牙圣地亚哥德孔波斯特拉人（Santiago de Compostela），故用孔波斯特拉命名此地，以纪念他的家乡。

巴奥鲁科省（Bahoruco）位于多米尼加西南部，建省于1943年3月18日。其名源于巴奥鲁科山脉（Sierra de Bahoruco）。巴奥鲁科"Bahoruco"

源自土著塔伊纳语,其意不详。1519～1533年,酋长恩里基略(Enriquillo)曾在巴奥鲁科山脉发动反对西班牙殖民统治的起义,发出了争取美洲自由的第一声呐喊。为了纪念起义的发源地,该省遂以巴奥鲁科为名。

首府内瓦(Neiba 或 Neyba)建于1546年。一说其名源于内瓦村一土著塔伊纳贵族的名字,塔伊纳语意为"两河之间的白色土地"。另一说其名是一对伴侣名字的结合,男人的名字叫"内"(Ney),女人的名字叫"米内瓦"(Minerva)。

巴拉奥纳省(Barahona)位于多米尼加西南部,建省于1881年。其名源于首府巴拉奥纳。

首府巴拉奥纳建于1802年。巴拉奥纳是它的简称,全称为圣克鲁斯德拉巴拉奥纳(Santa Cruz de Barahona)。"Barahona"源于西班牙语。关于"Barahona"的来源有多种解释:一说源于西班牙伯爵圣克鲁斯-德拉巴拉奥纳(Santa Cruz de Barahona)的姓氏,他曾在该地驻军;一说"Barahona"是西班牙语中的一个普通姓氏,随同哥伦布远航美洲的弗朗西斯科·德巴拉奥纳(Francisco de Barahona)、加布列尔·巴拉奥纳(Gabriel Barahona)、路易斯·德巴拉奥纳(Luis de Barahona)和胡安·德巴拉奥纳(Juan de Barahona)的姓氏都是"Barahona"。西班牙人用"Barahona"为许多地方命名,包括多米尼加的巴拉奥纳省;一说"Barahona"源自一个名叫胡安·索托·巴拉奥纳(Juan Soto Barahona)的古巴人,他在这个地方做生意,前来买他东西的人,就称这个地方为"Barahona";一些人认为"Barahona"是"vara"和"ona"的结合,"vara"和"ona"是西班牙人用来测量物品的长度单位,"vara"即巴拉尺,合0.8359米;一说"Barahona"源自"Bahía Honda",西班牙语意为"很深的港湾",这里是指内瓦湾(Bahía de Neyba)。

达哈朋省(Dajabón)位于多米尼加西北部,建省于1939年1月1日,当时名为解放者省(Provincia Libertador),1961年11月25日改为现名。其名源于首府达哈朋城(Ciudad de Dajabón)。

首府达哈朋建于1776年,原名瓜塔帕纳(Guatapaná),后改为现名。达哈朋一名的来源有多种说法:一说源于马萨克雷河畔土著塔伊诺首领的名字;一说源于马萨克雷河(río Masacre)的原始名字达哈朋河(río

Dajabón）；一说马萨克雷河中有一种叫"dajao"的鱼，它和法国词"bonne"（意为"好的"）相结合组成"Dajao Bonne"，意为"很好吃的鱼"，后演变为"Dajabón"，并成为马萨克雷河边村镇的名字。

杜瓦特省（Duarte）位于多米尼加北部，1896年6月5日，在此建立帕西菲卡多尔区（Pacificador），意为"规划者区"，以纪念被授予"祖国规划者"称号的总统乌利塞斯·厄罗（Ulises Heureaux，1845－1889）。乌利塞斯·厄罗曾参加1865年反对西班牙的独立战争。1882～1884年和1886～1889年，他曾两次出任多米尼加总统。1889年7月26日，他被谋杀。1907年，帕西菲卡多尔区升格为帕西菲卡多尔省。1925年，帕西菲卡多尔省改为现名杜瓦特省，以纪念多米尼加国父胡安·巴勃罗·杜瓦特（Juan Pablo Duarte）。

首府圣弗朗西斯科德马科里斯（Francisco de Macorix）建于1778年9月20日。其名是殖民时期来到多米尼加的西班牙宗教组织"方济各会"（la orden Franciscana）和该地区土著名字"马科里斯"（Macorix）的结合。建城前马科里斯人是该地区的主人。

埃利亚斯皮尼亚省（Elías Piña）原为圣胡安省的一个市，于1942年9月16日建省，当时取名为圣拉斐尔省（San Rafael）。1965年4月24日改名为拉埃斯特雷列塔省（La Estrelleta），1972年5月29日改为现名。其名是为纪念出生在该地区的独立战争中的军人埃利亚斯·皮尼亚（Elías Piña），他在袭击海地的要塞中阵亡。

首府科门达多尔（Comendador）之名源自西班牙语，意为"骑士团长"，由拉雷斯骑士团长（Comendador de Lares）尼古拉斯·德奥万多-卡塞雷斯（Nicolás de Ovando y Cáceres，1460－1511）建于1600年。1868年，该城成为首府时为纪念该城奠基者尼古拉斯·德奥万多-卡塞雷斯而以他的称号"骑士团长"为名，他曾在1502～1509年任拉埃斯帕尼奥拉岛（即海地岛）总督。1509年返回西班牙，被任命为阿尔坎塔拉骑士团"大骑士团长"（Comendador Mayor）。1930年11月29日，该城曾改名为名埃利亚斯皮尼亚城（Villa Elías Piña）。1972年，又恢复了建城时的名称科门达多尔。

埃尔塞沃省（El Seibo）位于多米尼加东部，建省于1844年。其名源于首府埃尔塞沃。

首府埃尔塞沃的全称是圣克鲁斯德尔埃尔塞沃（Santa Cruz del Seibo）。1502年，西班牙殖民者胡安·德埃斯基韦尔（Juan de Esquivel,）奉尼古拉斯·德奥万多之命在此建城，其名源于塔伊诺一位副酋长的名字，塔伊诺语写作"Seebo"。"Santa Cruz"西班牙语意为"圣十字架"。根据西班牙的习惯，在新建城市的基点放置基督的十字架，以使城市免遭邪恶的侵害。至今在埃尔塞沃城的西部地区还保存着一个被称为阿索曼特（Asomante）的十字架。

埃斯派利亚特省（Espaillat）位于多米尼加中北部，建省于1885年5月29日。其名是为纪念乌利塞斯·弗朗西斯科·埃斯派利亚特总统（Ulises Francisco Espaillat, 1823－1878），他于1876年4~10月任多米尼加总统。

首府莫卡（Moca）建于1546年，其名来源有多种说法。一说"Moca"是河边的一种树的名称；一说来自拉贝加省的莫坎地区（Mocán），去掉了"Mocán"最后字母"n"和元音字母"a"上的重音符号，变成"Moca"；一说源于一种被称为"mocca"的咖啡名；一说源于阿拉伯莫卡咖啡；一说源于塔伊诺人给该地区取的名字"Mocase"；一说"Mocca"是这个地区一土著部落的名称；多米尼加历史学家加夫列尔·加西亚（Gabriel García）认为，在这一领地上曾有个名叫"Moca"的土著贵族，多米尼加作家埃米利奥·特赫拉（Emilio Tejera）和佩雷斯·门德斯博士（Dr. Artagnan Pérez Méndez）认为，塔伊诺酋长瓜里奥内克斯统治的领地上有个名叫"Moca"的土著贵族，首府莫卡的名称来自这个土著贵族，还有人说，"Moca"源自塔伊诺语，意为"树的阴影"。

阿托马约尔省（Hato Mayor）位于多米尼加东部，建省于1984年12月3日。其名源于首府阿托马约尔德尔雷伊（Hato Mayor del Rey）。

首府阿托马约尔德尔雷伊简称阿托马约尔（Hato Mayor），由玛丽亚·德拉斯罗查·兰德切（María de las Mercedes de la Rocha Landeche）1520年兴建。阿托马约尔得名于16世纪殖民初期，当时拉埃斯帕尼奥拉岛西部属于西班牙国王卡洛斯一世的一大块地是饲养牲畜的牧场，因面积广阔，故被称为"Hato Mayor del Rey"，西班牙语意为"国王的大牧场"。1984年，

"大牧场"成为该省的名字。

米拉瓦尔姐妹省（Hermanas Mirabal）位于多米尼加中北部，建省于1952年3月3日，当时名叫萨尔塞多（Salcedo），以纪念独立战争中贝列尔战役的英雄弗朗西斯科·安东尼奥·萨尔塞多（Francisco Antonio Salcedo）。1844年多米尼加独立后，萨尔塞多在多米尼加西北部地区参加反对海地军队的战斗。2007年11月，该省改为现名，以纪念1960年11月25日被独裁者特鲁希略派人杀害的米内尔瓦·特雷莎·米拉瓦尔（Minerva Teresa Mirabal）和玛丽亚·特雷莎·米拉瓦尔（María Teresa Mirabal）姐妹俩，她们是该省人，为反对特鲁希略独裁政权而献身。每年的11月25日也成为多米尼加"反对对妇女实施暴力国际日"。

首府萨尔塞多（Salcedo）原来称作胡安娜努涅斯（Juana Núñez），这是当地一个庄园主的名字，许多从圣地亚哥和莫卡前往圣弗朗西斯科德马科里斯的旅客在此庄园留宿，庄园主人的名字逐渐成为该地方的名字。1891年，该城改为现名。

独立省（Independencia）位于多米尼加西部，建省于1948年12月29日。其名是为纪念1844年2月27日多米尼加独立。

首府希马尼（Jimaní）建立于殖民时期前。其名得来有两种说法：一说源于哈拉瓜地区一个酋长之名；一说源于法国希马尼伯爵（Conde de Jimaní），他曾是该地区官员。

拉阿尔塔格拉西亚省（La Altagracia）位于多米尼加东端，建省于1961年8月11日。其名是为纪念16世纪从西班牙带往多米尼加的一幅名为"拉阿尔塔格拉西亚圣母"（Nuestra Señora de La Altagracia）的油画。该省原名"拉罗马纳"（La Romana）。伊盖城（Higüey）的一所神庙，以"拉阿尔塔格拉西亚圣母"命名，20世纪下半叶在这所神庙的基础上修建了拉阿尔塔格拉西亚圣母大教堂，1971年大教堂竣工，拉罗马纳省改名为拉阿尔塔格拉西亚省。拉阿尔塔格拉西亚圣母被奉为多米尼加的保护神，受到天主教徒的尊崇。每年到了1月21日拉阿尔塔格拉西亚圣母节这天，全国各地信徒会纷纷前往伊盖城拉阿尔塔格拉西亚圣母大教堂顶礼膜拜。现在多米尼加各教区都有称作"拉阿尔塔格拉西亚圣母"的教堂，城镇中都有名叫

"拉阿尔塔格拉西亚圣母"的街道，平均每 13 个妇女中，就会有一个人的名字是阿尔塔格拉西亚。

首府萨尔瓦莱昂德伊盖（Salvaleón de Higüey），简称伊盖（Higüey）。1503 年，西班牙殖民者胡安·埃斯基韦尔征服了该城所在地，建立了一座堡垒。1506 年，该堡垒发展成为一座城镇，取名为萨尔瓦莱昂德伊盖。在塔伊诺语中，"Guey o Huiou"意为"太阳"、"阳光"和"太阳升起的地方"。伊盖位于岛的最东端，是该地区第一个迎接日出的地方，故以"太阳"为名。

拉罗马纳省（La Romana）于 1944 年 9 月 14 日建省，1956 年 3 月 9 日改名为拉阿尔塔格拉西亚省（La Altagracia），1961 年 1 月 26 日又恢复了拉罗马纳省的名称。其名源于首府拉罗马纳。

首府拉罗马纳之名的西班牙语意为"秤"。16 世纪，在拉罗马纳港码头上的一家商店里有一个用来测量货物重量的大秤。到这家商店去的人们都习惯说："我去拉罗马纳。"在 1897 年建城时，"拉罗马纳"便成为该城的城名。

拉贝加省（La Vega）位于多米尼加中部，建省于 1844 年。其名源于首府康塞普西翁德拉贝加（Concepción de la Vega）。

首府康塞普西翁德拉贝加是座古老的城市，哥伦布曾于 1494 年 12 月 8 日抵达此地，建立起殖民点。他感叹这个地方的美丽，把它取名为"La Vega Real"，西班牙语意为"真正肥沃的地方"。1562 年 12 月该城毁于地震，随后在卡姆河边再次建城，后又毁于战火。1813 年 3 月 13 日第三次建城。最先建起一座名为拉康塞普西翁（La Concepción）的堡垒，其名意为"圣母受孕节"，首府名字中的康塞普西翁就由此而来。

玛丽亚特立尼达桑切斯省（María Trinidad Sánchez）位于多米尼加北海岸，建省于 1959 年 9 月 21 日，当时取名为胡利娅莫利纳（Julia Molina），1961 年 11 月 29 日改为现名，以纪念独立运动英雄、先驱者弗朗西斯科·德尔罗萨里奥·桑切斯（Francisco del Rosario Sánchez）的姊母玛丽亚·特立尼达·桑切斯（María Trinidad Sánchez，1794－1845）。她制作了多米尼加的第一面国旗，参加了推翻佩德罗·桑塔纳（Pedro Santana）的斗争，因被告发被捕，1845年2月27日，她英勇就义。

首府纳瓜（Nagua）位于纳瓜河口，建立于独裁者特鲁希略执政时期。最初以纳瓜河的名字为名，塔伊诺语"纳瓜"意为"女人的服装"，后改名为胡利娅·莫利纳（Julia Molina），以纪念特鲁希略的母亲。特鲁希略倒台后该城又恢复了纳瓜的名称。

蒙塞尼奥尔诺乌埃尔省（Monseñor Nouel）位于多米尼加中部，建省于1982年9月22日。其名意为"诺乌埃尔阁下"，是为纪念多米尼加和美洲大主教、1912年多米尼加总统亚历杭德罗·阿多尔福·诺乌埃尔－博巴迪利亚（Alejandro Adolfo Nouel y Bobadilla）。

首府是博纳奥（Bonao）。1495年，哥伦布在此建立博纳奥堡垒，后在博纳奥堡垒的基础上发展为城市。其名源于西班牙殖民者抵达此地时一位塔伊诺酋长的名字。1936年，该城曾改名为蒙塞尼奥尔诺乌埃尔（Monseñor Nouel），1960年，恢复博纳奥的名称。

蒙特克里斯蒂省（Montecristi）位于多米尼加西北部，建省于1907年。其名源于首府圣费尔南多德蒙特克里斯蒂（San Fernando de Montecristi）。

首府圣费尔南多德蒙特克里斯蒂由尼古拉斯·德奥万多建于1506年。蒙特克里斯蒂之名源于航海家哥伦布。1493年1月4日，哥伦布在海上远远看到岛上的山，美丽的山景给他留下深刻的印象，于是称这座山为"Monte de Cristo"，意为"基督山"，蒙特克里斯蒂（Montecristi）的地名由此而来。

蒙特普拉塔省（Monte Plata）位于多米尼加西部，建省于1982年。其名源于首府蒙特普拉塔。

首府蒙特普拉塔之名西班牙语意为"银山"。

佩德尔纳莱斯省（Pedernales）位于多米尼加西部，建省于1957年12月16日。其名源于首府佩德尔纳莱斯。

首府佩德尔纳莱斯原名叫胡安洛佩斯（Juan López），胡安·洛佩斯是19世纪居住在该地区的一个西班牙庄园主。1927年建城时，奥拉希奥·巴斯克斯总统（Horacio Vázquez）把它命名为"圣湾"（Santa Bahía），因为该地区有个圣湾教堂。后来改为现名佩德尔纳莱斯（Pedernales）。它是多米尼加南部与海地交界地区一条河的名字，河中有一种名叫佩德尔纳莱斯的黄色石头，古代塔伊诺人用其制作斧头和箭尖。

佩拉维亚省（Peravia）建省于1944年11月23日，取名巴尼省（Baní），同年12月1日改名为何塞特鲁希略巴尔德斯省（José Trujillo Valdez）；1961年11月29日改为现名。历史学家巴尼莱霍·曼努埃尔·巴莱拉（Banilejo Manuel Valera）认为，"Peravia"是西班牙姓氏"Pravia"的讹传。殖民初期，这个地区原是一个名叫安娜·德普拉维亚（Ana de Pravia）人的牧场，她是克里斯托瓦尔·哥伦布-托莱多（Cristóbal Colón y Toledo）的妻子。后来该地区以安娜·德普拉维亚的姓氏为名。

首府巴尼（Baní）建于1764年。其名源于当地一位名叫"Bani"的酋长名。有人说这位酋长名叫"Pani"，但学者伊斯马埃尔·迪亚斯·梅洛指出，塔伊诺语不使用"p"。

普拉塔港省（Puerto Plata）位于多米尼加北部，其名源于首府普拉塔港。

首府普拉塔港的全称为圣费利佩德普拉塔港（San Felipe de Puerto Plata）。"普拉塔港"西班牙语意为"银港"，这个名字源于哥伦布。一说1493年1月12日，哥伦布率领的船队航行于安巴尔海岸，在靠近一座美丽小山的地方停留。此时太阳映照在水中，像是在海中撒满了银币，普拉塔港由此得名。一说哥伦布见到小山云雾缭绕，犹如被银币包裹一般，于是便把这座山命名为蒙特德普拉塔（Monte de Plata），西班牙语意为"银山"。1502年，尼古拉斯·德奥万多在哥伦布曾到达的地方建设港口，起名为普拉塔港（Puerto Plata）。现今，蒙特德普拉塔山称为伊萨贝尔德托雷斯山（Montaña Isabel de Torres）。

萨马纳省（Samaná）位于多米尼加东北部，建省于1908年。其名源于首府圣巴巴拉德萨马纳（Santa Bárbara de Samaná）。

首府圣巴巴拉德萨马纳建于1756年。萨马纳（Samaná）是该城所在半岛（实际上几乎是个岛）的塔伊诺语名字，最初写作"Xamaná"，后演变为"Samaná"。"圣巴巴拉"之名是为纪念西班牙国王费尔南多六世之妻巴巴拉·德布拉甘萨王后（Bárbara de Braganza）。

桑切斯拉米雷斯省（Sánchez Ramírez）位于多米尼加中部，建省于

1952 年。其名是为纪念 1808 年帕罗因卡多战役中的英雄胡安·桑切斯·拉米雷斯中将（Sánchez Ramírez, 1762－1811）。

首府科图伊（Cotuí）由罗德里戈·梅希亚·德特鲁希略（Rodrigo Mejía de Trujillo）建于 1505 年。科图伊（Cotuí）是该地区一位塔伊诺酋长的名字。

圣克里斯托瓦尔省（San Cristóbal）建省于 1932 年，当时名为特鲁希略省（Provincia Trujillo），以纪念该省的奠基人、独裁者拉斐尔·莱昂尼达斯·特鲁希略（Rafael Leonidas Trujillo）。1961 年特鲁希略死后，该省以其首府圣克里斯托瓦尔之名重新命名。

首府圣克里斯托瓦尔之名源于殖民时期该城南部尼瓜河畔的一个庄园名。哥伦布远航美洲抵达此地，根据他的命令，其弟巴托洛梅·哥伦布（Bartolomé Colón）修建了圣克里斯托瓦尔堡垒。19 世纪初，胡安·德赫苏斯·阿亚拉神父（Juan de Jesús Ayala）建立圣克里斯托瓦尔城。特鲁希略省成立后成为该省首府。

圣何塞德奥科阿省（San José de Ocoa）简称奥科阿省，建省于 2000 年，该省之名源于首府圣何塞德奥科阿。

首府圣何塞德奥科阿建于 1805 年。奥科阿（Ocoa）是土著塔伊诺语，意为"山间土地"，这与该省位于中央山脉之间的地理位置一致。该城旧名马尼伊（Maniey），意为"湖沼"，土著人从这个湖沼中取水。"Maniey"后演变为"Maniel"。

圣胡安省（San Juan）之名源于其首府圣胡安德拉马瓜纳（San Juan de la Maguana）。

首府是圣胡安德拉马瓜纳。1502～1503 年，迭戈·德贝拉斯克斯（Diego de Velásquez）根据海地岛都督尼古拉斯·德奥万多（Nicolás de Ovando）的命令在此建城。"圣胡安"的名字是为纪念耶稣基督的传道者圣约翰（San Juan）；"马瓜纳"（Maguana）之名来自土著塔伊诺语，意为"小低地"。

圣佩德罗德马科里斯省（San Pedro de Macorís）位于多米尼加东南部，建省于 1882 年，其名源于首府圣佩德罗德马科里斯。

首府圣佩德罗德马科里斯之名中的"马科里斯"（Macoris）由"Macorix"演变而来,而"Macorix"则源于被称为"Marorijes"或"Macorix"的一个土著部落名。

圣地亚哥省(Santiago)位于多米尼加中北部,其名源于首府圣地亚哥德洛斯卡瓦列罗斯(Santiago de los Caballeros)。

首府圣地亚哥德洛斯卡瓦列罗斯,简称圣地亚哥,是多米尼加第二大城市,最早建于1495年。当时哥伦布在北亚克河畔建立了一座堡垒,逐渐发展成城市。1504年,海地岛都督尼古拉斯·德奥万多下令将此城改名并迁往北部的哈卡瓜。1562年,该城又迁回现今所在地。西班牙人称该城为圣地亚哥,是为纪念母国加利西亚的城市圣地亚哥德孔波斯特拉(Santiago de Compostela)。圣地亚哥是耶稣基督的十二使徒之一,是西班牙的保护神。圣地亚哥的陵墓在圣地亚哥德孔波斯特拉,每年都有大批信徒来此朝圣。1504年,圣地亚哥德洛斯卡瓦列罗斯迁往北部的哈卡瓜时,圣地亚哥骑士团的30名骑士在此定居,故城名圣地亚哥后添加了"卡瓦列罗斯"(Caballeros,骑士)。

圣地亚哥罗德里格斯省(Santiago Rodríguez)位于多米尼加西北部,原为蒙特克里斯蒂省一市,后升格为省。其名是为纪念该国名人圣地亚哥·罗德里格斯准将(Santiago Rodríguez, 1810 – 1879),他曾任萨瓦内塔司令,为保卫国家和国家的统一做出突出贡献。他还是首府圣伊格纳西奥德萨瓦内塔(San Ignacio de Sabaneta)的奠基人。

首府圣伊格纳西奥德萨瓦内塔1844年由圣地亚哥·罗德里格斯和亚历杭德罗·布埃诺(Alejandro Bueno)与何塞·布埃诺(José Bueno)兄弟建立。该城位于一个小平原上,故取名"萨瓦内塔"(Sabaneta),西班牙语意为"小平原"。

圣多明各省(Santo Domingo)是根据2001年第163号法令从国家特区分离出来成为一个省。其名来源详见首都圣多明各。

首府东圣多明各(Santo Domingo Este)位于奥萨马河东部,建于2001年,俗称"东区"(La Zona Oriental.)。

巴尔韦德省(Valverde)是1959年从圣地亚哥省分离出来建省,其名是为纪念前总统何塞·德西代里奥·巴尔韦德将军(José Desiderio Valverde),

1857 年 7 月 7 日至 1858 年 8 月 31 日，他任多米尼加总统。

首府马奥（Mao）是简称，全称为圣克鲁斯德马奥（Santa Cruz de Mao）。该城根据 1882 年 7 月 10 日费尔南多·阿图罗·梅里尼奥总统（Fernando Arturo Meriño）颁布的第 2038 号令成立，取名"马奥"。1904 年，卡洛斯·莫拉莱斯·兰瓜斯科总统（Carlos Morales Languasco）下令用"巴尔韦德"（Valverde）取代"马奥"，以纪念前总统何塞·德西代里奥·巴尔韦德将军。根据 1967 年 5 月 12 日颁布的第 148 号法令，该城恢复了马奥的名称。"马奥"源于塔伊诺语，意为"河间的土地"，因为该城位于马奥河、北亚克河和古拉沃河之间。

国家特区（Distrito Nacional）是多米尼加的特别行政区，由首都圣多明各和周边卫星市镇组成，它是多米尼加的行政和商业中心，2001 年 10 月从圣多明各省分离出来。

5. 多米尼克国

（1）国名

多米尼克国（The Commonwealth of Dominica）是位于东加勒比海小安的列斯群岛中向风群岛北段的岛国，北部隔海与马提尼克岛为邻，南部隔海与瓜德罗普岛相望。1493 年 11 月 3 日哥伦布第二次远航美洲登上该岛时正值星期日，于是以拉丁文"Dominica"命名（另一说以意大利文"Domenica"命名），即"星期日"。因为多米尼克岛上多山，所以岛上最早的主人加勒比人曾称它为"Waitukubuli"，意为"它的身材高"。由于多米尼克有一种天然的美，故被称为"天然的加勒比海"（The Nature of the Caribbean）。

（2）首都名

罗素（Roseau）位于多米尼克西海岸，是多米尼克最大的城市，也是全国主要港口。其名来自法语，意为"芦苇"。17 世纪法国殖民者来到该岛，发现流经这个地方的一条河上长满芦苇，便把该河命名为"罗素"，后来该城也以罗素命名。1768 年，英国人将多米尼克的首府从朴次茅斯（Portsmouth）迁往罗素，并把罗素改名为夏洛特维尔（Charlotteville），以纪念卡洛塔王后（Carlota）。与此同时，还有人将罗素改名为新城（Newtown）。然而，夏洛特维尔和新城的名字均未得到承认，而罗素之名却被保留下来。

（3）区名和首府名

多米尼克国分为 10 个区。

圣安德鲁区（Saint Andrew）位于多米尼克岛东北部，是该岛面积最大的区，也是该岛第二人口大区。圣安德鲁是苏格兰的守护神，也是希腊、俄罗斯和罗马尼亚的守护神（详见巴巴多斯圣安德鲁区介绍）。

首府韦斯利（Wesley）是位于多米尼克岛北部的小城镇，其名为英语中的一个姓氏。

圣戴维区（Saint David）位于多米尼克岛中东部，圣戴维是威尔士的"主保圣人"，公元 2 世纪，他到威尔士传教，每年的 3 月 1 日是圣戴维日（St David's Day）。

首府罗萨莉（Rosalie）位于多米尼克岛中东部沿海，紧靠罗萨莉河口，其名也来自该河。

圣乔治区（Saint George）位于多米尼克岛西部，以英格兰的"主保圣人"圣乔治为名（详见安提瓜和巴布达圣乔治区介绍）。

首府罗素（Roseau）也是该国首都，其名来源详见上述首都名。

圣约翰区（Saint John）位于多米尼克岛西北部，以耶稣十二使徒之一的约翰为名（详见安提瓜和巴布达圣约翰区介绍）。

首府朴次茅斯（Portsmouth）位于多米尼克岛西北沿海印第安河畔（Indian River），是多米尼克第二大城市，1760 年前是多米尼克首都，后这里疟疾爆发，故迁都罗素。其名源于英国南部海港朴次茅斯。

圣约瑟夫区（Saint Joseph）位于多米尼克岛中西部，以其首府圣约瑟夫为名。

首府圣约瑟夫以圣母玛利亚之夫圣约瑟夫之名命名。

圣卢克区（Saint Luke）位于多米尼克岛西南部，是该岛人口最少的区。圣卢克（中译名路加）生于叙利亚，是医生、文学家和画家，也是《新约圣经》中《路加福音》和《使徒行传》的作者。他追随保罗，曾在意大利、法国及巴尔干等地传教，在马其顿殉教。

首府米歇尔角（Pointe Michel）是多米尼克岛西南部的一座小城，是 18

世纪法国殖民者在多米尼克最早的定居点之一，以法国殖民者米歇尔（Michel）的名字命名。英国人占领此地后，曾改名为达尔林普尔角（Dalrymple's Point），以纪念英军上校坎贝尔·达尔林普尔（Colonel Campbell Dalrymple），他是1761年6月6日率军占领罗素的英军指挥官之一。加勒比人曾称米歇尔角为"西布利"（Sibouli），这是两种鱼的名字。如今，米歇尔角南部地区仍保留了"西布利"的名字。

圣马克区（Saint Mark）位于多米尼克岛最南部，是多米尼克岛面积最小的区。圣马克（中译名马可）生于耶路撒冷，其母认识耶稣，最后的晚餐即在她家举行。圣马克是《圣经新约》中马可福音的作者。

首府苏弗里耶尔（Soufrière）之名是法语中的词，用来形容火山地区，意为"空气中的硫"。

圣帕特里克区（Saint Patrick）位于多米尼克岛东南部。以爱尔兰"主保圣人"圣帕特里克为名。圣帕特里克是威尔士人，16岁时被卖到爱尔兰。后来他逃离爱尔兰抵达法国，几年后又返回爱尔兰传教。公元493年3月17日，圣帕特里克去世，爱尔兰人为了纪念他，将这一天定为"圣帕特里克节"。

首府格兰德湾（Grand Bay），其名的英语意为"大海湾"。

圣保罗区（Saint Paul）位于多米尼克岛中西部，以圣徒保罗为名（详见安提瓜和巴布达圣保罗区介绍）。

首府蓬卡斯（Pont Cassé）位于多米尼克岛中部，法语意为"断桥"。

圣彼得区（Saint Peter）位于多米尼克岛西北部，以耶稣十二使徒之一的彼得为名（详见安提瓜和巴布达圣彼得区介绍）。

首府科利豪特（Colihaut）以流经该城的科利豪特河（Colihaut River）的名字命名。

6. 格林纳达

（1）国名

格林纳达（Grenada）由主岛格林纳达岛及卡里亚库和小马提尼克等小岛组成，位于加勒比海小安的列斯群岛中向风群岛的南端，距特立尼达岛约135公里，距委内瑞拉约160公里。格林纳达原为印第安人的居住地。早在公元 1 世纪，奥里诺科河流域（今委内瑞拉）的印第安人就乘独木舟抵达格林纳达定居。公元 6 世纪，阿拉瓦克人来到格林纳达，称该岛为西伯内（Ciboney）。15 世纪，加勒比人把阿拉瓦克人赶出格林纳达，给该岛取名为卡梅尔霍格内（Camerhogne）。1498 年，哥伦布第三次远航美洲时发现格林纳达，给它取名为康塞普西翁（Concepción），西班牙语意为"圣母受孕"，以纪念圣母玛利亚（格林纳达国徽中的圣母百合就体现出此内容）。两年后，又被称作马约（Mayo），西班牙语意为"5 月"。格林纳达（Grenada）名字的由来，至今不是很清楚。一说，西班牙海员抵达此地时，想起了自己的故乡安达卢西亚，于是便以家乡城市"格拉纳达"（Granada）命名。在西班牙语中，格拉纳达意为"石榴"。另一说，格拉纳达源于阿拉伯语，意为"异乡人的山丘"。由于加勒比人的英勇抵抗，西班牙人和的英国人却未能占领格林纳达。1650 年，卡迪纳尔·黎塞留（Cardinal Richelieu）建立的一家法国公司从英国人手中购买了格林纳达，建立了一个小的移民点。法国人和岛上的加勒比人多次发生激烈冲突。后来，马提尼克岛的法国援军入侵格林纳达，加勒比人英勇抵抗，宁死不屈，最后从北部悬崖（Sauteur，今称跳崖者山）跳崖身亡。法国人占领格林纳达后，将格拉纳达（Granada）改名为格林纳德（Grenade）。1762 年，英法七年战争期间，英国占据了格林纳达。1763 年，法国根据《巴黎条约》正式将格林纳达转让给英国。英国人又将格林纳德（Grenade）改回格林纳达（Grenada），这个名字一直沿用至今。

格林纳达的别称是"香料之国"。格林纳达肉豆蔻的生产和出口曾居世界第二位，仅次于印度尼西亚，其产量约占世界总产量的 1/3，是该国最重要的经济支柱。此外，这里还盛产香料桂皮、生姜、丁香、月桂肉豆蔻干皮和可可等，因而被誉为"香料之国"。

（2）首都名

圣乔治（St. George's）地处格林纳达岛西南岸，濒临加勒比海，是全国政治、经济和文化中心及通商口岸。1651 年法国人将加勒比人驱逐出格林纳达后，在今圣乔治西南部的高地上建立了"皇家堡"（Fort Royal），后来这个要塞逐渐发展成一座城镇。1783 年英国人占领格林纳达后，将"皇家堡"改名为圣乔治,以纪念当时的英国国王乔治三世(George, 1738 – 1820)。乔治三世的全名为乔治·威廉·腓特烈(George William Frederick),是英国汉诺威王朝的第三任君主,1760 年即位。圣乔治是加勒比地区最美丽的城市之一,沿马蹄形的海湾而建。一座座红瓦粉墙的别致建筑物随岸边小山拾级而上,煞是好看。城内许多街道以英国名人的名字命名,保留着殖民时期的印记,如戈尔大街是以英国海军中将戈尔(Lieutenant-General Gore)命名;梅尔维尔大街是以总督罗伯特·梅尔维尔(Robert Melville)命名;格兰比大街是以格兰比侯爵(Marquis of Granby)命名;约翰·曼纳斯大街是以英国将军约翰·曼纳斯(John Manners)命名。约翰·曼纳斯是七年战争中著名的英国将领,1763 年《巴黎条约》签订后退役,同年格林纳达被法国转让给英国,这条街道遂以他的名字命名。连接市场与广场的森德尔隧道是 1889 年以总督沃尔特·森德尔(Walter J Sendall)的名字命名。

(3) 区名和首府名

格林纳达分为 6 个区及卡里亚库和小马提尼克属地。

圣安德鲁区(Saint Andrew's)是格林纳达面积最大的区,位于该岛东中部沿海。圣安德鲁是苏格兰的守护神,也是希腊、俄罗斯和罗马尼亚的守护神(详见巴巴多斯圣安德鲁区介绍)。

首府格伦维尔(Grenville)是仅次于圣乔治的格林纳达第二大城市,1796 年成为圣安德鲁区首府。其名取自 1763 ~ 1765 年英国首相乔治·格伦维尔(George Grenville)的姓氏。

圣戴维区(Saint David)位于格林纳达东南部,是该国第四大区。以英国威尔士的守护神圣大卫(中译名圣戴维)为名。圣大卫公元 520 年出生于威尔士南部的西海岸,曾传播基督教,并建立修道院,公元 589 年去世。每年 3 月 1 日是圣大卫日,也是威尔士的国庆节。英国威尔士有个城市以他的名字命名,该城在英国宗教历史上占有重要地位。格林纳达圣戴维区是唯一没有首府的区。

圣乔治区(Saint George)位于格林纳达西南端,以首府圣乔治(St. George's)的名字为名。

首府圣乔治的名字经历几次变化。1666年，法国殖民者在首府圣乔治所在地建立了一座木制堡垒，取名为罗亚尔堡（Fort Royale），意为"皇家堡"。1705年在同一个地点建立斯塔堡（Star fort），意为"星堡"。与此同时，在港湾东边建立起一个殖民点，取名圣路易（Saint Louis），以纪念法国国王路易九世（Louis IX），后称为路易港（Port Louis）。因这里经常遭受洪水袭击和瘴气困扰，法国人又建立起一座名叫皇家港镇（Ville de Fort Royale）的新城。1763年《巴黎条约》签订后，格林纳达岛被转让给英国。英国殖民当局将皇家港改名为圣乔治城（St. George's Town），以纪念英格兰保护神圣乔治。皇家堡改名为乔治堡（Fort George），以纪念英王乔治三世（George Ⅲ）。

圣约翰区（Saint John）位于格林纳达西中部沿海，以耶稣十二使徒之一的约翰为名（详见安提瓜和巴布达圣约翰区介绍）。

首府古亚夫（Gouyave）最初名叫夏洛特（Charlotte），是为纪念英王后夏洛特，后因当地多番石榴树，遂改名为古亚夫。

圣马克区（St Mark）位于格林纳达西部沿海，是该岛面积最小和人口最少的区。圣马克即圣马可，是基督教《圣经》故事中的人物。马可为其罗马名，犹太名为约翰。马可曾赴意大利传教，为威尼斯守护神。

首府维多利亚（Victoria）以英女王维多利亚之名命名。

圣帕特里克区位于格林纳达北部，其名源于圣帕特里克天主教堂。1721年，法国人在此建立圣帕特里克天主教堂，后毁于大火。1840年，又建立起了新的圣帕特里克天主教堂。

首府索特尔（Sauteurs）是格林纳达第四大城市，是该国北部地区第一大城。其名法语意为"跳跃者"，得名是因1651年当地土著加勒比人不堪法国殖民统治，纷纷从40米高的悬崖上跳海而亡，于是该城以索特尔（Sauteurs）为名。

卡里亚库和小马提尼克（Carriacou and Petite Martinique）是格林纳达属地，由卡里亚库岛和小马提尼克岛组成，位于格林纳达岛之北，圣文森特和格林纳丁斯岛之南。卡里亚库岛面积为34平方公里，小马提尼克岛面积为2.37平方公里。卡里亚库（Carriacou）源于土著加勒比语，意为"礁岛",因为该岛周围多礁石和珊瑚。小马提尼克（Petite Martinique）是法语名字，意为"小的鲜花岛"。

首府希尔斯堡（Hillsborough）位于卡里亚库岛，其名源于英国南约克郡圣菲尔德西北郊区希尔斯堡之名。

7. 古巴共和国

（1）国名

古巴共和国（República de Cuba）位于加勒比海西北部，是西印度群岛最大的岛屿。它的名字源于印第安塔伊诺语（Taíno）。"古巴"一词的来源有多种解释。一说是岛上一个土著部族的名称，意思是"地区"。一说在印第安人的传说中，古代有个印第安人领袖叫古巴，他英勇善战，不畏强敌，深受人们的尊敬，为了纪念这位领袖，便把它的名字作为岛名。研究加勒比语言的专家认为，古巴（Cuba）是"coa"（地方）和"bana"（大的）两个词组成"Coabana"，后缩约成"Coaba"，最后变成"Cuba"，意为"大地方"。有的学者则认为"古巴"的意思是"山地"或"高地"。意大利航海家哥伦布1492年10月27日抵达该岛，10月31日曾以西班牙国王之子胡安的名字，把它叫作"胡安娜"（Juana）。哥伦布认为古巴是一个大陆，同年12月5日又称它为"阿尔法奥梅加"（Alfa y Omega）。但他的航海日记中说，当地土著人称它为"科尔巴"（Colba）。1525年2月28日，西班牙国王费尔南多下令将此地改成"费尔南迪纳"（Fernandina）。此外，还有不少人给古巴取了名字，但这些名字始终未能叫响，人们还是愿意把它称为"古巴"。

古巴山清水秀，风光旖旎，有"安的列斯的明珠"的美誉。古巴全国由1600多个大小岛屿组成，曲折的海岸线长达5700公里，形成无数天然良港和海湾，故有"百港之国"之称。古巴盛产蔗糖，是世界上按人口平均糖产量最多的国家，也是世界上出口糖最多的国家，所以也常被人们称为"世界上最甜的国家""世界的糖罐子"。此外，它还有"音乐之岛"的别号。

（2）首都名

哈瓦那（La Habana）位于古巴岛西海岸，是西印度群岛最大的城市和著名良港。1982年，哈瓦那老城被联合国教科文组织评为世界文化遗产。

哈瓦那由西班牙殖民者迭戈·贝拉斯克斯（Diego Velázquez）建于1514年（一说1515年），1519年11月16日重建时取名圣克里斯托瓦尔德拉哈瓦那城（Villa San Cristóbal de La Habana），简称哈瓦那，1608年，该城成为古巴的首都。关于哈瓦那的得名，有众多不同的传说。

第一种说法是在哈瓦那市区有一座名叫富埃尔萨堡（Castillo de la Fuerza）的小城堡。古堡建于1538年，是古巴最古老的城堡，在美洲最古老城堡中居第二位。古堡呈四方形，四周围墙高达20多米。城堡上筑有一座塔楼，楼顶上安放着一位名叫"哈瓦那"（La Habana）的印第安少女铜像。人们非常尊崇这位少女，便把她的名字作为城市的名字。不过，如今这座城堡上的铜像是个复制品，1726年，真品被英国占领军窃走（另说真品存放在城堡附近的哈瓦那城市博物馆中）。

第二种说法也跟印第安少女有关。说的是西班牙人塞瓦斯蒂安·德奥坎波（Sebastián de Ocampo）率领船队驶抵哈瓦那港，他决定在此停泊躲避狂风巨浪的袭击，同时修理船只。风暴过后的早晨，天空碧蓝如洗，地上草木葱茏，一位美如仙女的印第安姑娘坐在一块岩石上。她刚刚在附近的一个池塘沐浴过，正坐在这里等着晾晒干乌黑的头发，并好奇地观看西班牙人怎样修理船只。这位姑娘右手画圆，然后把手放在胸前，像是在介绍自己，同时嘴里不停地在说"Habana"。西班牙水手们问她叫什么名字，她还是回答"Habana"。一位西班牙军官用笔画下了坐在岩石上的印第安姑娘，并在画稿的下面写下"哈瓦那"（La Habana）。后来，西班牙人便把姑娘说的这个词"哈瓦那"当作了这个城市的名字。意大利人吉塞佩·加吉内（Guiseppe Gaggine）还根据画稿专门制作了印第安姑娘泉浮雕（Fuente de la India），这一浮雕坐落在连通旧国会大厦和哈瓦那防波堤的普拉多步行街上，成为该城的标志之一。

第三种说法还是同印第安少女有关。说的是哈瓦那源于阿卢阿科语"阿瓦那"（habana），意为"她疯了"。传说一个名叫"瓜拉"（Guara）的印第安姑娘爱上了一个西班牙殖民者，这个殖民者向她透露他们将袭击一个印第安村落。姑娘赶到这个村落时，看到村落已变成一片焦土，地上满是惨遭屠杀的印第安男女同胞。眼前的惨象使姑娘受到沉重的打击，精神一下子崩溃。她披头散发，跑来跑去，嘴里不停地骂着自己，然后扑向火海。印第安乡亲们含泪埋葬瓜拉的尸骨时，不停地说"habana"，阿卢阿科语这个词的意思为"她疯了"。后来，这句话便成为哈瓦那的名称。

第四种说法认为，哈瓦那原是古代印第安人一个部落的名称。虽然西班牙殖民者用武力征服了古巴岛，岛上的印第安人几乎被灭绝，然而"哈瓦那"的名字却顽强地保留下来了。

第五种说法是其名源于印第安塔伊诺族一个酋长的名字"Habaguanex"，他曾统治这个地区。

第六种说法是源于塔伊诺语"萨瓦那"（Sabana），意为"大牧场"或"大草原"，因为哈瓦那所在地区原本是一片草原。

第七种说法认为源于日耳曼语系的"haven"和"gaven"，意为"港口"、"可停泊的地方"或"小海湾"。有趣的是，在北欧海岸至今还有个名叫"Havanne"的港口。

至于哈瓦那名称中的前半部分"圣克里斯托瓦尔"则和天主教的传说联系在一起。克里斯托瓦尔是个身高超过 2 米的巨人，生于西亚的迦南，曾为当地国王当差，但他想为世界上最强大的主人服务。经过漫长的寻找，终于找到一个年老的隐士。隐士指点他在一条波涛汹涌的大河边安身，利用他高大强壮的身体帮助过往的行人渡河，这样他就能找到自己所希望为之服务的主人。克里斯托瓦尔按照隐士的话在大河边搭起茅屋，砍下一个粗树枝当作手杖，开始背负行人过河。一天晚上，克里斯托瓦尔正睡觉时，听到一个小孩叫他，请他帮忙过河。克里斯托瓦尔二话没说，背起小孩就下了河。可是走着走着，他感觉这个小孩越来越重，他有些支持不住，还差点陷入水中。到了对岸，克里斯托瓦尔问小孩为何如此之重，小孩说他不是普通的小孩，而是基督本人，是巨人寻找的主人，他的身体沉重是因为背负了世间所有的苦难。耶稣叫巨人把手杖种在茅屋旁，说第二天就会变成长满花和果实的大树。耶稣的预言果然成真，茅屋旁出现了一棵果实累累的海枣树。从此，克里斯托瓦尔为传播基督教四处奔波，公元 250 年左右，他因为拒绝崇拜异教而被斩首。巨人死后被封为"圣克里斯托瓦尔"，他的名字被广泛用作人名和地名。

（3）省名和首府名

古巴全国划为 15 个省和 1 个特区。

比那尔德里奥省（Pinar del Río）位于古巴最西端，建省于 1878 年。其名源于首府比那尔德里奥市。

首府比那尔德里奥市由西班牙殖民者建于 1699 年，起名叫新菲律宾（Nueva Filipinas），因为当时有大批菲律宾人随马尼拉大帆船来到此地。1774 年，该城改为现名比那尔德里奥（Pinar del Río），在该城名中，"Pinar"意为"松林"，"Río"意为"河"，全词义为"河边的松树林"。该城位于瓜纳河边，那里有一片浓密的松树林。

阿尔特米萨省（Artemisa）建省于 2011 年 1 月 11 日，包含原属哈瓦那省的 8 个市和原属比那尔德里奥省的 3 个市。其名源于首府阿尔特米萨市。

首府阿尔特米萨市建于 1802 年。阿尔特米萨是希腊和罗马神话中的女神，即月亮和狩猎女神阿尔忒弥斯。她掌管狩猎，照顾妇女分娩，保护反抗和蔑视爱神的青年男女。她曾与孪生弟弟阿波罗一起，杀死迫害其母的巨蟒皮同和羞辱其母的尼俄柏及其子女。在罗马神话中该女神名为狄安娜（Diana）。

哈瓦那省（La Habana）建省于 1976 年，当时称哈瓦那城省（Provincia de Ciudad de La Habana）。2011 年改为更为简单的哈瓦那省。其名源于首府哈瓦那市。

首府哈瓦那市的名字来源见上述首都名。

马亚贝克省（Mayabeque）建省于 2010 年 8 月 1 日。其名源于马亚贝克河（Río Mayabeque）和马亚贝克海滩（Playa Mayabeque）。"Mayabeque"为土著西博内语（Siboney）或塔伊诺语。在 1524 年出版的书中已出现这个词。一说在塔伊诺语中，"ma"意为"地方"，"yaba"是一种木质坚硬、高大的树木，"yabu"是平原上一种草的名称，所以，"Mayabeque"意为"有大片亚巴林的地方"或"有大片草原牧场的地方"；一说"Mayabeque"由"Mayab"和"eque"两部分组成。"Mayab"是尤卡坦半岛玛雅人命名的与古巴西部有贸易关系的玛雅村镇，"eque"是"地方"之意，全词义为"玛雅人的地方"。

首府圣何塞德拉斯拉哈斯市（San José de las Lajas）建于 1778 年。当时庄园主安东尼奥·阿吉拉（Antonio águila）与其他人一起在自己的圣何塞庄园建起一座教堂，随后在教堂周围建起 7 座住宅，附近有大量扳石（lajas），这个地区遂被称为圣何塞德拉斯拉哈斯市。

马坦萨斯省（Matanzas）位于古巴西部，建省于 1878 年 6 月 9 日。其名源于首府马坦萨斯市。

首府马坦萨斯市建于 1693 年 10 月 12 日。1510 年，土著人在该地区英勇抵抗西班牙殖民者的入侵，并杀死一批西班牙殖民者。古巴都督迭戈·贝拉斯克斯（Diego Velásquez）在致西班牙国王卡洛斯五世的信中说，30 名殖民军人路过该地区两河之间的尤卡约村，他们想到河的对岸去，酋长瓜尤卡耶克斯（Guayucayex）让他们上到几只独木舟中。独木舟行驶到河中心时，酋长和土著人将船只掀翻，殖民军人纷纷落入水中，许多人淹死了，幸存的人上岸后也被绞死，最后只剩下 1 个殖民军人和 2 个妇女。后来，西班牙殖民者把该地区称为"Matanzas"，西班牙语意为"屠杀"。

西恩富戈斯省（Cienfuegos）位于古巴中南部，建省于 1976 年 7 月 3 日，其名源于首府西恩富戈斯市。

首府西恩富戈斯市由法国移民路易斯·德克卢埃（Luis De Clouet）建于 1819 年，当时取名费尔南迪纳德哈瓜（Fernandina de Jagua），以纪念西班牙国王费尔南多七世（Fernando Ⅶ）。1829 年，西班牙国王下令将城名改为西恩富戈斯（Cienfuegos），以纪念 19 世纪在古巴的上将何塞·马里亚·冈萨雷斯·德西恩富戈斯（José María González de Cienfuegos，1763－1825）。西恩富戈斯是西班牙奥维耶多人，1815～1829 年，在古巴岛任上将、哈瓦那都督和法院院长。西恩富戈斯市也被誉为"南方的明珠"和"美丽的海洋城市"。

比亚克拉拉省（Villa Clara）位于古巴中部，建省于 1976 年 7 月 3 日，其名源于首府比亚克拉拉市。

首府比亚克拉拉建于 1689 年 7 月 15 日，曾先后称为新卡约（Cayo Nuevo）、洛斯多斯卡约斯（Los Dos Cayos）、比亚克拉拉德尔卡约新城（Villa Nueva de Santa Clara del Cayo）、安东迪亚斯新城（Pueblo Nuevo de Antonio Díaz）和比亚克拉拉（Villa Clara），最后采纳坎波斯特拉主教迭戈·埃韦利诺（Diego Evelino）为其取的名字光荣的圣克拉拉（Gloriosa Santa Clara）和圣克拉拉德阿西斯（Santa Clara de Asís），"圣克拉拉"是当地的守护神。后来城名简化为比亚克拉拉。比亚克拉拉还被称为"玛尔塔阿布雷吴城"（Ciudad de Marta Abreu）和"切·格瓦拉城"（Che Guewara），该城保存着切·格瓦拉的遗骨。

圣斯皮里图斯省（Sancti Spíritus）位于古巴中部，建省于1976年7月3日，其名源于首府圣斯皮里图斯市。

首府圣斯皮里图斯由迭戈·德贝拉斯克斯（Diego de Velázquez）建于1514年3月，以三位一体中的圣灵（Sancti Spíritus）为名。

谢戈德阿维拉省（Ciego de ávila）位于古巴中部，建省于1976年7月3日，其名源于首府谢戈德阿维拉市。

首府谢戈德阿维拉市由西班牙移民建于1840年，城名中的"Ciego"在古巴西班牙语中意为"森林环绕的平原"，"ávila"则是当时一位西班牙移民的名字。

卡马圭省（Camagüey）位于古巴中东部，建省于1976年7月3日，其名源于首府卡马圭市。

首府卡马圭是古巴最早建立的城镇之一，由西班牙殖民者迭戈·贝拉斯克斯建于1514年，取名圣玛利亚德尔太子港（Santa María del Puerto del Príncipe），1903年6月9日改为现名卡马圭。"Camagüey"是古巴土著人语言，由"camagua"和"ey"两个词组成。"camagua"是一种野生灌木名，生长于古巴各地，古巴有许多人使用它作名字；"ey"是表示出处，指"门第"、"血统"或"后裔"。"Camagüey"是指"Camagua"酋长的后裔。卡马圭是古巴著名诗人尼古拉斯·纪廉（Nicolás Guillén）的故乡。

拉斯图纳斯省（Las Tunas）位于古巴东部，建省于1976年7月3日，其名源于首府拉斯图纳斯。

首府拉斯图纳斯的西部400多年前是奎伊博的酋长领地，1603年时该领地中有一个名为拉斯图纳斯的牲畜饲养场（Hato de Las Tunas）。"Hato"意为"牲畜饲养场"，"Las Tunas"意为"仙人掌"。因为牧场周围长满牲畜喜欢食用的仙人掌。还有人说，"Las Tunas"是当地一个神秘部落的名字。

17 世纪下半叶，一位名叫迭戈·克莱门特·德里韦罗（Diego Clemente de Rivero）的人在此地建起养牛场，并为其他牧人创造条件前往东部地区的巴亚莫（Bayamo）。1690 年，当地建起了第一所天主教堂，名为拉斯图纳斯教堂。后来，教堂倒塌。1707 年，赫罗尼莫·巴尔德斯·谢拉主教（Don Jerónimo Valdés Sierra）来到此地，重建教堂，1709 年竣工。为了纪念教堂的重建者，克莱门特·德里韦罗将教堂命名为"圣赫罗尼莫"（San Gerónimo）。从那时起，该地区被称作圣赫罗尼莫德拉斯图纳斯（San Jerónimo de Las Tunas）。1790 年教堂再次重建，也叫作圣赫罗尼莫德拉斯图纳斯。随着时间的推移，该地区也被称为科拉莱斯德拉斯图纳斯（Corrales de Las Tunas），意为"拉斯图纳斯饲养场"，后又被称为拉斯图纳斯德巴亚莫（Las Tunas de Bayamo）。1849 年改称为拉斯图纳斯镇（Villa de Las Tunas）。1869 年 8 月 16 日，西班牙人占领该城后将城名改为维多利亚德拉斯图纳斯（Victoria de Las Tunas），"维多利亚"（Victoria）在西班牙语中意为"胜利"。1976 年该省成立时改为现名拉斯图纳斯。

格拉玛省（Granma）位于古巴岛中部地区，建省于 1976 年 7 月 3 日。其名是为纪念 1956 年菲德尔·卡斯特罗率领爱国者从墨西哥图克斯潘港口出发远征古巴时所乘坐的格拉玛号船。

首府巴亚莫（Bayamo）始建于 1513 年，取名圣萨尔瓦多德巴亚莫（San Salvador de Bayamo），后简称为巴亚莫。巴亚莫之名得来有两种说法：一说它是土著酋长的名字；一说源于当地一种名叫巴亚姆（Bayam）的树木。古巴国父卡洛斯·曼努埃尔·德赛斯佩德斯就出生在这座城里。

奥尔金省（Holguín）位于古巴东部，建省于 1976 年 7 月 3 日，其名源于首府奥尔金市。

首府奥尔金由西班牙殖民者加西亚·奥尔金（García Holguín）建于 1545 年，取名阿托德圣伊西多罗德奥尔金（Hato de San Isidoro de Holguín），意为"圣伊西多罗·德奥尔金牲畜饲养场"。"Hato"意为"牲畜饲养场"；"San Isidoro"是西班牙殖民者尊崇的圣徒；"Holguín"是殖民者自己的姓氏。后该城改称为奥尔金。

圣地亚哥德古巴省（Santiago de Cuba）位于古巴东南部，其名源于首府圣地亚哥德古巴市。

首府圣地亚哥德古巴市由迭戈·贝拉斯克斯·德奎利亚尔（Diego Velázquez de Cuellar）建于1515年7月25日（一说1515年7月28日），这一天正巧是西班牙保护神圣地亚哥节，故以圣地亚哥和土著语古巴为名。

关塔那摩省（Guantánamo）位于古巴最东部，建省于1976年7月3日，其名源于首府关塔那摩市。

首府关塔那摩建于1796年，取名为圣卡塔利娜德关塔那摩（Santa Catalina de Guantánamo）。"Santa Catalina"是天主教圣徒名，"Guantánamo"土著语意为"河流之间的土地"。

青年岛特区（Isla de la Juventud）位于加勒比海青年岛，这是古巴第二大岛。1494年6月13日，航海家哥伦布第二次远航美洲时发现该岛，给它取名为拉埃万赫利斯塔（La Evangelista）。"埃万赫利斯塔"即福音书作者，指圣马太（San Mateo）、圣马可（San Marcos）、圣路加（San Lucas）和圣约翰（San Juan）。该岛曾有过许多名字，如鹦鹉岛（Isla de las Cotorras）、科洛尼亚雷娜阿马利亚岛（Colonia Reina Amalia）、海盗岛（Isla de los Piratas）财宝岛（Isla del Tesoro）。该岛曾是加勒比海盗横行霸道的天堂，故被称为海盗岛。海盗和逃犯把大量的金银财宝藏在岛上的山洞里，故该岛又被称为财宝岛。19世纪又被称为流放者岛（Isla de los Deportados）和松树岛（Isla de Pinos）。流放者岛的得名是因该岛作为关押流放犯人的地方长达300多年；松树岛的得名是因岛上遍布松树林，这个名字一直使用到1978年才改为现名青年岛。1966年，该岛曾遭阿尔玛飓风的严重破坏，来自世界及古巴各地的成千上万名青年到该岛劳动、建设，1978年该岛改名为青年岛。

首府新赫罗那（Nueva Gerona）建于1830年12月17日，其名是为纪念西班牙军人迪奥尼西奥·比韦斯（Dionisio Vives，1755-1840），他于1823~1832年任古巴都督和古巴上将，曾领导抵抗法国军队的赫罗那城（Gerona）保卫战。

8. 海地共和国

（1）国名

海地共和国（La République d'Haïti）是位于加勒比海北部的一个岛国，

总面积为 27750 平方公里。在哥伦布发现美洲大陆之前，这里的土著居民给该岛取过许多名字，如"Ayiti"（多山之地）、"Quisqueya"（广袤的土地）和"Bohio"（多村落之地）等。有人认为，"Ayiti"由 3 个词根组成；"a"意为"花"，"y"意为"高的"，"ti"意为"土地"或"地区"，3 个词混合起来的"ayiti"意为"山区之花"。1492 年 12 月 9 日，哥伦布称海地岛为拉埃斯帕尼奥拉（La Española），意为"小西班牙"。从 16 世纪初开始，该岛改称圣多明各岛（Isla de Santo Domingo），因为岛上的主要城市名为圣多明各（详见多米尼加共和国国都一节）。17~18 世纪，该地区一直使用这个名字。1804 年海地宣布独立时，决定采用根据古名"Ayiti"修改后的海地（Haiti）为国名，1822 年，海地政府把全岛称为海地岛，但多米尼加共和国 1844 年独立时则继续称该岛为圣多明各岛，所以当时该岛就有了海地岛和圣多明各岛两个名称。1891 年，美国地理委员会决定在所有制作的地图中采用海地岛的名称，但多米尼加人对这个名称不予承认，因而 1833 年又决定在正式地图中改称英语世界普遍使用的伊斯帕尼奥拉岛（Hispaniola）。

（2）首都名

首都为太子港（Port-au-Prince）。在哥伦布发现美洲大陆前，海地岛土著印第安塔伊诺人酋长博埃奇奥（Bohechio）控制着太子港所在地区。博埃奇奥死后，其妹阿纳卡奥纳（Anacaona）接管了他的权力。1503 年，西班牙殖民者来到海地岛后，都督尼古拉斯·奥万多（Nicolás Ovando）设计杀害了阿纳卡奥纳和其他印第安头领，海地成为西班牙殖民地。由于西班牙人的屠杀和天花的蔓延，岛上的土著印第安人惨遭灭绝。西班牙人在沿海不远处建立起一座村镇，取名为圣玛利亚真正和平镇（Santa María de la Paz Verdadera）。后来，该村镇被弃，奥万多又兴建了圣玛利亚港（Santa María del Puerto）。1535 年该港遭法国人烧毁后重建，1592 年又毁于英国人之手，西班牙人被迫放弃该港。此后，太子港所在地成为海盗的藏身之所。1650 年，法国海盗从北面的托尔图加岛来到海地岛，在沿海地区的"Trou-Borded"建立了一个殖民点，随后在离沿海不远处建起一座医院，于是人们把这个地方称作奥皮塔尔（Hôpital），即"医院"之意。法国人控制这个地区后，海盗的活动逐渐减少。1706 年，法国船长圣安德烈（Saint-André）指挥的"太子号"船（Le Prince）在奥皮塔尔附近的海湾失事。1742年，法国人在此建城，以太子港为名，以纪念1706年失事的"太子号"船。

(3) 省名和首府名

海地共和国共分10个省，省下设区。大部分省都以所在方位命名，每个省都有自己的首府。

西北省（Port-de-Paix）位于海地西北部，因此而得名，它也是该国最北端的省。

首府和平港（Port-de-Paix）也是同名西北区的首府。和平港是法文名字，周围地区曾被哥伦布称为瓦尔帕莱索（Valparaíso），西班牙语中意为"天堂山谷"。1492年12月6日，哥伦布在此地登陆。和平港由被英国人驱逐出托尔图加岛的法国海盗建于1675年。1676年，法属圣多明各的首都从托尔图加岛迁至和平港，直到1711年它都是法属圣多明各的首都。

北部省（Nord）位于海地北部，因此而得名。

首府海地角（Cap-Haïtien）位于大西洋海地角湾沿岸。土著塔伊诺人称该城所在地区为瓜里科（Guarico），来到此地的西班牙人沿用了这个名字。1670年，法国人从托尔图加岛来到此地建城，1711年，法国国王路易十四命名该城为法兰西角（Cap-Français），并成为圣多明各首都，直至1770年太子港成为新的首都。1804年海地独立后，法兰西角改名为海地角（Cap-Haïtien）。1806年，海地分裂为两部分。克里斯托夫统治海地的北部，建立了海地国。1811年6月，克里斯托夫（Henri Christophe）称王，封号亨利一世（Henri I），并把海地角改名为亨利角（Cap-Henry）。1820年克里斯托夫自杀后，亨利角恢复海地角的名称。

东北部省（Nord-Est）位于海地东北部，因此而得名，它与多米尼加相邻。

首府自由港（Fort-Liberté）是法文名字，其名称经过多次变动。1578年，西班牙殖民者在此地建立巴亚哈城（Bayaja），1605年，该城被废弃。1732年，法国人建立多芬港（Fort-Dauphin）；1804年，改名为圣约瑟夫港（Fort St. Joseph）；1811年，改称为罗亚尔港（Fort-Royal）；1820年，定名为自由港，并沿用至今。

阿蒂博尼特省（Artibonite）是海地面积最大的省，位于海地中东部。其名源于阿蒂博尼特河（Artibonite River）。

首府戈纳伊夫（Gonaïves）是海地北部城市。由印第安人建于1422年，他们把马瓜纳酋长的一块属地取名戈纳伊博（Gonaibo），后来名字演变为戈纳伊夫。戈纳伊夫被称为"独立城"，因为戴沙林（Jean-Jacques Dessalines）正是在此城中宣布海地独立。

中部省（Centre）位于海地中部，因此而得名，东与多米尼加接壤。

首府因切（Hinche）是海地中部城镇，其名源于西班牙文"因查"（Hincha）。该城由来自西班牙加那利群岛的人建于1704年，取名"因查"（Hincha），西班牙语中意为"憎恶"，后演变为因切（Hinche）。

西部省（Ouest）是面积仅次于阿蒂博尼特省的海地第二大省，东部与多米尼加相邻。

首府太子港（Port-au-Prince）是海地最大的城市，也是该国首都，详见上述首都名。

大湾省（Grand' Anse）位于海地西南部。东邻尼佩省，南临东南省。其名源于法语，"Grand"意为"大的"，"Anse"意为"湾"，全词义为"大的海湾"。

首府热雷米（Jérémie）是海地西南部城镇，建于1756年。其名是法语中的一个姓氏。

尼佩斯省（Nippes）是2003年从大湾省分出来的新省，也是海地面积最小的省。

首府米拉瓜纳（Miragoane）是海地西部沿海城镇，也是米拉瓜纳区首府。其名源于米拉瓜纳湖。该湖位于米拉瓜纳东南1公里处，面积25平方公里，是加勒比地区最大的淡水湖。

南部省（Sud）位于海地西南部。

首府莱凯（Les Cayes）是海地西南部海港，也是海地第四大城市。1504年，西班牙殖民者迭戈·贝拉斯克斯·德奎利亚尔（Diego Velázquez de Cuéllar）在此建城，取名萨尔瓦铁拉德拉萨瓦纳（Salvatierra de la Sabana），西班牙语意为"节约用水的地方"。后该城被弃。法国殖民时期在该地再次建城，取名莱凯（Les Cayes），在法语中意为"在珊瑚礁上（建城）"，该名沿用至今。

东南部省（Sud-Est）曾是西部省的一部分。

首府雅克梅勒（Jacmel）位于海地南部沿海，建于1698年。原为塔伊诺人酋长博埃奇奥（Bohechio）领地，称为"Yaquimel"。法国人到达此地后开始建城，以原来塔伊诺语"Yaquimel"为基础，取名为雅克梅勒。

9. 圣基茨和尼维斯

(1) 国名

圣基茨和尼维斯（Saint Kitts and Nevis）位于东加勒比海背风群岛北部，由圣基茨岛、尼维斯岛和其他岛屿组成。圣基茨和尼维斯最早的居民是卡利纳戈人（Kalinago），他们称该地为利亚穆伊加（Liamuiga），意为"肥沃的土地"，表示岛上土壤肥沃，物产丰富。圣基茨岛又称圣克里斯托弗岛，圣基茨是圣克里斯托弗的昵称。宪法规定圣基茨和尼维斯或圣克里斯托弗都是该国国名，但前一个名字最为通用。关于克里斯托弗名称的来源，存在一些争论。一说1493年哥伦布第二次远航美洲时登上该岛，为该岛取名为圣克里斯托巴尔（San Cristóbal）；一说是以旅行者的保护神"圣克里斯托弗"为名；另一说是为纪念哥伦布本人。也有人认为哥伦布给该岛取的名字是圣亚戈（Sant Jago），而"圣克里斯托巴尔"则是哥伦布给距该岛西北20海里远的现名为萨巴岛（Saba）取的名字。后来西班牙探险者们在绘制地图时出现错误，导致圣克里斯托巴尔岛的名字流传开来。1623年，该岛成为英国在西印度群岛的第一块殖民地，保留了该岛的英文译名"圣克里斯托弗岛"（St. Christopher's Island）。17世纪以后，克里斯托弗岛被简称为"Kitt's island"，后又缩短为"Saint Kitts"。英国殖民者以圣基茨岛为基地，向加勒比其他岛屿扩张，圣基茨岛一度被称为加勒比的"殖民地之母"。

哥伦布发现尼维斯岛之前，该岛被当地人称作"夸利"（Qualie），意为"秀水土地"，可能是指岛上多淡水泉和热火山泉。哥伦布来到该岛时，给它取名为圣马丁（San Martín）。后来有人把它叫作杜尔西纳（Dulcina），西班牙语意为"甜岛"，但这两个名字都没能保留下来。不知是谁给该岛取的尼维斯（Nevis）之名成为该岛的永久之名。"尼维斯"来自西班牙语中

"雪圣母"(古西班牙文为 Noestra Siñora de las Neves，现西班牙语为 Nuestra Señora de las Nieves) 一词。据说西班牙人看到该岛中央一座火山的山峰被雪一样的白云所缭绕，不禁想起了 4 世纪天主教传说中的"罗马埃斯基利内山 (Esquiline Hill)"的雪景，遂把该岛称为"雪圣母"，简称为尼维斯。

(2) 首都名

巴斯特尔 (Basseterre) 位于圣基茨岛的西南岸，是圣基茨和尼维斯最大的城市和海港，也是东加勒比最古老的城市。1627 年，法国探险家皮埃尔·贝兰 (Pierre Belain) 在此建城，取名巴斯特尔，意为"低地"。1727 年，英国人托马斯·沃纳 (Thomas Warner) 把首都从旧罗德 (Old Road) 迁到巴斯特尔。

(3) 区名和首府名

圣基茨和尼维斯共分为 14 个区，其中 9 个区在圣基茨岛，5 个区在尼维斯岛。

克赖斯特彻奇尼古拉区 (Christ Church Nichola Town) 是圣基茨岛第五大区，位于圣基茨岛东部沿海，其名英语意为"基督教堂尼古拉城区"。

首府尼古拉城 (Nichola Town) 是圣基茨岛东部沿海城镇。"尼古拉" (Nichola) 是英语中女孩的名字，意思是"胜利的人们"。

圣安妮桑迪角区 (Saint Anne Sandy Point) 是圣基茨岛最小的区，面积为 13 平方公里，位于圣基茨岛西北部。其名中的圣安妮 (Saint Anne)，又称圣安娜 (Saint Ann 或 Saint Anna)，是圣母玛利亚之母和耶稣的外祖母。其名中的桑迪角也是该区首府。

首府桑迪角 (Sandy Point) 之名英语意为"沙角"。桑迪角是圣基茨岛最大的城市，位于圣基茨岛西北沿海。1623 年，英国探险家托马斯·沃纳 (Thomas Warner) 发现此地，他也是在此登陆的第一个欧洲人。

圣乔治巴斯特尔区 (Saint George Basseterre) 是圣基茨岛最大的区，圣乔治 (Saint George) 是英格兰保护神 (详见安提瓜和巴布达圣乔治区介绍)。

首府巴斯特尔 (Basseterre)，其名详见上述首都名。

圣乔治金哲兰区 (Saint George Gingerland) 是尼维斯 5 个区之一，位于尼维斯岛东南部。其名中的圣乔治（Saint George）是英格兰保护神，名中的金哲兰（Gingerland）英语意为"姜地"，因当地盛产姜，人们习惯称该区为"金哲兰区"。

首府马克特肖普（Market Shop）之名在英语中意为"市场商店"。

圣詹姆斯温沃德区（Saint James Windward）是尼维斯岛最大的区，位于尼维斯岛东北部。其名中的圣詹姆斯（Saint James）是为纪念约克公爵詹姆斯即后来的英国国王詹姆斯二世（James Ⅱ），温沃德（Windward）即向风（群岛），圣基茨岛和尼维斯岛属向风群岛。

首府纽卡斯尔（Newcastle）以英国泰恩威尔郡城镇纽卡斯尔为名。美国、加拿大、澳大利亚、牙买加、南非等国也有许多名叫纽卡斯尔的城市。

圣约翰卡皮斯特莱区（Saint John Capisterre）是圣基茨岛第二大区、圣基茨和尼维斯第三大区。其名中的"圣约翰"（Saint John）是为纪念耶稣十二使徒之一的约翰（详见安提瓜和巴布达圣约翰区介绍），名中的"卡皮斯特莱"（Capisterre）是法文名字卡佩斯特莱"Capesterre"的误传，它是圣基茨岛北部沿海平原的一个地区。卡佩斯特莱"Capesterre"意为"刺豚鼠"。17世纪初法国殖民者来到这里时，看见当地有许多刺豚鼠，遂给此地取名为卡佩斯特莱。

首府迪耶普湾城（Dieppe Bay Town）建于1538年，是欧洲殖民者在东加勒比建立的最古老城镇，现为圣基茨岛第五大城市。以法国北部滨海地区塞纳省城市迪耶普（Dieppe）为名。

圣约翰费格特里区（Saint John Figtree）是尼维斯岛的5个区之一。其名中的圣约翰（Saint John）是为纪念耶稣十二使徒之一的约翰，名中的"费格特里"也是该区首府的名字，

首府费格特里（Figtree）之名英语意为"无花果树"。美国加利福尼亚州、澳大利亚新南威尔士州、津巴布韦等都有名叫费格特里（Figtree）的城市。

圣玛利卡永区（Saint Mary Cayon）是圣基茨岛上的一个区，位于该岛东中部沿海。其名中的"圣玛利"（Saint Mary）是为纪念圣母玛利亚。名

中的"卡永"也是该区首府名。

首府卡永（Cayon）之名意为"深谷"。

圣保罗卡皮斯特莱区（Saint Paul Capisterre）是圣基茨岛第二小的区、圣基茨和尼维斯第三小的区。其名中的"圣保罗"（Saint Paul）是基督教早期领导者之一，也是最有影响力的传教士之一；名中的"卡皮斯特莱"也是该区首府名。

首府卡皮斯特莱（Capisterre）之名来源不详。

圣保罗查尔斯敦区（Saint Paul Charlestown）位于尼维斯岛。其名中的"圣保罗"（Saint Paul）是基督教早期领导者之一，也是最有影响力的传教士之一；名中的"查尔斯敦"也是该区的首府名。

首府查尔斯敦之名源于坐落在城北的查尔斯堡（Fort Charles）。

圣彼得巴斯特尔区（Saint Peter Basseterre）位于圣基茨岛东南部。其名中的"圣彼得"是为纪念耶稣十二使徒之一的彼得；名中的"巴斯特尔"（Basseterre）也是该国首都名，法语意为"低地"。

首府芒基黑尔（Monkey Hill）之名在英语中意为"猴山"，得名源于海拔300米的芒基黑尔山。

圣托马斯低地区（Saint Thomas Lowland）是尼维斯岛的5区之一，位于尼维斯岛东北部。其名中的"圣托马斯"（Saint Thomas）是为纪念耶稣十二使徒之一的托马斯，名中的"低地"则体现该地区的地形特点。

首府科顿格劳德（Cotton Ground）之名英语中意为"棉花地"。

圣托马斯米德艾兰区（Saint Thomas Middle Island）位于圣基茨岛西海岸，是圣基茨岛第三大区、圣基茨和尼维斯第四大区。其名中的"圣托马斯"（Saint Thomas）是为纪念耶稣十二使徒之一的托马斯；名中"米德艾兰"也是该区首府名。

首府米德艾兰（Middle Island）之名英语意为"中部岛"。

特立尼提帕美托角区（Trinity Palmetto Point）位于圣基茨岛西南部，其名中的"特立尼提"（Trinity）意为"三位一体"，基督教把圣父、圣子、圣灵称为三位一体；名中的"帕美托角"也是该区首府名。

首府帕美托角（Palmetto Point）之名英语意为"棕榈角"，因为该地区地处热带，多棕榈树。

10. 圣卢西亚

（1）国名

圣卢西亚（Saint Lucia）是位于加勒比海小安的列斯群岛中向风群岛中部的火山岛国，北隔圣卢西亚海峡与马提尼克岛相望，西南邻圣文森特岛。岛上最早的居民是来自南美北部的印第安阿拉瓦克人，后加勒比人侵入，并将阿拉瓦克人驱逐出岛。加勒比人将该岛称为"Iouanalao"和"Hewanorra"，意为"发现大蜥蜴的地方"。圣卢西亚（Saint Lucia）的名字来源存在几种说法，一说1502年12月13日，一艘法国探险船在该岛附近失事，法国水手以意大利锡拉库萨德的圣女卢西亚为该岛命名；一说在杜特特雷神父（Father DuTetre）1664年所著的安的列斯群岛传中，已出现"Sainte Alousie"的称谓；另一说1498年12月13日"圣卢西亚节"时，哥伦布船队抵达圣卢西亚附近海面，遂以圣卢西亚名字命名，但哥伦布是否发现过圣卢西亚岛，现仍存在很多争议。

（2）首都名

卡斯特里（Castries）位于圣卢西亚岛北部，是该国政治、经济、文化和交通中心，也是著名的天然深水良港。该城由法国殖民者始建于1650年，取名卡雷纳热（Carenage），意为"安全锚地"。但此名在西印度群岛并不被认可，因为直到1763年，这个城市始终处在不安全的状态中。1765~1768年，德米库男爵（Baron de Micoud）重建该城，称其为卡雷纳热城（Ville du Carenage）。1785年，城市改名为卡斯特里，以纪念法国远征军司令卡斯特里侯爵夏尔·欧仁·德拉克鲁瓦（Charles Eugene Gabriel de la Croix, marquis de Castries）。1793年，里卡尔将军（General Ricard）改变了圣卢西亚所有城镇的名称，其中，卡斯特里被改名为费利西泰城（Ville de la Felicite），意为"幸福城"。1794年，其名被罗伯斯庇尔（Robespierre）批准。然而，同年，肯特公爵爱德华王子（Prince Edward）率领英国远征军占领该城，以其母夏洛特女王（Queen Charlotte）之名改城名为夏洛茨维尔（Charlottesville），意为"夏洛特城"。法国重新占领该城后，恢复了卡斯特里的名称，并沿用至今。

(3) 区名、首府名

圣卢西亚全国分为 11 个区（Quarter）。

昂斯拉雷区（Anse la Raye）位于圣卢西亚的西海岸，其名源于首府昂斯拉雷。

首府昂斯拉雷之名意为"鹞鱼湾"。其中"Anse"在法语中意为"湾"，"Ray"在英语中意为"鹞鱼"。得名是因该城附近的海湾盛产鹞鱼。当年法国殖民者乘船抵达圣卢西亚西海岸附近的海湾时，发现这里的海水清澈见底，他们惊讶地看到大批鹞鱼浮游在水中，还时常拍打周围的沙层。于是他们把海湾称作鹞鱼湾（Bay of Rays），后来又成为上述城镇和所在区的名字。鹞鱼又称板鱼，生长于有沙质土壤的浅海海域，其背部节刺多行，常常潜伏于沙中。其肉质鲜美，很受人们欢迎。

卡斯特里区（Castries）之名源于首府卡斯特里。

首府卡斯特里也是该国首都，详见上述首都名。

舒瓦瑟尔区（Choiseul）位于圣卢西亚岛西南部，其名源于首府舒瓦瑟尔。

首府舒瓦瑟尔曾名为昂斯西特伦（Anse Citron），意为"酸橙湾"。得名是因航海者登岸后发现此地盛产酸橙。对于海员来说，这是一个重要的发现。因为船员们长期在海上航行，很少能吃到新鲜的蔬菜和水果，易患坏血病，而酸橙汁能预防坏血病。昂斯西特伦的名字一直使用至 1763 年。同年 2 月英法签订《巴黎条约》后，圣卢西亚归属法国，该城改名为舒瓦瑟尔湾（Anse Choiseul），以纪念法国外交大臣舒瓦瑟尔公爵，后简称舒瓦瑟尔。法国大革命期间，舒瓦瑟尔曾改名为三色旗（Le Tricolore），因为法国国旗为红、白、蓝三色。1796 年，英国占领圣卢西亚，恢复了该城的原名舒瓦瑟尔。

多芬区（Dauphin）位于圣卢西亚岛东北部，其名源于首府多芬。

首府多芬之名来自法语中的一个姓氏，"多芬"意为"海豚"。多芬也是法国王位继承人的称号。《简明牛津英文地名词典》中说多芬（Dauphin）是法国国王长子的称号。

德内里区（Dennery）位于圣卢西亚岛东海岸，其名源于首府德内里。

首府德内里之名是为纪念1766~1770年法属向风群岛总督德内里伯爵（Count d'Ennery）。此前，该城曾名为昂斯卡诺特（Anse Canot）。法国大革命时期，该城改名为勒雷普布利康（le Republican），英国占领圣卢西亚后又恢复该城原名德内里。德内里的经济活动多集中于马博亚谷地（Mabouya Valley）。"mabouya"是当地一种无害的小壁虎的名字，它白天藏匿，晚上出来捕捉昆虫。还有一种说法是"mabouya"意为"邪恶的灵魂"。土著人认为大马博亚河周围林木遍布的谷地是藏匿坏灵魂的地方。

格罗斯岛区（Gros Islet）位于圣卢西亚岛的最北部，其名源于首府格罗斯岛。

首府格罗斯岛的土著居民是加勒比人，该城也是由加勒比人建立起来的。格罗斯岛之名最早出现于1717年的一张法国地图上。1778年英国占领圣卢西亚后，1782年曾将该城改名为罗德尼堡（Fort Rodney），但没使用多久，该城就又恢复了原名。

拉博列区（Laborie）位于圣卢西亚岛南部，其名源于首府拉博列。

首府拉博列曾是一个小渔村。18世纪，一批法国人来此定居，渔村逐渐发展为城镇，取其名是为纪念法国总督德拉博列男爵（Baron De Laborie）。

米库区（Micoud）位于圣卢西亚岛东南部，其名源于首府米库。

首府米库之名是为纪念18世纪时圣卢西亚的一名法国总督米库男爵（Baron de Micoud）。

普拉兰区（Praslin）位于圣卢西亚岛中东部，其名源于首府普拉兰。

首府普拉兰由法国人建城，以法语中的一个姓氏普拉兰为名。

苏弗里耶尔区（Soufrière）位于圣卢西亚岛西南部，其名源于首府苏弗里耶尔。

首府苏弗里耶尔在法国人统治时期曾是圣卢西亚的首都。其名是法语词，用来形容火山地区，意为"空气中的硫"。

伯堡区（Vieux Fort）位于圣卢西亚岛南部，其名源于首府伯堡。

首府伯堡是圣卢西亚的第二大城市，其名意为旧堡，是以当地的一座堡垒名字命名的。

11. 圣文森特和格林纳丁斯

（1）国名

圣文森特和格林纳丁斯（Saint Vincent and the Grenadines）位于加勒比海小安的列斯群岛中向风群岛的南部，由主岛圣文森特及其以南的格林纳丁斯群岛北半部的贝基亚、马斯蒂科、卡努安、曼罗和油宁等32个岛组成。来自南美的西博内人最先发现圣文森特和格林纳丁斯，他们乘独木舟来到此地。随后到来的是阿拉瓦克人，引进了农业和渔业技术。后来，加勒比人取而代之，成为这里的主人，称圣文森特岛为"Hairouna"，意为"神圣的土地"。1489年哥伦布第三次远航美洲时，于1月22日圣文森特节抵达主岛，哥伦布遂以圣文森特为该岛命名，以纪念天主教圣徒、守护神圣文森特-德萨拉戈萨（St. Vincen de Saragossa）。圣文森特生于西班牙韦斯卡，是一个教堂的执事，受戴克里先迫害而殉难。圣文森特经常被用来指包括格林纳丁斯在内的整个群岛。格林纳丁斯之名来自西班牙语"Promegaranate"，意为"石榴"。但是该群岛上并没有石榴树，可能是因为许多小岛像石榴果实一样散布在海中，故得其名。

（2）首都名

首都金斯敦（Kingstown）之名的英语意为"国王之城"，与牙买加首都金斯敦中文同名，但它们的英文字母却不相同，牙买加首都的英语写作"Kingston"。金斯敦位于圣文森特岛西南部的金斯敦湾畔。1763年圣文森特和格林纳丁斯被法国转让给英国时，英国国王乔治三世为了显示该城对英国的忠诚，将该城命名为国王之城，即金斯敦。1806年在金斯敦伯克希尔山建成的夏洛特堡（Fort Charlotte）则以乔治三世之妻的名字夏洛特命名。金斯敦三面临海，一面靠山，海拔仅为7米。市区呈半圆形，花繁叶茂，绿草如茵，景色十分秀丽。建于1763年的金斯敦植物园是西印度群岛中最古老的植物园。

（3）区名和首府名

圣文森特和格林纳丁斯共分6个区，夏洛特区、圣安德鲁区、圣戴维区、圣乔治区和圣帕特里克区位于圣文森特岛上，格林纳丁斯区则位于格林纳丁斯岛。

夏洛特区（Charlotte）是圣文森特和格林纳丁斯最大的区，位于圣文森特岛西海岸，其名是为纪念乔治三世之妻夏洛特。

首府乔治敦（Georgetown）是全国第二大城市，其名是为纪念乔治三世。

格林纳丁斯区（Grenadines）位于北格林纳丁斯群岛，其名来源详见上述国名。

首府伊丽莎白港（Port Elizabeth）位于贝基亚岛（Bequia），其名是为纪念英国女王伊丽莎白二世。贝基亚岛之名源于土著印第安加勒比语，意为"多云之地"。

圣安德鲁区（Saint Andrew）位于圣文森特岛西南部，圣安德鲁是苏格兰的守护神，也是希腊、俄罗斯和罗马尼亚的守护神（详见巴巴多斯区名和首府名）。

首府拉尤（Layou）之名来源不详。

圣戴维区（Saint David）位于圣文森特岛，圣戴维是威尔士的"主保圣人"（详见多米尼克区名和首府名）。

首府沙托布莱尔（Chateaubelair）位于圣文森特岛西海岸的火山（Soufrière）之南，是全国第四大城市，其名来源不详。

圣乔治区（Saint George）位于圣文森特岛最南部，是全国人口第一大区和面积第三大区。以英格兰的"主保圣人"圣乔治为名（详见安提瓜和巴布达圣乔治区）。

首府金斯敦（Kingstown）也是该国首都，详见上述首都名。

圣帕特里克区（Saint Patrick）以爱尔兰"主保圣人"圣帕特里克为名（详见多米尼克圣帕特里克区）。

首府巴罗列（Barrouallie）由法国殖民者建于1719年，曾是圣文森特和格林纳丁斯的首都。其名来源不详。

12. 特立尼达和多巴哥共和国

（1）国名

特立尼达和多巴哥共和国（Republic of Trinidad and Tobago）位于西印度群岛中的小安的列斯群岛的东南端，其西南和西北与委内瑞拉隔海相望，属南美洲的延伸部分。全国由特立尼达岛、多巴哥岛以及另外 21 个小岛组成。特立尼达岛原来的名字是凯里（Cairi 或 Kairi），或耶雷（Iere），印第安语意为"蜂鸟之乡"。哥伦布第三次远航美洲时，于 1498 年 7 月 31 日驶抵特立尼达岛附近，他望见岛上的三座山峰，联想起三位一体（圣父、圣子、圣灵），于是将该岛命名为特立尼达（Trinidad），意即三位一体，并宣布该岛属西班牙所有。1802 年，特立尼达成为英国的殖民地，但名字未变。

多巴哥岛曾被在岛上居住过的加勒比人称作乌鲁派纳（Urupaina），意为"大蜗牛"。1498 年 8 月 4 日或 5 日，哥伦布从远处看见多巴哥岛时，发现这个岛非常漂亮，于是称它为贝利亚福马（Bella Forma），西班牙语意为"美丽的形体"。有人说，哥伦布把该岛取名为阿苏姆普西翁（Asumpción），意为"圣母升天"。但是，贝利亚福马和阿苏姆普西翁这两个名字并未流传开来。1511 年，西班牙文件中出现了多巴哥（Tobago）的名称。16 世纪的文献中还出现一些该名称的变音，如"Tavaco""Tabacho""Tabaco""Tabago""Tavago"等。17 世纪和 18 世纪，该岛保留了"Tabaco"或"Tabago"的名字。有人说，"Tabaco"源于岛上的原始居民阿拉瓦克人对烟草的称呼；但有人认为，"Tabaco"或"Tabago"不是阿拉瓦克语中的词，而是西班牙人对在多巴哥岛上所发现的烟草植物的称呼。据说，16 世纪初，西班牙语一名水手经过多巴哥岛时，看到塔伊诺人（即阿拉瓦克人）吸叶卷烟，便称它为"Tabaco"，后来演变为岛名。17 世纪，英国把"Tabaco"或"Tabago"变为"Tobago"，这是受西班牙语把"Tabaco"的元音变为"Tobaco"的影响。

（2）首都名

西班牙港（Port of Spain）位于特立尼达岛西北部的海岸，西邻帕里亚湾。是该国政治、经济和文化中心，也是主要港口。原为印第安阿拉瓦克人的村落，西班牙殖民者抵达后，在该地建立港口，取名洛斯伊斯帕尼奥莱斯港（Puerto de los Hispanioles），西班牙语意为"西班牙人的港口"。后简化为西班牙港（Puerto de España）。该岛成为英国殖民地后，西班牙港的名称未变，但西班牙语"Puerto de España"改为英语"Port of Spain"。西班牙港因地处南北美洲的中心，故也被誉称为"美洲的中枢"。

(3) 市名、区名和首府名

特立尼达和多巴哥全国分为5个市、9个区和1个半自治区。

5个市分别是阿里马（Arima）、查瓜纳斯（Chaguanas）、福尔坦角（Point Fortin）、圣费尔南多（San Fernando）和西班牙港。

阿里马市（Arima）位于特立尼达岛东部阿里马河畔，是特立尼达第四大城市，由方济各会传教士建于1757年。其名源于阿里马河（Arima），阿里马的印第安语意为"水"。

查瓜纳斯市（Chaguanas）位于特立尼达岛中部，1797年英国统治时期建城，现为全国最大的自治市。其名源于曾在此地居住的印第安查瓜内斯部落（Chaguanes）。

福尔坦角市（Point Fortin）位于特立尼达岛西南部，是全国最小的城市。以法国殖民者梅西耶·福尔坦（Messier Fortin）的姓氏为名，当时他在此地拥有甘蔗种植园。

圣费尔南多市（San Fernando）是特立尼达和多巴哥第二人口大城。原名阿纳帕里马（Anaparima），是印第安人所取，意为"单山"或"没有水"，"单山"（即圣费尔南多山）位于市中心。1784年，西班牙总督何塞·马里亚·查孔（José María Chacón）在此建城时为该城取名圣费尔南多德纳帕里马（San Fernando de Naparima），以纪念刚在西班牙阿斯图里亚斯出生的费尔南多王子，即后来的西班牙国王费尔南多七世（Fernando Ⅶ，1784－1833），同时保留了印第安名"纳帕里马"。随着时间的推移，城名中的"纳帕里马"一词被弃用，只简化为圣费尔南多。

西班牙港市见上述首都名

9个区分别是：科瓦塔巴基特塔尔帕罗区（Couva-Tabaquite-Talparo）、迭戈马丁区（Diego Martin）、佩纳尔德韦区（Penal-Debe）、太子城区（Princes Town）、克拉罗河马亚罗区（Río Claro-Mayaro）、圣胡安拉文蒂列区（San Juan-Laventille）、桑格雷格兰德区（Sangre Grande）、西帕里亚区（Siparia）和图纳普纳皮亚科区（Tunapuna-Piarco）。

科瓦塔巴基特塔尔帕罗区（Couva-Tabaquite-Talparo）位于特立尼达岛的中部。

首府科瓦（Couva）之名源于流经此地的科瓦河（Couva River）。科瓦河原名古巴河（Rio de Cuba），因为在西班牙语中，字母"B"和字母"V"发音相同，于是该河改称为科瓦河（Rio de Couva），后来用英语称为"Couva River"。

迭戈马丁区（Diego Martin）之名是为纪念发现此地的西班牙人迭戈·马丁。他把流经此地的一条河以自己的名字命名，后来迭戈马丁成了该城镇的名字。

首府佩皮特谷（Petit Valley）之名源于法语，意为"小谷"。

佩纳尔德韦区（Penal-Debe）位于特立尼达岛南部。佩纳尔和德韦分别是该郡的两个城镇。

首府佩纳尔（Penal）之名西班牙语意为"监狱"，德韦（Debe）之名西班牙语意为"借方"。

太子城区（Princes Town）之名源于首府太子城。

首府太子城名中的"Princes"，是"Prince"的复数形式，英语意为"太子"。得名是因为1880年英国维多利亚女王之孙艾伯特王子和乔治王子（后来的国王乔治五世）访问过此地，他们各自在该地区的英国圣公会教堂种植了一棵树，这两棵树存活至今。

克拉罗河马亚罗区（Río Claro-Mayaro）由克拉罗河与马亚罗两个城镇的名字组成。

首府克拉罗河位于特立尼达岛东南部。18世纪70年代由西班牙勘探人员建立，以流经此地的克拉罗河（Río Claro）之名命名，西班牙语意为"清澈的河"。另一城镇马亚罗（"Mayaro"）之名源于土著阿拉瓦克语，由"maya"和"ro"两个词组成。"maya"是曾在当地大量生长的一种植物，"ro"译为"地方"。全词义为"生长马亚植物的地方"。

圣胡安拉文蒂列区（San Juan-Laventille）由圣胡安和拉文蒂列两个城镇的名字组成。

首府拉文蒂列（Laventille）之名意为"通风孔"，指东北信风先于其他地方到达此地。另一城镇圣胡安（San Juan）是以圣施洗礼者胡安（San Juan Baptista）为名。圣施洗礼者胡安即圣施洗礼者约翰，是该城的保护神。

桑格雷格兰德区（Sangre Grande）之名源于首府桑格雷格兰德。

首府桑格雷格兰德之名的西班牙语意为"大量的血"，其中"sangre"意为"血"，"grande"意为"大的"。一说其名是指当地印第安人与西班牙殖民者发生过一次激烈的战斗，当时鲜血染红了河水；一说18世纪70年代末，西班牙测量员在绘制特立尼达岛地图时，发现流经该地区的奥罗波切河两条支流的河水红得像血，故将大的支流命名为桑格雷格兰德（Sangre Grande），意为"大血"；将小的支流称为桑格雷奇基托（Sangre Chiquito），意为"小血"。后来，桑格雷格兰德逐渐成了该地区的名字。

西帕里亚区（Siparia）位于特立尼达西南部，其名源于首府西帕里亚。

首府西帕里亚之名来自西班牙阿拉贡的方济各会传教士1758年建立的一所天主教堂，内有一座黑衣圣母像，受到天主教徒和印度教徒的崇拜，称其为"西帕里亚圣母"（Mother of Siparia），后来西帕里亚就成为城名。

图纳普纳皮亚科区（Tunapuna-Piarco）中的图纳普纳（Tunapuna）是位于圣胡安（San Juan）和阿里马（Arima）之间最大的城镇，也是该区的首府。皮亚科（Piarco）是位于（Trincity）和图纳普纳之间的城镇。

首府图纳普纳（Tunapuna）之名源于印第安语"tona"（水）和"pona"（在上面），全词义为"在水上面"。

西多巴哥（Western Tobago）是半自治区，其名来源见上述国名中的"多巴哥"。

首府斯卡伯勒（Scarborough）是多巴哥岛上最大的城镇。其名源于英国北约克郡北海岸的城镇斯卡伯勒。1769年，它取代了乔治城（Georgetown），成为多巴哥首府。在法国统治时期，该城名叫路易港（Port Louis）。

13. 牙买加

（1）国名

牙买加（Jamaica）位于加勒比海大安的列斯群岛西部，是加勒比海第三大岛，仅次于古巴岛和海地岛。阿拉瓦克人是该岛原住居民，称该岛为"Xaymaca"，意为"林木和水之地"或"泉水之岛"。后来，"X"变为西班牙文的"J"，岛名逐渐演变为"Jamaica"，并成为该国国名。1494年5月3日哥伦布登上该岛时，称其为圣地亚哥（Santiago）。

（2）首都名

金斯敦（Kingston）是该国最大的城市和港口，位于牙买加岛东南部，北靠兰山，南临金斯敦湾。该城建于1693年，其名意为"国王之城"，是为纪念英国国王威廉三世，即奥兰治的威廉亲王。他是荷兰执政威廉二世和英国国王查理一世之女玛丽公主的儿子。1872年，金斯敦被定为牙买加首都。1907年大地震后重建。因此处风景优美，该城也被誉为"加勒比城市的皇后"。牙买加原首都为圣地亚哥德拉贝加（Santiago de la Vega），建于1523年，后改称西班牙城（Spanish Town）。

（3）区名和首府名

牙买加全国划分为3个郡，下设14个区。

康沃尔郡（Cornwall）位于牙买加西部，包括汉诺威区、圣伊丽莎白区、圣詹姆斯区、特里洛尼区和威斯特摩兰区5个区。得名于英国康沃尔郡。

米德尔塞克斯郡（Middlesex）位于牙买加中部，包括克拉伦登区、曼彻斯特区、圣安娜区、圣凯瑟琳区和圣玛利区5个区。得名于英国米德尔塞克斯郡。

萨里郡（Surrey）位于牙买加东部，得名于英国萨里郡。包括金斯敦区、波兰特区、圣安德鲁区（Saint Andrew）和圣托马斯区4个区。

汉诺威区（Hanover）位于牙买加岛西北部，设立于1723年11月12日，是牙买加面积最小的区。其名是为纪念英国国王、德意志汉诺威选帝侯乔治一世。乔治一世名叫乔治·路德维格，1660年5月28日出生于汉诺威的奥斯纳布吕克城，是汉诺威选帝侯奥古斯都和英国国王外孙女索菲亚的儿子。1714年8月，乔治·路德维格成为英国国王，开始了英国的汉诺威王朝。有人曾提出将该区取名为圣索菲亚（St. Sophia），以纪念乔治一世的母亲，但未获议会支持。

首府鲁西（Lucea）是该区的主要城市和港口，得名于航海家哥伦布的儿子路易斯（Luis）。

圣伊丽莎白区（St. Elizabeth）位于牙买加岛西南部。其名取自牙买加1664～1670年首任总督托马斯·莫迪福特（Thomas Modyford, 1620－1679）

之妻之名伊丽莎白·莫迪福特（Elizabeth Modyford）。

首府黑河（Black River）位于黑河河口，其名源于同名河黑河，黑河发源于曼彻斯特山脉，长 53.4 公里，是牙买加岛上最长的河流，可航行的河段有 40 公里。黑河之名源于其黑色的河床。

圣詹姆斯区（Saint James）位于牙买加岛西北部。牙买加总督托马斯·莫迪福特为纪念约克公爵詹姆斯，即后来的英国国王詹姆斯二世（James Ⅱ）而为该区取名为圣詹姆斯。

首府蒙特哥贝（Montego Bay）是面积仅次于金斯敦的牙买加第二大城，按人口算为牙买加第四大城。蒙特哥贝（Montego Bay）名字中的"Bay"英语意为"湾"，"Montego"是西班牙语"manteca"的误传，意为"猪油"，全词义为"猪油湾"。1511～1655 年西班牙统治牙买加期间，这里是出口猪油、皮革和牛肉的地方，故以"猪油湾"称之。

特里洛尼区（Trelawny）位于牙买加岛西北部。其名是为纪念 1768～1772 年任牙买加总督的威廉·特里洛尼（William Trelawny, 1722－1772）。

首府法尔茅斯（Falmouth）由托马斯·里德（Thomas Reid）建于 1769 年，以牙买加总督威廉·特里洛尼的英国出生地康沃尔郡法尔茅斯命名。

威斯特摩兰区（Westmoreland）是位于牙买加最西部的区，1703 年，以当时英国的威斯特摩兰郡（1974 年后该郡并入英国新设立的坎布里亚郡）命名，英语意为"最西部的地区"。

首府滨海萨凡纳（Savanna-la-Mar）建于 1730 年，最初是为了抵御海盗的袭击而建立的堡垒。西班牙占领牙买加岛时取此名，西班牙语意为"海滨平原"。

克拉伦登区（Clarendon）位于牙买加岛南部，其名是为纪念大法官、克拉伦登伯爵爱德华·海德爵士（Edward Hyde, 1609－1674）。他从 1641 年起任英国国王查尔斯一世的顾问；查尔斯二世时，他成为第一位克拉伦登伯爵。

首府梅彭（May Pen）位于米尼奥河畔，是牙买加第二大城，仅次于西班牙城。由 1660～1683 年建立的种植园发展而来，其名中的"Pen"即为"种植园"之意。"May"是为纪念牧师威廉·梅（William May）。威廉·梅是建城前该地区的拥有者，是金斯敦教区的教区长。

曼彻斯特区（Manchester）位于牙买加中西部，其名是为纪念当时的牙买加总督曼彻斯特公爵（Duke of Manchester）。他在此任总督19年，是任职时间最长的牙买加总督。

首府曼德维尔（Mandeville）建于1816年，以曼彻斯特公爵长子曼德维尔子爵为名。

圣安娜区（Saint Ann）是牙买加最大的区，位于牙买加岛北海岸。哥伦布将此地命名为圣安娜（Santa Ana），后改为英语的（Saint Ann），这是以英国国王詹姆斯二世第一任妻子安娜·海德（Anne Hyde）之名命名的。

首府圣安娜湾（Saint Ann's Bay）得名同所在区。

圣凯瑟琳区（St Catherine）位于牙买加东南部，设立于1867年，以英国国王查尔斯二世之妻凯瑟琳王后（Katherine）之名命名。

首府西班牙镇（Spanish Town）由西班牙总督弗朗西斯科·德加拉伊（Francisco de Garay）建于1534年，当时取名拉维加圣母镇（Nuestra Villa de la Santísima Señora de la Vega），简称拉维加镇（Villa de la Vega）。它作为牙买加首都直至19世纪。英国人把首都迁往金斯敦后，该城成为圣凯瑟琳区的首府。

圣玛利区（Saint Mary）是牙买加最小的区之一，位于牙买加东北部。起名源于该区首府玛利亚港。

首府玛利亚港（Port Maria）是西班牙人在牙买加建立的第二座城镇，取名圣玛利亚港（Puerto Santa Maria），以纪念圣母玛利亚。1655年英国占领牙买加后，改名为玛利亚港（Port Maria）。

金斯敦区（详见上首都名）

波兰特区（Portland）位于牙买加东北部沿海。1723年根据波兰特公爵（Duke of Portland）、牙买加总督的命令设区，取此名也是为纪念他。

首府安东尼奥港（Port Antonio）是牙买加第三大港口。16世纪，此地的海湾被命名为安东港（Puerto Anton），但当时还未有殖民者在此定居。1723年，英国人在这里建立起一座城镇，取名蒂特奇菲尔德（Titchfield），后改为现名，以纪念圣徒安东尼奥。美国诗人埃拉·惠勒·威尔科克斯

（Ella Wheeler Wilcox）在此度假后说该城是"世界上最优美的港口"。

圣安德鲁区（Saint Andrew）位于牙买加东南部，设区于1867年。设区前这里被称为利瓜内亚（Liguanea），源于所在的利瓜内亚平原。圣安德鲁是苏格兰保护神。

首府哈夫韦树（Half Way Tree）之名英语意为"半路树"。据说1655年英国占领牙买加之前，此地曾有一棵高大的木棉树，正好位于圣安德鲁的格林尼治镇（Greenwich）和西班牙镇的一座英军堡垒之间。这棵树当时作为两地之间的界标，被称为"半路树"。英军从格林尼治出发前往西班牙镇行军途中，常在这里休息。

圣托马斯区（Saint Thomas）位于牙买加东南部，设区于1662年。1655年英国占领牙买加后，此地曾以大地产主托马斯·弗里曼（Thomas Freeman）的姓氏命名，称为弗里曼湾（Freeman's Bay）。后来彼得·巴利特（Peter Ballette）在此建城，改称彼得伯勒（Peterborough），意为"彼得城"。最后改为现名，以纪念牙买加总督温莎勋爵托马斯（Thomas, Lord Windsor），他曾于1662年8月至1662年11月任牙买加总督。

首府莫兰特湾（Morant Bay）得名于流经此地的莫兰特河。

三　源于印第安语的地名

　　印第安人是美洲最早的主人，早在25000多年前，他们就穿越白令海峡，来到广袤的美洲大陆，在这里繁衍生息，发展出独特的印第安文化。在漫长的历史长河中，印第安人创造了美洲的三大古代文化——玛雅文化、阿兹特克文化和印加文化，在农业、建筑、天文和历法等领域都为世界文明的发展做出了重要贡献。哥伦布"发现"美洲大陆之前，拉美地区印第安人使用的语言多达879种，并在这里留下了众多印第安语地名。从15世纪开始，西班牙、葡萄牙等西方殖民者用火与剑征服美洲，他们一方面残酷屠杀印第安人，一方面强行推广自己的语言和文字，西班牙语和葡萄牙语逐渐成为西属殖民地和葡属殖民地的官方语言。西方殖民者的暴行给印第安人带来了巨大的灾难，土著人口迅速减少，语言不断消亡。然而，许多古老的印第安地名仍顽强地留存下来，至今从这些地名中仍可感受到印第安各民族悠久历史和灿烂文化的气息，并为了解和研究印第安文明和拉美历史发展提供了重要依据。

（一）克丘亚语地名

　　在拉美和加勒比地区5亿多人口中，印第安人约占8%，人口总数约为4000万。克丘亚人（Quechua）是南美印第安人中的重要一支，也是人数最多的印第安部族，人口约有1281万。他们主要分布在秘鲁、厄瓜多尔和玻利维亚，少数人生活于哥伦比亚、智利和阿根廷。克丘亚人原为库斯科地区的一个小部落，后来才异军突起，不断发展壮大，最终形成地域广阔的印加帝国，创造出灿烂的印加文明。秘鲁是古代印加帝国的发祥地，克丘亚人使用的克丘亚语起源于公元前2600年左右秘鲁的卡拉尔（Caral）地区。14世纪，随着印加帝国的扩张，克丘亚语成为秘鲁地区的通用语。后来，克丘亚语又流传到南美的很多地方。从16世纪起，随着西班牙殖民者的到来，大批克丘亚人惨遭杀戮。然而，克丘亚人并未屈服，他们长期坚持反抗西班牙殖民统治的斗争，顽强地坚守着自己的传统和文化。在现今的秘鲁地名中，留有众多克丘亚语及其他印第安语的地名。可以说，克丘亚语地名是印第安文化，特别是印加文化的重要组成部分，是秘鲁等国历史和地理的真实反映。

1. 源于神话和民间传说的地名

许多克丘亚语地名源于动人的神话故事和民间传说。位于秘鲁与玻利维亚交界处的的的喀喀湖（Lago Titicaca）是克丘亚语"Titiqaqa"西班牙语化后的名字。的的喀喀湖是世界上最高的通航淡水湖，海拔3812米，面积8290平方公里，湖深302米，被誉为"圣湖""高原明珠"。湖中有数十座岛屿，包括著名的太阳岛和月亮岛，上面都留存着印加时代的遗迹。自古以来，勤劳勇敢的土著印第安人就在的的喀喀湖泊周围休养生息，他们种植玉米、马铃薯等农作物，在湖中乘坐用香蒲草制成的舟筏捕鱼。但是，这个和当地人民生活休戚相关的大湖原名并非的的喀喀，它的名字另有一番来历。

16世纪上半叶，西班牙殖民者弗朗西斯科·皮萨罗率领远征军入侵鼎盛一时的印加帝国。在此之前，印第安人把的的喀喀湖称作"丘基亚博"，印第安语意为"聚宝盆"。因为在这个高原湖泊周围蕴藏着丰富的金矿，印第安人利用冶炼出的黄金，制成各种装饰品随身佩带，他们为大湖沿岸的金矿而自豪，遂把湖名定为丘基亚博。

皮萨罗占领印加帝国首都库斯科后，于1533年12月初派遣部下迭戈·德阿圭罗和佩德罗·马丁内斯·德莫格尔到的的喀喀湖考察。他们亲眼看到了这座美丽而神奇的高原大湖，那里人口稠密，傍湖而居的印第安人过着与世无争的宁静生活。印第安人奇异的装束、独特的习俗，特别是这里丰富的金矿，给这两个西班牙人留下了深刻的印象。他们乘船来到湖中一座叫作太阳岛的小岛，岛上有印第安人祭祀用的太阳神庙。他们在这里听到了很多有关太阳岛的美丽传说。相传很久以前，太阳神在这个小岛上造出了一男一女，他们的子孙绵延，形成了印加民族。因此，印第安人将太阳岛视作圣地，常常到岛上的太阳神庙顶礼膜拜，并将带来的礼品和祭物放置在一块叫作"的的喀喀"的巨石上。印第安人十分尊崇这块的的喀喀巨石，每天清晨，都要往巨石上浇洒当地妇女自制的奇查酒。

40天后，迭戈与佩德罗回到了库斯科，他们把的的喀喀湖和太阳岛上的见闻报告给了皮萨罗，太阳神庙中那块神奇的的的喀喀巨石也很快被人们所知。不久，皮萨罗便率军队占领了这个地区。他们疯狂掠夺当地的金银财宝，杀戮大批无辜的印第安人，给印第安人带来了灭顶之灾。随着时间的推移，高原大湖的原来的名字丘基亚博渐渐被人们遗忘，而太阳岛上那块巨石的名字的的喀喀却始终让人们铭记，后来就成了大湖的正式名称。

关于的的喀喀湖名字来源的第二个传说也非常动人。相传古时候，在辽阔、深邃的太平洋海底世界，有一座巍峨壮观的宫殿，里面住着水神的女儿伊卡卡。美丽的女神伊卡卡虽然每天吃的是珍馐佳肴，穿的是绫罗绸缎，可她觉得无比寂寞，于是便时常从海底浮出水面，登上一座岛屿，眺望碧波浩渺的大海，还时常弹起竖琴，唱起动听的小调。

一天，伊卡卡正坐在岛上欣赏海景，忽然海上起了风暴，顿时乌云滚滚，恶浪滔滔。只见一只小船在汹涌的波涛中摇晃，不一会儿便被巨浪打翻。船上一个叫作蒂托的帅小伙子落入水中，眼看就要被海水吞噬。在这危急时刻，伊卡卡跳入水中，把小伙子救上了岸。他们一见倾心，互相爱慕，决定结为伴侣，并在岛上建起了美丽的住宅，幸福地生活在一起。伊卡卡的表妹得知此事，妒性大发，为了破坏这对青年的幸福，她把水神带到了这个小岛上。水神发现女儿嫁给了地上的凡人，顿时怒火冲天，气急败坏，让风神把这对恋人抛向空中。狂风卷着两个年轻人向东飘去，到伊亚布山谷后把他们摔了下去。蒂托当即被摔死，伊卡卡则幸免于难，她孤身一人，悲痛欲绝。于是她把蒂托变成了一座山丘，把自己化成一泓清澈的湖水，从此山水相依，永不分离。人们为这对青年生死不渝的爱情所感动，为了纪念他们，便把蒂托（Tito）和伊卡卡（Icaca）的名字合在一起，作为湖的名字，称为的的喀喀（Titicaca）。

关于的的喀喀湖的第三个传说是，人们在一片肥沃的土地上劳作、生活，犹如在天堂一般无忧无虑。一位名叫洛斯阿普斯（Los Apus）的山神保护着他们，但不准他们登上燃烧圣火的山顶。那块肥沃土地上有个魔鬼，他不愿见到人们生活幸福。在魔鬼一次又一次地诱惑下，人们登上了山顶。山神大怒，放出美洲狮群，将人们全部吞噬，只有一对年轻男女幸免于难。太阳神印蒂（Inti）看到众人遇难的悲惨场面，不禁放声大哭。他一直哭了40天和40夜，他的泪水汇聚成了的的喀喀湖。当太阳神离开时，躲在船上避难的这对恋人发现美洲狮群变成了石头。这个故事成为的的喀喀湖名称的一个来源。"的的"（Titi）意为"美洲狮"，"喀喀"（kaka）意为"石头"。

的的喀喀湖的名称来源还有一种说法，有人认为源于印蒂科哈尔卡岛（isla Intikjarka）的名字。该名是克丘亚语和艾马拉语组合而成，"inti"意为（太阳），"kjarka"意为（巨石），可能和上述传说有关。

秘鲁安卡什区的瓦斯卡兰（Huascaran）山脉，地处同名国家公园内。该山脉北峰高6650米，南峰高6768米，是世界热带地区的最高峰，1985年被联合国教科文组织宣布为世界自然遗产。其名源于克丘亚语的"huasca"（链）和"ran"（石头或多岩石的山），全词义为"山脉"。有关瓦斯卡兰山脉的名称也流传着一段凄楚、动人的传说。相传在印加时代，瓦斯卡兰山附近有两个部落。马楚别楚部落入侵了其中的一个部落，烧杀抢掠，无恶不作。遭入侵部落中一个名叫瓦斯卡尔的青年首领派人通知了另一个部落，要他们做好防范敌人入侵的准备。另一部落的首领非常感谢瓦斯卡尔的救命之恩，四处派人寻找他，并把他接到自己的住处大加款待。一天，瓦斯卡尔在河边散步，忽然看见一位来提水的美若天仙的少女。原来，她是这个部落首领15岁的女儿万迪（Huandy）。俩人一见钟情，互相爱慕。万迪在给瓦斯卡尔送饭时，相约晚上在河边相会。当晚，瓦斯卡尔向姑娘表白了自己的爱慕之情，万迪欣然接受，但又非常害怕，因为她的部落禁止同其他部落的人通婚。最后，俩人决定一起逃走。少女父亲得知消息后大怒，派人四处追捕。瓦斯卡尔和姑娘没能逃出去，被带回部落。少女父亲下令将他们分别绑在河两岸相互看得见的大树上，直至死去。瓦斯卡尔和万迪四目远远相望，泪如泉涌，各自的泪水都形成了湖。为了爱情，他们献出了宝贵的生命。太阳神同情他们的悲惨遭遇，天空中顿时电闪雷鸣，大雨倾盆，冰雹呼啸而至。很快，在瓦斯卡尔的尸体上出现了一座雪山，这就是秘鲁最高的雪山瓦斯卡兰。在瓦斯卡兰雪山对面，在万迪的尸体上出现了另一座雪山，那就是万迪雪山。此外，也有人说是印加王瓦伊纳·卡帕克（Huayna Capac）途经此山脉时，以其长子瓦斯卡尔（Huascar）之名为该山脉命名，因此该山脉也被称作瓦斯卡尔之山。

2. 源于动植物的地名

（1）以植物命名

秘鲁森林的覆盖率为58%，面积达7710万公顷，在南美洲仅次于巴西。境内植物种类繁多，约有5万种，占世界植物种类的20%。秘鲁许多克丘亚语的地名来源于当地植物的名字。

安卡什区城镇阿伊拉（Aira）名字源于克丘亚语"airampu"，指的是一种匍匐生根的植物，可用作染料。

安卡什区城镇卡尔瓦斯（Carhuaz）之名由克丘亚语"qarua"（黄色的）和词尾"sh"（地方）组成，全词义为"黄花繁盛之地"。

安卡什区城镇卡萨伊尔卡（Cashahirca）之名源于克丘亚语的"kasha"（芒刺）和"hirca"（山），全词义为"芒刺山"。

安卡什区云盖州城镇奇尔卡（Chilca）之名源于克丘亚语的"chilco"，是该地区生长的一种含树脂的灌木名。

安卡什区云盖州城镇奇尔卡班巴（Chilcabamba）之名源于克丘亚语由chilca（含树脂灌木）和bamba（地方）组成，全词义为"含树脂灌木多之地"，当地人用此木编筐。

安卡什区博洛格内西州村镇万萨拉（Huansala）之名源于克丘亚语的"huansa"（嫩玉米）和"la"（我的地），全词义为"我的嫩玉米地"。

秘鲁前印加时期的万萨凯（Huansakay）古堡（或古庙）的名字源于克丘亚语的"huansa"（嫩玉米）和"kay"（拥有），全词义为"有嫩玉米的地方"或"有嫩玉米的先生"。

智利地形狭长,各地区气候差异很大,植物品种很多,不少地名源于克丘亚语植物名。

智利第一大区塔拉帕卡区城镇圣安德烈斯德皮卡(San Andrés de Pica)建于1540年左右。其名由"圣安德烈斯"(San Andrés)和"皮卡"(Pica)两部分组成。"皮卡"(pica)为克丘亚语,意为"沙上之花"。

智利第三大区阿塔卡马区卡尼亚拉尔(Chañaral)之名源于鲁纳西米语(runasimi,克丘亚语的另一种称呼)的"Chañar",是当地的一种树。

(2) 以动物为名

秘鲁拥有丰富的动物资源,南美洲的各种动物在秘鲁几乎都可见到。秘鲁的许多地名也同动物有关。

伊卡区皮斯科州首府皮斯科(Pisco)海拔3400米,在世界海拔最高城市中排第四,它建于印加帝国故都废墟上。其名为克丘亚语,意为"鸟"或"禽"。该地区海鸟和飞禽甚多,故古印加人以"鸟"为其命名。

胡宁区塔尔马州城镇孔多尔科查(Condorcocha)其名源于克丘亚语的"kuntur"(秃鹰)和"qocha"(池塘或泉水),全词义为"秃鹰的池塘"。

瓦努科区城镇瓦马列斯州(Huamalies)之名源于克丘亚语"Huaman",意为"游隼栖息之地"。

拉利伯塔德区城镇瓦马丘科(Huamachuco)其名源于克丘亚语的"huaman"(游隼)和"tsucu"(草帽),全词义为"游隼如草帽"。

阿亚库乔区城镇瓦曼加(Huamanga),一说其名是"huaman"(游隼)和"anca"(雀鹰)两词的结合,意为"有游隼和雀鹰的地方";另一说其名源于克丘亚语的"Huamanqaqa",其中"huaman"意为"游隼","qaqa"意为"石山",全词义为"游隼栖息的石山"。

安卡什区的城镇皮斯科瓦西(Piscohuasi)之名意为"鸟巢";阿亚库乔区的城镇皮斯科图纳(Piscotuna)之名意为"鸟果";阿雷基帕区的城镇皮斯科潘帕(Piscopampa)之名意为"鸟的草原";阿普里马克区的城镇皮斯科班巴(Piscobamba)之名意为"鸟的原野"。

安卡什区博洛格内西州村镇瓦扬卡(Huallanca)的名称源于克丘亚语

的"hualla"（高原）和"anca"（雀鹰），全词义为"在高原栖息的雀鹰"。

库斯科区乌鲁班巴谷地（Urubamba），其名源于克丘亚语的"uru"（蛇）和"bamba"（平原或草原），全词义为"多蛇的草原"。

智利也有一些地名源于克丘亚语的动物名，如智利第五大区瓦尔帕莱索区佩托尔卡省首府拉利瓜（La Ligua）之名就源于克丘亚语，意为"分发给家庭的羊毛"。

3. 源于自然景观的地名

秘鲁山川秀丽，地形复杂。西部沿海的黄沙中点缀着绿洲，中部山峦绵亘起伏，东部森林莽莽苍苍，交织成一幅色彩迥然有别的画卷。许多地名成为秘鲁美丽自然景观的真实反映。

秘鲁莫克瓜区首府莫克瓜（Moquegua）的地名有人推测源于克丘亚语的"Moquehua"，意为"很多人拥有的一块肥沃土地"。有人说1120年左右印加人的部落在当地建立了两个村落，分别叫"Cuchuna"和"Moquehua"，并处于印加帝国统治下。1541年西班牙殖民者抵达该地，询问该地的名称，得到的回答是"Moquehua"。于是"Moquehua"便成为该城的名称。后来，名字中的"h"逐渐被"g"所取代。

阿根廷等南美国家的一些克丘亚语地名也与自然景观有关，如阿根廷西北部省图库曼（Tucumán）之名可能源于克丘亚语"Tukkumano"，意为"边疆地区"，但阿根廷历史学家曼努埃尔·利松多·博尔达（Manuel Lizondo Borda）认为，图库曼的克丘亚语意为"河流的发源地"。还有人提出意为"棉花国"。玻利维亚科查潘巴（Cochabamba）之名源于克丘亚语的"qocha"（池塘或泉水）和"bamba"（平原或地区），全词义为"多池塘或泉水的平原或地区"。哥伦比亚乌伊拉省城市蒂马纳（Timana）克丘亚语意为"大筐的土地"。

（1）与平原有关的地名

秘鲁圣马丁区首府莫约班巴（Moyobamba）由胡安·佩雷斯·德格瓦拉（Juan Perez de Guevara）建于1540年，取名为八个莫约班巴谷地的圣地亚哥，简称莫约班巴。"莫约班巴"一词源于克丘亚语"muyupampa"，意为"圆形的平原"。莫约班巴是西班牙人在秘鲁亚马孙地区建立的第一座城市。

安卡什区城镇阿科班巴（Acobamba）其名源于克丘亚语"Akobamba"，意为"多沙的平原"。

瓦努科区城镇瓦卡伊班巴（Huacaybamba）之名源于克丘亚语的"huacay"（流泪）和"bamba"（平原），意为"流泪的平原"。

阿空加瓜山（Aconcagua）其名由克丘亚语"akun"或"ako"（沙）、"haku"（我们去）和"qhawaq"（观察）组成，全词义为"沙地上的瞭望哨"。

玻利维亚科恰班巴省（Cochabamba）之名源于克丘亚语的"qucha"或"qhucha"（湖）和"pampa"（平原），全词义为"多湖的平原"。

玻利维亚圣克鲁斯省首府科马拉帕（Comarapa）之名源于克丘亚语"con-wara"，意为"绿色的田野"，后来增加了后缀"pa"，成为"Conwara-pa"，最后变为"Comarapa"。

（2）与草原有关的地名

秘鲁瓦奴科区及首府瓦奴科（Huanuco）之名一说源于克丘亚语"Guanacu pampa"，意为"原驼的草原"。一说源于克丘亚语"Wuañuc"，意为"病入膏肓"或"死"。

安卡什区西瓜斯州村镇瓦伊利亚班巴（Huayllabamba）之名源于克丘亚语的"wuailla"（牧草丰盛）和"bamba"（草原），全词义为"牧草丰盛的草原"；该区另一城镇阿科潘巴（Acopampa）之名源于克丘亚语"Akopampa"或"Acobamba"，意为"多沙的草原"。

阿普里马克区安达瓦伊拉斯州（Andahuaylas）名称由古克丘亚语"anta"（铜）和"wuailla"（牧草丰盛的地方）组成，全词义为"蕴藏铜的牧草丰盛的地方"。

（3）与山川有关的地名

秘鲁安卡什区云盖州瓦伊塔卡卡（Huaytacaca）其名源于克丘亚语的"huayta"（花）和"qaqa"（巨石），全词义为"装饰着花的巨石"，该区另一城镇阿尔帕马约（Alpamayo）之名源于克丘亚语的"allpa"（土地）和"mayu"（河），全词义为"在大地与河之间"。

玻利维亚科恰班巴省普纳塔县（Punata）和首府普纳塔之名源于克丘亚

语，意为"高处"或"高的地方"。

智利中部河流马尔加-马尔加河（Marga-marga）之名源于克丘亚语"Markay-markay"，意为"容易运输"。

4. 源于克丘亚部族群体、个人和村落的地名

如今秘鲁是拉美地区印第安人比例较高的国家之一，印第安人，特别是克丘亚人为秘鲁社会的发展做出了重要贡献，创造出了查文文化、蒂瓦纳库文化和印加文化等绚丽多彩的印第安文化。一些留存至今的克丘亚语地名，源于克丘亚人的名字、群体或家庭成员，从中依稀可见印第安人社会形态和生活习俗的痕迹。

（1）源于克丘亚部族的地名

安卡什（Ancash）区位于秘鲁北部。1839年根据阿古斯丁·加马拉总统（Agustín Gamarra）的命令，该区以1725年雪崩中消失的古安卡什人和安卡什河的名字命名。安卡什（Ancash）之名一说源于克丘亚语"Anqash"，意为"绿松石"；一说源于克丘亚语"Ancash mayu"，意为"蓝色的河"、"流量较大的河"或"雀鹰光顾的河"。

安卡什区云盖州村镇利亚克塔（LLacta）之名源于克丘亚语，意为"这个地方的人们"；云盖州另一村镇马尔卡约克（Marcayoc）之名源于克丘亚语的"marca"（领土，地区）和"yoc"（拥有……的人们），全词义为"拥有土地的人们"。

洛雷托区首府伊基托斯（Iquitos）是该国亚马孙地区最重要的城市，也是优良河港。其名源于土著伊基托斯人的名称。伊基托斯人现居住于秘鲁和厄瓜多尔的马拉尼昂河（Marañon）、蒂格雷河（Tigre）与纳纳伊河（Nanay）沿岸的村落中。

阿根廷卡塔马卡省首府圣费尔南多德尔巴列德卡塔马卡（San Fernando del Valle de Catamarca）一名中的"卡塔马卡"（Catamarca）源于克丘亚语的"qata"（大衣）和"marca"（人民），全词义为"穿大衣的人们"。

（2）源于克丘亚人名的地名

玻利维亚拉巴斯省曼科卡帕克县（Manco Kapac）建于1951年6月6日，其名是为纪念印加帝国国王曼科·卡帕克（Manco Kapac）。

智利第三大区阿塔卡马区瓦斯科城（Huasco）建于1850年4月16日，其名是为纪念印加王瓦斯卡尔（Huáscar）。

智利北部城镇科利亚瓦西（Collahuasi）之名由克丘亚语"colla"（印加王妻）和"huasi"（房子）组成，全词义为"印加王后的房子"。

秘鲁安卡什区瓦尔梅州（Huarmey）之名源于克丘亚语，意为"女人"或"妻子"。

利马区奥永州城镇丘林（Churin）之名源于克丘亚语的"Tsurin"或"Churin"，意为"儿子"。

安卡什区云盖州村镇马萨克（Masac）之名源于克丘亚语"Mashaq"，意为"女婿"。

安卡什区云盖州城镇和利马省城镇瓦乔（Huacho）之名源于克丘亚语的"Huachu"，意为"孤儿"，或源于"Huachucu"，意为"男腰带"或"羊毛皮带"。

安卡什区瓦尔坎雪山（Hualcan）之名源于克丘亚语的"Wuallcan"，意为"是她的女伴"或"是她的项链"。

阿根廷卡塔马卡省城镇安达尔加拉（Andalgala）之名克丘亚语意为"兔主"或"高山之主"。

（3）与地方和村落名字有关的克丘亚语地名

秘鲁安卡什区许多克丘亚语的地名与所在地有关，如安卡什区卡尔瓦斯州城镇马尔卡拉（Marcara）之名意为"我的镇"或"我的土地"；瓦伊拉斯州（Huaylas）之名克丘亚语意为"小伙子们在打谷场脱粒的地方"；云盖州村镇马拉普（Marap）之名源于克丘亚语"Mare pampa"，意为"多石磨的地方"；云盖州乌伊斯卡斯（Huishcash）其名源于克丘亚语的"huashca"（锁）和"sh"（地方），全词义为"利安加奴谷地之锁的地方"；云盖州村镇瓦拉基尔科（Huaraquirco）其名源于克丘亚语的"huaraq"（拂晓）和"Irco"（驮畜），全词义为"拂晓驮畜到达的地方"；云盖州城镇万博（Huambo）其名源于克丘亚语"Huampu"，意为"土著人居住的地方"。

安卡什区城镇卡拉斯（Caraz）由克丘亚语"qara"（礼物或皮革）和词尾"sh"（地方）组成，全词义为"从事皮革业的地方"。另一城镇查卡斯

（Chacas）源于克丘亚语的"tsaca"或"chaca"（桥）和词尾"sh"（地方），全词义为"有桥之地"；也有人认为其名源于克丘亚语的"tsaqa"（拂晓）和词尾"sh"，全词义为"拂晓时我们所在的地方"。安卡什区城镇卡哈卡伊（Cajacay）由克丘亚语"qaqa"（大石头）和"kay"（有）组成，意为"有大石头的地方"；或由"qaxa"（寒冷）和"kay"（有）组成，意为"寒冷的地方"。帕斯科区城镇戈伊利亚里斯基斯卡（Goyllarisquizca）源于克丘亚语的"qoyllor"（星）和"ishquishqa"（坠落），意为"星星坠落的地方"。

其他区的一些城镇名字也与所在地有关，如阿普里马克（Apurimac）区地处该国南部，其名由克丘亚语"apu"（皇帝或人间神明）和"rimac"（讲话者）两词组成，意为"印加王讲话之处"；万卡维利卡区首府万卡维利卡（Huancavelica）源于克丘亚语"Wuankawilica"，意为"万卡人后代居住的地方"。

玻利维亚科恰班巴省米斯克县（Mizque）和首府米斯克之名源于克丘亚语"Misk'i"，意为"甜食"。波托西省查扬塔县（Chayanta）首府科尔克查卡（Colquechaca）之名克丘亚语意为"银桥"。

5. 有关气象的地名

气候特征和气象变化是秘鲁一些克丘亚语地名的来源之一。闻其名，便可以大概了解当地的气候特点，这是十分有趣的事。

安卡什区云盖州城镇阿特马（Atma）之名意为"大风"。该区另一城镇云盖（Yungay）由克丘亚语"yunga"（炎热的谷地）和形容词"y"（前往）组成，全词义为"前往炎热的谷地"。西班牙殖民者抵达前该地已有村镇，1540年8月4日，传教士多明戈·德圣托马斯在此建城。安卡什区云盖州城镇阿尔瓦伊（Arhuay）源于克丘亚语，意为"去寒冷的地方"或"去背阴处"。

瓦伊瓦斯山脉（Huayhuash）坐落于秘鲁安卡什和瓦奴科区之间。其名由克丘亚语的"huaywa"（寒风）和"sh"（地方）组成，意为"寒风凛冽的地方"。

安卡什区城镇卡哈马卡（Cajamarca）之名由克丘亚语"qaxa"（寒冷）

和"marca"(村镇或地方)组成,意为"寒冷的地方";或由"qaqa"(大石头)和"marca"(村镇或地方)组成,意为"有大石头的村镇"。该区城镇卡斯卡帕拉(Cascapara)其名源于克丘亚语,由"cashca"(水浇田)和"para"(雨)组成,全词义为"雨水浇灌之地"。位于该区的卡哈维尔卡雪山(Cajavilca)由"qaxa"(寒冷)和"willca"(孙子)组成,意为"孙子的雪山"。云盖州利安加奴科湖(Llanganuco)之名源于克丘亚语"Janca"或"llanga",意为"冰封之地"。云盖州城镇丘钦(Chuchin)其名源于克丘亚语,意为"干旱地区"。萨普拉拉胡山(Shapraraju)是位于秘鲁安卡什区云盖州的雪山,其名由克丘亚语的"shapra"(胡子)和"raju"(雪山)组成,全词义为"白胡子雪山"。皮乌拉区城镇查拉科(Chalaco)意为"多雾地区"。

6. 源于矿产资源的地名

秘鲁矿产资源丰富,是世界第十二大矿产国,主要有铜、铅、锌、银、铁和石油等。其中,铋、钒储量居世界首位,铜储量居世界第三位,银、锌储量居世界第四位。秘鲁的一些克丘亚语地名也与矿藏有关。

利马区城镇安达赫斯(Andajes)之名源于古克丘亚语"Antamarca",意为"铜之地"。安卡什区城镇安塔(Anta)之名源于克丘亚语的"Anta"或"Anda",意为"铜或金属"。该区的安塔米纳(Antamina)是秘鲁最大的矿区,其名由克丘亚语"anta"和西班牙语"mina"组合而成,"anta"之意与上同,"mina"意为"矿",全词义为"铜矿或金属矿"。该区云盖州城镇科拉科略(Coracollo)之名由克丘亚语的"qori"(金或贵金属)和"qoyllor"(星)组成,全词义为"像金一样闪光的星"。

帕斯科区城镇科尔基希尔卡(Colquijirca)之名由克丘亚语的"colqui"(银)和"hirca"(山)组成,全词义为"银山"。

智利盛产铜,有些地名与铜联系在一起,如其第二大区安托法加斯塔区首府安托法加斯塔(Antofagasta)之名源于克丘亚语,由"anta"(铜)和"pakay"(藏)组成,全词义为"蕴藏铜之地"。第四大区科金博区城镇安达科略(Andacollo)之名由克丘亚语"ana"(铜)和"coyllor"(星)组成,全词义为"像铜一样闪光的星";但也有人认为其名源于克丘亚语的

"Anda Colla",意为"印加王妻的铜"。

智利第三大区阿塔卡马区城镇瓦斯卡尔之名由克丘亚语的"huás"（金）和"car"（链）两词组成，全词义为"金链"。后来受马普切语影响，词中最后的音节"car"变为"co"，即"huáscar"变为"huasco"。在马普切语种，"co"意为"河"，所以"Huasco"又有"金河"的意思。

智利第四大区科金博区城镇孔巴尔巴拉（Combarbalá）建于1789年11月30日，其名源于克丘亚语，意为"携锤出发"，指人们带着锤到矿区和采石场干活。

（二） 瓜拉尼语地名

瓜拉尼人是南美印第安人的重要一支，约有170万人，主要居住在巴拉圭。此外，在玻利维亚、阿根廷、乌拉圭和巴西也有少部分瓜拉尼人。瓜拉尼人操瓜拉尼语（Guarani），属安第斯－赤道语系的图皮－瓜拉尼语族。1992年颁布的巴拉圭共和国宪法规定，瓜拉尼语和西班牙语同为巴拉圭的国家官方语言。从2006年起，瓜拉尼语又与西班牙语和葡萄牙语一起成为南美洲南方共同市场的官方语言。在巴拉圭等国，有许多源于瓜拉尼语的地名。

1. 巴拉圭的瓜拉尼语地名

（1）表示自然地理特色的地名

巴拉圭是南美洲中部的内陆国家，南回归线横贯中部，从北向南的巴拉圭河把全国分为东西两部分。河东为丘陵、沼泽和平原；河西有许多原始森林和草原。巴拉圭的许多瓜拉尼语地名同当地的地理环境、自然景观联系在一起，记录着国家城镇、山川等自然因素的历史变迁。

伊瓜苏瀑布（Cataratas del Iguazú）与伊瓜苏河得名于瓜拉尼语。当地有这样一个美丽的传说，一个酋长的儿子深深爱恋着一位公主，可公主因病双眼失明了，小伙子站在河岸上，祈求诸神帮助公主恢复视力。祈祷过后，大地突然裂为峡谷，河水喷涌而出，小伙子被卷进山谷中，而公主则重见光明,她成为第一个看到伊瓜苏瀑布的人。印第安瓜拉尼语称该瀑布为"伊瓜苏",意为"大水"。第一个探访该瀑布的西班牙探险家是德巴卡(Alvar Nuñez Cabeza de Vaca),1541年他将瀑布命名为圣玛利亚(Santa María),但这个名字并未得到人们的认可,瀑布始终被人们称为伊瓜苏。

科迪勒拉省城镇皮里贝布伊(Piribebuy)之名源于瓜拉尼语"Pirí vevui",意为"清凉的感觉",因为这个地方曾有许多清凉的小溪。

中央省城镇伊帕内(Ypané)由西班牙总督多明戈·马丁内斯·德伊拉拉(Domingo Martínez de Irala)建于1538年3月23日。原名皮图姆(Pitum),瓜拉尼语意为"药用水"。现名则代表注入巴拉圭河的三条河,其中的"y"意为"水","pa"意为"注入河的水","ne"是指干旱时节干枯的沼泽和河流的气味。

中央省城镇伊帕卡拉伊(Ypacaraí)之名源于瓜拉尼语,但其名来源有几种说法。一说源于商店老板问顾客的一句话:"先生,要水吗?"这里"caraí"意为"先生","y"意为"水","pa"在瓜拉尼语中是后缀,表示提问。一说"ypa"译为"湖","karai"译为"神圣的",全词义为"圣湖"。一说西班牙人到此地时问土著人这个湖叫什么名字,土著人回答"Ypa karai?"意思是"先生,你指的是水吗?"后来这句问话竟成了当地的地名。一说伊帕卡赖(Ypacaraí)意为"乞求湖",起因是湖水曾淹没皮拉尤谷,1603年,传教士路易斯·德博拉尼奥斯(Luis de Bolaños)曾向上帝乞求不要让湖水再泛滥,故得此名。

卡瓜苏省城镇伊乌(Yhú)以伊瓜苏河支流伊乌河命名。伊乌(yhú)瓜拉尼语意为"黑水"。

伊塔普阿省城镇奥埃瑙(Hohenau)之名的瓜拉尼语意为"地势高的草原"或"地势高的田野",建于1900年3月14日。

瓜伊拉省纽米区(Ñumí)之名由瓜拉尼语"ñu"(田野)和"mí"(后缀缩小)组成,全词义为"小田野"。

科迪勒拉省城镇卡库佩(Caaguazú)是该省最大的城镇,建于1845年。其名源于瓜拉尼语的两个词"ka'a"和"guasu"。"ka'a"意为"草"或"山",全词义为"大山"或"大草"。

中央省城镇兰巴雷（Lambaré）建于1766年，其名源于瓜拉尼语"El Ambaré"，意为"阴影下的国家"，因附近的山而得名。

瓜伊拉省城镇伊塔佩（Itapé）由传教士路易斯·德博拉尼奥斯（Luís de Bolaños）建于1860年，取名为"塞罗茶托"，西班牙语意为"不高的山"。后改名为"伊塔佩"，其名瓜拉尼语意为"扁平的石头"。

中央省城镇伊塔（Itá）之名的瓜拉尼语意为"石头"。由多明戈·马丁内斯·德伊拉拉都督（Domingo Martínez de Irala）建于1539年。这里因生产大量陶瓷，被称为"陶瓷之都"。

中央省城镇伊陶瓜（Itauguá）之名的瓜拉尼语意为"属于一个地方的石头"。由马丁·德巴鲁亚男爵（Martín de Barúa）建于1728年。

涅恩布库省城镇乌迈塔（Humaitá）之名由瓜拉尼语的"yma"（古老的）和"itá"（石头）组成，意为"古石"。

科迪勒拉省城镇伊塔库鲁比德拉科迪勒拉（Itacurubí de la Cordillera）建于1871年9月18日。其名源自瓜拉尼语，城名中的伊塔库鲁比（Itacurubí）是该地区一种特殊石头的名字，城名后半部分则是表明该城位于科迪勒拉省。

瓜伊拉省城镇伊塔佩（Itapé）由传教士布埃纳文图拉·德比利亚斯博阿（Buenaventura de Villasboa）建于1672年5月2日，其名的瓜拉尼语意为"扁平的石头"。

巴拉瓜里省城镇伊比蒂米（Ybytymí）之名源于瓜拉尼语"Yvytym"，意为"小沙丘"。另一说是由"yby"（土地）、"ty"（山）和"mí"（后缀缩小）组成，意为"小山"或"小丘"。

巴拉瓜里省城镇伊布奎（Ybycuí）源于瓜拉尼语"Yvyku'i"，意即"沙"。

（2）以动植物为名的地名

巴拉圭国家虽小，但因地处南美洲中部，动物种类非常丰富。巴拉圭共有哺乳动物194种，禽类716种，爬行动物171种，两栖动物81种，鱼类261种，其中不少为珍稀品种。瓜拉尼人常用动物名称来为一些地区命名。

涅恩布库省城镇瓜苏夸（Guazú Cuá）之名来源于当地一种鹿的名称。阿古斯丁·费尔南多·德皮内多（Agustín Fernando de Pinedo）建于1775

年，当时称"弗朗卡德洛斯雷莫里诺斯镇"（Villa Franca de los Remolinos）。在三国联盟战争期间，该城居民弃城逃亡，返回时发现城里栖居着许多名为"瓜苏夸"的鹿，于是该城便以这种鹿的名称作为城名。

巴拉瓜里省城镇亚瓜龙（Yaguarón）原名"哈瓜鲁"（Jaguarú），在瓜拉尼神话中，哈瓜鲁是指当地一种狗或大型的美洲豹，后音变为亚瓜龙（Yaguarón）。

上巴拉那省城镇埃尔南达里亚斯（Hernandarias）建于1896年，是上巴拉那省最古老的城镇之一。原名"塔库鲁普库"（Tacurú Pucú），瓜拉尼语意为"高的白蚁巢"。现名是为纪念殖民时期印第安希甘特省首任土生白人省长埃尔南多·阿里亚斯·德萨韦德拉（Hernando Arias de Saavedra）。

巴拉圭森林面积占全国面积的54%，植物种类也很多，约有13000种，尤其多珍贵硬木，盛产破斧树和马黛茶树等。巴拉圭的许多地区用植物命名。

科迪勒拉省城镇卡拉瓜塔伊（Caraguatay）之名由瓜拉尼语的"caraguatá"和"y"组成，"caraguatá"是巴拉圭的一种植物名，"y"意为"水"。全词义为"水中的卡拉瓜塔"。该城建于1770年9月24日，原名为"Puesto Mbocajaty"。

卡宁德尤省城镇库鲁瓜蒂（Curuguaty）之名源于瓜拉尼语，其名中的"curugua"是该地区广泛种植的一种名叫"香蕉瓜"的植物，全词义为"香蕉瓜之地"。

圣佩德罗省瓜亚伊比区（Guayaibí）设立于1992年9月10日，其名源于巴拉圭一种名叫"guajayvi"的植物。

瓜伊拉省城镇姆博卡亚蒂（Mbocayaty）之名的瓜拉尼语意为"长满椰子树的地区"，因为该地区曾有大片椰子种植园。

瓜伊拉省城镇亚塔伊蒂（Yataity）之名的瓜拉尼语意为"灰叶椰生长的地方"，灰叶椰是棕榈科的一种。1809年，巴托洛梅·奥维多上尉（Bartolomé Oviedo）买下这一地区，建立了亚塔伊蒂镇。

巴拉瓜里省基因迪区（Quiindy）之名一说源于瓜拉尼语"Ky'ïty"，是指红辣椒；一说是指该地夜晚经常出现的欧洲萤的名字。

卡瓜苏省城镇卡阿瓜苏（Ka'aguasu）之名由瓜拉尼语"ka'a"（草）和

"guasu"（大的）组成，全词义为"大的草地"。

伊塔普阿省伊塔普阿波蒂区（Itapúa Poty）设立于1996年，其名瓜拉尼语意为"伊塔普阿之花"。

卡宁德尤省城镇库鲁瓜蒂（Curuguaty）由胡安·格雷戈里奥－佩德拉萨（Juan Gregorio de Bazán y Pedraza）建于1712年5月15日，取名"Villa de San Isidro Labrador de los Reyes Católicos de Curuguaty"，简称"库鲁瓜蒂"（Curuguaty）。瓜拉尼语中"curuguá"一词是生长在当地的一种植物名。

(3) 以瓜拉尼部族村落或酋长名为名的地名

西班牙人到达巴拉圭之前，瓜拉尼人是巴拉圭的主人。他们在这里休养生息，勤劳耕作，并为许多地方取了带有瓜拉尼人特色的名字。这些地方的名字，或是来自村落名，或是来自本部落酋长名，或是与本部族生活习惯相关的名称。

伊塔普阿省阿蒂加斯将军区（General Artigas）是1789年由西班牙总督华金·阿洛斯－布鲁（Joaquín Alós y Brú）设立，当时名为坎戈博维（Cangó-Bobí）。其得名源于一个民间传说。从前有两个出身望族的印第安兄弟，哥哥叫博维（Bobí），弟弟叫坎戈（Cangó）。最初哥哥的名气大、势力强，因而兄弟俩所在的村庄以哥哥的名字命名为博维村。没过多久，博维有事离开村子一段时间，弟弟坎戈乘机上位，夺得了权力。博维回来时，已无法改变现实，只得离开村子向北发展，另建新村。从那时起，村名从博维村改为坎戈博维。后来这个名字也成为所在区的名字。1942年改为现名，以纪念乌拉圭国父阿蒂加斯将军（General Artigas）。何塞·加斯帕尔·罗德里格斯·德弗朗西亚（José Gaspar Rodríguez de Francia）执政时期，阿蒂加斯被流放到巴拉圭，并在巴拉圭去世。他曾在博维村居住。

中央省城镇瓜兰巴雷（Guarambaré）由西班牙殖民者多明戈·马丁内斯·德伊拉拉（Domingo Martínez de Irala）建于1538年，其名源于瓜拉尼土著酋长瓜兰巴雷（Guarambaré）之名。

科迪勒拉省城镇阿蒂拉（Atyra）最初名叫"Atyhá"，由总督多明戈·马丁内斯·德伊拉拉（Domingo Martínez de Irala）建于1538年。"Atyhá"源于瓜拉尼语，原为一土著村庄名，其瓜拉尼语意为"成员开会的地方"。

卡萨帕省城镇塔瓦伊（Tavaí）之名的瓜拉尼语意为"小村子"。

中央省城镇卡皮亚塔（Capiatá）由总督马丁·德莱德斯马·巴尔德拉马（Martín de Ledesma Valderrama）建于1640年，但有学者认为该城的奠基者是佩德罗·卢戈·德纳瓦拉（Pedro Lugo Navarra）。其名存在三种解释：一是根据埃斯特万·安东尼奥·罗梅洛教授（Esteban Antonio Romero）所说，该名由"Capipi"（一酋长名）和"atã"（冷酷的）组成，全词义为"冷酷的卡皮皮"；一是根据鲁文·达里奥·塞斯佩德斯神父（Rubén Darío Céspedes）所说，由"Cará"（另一酋长名）和"pire atã"（勇敢的）组成，全词义为"勇敢的卡拉"；三是神父鲁文·达里奥·塞斯佩德斯（Rubén Darío Céspedes）认为，卡皮亚塔（Capiatá）派生于"kapi'i"和"atã"，"kapi'i"意为"麦秸"，"atã"意为"坚硬的"，全词义为"硬麦秸"，在该地多见此种麦秸。

中央省城镇瓜伦巴雷（Guarambaré）兴建前，该地区的村镇为部落酋长瓜伦巴雷拥有，后便以他的名字为城市命名。

卡萨帕省城镇尤蒂（Yuty）之名一说在瓜拉尼语中是指"聚会的地方"，有人问当地人来自何方时，他们回答"Ayu aty hagui"，意思是"我来自聚会的地方"。后缩写为"Yuty"。一说瓜拉尼语意为"有刺之地"。

科迪勒拉省城镇托瓦蒂（Tobatí）之名由瓜拉尼语"toba"（脸）和后缀"moroti"（白的、苍白的）组成，意为"白色的脸"或"苍白的脸"。因为当地人的脸与众不同，呈白色，故取此城名。另一说城名的得来是因为当地盛产一种白色的类似瓷土的物质，可用来制陶并可用作建筑材料。

卡宁德尤省城镇卡图埃特（katueté）是巴拉圭最年轻的城市之一，是根据1994年5月24日法令建立。其名得来归功于亚历杭德罗·恩西娜·马林博士（Alejandro Encina Marín）。他在考察该地区以便确立一个城市中心时，用瓜拉尼语对当地人说"katueté voí"，意为"我肯定"，以此表示他对当地人忠厚、善良的肯定。后来，瓜拉尼语"Katueté"便成为该城镇的名称。

2. 乌拉圭的瓜拉尼语地名

乌拉圭位于南美洲东南部，地处乌拉圭河与拉普拉塔河东岸，因其地理景观形似宝石而又盛产紫晶石，被誉为"钻石之国"。在其340万人口中，白人占 90% 以上，印欧混血种人占 8%。其实从远古时起，乌拉圭地区就居住着瓜拉尼语系的印第安部族，主要是查鲁亚人、格诺亚人和亚罗人等。16 世纪初，西班牙殖民者入侵乌拉圭，乌拉圭的土著居民几乎被全部灭绝。然而，一些印第安地名却存留下来，成为研究乌拉圭历史的重要佐证。

　　乌拉圭的印第安语地名，主要是瓜拉尼语地名。乌拉圭共有 19 个省，每省都有不少源于印第安瓜拉尼语的地名。塔瓜伦博省（Taguarembó）的名字一说与"tacuara"一词有关，而"tacuara"派生于瓜拉尼语的"itá cuará"，"itá"意为"石头或硬棒"，"cuará"意为"空"或"洞"，全词义为"石洞"。塔瓜伦博省城镇伊波拉（Iporá）之名的瓜拉尼语意为"甜水"。马尔多纳多省城镇艾瓜（Aigua）之名也源于瓜拉尼语，意为"流水"。

　　阿蒂加斯省一些城镇的名字也源于瓜拉尼语。例如，阿拉瓜伊（Araguay）之名意为"海寿（植物名）河"；布蒂亚（Butiá）之名意为"海枣树"；夸雷姆（Cuareim）之名意为"部落"；夸罗（Cuaro）之名意为"被占的山洞"；库尼亚皮鲁（Cuñapirú）之名意为"瘦女人"；库鲁鲁（Cururú）之名意为"打呼噜的蟾蜍"；伊塔库姆布（Itacumbú）之名意为"爆开的石头"；伊塔佩比（Itapebí）之名意为"薄石"；曼迪尤（Mandiyú）之名意为"棉花"；尼亚恩杜拜（Ñandubay）之名意为"果树"；尼亚库鲁图（Ñacurutú）之名意为"雕鸮"；尼亚平达（Ñapindá）之名意为"有刺的树"；尼亚基尼亚（Ñaquiñá）之名意为"蝉"；亚卡雷（Yacaré）之名意为"小鳄鱼"；亚库伊（Yacuí）之名意为"野吐绶鸡"；亚瓜里（Yaguary）之名意为"美洲豹"；尤克里（Yuquerí）之名意为"植物"。

3. 阿根廷的瓜拉尼语地名

　　阿根廷有一部分人操瓜拉尼语，特别是在东北部地区有不少讲瓜拉尼语的居民。从 2004 年起，瓜拉尼语还成为科连特斯省第二官方语言。在阿根廷各地保留了不少瓜拉尼语地名。

　　流经查科省的阿拉萨河（río Arazá）之名的瓜拉尼语意为"番石榴河"。

　　阿根廷的巴拉那河的卡阿贝拉群岛（islas Caá Verá）之名的瓜拉尼语意为"闪闪发光的草"。

科连特斯省城镇卡卡蒂（Caá Catí）之名的瓜拉尼语意为"香草"。

科连特斯省城镇亚佩尤（Yapeyú）之名的瓜拉尼语意为"成熟的果实"。

恩特雷里奥斯省城镇比亚瓜伊（Villaguay）之名源于比亚瓜伊河（arroyo Villaguay）。比亚瓜伊（Villaguay）为瓜拉尼语，其意有几种说法：一说意为"老虎河"；一说意为"小老虎河"；一说意为"从树干里涌出的泉水"或"蛇洞流出的河"。

恩特雷里奥斯省城镇瓜莱瓜丘（Gualeguaychú）之名源于流经此地的同名河。根据1715年传教士波利卡波·杜福（Polycarpo Dufoo）所说，瓜莱瓜丘（Gualeguaychú）之名派生于瓜拉尼语"Yaguarí guazú"，意为"大的河水"或"大美洲豹河"。另有学者认为，瓜莱瓜丘意为"水流慢的河"或"小猪洞河"。

流经萨尔塔省的阿瓜佩河（Río Aguapey）其名的瓜拉尼语意为"赤狐的水塘"。

恩特雷里奥斯省城镇查哈里（Chajarí）建于1872年5月28日。其名源于瓜拉尼语，查哈（chaja）是当地一种鸟的名字，查哈里（Chajarí）意为"查哈鸟河"。

米西奥内斯省城镇阿纳姆比（Anambí）之名的瓜拉尼语意为"蝴蝶"。

科连特斯省城镇伊塔伊瓦特（Itá Ibaté）之名由瓜拉尼语"itá"（石头）和"ibaté"（高的）组成，全词义为"高的石头"。

科连特斯省城镇伊塔蒂（Itatí）全称普拉伊林皮亚康塞普西翁德伊塔蒂圣母（Pura y Limpia Concepción de Nuestra Señora de Itatí），由方济各会传教士路易斯·德博拉尼奥斯（Luis de Bolaños）建于1615年12月7日。伊塔蒂（Itatí）源于瓜拉尼语，名中的"ita"意为"石头"，但"tí"的含义却有不同说法，一说意为"鼻子，尖"，全词义为"石头尖"；一说"ti"意为"白色的"，全词义为"白色的石头"。

科连特斯省城镇塔佩比夸（Tapebicua）之名由瓜拉尼语"tapé"（路）和"cua"（山洞）组成，全词义为"路中的山洞"。

布宜诺斯艾利斯省城镇佩瓦霍（Pehuajó）由曾任布宜诺斯艾利斯省省长的达尔多·罗查博士（Dardo Rocha）建于1883年7月3日。尽管瓜拉尼人从未到过此地,但其名却源自瓜拉尼语。在瓜拉尼语中,"ajó"意为"沼泽"或"泥潭",全词义为"沼泽地区"或"深的泥潭"。

米西奥内斯省塔拜瀑布(Saltos del Tabay)之名的瓜拉尼语意为"小村镇"。

科连特斯省城镇库鲁苏夸蒂阿(Curuzú Cuatiá)之名源于瓜拉尼语,意为"刻十字"。从乌拉圭来到此地的西班牙殖民者和耶稣会传教士称此地为"十字驿站"(Posta de Cruz),因为此地曾为十字路口,有一个大的十字架标志。

科连特斯省城镇伊图萨因戈(Ituzaingó)之名由瓜拉尼语"itu"(土著人)和"zaingó"(上吊)组成,全词义为"上吊的土著人"。

米西奥内斯省城镇加鲁帕(Garupá)之名由瓜拉尼语"ga"(独木舟)和"rupá"(隐蔽处)组成,全词义为"独木舟的隐蔽处"。

米西奥内斯省城镇加鲁阿佩(Garuhapé)之名的瓜拉尼语意为"独木舟之路"。

4. 其他南美国家的瓜拉尼语地名

在巴西的印第安地名中,瓜拉尼语地名占一定比例,如前述巴西巴拉纳州首府库里蒂巴、马托格罗索州首府库亚巴等名均源于瓜拉尼语。

玻利维亚也有一些瓜拉尼人,并保留了一些瓜拉尼语的地名。例如玻利维亚瓜贝尼省城镇瓜亚拉梅林(Guayaramerín),其名源于图皮-瓜拉尼语西纳波方言,意为"瀑布"。亚奎瓦(Yacuíba)为塔里哈省大查科州城市,其名由瓜拉尼语的"yacú"(雌火鸡)和"ibá"(水塘)组成,意为"火鸡的水塘"。塔里哈省大查科县首府亚奎巴(Yacuiba)之名源于瓜拉尼语"Yaku-iba",意为"飞禽水坑"。

(三)图皮语地名

印第安人是巴西最早的居民。根据考古发现,早在三四万年前,印第安人就已在巴西定居,发展出独特的印第安文化。巴西沦为葡萄牙殖民地后，在殖民者的残酷屠杀、虐待和瘟疫的传播下，印第安人大量死亡。现今，巴西的印第安人仅占全国人口的0.2%。然而，巴西国内却保留下大量的印第安地名，成为巴西印第安文化发展的见证。

图皮人是居住在巴西的主要印第安部族之一，原来居住于亚马孙热带雨林，后来分布于亚马孙河以南和大西洋沿海广大地区。16世纪初葡萄牙人入侵巴西时，图皮人的人口数量曾达100万。后来的几百年间，由于殖民者的野蛮摧残，图皮族人口数量大幅下降。图皮语（Tupi）属图皮-瓜拉尼语族，对巴西文化产生过重大影响，在巴西葡萄牙语中留有许多图皮语词汇，如"mingau"（稀饭）、"cutucar"（戳）、"tatu"（犰狳）等。如今，图皮人也都讲葡萄牙语了，图皮语已不复存在，但巴西许多城市和地方的名字还都沿用图皮语名称。

1. 与江河湖海有关的地名

巴西图皮语地名很多与当地的自然环境有关，不少与河流联系在一起。除前述阿克里州之名来自阿克里河、巴拉那州之名源于巴拉那河、皮奥伊州之名意为"小鱼河"、塞尔希培州之名一说意为"蟹河"外，还有一些地名与河流有关。

圣卡塔琳娜州城镇伊塔雅伊（Itajaí）之名源于图皮语"Tajahy"，意为"塔亚斯河"，"塔亚斯"（taiás）是一种可食用的植物。

米纳斯吉拉斯州城镇伊帕廷加（Ipatinga）之名一说源于图皮语，由"upaba"（湖）和"ting"（白色的）组成，全词义为"白湖"；

圣卡塔琳娜州城镇坎博里乌（Camboriú）之名由图皮语"kamuri"（狼鲈）和"y"（河）两个词组成，意为"狼鲈河"。

帕拉州城镇图库鲁伊（Tucuruí）之名由图皮语"tukura"（蚁或蝉）和"y"（水）两个词构成，意为"蚁河"或"蝉河"。

伯南布哥州（Pernambuco）其名意为"长海"。

里约热内卢州城镇尼泰罗伊（Niterói）是巴西唯一一座由土著图皮人建立的城市，其名意为"隐藏的水"。

塞阿拉州城镇阿基拉斯（Aquiraz）之名图皮语意为"水就在前面"。

2. 与动植物名称有关的地名

巴西许多图皮语地名来自动植物名称，取自动物名称的地名如前述塞尔希培州首府阿拉卡茹之名意为"腰果树上的金刚鹦鹉"、托坎廷斯州之名意为"鸟鼻"外，还有圣保罗州城镇卡拉皮库伊巴（Carapicuíba）之名由"cara"（鱼）、"picú"（长的）和"iba"（不能吃）三个词组成，全词义为"不能吃的长鱼"。

取自植物名称的地名如亚马孙州城镇乌鲁库里图瓦（Urucurituba）之名由"urucuri"（棕榈）和"tyba"（大量）组成，全词义为"棕榈树很多的地方"；马托格罗索州城镇上塔夸里（Alto Taquari）之名是当地一种竹子的名称，该地区古印第安人利用这种竹子制作烟斗和箭；圣保罗州城镇伊塔夸克塞图巴（Itaquaquecetuba）之名意为"盛产似刀尖竹的地方"；米纳斯吉拉斯州城镇孔戈纳斯（Congonhas）之名源于一种名叫孔戈纳斯的植物；圣保罗州包鲁（Bauru）之名一说由"ybá"（果子）和"uru"（篮子）两词组成，全词义为"果篮"。

巴西还有一些用图皮语石头、钻石等名称作为地名的地区，如亚马孙州伊塔皮兰加地区之名（Itapiranga）由"ita"（石头）和"piranga"（橙黄色的）组成，全词义为"橙黄色的石头"；巴伊亚州伊塔布纳镇（Itabuna）之名由"ita"（石头）和"una"（黑的）组成，全词义为"黑石头"；托坎廷斯州古鲁皮（Gurupi）之名由"guru"（钻石）和"pi"（纯粹的）组成，全词义为"纯钻石"；帕拉州伊泰图巴（Itaituba）之名意为"沙砾之地"。

3. 与图皮人生活有关的地名

巴西有些图皮语地名与图皮人本身及其生活有关，巴西圣保罗州第二大城市瓜鲁柳斯（Guarulhos）之名源于图皮语，意为"大肚子的印第安人"。

米纳斯吉拉斯州城镇萨瓦拉（Sabará）之名由"tesá"（眼）、"berab"（明亮的）和"usu"（大的）组成，全词义为"大而明亮的眼"。

圣卡塔琳娜州城镇查佩科（Chapecó）之名意为"可看到通往种植园道路的地方"。

圣保罗州城镇毛阿（Mauá）之名意为"高城"。

（四） 马普切语地名

马普切人（Mapuche）又名阿劳科人（Arauco），是南美洲南部主要的印第安部族之一。在智利，马普切人是最大的印第安部族，约有100万人，主要生活在该国中南部的比奥比奥河与托尔坦河之间广大的森林谷地中。马普切人至今保留着自己的语言，也保留着本部族的生活习惯。马普切（Mapuche）意为"土地的主人"，其中"马普"（mapu）意为"土地"，"切"（che）意为"主人"。16世纪初西班牙人入侵智利后，马普切人曾同入侵者进行过长达200多年的浴血斗争。1553年，马普切人在其头领劳塔罗的率领下，曾击败西班牙殖民军并俘获其首领瓦尔迪维亚。如今，智利的许多地名都带有马普切语的印记，记录了马普切人历史和文化发展的轨迹。源于马普切语的智利地名大致分为以下几类。

1. 与动物有关的地名

智利地形狭长，动物种类繁多。主要有原驼、美洲豹、鹿、狐、秃鹰、爬行动物、安第斯火烈鸟等。智利的渔业资源也闻名世界，鱼类、贝类、海藻等共有1000多种。智利的不少马普切语地名与动物有关。

第二大区安托法加斯塔区城镇塔尔塔尔（Taltal）之名源自马普切语，意为"夜鸟"。

第四大区科金博区城镇孔巴尔巴拉（Combarbalá）之名源于马普切语，由"ko"（水）、"kam"（远）和"bala"（鸭子）组成，全词义为"远处的水中有鸭子"。

第五大区瓦尔帕莱索区马尔加马尔加省城镇基尔普埃（Quilpué）之名源于马普切语，意为"雌斑鸠栖息之地"。

第六大区解放者贝尔纳多奥希金斯将军区卡查波阿尔省城镇科尔陶科（Coltauco）建于1899年9月1日，其名源于马普切语"Kolchawko"，由"kolchaw"（蝌蚪）和"ko"（水）组成，全词义为"多蝌蚪的水"。皮奇德瓜（Pichidegua）之名源于马普切语，意为"多小老鼠的地方"。科尔查瓜省（Colchagua）之名意为"蝌蚪众多的地方"。科尔查瓜省城镇洛洛尔（Lolol）之名意为"螃蟹和穴的土地"；城镇普曼克（Pumanque）之名源于马普切语"epu manke"，意为"两只秃鹰"。

第七大区马乌莱区考克内斯省首府考克内斯（Cauquenes）建于1742年5月9日，其名源于马普切语"Cauque"，意为银汉鱼，该地区河流里盛产银汉鱼。城镇佩略韦（Pelluhue）之名源于马普切语，意为"贻贝之地"。利纳雷斯省城镇隆加维（Longaví）之名马普切语意为"蛇头"。利纳雷斯省城镇帕尼马维达（Panimavida）之名源于马普切语，意为"狮山"。城镇库里比洛（Curivilo）之名意为"黑蛇"。

第八大区比奥比奥区牛布莱省城镇奇廉（Chillan）之名源于马普切语，意为"狐狸"；普杜（Pudu）之名源于马普切语，意为"鹿"；特雷瓦科（Trehuaco）之名由马普切语"trewa"（狗）和"ko"（水）组成，全词义为"落水狗"。

第九大区阿劳卡尼亚区考廷省城镇劳塔罗（Lautaro）之名是为纪念马普切领导人和战略家劳塔罗（Lautaro）。劳塔罗（Lautaro）源于马普切语"leftraru"，意为"猛禽"。城镇普孔（Pucón）一说源于马普切语"puconu"一词，意为"鸽子"，一说由"pun"（到达那儿）和"conën"（进入）组成，意为"山口"。城镇比尔孔之名（Vilcún）马普切语意为"小蜥蜴"。考廷省（Cautín）的名字源于马普切语，意为"有许多考廷鸭"，它是由"caque"（当地一种野鸭名）和"ten"（丰富）两词组合而成。

第十大区洛斯拉格斯区奥索尔诺省城镇普耶韦（Puyehue）原名恩特雷拉格斯镇（Villa de Entre Lagos），西班牙语意为"位于湖之间的镇"；后改为现名"Puyehue"。名中的"puye"一词源于马普切语，是普耶韦湖和皮尔迈肯河里一种河鱼的名字，"hue"意为"地方"，全词义为"普耶鱼生长之地"。帕莱纳省城镇帕莱纳（Palena）之名源自马普切语，意为"凶残的蜘蛛"。奇洛埃省（Chiloe）之名源自马普切语，意为"银鸥"。

第十四大区洛斯里奥斯区瓦尔迪维亚省城镇潘吉普利（Panguipulli）之名的马普切语意为"美洲狮的土地"，或"美洲狮精神"。

智利的一些河流、山峦也以动物命名。例如，智利南部的迪古林河（Digullín）之名源自当地一种大黄蜂的名字；皮尔迈肯河（Pilmaiquén）之名的马普切语意为"蝙蝠"或"燕子";曼克瓜山(Manquegua)之名意为"秃鹰之地"。

2. 与植物有关的地名

智利是世界上森林分布最广的国家之一,植物种类繁多,盛产智利柏、智利南美松、皮尔洛松、智利罗汉松、辐射松、橡木、棕榈、桉树等。智利的许多马普切语地名同植物有关。

第五大区瓦尔帕莱索区城镇布卡莱姆(Bucalemu)之名意为"大森林";该区另一城镇卡查瓜(Cachagua)之名意为"牧草丰盛之地"。

第六大区解放者贝纳尔多奥希金斯将军区卡罗省城镇皮奇莱姆(Pichilemu)之名的马普切语意为"小树林"。

第八大区比奥比奥区康塞普西翁省城镇彭科(Penco)之名意为"红厚壳桂水"。红厚壳桂是智利特有的一种乔木,为樟科,原壳桂属,高可达30米,直径40厘米。城镇托梅(Tomé)由意大利热那亚人胡安·包蒂斯塔·帕斯特内(Juan Bautista Pastene)和其率领的探险队建于1544年9月30日,其名源于马普切语,来自当地一种名叫"trome"的树。牛布莱省城镇佩穆科(Pemuco)之名源于马普切语,意为"泥里的萝卜"。

第九大区阿劳卡尼亚区(Araucanía)迈莱科省城镇隆基迈(Longquimay)建于1897年1月25日,原名波塔莱斯镇(Villa Portales),后改为马普切语现名,意为"密林"。考廷省城镇乔尔乔尔(Chol Chol)之名源于马普切语,意为"好多刺的菜"。马列科省城镇卢马科(Lumaco)之名的马普切语意为"卢玛番樱桃水"。

第十大区洛斯拉格斯区奇洛埃省城镇普克尔东(Puqueldón)之名源于马普切语"pu kü *l* on",意为"在丛林之间"。

智利还有一些源于马普切语的城镇名是以植物命名,例如以下城镇:兰卡(Ranca)之名意为"植物";塔马鲁戈(Tamarugo)之名意为"树";博尔多(Boldo)之名意为"药用树";莱姆(Lemu)之名意为"森林";科皮乌莱姆(Copiulemu)之名意为"长有可比韦花的森林";彭卡维(Pencahue)之名意为"茼瓜之地";博列(Bolle)之名意为"智利芳香木";科亚姆(Coyam)之名意为"智利栎树";卢马(Luma)之名意为

"桃金娘科树";列肯（LLequen）之名意为"乳香黄连木";瓜皮特里奥（Guapitrio）之名意为"月桂树岛";多卡（Doca）之名意为"番杏科植物";科卡兰（Cocalan）之名意为"水浇植物";乔查（Chaucha）之名意为"蓓蕾";库莱（Cule）之名意为"草";切皮卡（Chepica）之名意为"杂草";科查尤约（Cochayuyo）之名意为"海草";查皮（Chapi）之名意为"辣椒";基尔波（Quilpo）之名意为"香蒲";基尔基尔（Quilquil）之名意为"蕨";雷梅科（Remeco）之名意为"长寿花";卡列卡列河（Calle-calle）之名意为"百花盛开的地方"等。

3. 以山、河、湖、谷等自然景观命名的地名

智利地形狭长，山川秀丽，从北部的沙漠地带到南端的冰川极地型地带，景色奇特，各具特点。智利的许多马普切语地名也都同其自然景观，特别是同河流、湖泊联系在一起。

第五大区瓦尔帕莱索区和瓦尔帕莱索省城镇孔孔（Concón）建于1995年12月28日，该城地处阿孔卡瓜河河口，其名源于马普切语，意为"遇到水"。圣费利佩德阿孔卡瓜省城镇普塔恩多（Putaendo）建于1831年3月20日，其名源于马普切语"Putraintú"或"Puthrayghentú"，意为"从沼泽流出的泉水"。

第六大区解放者贝纳尔多奥希金斯将军区内的拉佩尔湖（Rapel），其名也源于马普切语，意为"漂白的黑土水"。卡查波阿尔省城镇科因科（Coinco）由马普切语"coyún"（沙）和"co"（水）组成，全词义为"沙水"。卡查波阿尔省城镇金塔德蒂尔科科（Quinta de Tilcoco）建于1891年12月22日，其名由西班牙语"quinta"和马普切语"tilcoco"组成，"quinta"意为"庄园";"tilcoco"中的"til"意为"石头"，"coco"意为"很多水"，"tilcoco"意为"石中间的水"，全词义为"石头中间有很多水的庄园"。

第七大区马乌莱区库里科省首府库里科（Curicó）由曼索·德贝拉斯科（Manso de Velasco）建于1743年，取城名为何塞德布埃纳比斯塔库里科（José de Buena Vista de Curicó），简称"库里科"。"库里科"源自马普切语，意为"黑水"。

第八大区比奥比奥区比奥比奥省城镇安图科（Antuco）之名源于马普切

语，由"antu"（太阳）和"ko"（水）组成，全词义为"太阳之水"；阿劳科（Arauco）之名的马普切语意为"泥灰土水"；特拉伊格恩（Traiguén）之名的马普切语意为"瀑布"；基列科（Quilleco）之名源于流过该地的基列科河（Río Quilleco），"基列科"为马普切语，由"quille"（眼泪）和"co"（水）组成，全词义为"泪水"；也有人说"基列科"（Quilleco）源于佩文切语（Pehuenche），由"qüillen"（月亮）和"co"（水）组成，全词义为"月亮之水"。牛布莱省城镇科埃莱姆（Coelemu）之名的马普切语意为"森林之水"。

第九大区阿劳卡尼亚区纽夫莱河（Río Ñuble）之名源于马普切语"nglefen"，意为"多障碍的狭河"。流经智利首都圣地亚哥的马波乔河（Río Mapocho）其名源于马普切语"Mapucheco"，意为"马普切人的河"；布迪湖（Budi）马普切语意为"咸水"。流经智利中部的马列科河（Río Malleco）意为"白色漂白土水"。考廷省城镇昆科（Cunco）之名马普切语意为"清澈的水"；城镇萨韦德拉（Saavedra）原名"Konün Traytrayko leufu"，马普切语意为"流水淙淙的河"。马列科省城镇雷奈科（Renaico）建于1884年，其名源于马普切语，意为"山洞水"；城镇普伦（Purén）之名源于马普切语，意为"沼泽地"。

第十大区洛斯拉格斯区城镇卡尔弗科（Calfuco）之名源于马普切语"Kallfüko"，意为"蓝水"。拉韦省（Rahue）之名源自马普切语，意为"满是水"。城镇卡利普利（Callipulli）之名的马普切语意为"孤山"。卡拉弗肯湖（Calafquen）之名意为"另一个湖"；富塔拉弗肯湖（Futalafquen）之名的马普切语意为"大湖"。利安基韦省城镇毛林（Maullín）由1560年西班牙殖民者在毛林河畔建立的一座堡垒发展而来。1790年重建后，取名为圣弗朗西斯科哈维尔德毛林（San Francisco Xavier de Maullín），其名中的"Maullín"一词为马普切语，意为"瀑布"。帕莱纳省城镇富塔莱乌富（Futaleufú）以富塔莱乌富河为名，该名源于马普切语，意为"大河"。

第十一大区艾森区科伊艾克省首府科伊艾克（Coyhaique或Coihaique）建于1929年10月12日，当时取名为巴克达诺（Baquedano），以纪念智利将军曼努埃尔·巴克达诺（Manuel Baquedano）。后因与安托法加斯塔区城镇巴克达诺同名，于 1934 年改为现名，该名源自特维尔切语（马普切语的分支），意为"营盘湖"。

第十四大区洛斯里奥斯区瓦尔迪维亚省城镇兰科（Lanco）之名马普切语意为"停滞的水"；城镇派利亚科（Paillaco）之名马普切语意为"平静的水"。

圣地亚哥首都区城镇巴图科（Batuco）之名马普切语意为"香蒲水"。阿库莱奥湖（Aculeo）之名源自马普切语，意为"小河流过的地方"。

除以河、湖命名外，有的地名同山峦、石头等有关，如第九大区阿劳卡尼亚区马列科省城镇科利普利（Collipulli）由科尔内利奥·萨韦德拉·罗德里格斯（Cornelio Saavedra Rodriguez）建于 1867 年 11 月 22 日，最早只是一处军事要塞，后发展为城镇。其名源于马普切语，意为"红山"。城镇安戈尔（Angol）由科尔内利奥·萨韦德拉·罗德里格斯建于 1862 年 12 月 7 日。其名源于马普切语，意为"爬上坡"。马列科省城镇库拉考廷（Curacautín）之名的马普切语意为"石堆"，1882 年 3 月 12 日，格雷戈里奥·乌鲁蒂亚将军（Gregorio Urrutia）在此处建立起一座堡垒，以监视该地区的土著人，后发展为城镇。第七大区马乌莱区考克内斯省城市库拉尼佩（Curanipe）由马普切语"cura"和"nipe"组成，"cura"意为"石头"，"nipe"意为"黑色的"，全词义为"黑色的石头"。

4. 与印第安人生活有关的地名

智利有些地名是对马普切人社会状况、生活习惯和周围环境的反映，从地名中可以窥见马普切人生活的侧面。

第三大区阿塔卡马区城镇瓦斯科（Huasco）之名的马普切语意为"长而细的绳子"；伊塔塔河（Itata）名字源于马普切语，意为"丰饶的牧场"。

第五大区瓦尔帕莱索区瓦尔帕莱索省城镇普丘卡维（Puchuncaví）建于 1875 年 3 月 6 日，其名源于马普切语"Puchuncahuin"，意为"多节日的地方"。城镇拉利瓜（La Ligua）之名的马普切语意为"出生之地"；

第六大区解放者贝尔纳多奥希金斯将军区卡查波阿尔省城镇伦戈（Rengo）建于 1692 年 11 月，最初名叫"Villa Deseada"，西班牙语意为"渴望镇"，1831 年 9 月 17 日改称"Villa de Rengo"，其中"Rengo"是马普切酋长之名"Renku"的西班牙语化，意为"无敌的人""最勇敢的人"。红衣主教卡罗省城镇利图埃切（Litueche）之名源于马普切语，意为"拥有白土地的人们"，得名是因该地区盛产白岭土，在马普切语中，"lüg"意为"白色的"，"tue"意为"土地"，"che"意为"人们"。卡查波阿尔省城镇马略阿（Malloa）建于1891年12月22日，其名马普切语意为"漂白土产地"。

第七大区马乌莱区城镇考克内斯（Cauquenes）之名是为纪念曾在该地区生活的土著考克内斯人；另一城镇阿尔马（Alma）之名马普切语意为"逃亡者"。库里科省城镇比丘肯（Vichuquén）之名马普切语意为"孤地"。

第八大区比奥比奥区城镇洛塔（Lota）由智利都督安赫尔·德佩雷多（ángel de Peredo）建于1662年，其名源于马普切语"Louta"，意为"小村落"。牛布莱省城镇科夫克库拉（Cobquecura）建于1891年12月21日，其名马普切语意为"石头面包"。康塞普西翁省城镇瓦尔彭（Hualpén）之名一说源于马普切语的"wall"（周围）和"pen"（看），全词义为"眼观六路"；一说源于16世纪生活于该地的隆科人（Lonco）取的名字（Hualpencillo），意为"小哨兵"，后来随着时间的推移，指小词"illo"被去掉，只保留了"Hualpén"。比奥比奥省城镇穆尔钱（Mulchén）建于1875年11月30日，其名源于马普切语"Molchen"，意为"游隼战士"。康塞普西翁省城镇托梅（Tomé）之名一说来自马普切一位酋长的名字"Thonmé"。

第九大区阿劳卡尼亚区考廷省城镇皮特鲁夫肯（Pitrufquén）之名的土著语意为"骨灰地"或"亡人之地"，得名是因该城镇里有一个马普切人的墓地。城镇托尔滕（Toltén）和托尔滕河之名马普切语意为"嘈杂"。城镇皮特鲁弗肯（Pitrufquén）之名马普切语意为"灰烬之地"。城镇卡拉韦（Carahue）由佩德罗·德巴尔迪维亚（Pedro de Valdivia）建于1551年，当时取名拉因佩里亚尔（La Imperial）；1882年2月22日，格雷戈里奥·乌鲁蒂亚将军（Gregorio Urrutia）重建该城，改为现名，此名的马普切语意为"曾经是城市"。卡布尔加湖（Lago Caburga）之名意为"刨过之地"。

第十大区洛斯拉格斯区利安基韦省（Llanquihue）的名字由马普切语的"llancIn"（人迹罕至）和"we"（地方）两个词组成，意为"人迹罕至的地方"。城镇阿莱普埃（Alepue）之名的马普切语意为"遥远的地方"。奇洛埃省城镇安库德（Ancud）之名的马普切语意为"大谷地"。城镇阿夫塔奥角（Abtao）之名的马普切语意为"大地尽头"或"大陆尽头"。利安基韦省及其城镇利安基韦（Llanquihue）之名马普切语意为"藏身之地"。

第十四大区洛斯里奥斯区兰科省城镇富特罗诺（Futrono）建于1941年7月12日，其名源于马普切语"Futronhue"，意为"烟地"。

圣地亚哥首都区城市迈普（Maipú）位于圣地亚哥西南，其名源于马普切语"Maipún"，意为"有耕地之处"。

5. 有数字的地名

有趣的是，智利有许多城镇是以马普切语的数字命名。这些地名或源于传说，或源于趣闻，或源于掌故，极具特色。

马普切语基涅（quiñe）意为"一"。基涅卡文（Quiñecahuin）之名意为"一个节日"；基涅卡温（Quiñecaven）之名意为"一簇带刺的灌木"；基宁科（Quiñenco）之名意为"一个湖"。

埃普（epu）意为"二"。埃普库拉（Epucura）之名意为"两块石头"。

基拉（quila）意为"三"；基拉莱乌（Quilaleu）之名意为"三条河流"；基拉潘（Quilapan）之名意为"三个酋长"；基拉克乌（Quilaqueu）之名意为"三条隧道"；基拉尼亚恩科（Quilañanco）之名意为"三只幼鹰"；基拉科（Quilaco）之名意为"有三处水"。

梅利（meli）意为"四"。梅利皮利亚（Melipilla）之名意为"四座火山"；梅利普利（Melipulli）之名意为"四座小山"；梅利莫尤（Melimoyu）之名意为"四座圆丘山"；梅利鲁佩（Melirupe）之名意为"四条路"；梅利肯（Meliquen）之名意为"四种鱼"；首都区梅利波利亚省首府梅利波利亚（Melipilla）之名意为"四个魔鬼"。

克丘（quechu）意为"五"。克丘科（Quechuco）之名意为"五条河流"。

卡尤（cayu）意为"六"。凯库拉（Caicura）之名意为"六块石头"；考普利（Caupulli）之名意为"六座小山"；卡尤马普（Cayumapu）之名意为"六块地产"。

雷克莱（regle）意为"七"。雷尔格莱乌福（Relgueleufu）之名意为"七条河流"；雷利文图（Rwlihuentu）之名意为"七个人"。

普拉（pura）意为"八"。普拉卡维（Puracavi）之名意为"八次聚会"。

艾利亚（ailla）意为"九"。艾利安图（Aillantu）之名意为"九个太阳"；艾利亚卡拉（Aillacara）之名意为"九座城市"。

马里（mari）意为"十"。马里昆加（Maricunga）之名意为"十个家族"；马里莱乌（Marileu）之名意为"十条河"；马里科（Marico）之名意为"十孔泉"；马里科伊（Maricoy）之名意为"十棵栎树"。

还有用马普切语十以上数字为名的地名，如马里梅利（Marimrli）之名意为"十四个岛"；基利马里（Quilimari）之名意为"三十"等。

6. 表示天气的地名

马普切人在与大自然的长期斗争中，积累了丰富的气象知识，他们所起的地名中也有不少与气象有关，记录了人类探索世界和环境变化的历史，是人类历史的活化石。

第五大区瓦尔帕莱索区圣费利佩德阿孔卡瓜省城镇利亚伊利亚伊（Llay-Llay）之名一说源于马普切语，意为"劲风"；流经该区的河流阿利卡韦河（Alicahue）之名源于马普切语，意为"干旱的地方"。

第七大区马乌莱区马乌莱省首府塔尔卡（Talca）之名源于马普切语，意为"雷声隆隆的地方"；塔尔卡省城镇库雷普托（Curepto）之名马普切语意为"风吹过的地方"。

第八大区比奥比奥区康塞普西翁省城镇奇瓜扬特（Chiguayante）之名是马普切语"Chiwayantu"的西班牙语化，意为"雾中的太阳"；城镇塔尔卡瓦诺（Talcahuano）之名马普切语意为"天上的雷声"。牛布莱省城镇宁韦（Ninhue）之名马普切语意为"风保护的地方"。基利韦（Quirihue）由智利都督多明戈·奥尔蒂斯·德罗萨斯（Domingo Ortiz de Rosas）建于1749年1月17日，作为圣地亚哥至康塞普西翁之间的歇脚地，其名马普切语意为"风地"。

第十大区洛斯拉格斯区利安基韦省马乌林州（Maullin）之名的马普切语意为"雨量充沛的谷地"。

此外，智利还有些城镇的名字与气象有关。如毛科（Mauco）之名意为"雨水"；皮雷（Pire）之名意为"雪"；阿奇布埃诺（Achibueno）之名意为"融雪";皮连(Pillen)之名意为"霜";库雷普托(Curepto)之名意为"大风";瓜伊特卡斯(Guaitecas)之名意为"刮南风的地方"等。

7. 源于马普切语的阿根廷地名

马普切人曾是阿根廷最早的居民,也是该国最大的印第安部族。现居住在阿根廷的马普切人约有2万,生活在该国的中部和西部,他们为阿根廷留下了不少马普切语地名。

内乌肯省韦丘拉弗根湖(Huechulafquen)的面积近142平方公里,长29.5公里,宽4.8公里,水深500~800米。其名源于马普切语的"huechu"(长)和"laufquen"(湖),全词义为"长湖"。该省城镇乔斯马拉尔(Chos Mal)之名马普切语意为"黄色的场地",因秋天时节环绕该城的群山被绒花林染成一片黄色。

里奥内格罗省以该省最重要的河流里奥内格罗河名字为名。里奥内格罗之名意为"黑河",实际上这条河的河水并不黑,而是呈绿色,其名源于马普切语"Curú Leuvú"。

丘布特省南部湖泊科尔韦瓦皮湖(Lago Colhué Huapi)之名源于马普切语的"colhué"(红土)和"huapi"(岛),全词义为"红土岛"。该地区古代居民以此名为该湖命名可能是指湖中有一个红土岛或指湖水中的黏土是红色的。丘布特省富塔莱乌富河水库阿穆图伊基梅水库(Amutui Quimey)兴建于1971~1976年,其名源于马普切语,意为"失去的美丽"。

位于阿根廷纳韦尔瓦皮国家公园的纳韦尔瓦皮湖(Nahuel Huapi)的面积有550平方公里,其名马普切语意为"美洲豹岛",原指湖中最大的岛"维多利亚岛",后成为整个湖名。美洲豹是居住在该地区的普埃尔切人的图腾,喻指普埃尔切人像美洲豹一样勇猛。

(五) 艾马拉语地名

艾马拉人(Aymara)是南美印第安人的一支,人口约有233万(1993年),主要分布在玻利维亚西部的拉巴斯、奥鲁罗、波托西等省和秘鲁南部的普诺区和塔克纳区；还有一部分人生活在智利的塔拉帕卡地区以及阿根廷。艾马拉人在安第斯山脉地区休养生息，创造出灿烂的蒂亚瓦纳科文化。15世纪末，艾马拉人居住的地区大部分纳入印加帝国，艾马拉人也成为印加帝国的居民。部分艾马拉人被克丘亚人同化，讲克丘亚语，但很多艾马拉人保留了本部族的传统和语言。他们所使用的艾马拉语属印第安语系艾马拉语族，这种语言与克丘亚语有许多相同的词汇。如今，在智利、阿根廷、秘鲁和玻利维亚有不少地名与艾马拉语有密切的联系。

1. 以山川等自然景观为名的地名

阿根廷保留有数千个源自艾马拉语的地名，阿孔卡瓜（Aconcagua）源于艾马拉语的"kon-Kawa"，意为"雪山"，这是位于阿根廷境内的南美洲最高峰的名字；潘帕（Pampa）之名意为"大草原"；乌马瓦卡（Humahuaca）之名意为"圣水"；胡胡伊（Jujuy）之名意为"蒸发的温泉水"。

秘鲁有些地名源于艾马拉语，例如阿雷基帕区及首府阿雷基帕（Arequipa）之名一说源于艾马拉语"Ari qhipaya"，意为"山峰后面"，指的是当地的"米斯蒂火山"。

智利北部也有一些地名来自艾马拉语，如第十五大区阿里卡和帕里纳科塔区阿里卡附近的谷地柳塔（Lluta）之名源于艾马拉语"llutay"，意为"泥泞的谷地"；普特雷（Putre）之名艾马拉语意为"潺潺的流水声"。第一大区塔拉帕卡区首府伊基克（Iquique）之名艾马拉语意为"梦想之地""休息的地方"，得名是因海豹和海鸟经常栖息在这里海边的岩石上。第二大区安托法加斯塔区城镇奥亚圭（Ollagüe）之名源于艾马拉语"Ullañahua"，意为"美景"；托科皮亚省及首府托科皮亚（Tocopilla）之名源自艾马拉语，一说意为"大山口"，另说意为"魔鬼的角落"。第三大区阿塔卡马区首府和科皮亚波省首府科皮亚波（Copiapo）之名由艾马拉语"copa"（绿色）和"apu"（耕地）组成，全词义为"绿色耕地"，或"绿色原野"；城镇铁拉阿马里利亚（Tierra Amarilla）之名西班牙语意为"黄土地"，艾马拉语也意为"黄土地"。

玻利维亚拉巴斯省穆涅卡斯县（Muñecas）首府丘马（Chuma）源于艾马拉语的"Chuyma"，意为"心"。城镇奥马苏约斯（Omasuyos）之名源于艾马拉语"Uma Suyus","uma"意为"水","suyus"意为"地区",全词义为"有水的地区";首府阿查卡奇（Achacachi）源于艾马拉语的"jach'a"和"k'achi","jach'a"意为"大的","k'achi"意为"尖石",全词义为"巨大的尖石"。西班牙人抵达此地后，把"Jach'a Kach'i"西班牙语化为"Achacachi"。

2. 以地方特色为名的地名

阿根廷图库曼省的城市塔菲别霍（Tafi Viejo）之名中的"Tafi"是由"Taui"变化而来，源于艾马拉语"Thaaui",意为"冷风劲吹的地方"或"寒冷的地方","Viejo"源于西班牙语，意为"旧",全词义为"冷风劲吹的旧地方"。城镇卡塔马卡（Catamarca）源于艾马拉语"Katarmarka",意为"蛇村"。

玻利维亚奥鲁罗省卡兰加斯县首府圣地亚哥德瓦伊利亚马尔卡（Santiago de Huayllamarca），简称瓦伊利亚马尔卡（Huayllamarca），其名源于艾马拉语的两个词"huaylla"和"marka","huaylla"是一种温顺的鸟名，"marka"是"村镇",全词义为"瓦伊利亚鸟镇"。波托西省城市乌尤尼（Uyuni）建于1889年7月11日，艾马拉语意为"有院子的地方"。

哥伦比亚桑坦德省首府布卡拉曼加（Bucaramanga）之名源于艾马拉语"Wak'armanqha",意为"深处神圣的地方"或"神圣的深处"。

智利第五大区瓦尔帕莱索区马尔加马尔加省城镇奥尔姆埃（Olmué）之名的艾马拉语意为"奥尔莫人的土地"。智利中部阿孔卡瓜（Aconcagua）谷地和阿孔卡瓜河之名源于艾马拉语"Conca-hue","conca"意为"麦秸捆","hue"变为"gua",意为"地方",词首的"a"为乐音调子，三词合在一起意为"麦秸地"。太平洋沿海地区的普马伊雷（Pumaire）之名源于艾马拉语"Pumiri",意为"美洲狮之地"。第一大区塔拉帕卡区城镇卡米尼亚（Camiña）之名源于艾马拉语"Qamaña",意为"住所"或"耐力"。智利最长的河流洛阿河（Loa）之名源于艾马拉语"Luu",意为"吃午饭的人"。智利基约塔（Quillota）之名源于艾马拉语"Q'illu-uta",意为"黄房子"。

秘鲁莫克瓜区及首府莫克瓜（Moquegua）之名有人推测源于艾马拉语的"Mukihua"或"Mukihuaa",意为"湿地"。

3. 以其他事物为名的地名

阿根廷的图库曼（Tucuman）之名是艾马拉语"Tukuymana"的缩略语，意为"尽头"。

哥伦比亚库库塔（Cúcuta）之名源于艾马拉语"Kuku-uta"，意为"中了魔的房子"；昆迪纳马卡（Cundinamarca）之名源于"Kunturi marka"，意为"尊崇秃鹰的人民"。

智利的重要港口塔尔卡瓦诺（Talcahuano）之名源于艾马拉语"Tawkawa-nu"，意为"燃烧的鸟粪"。

玻利维亚北部的阿克里（Acre）之名源于艾马拉语"Akiri"，意为"这个"（指示代词）。

阿根廷门多萨省西北端的阿空加瓜山（Aconcagua）之名源于艾马拉语"Janq'uqhawa"，意为"白骨架"。

（六）奇布查语地名

奇布查人（Chibcha）是美洲印第安人的一支，主要分布于哥伦比亚和中美洲部分地区。奇布查人又称穆伊斯卡人（Muisca），操奇布查语。奇布查人最早居住于哥伦比亚的昆迪纳马卡和博亚卡。16世纪西班牙殖民者到来前，这里已形成早期国家，具有严密的政治组织和复杂的祭司组织。1536～1541年，这里被西班牙殖民者征服。奇布查语属马克罗－奇布查语族，主要为哥伦比亚境内的奇布查人使用，此外，洪都拉斯和萨尔瓦多的卡伦人、尼加拉瓜东部沿海地区的米斯基托人以及巴拿马的瓜伊米人和库纳人等也使用这种语言。如今，哥伦比亚留下了许多源自奇布查语的地名。

1. 以奇布查酋长为名的地名

哥伦比亚的许多省都有几个以奇布查酋长为名的地名，反映出这些头面人物在当地的影响力。大西洋省城市加拉帕（Galapa）建于1873年，其名源于曾统治马格达莱纳河口几个村落的酋长哈拉帕（Jalapa）之名。城镇卢鲁阿科（Luruaco）由一个土著小村落发展而来，其名源于土著酋长乌鲁阿科

（Uruaco）之名。城镇马兰博（Malambo）以酋长佩德罗·马兰博（Pedro Malambo）的姓氏马兰博（Malambo）命名，马兰博也是当地一种树的名称。皮奥霍（Piojó）之名源于西班牙殖民者征服该地区前统治该地区的一位名叫"Phión"的酋长名。

玻利瓦尔省城镇圣克鲁斯德莫姆波克斯（Santa Cruz de Mompox）简称"莫姆波克斯"（Mompox），其名源于一位土著酋长名，他和他的部落曾居住在该地区。阿罗约翁多（Arroyohondo）之名是为纪念此地古村的酋长阿罗约翁多。

博亚卡省城镇杜伊塔马（Duitama）原为势力强大的印第安酋长"Tundama"统治的村落，城名即由"Tundama"音变而来，其奇布查语意为"给我缴纳贡品"。图塔萨（Tutazá）之名源于一位名为"Tutazua"的酋长，意为"太阳之子"。贝泰蒂瓦（Beteitiva）之名源于名叫"Betancín"的酋长。奇瓦塔（Chivatá）之名源于名叫"Chipatae"的土著部落，而这个土著部落名又来自其首任酋长。拉米里基（Ramiriquí）之名源于该地区最后一位酋长拉米里基，1541年12月1日，他受洗礼，得名为佩德罗·拉米里基（Felipe Ramiriquí）。菲拉比托瓦（Firavitoba）之名源于一位土著酋长名。加梅萨（Gámeza）之名源于统治该地区的奇布查酋长"Gamza"，"Gamza"由"ga"（太阳和魔鬼的奴仆）和"za"（夜晚）两词组成。蒂帕科克（Tipacoque）从奇布查语的"Zipacoque"变异而来，意为"依附于波哥大酋长西帕"。图尔梅克（Turmequé）之名奇布查语意为"强大的首领"。

塞萨尔省首府巴耶杜帕尔（Valledupar）是西班牙语"Valle de"（谷地）和奇布查酋长名"Eupari"的结合，全词义为"乌帕尔谷"。奇米查瓜（Chimichagua）之名是穆伊斯卡人崇拜的一个神的名字，也是西班牙殖民者征服该地区时一个酋长的名字。

乔科省城镇略罗（Lloró）从字面上看为西班牙语，意为"哭了"，但实际上它源于一个土著酋长的名字"Gioró"。基布多（Quibdó）之名源于统治该地区的基布多酋长名。

纳里尼奥省城镇库姆巴尔（Cumbal）由库姆贝（Cumbe）酋长建于1529年，当时取名"帕瓦斯"（Pavas），1547年改为现名，以纪念其奠基人库姆贝酋长。伊皮亚莱斯（Ipiales）建于1539年，以帕斯托斯族酋长伊皮亚尔（Ipial）的名字命名。

瓜希拉省城镇纳瑙雷（Manaure）源于土著酋长纳瑙雷的名字，他曾与西班牙殖民者进行顽强的斗争，1821年被殖民当局处死。城镇乌鲁米塔（Urumita）由胡安·包蒂斯塔·卡纳莱特（Juan Bautista Canalete）建于1785年，以土著酋长乌鲁米塔之名命名。

北桑坦德省城镇特奥拉马（Teorama）之名源于土著酋长"Tiurama"，据说神父亚历杭德里诺·佩雷斯（Alejandrino Pérez）发现特奥拉马的名字与希腊语的"上帝的田野"相似，因为希腊语的"Theos"意为"上帝"，"rama"意为"田野"。城镇库库蒂利亚（Cucutilla）之名是库库塔酋长名的缩小词。

桑坦德省城镇马坦萨（Matanza）之名源于名叫"Matanzu"的酋长，他曾率领印第安人反抗西班牙殖民者。城镇奥伊瓦（Oiba）是以瓜内人酋长之名奥伊瓦为名。城镇托纳（Tona）以酋长托纳之名命名。城镇翁萨加（Onzaga）之名源为名为"Hunzaa"的酋长。

托利马省城镇伊瓦格（Ibagué）之名源于印第安酋长伊瓦格。城镇科亚伊马（Coyaima）之名意为"科亚酋长的土地"。城镇纳塔盖马（Natagaima）之名一说由"nataga"（酋长）和"ima"（土地）组成，全词义为"酋长的土地"；一说托利马南部地区有个名叫"Nataga"的酋长。

安蒂奥基亚省城镇伊塔圭（Itagüí）之名源自一位名叫"Bitagüí"的奇布查酋长。

科尔多瓦省城镇图钦（Tuchín）之名是为了纪念酋长图钦孙加（Tuchizunga）。

苏克雷省城镇圣路易斯德辛塞（San Luis de Sincé）由安东尼奥·德拉托雷-米兰达（Antonio de la Torre y Miranda）建于1775年，其名由"圣路易斯"（San Luis）和"辛塞"（Sincé）两部分组成，"圣路易斯"（San Luis）是圣徒名；"辛塞"（Sincé）是土著酋长名。

昆迪纳马卡省城镇西帕孔（Zipacón）为奇布查语，由"Zipa"（波哥大酋长）和"cone"（哭泣）组成，全词义为"波哥大酋长痛哭流涕"。传说波哥大酋长退往此地，心情沉重，整日痛哭流涕，故名。伦瓜萨克（Lenguazaque）之名奇布查语意为"酋长领地的尽头"。

2. 以部落、家庭为名的地名

博亚卡省城镇索塔基拉（Sotaquirá）之名源于一个名叫"Sotairaes"的奇布查部落，这个部落在西班牙殖民者抵达前居住在此地。城镇孔比塔（Cucaita）源于该地区被西班牙殖民者征服前居住在此的一个土著部落名，其名奇布查语意为"鼎力"。

昆迪纳马卡省城镇帕乔（Pacho）之名源于奇布查语，由"pa"（爸爸或父亲）和"cho"（好的）两词组成，全词义为"好父亲"。城镇帕斯卡（Pasca）之名奇布查语意为"父亲的土地"。城镇奇帕克（Chipaque）之名奇布查语意为"我们父亲的森林"。

博亚卡省城镇派帕（Paipa）建于1602年。在奇布查语中，"pa"意为"男人""施主""先生""父亲"，城名中包含两个"pa"，可能意为"保护神""伟人"或"保护者"。城镇佩斯卡（Pesca）建于1548年，其名源于奇布查语"pasca"，由"pa"（父亲）和"ca"（院子，园子）组成，全词义为"父亲要塞的田园"。

安蒂奥基亚省城镇伊塔圭（Itagüí）之名源于奇布查语，由"ita"（手）和"gui"（妻子）两词组成，全词义为"妻子的手"。

3. 与奇布查人生活有关的地名

哥伦比亚博亚卡省城镇奇瓦塔（Chivatá）之名源于奇布查语，意为"我们的庄园"；城镇奇基萨（Chíquiza）之名源于奇布查语"chequiza"，意为"光秃的原野"或"荒芜的原野"；城镇奥伊卡塔（Oicatá）之名奇布查语意为"乱石庄园"或"小山上的耕地"；城镇萨马卡（Samacá）之名奇布查语意为"酋长或头人住宅"；城镇图塔（Tuta）之名奇布查语意为"太阳的财产"；城镇索阿塔（Soatá）由胡安·罗德里格斯·帕拉（Juan Rodríguez Parra）建于1545年，其名奇布查语意为"阳光下的耕作"；城镇拉基拉（Ráquira）之名奇布查语意为"锅城"；城镇布斯班萨（Busbanzá）之名奇布查语意为"缴税的土地"，因为该地土地要缴税；城镇奇塔（Chita）之名奇布查一说语意为"我们的土地"，另一说意为"岩石般强硬的人";城镇廷哈卡(Tinjacá)原名"通哈卡"(Tunjacá),源于奇布查语"Juin-cha-ca",意为"奇布查王子的宅邸"。

昆迪纳马卡省城镇乔孔塔(Chocontá)建于1563年,其名源于奇布查语,意为"好同盟的耕作";城镇瓜塔维塔(Guatavita)之名奇布查语意为"结束耕作";城镇马切塔(Machetá)之名奇布查语意为"你们体面地耕作";城镇克塔梅(Quetame)之名奇布查语意为"你们在山上耕作";城镇加查拉(Gachalá)之名奇布查语意为"陶壶";城镇博哈卡(Bojacá)之名奇布查语意为"深紫色的围墙"。

4. 以动植物为名的地名

哥伦比亚博亚卡省城镇托卡(Toca)源自奇布查语,其名中的"to"意为"狗","ca"意为"堡",全词义为"狗堡";城镇塞塔基拉(Zetaquira)之名源于奇布查语,意为"蛇城"。

昆迪纳马卡省城镇苏埃斯卡(Suesca)之名源于奇布查语"Suehica",意为"鸟的岩石";城镇福梅克(Fómeque)之名奇布查语意为"狐狸出没的森林";城镇西米哈卡(Simijaca)之名奇布查语意为"猫头鹰喙";城镇苏哈(Susa)之名奇布查语意为"白色麦秸";城镇卡克萨(Cáqueza)之名奇布查语意为"没有森林的地区";城镇乌瓦克(Ubaque)之名奇查语意为"遍布森林的山麓"。

马卡省城镇福斯卡(Fosca)之名奇布查语意为"赤狐堡"。

卡克塔省城镇埃尔东塞略(El Don cello)之名取自当地一种树的名字。

委内瑞拉巴里纳斯州(Barinas)与首府巴里纳斯的名字源于土著奇布查语,是一种矮小灌木的名字。塔奇拉州(Táchira)之名是奇布查语的一个词,源于一种叫"tachure"的深蓝色植物。苏利亚州(Zulia)其名出于奇布查语,是指生长于委内瑞拉西部地区的一种植物。

5. 以山、河、湖等自然景观命名的地名

哥伦比亚博亚卡省城镇科瓦拉奇阿(Covarachía)之名来自奇布查语,由"cova"(山洞)和"chía"(月亮)两词组成,全词义为"月亮山洞";城镇奇金基拉(Chiquinquirá)之名源于奇布查语"Xequenquirá",意为"多沼泽和雾霭弥漫的地方";城镇翁比塔(úmbita)之名奇布查语意为

"你的尖，你的山顶"；城镇奇纳比塔（Chinavita）由奇布查语"china"（光辉的）和"vita"（山顶）两词组成，全词义为"闪亮的山顶"；城镇菲拉比托瓦（Firavitoba）由奇布查语"fiva"（风）和"vita"（山顶）组成，全词义为"山顶的风"。

昆迪纳马卡省城镇滕霍（Tenjo）之名奇布查语意为"豁口"，但该名与当地的地形并不相符，那里没有豁口，而是在两座高山之间有一个宽大的山谷；城镇科瓜（Cogua）之名奇布查语意为"山的依靠"；城镇索波（Sopó）之名奇布查语意为"坚硬的石头"或"陡峭的山"；城镇卡西卡（Cajicà）之名奇布查语意为"石头堡"；城镇塔比奥（Tabio）是由名为"Teib"的穆伊斯卡村子变异而来，意为"大窟窿"；城镇库库努瓦（Cucunubá）之名奇布查语意为"像脸一样"，该城群山环抱，从远处看，周围的山像脸一样，故得此名；城镇法卡塔蒂瓦（Facatativá）之名奇布查语意为"平原尽头的土地"；城镇乌内（Une）之名奇布查语意为"污泥"；城镇乌瓦拉（Ubalá）之名奇布查语意为"斜坡之地"。

6. 以日、月、星辰为名的地名

博亚卡省城镇索查（Socha）之名奇布查语意为"太阳和月亮的土地"，在奇布查语中，"soa"意为"太阳"，"chia"意为"月亮"，索查（Socha）是这两个词的结合；城镇蒙瓜（Mongua）之名源于奇布查语"Mengua"，意为"太阳升起来了"；城镇伊萨（Iza）之名源于奇布查语"iza"，意为"夜晚"，由于在卡斯蒂利亚词典中，"iza"意为"情妇"或"姘妇"，1895年此处曾改名为"圣伊萨贝尔"（Santa Isabel），但该城居民仍坚持其传统名称"伊萨"。

昆迪纳马卡省城镇奇阿（Chía）之名奇布查语意为"月亮"；城镇索阿查（Soacha）之名由奇布查语"soa"（太阳）和"cha"（男人）两词组成；西米哈卡（Simijaca）之名奇布查语意为"蓝色的天空"。

7. 以职业、赋税、贡品等为名的地名

昆迪纳马卡省城镇蒂瓦奎（Tibacuy）之名奇布查语意为"军官"；城镇内莫孔（Nemocón）之名奇布查语意为"战士的哀叹或咆哮"；城镇苏塔陶萨（Sutatausa）之名奇布查语意为"小的赋税"；城镇陶萨（Tausa）之名

奇布查语意为"山顶贡品";城镇苏塔陶萨(Sutatausa)由奇布查语"suta"(小)和"tausa"(贡品)组成,全词义为"小贡品"。

(七) 纳瓦特尔语地名

墨西哥是个多民族国家,全国共有56个印第安民族,其中纳瓦特尔族是墨西哥人口最多的印第安民族。纳瓦特尔语在墨西哥中部至哥斯达黎加西北部地区通行。据2010年统计,墨西哥有155万人使用纳瓦特尔语。除墨西哥外,萨尔瓦多约有15万人、美国约有27.5万人也讲纳瓦特尔语。纳瓦特尔语属尤托-纳瓦语族(yuto-nahua)或尤托-阿兹特克语族(yuto-azteca)。现今,墨西哥以及中美洲国家中有众多地名源于纳瓦特尔语。墨西哥的纳瓦特尔语地名大致分为以下几类。

1. 以山、河、湖水和地理方位为名

墨西哥大部分国土虽处在北回归线中部,但因地势高,四季万木常青,故有"高原明珠"之誉。墨西哥许多源自纳瓦特尔语的地名,都表现出对秀美山川的赞叹。

恰帕斯州城镇奇科阿森(Chicoasén)源于西班牙人抵达前的纳瓦特尔语名字"Chicoasentepek",该词由"chicoasen"(六)和"tepek"(地方或山)组成,全词义为"六个地方"或"六座山";城镇特内哈帕(Tenejapa)源于纳瓦特尔语"Tenejapan",意为"石灰河"。

格雷罗州城镇奥梅特佩克(Ometepec)之名源于纳瓦特尔语的"ome"(二)和"tepetl"(山),全词义为"两座山"或"两座山的地方";城镇蓬加拉瓦托(Pungarabato)之名是普雷佩查语或塔拉斯卡语的"pungari"或"pungare"(羽毛)和"huato"(山),全词义为"羽毛山";城镇马利纳尔特佩克(Malinaltepec)之名纳瓦特尔语意为"草山";城镇特洛洛阿潘(Teloloapan)之名源于纳瓦特尔语的"telólot"或"telolotli"(卵石)和"apan"(河),全词义为"卵石河";城镇阿潘戈(Apango)之名源于纳瓦特尔语的"apan"或"apantli"(河或水)和"co"(地方),全词义为"在河水中"或"河水流过的渠道"。

伊达尔戈州城镇特拉纳拉帕（Tlanalapa）之名源于纳瓦特尔语，意为"山谷之地"；城镇特佩蒂特兰（Tepetitlán）之名源于纳瓦特尔语的"tepetl"（山）和"titlán"（在……之间），全词义为"在山之间"；城镇特佩阿普尔科（Tepeapulco）之名源于纳瓦特尔语，意为"山水流下的地方"。

普埃布拉州城镇奥科特佩克（Ocotepec）之名源于纳瓦特尔语，由"pantli"（旗）和"tepec"（山）组成，全词义为"旗山"。

格雷罗州城镇特拉科特佩克（Tlacotepec）之名由纳瓦特尔语的"tlahco"（区，地段）、"tepētl"（山）和"c"（在）组成，全词义为"在山区"；城镇特特拉德奥坎波（Tetela de Ocampo）之名源于纳瓦特尔语，由"tetl"（山）和"tla"（很多）组成，全词义为"多山之地"；城镇特佩阿卡（Tepeaca）是纳瓦特尔语"Tepeyacac"的西班牙语化，由"tepetl"（石头山）和"yacatl"（鼻子，顶）组成，全词义为"在山顶上"；城镇圣米格尔伊克西特兰（San Miguel Ixitlán）之名中的"伊克西特兰"（Ixitlán）源于纳瓦特尔语，由"icxitl"（脚下）和"tlan"（挨近）组成，全词义为"靠近山脚下的地方"；城镇特卡马查尔科（Tecamachalco）之名源于纳瓦特尔语，由"tetl"（石头）、"camachalli"（颚骨）和"co"（在）组成，全词义为"在石头颚骨上"；城镇亚奥诺瓦克（Yaonáhuac）之名源于纳瓦特尔语，一说由"hueyi"（大的）、"atl"（水）、"náhuac"（路）和"náhuac"（靠近）组成，全词义为"靠近大水路的地方"，一说由"yau"（走）和"náhuac"（一起，靠近）组成，全词义为"它们一起走"，此处是指分开流动的伊利塔河（Ilita）与霍奇瓦特萨洛扬河（Xochihuatzaloyan）最终汇合在一起形成奥卡尔河（Ohcal）；城镇奇格纳瓦潘（Chignahuapan）之名源于纳瓦特尔语，由"chiconahui"（九）、"atl"（水）和"pan"（在……上）组成，全词义为"在九条河上"；城镇阿托亚特姆潘（Atoyatempan）之名源于纳瓦特尔语，由"atóyatl"（河）、"tentli"（畔）和"pan"（在……上）组成，全词义为"在河畔"；城镇阿特姆潘（Atempan）之名源于纳瓦特尔语，由"atl"（水）、"tentli"（畔）和"pan"（在……上）组成，全词义为"在水边"；城镇阿特萨拉（Atzala）之名源于纳瓦特尔语，由"atl"（水）和

"tzallan"（在……之间）组成，全词义为"在河水之间"；城镇阿哈尔潘（Ajalpan）之名源于纳瓦特尔语，由"ā"（水）、"xāl"（沙）和"pan"（在……上）组成，全词义为"在水沙上"；城镇阿尔霍胡卡（Aljojuca）之名源于纳瓦特尔语，由"atl"（水）、"xoxouhqui"（天蓝色）和"can"（在）组成，全词义为"在天蓝色的水里"；城镇阿基斯特拉（Aquixtla）之名源于纳瓦特尔语，由"atl"（水）、"quiza"（出去）和"tlan"（地方）组成，全词义为"水流出去的地方"；城镇阿特莱基萨扬（Atlequizayan）之名源于纳瓦特尔语，由"atl"（水）、"quizá"（出去）和"yam"（地方）组成，全词义为"水的出口"；城镇阿尔特佩克希（Altepexi）之名源于纳瓦特尔语，由"atl"（水）和"tepexi"（山）组成，全词义为"山上落下的水"；城镇圣佩德罗乔卢拉（San Pedro Cholula）之名中的"乔卢拉"和圣伊萨贝尔乔卢拉（Santa Isabel Cholula）之名中的"乔卢拉"源于纳瓦特尔语"Chololoa"，意为"水从高处落下"；城镇哈亚卡特兰德布拉沃（Xayacatlán de Bravo）之名源于纳瓦特尔语，由"xalli"（沙）、"yacatl"（角，顶）和"tlán"（靠近）组成，全词义为"靠近沙角的地方"；城镇哈尔潘德塞拉（Jalpan de Serra）之名中的"哈尔潘"（Jalpan）源于纳瓦特尔语，由"xall"（沙）和"pan"（在……上）组成，全词义为"在沙子上面"。

墨西哥州城镇特马斯卡尔特佩斯（Temascaltepec）之名源于纳瓦特尔语"Temazcaltepēc"，由"temazcalli"（蒸气浴）、"tepētl"（山）和"co"（在）组成，全词义为"在蒸气浴山上"；城镇特佩特利斯帕（Tepetlixpa）之名源于纳瓦特尔语"Tepetlixpan"，意为"在山的表面"；城镇特波特索特兰（Tepotzotlán）之名源于纳瓦特尔语，由"tepōtzoh"（驼峰）和"tlan"（地方）组成，全词义为"多驼峰之地"；城镇阿特劳特拉（Atlautla）之名源于纳瓦特尔语，由"atlautli"（悬崖）和"tla"（地方）组成，全词义为"多悬崖的地方"；城镇哈拉特拉科（Xalatlaco）之名源于纳瓦特尔语，由"xalli"（沙）、"atlauh"（悬崖）、"atl"（水）和"co"（在）组成，全词义为"在悬崖沙上的水里"，其得名是因该城中心有个峭壁，峭壁的沙土上流出泉水，风景非常秀丽；城镇奥苏姆巴（Ozumba）之名纳瓦特尔语意为"有山洞的地方"；城镇特马马特拉（Temamatla）之名源自纳瓦特尔语，意为"石梯";城镇特斯卡尔蒂特兰(Texcaltitlán)之名源于纳瓦特尔语,由"texcalli"(岩石)和"titla"(在……之间)组成,全词义为"在岩石之间";城镇特斯卡尔亚卡克(Texcalyacac)之名源于纳瓦特尔语,由"texcalli"(乱石滩)、"yácatl"(鼻子)和"c"(在)组成,全词义为"在乱石滩顶";城镇阿库尔科(Aculco)源于纳瓦特尔语,意为"在水流弯曲的河中",得名是因流经此地的一条河明显弯曲;城镇阿帕斯科德奥坎波(Apaxco de Ocampo)之名中的"阿帕斯科"(Apaxco)源于纳瓦特尔语,由"atl"(水)、"patzca"(落下)和"co"(在)组成,全词义为"水落下之地"。

哈利斯科州城镇哈洛斯托蒂特兰(Jalostotitlán)之名源于纳瓦特尔语的"xalli"(沙)、"oztotl"(山洞)和"tlan"(地方),全词义为"有沙的山洞之地";城镇奥斯托蒂帕基略(Hostotipaquillo)之名源于纳瓦特尔语,意为"在山洞之上";城镇阿梅卡(Ameca)之名源于纳瓦特尔语,意为"水带"或"水绳",指流经该城的阿梅卡河;城镇特阿帕(Teapa)之名源于纳瓦特尔语,意为"越过石头的河"或"石头河",得名是因一条河流经该城;城镇查帕拉(Chapala)靠近查帕拉湖(Lago de Chapala),遂以该湖名命名;城镇伊斯特拉瓦坎德尔里奥(Ixtlahuacán del Río)之名中的"伊斯特拉瓦坎"(Ixtlahuacán)源于纳瓦特尔语的"ixtláhuatl"(平原)和"can"(地方),全词义为"平原之地";城镇阿滕戈(Atengo)之名源于纳瓦特尔语,意为"在河畔";城镇阿滕吉略(Atenguillo)之名源于纳瓦特尔语,意为"水围绕的地方";城镇阿托亚克(Atoyac)之名源于纳瓦特尔语,意为"靠近河的地方"。

纳亚里特州城镇伊斯特兰德尔里奥(Ixtlán del Río)之名中的"伊斯特兰"(Ixtlán)源于纳瓦特尔语,由"itz-tli"(黑曜岩)和"tlán"(发现……的地方)组成,意为"发现黑曜岩的地方";城镇特皮克(Tepic)得名时间不详,其名源于纳瓦特尔语,由"tetl"(石头)和"picqui"(实心东西)组成,全词义为"实心石头";城镇哈拉(Jala)之名源于纳瓦特尔语,由"xali"(沙)和"la"(是"Tla"的变异,意为盛产……的地方)组成,全词义为"多沙之地";城镇哈利斯科(Xalisco)源于纳瓦特尔语"Xalixko",由"xalli"(沙)、"ix-telotl"(眼睛)和"co"(地方)组成,全词义为

"沙眼之地"。

莫雷洛斯州城镇特帕尔辛戈（Tepalcingo）之名源于纳瓦特尔语，意为"在燧石下面或后面"。

塔毛利帕斯州城镇曼特（Mante）的全名为"曼特城"（Ciudad Mante），其名源于纳瓦特尔语，由"man"（的……地方）、"atl"（水）和"tetl"（石头）组成，全词义为"石河之地"，意指这里是曼特河（Río Mante）的发源地。

塔巴斯科州城镇哈拉帕（Jalapa）之名源于纳瓦特尔语"Xāl-ā-pan"，由"xāl"（沙）、"ā"（水）和"pan"（在……上）组成，全词义为"在沙河畔"。

瓜纳华托州城镇西拉奥（Silao）建于1833年，其名源于纳瓦特尔语"Sinaua"，意为"没有水"，后演变为"Silagua"和"Silao"。

科利马州城镇伊斯特瓦坎（Ixtlahuacán）之名纳瓦特尔语意为"沙漠地带"或"不毛之地"。

2. 以动物为名

墨西哥自然环境复杂，动物种类繁多，而且有不少动物的种类极为罕见。据统计，墨西哥的爬行动物多达707种，哺乳动物有438种，两栖动物也有290种。除前述一些以动物为名的州和首府外，众多城镇也以纳瓦特尔语中的动物名称为名。

墨西哥州城镇奥特索洛特佩克（Otzolotepec）之名源于纳瓦特尔语，由"ocelotl"（美洲豹）、"tépetl"（山）和"co"（在）组成，全词义为"在美洲豹山上"；城镇科尤特佩克（Coyotepec）之名源于纳瓦特尔语，由"coyotl"（丛林狼）、"tepetl"（山）和"co"组成，全词义为"在丛林狼山上"；城镇内萨瓦尔科约特尔城（Ciudad Nezahualcóyotl）之名源于纳瓦特尔语，由"nezāhual"（未进食）和"coyōtl"（丛林狼）组成，全词义为"未进食的丛林狼"，该城简称"内萨城"（Ciudad Neza）；城镇奇孔夸克德华雷斯（Chiconcuac de Juárez）之名中的"奇孔夸克"（Chiconcuac）源于纳瓦特尔语"Chicome Coatl"，意为"七条蛇"，这是阿兹特克历法中的一个日期；城镇科阿卡尔科德贝里奥萨瓦尔（Coacalco de Berriozábal）之名源于纳瓦特尔语，由"coa-coatl"（蛇）、"cal-calli"（住宅）和"co"（在）组成，全词义为"在蛇穴里";城镇苏尔特佩克（Sultepec）之名源于纳瓦特尔语"Zultépetl"或"Zolatepeth"，由"zullin"或"zollin"（鹌鹑）、"tépetl"（山）组成，全词义为"在鹌鹑山上";城镇西纳坎特佩克（Zinacantepec）之名源于纳瓦特尔语，由"tzanacan"（蝙蝠）和"tépetl"（在……山上）组成，全词义为"在蝙蝠山上";城镇奥奎兰（Ocuilan）之名源于纳瓦特尔语，由"ocuilli"（蛆）和"lan"（地方）组成，全词义为"有大量蛆的地方"。

恰帕斯州城镇马帕斯特佩克（Mapastepec）之名纳瓦特尔语意为"浣熊山";城镇马萨坦（Villa Mazatán）之名纳瓦特尔语意为"多鹿之地"，在纳瓦特尔语中，"masa"意为"鹿"，"tān"意为"地方"或"多产……的地方"，"masatān"即为"多鹿之地"，相传奥尔梅卡人来到此地后，发现科阿坦河附近有大量的鹿，于是将该地命名为"Masatān"，1698年西班牙人抵达此地后，把"Masatān"中的字母"s"改为字母"z"，把"ā"改为"á"，成为"Mazatán";城镇莫托辛特拉（Motozintla）之名源于纳瓦特尔语，由"mototl"（松鼠）、"zintl"（山坡）和"tla"（地方）组成，全词义为"松鼠山坡之地";城镇科派纳拉（Copainalá）之名源于纳瓦特尔语，由"cohuatl"（蛇）、"corredor"（走廊）和"lan"（地方）三词组合而成，全词义为"蛇爬过之地";城镇贝努斯蒂亚诺卡兰萨（Venustiano Carranza）16世纪原称科帕纳瓦斯特拉（Copanahuastla），纳瓦特尔语意为"蛇之地";城镇皮基加潘（Pijijiapan）源于纳瓦特尔语，由"pijiji"（该地区特有的一种蹼足目鸟）和"apan"（在水中或在河中）组成，全词义为"在皮基基鸟河中";城镇圣胡安查穆拉（San Juan Chamula）之名源于纳瓦特尔语，"chamolli"是一种猩红色鸟的名称，"Chamollan"意为"盛产chamolli的地方"，随着时间的推移，"Chamollan"西班牙语化为"Chamula";城镇查普尔特南戈（Chapultenango）之名源于纳瓦特尔语，由"chapulín"（蝗虫）和"tenamco"（堡垒）组成，全词义为"蝗虫堡"。

伊达尔戈州城镇查普尔瓦坎（Chapulhuacán）之名源于纳瓦特尔语，由"chapol"（蝗虫）、"hua"（占有的）和"can"（地方）组成，全词义为"蝗虫占据的地方";城镇西纳坎坦（Zinacantán）之名源于纳瓦特尔语，意为"蝙蝠之地"，因该地曾发现一个蝙蝠洞而得名。

哈利斯科州城镇马萨米特拉（Mazamitla）之名源于纳瓦特尔语，由"mazatl"（鹿）、"mitl"（箭）和"tlan"（地方）组成，全词一说意为"用箭猎鹿之地"，一说意为"制作猎鹿箭之地"，一说意为"有鹿和箭之地"，一说意为"弓箭手猎鹿之地"；城镇马斯科塔（Mascota）之名源于纳瓦特尔语"Teco Amaxacotlán Mazacotla"，意为"鹿和蛇之地"；城镇阿约特兰（Ayotlán）和阿尤特拉（Ayutla）之名源于纳瓦特尔语"Ayotl"（该城的原名），意为"龟之地"；城镇科洛特兰（Colotlán）之名源于纳瓦特尔语，意为"南蝎之地"；城镇特科洛特兰（Tecolotlán）之名源于纳瓦特尔语，由"tecolotl"（雕鸮）和"tlán"（地方）组成，全词义为"雕鸮之地"；城镇库基奥（Cuquío）之名纳瓦特尔语意为"鸢之地"；城镇托托特兰（Tototlán）之名源于纳瓦特尔语，由"tótotl"（鸟）和"tlan"（地方）组成，全词义为"鸟之地"；城镇奇基利斯特兰（Chiquilistlán）之名源于纳瓦特尔语的"chiquilizintli"（蝉）和"tlán"（地方），全词义为"蝉之地"；城镇萨尤拉（Sayula）之名源于纳瓦特尔语"sayoli"或"sayolli"，意为"苍蝇之地"。

伊达尔戈州城镇夸乌特佩克德伊诺霍萨（Cuautepec de Hinojosa）之名中的"夸乌特佩克"（Cuautepec）源于纳瓦特尔语，由"cuauh 或 cuatl"（树）和"tepetl"（山）组成，全词义为"森林密布之山"；在《墨西哥西班牙语中的纳瓦特尔语字典》中，"Cuautepec"由"cuauhtli"（鹰）和"tépetl"（山）组成，全词义为"鹰之山"。

普埃布拉州城镇瓦克丘拉（Huaquechula）之名源于纳瓦特尔语"Cuauhquechollan"，由"cuautli"（鹰）、"quecholli"（漂亮的羽毛）和"lan"（地方）组成，全词义为"挨着鹰的漂亮羽毛"；城镇圣马丁托托尔特佩克（San Martín Totoltepec）之名中的"托托尔特佩克"（Totoltepec）源于纳瓦特尔语，由"tototl"（鸽子）、"tepetl"（山）和"co"（在）组成，全词义为"在鸽子山"；城镇托托拉潘（Totolapan）之名源于纳瓦特尔语，由"totoltli"（鸟、飞禽）、"atl"（水）和"pan"（在……上）组成，全词义为"水上的鸟"；城镇齐卡特拉科扬（Tzicatlacoyan）之名源于纳瓦特尔语，由"tzicatl"（勇猛的蚂蚁）、"tlanco"（一半）和"yan"（地方）组成，全词义为"在勇猛的蚂蚁中间"。

墨西哥联邦特区城镇科约阿坎（Coyoacán）一名源于纳瓦特尔语"Coyohuacan"，由"cóyotl"（丛林狼）、"hua"（拥有者）"can"（地方）三部分组成，全词义为"丛林狼主人之地"，"Coyoacán"是"Coyohuacan"的西班牙语化；城镇阿斯卡波特萨尔科（Azcapotzalco）之名源于纳瓦特尔语的三个词"azcatl"（蚁）、"potzoa"或"potzalli"（丘）和"co"（在），全词义为"在蚁巢里"，在阿兹特克神话中，羽蛇神克特萨尔科阿特尔（Quetzalcóatl）变成一只红蚁来到人间，取出玉米粒帮助人类维持生活，所以，阿斯卡波特萨尔科的市徽图案中就有玉米粒围绕的红蚁。

锡那罗亚州城镇马萨特兰（Mazatlán）之名源于纳瓦特尔语，意为"鹿之地"。

莫雷洛斯州城镇马萨特佩克（Mazatepec）源于纳瓦特尔语，由"mazā(tl)"（鹿）、"tepē(tl)"（山）组成，和"c"（在）组成，全词义为"在鹿山上"；城镇夸乌特拉（Cuautla）一名纳瓦特尔语意为"鹰漫游之地"；城镇维齐拉克（Huitzilac）之名是纳瓦特尔语西班牙语化的名字，由"uitzi-tzillin"（蜂鸟）、"atl"（水）组成，全词义为"在有蜂鸟的水（河）中"。

米却肯州城镇图斯潘（Tuxpan）之名源于纳瓦特尔语"Tochpan"，由"tochtli"（兔子）和"pan"（地方）组成，全词义为"兔子之地"。

格雷罗州城镇特拉科阿奇斯特拉瓦卡（Tlacoachistlahuaca）之名源于纳瓦特尔语，由"tlacoáchitl"或"tlacuatzin"（负鼠）和"ixtlahuaca"（平原、谷地）组成，全词义为"负鼠的平原"。

塔毛利帕斯州城镇坦皮科（Tampico）之名源于纳瓦特尔科语"Huasteco"，意为"水獭之地"。

科利马州城镇科基马特兰（Coquimatlán）建于1857年，其名源于纳瓦特尔语，由"caqui"（鸽子）、"ma"（手抓）和"tlan"（地方）三个词组成，全词义为"抓鸽子之地"。

杜兰戈州城镇卡纳特兰（Canatlán）由方济各会传教士建于1620年，取名为"圣迭戈德卡纳特兰"（San Diego de Canatlán），其名中的"卡纳特兰"源于纳瓦特尔语"Canauhtlan"，由"canauh"（鸭）和"tlan"（地方）组成，全词义为"鸭子之地"。

3. 以植物为名

墨西哥的树木、花草种类繁多，热带、温带、寒带的植物应有尽有。植物多达 26000 种，受到墨西哥法律保护的植物就有 2500 种。墨西哥很多城镇以纳瓦特尔语的植物名命名。

哈利斯科州城镇夸乌特拉（Cuautla）之名源于纳瓦特尔语，由"cuáhuitl"（树）和"tlan"（地方），意为"多树之地"或"在林中"；城镇瓜奇南戈（Guachinango）之名源于纳瓦特尔语，意为"靠近树林的地方"；城镇阿马奎卡（Amacueca）之名源于纳瓦特尔语 *Ama-kue-ka*，意为"榕树林之地"；城镇梅斯基蒂克（Mezquitic）之名源于纳瓦特尔语，由"mízquitl"（牧豆树）和"ític"（在里面）组成，全词义为"在牧豆树之间"或"在牧豆树里面"；城镇奥科特兰（Ocotlán）之名源于纳瓦特尔语，意为"靠近松树的地方"或"松树之地"；城镇韦胡卡尔（Huejúcar）之名源于纳瓦特尔语，由"huéxotl"（柳树）和"tlan"（地方）组成，全词义为"柳树之地"；城镇韦胡基利亚埃尔阿尔托（Huejuquilla el Alto）其名中的"韦胡基利亚"源于纳瓦特尔语"Huexoquíllan"，由"huéxotl"（柳树）、"quílitl"（绿色的）和"tlan"（地方）组成，全词义为"绿色柳树之地"；城镇萨波蒂尔蒂克（Zapotiltic）之名源于纳瓦特尔语，由"tzápotl"（人心果）和"tlíitic"（黑色的）组成，全词义为"黑色人心果之地"，得名是因古时该地区生长着许多人心果树；城镇萨波潘（Zapopan）之名源于纳瓦特尔语"Tzapopan"，意为"人心果之地"，在萨波潘市徽上就有人心果的图案；城镇托利曼（Tonalá）之名源于纳瓦特尔语，意为"割灯芯草的地方"或"盛产灯芯草的地方"；城镇托马特兰（Tomatlán）之名源于纳瓦特尔语，意为"西红柿之地"；城镇霍科特佩克（Jocotepec）原为该地区湖泊西端的一个小渔村，名为"苏苏特佩克"（Xuxutepeque），1361 年土著纳瓦人建成村镇，改称"希洛特佩克"（Xilotepec），意为"玉米穗山"；城镇华纳卡特兰（Juanacatlán）之名源于纳瓦特尔语"Xonacatlan"，由"xonaca"（洋葱）和"tlan"（地方）组成，全词义为"盛产洋葱之地"；城镇阿卡蒂克（Acatic）之名源于纳瓦特尔语，由"ácatl"（甘蔗）和"itic"（在……中）组成，意为"在甘蔗中间"；城镇托利曼（Tonalá）之名源于纳瓦特尔语，意为"割灯芯草的地方"或"盛产灯芯草的地方";城镇胡奇特兰(Juchitlán)之名源于纳瓦特尔语,意为"鲜花盛开之地"。

墨西哥州城镇阿马特佩克(Amatepec)之名源于纳瓦特尔语,由"am-atl"(纸树)、"tepetl"(山)和"c"(co 的缩约,意为"在")组成,全词义为"榕树山"或"纸树山";城镇奥科约阿卡克(Ocoyoacac)之名源于纳瓦特尔语,由"ocote"(引火松)、"yácatl"(鼻子)和"c"(在)组成,全词义为"在引火松(松树)顶上";城镇苏姆帕瓦坎(Zumpahuacán)之名源于纳瓦特尔语"Tzompahuacán",意为"草莓树之地";城镇卡普尔瓦克(Capulhuac)之名源于纳瓦特尔语,由"capulli"(柳叶野黑樱)和"apan"(沟、渠)组成,全词义为"柳叶野黑樱沟";城镇亚乌特佩克德萨拉戈萨(Yautepec de Zaragoza)之名中的"亚乌特佩克"(Yautepec)和莫雷洛斯州城镇亚乌特佩克(Yautepec)之名均源于纳瓦特尔语的"yautli"和"tepe-tl"的组合,"yautli"是一种名叫"佩里孔"的植物,"tepe-tl"意为(山),全词义为"佩里孔山";城镇胡奇特佩克(Juchitepec)之名源于纳瓦特尔语"Xochiltepetl",由"xochitl"(花)、"tepetl"(山)和"c"(在)组成,全词义为"在花山",17 世纪得名"Xuchitepec",18 世纪字母"X"改为字母"J";城镇梅特佩克(Metepec)之名源于纳瓦特尔语,意为"龙舌兰植物山";城镇诺帕尔特佩克(Nopaltepec)之名源于纳瓦特尔语,由"nopalli"(仙人掌)、"tepetl"(山)和"c"(在)组成,全词义为"在仙人掌山";城镇蒂米尔潘(Timilpan)之名源于纳瓦特尔语,由"tetl"(石头)、"milli"(已播种土地或玉米地)组成,全词义为"多石玉米地";城镇霍纳卡特兰(Xonacatlán)之名源于纳瓦特尔语,由"xonacatl"(洋葱头)和"tlan"(地方)组成,全词义为"在洋葱头之地";城镇卢比亚诺斯(Luvianos)之名源于纳瓦特尔语,意为"盛产菜豆之地"。

纳亚里特州城镇阿卡波内塔(Acaponeta)之名纳瓦特尔语意为"菜豆在芦苇间生长的地方";城镇维斯基卢坎(Huixquilucan)之名源于纳瓦特尔语"Huitzquilitl"或"Huitzquillutl",意为"销售刺菜的地方";城镇马利纳尔科(Malinalco)之名源于纳瓦特尔语,由"malinalli"、"xóchitl"和"co"组成,"malinalli"是一种名叫"zacate del carbonero"的草,"xóchitl"

意为"花","co"意为"在",全词义为"装饰着马利纳尔花的地方";城镇图尔特佩克（Tultepec）之名源于纳瓦特尔语,意为"灯芯草山"。

普埃布拉州城镇阿瓜卡特兰（Ahuacatlán）之名源于纳瓦特尔语,由"ahuácatl"（鳄梨）和"tlan"（地方）组成,全词义为"鳄梨之地";城镇阿瓦特兰（Ahuatlán）之名源于纳瓦特尔语,由"ahuatl"（圣栎树）和"tlan"（地方）组成,全词义为"圣栎树之地";城镇阿瓦索特佩克（Ahuazotepec）之名源于纳瓦特尔语,由"ahuatl"（圣栎树）、"zoltic"（老的）、"tepetl"（山）和"c"（在）组成,全词义为"在老的圣栎树山里";城镇阿韦韦蒂特拉（Ahuehuetitla）之名源于纳瓦特尔语,由"ahuehuetl"（尖叶落羽杉）和"titla"（在……之间）组成,全词义为"在尖叶落羽杉之间";城镇霍诺特拉（Xonotla）之名源于纳瓦特尔语,由"xonotl"（美洲绳椴树）和"tla"（盛产……的地方）组成,全词义为"多美洲绳椴树之地";城镇瓦乌奇南戈（Huauchinango）之名源于纳瓦特尔语,由"cuautli"（树）、"chinamitli"（墙）和"co"（在）组成,全词义为"树木围绕的地方";城镇圣米格尔霍斯特拉（San Miguel Xoxtla）之名中的"霍斯特拉"（Xoxtla）源于纳瓦特尔语,由"xóchitl"（花）和"tla"（盛产……的地方）组成,全词义为"多花之地";城镇萨卡特兰（Zacatlán）之名源于纳瓦特尔语,由"zácatl"（草,牧草）和"tlan"（地方）组成,全词义为"牧草丰盛的地方"。

莫雷洛斯州城镇奎尔纳瓦卡（Cuernavaca）之名源于纳瓦特尔语"Cuauhnāhuac",由"cuauhitl"（树）和"nahuac"（附近）组成,全词义为"在树林附近";城镇霍奇特佩克（Xochitepec）之名源于纳瓦特尔语,由"xōchi"（花）、"tepē"（山）和"c"（在）组成,全词义为"在花山上";城镇霍纳卡特佩克（Jonacatepec）之名源于纳瓦特尔语,由"xonakat"（洋葱头）、"tepetl"（山）和"c"（在）组成,全词义为"在洋葱头山上"。

格雷罗州城镇维特苏科城（Ciudad de Huitzuco）由西班牙语的"Ciudad"（城）和纳瓦特尔语"Huitzuco"（维特苏科）组成,"维特苏科"源于纳瓦特尔语"huitzilizo"（多刺灌木）和"co"（在）,全词义为"在多刺灌木丛生的地方",其得名是因该地区遍布多刺灌木;城镇瓦穆斯蒂特兰

(Huamuxtitlán)之名由纳瓦特尔语"cuamochitl"(金龟树)和"tlán"(地方)组成,全词义为"金龟树之地";城镇科帕利略(Copalillo)之名源于纳瓦特尔语"Copalli, iyac",意为"臭的巴西普罗梯乌木";城镇夸希尼奎拉帕(Cuajinicuilapa)之名源于纳瓦特尔语"Cuauhxinicuilliatlpan",意为"生长于河边的树",该城的正式名称为"Cuajinicuilapa de Santa María",被称为"墨西哥的黑珍珠""墨西哥黑人之都""墨西哥的小非洲";城镇霍奇斯特拉瓦卡(Xochistlahuaca)之名源于纳瓦特尔语,由"xochitl"(花)和"ixtlahuatlan"(平原)组成,全词义为"鲜花的平原"。

塔巴斯科州城镇塔科塔尔帕(Tacotalpa)建于1545~1570年,其名源于纳瓦特尔语"Tacotlalpan",意为"荆棘丛生或杂草丛生的地方";城镇霍努塔(Jonuta)之名源于纳瓦特尔语"Xonotla"或"Shonotla",由"shono(美洲绳椴树)"和"tla"(地方)组成,全词义为"多美洲绳椴树的地方";城镇森特拉(Centla)之名源于纳瓦特尔语"Cintla",意为"在玉米地里"。

伊达尔戈州城镇埃帕索尤坎(Epazoyucan)之名源于纳瓦特尔语,意为"遍布土荆芥之地"或"属于土荆芥之地";城镇圣奥古斯丁梅特斯基特兰(San Agustín Metzquititlán)之名中的"梅特斯基特兰"(Metzquititlán)源于纳瓦特尔语的"metzquitli"(牧豆树)和"tlan"(地方),全词义为"有大量牧豆树的地方";城镇维查潘(Huichapan)之名源于纳瓦特尔语的"Huexoapan huexotl",全词义为"柳树河";城镇奇尔夸乌特拉(Chilcuautla)之名源于纳瓦特尔语,由"chilli"(辣椒)和"cuautla"(树林)组成,全词义为"辣椒林";城镇阿卡霍奇特兰(Acaxochitlán)之名源于纳瓦特尔语,由"acatl"(芦竹)、"xochitl"(花)和"tlan"(地方)组成,全词义为"芦竹花盛开的地方";城镇梅特佩克(Metepec)之名源于纳瓦特尔语,意为"在龙舌兰山"。

纳亚里特州城镇阿瓦卡特兰(Ahuacatlán)之名源于纳瓦特尔语,由"ahua"(鳄梨)和"tlan"(地方)组成,全词义为"鳄梨之地";城镇瓦希科里(Huajicori)之名源于纳瓦特尔语(Cora)的"huaxiimi"(植物老头掌)和"huac"(许多),全词义为"有大量老头掌的地方"。

恰帕斯州城镇阿马坦(Amatán)之名源于纳瓦特尔语,意为"榕树之乡"。

奇瓦瓦州城镇韦霍蒂坦（Huejotitán）之名的纳瓦特尔语意为"柳树之地"。

锡那罗亚州城镇纳沃拉托（Navolato）之名源于纳瓦特尔语，由"na-vo"（仙人掌）、"la"（丰富，盛产）和"to"组成，全词义为"多仙人掌之地"。

墨西哥联邦特区米尔帕阿尔塔区（Milpa Alta）之名由纳瓦特尔语的"milpa"（玉米地）和西班牙语的"alta"（高的）结合而成，意为"高处的玉米地"；霍奇米尔科区（Xochimilco）之名源于纳瓦特尔语，由"xōchi"（花）、"mīlpa"（玉米地）和"co"（在）组成，全词义为"在玉米地长花的地方"。

4. 以金属等资源为名

墨西哥地质构造复杂，矿产资源丰富，盛产银、金、铜、铅、锑、汞、磷灰石、天青石等，白银产量居世界之首，素有"白银王国"之美誉。墨西哥的一些纳瓦特尔语地名，也同丰富的矿产联系在一起。

哈利斯科州城镇特奥奎塔特兰德科罗纳（teocuitatlán de Corona）之名中的"特奥奎塔特兰"源于纳瓦特尔语，由"teocuítlatl"（黄金）和"tlan"（地方）组成，全词义为"黄金之地"。

莫雷洛斯州城镇特波斯特兰（Tepoztlán）之名源于纳瓦特尔语，由"tepoz-tli"（铜）和"tlan"（地方）组成，全词义为"盛产铜之地"；城镇乌特佩克（Jiutepec）之名源于纳瓦特尔语"Xiutepetl"，意为"宝石山"。

伊达尔戈州首府帕丘卡·德索托（Pachuca de Soto）之名源于纳瓦特尔语"Patlachiuhacan"，意为"金银之地"。

瓜纳华托州和首府瓜纳华托最初的土著名称为"Mo-o-ti"，意为"产金属的地方"。

恰帕斯州城镇查尔奇维坦（Chalchihuitán）之名源于纳瓦特尔语，意为"盛产劣等绿宝石之地"。

克雷塔罗州城镇特基斯基亚潘（Tequisquiapan）之名源于纳瓦特尔语，由"tequexquitl"（硝石）、"atl"（水）和"pan"（地方）组成，全词义为"水和硝石之地"

墨西哥州城镇特基斯基亚克（Tequixquiac）之名源于纳瓦特尔语，由"tequixquitl"或"tequesquite"（硝）、"atl"（水）和"c"（在）组成，全词义为"在含硝水之地"。

5. 以家族和酋长为名

墨西哥的一些地方以家族或氏族的名字或酋长的名字作为当地的名称，一方面显示对该地的所有权，另一方面区别于其他地区。

科利马州城镇特科曼（Tecomán）之名源于纳瓦特尔语，由"tecol"或"tecolli"（祖父或祖父之兄）和"man"组成，全词义为"我们祖父辈的地方"；城镇托塔蒂切（Totatiche）之名源于纳瓦特尔语"Totatzintzin"，意为"我们尊敬的父母所在之地"或"我们可爱的父母所在之地"。

墨西哥州城镇托纳尼特拉（Tonanitla）之名源于纳瓦特尔语，由"to"（我们的）、"nanti"（母亲）和"tlan"（地方）组成，全词义为"我们母亲所在的地方"；城镇韦韦托卡（Huehuetoca）之名源于纳瓦特尔语"Huehuetocan"，意为"老人之地"。

哈利斯科州城镇奇瓦特兰（Cihuatlán）之名源于纳瓦特尔语的"cihuatl"（女人们）和"tlan"（地方），全词义为"女人之地"。

格雷罗州城镇奇奇瓦尔科（Chichihualco）之名源于纳瓦特尔语的"chichihual"（乳房）、"co"（在），全词义为"生长的地方"或"奶妈之地"，一说意为"孩子吃奶的地方"。

恰帕斯州城镇阿卡科亚瓜（Acacoyagua）之名源于纳瓦特尔语，意为"首领所在地"或"属于主人的"；城镇奥科辛戈（Ocosingo）之名的纳瓦特尔语意为"黑领主之地"。

塔巴斯科州城镇维曼吉略（Huimanguillo）之名源于纳瓦特尔语"Ueimanco"，意为"主要酋长之地"。

6. 以各色土地为名

伊达尔戈州城镇阿克托潘（Actopan）之名源于纳瓦特尔语，由"atoctli"（广大的、潮湿的、肥沃的土地）和"pan"（在）组成，全词义为"在广大的、潮湿的、肥沃的土地上"；城镇特科萨乌特拉（Tecozautla）之名源于纳瓦特尔语的"tetl"（石头）、"cozauhtic"（黄色的）和"tlan"（地方），全词义为"黄色石头的地方"；城镇阿尔莫洛亚（Almoloya）之名源于纳瓦特尔语，由"atl"（水）、"molonhi"（泉）和"yan"（地方）组成，全词义为"水源之地"；城镇阿托托尼尔科德图拉（Atotonilco de Tula）之名中的"阿托托尼尔"（Atotonilco）之名源于纳瓦特尔语，意为"水沸腾之地"；城镇阿托托尼尔科埃尔格兰德（Atotonilco de Grande）之名中的"阿托托尼尔"（Atotonilco）源于纳瓦特尔语，由"atotonilli"（热水）和"co"（在）组成，全词义为"热水之地"；城镇阿哈库瓦（Ajacuba）之名源于纳瓦特尔语"Axocopan"，意为"苦水之地"。

哈利斯科州城镇塔帕尔帕（Tapalpa）之名源于奥托米语（otomi），由"tlapálli"（红土地）和"pan"（在……上）组成，全词义为"在红土地上"；城镇特纳马斯特兰（Tenamaxtlán）之名源于纳瓦特尔语，意为"篝火燃烧之地"；城镇特拉霍穆尔科德苏尼加（Tlajomulco de Zúñiga）之名中的"特拉霍穆尔科"源于纳瓦特尔语，由"tlalli"（土地）、"xomulli"（角落）和"co"（在）组成，全词义为"在角落中的土地"；城镇特拉克帕克（Tlaquepaque）之名源于纳瓦特尔语，意为"在黏土山上"；城镇托纳拉（Tonalá）之名源于纳瓦特尔语，意为"太阳升起的地方"；城镇米斯特兰（Mixtlán）之名源于纳瓦特尔语，意为"多云之地"；城镇圣地亚哥德特基拉（Santiago de Tequila）之名中的"特基拉"源于纳瓦特尔语"Tekilan"，意为"劳动者之地"；城镇梅斯蒂卡坎（Mexticacán）之名源于纳瓦特尔语，意为"月光下劳作之地"，得名是因土著人制造黏土陶器时，常常白天干不完活，需要晚上在月光下继续干；城镇科库拉（Cocula）之名源于纳瓦特尔语"Cocollán"，意为"弯曲的地方"。

莫雷洛斯州城镇特拉尔蒂萨潘（Tlaltizapán）之名源于纳瓦特尔语，由"tlaltli"（土地）、"tizatl"（白色）和"pan"（在……上）组成，全词义为"在白色的土地上"；城镇霍胡特拉（Jojutla）之名源于纳瓦特尔语"Xoxutla"，由"xoxu"（天空的蓝色）和"tla"（地方）组成，全词义为"天空碧蓝的地方"；城镇耶卡皮斯特拉（Yecapixtla）之名源于纳瓦特尔语，意为"清凉风吹过的地方"；城镇特拉内潘特拉（Tlalnepantla）之名源于纳瓦特尔语，由"tlalli"（土地）和"nepantla"（在……中间）组成，全词义为

"在土地中间"；城镇特拉亚卡潘（Tlayacapan）之名源于纳瓦特尔语，由"tlalli"（土地）、"yakatl"（鼻子、端、尽头）和"pan"（在……之上）组成，全词义为"在土地尽头的地方"。

普埃布拉州城镇霍拉尔潘（Jolalpan）之名源于纳瓦特尔语，由"xotlalli"（热的土地）和"pan"（在……上）组成，全词义为"在炙热的土地上"。

墨西哥州城镇查尔科（Chalco）之名源于纳瓦特尔语，由"chālli"或"xālli"（沙）和"co"（地方）组成，全词义为"有沙子的地方"；城镇伊斯塔帕卢卡（Ixtapaluca）之名源于纳瓦特尔语"Iztapayucan"，由"iztatl"（盐）、"pallutl"或"pallotl"（弄湿）和"can"（地方）组成，全词义为"盐渍之地"；城镇内斯特拉尔潘（Nextlalpan）之名源于纳瓦特尔语，由"nextlalli"（灰、灰烬）和"pan"（地方）组成，全词义为"灰烬之地"；城镇特莫阿亚（Temoaya）之名源于纳瓦特尔语，意为"倾斜之地"；城镇托纳蒂科（Tonatico）之名源于纳瓦特尔语，由"tonatiuh"（太阳）和"co"（在）组成，全词义为"在太阳升起之地"；城镇拉尔马纳尔科（Tlalmanalco）之名源于纳瓦特尔语，由"tlalli"（土地）、"manalli"（平整过的）和"co"（在）组成，全词义为"在平整过的土地上"。

塔巴斯科州城镇马库斯帕纳（Macuspana）之名源于纳瓦特尔语"Macuichapana"，意为"五处垃圾之地"；城镇纳卡胡卡（Nacajuca）源于纳瓦特尔语"Nacashushucan"，由"nacatl"（脸或肉）、"shushuctic"（苍白的）和"can"（地方）组成，全词义为"苍白脸之地"。

格雷罗州城镇特拉利斯塔基利亚（Tlalixtaquilla）之名源于纳瓦特尔语，意为"白色的土地"。

伊达尔戈州城镇阿蒂塔拉基亚（Atitalaquia）之名源于纳瓦特尔语，西班牙语化为现名，意为"水流入田里"。

墨西哥联邦特区特拉尔潘区（Tlalpan）之名源于纳瓦特尔语，由"tlalli"（土地）和"pan"（在……上面）组成，全词义为"在土地之上"。

7. 以村庄、房子、生产、生活用品和生活用语为名

伊达尔戈州城镇卡尔纳利（Calnali）之名源于纳瓦特尔语，由"calli"（房子）和"nalli"（另一边）组成，全词义为"河另一边的房子"；城镇

特特潘戈（Tetepango）源于纳瓦特尔语，意为"石墙附近"；城镇特拉韦利尔潘（Tlahuelilpan）源于纳瓦特尔语，意为"灌溉田地的地方"，得名是因该地区多灌溉田，每年收成都不错；城镇特拉斯科阿潘（Tlaxcoapan）之名源于纳瓦特尔语，意为"在玩球游戏的河上"，或意为"河另一边的人在玩球游戏"。

哈利斯科州城镇特卡利特兰（Tecalitlán）之名源于奥托米语，由"tetl"（石头）、"cálli"（房子）和"tlan"（地方）组成，全词义为"石头房子旁的地方"；城镇哈迈（Jamay）之名源自纳瓦特尔语，一说意为"国王阿穆尔特卡·哈马之地"，一说意为"制作砖之地"；城镇奇马尔蒂坦（Chimaltitán）之名源于纳瓦特尔语的"chimálli"（盾）和"tlántli"（在……中间），全词义为"在盾中间"；城镇基图潘（Quitupan）之名源于纳瓦特尔语"Quitoa"或"Quitla"，意为"决定重要事情的地方"。

普埃布拉州城镇卡尔特佩克（Caltepec）之名源于纳瓦特尔语，由"calli"（房子）、"tépetl"（山）和"co"（在）组成，全词义为"有房子的山"；城镇瓜达卢佩维多利亚（Guadalupe Victoria）原名韦卡潘（Huecapan），其名源于纳瓦特尔语，由"huey"（大的）、"calli"（房子）和"pan"（地方）组成，全词义为"在大房子里"；城镇圣马蒂亚斯特拉兰卡莱卡（San Matias Tlalancaleca）之名中的"特拉兰卡莱卡"源于纳瓦特尔语，由"tlalli"（土地）、"tlani"（在下面）和"calli"（房子）组成，全词义为"地下的房子"。

塔巴斯科州城镇科马尔卡尔科（Comalcalco）之名源于纳瓦特尔语，由"comalli"（饼铛）、"calli"（房子）和"co"（在）组成，全词义为"制作饼铛之房"。

科利马州城镇科马拉（Comala）建于1530年，其名源于纳瓦特尔语，它被称为"美洲的白色村庄"，因为从20世纪60年代起，这个城市中的建筑物都被涂为白色。

伊达尔戈州城镇特兰奇诺尔（Tlanchinol）之名源于纳瓦特尔语，由"tlanchinolli"（燃烧的房子）和"icpac"（在……上面）组成，全词义为"在燃烧的房子上面"。

墨西哥联邦区的伊斯塔卡尔科区（Iztacalco）之名源于纳瓦特尔语，一说由纳瓦特尔语的"íxtatl"（盐）、"calli"（房子）和"co"（在）组成，全词义为"盐房子"；一说由纳瓦特尔语的"íztac"（白色的）、"calli"（房子）和"co"（在）组成，全词义为"白房子"。

伊达尔戈州城镇哈卡拉（Jacala）之名源于纳瓦特尔语"Xacallan"，意为"茅屋之地"，意指原来在此居住的奇奇梅卡斯霍纳塞斯人为抵御恶劣天气而搭建的简陋屋子。

哈利斯科州城镇图斯卡奎斯科（Tuxcacuesco）之名源于纳瓦特尔语"Tascahuescomatl"，意为"储粮仓"。

墨西哥州城镇萨夸尔潘（Zacualpan）之名源于纳瓦特尔语，意为"隐藏或收存贵重物品的地方"。

墨西哥联邦区的伊斯塔帕拉帕区（Iztapalapa）之名源于纳瓦特尔语，一说是由"iztapal-li"（铺路方石，路面石）、"ātl"（水）和"pa"（表示位置）组成，全词义为"水上的铺路石"；一说由"ixtlápal"（穿过）、"ātl"（水）和"pa"组成，全词义为"流水穿过的地方"。

莫雷洛斯州城镇特拉基尔特南戈（Tlaquiltenango）之名源于纳瓦特尔语，由"tlakil-li"（抹白灰的）、"tenamitl"（墙）和"ko"（地方）组成，全词义为"白灰墙之地"。

恰帕斯州城镇特克帕坦（Tecpatán）是纳瓦特尔语"Tecpatlán"的西班牙语化，由"técpatl"（燧石刀）和"tlan"（地方）组成，意为"盛产燧石刀的地方"；城镇米亚卡特兰（Miacatlán）之名源于纳瓦特尔语，由"mitl"（箭）、"acatl"（细棍）和"tlan"（地方）组成，全词义为"盛产制箭细棍的地方"。

墨西哥州城镇希基皮尔科（Jiquipilco）是纳瓦特尔语"Xiquipilli"的误写，意为"马褡裢之地"；城镇韦伊波斯特拉（Hueypoxtla）之名源于纳瓦特尔语，由"huey"（大的）、"pochtli"（商人）和"tlan"（大批）组成，全词义为"有大批大商人居住的地方"。

格雷罗州城镇佩塔特兰（Petatlán）之名源于纳瓦特尔语，意为"凉席旁边"；城镇阿帕斯特拉德卡斯特雷洪城（Ciudad Apaxtla de Castrejón）之名中的"卡斯特雷洪"源于纳瓦特尔语"apaztli",意为"碗"、"盘"或"盆";城镇伊瓜拉帕(Igualapa)之名源于纳瓦特尔语"Iuhualapan",意为"他已经到了"或"他已经来到有水的地方",后来,"Iuhualapan"西班牙语化为"Igualapa"。

普埃布拉州城镇阿卡赫特(Acajete)之名源于纳瓦特尔语"Acaxitetl",由"a"(水)、"caxitl"(碗或锅)和"tetl"(石头)组成,全词义为"装水的石头锅"。

米却肯州城镇埃龙加里夸罗(Erongarícuaro)之名源于纳瓦特尔语,意为"等候之地"。

8. 与神灵有关的地名

墨西哥州城镇圣胡安特奥蒂瓦坎(San Juan Teotihuacán)之名中的"特奥蒂瓦坎"源于纳瓦特尔语,意为"神之地",在纳瓦特尔人传说中太阳神和月亮神都出生在这里;城镇希洛特辛格(Jilotzingo)之名源于纳瓦特尔语,意为"玉米神之地"。

哈利斯科州城镇特乌奇特兰(Teuchitlán)之名源于纳瓦特尔语,意为"献祭神的地方";城镇特奥卡尔蒂切(Teocaltiche)之名源于纳瓦特尔语,由"teo"(神圣的)、"kalli"(房子)和"tech"(靠近)组成,全词义为"靠近圣堂之地";城镇托尼拉(Tonila)之名源于纳瓦特尔语"Toníllan",由"toníllí"(热)和"tlan"(地方)组成,意为"太阳升起的地方"。

普埃布拉州城镇特瓦坎(Tehuacán)之名源于纳瓦特尔语"Teōhuacān",意为"神仙之地";城镇特奥潘特兰(Teopantlán)之名源于纳瓦特尔语,由"teopanv"(神庙)和"tlan"(地方)组成,全词义为"在神庙里"或"在神仙的房子里";城镇阿克特奥潘(Acteopan)之名源于纳瓦特尔语,由"atl"(水)和"teopan"(神庙)组成,全词义为"从神庙里流出的水";城镇圣费利佩特奥特拉尔辛戈(San Felipe Teotlalcingo)之名源于纳瓦特尔语,由"teotl"(神仙)、"tlalli"(土地)和"cingo"(小的)组成,全词义为"神仙的小谷地"。

伊达尔戈州城镇塞姆波阿拉(Zempoala)源于纳瓦特尔语"Cempohuallan",意为"崇拜和尊敬'二十'之地"。

（八）玛雅语地名

玛雅人是印第安人的一支，创造了灿烂的玛雅文明，被称为美洲印第安文化的摇篮。公元前 1000 年至公元 3 世纪，玛雅文明发源于墨西哥和危地马拉等地区。公元 4 世纪至 9 末世纪建立起玛雅古国，这是玛雅文明的繁荣期。后玛雅人迁移到墨西哥尤卡坦地区，建立起新玛雅国。16 世纪初，西班牙殖民者的入侵中断了玛雅文明的发展。现今，墨西哥东南部至中美洲北部，都有使用玛雅语的居民，使用玛雅语的人口约有 650 万。

1. 墨西哥玛雅语地名

墨西哥约有 155 万人讲玛雅语，主要讲尤卡坦玛雅语。在尤卡坦州、金塔纳罗奥州、塔巴斯科州等地区有许多地名源于尤卡坦玛雅语。

（1）以动物为名

尤卡坦州城镇特科（Tecoh）由玛雅语"te"（地方或这里）和"coh"（美洲狮）组成，全词义为"美洲狮之地"；城镇蒂西明（Tizimín）源于玛雅语"Ti'tsimín"，意为"貘之地"；城镇阿坎塞（Acanceh）之名的玛雅语意为"呻吟的鹿"，即"正在死去的鹿"；城镇马斯卡努（Maxcanú）一说由玛雅语"meex"（下巴或胡须）和"canul"（玛雅人的一个姓氏）组成，全词义为"卡努尔的胡须"，另一说由"maax"（猴子）、"can"（四）和"ú"（您的）组成，全词义为"您的四只猴子"；城镇蒂斯科科布（Tixkokob）之名的玛雅语意为"多毒蜂蛇之地"；城镇奇克苏卢布（Chicxulub）由玛雅语"ch'ik"（蚤或虱）和"xulub"（魔鬼）组成，全词义为"蚤魔"；城镇莫图尔（Mutul）之名源于玛雅语 Mut，可能是一种鸫或雉的名称，另一说"Mutul"意为"巢"；奥克库特斯卡布市（Oxkutzcab）之名玛雅语意为"有三只野火鸡的地方"。

塔巴斯科州城镇巴兰坎（Balancán）由玛雅语"báalam"（美洲豹）和"kaan"（蛇）组成，全词义为"美洲豹和蛇之地"。

金塔纳罗奥州城镇坎昆（Cancún）之名源于玛雅语，一说意为"蛇巢"，另一说意为"蛇神之地"。

(2) 以植物为名

尤卡坦州城镇切马克斯（Chemax）之名的玛雅语意为"猴树"；城镇特卡克斯（Tekax）之名玛雅语意为"多林之地"；城镇瓦伊马（Uayma）之名源于玛雅语"Wayma"，意为"靠树之水"；阿基尔市（Akil）由玛雅语"ak"（藤本植物）和后缀"il"（丛生）组成，全词义为"藤本植物丛生地"；卡纳辛市（Kanasín）之名源于玛雅语"Kanzin-ché"，意为"开红花的灌木"；城镇奥斯库特斯卡布（Oxkutzcab）之名由玛雅语"ox"（树枝）、"kutz"（烟草）和"cab"（蜂蜜）组成，全词义为"树枝、烟草和蜂蜜之地"。

金塔纳罗奥州城镇切图马尔（Chetumal）源于玛雅语"Chactemal"，由"ch'aak te"（红色的树）和"mal"（丰富，盛产）组成，全词义为"多红色树之地"；城镇科苏梅尔（Cozumel）之名源于玛雅语"Cuzaamluumil"，经省略词尾后变成"Cuzamil"，西班牙人抵达后，又把它西班牙语化为"Cozumel"，它由"cuzam"（毛果大戟）、"luum"（土地或地方）和"il"（属于）组成，全词义为"毛果大戟之地"；城镇巴拉卡尔（Bacalar）之名源于玛雅语"bakhalal"，意为"芦苇围绕的地方"。

(3) 以地理状况为名

坎佩切州城镇昌波通（Champotón）之名源于玛雅语"Chakán Putum"，"chakán"意为"草原"，"putum"是意为"地区"，全词义为"草原地区"，其名曾发生多次变化，但基本意思未变，变化的名字包括"Chan Petén""Chakan-Petén""Chakan-Putún""Chakan-Potón""Champutún""Champotón"等；城镇埃塞尔查坎（Hecelchakán）之名由玛雅语"helel"（休息）和"chakan"（草原）组成，全词义为"草原歇息处"；城镇卡拉克穆尔（Calakmul）是玛雅考古点，其名由玛雅语"ca"（二）、"lak"（毗邻）和"mul"（金字塔）组成，全词义为"毗邻两个金字塔城"。

奥佩切州城镇奥佩尔琴（Hopelchén）之名由玛雅语"ho'"（五）、"p'eel"（是玛雅人计算东西之词的后缀）和"ch'e'en"（井）组成，全词义为"五口井之地"。

尤卡坦州城镇亚斯卡瓦（Yaxcabá）之名玛雅语意为"绿色土地的地

方"；城镇特坎托（Tekantó）之名玛雅语意为"黄色燧石之地"；城镇特科姆（Tekom）之名玛雅语意为"洼地"；城镇通卡斯（Tunkás）之名由玛雅语"tun"（石头）和"kas"（石墙）组成，全词义为"石头围墙"；城镇埃斯皮塔（Espita）之名一说源于玛雅语"X píit há"，意为"一点儿水"，一说源于玛雅语"Xp'iit há"，意为"跳动的水"；伊萨马尔（Izamal）之名玛雅语意为"黄色的城"或"山城"；城镇坎萨卡布（Cansahcab）之名源于玛雅语，意为"白色土地上的四个山洞之地"。

（4）以日、月、风、水为名

金塔纳罗奥州城镇坎图尼尔金（Kantunilkín）之名由玛雅语"kan"（黄色的或金色的）、"tunil"（石头）和"kin"（太阳）组成，全词义为"太阳照亮的金色石头"；城镇图卢姆（Tulum）古玛雅名为"萨马"（Zamá），意为"天明""天亮"。

坎佩切州城镇卡尔基尼（Calkíni）之名由玛雅语"cal"（咽喉）、"kin"（太阳）和后缀"i"组成，全词义为"太阳的咽喉"。

尤卡坦州城镇佩托（Peto）之名玛雅语意为"月亮的光辉"或"月亮的光环"；城镇特莫松（Temozón）之名由玛雅语"te"（这里）和"mozón"（旋风）组成，全词义为"这里多旋风"；特尔查克港（Telchac Puerto）之名中的"特尔查克"源于玛雅语，由"tel"（必需的，需要的）和"chaac"（雨或水）组成，全词义为"需要的雨水"，"Puerto"为西班牙语，意为"港口"；城镇索图塔（Sotuta）之名玛雅语意为"转动的水"；城镇帕纳巴（Panabá）之名由玛雅语"panab"（挖掘）和"á"或"há"（水）组成，全词义为"挖掘出的水"；穆纳市（Muna）之名源由玛雅语"mun"（温和的，柔和的）和"a"（水）两个词组成，全词义为"温和的水"；伊萨马尔市（Izamal）之名的玛雅语意为"空中露水"。

（5）以生活用语为名

尤卡坦州城镇特亚博（Teabo）之名由玛雅语"te"（你的）和"boc"（呼吸，哈气）组成，全词义为"你的哈气"；城镇蒂库尔（Ticul）之名由玛雅语"ti"（那里）和"culi"（就座）组成，全词义为"在那里就座"；乌努克马市（Hunucmá）之名由玛雅语"hun"（只是）和"ucmá"（回答）

组成，全词义为"只是回答"；城镇卡纳辛（Kanasin）之名由玛雅语"kan"（使劲地）和"zin"（拉紧或绷紧）组成，全词义为"你使劲拉紧"；城镇乌曼（Umán）之名玛雅语意为"他的通路"；马斯卡努市（Maxcanú）之名由玛雅语"meex"（胡子）和"canul"（一个姓氏）两个词组成，全词义为"卡努儿的胡子"。

2. 危地马拉玛雅语地名

在危地马拉西班牙语为官方语言，但在一些印第安人居住的地区和农村地区却主要讲玛雅语。危地马拉的玛雅语共有 21 种，主要有玛雅基切语、凯克奇语、马姆语、卡克奇科尔语等。危地马拉东南部地区讲辛卡语以及加里富纳语。危地马拉是玛雅古国的发祥地之一，至今保留着不少源自玛雅语的地名。

（1）源于玛雅基切语的地名

基切省城镇奇尼克（Chinique）之名源于基切语"Chinic'aj taka'aj"，意为"在计划之中"；城镇乌斯潘坦（Uspantán）之名基切语意为"麻雀墙之地"，当地人曾建起保护村镇的围墙，墙上画有麻雀，故得此名。

雷塔卢莱乌省（Retalhuleu）之名基切语意为"土地的标志"，其中"retal"意为"标志"，"hul"意为"坑"，"uleu"意为"土地"。

索洛拉省（Solola）之名基切语意为"西洋接骨木水"。

上韦拉帕斯省城镇圣巴勃罗塔马乌（San Pablo Tamahú）之名中的塔马乌源于基切语，一说是源于酋长"Tamakuan Cha"的名字，另一说意为"被抓的小鸟"。

下韦拉帕斯省城镇萨拉马（Salamá）之名源于基切语"Tz'alam Ha"，意为"木板河"

埃尔普罗格雷索省城镇莫拉桑（Morazán）旧称"Tocoy Tzima"，基切语意为"黑胡蜂"，1887 年 12 月 15 日改为现名，以纪念弗朗西斯科·莫拉桑（Francisco Morazán）；城镇霍亚巴赫（Joyabaj）源于基切语"Xol abaj"，意为"在石头之间"。

克萨尔特南戈省城镇卡霍拉（Cajolá）之名源于基切语，意为"水之子"，旧称圣克鲁斯卡霍拉（Santa Cruz Cajolá）。

托托尼卡潘省（Totonicapan）之名源于基切语"Chwi meq'ina"，意为"在热水上面"。

苏奇特佩克斯省首府马萨特南戈（Mazatenango）原名是基切语的"Kakolkiej"，"kakol"意为"土地"，"kiej"意为"鹿"，全词义为"鹿之地"。

（2）源于凯克奇语的地名

上韦拉帕斯省城镇齐塞克（Chisec）之名源自凯克奇语，由"chi"（在）和"sec"（刀片）组成，意为"锋利刺人的刀片"；城镇兰金（Lanquín）之名由凯克奇语的"lam"（包围）和"quimque"（麦秸）组成，全词义为"麦秸围绕的村镇"；城镇拉斯鲁阿（Raxruhá）由凯克奇语"raxque"（绿的）、"ru"（脸）和"ha"（水）组成，全词义为"绿水河"。

下韦拉帕斯省城镇普鲁拉（Purulá）一说源于凯克奇语，由"purul"（沸腾的东西）和"ha"（水）组成，全词义为"沸腾的水"；一说源于玛雅波戈姆奇语，由"purul"（蜗牛的）和"ha"（水）组成，全词义为"水中蜗牛"。

（3）源于卡克奇克尔语的地名

危地马拉省城镇丘亚兰乔（Chuarrancho）之名的卡克奇克尔语意为"茅屋的前面"；城镇特佩克斯（Sacatepéquez）之名由卡克奇克尔语"sacat"（草）和"tepec"（山）组成，全词义为"山草"。

雷塔卢莱乌省其名的卡克奇克尔语意为"回到水边"，它由三个词"tzol"（回到）、"ol"（前置词）和"yá"（水）组成。

（4）源于波科马姆语的地名

危地马拉省城镇奇瑙特拉（Chinautla）之名由波科马姆语"xina"（热水）和"jutla"（小蜗牛）组成，全词义为"热水中的蜗牛"。

（5）源于波普蒂语的地名

韦韦特南戈省城镇哈卡尔特南戈（Jacaltenango）原称"Xajla"，源自波普蒂语，由"xaj"（积垢）和"ha'"（水）组成，全词义为"有水垢之地"。

（九）其他印第安语地名

哥伦布"发现"美洲之前，拉美地区的印第安人约有6700万，其方言、土语多达2200种。西方殖民者的入侵、灭绝人性的屠杀和瘟疫的流行，使印第安人口大量减少。1520~1650年，拉美地区的印第安人减少了95%。进入20世纪后，拉美地区印第安人的数量有所增加。目前，拉美地区的印第安人约有4000万，共有489个印第安民族，他们使用的语言有800多种（一说有1650种），分属100个语族。拉美地区除有源自上述克丘亚语、瓜拉尼语、马普切语、玛雅语、纳瓦特尔语等较大印第安语的地名外，还存在大量源自其他印第安语的地名。例如据2010年统计，在墨西哥有65种印第安语言，印第安方言更是多达上千种，许多地名源于这些印第安语。

1. 源自奥托米语的地名

奥托米语（otomí）属奥托曼格语族（otomangue），约有28.5万人讲奥托米语，这些人主要居住在墨西哥中部地区。墨西哥州城镇阿坎拜（Acambay）之名就源于古时的奥托米语"Cambay"或"Cabaye"，意为"神的巉岩"。

瓜纳华托州城镇阿塔尔赫阿（Atarjea）之名源自奥托米语意，为"他们去喝水"；城镇科罗内奥（Coroneo）之名的奥托米语意为"山中之地"。

2. 源自瓦斯特科语的地名

瓦斯特科语（huasteco）是韦拉克鲁斯州以北地区印第安人所讲语言，这种语言属玛雅语族，据统计，墨西哥约有16.1万人讲瓦斯特科语，主要居住在瓦斯特卡地区。瓦斯特科语远离古玛雅文化区的原因至今不明，有人认为，在玛雅后期，瓦斯特科人从玛雅人定居之地迁移而出。

圣路易斯波托西州城镇阿基斯蒙（Aquismón）之名源于瓦斯特科语，一说意为"树下有一口井"，一说意为"清洁的井和尖木棍"，一说意为"水中有贝壳的井"。

圣路易斯波托西州城镇阿斯特拉德特拉萨斯（Axtla de Terrazas）之名

中的"阿斯特拉"（Axtla）源自瓦斯特科语，意为"白色草鹭之地"。

3. 源自普雷佩查语的地名

普雷佩查语（purépecha）是一种独立的语族。据 2010 年统计，墨西哥约有 12.4 万人讲普雷佩查语，这些人主要居住在米却肯州、墨西哥州。

米却肯州城镇阿奎齐奥德尔坎赫（Acuitzio del Canje）之名中的"阿奎齐奥"源自普雷佩查语，意为"蛇之地"；城镇秦特松特桑（Tzintzuntzán）之名普雷佩查语意为"蜂鸟之地"；城镇塔里姆巴罗（Tarímbaro）之名普雷佩查语意为"柳树之地"；城镇乌鲁亚潘（Uruapan）之名源于普雷佩查语"Ulhupani"，其含义存在多种解释，一说意为"鲜花总是盛开的地方"，一说意为"树木返青之地"，一说意为"树一直结果的地方"，一说意为"永恒花蕾的形成和繁殖之地"，一说意为"恒春之地"；城镇帕斯托奥尔蒂斯（Pastor Ortiz）的原名为苏鲁穆亚托（Zurumuato），该名源于普雷佩查语的"sïrumu"（麦秸、草）和"uata"（小山），全词义为"麦秸山"；城镇帕特斯夸罗（Pátzcuaro）之名源于普雷佩查语，其含义有多种说法，一说意为"染成黑色之地"，一说源于意为"基础之地"，一说意为"灯芯草之地"，一说意为"幸福之地"；城镇卡温达（Chavinda）之名的普雷佩查语意为"四风之地"；城镇普鲁安迪罗（Puruándiro）之名的普雷佩查语意为"热水之地"；城镇萨卡普（Zacapu）之名的普雷佩查语意为"石头之地"；城镇西塔夸罗（Zitácuaro）之名的普雷佩查语意为"绳子之地"；城镇切兰（Cherán）之名的普雷佩查语意为"恐惧之地"，得名是因该地地势险恶，山峰陡峭、峡谷深邃，预示灾难随时都会降临。

墨西哥州城镇阿坎拜（Acambay）之名源于普雷佩查语"Akambari"，由"akamba"（龙舌兰）和"rhi"（地方）组成，全词义为"龙舌兰之地"。

瓜纳华托州城镇阿坎巴罗（Acámbaro）之名源于普雷佩查语"Akambarhu"，意为"仙人掌之地"；城镇瓦尼马罗（Huanímaro）之名普雷佩查语意为"易货之地"或"烤玉米之地"；城镇彭哈莫（Pénjamo）之名源于普雷佩查语的"Penlamu"或"Penxamo"，意为"萨宾人或阿韦韦特人之地"；城镇尤里里亚蓬达罗（Yuririapundaro）之名普雷佩查语意为"血色湖"；城镇乌里安加托（Uriangato）之名是普雷佩查语的西班牙语化，意为

"太阳升起的地方"。

4. 源自奇奇梅卡语的地名

奇奇梅卡语（chichimeca）是墨西哥奇奇梅卡人所讲语言。历史上曾存在奇奇梅卡王国，首都为特纳尤卡（Tenayuca）。据 2010 年统计，现仍有 2100 多人讲奇奇梅卡语。

米却肯州城镇廷加姆巴托（Tingambato）之名源自奇奇梅卡语，意为"气候温和之地"；城镇塔雷坦（Taretan）之名的奇奇梅卡语意为"已播土地"；城镇洪加佩奥（Jungapeo）之名的奇奇梅卡语意为"黄颜料之地"；城镇丘坎迪罗（Chucándiro）之名的奇奇梅卡语意为"树林"；城镇坦加曼达皮奥（Tangamandapio）之名的奇奇梅卡语意为"不倒的腐烂树干"；城镇伊斯特兰（Ixtlán）之名一说源自奇奇梅卡语，意为"盛产龙舌兰纤维质之地"，一说源于纳瓦特尔语，意为"有盐的地方"；城镇阿波罗（áporo）之名来源不确定，有人说源于奇奇梅卡语，意为"灰烬之地"。

科阿韦拉州城镇萨尔蒂略（Saltillo）之名源于西班牙语化的奇奇梅卡语，一说意为"多水高地"，一说与小瀑布有关，指瀑布从高地往下降落，瀑布下面建起了村镇，在西班牙语中，城名萨尔蒂略就是瀑布（salto）一词的缩小语。

5. 源自塔拉乌马拉语的地名

塔拉乌马拉语（tarahumara）是墨西哥北方奇瓦瓦州（Chihuahua）西南部的印第安塔拉乌马拉人所操语言，属尤托－阿兹特克语族，与通行于墨西哥西北沿海的雅基语（Yaqui）和马约语（Mayo）关系密切。墨西哥约有 8500 人讲塔拉乌马拉语。

奇瓦瓦州城镇巴托皮拉斯（Batopilas）之名源于流经此地的巴托皮拉斯河（Río Batopilas），其名的塔拉乌马拉语意为"流进峡谷的河"。1708 年，西班牙探险家何塞·德拉克鲁斯（José de la Cruz）在这里发现储量丰富的银矿，开始在此建城。该城的一个矿区名为"安德烈斯曼努埃尔德尔里奥"（Andrés Manuel del Río），这是为纪念化学元素钒的发现者安德烈斯·曼努埃尔·德尔里奥。

奇瓦瓦州城镇博科伊纳（Bocoyna）之名源于流经该地的博科伊纳河，

河名的塔拉乌马拉语意为"松树之地"。耶稣会传教士 1702 年在此建城，曾取名为"瓜达卢佩圣母德博科伊纳传教区"（Misión de Nuestra Señora de Guadalupe de Bocoyna）。

奇瓦瓦州城镇卡里奇（Carichí）之名源于塔拉乌马拉语的"Karichí"，意为"在房中"。

奇瓦瓦州城镇瓜乔奇（Guachochi）之名的塔拉乌马拉语意为"草鹭之地"，由耶稣会传教士建于 18 世纪。

奇瓦瓦州城镇乌鲁阿奇（Uruachi）之名塔拉乌马拉语意为"棕榈之地"。

6. 源自塔拉斯科语的地名

塔拉斯科语（tarasco）是墨西哥米却肯州北部的印第安塔拉斯科人所讲的语言，与其他语言的关系不详。

瓜纳华托州城镇奎拉马罗（Cuerámaro）之名源于塔拉斯科语"Kueramuer"，由"k'ueramu"（引火松）和"aro"（地方）组成，全词义为"引火松之地"，西班牙人抵达后把该名西班牙语化为"Cuerámaro"，意思也变为"沼泽之地"。

瓜纳华托州城镇塔兰达夸奥（Tarandacuao）之名源于塔拉斯科语，一说意为"玩球的地方"，一说意为"水进入的地方"，是指莱尔马河流经该地区。

瓜纳华托州城镇塔里莫罗（Tarimoro）由卢卡斯·德圣胡安（Lucas de San Juan）建于 1564 年 1 月 3 日，其名源于塔拉斯科语，意为"柳树之地"。1910 年，州议会曾下令将城名改为"奥夫雷贡冈萨雷斯城"（Ciudad Obregón González），以纪念当时的州长华金·奥夫雷贡·冈萨雷斯（Joaquín Obregón González），但后来又改回原名塔里莫罗。

瓜纳华托州城镇赫雷夸罗（Jerécuaro）之名源于塔拉斯科语或普雷佩查语，由"xerequa"（巢）和"ro"（地方）组成，全词义为"像巢一样的地方"。

哈利斯科州城镇皮瓦莫（Pihuamo）之名源于塔拉斯科语"Peguamo"或"Pilhua"，意为"大领主们之地"。

7. 源自奥帕塔语的地名

奥帕塔人也称特维马人（tehuima）或特圭马人（tegüima），是接近消失的种族。他们生活于索诺拉州,他们所讲的奥帕塔语(ópata)属尤托－阿兹特克语族的卡伊塔语支。从1950年起,就再没有讲这种语言的人数统计数字了。

索诺拉州城镇马萨坦(Mazatán)由耶稣会传教士胡安·内恩图伊戈(Juan Nentuig)建于17世纪,其名源于奥帕塔语,意为"鹿之地"。

索诺拉州城镇巴科阿奇(Bacoachi)之名源于奥帕塔语,意为"水蛇"。

索诺拉州城镇阿里斯佩(Arizpe)之名由奥帕塔语"arit"(火蚁)和"pa"(地方)组成,全词义为"火蚁之地"。

索诺拉州城镇萨瓦里帕(Sahuaripa)之名的奥帕塔语意为"黄蚁"。

索诺拉州城镇纳科(Naco)之名的奥帕塔语意为"仙人掌"。

索诺拉州城镇纳科里奇科(Nácori Chico)之名是由奥帕塔语和西班牙语结合而成,"纳科里"(Nácori)为奥帕塔语,意为"仙人掌之地","奇科"(Chico)为西班牙语,意为"小的",全词义为"小仙人掌之地"。

索诺拉州城镇巴卡诺拉(Bacanora)由奥帕塔语"baca"(细颈芦苇)和"nora"(山坡)组成,全词义为"细颈芦苇山坡"。

索诺拉州城镇巴卡德瓦奇(Bacadéhuachi)由耶稣会传教士克里斯托瓦尔·加西亚(Cristóbal García)建于1645年,取名圣路易斯德巴卡德瓦奇(San Luis de Bacadéhuachi)。"圣路易斯"是根据西班牙人取地名的习惯,加上一个圣徒的名字,"巴卡德瓦奇"之名则源于曾在那里居住的奥帕塔部落所讲的奥帕塔语,由"baca"(细颈芦苇)、"degua"(进口,门)和"tzi"(地方)组成,全词义为"有芦苇的地方是进口"。

索诺拉州城镇佩斯克伊拉镇(Villa Pesqueira)由传教士马丁·德阿斯皮尔奎塔(Martín de Azpilcueta)建于1629年,取名圣何塞德马塔帕(San José de Mátapa),后改名为马塔佩(Mátape),其奥帕塔语意为"金属"。1867年2月11日,州议会根据居民要求将该城名改为现名。

索诺拉州城镇韦帕克(Huepac)由耶稣会传教士赫罗尼莫·德拉卡纳尔(Gerónimo de la Canal)建于1644年,取名圣洛伦索圭帕卡(San Lorenzo de Güepaca)。"圭帕卡"源于奥帕塔语,意为"大谷地"或"宽阔的谷地",后演变为"韦帕克"。

索诺拉州城镇巴维斯佩（Bavispe）原来由奥帕塔部落所占据，其名源于奥帕塔语"Bavipa"，意为"河流改变方向的地方"。

索诺拉州城镇阿孔奇（Aconchi）之名由奥帕塔语"aco"（大墙）和"tzi"（在）组成，全词义为"在大墙上"。

8. 源自马约语的地名

马约语（mayo）属尤托-阿兹特克语族，约有4万人讲这种语言，主要居住在墨西哥索诺拉州和锡那罗亚州。

索诺拉州城镇瓦塔班波（Huatabampo）之名由马约语"huata"（柳树）和"bampo"（水）组成，全词义为"水边的柳树"。

索诺拉州城镇纳沃霍阿（Navojoa）之名由马约语"navo"（仙人掌）和"jova"（房子）组成，全词义为"仙人掌的房子"。

9. 源自卡伊塔语的地名

卡伊塔语（cahita）与马约语基本相同，属尤托-阿兹特克语族，讲这种语言的人主要居住在墨西哥索诺拉州。

索诺拉州城镇奥纳瓦斯（Onavas）之名源于卡伊塔语，意为"盐水"。

索诺拉州城镇特帕切（Tepache）之名源于卡伊塔语，意为"漂亮女人之地"。

索诺拉州城镇奥波德佩（Opodepe）之名由卡伊塔语的"opo"（铁木）、"det"（平原）和"pa"（地方）组成，全词义为"在铁木平原上"。

10. 源自亚基语的地名

亚基语（yaqui）属尤托-阿兹特克语族，讲这种语言的人主要居住在墨西哥索诺拉州。

索诺拉州城镇索约帕（Soyopa）之名源于亚基语，意为"热的土地"；城镇伊穆里斯（Imuris）之名的亚基语意为"两河之间的高原"，这两条河是指班布托河（Bambuto）和巴瓦萨克河（Babasac）。

11. 源自科奇米语的地名

科奇米语（cochimí）是20世纪初就已消失的科奇米人的语言，属尤马诺-科奇米语族（yumano-cochimí）。

墨西哥南下加利福尼亚州城镇穆莱赫（Mulegé）的正式名称为"英雄

的穆莱赫"（Heroica Mulegé）。穆莱赫（Mulegé）之名源于已消失的科奇米语"Carmaañc galexa"，意为"白嘴大峡谷"。该城正式名称中加入"英雄的"，是因为在1846～1848年墨西哥和美国战争中，美国企图占领太平洋海岸狭长地带，即当时还属于墨西哥领土的加利福尼亚、下加利福尼亚和新墨西哥。穆莱赫区的居民打败了美国人，因此穆莱赫未被美国人占领，该地被墨西哥议会授予"英雄的穆莱赫"称号。

12. 源自索克语的地名

索克语（zoque）属托托 - 索克纳斯语族（toto-zoquenas），约有6300人讲索克语，这些人主要居住在墨西哥韦拉克鲁斯州、瓦哈卡州和恰帕斯州。

恰帕斯州城镇皮丘卡尔科（Pichucalco）之名就源于索克语，意为"野猪圈"。

13. 源自特塞尔塔尔语的地名

特塞尔塔尔语（tzeltal）属玛雅语族，约有44.6万人讲特塞尔塔尔语，他们主要居住在墨西哥恰帕斯州。

恰帕斯州城镇奥斯丘克（Oxchuc）之名源于特塞尔塔尔语，意为"三个节点"。

14. 源自塔拉斯坎语的地名

墨西哥米却肯州城镇丘鲁穆科（Churumuco）之名源于塔拉斯坎语"Churumekua"，意为"鸟嘴"。

15. 源自皮马语的地名

皮马语（pima）又称内沃梅语（névome），属尤托 - 阿兹特克语族，如今，不足千人讲这种语言，他们主要居住在墨西哥索诺拉州和奇瓦瓦州。

索诺拉州城镇奥基托阿（Oquitoa）之名源于皮马语，意为"白女人"。

16. 源自瓜奇奇尔语的地名

瓜奇奇尔语（guachichil）是一种已消失的瓜奇奇尔人讲的语言，属尤托 - 阿兹特克语族。

墨西哥圣路易斯波托西州城镇马特瓦拉（Matehuala）之名源自瓜奇奇尔语，是该地区原住民瓜奇奇尔人在战争中对敌人的呐喊声，大意为"别过来"，马特瓦拉也被誉为"山茶之城"。

四　源于西班牙语的地名

　　1492年哥伦布"发现"美洲后,随着西班牙殖民者的入侵,西班牙语也传入拉美地区。西班牙国王下令在西属殖民地普及西班牙语,使其成为殖民地的官方语言。在同当地土著居民和非洲黑人奴隶长期和广泛的接触中,西班牙语吸收了大量印第安语和非洲黑人语言的词汇,与此同时也受到其他地区欧洲国家语言的影响。到18世纪末19世纪初,形成了与正统西班牙语有一定区别的美洲西班牙语,美洲各地的西班牙语又各具特色,成为不同西属殖民地的官方语言。现今,西班牙语已成为仅次于汉语和英语的世界第三大语言,是世界第二大通用语和联合国的工作语言之一。西班牙语在拉美地区使用最广,是中美洲、南美洲及西印度群岛18个国家的官方语言,覆盖了拉美总面积的55%,约有3.5亿人使用西班牙语。在拉美地区的地名中,存在许多源自西班牙语的地名。拉丁美洲的西班牙语地名,或是由当年西班牙殖民者和后来的西班牙移民所取,或是由已把西班牙语当作官方语言的各国居民所取。这些地名有的来自希腊神话和其他欧洲传说以及本地的故事;有的来自著名的历史事件;有的出自英雄人物或历史名人的名字;有的带有浓厚的宗教印记;有的是殖民者家乡故土名字的再现;有的是当地自然景观的真实写照;有的以动植物、矿物的名称为名;有的把数字、日期、天文、天气当作地名;有的是寓托式地名和以讹传讹形成的地名。

（一） 源于神话和传说的地名

如果对拉美和加勒比地区的地名追本溯源，会发现它们常常与民间的神话和传说密切相关，这些地名中包含着许多美丽动人的故事。除前述的亚马孙河、加利福尼亚、巴哈马和古巴的阿尔特米萨市外，拉美还有不少与神话传说有关的地名。

1. 源于欧洲神话的地名

15世纪末，西班牙曾流传着这样一个传说：摩尔人把7个西班牙主教赶到广阔无垠的大海上，他们乘舟漂流，越过大西洋，在一个叫安的列斯的群岛上建立了7座繁华的城市。哥伦布第一次到美洲探险时，大概受到这个传说的影响，把零星散落在加勒比海中的一些岛屿起名为安的列斯群岛（Antilles Is.）。哥伦布第二次航行到美洲时，途经小安的列斯群岛，他站在船头向前眺望，星星点点的岛群仿佛座座圆顶的小丘，见此情景哥伦布不由得想起了另一段传说：古时有位名叫圣厄休拉的公主，她性格勇敢、倔强。一个凶狠的异教徒国王要强娶她为妻，她为了逃婚，在10999个姑娘的陪伴下，乘船在波涛汹涌的大海中度过了3年的漂泊生活。她们这种不畏强暴、敢于和大海搏斗的精神，深受海员们的尊敬。哥伦布根据这段故事，把眼前出现的座座岛屿命名为"圣厄休拉及10999名太阳圣女岛"，即维尔京群岛（Virgin Islands）。

位于西印度群岛最北部的巴哈马群岛，其名也由一段传说引来。传说在加勒比海的北部，有一个名叫比米尼的岛屿，岛上有一个神奇的"长生泉"。如果有人能喝到这儿的泉水，就会长生不老，甚至可返老还童。波多黎各的西班牙殖民总督庞塞·德莱昂（Ponce de León）听到这个故事后，信以为真，他急不可耐，恨不能马上把长生泉据为己有。1513年3月，他率领船队出发去寻找仙泉，但只发现了一些被水浸着的岛屿和浅滩，于是就把它们称为"巴哈马"，西班牙语意即"浅滩"。这些岛地势低矮，最高的山丘不超过120米，多数岛屿不超过30米，所以名为"浅滩"，也是名符其实的。

洪都拉斯阿特兰蒂达省（Atlántida）和乌拉圭卡内洛内斯省城镇阿特兰蒂达（Atlántida）之名源于欧洲神话。阿特兰蒂达的英文为"Atlantis"（亚特兰蒂斯），意为"大西洋岛"。古希腊哲学家柏拉图（Plato）公元前360年撰写的《克里特阿斯》（Critias）和《提迈奥斯》（Timaeus）两本对话录中最早出现有关亚特兰蒂斯的传说，对话录中说："在梭伦九千年前左右，海格力斯之柱（直布罗陀海峡）对面，有一个很大的岛，从那里你们可以去其他的岛屿，那些岛屿的对面，就是被海洋包围着的一整块陆地，这就是'亚特兰蒂斯'王国。"公元前一万年左右，亚特兰蒂斯王国正准备与雅典大战一场，不料突遭强烈地震和洪水的袭击，不到一天一夜整个王国就完全陷入大西洋海底。也有传说亚特兰蒂斯是由海神波塞冬（Poseidon）创建的。根据希腊神话，波塞冬是第二代神王克洛诺斯和神后瑞亚的儿子，当初波塞冬与兄弟们划分势力范围后，弟弟宙斯获得了天界，大哥哈迪斯执掌冥界，波塞冬则得到所有大海和湖泊，成为统治宇宙海域的最高神和奥林匹斯十二主神之一。这位希腊神话中的海神娶了小岛上的一个少女，生了五对双胞胎。波塞冬将这个岛分为十区，由十个儿子分别治理。长子"亚特拉斯"（Atlas）是岛上的最高统治者，所以该国称为亚特兰蒂斯王国。传说中亚特兰蒂斯王国是高度文明的理想国家，拥有和谐平等的社会、高度发达的智能科技和无敌的海上霸权；有用白、黑、红色石头建造起来的美丽、壮观的神殿，有冷泉和温泉双层环绕的陆地和三层环状运河，还建有造船厂、赛马场、兵营、体育馆和公园等。然而，生活富足的亚特兰蒂斯人日益骄傲、腐化和堕落，众神为之震怒，于是宙斯降下地震、海啸和洪水，使亚特兰蒂斯王国瞬间沉入海底，从世界上消失。亚特兰蒂斯王国是否真的存在过，这已成为千古之谜，后人探寻亚特兰蒂斯的努力几千年来从未停歇，科学家、学者和探险家各抒己见，提出大西洋、黑海、塞浦路斯南部海域、直布罗陀海峡、亚速尔群岛、桑托林岛、克里特岛，西班牙加的斯北部的多纳那国家公园附近为亚特兰蒂斯遗址的各种假设，但到如今谜底仍尚未被揭开。

哥伦比亚河流圣豪尔赫河（Río San Jorge）是16世纪30年代西班牙殖

民者阿隆索·德埃雷迪亚（Alonso de Heredia）发现的，他以基督教神话中与龙搏斗的圣徒豪尔赫为该河命名。

2. 源于《圣经》传说的地名

哥伦比亚桑坦德省城镇贝图里亚（Betulia）之名来自天主教《圣经·犹滴传》中所述的城市。亚述大军侵入巴勒斯坦，一路所向无敌，捣毁了各地的神庙，直抵犹太的贝图里亚城。这时城中年轻貌美的寡妇犹滴主动带领女奴出城，用美色诱惑亚述军主帅，夜里将其主帅何乐弗尼的头割下逃回城中。犹太军队乘势进攻，敌方因主帅死亡，无人指挥，大败而逃。

特立尼达岛上的城镇迦南和多巴哥岛上的城镇迦南（Canaan），都是以基督教《圣经》中上帝赐给亚伯拉罕的地方为名，后者位于今叙利亚、巴勒斯坦一带。

哥伦比亚主要河流马格达莱纳河（Río Magdalena）长 1540 公里，它以圣经中人物抹大拉的玛丽亚（Mary Magdalene）即玛丽亚·马格达莱纳为名。

哥伦比亚第二大河考卡河（Río Cauca）之名源于当地一位名叫考卡的酋长。但最初来到此地的西班牙人称它为玛尔塔（Marta）。他们把考卡河与马格达莱纳河视为姊妹河，所以用福音书中的圣徒姐妹圣玛尔塔和玛丽亚·马格达莱纳来分别称呼它们。印第安戈罗内斯人则称该河为"利利河"（Lili）。

3. 源于当地传说的地名

阿根廷巴塔哥尼亚（Patagonia）之名源于"patagón"一词，意为"大脚"。有人说西班牙殖民者在圣胡利安发现当地土著猎人的脚很大，于是用"大脚"称呼该地区；但更多人认为巴塔哥尼亚的名称与麦哲伦有关，麦哲伦非常喜欢一部骑士小说，小说中有个名叫"Patagón"的巨人。麦哲伦在圣胡利安见到的第一个土著人非常高大，就像小说中的巨人，于是麦哲伦称他为"Patagón"，这个称呼逐渐演变为该地区的名称。

智利南部城镇达马斯河（Río Damas）之名西班牙语意为"贵妇人"或"女人"，其名得来有一段传说。相传古时候印第安维利切族妇女常常聚集在河边，把清澈的河水当作镜子来照。后来，这条河便被称为达马斯河，西班牙语意为"贵妇人河"。

厄瓜多尔瓜亚斯省城镇米拉格罗（Milagro）之名西班牙语意为"奇迹"，得名来自一个传说。1784 年，在一个名叫奇里霍斯（Chirijos）的村子里住着农场主米格尔·德萨尔塞多（Miguel de Salcedo）一家。一天，其妻玛丽亚·德萨尔塞多（María de Salcedo）突然病倒，患上了刚传入此地的热带传染病"间日热"，这种传染病十分危险，当时无药可治。萨尔塞多向圣弗朗西斯科·德阿西斯（San Francisco de Asís）祈祷，企盼圣徒能为他妻子治病消灾。这时，一位当地的印第安人找到他，给了他一块根茎，嘱咐他将根茎熬成药液，让其妻服用。绝望中的萨尔塞多把熬好的药液送到妻子床前，想不到的是妻子喝下药汁后，很快就神奇地康复了。可是，萨尔塞多并不认为是根茎药液治好了妻子的病，而将此归功于圣弗朗西斯科·德阿西斯的庇护，归功于自己对圣徒的虔诚。为此，他把自己的农场命名为"奇迹之家"（Casa del Milagro），并请求瓜亚基尔行政长官将其农场周围的地区命名为圣弗朗西斯科德米拉格罗（San Francisco del Milagro），以鸣谢圣弗朗西斯科治愈其妻，从那时起，该地区便正式以此为名，后简称为米拉格罗。

（二） 源于宗教的地名

拉丁美洲的许多地名与宗教特别是与天主教有着千丝万缕的联系，这些宗教地名的形成同西方殖民者在拉丁美洲的征服、扩张密切相关。1492 年哥伦布"发现"美洲后，西班牙和葡萄牙殖民者蜂拥而至，他们在用火与剑征服拉丁美洲的过程中，也得到天主教会的全力配合。传教士为传教不辞劳苦、四处奔波，使越来越多的印第安人皈依天主教，天主教在拉丁美洲迅速传播开来，逐渐占据了统治地位。天主教是麻痹拉美人民的工具，并成为西方殖民统治的一个重要组成部分。天主教会在拉美各地建立了大批教堂、修道院。1556～1598 年，西班牙国王费利佩二世（Felipe Ⅱ，1527－1598）公开下令，在西印度（指拉丁美洲）建立的所有村镇，都必须要有带天主教信仰的名字。这样，众多带有浓厚宗教色彩的地名应运而生，并流传至今，成为殖民主义扩张的真实记录。在拉丁美洲的宗教地名中，有些直接以基督教创始者耶稣基督命名，有些以圣母、天使的名字命名，有些以天主教历史上的圣徒名字和《圣经》中的人物的名字命名，有些以天主教节日命名，有些则以天主教圣地的名称命名。这些地名包含着深刻的宗教寓意，反映出宗教文化对拉丁美洲社会的巨大影响。

1. 以耶稣基督、圣母命名的地名

天主教是与东正教、新教并列的基督教三大教派之一。天主教信奉天主圣父、天主圣子（即耶稣基督）、天主圣神，并尊耶稣之母玛利亚为圣母。此外，天主教还尊崇天使和圣人圣女。在拉丁美洲地名中，许多是以耶稣基督、圣灵、圣母、十字架、天使等名字为名。

（1）以耶稣基督命名

相传基督教为耶稣基督所创立。包括天主教在内的基督教崇奉耶稣基督为救世主，认为只有上帝及其子耶稣基督才能拯救人类。从15世纪中期开始，欧洲许多城镇和教堂都以救世主或耶稣基督命名。除前述中美洲国家萨尔瓦多和其首都圣萨尔瓦多、阿根廷胡胡伊省首府圣萨尔瓦多－德胡胡伊以救世主为名外，拉美和加勒比地区还有许多地方以救世主为名，例如，阿根廷恩特雷里奥斯省城镇圣萨尔瓦多（San Salvador）、巴拉圭瓜伊拉省圣萨尔瓦多县（San Salvador）、厄瓜多尔的圣萨尔瓦多岛（Isla de Salvador）、巴哈马的圣萨尔瓦多岛（Isla de Salvador）等。

拉美国家有些地名直接用"耶稣"（Jesús）命名，如秘鲁瓦努科区拉乌利科查县首府赫苏斯（Jesús）、巴拉圭伊塔普阿省城镇赫苏斯（Jesús）。

萨尔瓦多查拉特南戈省城镇诺姆布雷德赫苏斯（Nombre de Jesús）之名西班牙语意为"耶稣的名字"。

有些地方以耶稣的圣诞命名。1492年圣诞节，哥伦布在海地北部海岸建立的第一个殖民点就取名为"拉纳维达德"（La Navidad），西班牙语意为"圣诞节"。智利第六大区解放者贝尔纳多奥希金斯将军区红衣主教卡罗省城镇纳维达德（Navidad）也以圣诞节为名。传说16世纪中叶，圣方济各会传教士在圣诞节前来到此地。他们连续几夜以方济各会的方式庆祝耶稣的诞生。此后，该地就被命名为纳维达德。墨西哥科利马州的纳维达德岛（Isla Nadidad）和哈利斯科州城镇巴拉德纳维达德（Barra Navidad）等地也都以圣诞节命名。

智利第八大区比奥比奥区比奥比奥省城镇纳西米恩托（Nacimiento）建成于1603年，该城的奠基人、智利都督阿隆索·德里韦拉（Alonso de Ribera）便为城市取名为耶稣纳西米恩托（Nacimiento de Nuestro Señor），西班牙语意为"耶稣降生"。得名是因城市建好这一天，正是耶稣降生的日子。后来随着时间的推移，城名简化为纳西米恩托（Nacimiento），西班牙语意为"降生"。

（2）以圣母为名

玛利亚是耶稣的母亲，是她抚育了耶稣，玛利亚升天后成为中保圣人，天主教尊她为圣母。拉美国家的许多地名以圣母命名，如智利第五大区瓦尔帕莱索区圣费利佩德阿孔卡瓜省首府圣玛利亚（Santa María）、巴拉圭米西奥内斯省城镇圣玛利亚（Santa María）、厄瓜多尔的圣玛利亚岛（Isla de María）和哥伦比亚瓜伊尼亚省城镇圣玛利亚（Santa María）等。秘鲁东南部马德雷德迪奥斯大区及马德雷德迪奥斯（Madre de Dios）、玻利维亚潘多省城镇马德雷德迪奥斯（Madre de Dios）之名的西班牙语意为"基督之母"，即"圣母玛利亚"。

墨西哥圣路易斯波托西州城镇圣玛利亚德尔里奥（Santa Maria del Rio）建城之前，在1542年圣母升天节那天曾举行夸奇奇尔人（cuachichil）的洗礼，建城时新西班牙总督路易斯·德贝拉斯科（Luis de Velazco）便以圣玛利亚德尔里奥为该城命名。墨西哥以圣母为名的还有索诺拉州城镇圣玛利亚（Santa Maria）、杜兰戈州城镇圣玛利亚德尔奥罗（Santa María del Oro）、尤卡坦州城镇圣玛利亚奇（Santa Maria Chí）等。

智利第九大区阿劳卡尼亚区考廷省城市比利亚里卡（Villarrica）是1552年智利都督赫罗尼莫·德阿尔德雷特（Gerónimo de Alderete）在托尔腾河南岸、马利亚劳肯湖西岸建立的，取名"Santa María Magdalena de Villa Rica"，即圣母玛利亚玛格达莱娜富裕镇，因为在这里的一片山丘和森林中发现了丰富的金矿和淘金地，"Villa Rica"后演化为"Villarrica"。

玻利维亚圣克鲁斯省城镇波尔塔丘埃洛（Portachuelo）由传教士胡安·费利佩·巴尔加斯（Juan Felipe Vargas）、船长弗朗西斯科·哈维尔·巴卡（Francisco Javier Baca）和军士长迭戈·德巴桑（Diego de Bazán）建于1770年，取名为拉因马库拉达康赛普西翁圣玛利亚德波尔塔丘埃洛（La Inmaculada Concepción de la Vírgen María de Portachuelo），意为"波尔塔丘埃洛圣母玛利亚纯洁受孕城"。

阿根廷各省有许多以圣玛利亚为名的城镇，如米西奥内斯省城镇圣玛利亚（Santa Maria）、圣地亚哥德尔埃斯特罗省城镇圣玛利亚、科尔多瓦省圣玛利亚县（Departamento Santa Maria）、科尔多瓦省圣马丁将军县首府玛利亚镇（Villa María）、查科省城镇圣玛利亚、卡塔马卡省城镇圣玛利亚、圣菲省城镇圣玛利亚中心（Santa María Centro）和北圣玛利亚（Santa María Norte）、恩特雷里奥斯省巴拉那县圣玛利亚村（Aldea Santa Marí）和布宜诺斯艾利斯省城镇圣玛利亚村（Pueblo Santa María）等。

其他拉美国家也有以圣玛利亚为名的城镇，如委内瑞拉瓜里科州城镇圣玛利亚德伊皮雷（Santa María de Ipire）、哥伦比亚博亚卡省城镇圣玛利亚和乌伊拉省城镇圣玛利亚、萨尔瓦多乌苏卢坦省城镇圣玛利亚、洪都拉斯拉巴斯省城镇圣玛利亚、尼加拉瓜新塞哥维亚省城镇圣玛利亚（Santa Maria）、巴拿马埃雷拉省城镇圣玛利亚（Santa Maria）等。萨尔瓦多查拉特南戈省城镇杜尔塞诺姆布雷德玛利亚（Dulce Nombre de María）之名西班牙语意为"玛利亚甜美的名字"。

拉美国家还有以不同圣母名字为名的城镇，如哥伦比亚卡尔达斯省城镇拉梅塞德（La Merced）之名是为纪念该城女保护神"拉梅塞德圣母"；巴拉圭巴拉瓜里省城镇皮拉尔（Pilar）由佩德罗·德梅罗·德波图加尔（Pedro de melo de Portugal）建于1779年，取名涅恩布库城（Villa del Ñeembucú），4年后改名为皮拉尔城（Villa del Pilar），这是因为西班牙神父马西亚尔·安东尼奥·乌利亚姆（Marcial Antonio Uliambre）的故乡崇拜皮拉尔圣母（Virgen del Pilar）。

瓜达卢佩（Guadalupe）是墨西哥人尊奉的圣母。传说1531年12月，圣母玛利亚突然在一个印第安青年身上显灵，这个传说很快在印第安人中广泛传播开来。西班牙传教士利用这个传说诱导印第安人皈依天主教,并把圣母玛利亚改名为瓜达卢佩,圣母的肤色也从白色变成棕色。墨西哥建起了瓜达卢佩圣母教堂,天主教逐渐成为墨西哥的主要宗教,瓜达卢佩圣母也成为墨西哥人民心目中主要的保护神。墨西哥以瓜达卢佩为名的城镇有新莱昂州瓜达卢佩(Guadalupe)、圣路易斯波托西州瓜达卢佩(Guadalupe)、萨卡特卡斯州瓜达卢佩(Guadalupe)等。

哥伦比亚等拉美国家仿效墨西哥,也以瓜达卢佩为一些城镇命名。哥伦比亚安蒂奥基亚省城镇瓜达卢佩(Guadalupe)原名"伊格隆"(Higuerón)。该城修建教堂的时候,在墨西哥的特佩亚克(Tepeyac)正举行瓜达卢佩节,该教堂便以瓜达卢佩为名,1896年,该城名也改为瓜达卢佩。哥伦比亚桑坦德省也有一个名叫瓜达卢佩的城镇。

拉美国家还有一些将耶稣和玛利亚两个名字结合起来命名的城镇,如墨西哥哈利斯科州赫苏斯玛利亚(Jesús María)、纳亚里特州的城镇赫苏斯玛利亚、阿瓜斯卡连特州的城镇赫苏斯玛利亚、下加利福尼亚州的城镇赫苏斯玛利亚。以此为名的还有阿根廷科尔多瓦省科隆县首府赫苏斯玛利亚、秘鲁利马省赫苏斯玛利亚区、哥伦比亚桑坦德省城镇赫苏斯玛利亚、古巴首都哈瓦那赫苏斯玛利亚区和危地马拉萨卡特佩克斯省城镇圣玛利亚德赫苏斯(Santa María de Jesús)等。哥斯达黎加有条河名为赫苏斯玛利亚河(Río Jesús María)。

(3) 以三位一体和圣灵命名

天主教信奉"三位一体"说,"三位一体"指的是圣父、圣子和圣灵。圣父是天主,圣子是耶稣基督,圣灵是上帝与人的中介,三者启迪人的智慧和信仰,使人弃恶从善。

除前述加勒比岛国特立尼达和多巴哥名字中的"特立尼达"(Trinidad)是以西班牙语的"三位一体"为名外,用"三位一体"取名的还有乌拉圭弗洛雷斯省首府特立尼达、巴拉圭伊塔普阿省城镇特立尼达、委内瑞拉亚拉圭州城镇特立尼达、古巴圣斯皮里图斯省的城镇特立尼达、玻利维亚贝尼省首府特立尼达、哥伦比亚卡萨纳雷省城镇特立尼达、伯利兹奥兰治沃克区城镇特立尼达、萨尔瓦多查拉特南戈省城镇新特立尼达(Nueva Trinidad）和阿根廷布宜诺斯艾利斯省城镇圣特立尼达（Pueblo Santa Trinidad）等。乌拉圭弗洛雷斯省首府特立尼达是由1805年乌拉圭独立运动领袖何塞·赫瓦西奥·阿蒂加斯建城，取名为至圣特立尼达德洛斯波龙戈斯（'Santísima Trinidad de los Porongos），后简称为特立尼达。

以圣灵为名的地名也不少，如墨西哥下加利福尼亚州的圣埃斯皮里图岛（Isla Espírito Santo），其名西班牙语意为"圣灵岛"；委内瑞拉新埃斯帕尔达州市镇加西亚首府埃斯皮里托桑托谷城（El Valle del Espíritu Santo）之名西班牙语意为"圣灵山谷城"；古巴圣斯皮里图斯省（Sancti Spíritus）和首府圣斯皮里图斯市（Sancti Spíritus）之名西班牙语意为"圣灵"。

（4）以十字架为名

《圣经》中说，耶稣基督遭犹大出卖被捕后，被钉死在十字架上，三天后复活。天主教堂以十字架作为标志和象征，前述拉美国家的一些州、省以"十字"（La Cruz）为名，如阿根廷圣克鲁斯省（Santa Cruz）、玻利维亚圣克鲁斯省。此外，拉美国家的许多城镇也以"十字架"命名。

墨西哥锡那罗亚州城镇拉克鲁斯（La Cruz）之名源于1893年何塞·马里亚·卡尔德隆（José María Calderón）建立的一所牧场的名字，当时这个地方有一个对卖柴人划定界限的大十字架界标，故以十字架为名。以十字架为名的墨西哥城镇还有奇瓦瓦州的拉克鲁斯、索诺拉州的圣克鲁斯、瓜纳华托州的圣克鲁斯德胡文蒂诺罗萨斯（Santa Cruz de Juventino Rosas）、墨西哥州的圣克鲁斯阿蒂萨潘（Santa Cruz Atizapán），以及瓦哈卡州的城镇圣克鲁斯德阿卡特佩克（Santa Cruz Acatepec）、圣克鲁斯德阿米尔帕斯（Santa Cruz Amilpas）、圣克鲁斯德布拉沃（Santa Cruz de Bravo）、圣克鲁斯德伊通杜西亚（Santa Cruz Itundujia）、圣克鲁斯德米斯特佩克（Santa Cruz Mixtepec）、圣克鲁斯德农达科（Santa Cruz Nundaco）、圣克鲁斯德帕帕卢特拉（Santa Cruz Papalutla）等。

玻利维亚的城镇圣克鲁斯（Santa Cruz）是努夫洛·德查韦斯（Nuflo de Chávez）建于1560年2月26日，他以自己西班牙故乡的城市圣克鲁斯（Santa Cruz）为新城命名，意为"圣十字"。

此外，以"圣十字"为名的还有哥伦比亚纳里尼奥省城镇拉克鲁斯，阿根廷科连特斯省圣马丁县首府拉克鲁斯、智利第五大区瓦尔帕莱索区基约塔省城镇拉克鲁斯、智利第六大区解放者贝尔纳多奥希金斯将军区科尔查瓜省城镇圣克鲁斯（Santa Cruz），秘鲁卡哈马卡区圣克鲁斯省（Santa Cruz），厄瓜多尔的加拉帕格斯省的圣克鲁斯岛（Santa Cruz），牙买加城镇圣克鲁斯，伯利兹奥兰治沃克区城镇圣克鲁斯和托莱多区城镇圣克鲁斯；委内瑞拉安索阿特吉州的拉克鲁斯港（Puerto la Cruz），阿拉瓜州城镇圣克鲁斯，法尔孔州市镇拉克鲁斯德塔拉塔拉（La Cruz de Taratara）、圣克鲁斯德洛斯塔克斯（Santa Cruz de Los Taques）、圣克鲁斯德布卡拉尔（Santa Cruz de Bucaral）；危地马拉城镇圣克鲁斯德尔基切（Santa Cruz del Quiché），古巴城镇南圣克鲁斯（Santa Cruz del Sur），特立尼达和多巴哥城镇圣克鲁斯谷（Santa Cruz Valley）等。

（5）以天使为名

天主教敬奉天使，认为天使是圣母的仆人。天使在拉美国家宗教文化中占有一定的地位，有些地方便以天使为名，如委内瑞拉玻利瓦尔卡罗尼河支流丘伦河上的安赫尔瀑布（Salto Angel）是世界上落差最大的瀑布，其名一是为纪念美国探险家詹姆斯·克劳福德·安杰尔（James Crawford Angel），他在1937年对该瀑布进行考察时坠机身亡；二是"Angel"在英语和西班牙语中都意为"天使"。智利比奥比奥区的城市洛斯安赫莱斯（Los Angeles）、美国加利福尼亚州首府洛杉矶（Los Angeles）的西班牙语意为"天使"。

智利第十大区洛斯拉格斯区安赫尔莫（Angelmó）是智利南部的一个港口，其名来自安赫尔·蒙特医生（Angel Montt）。建城前不久，安赫尔·蒙特医生在附近地区工作，他和当地土著人友好相处，服务周到，因此土著人称他为"Angelmó"，意为"安赫尔天使"。后来，港口便以安赫尔莫命名。

墨西哥普埃布拉州首府萨拉戈萨（Zaragoza）曾名为天使普埃布拉（Puebla de los Angeles）。

2. 以天主教圣徒命名

圣人（或圣徒）是天主教会对过世的传教士和教徒所加的尊号，是指死后灵魂可以升天、可作教徒表率、应受教徒礼敬的人。天主教认为，圣徒具有超自然的力量，近似于神。圣徒中有历史人物，也有传说人物。最初几百年，只要得到大众认同的就可被选为圣人，直到公元 10 世纪，梵蒂冈才获得封圣权。圣人的选定程序复杂，通常是在候选人死后 5 年开始进行，但法国民族英雄贞德在死后近 500 年才被梵蒂冈封圣。候选圣人先由所在教区提出，经梵蒂冈神学家评估和教廷封圣委员会的枢机主教认可后，最后由教宗宣圣。圣人受到天主教信徒的尊崇，每个圣人都有各自的纪念日，这些纪念日被冠以圣人的名字。

拉美国家曾为西班牙和葡萄牙殖民地，根据西班牙习惯，许多新建城市的名称以圣徒名字命名，再加上原来的土著名字，以此作为对圣徒的尊崇和纪念。

（1）以万圣为名

公元 609 年 5 月 13 日，教宗卜尼法斯四世把供奉罗马神明的万神庙献给玛利亚和所有殉道者，从此开始了纪念圣徒的活动。后来，教宗格列高利三世（公元 731~741 年在位）将一座罗马小教堂呈献给所有圣徒，把 11 月 1 日定为"天下圣徒之日"，即万圣节，以"纪念有名、无名的诸圣徒"。托多斯桑托斯（Todos Santos）一词为西班牙语，意为"众圣"，即"万圣"。

拉美国家有不少地方以托多斯桑托斯为名，如墨西哥南下加利福尼亚州城镇托多斯桑托斯（Todos Santos）。该城曾名为圣罗莎德拉斯帕尔马斯德托多斯桑托斯（Santa Rosa de las Palmas de Todos Santos）。城名中的圣罗莎是为纪念西班牙人罗莎·德拉佩尼亚－鲁埃达夫人（Rosa de la Peña y Rueda），她曾捐赠给下加利福尼亚教区总管胡安·弗朗西斯科·托姆佩斯（Juan Francisco Tompes）一万比索。

巴拿马洛斯桑托斯省城镇洛斯桑托斯城（Los Santos）由西班牙移民建立于 1569 年 11 月 1 日，这一天正巧是万圣节（Día de Todos Los Santos），便取名为洛斯桑托斯城（Villa de los Santos）。

智利第十大区洛斯拉格斯维森特佩雷斯罗萨莱斯国家公园内的湖泊托多斯洛斯桑托斯湖（Lago Todos los Santos），其名的西班牙语意为"万圣湖"。

玻利维亚梅西略内斯港县（Puerto de Mejillones）第二大城托多斯桑托斯以"万圣"为名。

危地马拉韦韦特南戈省托多斯桑托斯库丘马坦（Todos Santos Cuchumatán）之名中的"托多斯桑托斯"（Todos Santos）也是"万圣"的意思。

(2) 以圣马太和圣马可为名

福音书主要记载与耶稣生平和复活事迹有关的文件、书信与书籍，作者有马太（Mateo）、马可（Marco）等4人。在拉美国家中，一些地名以福音书作者马太和马可为名。

墨西哥下加利福尼亚州城镇恩塞纳达（Ensenada）原名圣马太（San Mateo）。1542年9月17日，葡萄牙人胡安·罗德里格斯·卡夫里略（Juan Rodríguez Cabrillo）奉新西班牙首任总督安东尼奥·德门多萨（Antonio de Mendoza）之命率领船队抵达此地时，为纪念庆祝即将到来的9月21日圣马太节，故给该地取名为圣马太（San Mateo）。

危地马拉克萨尔特南戈省城镇圣马太（San Mateo）得名于传说，传说当地基切村民在一棵树上看见了圣马太像，遂以圣马太为名。

以圣马太为名的还有委内瑞拉阿拉瓜州市镇圣马太（San Mateo）和安索阿特吉州市镇圣马太等。

墨西哥格雷罗州城镇圣马科斯（San Marcos）之名是为纪念福音书作者之一圣马可（San Marcos），他是《圣经新约·马可福音》的作者。圣马可生于耶路撒冷，其母认识耶稣，最后的晚餐即是在其母亲家进行的。危地马拉圣马科斯省（San Marcos）及首府圣马科斯，哥伦比亚苏克雷省圣马科斯市以及萨尔瓦多城镇圣马科斯都以圣马可为名。

(3) 以圣地亚哥为名

圣地亚哥（Apostol Santiago）是西班牙保护神、耶稣十二使徒之一圣雅各的西班牙语读音，"圣"在天主教中是"圣人"或"圣徒"的缩写。雅各和他的兄弟圣约翰原为加利利海边的渔夫，他们是最早受耶稣感召的门徒。雅各是使徒核心人物之一，他见证过耶稣的一些重大事迹，如主显圣容和耶稣在客西马尼园中忧伤祈祷。耶稣死后，圣雅各在巴勒斯坦宣讲福音，并曾在西班牙布道。公元44年，犹太国王希律·亚基帕一世下令把他斩首，他成为第一个殉难的使徒。据传，他的尸骨被埋葬在西班牙的加利西亚首府圣地亚哥德孔波斯特拉（Santiago de Compostela）。9世纪圣雅各的墓地被发现后，千百年来，每年都有数十万的天主教徒从世界各地前来朝圣，圣地亚哥德孔波斯特拉成为天主教朝圣胜地之一。西班牙殖民者征服美洲的过程中，面对印第安人的英勇抵抗，往往会乞求神明的佑护，把城名取作圣地亚哥，就是意图得到这个保护神的佑护，同时把天主教强加于印第安人头上。除前述智利首都圣地亚哥、墨西哥克雷塔罗州首府圣地亚哥德克雷塔罗（Santiago de Querétaro）、多米尼加共和国圣地亚哥省（Santiago）、阿根廷埃斯特罗省首府圣地亚哥（Santiago）外，拉美国家还有许多地方也都以圣地亚哥为名。

巴拉圭米西奥内斯省城镇圣地亚哥（Santiago）初建于阿帕河边，起名为圣伊格纳西奥德卡瓜苏（San Ignacio de Caaguazú）。1669 年，该城在米西奥内斯省重建，取名圣地亚哥阿波斯托尔（Santiago Apóstol），意为"使徒圣地亚哥"，简称圣地亚哥。

哥伦比亚第三大城市卡利（Cali）的全名为圣地亚哥德卡利（Santiago de Cali），其名中的圣地亚哥（Santiago）是为纪念西班牙圣地亚哥德孔波斯特拉（Santiago de Compostela）所敬奉的使徒圣地亚哥。

以圣地亚哥为名的还有墨西哥新莱昂州和南下加利福尼亚州的城镇圣地亚哥（Santiago）、瓜纳华托州城镇圣地亚哥马拉瓦迪奥（Santiago Maravatío）、墨西哥州城镇圣地亚哥蒂安吉斯滕科（Santiago Tianguistenco）、哥伦比亚北桑坦德省城镇圣地亚哥（Santiago）和普图马约省城镇圣地亚哥（Santiago），哥斯达黎加城镇圣地亚哥德帕尔玛斯（Santiago de Palmares）、圣地亚哥德帕拉伊索（Santiago de Paraíso）、圣地亚哥德普里斯卡尔（Santiago de Puriscal）、圣地亚哥德圣拉斐尔（Santiago de San Rafael）和圣地亚哥德圣拉蒙（Santiago de San Ramón），古巴城镇圣地亚哥（Santiago），厄瓜多尔加拉帕戈斯群岛的圣地亚哥岛（Isla Santiago），危地马拉城镇圣地亚哥萨卡特佩克斯（Santiago Sacatepéquez）和瓦哈卡州城镇圣地亚哥哈米尔特佩克（Santiago Jamiltepec），巴拿马贝拉瓜斯省城镇圣地亚哥德贝拉瓜斯（Santiago de Veraguas），秘鲁库斯科省圣地亚哥德库斯科区（Santiago de Cusco）、利马省城镇圣地亚哥德苏尔科（Santiago de Surco）、圣地亚哥德丘科省（Santiago de Chuco）和圣地亚哥河（Río Santiago），委内瑞拉卡拉沃沃州市镇圣迭戈（San Diego）。有些国名和城镇旧名也曾以圣地亚哥为名，如牙买加曾称为圣地亚哥（Santiago），厄瓜多尔瓜亚基尔城曾称为圣地亚哥德瓜亚基尔（Santiago de Guayaquil），乌拉圭首都蒙得维的亚旧称圣菲利佩圣地亚哥德蒙得维的亚（San Felipe y Santiago de Montevideo），委内瑞拉首都加拉加斯旧称圣地亚哥德莱昂德加拉加斯（Santiago de León de Caracas）等。

（4）以圣胡安为名

圣胡安（San Juan）是耶稣十二使徒之一圣约翰的西班牙语变体，也是圣胡安包蒂斯塔（San Juan Bautista，圣胡安洗者）的简称。圣胡安是基督教的先行者。他是耶稣基督的表兄（年长半岁），曾为耶稣施洗，并为耶稣宣讲教义做过先期宣传工作，后被犹太王希律·安提帕杀害。天主教定6月24日为圣胡安洗者日，殉道日为8月29日。拉美国家有许多地方以圣胡安或圣胡安包蒂斯塔命名。

除前述阿根廷圣胡安省首府圣胡安（San Juan）是纪念该城保护神"圣胡安洗者"（San Juan Bautista）外，以圣胡安命名的地方还有墨西哥坎佩切州、奇瓦瓦州、科阿韦拉州、圣路易斯波托西州和索诺拉州的城镇圣胡安，秘鲁城镇圣胡安，玻利维亚城镇圣胡安，特立尼达和多巴哥城镇圣胡安（San Juan），伯利兹奥兰治沃克区城镇新圣胡安（Nuevo San Juan）、圣胡安拉文蒂列区城镇圣胡安（San Juan）等。

以圣胡安包蒂斯塔（San Juan Bautista）为名的城镇有危地马拉苏奇特佩克斯省的圣胡安包蒂斯塔，智利胡安费尔南德斯群岛的圣胡安包蒂斯塔，巴拉圭米西奥内斯省的圣胡安包蒂斯塔，委内瑞拉新埃斯帕塔圣胡安包蒂斯塔，墨西哥科阿韦拉州、格雷罗州和纳亚利特州的圣胡安包蒂斯塔，秘鲁洛雷托大区、伊卡大区、阿亚库乔大区的圣胡安包蒂斯塔，波多黎各原来的名字也为圣胡安包蒂斯塔，为哥伦布抵达该岛时所起。

委内瑞拉瓜里科州首府圣胡安德洛斯莫罗斯（San Juan de Los Morros）建于16世纪末，当时仅以圣徒圣胡安命名，后因城周围是一座座小山，于是在城名圣胡安后又加上了洛斯莫罗斯（小山）一词。

（5）以圣佩德罗为名

圣佩德罗（Pedro）即彼得（Peter）。彼得是耶稣十二使徒之一，是耶稣挑选的第一位"教宗"。彼得被罗马皇帝尼禄处死后,被葬在罗马城的地下墓室。根据西班牙国王费利佩二世(1556~1598年任西班牙国王)颁布的法律,在西印度(指拉丁美洲)建立的所有村镇,都要取与天主教有关的名字。以圣佩德罗为名的拉美城镇有很多,如哥伦比亚安蒂奥基亚省城市圣佩德罗德洛斯米拉格罗斯(San Pedro de los Milagros),该城由胡安·安东尼奥·蒙-贝拉尔德(Juan Antonio Mon y Velarde)建于1757年,城市的奠基者是一批矿工,城名中的"los Milagros"西班牙语意为"奇迹"。该城以前曾称"Trampa del Tigre",西班牙语意为"老虎的陷阱",因为在这个地方曾俘获老虎。此外还有阿根廷胡胡伊省城镇圣佩德罗(San Pedro)、米西奥内斯省圣佩德罗县(Departamento San Pedro),洪都拉斯第二大城圣佩德罗苏拉(San Pedro Sula),伯利兹城镇圣佩德罗城(San Pedro Town)等。

(6)以圣托马斯为名

圣托马斯是基督十二使徒之一,曾在帕提亚传道并殉教。拉美和加勒比国家有许多以圣托马斯为名的地名,如墨西哥州城镇圣托马斯德洛斯普拉塔诺斯(Santo Tomás de los Plátanos),秘鲁库斯科区琼比维尔卡斯省首府圣托马斯,哥伦比亚大西洋省城镇圣托马斯,危地马拉南部圣托马斯火山(Volcán Santo Tomás),巴巴多斯圣托马斯区,牙买加圣托马斯区,圣基茨和尼维斯的圣托马斯低地等。

(7)以其他圣徒为名

拉美和加勒比国家的地名中还有许多以其他圣徒为名的地名。

以圣费利佩为名的有委内瑞拉亚拉圭州首府圣费利佩(San Felipe)、墨西哥恰帕斯州城镇圣费利佩,哥伦比亚东部瓜伊尼亚特区城镇圣费利佩,智利中部圣费利佩省及首府圣费利佩,危地马拉萨卡特佩克斯省城镇圣费利佩,伯利兹托莱多区城镇圣费利佩和奥兰治沃克区城镇圣费利佩等。

以圣塞瓦斯蒂安为名的有危地马拉雷塔卢莱乌省城镇圣塞瓦斯蒂安(San Sebastián),哥伦比亚考卡省城镇圣塞瓦斯蒂安和马格达莱纳省城镇圣塞瓦斯蒂安德特内里费(San Sebastián de Tenerife)等。

以圣安东尼奥为名的有墨西哥哈利斯科州城镇乌尼翁德圣安东尼奥(Unión de San Antonio)和圣安东尼奥拉伊斯拉(San Antonio La Isla),智利瓦尔帕莱索区圣安东尼奥省及首府圣安东尼奥（San Antonio）、阿根廷胡胡伊省城镇圣安东尼奥和内格罗省圣安东尼奥县，巴拉圭中心省城镇圣安东尼奥，危地马拉基切省城镇圣安东尼奥伊洛特南戈（San Antonio Ilotenango）等。

以圣卡洛斯为名的有阿根廷门多萨省圣卡洛斯县（San Carlos）、萨尔塔省圣卡洛斯县和内格罗省巴里洛切县首府圣卡洛斯，危地马拉哈拉帕省城镇圣卡洛斯阿尔萨塔特（San Carlos Alzatate）和雷塔卢莱乌省城镇新圣卡洛斯（Nuevo San Carlos），萨尔瓦多莫拉桑省城镇圣卡洛斯，伯利兹奥兰治沃克区城镇圣卡洛斯等。

以圣何塞为名的有阿根廷卡塔马卡省城镇圣何塞（San José）、布宜诺斯艾利斯省城镇圣何塞，哥斯达黎加首都圣何塞（San José），危地马拉危地马拉省城镇圣何塞皮努拉（San José Pinula），乌拉圭圣何塞省，伯利兹奥兰治沃克区城镇圣何塞等。

以耶稣会的创建人圣伊格纳西奥为名的有秘鲁卡哈马卡区圣伊格纳西奥省和首府圣伊格纳西奥（San Ignacio），玻利维亚圣克鲁斯省首府圣伊格纳西奥等。

以圣路易斯为名的有秘鲁安卡什区卡洛斯费尔明菲茨卡拉尔德省首府圣路易斯（San Luis），委内瑞拉法尔孔州市镇圣路易斯，伯利兹奥兰治沃克区市镇圣路易斯等。

以圣米格尔为名的有秘鲁阿亚库乔区拉马尔省首府圣米格尔（San Miguel），秘鲁卡哈马卡区圣米格尔省（San Miguel）等。

以圣巴勃罗为名的有秘鲁卡哈马卡区圣巴勃罗省及首府圣巴勃罗（San Pablo），伯利兹奥兰治沃克区城镇圣巴勃罗等。

伯利兹以圣徒命名的城镇有奥兰治沃克区城镇圣埃斯特万（San Estevan）、圣罗曼（San Roman）、克罗萨尔区城镇康塞普西翁（Concepcion），圣安德烈斯（San Andrés）、圣华金（San Joaquin）、圣纳西索（San Narciso）、圣罗曼（San Roman）等。

特立尼达和多巴哥以圣徒为名的城镇有阿里马市城镇圣罗莎（Santa Rosa）、图纳普纳皮亚科区城镇圣拉斐尔（San Raphael），西帕里亚区城镇圣弗洛拉（Santa Flora）和位于特立尼达岛圣奥古斯丁地区的圣玛格丽塔

（Santa Margarita）等。

乌拉圭以圣徒命名的城镇有阿蒂加斯省城镇圣格雷戈里奥（San Gregorio），杜拉斯诺省城镇圣贝尔纳迪纳（Santa Bernadina），派桑杜省城镇圣费利克斯（San Félix），里韦拉省城镇圣特雷莎（Santa Teresa）。

委内瑞拉以圣徒命名的城镇有安索阿特吉州首府圣安娜（Santa Ana），新埃斯帕塔州市镇圣安娜（Santa Ana），阿普雷州市镇圣费尔南多（San Fernando），卡拉沃沃州市镇圣华金（San Joaquín），莫纳加斯州市镇圣巴尔瓦拉（Santa Bárbara），特鲁希略州市镇圣伊萨贝尔（Santa Isabel）等。

墨西哥哈利斯科州城镇圣加夫列尔（San Gabriel）之名是为纪念使徒圣加夫列尔（San Gabriel），他曾向圣母玛利亚宣布其子耶稣将降临世界。

巴拉圭涅恩布库省城镇圣罗克冈萨雷斯德圣克鲁斯（San Roque González de Santa cruz）之名源于巴拉圭第一个圣徒的名字。

巴拉圭圣佩德罗省城镇圣埃斯塔尼斯劳德科斯特卡（San Estanislao de Kostka）由耶稣会神父塞瓦斯蒂安·德耶格罗斯（Sebastián de Yegros）建于1749年，以波兰传教士斯坦尼斯瓦夫·科斯特卡（Stanisław Kostka）之名命名，1726年11月13日，他被教皇贝内迪克特十三世封为圣徒。该城俗称圣塔尼（Santaní），塔尼是埃斯塔尼斯劳（Estanislao）瓜拉尼语的缩写。

巴拉圭伊塔普阿省城镇圣科斯梅达米安（San Cosme y Damián）由神父安德里亚诺·福尔莫索（Adriano Formoso）建于1736年。其名是为纪念两个孪生兄弟修士，他们分别是医生和药剂师，在意大利西西里亚殉教。

哥伦比亚梅塔省城镇圣马丁德罗斯利亚诺（San Martin de los Llanos）由佩德罗·达萨·德埃雷迪亚（Pedro Daza de Heredia）建于1585年11月11日，那一天正是天主教圣马丁日，故以圣马丁为名。城名中的"los Llanos"西班牙语意为"平原"。

哥伦比亚普图马约省城镇阿西斯港（Puerto Asís）由方济各会传教士埃斯塔尼斯劳·德拉斯科尔特斯（Estanislao de las Cortes）和伊德尔丰索·德图尔坎（Hidelfonso de Tulcán）建于1912年，取意大利圣徒阿西斯（Asís）的名字为城市命名。

危地马拉哈拉帕省城镇蒙哈斯（Monjas）之名西班牙语意为"修女们"，源于该地一个庄园名"拉斯蒙哈斯"（Las Monjas）。

3. 以著名传教士名字命名

拉美国家许多地名取自于著名传教士的名字，其中包括这些地区或城市的奠基者、主教等。

（1）墨西哥

墨西哥恰帕斯州城镇圣克里斯托瓦尔德拉斯卡萨斯（San Cristóbal de Las Casas）之名是为纪念西班牙多明我会传教士巴托洛梅·德拉斯卡萨斯（Bartolomé de Las Casas，1474 – 1566），他曾任恰帕斯主教。1934 年 2 月 13 日，该城更名为拉斯卡萨斯城（Ciudad Las Casas）。1943 年 11 月 4 日，恰帕斯州州长拉斐尔·帕斯卡西奥·甘博亚（Rafael Pascacio Gamboa）将城名重新改回圣克里斯托瓦尔德拉斯卡萨斯。

奇瓦瓦州城镇马里亚诺巴列萨（Mariano Balleza），简称巴列萨（Balleza）。其名是为纪念曾与米格尔·伊达尔戈共同战斗的传教士马里亚诺·巴列萨（Mariano Balleza）。他当过多洛雷斯教区的代理主教，后参加伊达尔戈起义军，任中将，1811 年，他被俘后英勇就义。

哈利斯科州城镇圣迭戈德亚历杭德里亚（San Diego de Alejandría）建于 1850 年。其名中的"圣迭戈"（San Diego），是为纪念授权在该地建立教堂的主教迭戈·阿兰达 – 卡平泰罗（Diego Aranda y Carpinteiro）以及赠送修建教堂土地和参与修建教堂的泥瓦匠，他们的姓氏都是亚历杭德罗（Alejandro），故城名中添入"亚历杭德里亚"。

克雷塔罗州城镇哈尔潘德塞拉（Jalpan de Serra）之名的后一部分"德塞拉"（de Serra）是 1976 年添加的，为纪念 1750 年来到此地传教并建立教堂的西班牙方济各会传教士胡尼佩罗·塞拉（Junípero Serra，1713 – 1784），他是哲学和神学博士。

索诺拉州城镇格拉纳多斯（Granados）之名是为纪念索诺拉州第二任主教何塞·华金·格拉纳多斯 – 加尔维斯（José Joaquín Granados y Galvéz），他任职于 1788 ~ 1794 年。

(2) 玻利维亚

玻利维亚圣克鲁斯省奥比斯波桑蒂斯特万县（Obispo Santistevan）之名西班牙语意为"桑蒂斯特万主教"，是为纪念圣克鲁斯大教堂建设的推动者、圣克鲁斯人何塞·贝利萨里奥·桑蒂斯特万·塞奥阿内主教（José Belisario Santistevan Seoane，1843–1931）。

拉巴斯省穆涅卡斯县（Muñecas）建于1826年，其名是为纪念上秘鲁（今玻利维亚）独立战争中的游击队领袖伊尔德方索·德拉斯穆涅卡斯神父（Ildefonso de las Muñecas）。

(3) 乌拉圭

乌拉圭塞罗拉尔戈省城镇弗赖莱穆埃尔托（Fraile Muerto）西班牙语意为"死去的教士"。该城得名于1753年，当时该城一位著名的传教士何塞·迪亚斯（José Díaz）去世，便以"死去的教士"为该城命名。

派桑杜省首府派桑杜（Paysandú）以该城奠基者、西班牙传教士波利卡波·桑杜（Policarpo Sandú）的姓氏命名。

内格罗河省首府弗赖本托斯（Fray Bentos），是以该城的奠基者本托斯传教士之名为名。

佛罗里达省城镇弗雷马科斯（Fray Marcos）之名意为"马科斯传教士"。

(4) 哥伦比亚

哥伦比亚塞萨尔省城镇波斯尼亚（Bosconia）之名是为纪念意大利传教士圣博斯科（San Bosco，1815–1888）。圣博斯科从小勤奋好学，青年时期曾就学于杜林城神学院。他曾开办青年中心和寄宿学校，1859年创办慈幼会。1888年，教皇保罗二世赐予圣博斯科"青年人的父亲、老师和朋友"的称号，1934年，教皇皮奥九世宣布他为圣徒。

昆迪纳马卡省城镇戈麦斯（Villagómez）之名是为纪念城市的奠基者米萨埃尔·戈麦斯神父（misael gómez）。

安蒂奥基亚省城市戈麦斯普拉塔（Gómez Plata）之名是为纪念安蒂奥基亚主教胡安·德拉克鲁斯·戈麦斯·普拉塔（Juan de la Cruz Gómez Plata）。

(5) 智利

智利第十大区洛斯拉格斯区奥索尔诺省城镇圣巴勃罗（San Pablo）建

于 1867 年 9 月 9 日，其名是为纪念西班牙传教士巴勃罗·德罗约（Pablo de Royo），他曾在此地传教。

火地岛最大湖泊法格纳诺湖（Lago Fagnano）的面积为 645 平方公里，属阿根廷与智利共有。其名是为纪念天主教主教何塞·法格纳诺（José Fagnano，1844－1916）。法格纳诺 1844 年 3 月 9 日生于意大利的塔纳罗，1875 年被派往阿根廷，任南巴塔哥尼亚、火地岛和马尔维纳斯教区的主教。1886 年，他随拉蒙·利斯塔（Ramón Lista）探险队来到火地岛，走遍了全岛并从事传教活动。1916 年 9 月 18 日，他在智利圣地亚哥去世。当地土著塞尔克安穆人（selk'anm）曾称该湖为"卡米"（khami），意为"大水"。

4. 以天主教节日命名

天主教的节日很多，最重要的有复活节、圣诞节、圣母升天节和圣神降临节，即天主教的四大瞻礼。此外，还有耶稣升天节、万圣节、伯多禄保禄节、圣母无染原罪节和圣人圣女的节日等。另外各个地方的教会还有自己的节日。拉美国家许多城市兴建时，正赶上某个天主教节日，遂以该节日名称为城市命名。

智利复活节岛（Isla de Pascua）位于远离南美洲海岸 3700 公里的太平洋中。岛上矗立着数百个人面巨石，其雕工细腻、逼真，有的重达几十吨，高达十几米。这些神奇的雕像吸引了世界大批科学家和游客来此旅游、研究。复活节岛的名字是 1722 年 4 月 5 日由荷兰探险家雅各布·洛吉文（Jakob Roggeveen）命名，因为他登上该岛那天恰好是复活节。复活节岛的荷兰语为"Paasch-Eyland"，西班牙语则把这个隶属于智利的小岛叫作帕斯库阿岛（Isla de Pascua），意为复活节岛。

复活节岛又被称为"悲惨与奇怪的土地"，这是因为 1686 年英国探险家爱德华·戴维斯登上岛岸时，看到岛上一片荒凉，又有许多奇怪的巨雕，便为小岛取此名。

一般认为复活节岛上最早的居民是波利尼西亚人的后裔，他们的土语把这个小岛称为"望着天空的眼睛"（Mata ki te rangi）。关于这个名字的由来，在人民中流传着一个动人的传说。相传远古时代，复活节岛原是伊瓦大陆的组成部分，这个大陆与波利尼西亚大陆连成一片。大陆上有一个王国的国王叫奥图·马图阿,据说他所辖之地在阿麦克萨斯群岛与甘比尔群岛之间。由于他的臣民触犯了乌奥凯的神灵,乌奥凯盛怒之下,举起神棍朝伊瓦大陆打去,轰隆一声,大地顿时裂开,洪水滚滚,陆地开始下沉。奥图·马图阿国王赶早把他的眷属和臣民安顿在两条独木舟上。这时滔滔洪水吞噬了整个大陆,两只小船在惊涛骇浪中上下颠簸,随风漂流,忽然,在茫茫大海中发现一个孤岛,他们奋力向孤岛划去,在安加罗阿湾(Hanga-Roa)下船,并在岛上重建家园。为了永远记住神灵给予的这次灾难,人们称这个小岛为"望着天空的眼睛"。复活节岛还曾被西班牙航海家费利佩·冈萨雷斯·阿埃多(Felipe González Ahedo)称为圣卡洛斯岛(Isla de San Carlos),以纪念西班牙国王卡洛斯三世。

智利南部第十一大区艾森区的复活节河(Río Pascua)是1898年德国探险家汉斯·斯蒂芬(Hans Steffen)发现的,以复活节命名。斯蒂芬1889年来到智利,创建了教育学院,任历史和地理教授,在授课的同时他多次对智利南部地区进行探险和考察。

除智利复活节岛和复活节河外,委内瑞拉瓜里科州也有一个城镇叫复活节岛(Valle de la Pascua)。

墨西哥米却肯州洛斯雷耶斯德萨尔加多(Los Reyes de Salgado)建于1594年,1859年改城名为洛斯雷耶斯(Los Reyes),西班牙语意为"国王们"。该名源于西班牙重要的节日"三王节"(Día de los Reyes)。传说1月6日"三王节"这一天,三个国王,即一个白脸国王,一个黄脸国王,一个黑脸国王从东方骑着骆驼来到西班牙,他们向耶稣圣婴献礼,给人们带来了欢乐与幸福,从此人们安居乐业,平平安安。几百年来,西班牙人为了纪念三个东方国王,会在这一天举行各种庆祝活动,并以"三王节"为许多地方命名。

哥伦比亚塞萨尔省首府巴耶杜帕尔(Valledupar)由方济各会传教士于1月6日"三王节"正式建城,定城名为巴耶德乌帕尔圣诸王城"Ciudad de los Santos Reyes del Valle de Upar",后来名字简化为巴耶杜帕尔。

巴拉圭康塞普西翁省及首府康塞普西翁(Concepción)、智利比奥比奥区康塞普西翁省及首府康塞普西翁、玻利维亚城市康塞普西翁、墨西哥下加利福尼亚州的康塞普西翁港（Puerto Concepción）和尼加拉瓜最高与最活跃的康塞普西翁火山（Volcán Concepción）等，其名的西班牙语意为"圣母受孕节"。

委内瑞拉拉腊州首府拉亚松森（La Asunción）和巴拉圭首都亚松森的名字意为"圣母升天节"。

哥伦比亚考卡山谷省城镇布埃纳文图拉（Buenaventura）是胡安·拉德里列罗（Juan Ladrillero）奉帕斯夸尔·德安达戈亚（Pascual de Andagoya）之命，于1540年7月14日在卡斯卡哈尔岛上兴建。这一天为圣布埃纳文图拉节，便以此为名。

5. 以天主教圣地命名

天主教的圣地很多，一般是指在《圣经》中出现过的重要地方。如耶路撒冷、梵蒂冈、伯利恒、圣米歇尔山等。伯利恒是耶稣的出生地，也是大卫的出生地和被加冕为以色列国王的地方，是基督徒朝圣中心之一。不少欧美国家以伯利恒作为地名，如西班牙卡塞雷斯省的贝伦、莱昂省的贝伦德塞雷萨莱斯（Belén de Cerezales），美国新罕布什尔州的伯利恒（Bethlehem）和新墨西哥州的贝伦。拉美也有许多国家受西班牙影响，也用伯利恒作为地名，表示对耶稣基督的纪念。例如巴拉圭康塞普西翁省城镇贝伦（Belén）由耶稣教牧师何塞·桑切斯·拉夫拉多尔所建，取名贝伦圣母德洛斯姆巴亚（Nuestra Señora de Belén de los Mbayá），简称姆巴亚（Mbayá）。城名中的"Belén"是巴勒斯坦西岸地区城市伯利恒的西班牙语译音，城名中的另一部分"姆巴亚"（Mbayá）是居住在当地的一个印第安瓜拉尼人部族的名称。此外，尼加拉瓜里瓦斯省城镇贝伦、阿根廷卡塔马卡省城镇贝伦、哥伦比亚博亚卡省城镇贝伦、乌拉圭萨尔托省城镇贝伦和阿蒂加斯省城镇贝伦、哥斯达黎加埃雷迪亚省城镇贝伦、智利城镇贝伦也都是以耶稣出生地伯利恒命名的。

6. 以城市保护神命名

拉美国家各个城镇和地方都有自己的保护神，而且不少城镇以保护神的名字作为城名。天主教认为，上帝不能充当保护神，而已进入天国的圣徒因具有某些神性和神力，则可充当各地的保护神。有些地方的保护神来自希腊神话传说。

墨西哥恰帕斯州城镇圣安德烈斯拉腊因萨尔（San Andrés Larráinzar）之名中的"圣安德烈斯"（San Andrés）是为纪念该城保护神圣安德烈斯，每年的11月30日是圣安德烈斯节。

墨西哥坎佩切州城镇卡门（Ciudad del Carmen）之名是为纪念该城保护神卡门圣母。1717年6月16日，即卡门圣母日这天，阿隆索·费利佩·德安德拉德（Alonso Felipe de Andrade）率领西班牙军队把海盗赶出该城所在的岛屿，从那时起该城改名为卡门城。哥伦比亚桑坦德省城镇埃尔卡门（El Carmen）也以卡门为名。

墨西哥伊达尔戈州圣地亚哥德阿纳亚（Santiago de Anaya）之名中的"圣地亚哥"（Santiago）是为纪念该城保护神。

墨西哥瓦哈卡州圣迪奥尼西奥德尔马尔（San Dionisio del Mar）、瓦哈卡州圣尼古拉斯（San Nicolás）和克雷塔罗州圣华金（San Joaquín）也是以各自的保护神为名。

萨尔瓦多查拉特南戈省城镇圣伊格纳西奥（San Ignacio）是为纪念该城的保护神圣伊格纳西奥·德约拉（San Ignacio de Loyola），每年的7月23日至31日当地人们都会举行"圣伊格纳西奥节"的庆祝活动。

巴拉圭卡瓜苏省城镇圣罗莎德尔姆布图伊（Santa Rosa del Mbutuy）由埃里克·罗伊·穆里亚（Eric Roy Murria）设立于1945年，最初名为胡安曼努埃尔查维斯博士城（Doctor Juan Manuel Chávez），后因当地保护神为利马的圣罗莎（Santa Rosa de Lima），于是改名并简称为圣罗莎（Santa Rosa）。罗莎1586年4月30日出生于秘鲁利马一个贫困的家庭，原名伊莎贝尔·弗洛雷斯·德奥利瓦（Isabel Flores de Oliva 1586－1617）。1671年，教皇卡莱门特十世谥她为美洲第一个圣徒。因姆布图伊河流经该城，后改城名为圣罗莎德尔姆布图伊。

巴拉圭康塞普西翁省城镇洛雷托（Loreto）由耶稣教徒建于1686年10月10日。原称"帕拉赫胡伊"（Paraje Ju'i），意为"青蛙之地"，后改为"卡皮利亚萨尔萨"（Capilla Zarza），意为"黑莓教堂"，最后以该城保护神命名，称为"洛雷托圣母"（Nuestra Señora de Loreto），简称洛雷托。

哥伦比亚卡尔达斯省城镇拉梅塞德（La Merced）之名是为纪念该城保护神"拉梅塞德圣母"。以前该城曾称为"特拉姆帕德尔蒂格雷"（Trampa del Tigre），西班牙语意为"老虎的陷阱"，因为在这个地方曾俘获老虎。

尼加拉瓜圣胡安河省首府圣卡洛斯（San Carlos）、古巴维亚克拉拉省（Villa Clara）和首府维亚克拉拉市、多米尼加拉阿尔塔格拉西亚省（La Altagracia）也都是以当地的守护神为名。

（三）纪念探险家、殖民者和历史事件的地名

拉丁美洲的地名是在不同历史时期形成的，殖民者在征服拉丁美洲的过程中，常常会给所到之地取新名字。这些地名可使人们回溯当时所发生的历史事件，了解拉美各国历史发展的轨迹。

1. 纪念探险家的地名

（1）以哥伦布为名

为纪念"发现"美洲大陆的意大利航海家克里斯托瓦尔·哥伦布（哥伦布简介详见前述哥伦比亚），拉美和加勒比国家的许多地名都以哥伦布命名，如前述哥伦比亚国名、洪都拉斯科隆省、巴拿马科隆省及首府科隆等，除此之外，还有一些以哥伦布命名的地方。

阿根廷科尔多瓦省科隆县（Colón）原名北阿内霍斯县（Anejos Norte），为庆祝哥伦布到达美洲400周年，科尔多瓦省省长曼努埃尔·D.皮萨罗（Manuel D. Pizarro）于1892年10月7日下令将该县改名为科隆县。

哥伦比亚普图马约省城镇科隆（Colón）由菲德尔·德蒙克拉尔（Fidel de Monclar）建于1916年，1936年以科隆为该城命名。哥伦比亚纳里尼奥省也有个名叫科隆的城镇。

墨西哥克雷塔罗州城镇科隆（Colón）所在地最初名叫奥斯帕达（Hospadá），奥托米语意为"兀鹫"。1550年建城时取名"圣弗朗西斯科托利马内霍"（San Francisco Tolimanejo），简称托利马内霍。后来，托利马内

霍与索里亚诺（Soriano）合并成一个城镇，取名为科隆，以纪念哥伦布，它是该国唯一以哥伦布命名的城镇。

波多黎各城镇马亚圭斯（Mayagüez）的科隆广场是该城的主要广场，以哥伦布命名。

乌拉圭首都蒙得维的亚有个科隆中央和东北区（Colón Centro y Noroeste）及科隆东南区（Colón Sudeste）；拉瓦耶哈省有个名叫科隆的城镇。

哥斯达黎加圣何塞省城镇科隆原名为"帕卡库亚城"（Villa Pacacua），1916年改名为科隆镇（Villa Colón），1970年定为现名科隆（Ciudad Colón）。

委内瑞拉塔奇拉州和萨尔瓦多拉利伯塔德省各有一个名叫科隆（Colón）的城镇。

（2）以麦哲伦为名

智利第十二大区麦哲伦－智利南极区（Magallanes y Antartica Chilena）的名字是为纪念葡萄牙著名航海家麦哲伦（Fernão de Magalhães, 1480 – 1521）而起的。

麦哲伦（Fernando de Magallanes, 1480 – 1521）是一位著名的航海家。他出生于葡萄牙北部一个贵族世家。1505年，他曾随葡萄牙东征舰队参加了8年之久的殖民战争，对亚洲、太平洋一带的岛屿十分熟悉。1513年当他回到里斯本时，传来了西班牙探险家巴尔沃亚穿越巴拿马地峡发现太平洋的消息，确证了亚洲和美洲之间隔着一大片水域。后来又有人分别进入南美的拉普拉塔河口和圣马提阿斯湾。相信地圆说的麦哲伦受到这些地理新发现的鼓舞，坚信通过向西的航线可以到达东方。他要求葡萄牙国王提供船只以便向西航行至摩鹿加群岛（即香料群岛，今属印度尼西亚）的探险，但遭到葡王的拒绝。1517年，他来到西班牙古都塞维利亚，他的探险计划得到西班牙国王查理一世的支持。1519年9月20日，麦哲伦率领由5艘总载重量为480吨的船只组成的船队扬帆西行，开始了划时代的环球航行。翌年10月，他发现了现名为麦哲伦的海峡。之后，麦哲伦又带领剩下的3艘船继续前行，历尽艰险，经过3个多月横渡太平洋的航行，于1521年3月16日发现菲律宾群岛，4月7日在宿务岛登陆。4月27日麦哲伦率领殖民军入侵马克坦岛时，被以拉普·拉普为首的当地居民杀死。船队中的"维多利亚"号渡过太平洋，经过好望角，于1522年9月返回西班牙，结束了历时近3年的环球航行。麦哲伦的环球航行，不仅为地理大发现做出了重要的贡献，同时也开辟了美洲通往菲律宾的航路。为了缅怀他做出的贡献，南美洲大陆南端与火地岛等岛屿之间的海峡被命名为麦哲伦海峡。除此之外，以麦哲伦为名的还有巴西首都巴西利亚和旧都里约热内卢之间的麦哲伦山（Espigao do Magallhanes）、巴哈马群岛附近海域的麦哲伦浅滩（Magallhanes Bank）等。

（3）以巴尔沃亚为名

巴拿马第二大港巴尔沃亚是以第一个横穿美洲大陆到达太平洋东岸的西班牙探险家瓦斯科·努涅斯·德巴尔沃亚（Vasco Núñez de Balboa, 1475－1519）为名。巴尔沃亚生于西班牙赫雷斯德洛斯卡瓦列罗斯，幼时家境贫寒，做过侍童。1500年，他作为船员随罗德里格·德巴斯蒂达斯（Rodrigo de Bastidas）远征舰队前往加勒比海。1501年舰队抵达海地岛时，他留了下来，在这里从事农牧业生产，因赔本和欠债，只能逃离海地。1509年，巴尔沃亚藏在马丁·费尔南德斯·德恩西索（Martín Fernández de Encis）指挥的远征船队中的一个木桶内。费尔南德斯在航行中发现了他，本想将他弃于发现的荒岛上，后因他熟悉该地区的情况而被赦免。船队抵达达连后，巴尔沃亚在那里建立起殖民点。不久，他成为贝拉瓜都督。1511年12月，西班牙王室任命巴尔沃亚为达连省都督。巴尔沃亚听说达连以南还有大海和黄金国，遂于1513年9月1日率领近200名西班牙人和1000多名印第安人穿越巴拿马地峡。他们克服了种种艰难险阻，终于9月25日登上巴拿马地峡西部高原的顶峰，看见了浩瀚无际的太平洋。巴尔沃亚把太平洋称作南海（Mar del Sur）。1519年1月15日，巴尔沃亚被害于巴拿马地峡北岸的阿克拉。为了纪念他，巴拿马第二大港和首都巴拿马城的许多公园和街道均以巴尔沃亚命名。

（4）以穆斯特尔为名

阿根廷内乌肯省穆斯特尔斯湖（Lago Musters）面积450平方公里，水深40~50米。古乔尼克人曾称其为奥特龙（Otrón）。1876年，阿根廷博物和地理学家弗朗西斯科·帕斯卡西奥·莫雷诺（Francisco Pascasio Moreno, 1852-1919）考察该湖时取现名，以纪念英国探险家乔治·穆斯特尔（George Chaworth Musters）。穆斯特尔1841年出生于意大利。1869年，他航行至马尔维纳斯群岛后，决定前往巴塔哥尼亚地区探险。他在两个特维尔切酋长的陪同下，完成了2700公里的行程，时间长达10个月。探险途中，他曾到达过该湖。1871年，他在伦敦出版游记《生活在巴塔哥尼亚人中间》，叙述了自己在南美的探险经历。后来，他与一位玻利维亚姑娘结婚，并一同前往玻利维亚，生活至1876年。1878年，他被任命为驻莫桑比克领事，翌年1月暴卒。

（5）以探险船只为名

巴拉圭伊塔普阿省城镇弗拉姆（Fram）是以挪威探险家弗里德乔夫·南森（Fridtjof Nansen）1893年率领探险队赴北极探险时所乘船只的名字命名。南森1861年10月10日出生于挪威奥斯陆。1880年进入奥斯陆大学攻读动物学，1888年获博士学位。1887年他对格陵兰岛进行了科学考察。1893年6月，他率领12名考察队员乘坐外壳呈圆形、便于在冰群中行进的"弗拉姆号"船赴北极考察。"弗拉姆号"具有坚固的船壳，足以抵御冰的挤压力，并设有供船员使用的暖舱。南森和队员们克服众多困难，曾到达北纬86°14′的地方。1895年返回挪威后，他任奥斯陆大学动物学教授，1908年改任海洋学教授。他参与创建国际海洋考察理事会，并先后到挪威海、北大西洋、亚速尔群岛等地考察。曾获1921~1922年度诺贝尔和平奖。

2. 纪念殖民者的地名

拉美和加勒比国家中的一些地名是以宗主国国王、王后、大臣、殖民者的名字命名的，带有强烈的殖民主义色彩。

巴拉圭中央省城镇比列塔（Villeta）的西班牙语意为"小城镇"。该城由胡安·格雷戈里奥·巴松·德佩德拉萨（Juan Gregorio Bazán de Pedraza）建于1714年，当时取名为圣菲利佩德博尔冯德尔巴列德尔巴斯坦恩洛斯坎波斯德尔瓜尔尼皮坦（San Felipe de Borbón del Valle del Bastán en los Campos del Guarnipitán），以纪念西班牙国王费利佩二世，后者也是波旁王朝的第一位西班牙君主。

墨西哥塔瓦斯科州城镇弗龙特拉（Frontera）建立于 1780 年，曾名为圣费尔南多德拉弗龙特拉（San Fernando de la Frontera），以表示对西班牙国王费尔南多七世（Fernando Ⅶ）的尊敬。

智利第五大区瓦尔帕莱索区瓦尔帕莱索省城镇卡萨布兰卡（Casablanca）建于 1753 年，其名西班牙语意为"白房子"。当时该城镇的全称是圣巴尔瓦拉拉雷纳德卡萨布兰卡（Santa Bárbara la Reina de Casablanca），西班牙语意为"卡萨布兰卡的圣巴尔瓦拉王后"，以纪念西班牙国王费尔南多六世（Fernando Ⅵ）的妻子巴尔瓦拉·德布拉甘萨（Bárbara de Braganza）。

巴拉圭米西奥内斯省城镇阿约拉斯（Ayolas）之名是为纪念佩德罗·德门多萨（Pedro de Mendoza）的副手胡安·德阿约拉斯（Juan de Ayolas），他建立了巴拉圭拉坎德拉里亚港（Puerto la Candelaria），后被印第安查科人所杀。

智利第八大区比奥比奥区比奥比奥省城镇内格雷特（Negrete）建于 1551 年，其名是西班牙殖民者胡安·内格雷特（Juan Negrete）的姓氏。1551 年，受佩德罗·德巴尔迪维亚（Pedro de Valdivia）的委托，他在比奥比奥河边发现了渡口，称其为内格雷特渡口或内格雷特通路。后来，在此建起的城镇也以他的姓氏命名。

智利第一大区塔拉帕卡区波索阿尔蒙特（Pozo Almonte）建于 1875 年，其名西班牙语意为"阿尔蒙特井"。传说一位名叫阿尔蒙特（Almonte）的西班牙人负责分配井水给周围村民，后来就称这里的井为"阿尔蒙特井"，之后又逐渐成为城名。

智利第十大区湖区城镇卡斯特罗（Castro）全称圣地亚哥德卡斯特罗（Santiago de Castro），由马丁·鲁伊斯·德甘博亚（Martín Ruiz de Gamboa）建于 1567 年，其名是为纪念使徒圣地亚哥和秘鲁代理总督洛佩·加西亚·德卡斯特罗（Lope García de Castro）。

智利第七大区马乌莱区利纳雷斯省首府利纳雷斯（Linares）建于 1794 年，原名圣安布罗西奥德利纳雷斯镇（Villa de San Ambrosio de Linares），以纪念智利国父贝纳尔多·奥希金斯（Bernardo O'Higgins）之父、秘鲁总督安布罗西奥·奥希金斯（Ambrosio O'Higgins）。

玻利维亚圣克鲁斯省奴夫洛德查韦斯县（Ñuflo de Chávez）之名是为纪

念西班牙殖民者奴夫洛·德查韦斯（Ñuflo de Chávez, 1518-1568），他于1561年建立了圣克鲁斯城（Santa Cruz de la Sierra），并以自己在西班牙故乡的名字命名。1568年，他被土著人所杀。

3. 殖民过程中形成的地名

1740年，巴拉圭都督拉斐尔·德拉莫内达（Rafael de la Moneda）建立了科迪勒拉省城镇圣奥古斯丁埃姆博斯卡达（San Agustín de la Emboscada）。其名中的"圣奥古斯丁"（San Agustín）是为纪念天主教使徒；"埃姆博斯卡达"（Emboscada）西班牙语意为"埋伏"或"伏兵"。该城得名是因西班牙殖民者征服这个地方时，曾遭遇瓜伊库鲁人的伏击。该城还被称为"石头城"（ciudad de la piedra），因为这里大部分居民靠采石为生。

巴拉圭阿耶斯总统省城镇纳纳瓦（Nanawa）原称埃尔萨港（Puerto Elsa），以该地区的地产主坎波斯（Campos）的女儿埃尔萨（Elsa）为名。后改为现名，以纪念在查科战争中由马西亚尔·萨马涅格（Marcial Samaniego）指挥的纳纳瓦战役的胜利。

4. 以殖民者家乡故土命名

西班牙殖民者在拉美地区的殖民扩张中，常会感觉所到之处颇像自己的家乡故土，难免勾起思乡之情，于是便以家乡的名字为之命名。

前述有墨西哥杜兰戈州和首府杜兰戈之名是为纪念其奠基者弗朗西斯科·德伊瓦拉的西班牙家乡比斯开省的城市杜兰戈，哈利斯科州首府瓜达拉哈拉之名是为纪念其奠基者奴尼奥·贝尔特兰·德古斯曼的西班牙出生地瓜达拉哈拉，新莱昂州之名是为纪念西班牙国王费利佩二世的出生地雷诺德莱昂（Reino de León），尤卡坦州首府梅里达（Mérida）之名是为纪念其奠基人弗朗西斯科·德蒙特霍（Francisco de Montejo）的西班牙故乡梅里达，尼加拉瓜格拉纳达省及首府格拉纳达之名是为纪念弗朗西斯科·埃尔南德斯·德科尔多瓦斯在西班牙的出生地格拉纳达，瓜莱昂省首府莱昂之名是为纪念奠基人弗朗西斯科·埃尔南德斯·德科尔多瓦的西班牙故乡城市莱昂，新塞哥维亚省之名是为纪念都督罗德里戈·德孔特雷拉斯的西班牙家乡塞哥维亚（Segovia，今别哈城），除此之外，以西班牙地名命名的地方还有很多。

哥伦比亚马格达莱纳省城镇特内里费（Tenerife）由弗朗西斯科·恩里克（Francisco Enríquez）建于1543年，恩里克的上司出生在西班牙加那利群岛中的特内里费岛，为了奉承上司，他便把城名称为特内里费；考卡省城镇塞维利亚（Sevilla）以西班牙城市塞维利亚为名；考卡省城镇托罗（Toro）以西班牙萨莫拉省城市托罗为名；金迪奥省城镇布埃纳维斯塔（Buenavista）之名取自西班牙城市布埃纳维斯塔德瓦尔达维亚（Buenavista de Valdavia）；乌伊拉省城镇阿尔赫西拉斯（Algeciras）以西班牙城市阿尔赫西拉斯为名。

智利第八大区比奥比奥区阿劳科省城镇卡涅特（Cañete）由智利都督加西亚·乌尔塔多·德门多萨（García Hurtado de Mendoza）建于1557年12月至1558年1月，取名为卡涅特德拉弗朗特拉（Cañete de la Frontera），简称卡涅特（Cañete）。卡涅特的得名是因其父安德烈·乌尔塔多·德门多萨（Andrés Hurtado de Mendoza）是秘鲁总督和卡涅特侯爵，卡涅特侯爵的称号来自西班牙昆卡省卡涅特城。

牙买加以英语为国语，但最初它是西班牙的殖民地，直到1655年英国才占领牙买加，所以这里保留了不少西班牙语地名。有些地名直接引用西班牙地名，如圣安娜区城镇塞维利亚（Seville）由西班牙人建于1509年，取名新塞维利亚（Sevilla Nueva），以纪念母国城市塞维利亚（Sevilla, Seville）。后城名去掉"新"字，改为现名。该城曾做过23年的牙买加首都。

特立尼达和多巴哥与牙买加情况相仿，也有一些用西班牙城镇名字命名的地名，如圣费尔南多市城镇比斯塔贝利亚（Vistabella）之名源于西班牙阿拉贡地区的城市比斯塔贝利亚，西班牙语意为"风景迷人"。

5. 纪念重要事件的地名

智利第九大区阿劳卡尼亚区马列科省城镇维多利亚（Victoria），其名西班牙语意为"胜利"。1881年3月28日，军士长贝尔纳多·穆尼奥斯·巴尔加斯（Bernardo Muñoz Vargas）建立起维多利亚堡，以纪念智利在太平洋战争中的胜利，他曾参加这次战争。这座堡垒后来发展为城镇，该城的墓地中埋葬着7名在太平洋战争中战死的智利战士。

智利第七大区马乌莱区塔尔卡省城镇孔斯蒂图西翁（Constitución）建

于1794年6月18日，取名新毕尔巴鄂（Nueva Bilbao），是以西班牙城市毕尔巴鄂为名。1828年改为现名孔斯蒂图西翁（Constitución），西班牙语意为"宪法"，以纪念1828年智利颁布的宪法。

智利第五大区瓦尔帕莱索区佩托尔卡省城镇卡维尔多（Cabildo）之名西班牙语意为"居民代表会议"，是指马普切领导人经常在此地开会。

阿根廷内乌肯省城镇森特纳里奥（Centenario）之名的西班牙语意为"百年纪念"。这是该城居民于1924年为纪念1816年7月9日阿根廷独立100周年而取的名字。

秘鲁第二大湖胡宁湖（Lago Junín）位于胡宁省胡宁州，面积近530平方公里，海拔4000米以上。胡宁湖的名称是拉美民族英雄西蒙·玻利瓦尔率军击溃西班牙军队取得胡宁战役大捷后，将靠近该湖的洛斯雷耶斯城改称胡宁城，该湖也遂改称胡宁湖。克丘亚语称该湖为钦查伊科查湖（Chinchaycocha），意为"安第斯猫湖"。

玻利维亚圣克鲁斯省弗洛里达县（Florida）设立于1924年12月15日，以1814年5月25日发生在相邻的科迪勒拉县的拉弗洛里达战役（Batalla de La Florida）为名。在这次战役中，争取独立的爱国力量取得了胜利。

（四）纪念英雄人物的地名

拉丁美洲的许多地区经历了300多年殖民者残暴的统治，广大人民生活在水深火热之中，迫切要求推翻殖民统治。1790年，海地首先爆发独立运动，从19世纪初开始，西班牙和葡萄牙所属殖民地的人民纷纷揭竿而起，掀起了轰轰烈烈的拉美独立运动。在拉丁美洲独立运动中，涌现出许多可歌可泣的英雄人物。独立后的拉美各国常常以独立运动中的英雄人物名字为地名，以表达对他们的崇敬和纪念。

1. 纪念墨西哥独立运动领袖伊达尔戈和其他英雄的地名

（1）以伊达尔戈为名

伊达尔戈州（Hidalgo）设立于1869年1月16日，以墨西哥独立运动领袖米格尔·伊达尔戈-科斯蒂利亚（Miguel Hidalgo y Costilla, 1753 – 1811）之名命名。

  19 世纪初，墨西哥的民族矛盾和阶级矛盾日益激化，西班牙殖民者在墨西哥进行了 300 年的殖民统治，不仅印第安人、混血种人饱受残酷的剥削和压迫，就连土生土长的白人也受到宗主国白人的歧视和殖民制度的限制。推翻西班牙的反动统治，已成为墨西哥人民的共同要求。1810 年，终于爆发墨西哥独立战争，伊达尔戈就是领导起义的著名领袖。

  伊达尔戈生于墨西哥瓜纳华托州彭哈莫附近庄园的一个白人家庭。青年时代，他曾在墨西哥大学攻读神学和哲学，大量阅读卢梭、孟德斯鸠等人的著作，深受法国资产阶级民主自由思想的影响。毕业后，他做过家乡圣尼古拉斯学院的哲学与神学教授。1803 年他担任多洛雷斯镇教区的神甫后，不顾殖民当局的禁令，在他的教区内实行行政和教育改革，并采取了许多有利于印第安人的措施，因此深受印第安人的爱戴。同时他积极宣传资产阶级自由民主思想，所以也得到许多土生白人和混血种人的拥护。

  随着各种矛盾的发展，墨西哥爱国志士要求自由和独立的呼声日益高涨，克雷塔罗城成为革命活动的中心。1808 年，伊达尔戈参加了克雷塔罗的爱国组织——文学与社交会。他深入民众之中，积极宣传反对殖民统治、争取独立的思想。克雷塔罗的土生白人在多明盖斯、阿伦德和伊达尔戈等人的领导下，积极准备起义。他们派人到全国各地去联络，并准备于 1810 年 12 月 8 日宣告墨西哥独立。由于叛徒的告密，起义计划被泄露，许多爱国者被捕。身在多洛雷斯的伊达尔戈得知这一消息后，决定提前发动武装起义。9 月 15 日深夜，多洛雷斯的爱国者在伊达尔戈的领导下，抓捕了当地的全部西班牙人，并冲开监狱，释放了狱中的囚犯。9 月 16 日清晨，伊达尔戈以教区神甫的身份，敲响了多洛雷斯教堂的大钟。在洪亮钟声的召唤下，印第安人纷纷涌进教堂，聚集在讲台下，聆听伊达尔戈激动人心的演讲。伊达尔戈面向黑压压的人群大声疾呼："你们愿意成为自由人吗？300 年前，可恨的西班牙人夺取了我们祖先的土地，你们答应吗？"人们齐声回答："绞死西班牙强盗！"接着，伊达尔戈带领群众高呼："美洲万岁！

打倒坏政府！消灭加秋平①！"这就是墨西哥历史上著名的"多洛雷斯呼声"的来历。"多洛雷斯呼声"传遍全国各地，成为发动起义、进行独立战争的动员令。

起义军在伊达尔戈等人领导下，从多洛雷斯出发向南挺进，大批农民、牧民、矿工、手工业者、城市贫民和具有爱国思想的土生白人纷纷加入革命队伍，革命力量日益壮大，伊达尔戈被拥戴为"美洲起义军统帅"。一路上，起义部队所向披靡，殖民军望风而逃。起义军占领了大地主的住宅、庄园和矿场，没收了他们的资产、粮食和牲畜，严厉镇压了那些为非作歹、恶贯满盈的大庄园主和大商人。伊达尔戈还应人民的要求，采取了一系列积极进步的措施，宣布废除奴隶制度、废除人头税，把殖民者掠夺的土地全部归还给印第安农民。墨西哥人民热烈拥护伊达尔戈领导的起义军，起义军人数迅速扩大，发展到8万多人，并向首都墨西哥城逼近。可惜的是，伊达尔戈未能正确判断形势，未能一鼓作气地攻入墨西哥城，而是决定后撤，给了敌人以喘息之机。后来，由于叛徒的出卖，起义军在北撤途中中了埋伏，1811年3月21日，伊达尔戈和起义军官兵全部被俘。伊达尔戈在敌人的严刑拷打下，大义凛然，威武不屈，于7月31日慷慨就义。墨西哥人民深切怀念这位为国捐躯的民族英雄，尊称他为"墨西哥独立之父"，把他发出"多洛雷斯呼声"的9月16日定为墨西哥国庆节，并将墨西哥中部的一个州以他的名字伊达尔戈命名。

除伊达尔戈州以墨西哥国父伊达尔戈的名字命名外，墨西哥还有许多城镇的名字中带有伊达尔戈的印迹。如杜兰戈州伊达尔戈镇（Villa Hidalgo）、奇瓦瓦州城镇伊达尔戈德尔帕拉尔（Hidalgo del Parral）、塔毛利帕斯州伊达尔戈镇（Villa Hidalgo）、瓜纳华托州城镇多洛雷斯伊达尔戈（Dolores Hidalgo）、瓦哈卡州城镇梅索内斯伊达尔戈（Mesones Hidalgo）、哈卡州城镇普卢马伊达尔戈（Pluma Hidalgo）、哈利斯科州伊达尔戈镇（Villa Hidalgo）、索诺拉州伊达尔戈镇（Villa Hidalgo）、萨卡特卡斯州伊达尔戈镇（Villa Hidalgo）、墨西哥联邦特区米格尔伊达尔戈区（Miguel Hidalgo）、恰

---

① 加秋平（Cachupin），西班牙殖民者。

帕斯州伊达尔戈城（Ciudad Hidalgo）、墨西哥州城镇特胡皮尔科德伊达尔戈（Tejupilco de Hidalgo）和特佩特拉奥斯托克德伊达尔戈（Tepetlaoxtoc de Hidalgo）、莫雷洛斯州萨卡特佩克德伊达尔戈（Zacatepec de Hidalgo）、锡那罗亚州埃斯奎纳帕德伊达尔戈（Escuinapa de Hidalgo）等。

（2）以莫雷洛斯为名

墨西哥有许多以民族英雄莫雷洛斯为名的地方，除前述莫雷洛斯州（Morelos）、米却肯州首府莫雷利亚、墨西哥联邦特区的夸希马尔卡德莫雷洛斯区外，还有塔毛利帕斯州城镇旧莫雷洛斯（Antiguo Morelos）和新莫雷洛斯镇（Villa de Nuevo Morelos）、金塔纳罗奥州城镇何塞马里亚莫雷洛斯（José María Morelos）、普埃布拉州城镇卡尼亚达莫雷洛斯（Cañada Morelos）、哈利斯科州城镇特帕蒂特兰德莫雷洛斯（Tepatitlán de Morelos）、奇瓦瓦州城镇莫雷洛斯（Morelos）、新莱昂州城镇蒙特莫雷洛斯（Montemorelos）、米却肯州城镇萨瓦约德莫雷洛斯（Sahuayo de Morelos）等。

莫雷洛斯 1765 年 9 月 30 日生于米却肯州巴利亚多利德（Valladolid）。青年时期，外祖父曾指导他学习。1789 年，他进入巴利亚多利德神学院，1795 年毕业，1799 年被任命为卡拉瓜罗神甫，直至 1810 年。1810 年 9 月，莫雷洛斯参加墨西哥独立运动领袖米格尔·伊达尔戈领导的起义军，并受伊达尔戈派遣带领 25 名战士前往墨西哥南部活动，同年 10 月 20 日，伊达尔戈任命他为墨西哥南部地区起义军领导人。他率领起义军夺占了阿卡普尔科港，切断了殖民当局同西班牙的联系。1811 年伊达尔戈英勇就义后，莫雷洛斯继续领导独立运动。1812 年 2 月，莫雷洛斯领导的起义军在莫雷洛斯州夸乌特拉镇被费利克斯·马里亚·卡列哈（Félix María Calleja）率领的殖民军包围。起义军英勇抵抗了 72 天，于 5 月 2 日胜利突围。此次战役过后，卡列哈被撤职。到 1813 年年中，莫雷洛斯领导的起义军已经占领了墨西哥南部的大部分地区和中部的一部分地区，给予殖民军沉重打击。同年 9 月至 11 月，莫雷洛斯在奇尔潘辛戈召开国民会议；11 月 6 日，宣布墨西哥为独立共和国。1814 年 10 月 22 日，通过了第一部墨西哥宪法。1815 年 11 月 5 日，莫雷洛斯在特马拉卡被曼努埃尔·德拉孔查（Mannuel de la Concha）上校指挥的殖民军俘获，同年 12 月 22 日在墨西哥州埃卡特佩克

(Ecatepec)英勇就义。人们怀念这位为墨西哥独立献身的英雄。

(3) 以阿连德为名

墨西哥科阿韦拉州城镇阿连德(Allende)之名是为纪念墨西哥独立运动英雄伊格纳西奥·何塞·德阿连德-温萨加(Ignacio José de Allende y Unzaga, 1769–1811)。阿连德青年时期曾是墨西哥殖民军队的上尉,但他同情独立运动。他受邀参加何塞·米格尔·多明戈斯和其妻在克雷塔罗城组织的商谈起义的会议,他在会上认识了米格尔·伊达尔戈和上尉胡安·阿尔达马。最初商定由阿连德和阿尔达马领导起义,由于叛徒告密,起义计划泄露。1810年9月16日,伊达尔戈敲响教堂大钟,揭开独立战争序幕。伊达尔戈率领起义军前往圣米格尔,与阿连德的人马汇合。伊达尔戈成为起义军统帅,阿连德成为伊达尔戈的副手,并被任命为中将。起义军一路高歌猛进,陆续占领塞拉亚、瓜纳华托、巴拉多利德等城。殖民当局悬赏1万比索索要伊达尔戈、阿连德和阿尔达马首级。伊达尔戈率领起义军直扑墨西哥城,歼灭敌军3000人。但是伊达尔戈未继续攻占墨西哥城,而是下令撤退,因而与阿连德产生分歧。11月,在阿库尔科战役中起义军受挫,阿连德与伊达尔戈分手,带领主力部队前往瓜纳华托,伊达尔戈率领小股部队撤回巴拉多利德。阿连德的军队被殖民军击败后撤到瓜达拉哈拉,与伊达尔戈汇合。殖民军占领瓜达拉哈拉后,起义军解除了伊达尔戈的统帅职务,由阿连德取而代之。3月21日,阿连德和伊达尔戈等人中计被擒,1811年7月26日,他们英勇就义。

阿连德是墨西哥的民族英雄,以他名字命名的市镇除上述阿韦拉州城镇阿连德外,还有瓜纳华托州城镇圣米格尔德阿连德(San Miguel de Allende)、奇瓦瓦州的阿连德谷镇(Valle de Allende)、墨西哥州圣何塞阿连德镇(San Jose Villa de Allende)、奇瓦瓦州阿连德谷镇(Valle de Allende)、哈利斯科州城镇塔尔帕德阿连德(Talpa de Allende)、伊达尔戈州城镇图拉德阿连德(Tula de Allende)等。

(4) 以其他英雄为名

奇瓦瓦州马塔莫罗斯镇(Villa Matamoros)全名为马里亚诺马塔莫罗斯(Mariano Matamoros),该城和普埃布拉州城镇伊苏卡尔德马塔莫罗斯

（Izúcar de Matamoros）、克雷塔罗州城镇兰达德马塔莫罗斯（Landa de Matamoros）之名都是为纪念墨西哥独立运动英雄马里亚诺·马塔莫罗斯－古里迪（Mariano Matamoros y Guridi，1770－1814）。奇瓦瓦州马塔莫罗斯镇原名圣伊西德罗德拉斯奎瓦斯（San Isidro de las Cuevas），1922年7月8日奇瓦瓦州议会下令改为现名。马里亚诺·马塔莫罗斯是一名自由派传教士，曾在何塞·马里亚·莫雷洛斯麾下为墨西哥独立而斗争。他战功卓著，1811年莫雷洛斯任命他为上校，1813年晋升为将军，1814年1月被俘，同年2月3日被杀害。1823年9月16日，他被誉英雄级为祖国功臣，其遗体被移往墨西哥城大教堂。

恰帕斯州城镇拉约恩（Rayón）原名圣巴托洛梅索利斯塔瓦坎（San Bartolomé Solistahuacan），1934年2月13日改为现名，以纪念墨西哥独立运动中的起义者伊格纳西奥·洛佩斯·拉约恩（Ignacio López Rayón，1773－1832），他曾任伊达尔戈的私人秘书，参加过多次战斗。

墨西哥州伊斯特拉瓦卡德拉约恩（Ixtlahuaca de Rayón）城名中的后一部分"德拉约恩"（de Rayón）是1861年11月14日墨西哥州议会颁布第45号令添加的，以纪念墨西哥独立运动英雄弗朗西斯科·洛佩斯·拉约恩（Francisco López Rayón，1782－1815）。他是伊格纳西奥·洛佩斯·拉约恩之弟，1810年参加伊达尔戈领导的墨西哥独立战争，1815年被俘后惨遭杀害。

新莱昂州城镇拉约内斯（Rayones）建于1852年，其名是为纪念墨西哥独立运动中的英雄拉约恩兄弟（Rayón）。

墨西哥恰帕斯州城镇阿尔达马（Aldama）之名是为纪念墨西哥独立战争中的英雄伊格纳西奥·阿尔达马（Ignacio Aldama，1769－1811）。他曾在家乡圣米格尔领导反对殖民统治的斗争，后被保皇军俘虏，1811年6月20日就义。

奇瓦瓦州城镇阿尔达马（Aldama）和伊达尔戈州城镇特松特佩克德阿尔达马（Tezontepec de Aldama）之名则是为纪念伊格纳西奥·阿尔达马的弟弟胡安·阿尔达马（Juan Aldama，1774－1811）。墨西哥独立运动之初，胡安·阿尔达马加入了伊达尔戈的起义军，参加了多次战斗，后不幸被俘，

1811年6月26日英勇就义。新莱昂州城镇洛斯阿尔达马斯（Los Aldamas）是姓氏阿尔达马的复数形式，是为纪念胡安·阿尔达马和伊格纳西奥·阿尔达马兄弟。

奇瓦瓦州城镇圣罗萨利亚德卡马戈（Santa Rosalía de Camargo）简称为卡马戈（Camargo）或卡马戈城（Ciudad Camargo），其名是为纪念墨西哥独立运动英雄伊格纳西奥·卡马戈（Ignacio Camargo，1772－1811）。他是起义军领导人之一伊格纳西奥的好友，加入起义军后参加过阿库尔科战役、拉斯克鲁塞斯战役、攻占瓜达拉哈拉等战役，后被俘，1811年5月10日被杀害。

奇瓦瓦州加莱亚纳（Galeana）建于1767年，当时名为拉普林塞萨军事要塞（Presidio Militar de la Princesa），西班牙语意为"公主的军事要塞"，因为那里是西班牙殖民军和游牧部落战斗的地方；后来改名为圣布埃纳文图拉要塞（Presidio de San Buenaventura）；1778年又改名为圣胡安内波穆塞诺（San Juan Nepomuceno）。1829年，奇瓦瓦州议会下令改为现名，以纪念墨西哥独立运动英雄埃梅内希尔多·加莱亚纳（Hermenegildo Galeana，1762－1814）。墨西哥独立运动爆发后，加莱亚纳加入伊达尔戈领导的起义军，成为莫雷洛斯的副手，参加过多次战斗。1814年6月27日，他被殖民军杀害。

新莱昂州卡德雷塔希门尼斯（Cadereyta Jiménez）之名是为纪念墨西哥独立运动英雄何塞·马里亚诺·希门尼斯（José Mariano Jiménez，1781－1811）。墨西哥独立运动开始后，希门尼斯参加了米格尔·伊达尔戈在1810年9月28日发动的武装起义。他战斗英勇，才能出众，同年10月晋升为上校。他曾受伊达尔戈之命赴墨西哥城劝降殖民当局，未果。1811年3月，他在科阿韦拉州阿卡蒂塔德巴汉被殖民军俘虏，后转押至奇瓦瓦州。同年6月26日，他与伊达尔戈等人一起被枪杀。

哈利斯科州阿瓦卢尔科德梅尔卡多（Ahualulco de Mercado）城名中的"德梅尔卡多"（de Mercado）是1846年12月19日添加的，为纪念墨西哥独立运动英雄何塞·马里亚·梅尔卡多（José María Mercado，1781－1811）。1810年11月1日，梅尔卡多经米格尔·伊达尔戈授权在阿瓦卢尔科宣布独立。他率领300名起义军占领特皮克，并于同年12月1日开进圣布拉斯。1811年1月31日，梅尔卡多不幸遇难。

哈利斯科州萨科阿尔科德托雷斯（Zacoalco de Torres）城名中的"德托雷斯"（de Torres）是后添加的，为纪念墨西哥独立运动英雄何塞·安东尼奥·托雷斯·门多萨（José Antonio Torres Mendoza, 1760 – 1812）将军。托雷斯是墨西哥独立战争起义军领袖之一，参加过多次战役，1810年在萨科阿尔科率军击败殖民军，并占领瓜达拉哈拉。1812年4月4日，他在图帕塔罗庄园被俘，5月23日被绞死。

新莱昂州城市洛斯埃雷拉斯（Los Herreras）之名是为纪念墨西哥独立运动时期圣贝尔纳韦战役中的英雄埃雷拉兄弟（Herrera）。

墨西哥州阿尔莫洛亚德阿尔基西拉斯（Almoloya de Alquisiras）城名中的"德阿尔基西拉斯"（de Alquisiras）是根据1869年4月13日墨西哥州议会法令添加的，以纪念墨西哥独立运动英雄佩德罗·阿森西奥·阿尔基西拉斯（Pedro Ascencio Alquisiras, 1778 – 1821）。他参加过墨西哥独立战争的许多战役，奉维森特·格雷罗（Vicente Guerrero）之命，在托卢卡至梅斯卡拉地区开展游击战争。1821年6月3日，他战死于米尔皮利亚斯（Milpillas）。

奇瓦瓦州圣克鲁斯德罗萨莱斯（Santa Cruz de Rosales）由方济各会传教士建于1714年，当时取名圣克鲁斯德塔帕科尔梅斯（Santa Cruz de Tapacolmes）。1831年7月12日，奇瓦瓦州议会将其改为现名，以纪念陆军少将维克托·罗萨莱斯（Víctor Rosales, 1776 – 1817）。罗萨莱斯青年时期学习法律，因对殖民当局不满被逐出大学，他回到家乡萨卡特卡斯经商。独立运动开始后，他加入伊格纳西奥·洛佩斯·拉约恩（Ignacio López Rayón）的起义军向北进军。拉约恩占领萨卡特卡斯后向米却肯进发，留下罗萨莱斯作为萨卡特卡斯驻军长官。1814年，他晋升为陆军少将，并被任命为萨卡特卡斯及米却肯起义军的总司令。1817年5月20日，他在米却肯的阿里奥战役中牺牲。1824年，墨西哥共和国议会宣布罗萨莱斯为英雄级祖国功臣。他的名字被用金字刻在墨西哥议会大楼的墙上。

墨西哥哈利斯科州拉戈斯德莫雷诺（Lagos de Moreno）之名是纪念墨西哥独立运动英雄佩德罗·莫雷诺（Pedro Moreno, 1775 – 1817）。佩德罗·

莫雷诺曾组织自己庄园的农民反抗西班牙殖民政权，弹尽粮绝后，他在撤退至埃尔贝纳迪托牧场时遭袭击而牺牲。

墨西哥科阿韦拉州阿瓦索洛（Abasolo）和瓜纳华托州城镇阿瓦索洛（Abasolo）之名是为纪念墨西哥独立运动英雄马里亚诺·阿瓦索洛（Mariano Abasolo，1783－1816）。1809年，阿瓦索洛参加巴利亚多利德（今莫雷利亚）反对殖民统治的秘密组织。该组织暴露后，他和伊格纳西奥·阿连德加入了格雷塔罗的秘密组织。他在经济上大力支持独立运动，曾捐赠4万金比索。1810年独立战争爆发后，他受伊达尔戈之命夺取了多洛雷斯军火库中的武器和军需品。在阿坎巴罗，他被任命为陆军元帅。1811年3月21日，他与伊达尔戈等人一起被西班牙军队俘虏，他被判无期徒刑，押往西班牙加的斯圣卡塔利娜城堡。1816年4月14日，阿瓦索洛死于牢中。

瓜纳华托州城镇科塔萨尔（Cortazar）是根据1857年10月21日瓜纳华托州议会决议重新命名的，以纪念曾于1821年3月16日在该城宣布墨西哥独立的军人路易斯·科塔萨尔－拉瓦戈（Luis Cortazar y Rábago，1797－1840）。

南下加利福尼亚州起义者城（Ciudad Insurgentes）建于1953年12月，当时起名为拉托瓦（La Toba），以纪念费尔南多·德拉托瓦（Fernando de la Toba）少尉，他是把墨西哥独立消息传到南下加利福尼亚州的第一人，后改为现名。

克雷塔罗州城镇科雷希多拉（Corregidora）之名是为纪念1810年墨西哥独立运动中的女英雄何塞法·奥尔蒂斯·德多明戈斯（Josefa Ortiz de Domínguez，1768－1829）。人们普遍称她为科雷希多拉（Corregidora），即"女地方法官"，实际上她从未担任过这个职务，而她的丈夫米格尔·多明戈斯（Miguel Domínguez）才真正担任过地方法官。

塔毛利帕斯州城镇比利亚格兰（Villagrán）之名是为纪念墨西哥独立运动英雄胡利安·费尔南德斯·比利亚格兰（Julián Fernández Villagrán）。

墨西哥州恰乌特拉德塔皮亚（Chiautla de Tapia）城名中的后一部分"德塔皮亚"（de Tapia）是为纪念墨西哥独立运动英雄马里亚诺·安东尼奥·塔皮亚（Mariano Antonio Tapia）。他曾任特拉帕格雷罗代理主教，后在起义军中担任过上校。

哈利斯科州塔马苏拉德戈迪亚诺（Tamazula de Gordiano）之名中的"德戈迪亚诺"（de Gordiano）是 1856 年后加入的，以纪念墨西哥独立运动英雄戈迪亚诺·古斯曼（Gordiano Guzmán, 1789 - 1854）。

2. 纪念拉美"解放者"玻利瓦尔、先驱米兰达和其他英雄的地名

（1）以玻利瓦尔为名

南美国家有许多纪念拉美独立运动著名领袖西蒙·玻利瓦尔（Simón Bolívar）的地名，特别是在委内瑞拉，以玻利瓦尔为名的地名不胜枚举，如玻利瓦尔州和首府玻利瓦尔城、安索阿特吉州市镇玻利瓦尔、阿拉瓜州市镇玻利瓦尔、巴里纳斯市镇玻利瓦尔、法尔孔州市镇玻利瓦尔、米兰达州市镇玻利瓦尔、莫纳加斯州市镇玻利瓦尔、苏克雷州市镇玻利瓦尔、塔奇拉州市镇玻利瓦尔、特鲁希略州市镇玻利瓦尔、亚拉圭州市镇玻利瓦尔、苏利亚州市镇西蒙玻利瓦尔、阿拉瓜州市镇利韦尔塔多尔（Libertador，解放者）等。玻利维亚的国名以及哥伦比亚玻利瓦尔省、考卡山谷省玻利瓦尔市、厄瓜多尔玻利瓦尔省、玻利瓦尔港和瓜亚斯省玻利瓦尔市，玻利维亚科恰班巴省玻利瓦尔县等也都以玻利瓦尔为名。

玻利瓦尔 1783 年 7 月 24 日出生于加拉加斯一个土生白人家庭。他的家庭拥有大片种植园和许多奴隶，但受到西班牙殖民者的歧视和压制。玻利瓦尔的父母早亡，外祖父为他请了西蒙·罗德里格斯（Simón Rodrígues）做家庭教师。罗德里格斯到过欧洲，曾目睹法国资产阶级革命的爆发。他经常向玻利瓦尔灌输卢梭的学说，使少年时期的玻利瓦尔深受法国启蒙思想的影响。从 1799 年开始，玻利瓦尔前往西班牙、法国等国求学，读过约翰·洛克、卢梭、伏尔泰和孟德斯鸠等哲学家的著作，法国启蒙运动的思想和理想深深地影响了他。1804 年 4 月，玻利瓦尔在老师罗德里格斯和好友费尔南多·托罗（Fernando Toro）的陪伴下，徒步到意大利旅行。在罗马郊外的萨克罗山顶上，玻利瓦尔当着老师和好友的面发出铮铮誓言："不砸碎以西班牙意志为名压迫我们的枷锁，我誓不罢休！"

1807 年玻利瓦尔回国后，马上投身于反对西班牙殖民统治的斗争中。他的乡间庄园和加拉加斯城内的住所成为共和派聚集的中心，他们在这里秘密策划反对西班牙殖民统治的活动。1810 年，玻利瓦尔成为委内瑞拉独立运动的领导人之一和重要将领。1811年,在米兰达领导下,玻利瓦尔率军攻克巴伦西亚。1811年6月底,国会召开会议讨论委内瑞拉完全独立的问题。会场外,玻利瓦尔带领爱国协会的青年聚集在一起,不断高呼要求独立的口号。7月4日,玻利瓦尔在爱国协会发表重要演说,坚决主张实现委内瑞拉的完全独立。在玻利瓦尔和爱国协会的推动下,1811年7月5日,国会宣布委内瑞拉完全独立。

委内瑞拉第一共和国成立后,新生的政权并未得到巩固。1812年7月,米兰达与西班牙殖民军头目蒙特韦德签订了投降协议,断送了第一共和国。第一共和国夭折后,玻利瓦尔前往新格拉纳达,加入了当地的军队。12月15日,他发表《致新格拉纳达公民》的公开信,即著名的《卡塔赫纳宣言》。他总结了委内瑞拉第一共和国覆亡的原因和教训,制定了推翻西班牙殖民统治的新战略。随后,玻利瓦尔主动攻击西班牙殖民军,攻城拔寨,取得了重要胜利,显示出他非凡的军事指挥才能。1813年5月,新格拉纳达联邦政府下令解放梅里达和特鲁西略两个城市。5月,玻利瓦尔率军攻克上述两个城市后,直接向加拉加斯进军。8月6日,加拉加斯获得解放。委内瑞拉第二共和国宣告成立。10月14日,加拉加斯市议会代表委内瑞拉第二共和国宣布玻利瓦尔为委内瑞拉军队总司令,并授予他"解放者"称号。1814年7月,西班牙殖民军进入加拉加斯,第二共和国被摧毁,玻利瓦尔被迫先后流亡至牙买加和海地。玻利瓦尔毫不气馁,积蓄力量继续进行斗争。他提出废除奴隶制、建立民主体制等进步主张,受到拉美人民的热烈拥护。在海地总统佩蒂翁支持下,他重新组织武装力量。1816年3月,玻利瓦尔率领200多名爱国志士返回委内瑞拉,他率军攻打加拉加斯,但因力量不足而失败。玻利瓦尔宣布废除奴隶制的法令和取消印第安人的人头税、没收西班牙王室财产等措施,赢得黑人、印第安人和社会各阶层的支持,爱国军队迅速扩大。

1818年10月,第三共和国在安格斯图拉宣告成立。玻利瓦尔当选为总统和统帅。为使整个拉丁美洲从西班牙殖民统治的桎梏下解放出来,1819年5月,玻利瓦尔率领一支2500人的队伍向安第斯山进军。他们穿过陨石森林,翻越崇山峻岭,抵达新格兰纳达高原谷地,突袭西班牙殖民军,大获全胜。玻利瓦尔乘胜追击，占领波哥大，解放了哥伦比亚地区。接着回师委内瑞拉，解放全国。随后，进军厄瓜多尔，占领基多，解放了厄瓜多尔。同年12月，新格兰纳达、委内瑞拉和厄瓜多尔组成的"大哥伦比亚共和国"宣告成立，玻利瓦尔当选为总统。1824年，他率领爱国军队解放秘鲁和玻利维亚。1830年，大哥伦比亚共和国解体，玻利瓦尔辞职。同年12月17日，玻利瓦尔因肺结核病逝。

玻利瓦尔为拉美独立运动立下汗马功劳，受到委内瑞拉和拉美人民的尊崇和爱戴。为了纪念这位功勋卓著的英勇斗士，1846年，安格斯图拉改名为玻利瓦尔城。根据1901年宪法，瓜亚那州改名为玻利瓦尔州。根据1999年12月30日生效的宪法，委内瑞拉将国名改为"委内瑞拉玻利瓦尔共和国"。

（2）以米兰达为名

委内瑞拉以米兰达（Miranda，是西班牙巴斯克人的一个姓氏，意为"小蕨"）为名的地方也非常多，如米兰达州、卡拉沃沃州市镇米兰达、法尔孔州市镇米兰达、瓜里科州市镇米兰达、特鲁希略州市镇米兰达和塔奇拉州市镇弗朗西斯科德米兰达（Francisco de Miranda）等。这些地名都是为纪念拉美和委内瑞拉独立运动的先驱弗朗西斯科·德米兰达（Francisco de Miranda）。

米兰达1750年3月28日出生在加拉加斯一个富商家庭。他在中学和大学求学期间，就以博闻强记、成绩优异而闻名。为了摆脱土生白人受歧视的地位，1771年1月，米兰达中途辍学，前往西班牙从军。米兰达虽然身在西班牙皇家军队，但内心却十分痛恨西班牙腐朽的专制制度。在服役期间，他大量阅读欧洲启蒙主义者的重要著作，为以后从事解放斗争奠定了思想基础。1780年7月，米兰达随西班牙的北美远征军开赴古巴。因受西班牙王室迫害，第二年他离开古巴前往美国。美国独立战争期间，他曾率军与华盛顿领导的美国军队并肩作战。1781年，米兰达协助法国海军上将格罗斯伯爵率领的舰队奇袭切萨皮克湾，一举击溃英国舰队，在美国独立战争中发挥了重要作用。回到西班牙后，他痛恨西班牙的专制制度与殖民统治，并积极准备投身拉丁美洲的解放运动，因而受到保皇势力的迫害。面对邪恶势力，他毅然辞去了西班牙军职，公开宣布与西班牙反动政权彻底决裂。为争取欧洲国家对美洲解放运动的支持，他从1785年8月开始进行了长达近4年的欧洲旅行。米兰达的欧洲之行虽然没有获得具体的支持，但使他开阔了眼界，了解了各国的情况，坚定了解放拉丁美洲的决心。1789年7月，法国资产阶级革命爆发。1792年3月，米兰达离开伦敦前往法国，加入了法国军队，亲赴前线投入保卫法国革命的战斗。为了表彰米兰达对法兰西共和国做出的杰出贡献，法国人民把他的名字刻在巴黎凯旋门的纪念碑上。1798年1月，米兰达来到英国，多次要求英国支持他解放美洲的计划，但遭到英国政府的拒绝。于是，米兰达决定去美国发展。

米兰达在法国居留期间，他的巴黎住所成为有志于美洲解放人士聚会的中心，许多爱国志士受到他的影响。1801年，米兰达再到英国，在那里制订了解放美洲的计划，并与南美爱国人士保持联系，互通情报，互相鼓舞。1805年11月，米兰达抵美国，开始在纽约招募志愿军，购买船只，紧张地进行远征南美洲的准备工作。1806年2月2日，米兰达率领260名志愿军乘"利安德"号军舰，驶向海地的雅克梅尔港。在该港停留期间，米兰达补充了一些新兵，租用"比"号和"巴克斯"号多桅帆船，组成了远征舰队。3月28日，米兰达率领的远征舰队奔赴委内瑞拉。4月27日，远征船队靠近奥库马雷海岸，向西班牙殖民者发动了进攻，打响了西属美洲独立战争的第一枪。在西班牙军舰强大炮火的攻击下，米兰达的第一次远征遭到失败。

1806年7月25日，米兰达率300多名志愿军第二次远征委内瑞拉。8月3日，米兰达率领远征军在拉维拉海滩强行登陆。他们迅速击溃了守卫海岸的殖民军，占领了要塞。米兰达在自己祖国的土地上第一次升起了红蓝白三色国旗。次日，攻占科罗城，建立起临时权力机构。殖民当局在城市外围重新集结军队，马拉开波、加拉加斯等地的殖民军也赶来支援。在严重缺粮缺水的情况下，起义军被迫撤退，米兰达第二次远征委内瑞拉又以失败告终。

米兰达的两次远征虽遭失败，但解放西属美洲的问题却引起了世界的关注，而且激起了拉丁美洲人民的共鸣，为拉美的解放起到了先锋作用。

1807年11月，米兰达前往英国，把主要精力用于鼓励拉美人民进行反对殖民统治的宣传工作上，并继续争取英国支持他解放南美洲的计划。1810年4月，委内瑞拉人民推翻西班牙的殖民统治，成立了新生的革命政权——执政委员会。1810年12月10日，米兰达受玻利瓦尔之邀返回委内瑞拉，被执政委员会授予中将军衔。1812年，西班牙殖民军向共和国大举进攻，加拉加斯告急。6月，米兰达率军同殖民军展开大战，爱国军大获全胜。但米兰达坚持消极防御的战略，把部队撤回兵营，失去了扭转战局的最后时机。7月，得到增援的殖民军重新发起进攻，在内忧外患的严重形势下，米兰达丧失了斗志。7月25日，米兰达与殖民军签订投降协议，宣告了委内瑞拉第一共和国的灭亡。7月31日，米兰达落入殖民军手中。1814年年末，米兰达被转往西班牙的加的斯，并被囚禁在四塔堡垒中。阴暗潮湿的地牢、狱卒的折磨、非人的待遇和精神上的痛苦摧垮了米兰达。7月14日，拉丁美洲独立运动的"先驱"米兰达与世长辞。米兰达为委内瑞拉和拉丁美洲的解放战斗了一生，拉美人民尊敬他，把他誉为拉美解放的"先驱"。1889年12月23日，委内瑞拉为纪念弗朗西斯科·德米兰达大元帅，以其姓氏命名委内瑞拉北方的一个州。

（3）以苏克雷为名

"Sucre"是西班牙卡塔卢尼亚人的一个姓氏，来自拉丁文"Sucarus"，意为"好心的""可亲的"。在委内瑞拉、玻利维亚和哥伦比亚等国，以苏克雷命名的地名很多，如委内瑞拉苏克雷州（Sucre）及市镇苏克雷、米兰达州市镇苏克雷、波图格萨州市镇苏克雷、特鲁希略州市镇苏克雷，玻利维亚法定首都苏克雷、丘基萨卡省奥罗佩萨县首府苏克雷，哥伦比亚苏克雷省、考卡省苏克雷市以及秘鲁阿亚库乔区苏克雷县等，这些名字都是为纪念南美独立战争的英雄安东尼奥·何塞·德苏克雷（Antonio José de Sucre）。苏克雷1795年生于委内瑞拉库马纳，1811年参加南美独立运动，成为玻利瓦尔的部下。在1822年皮钦查战役中，他率军战胜西班牙殖民军。1824年，他率军取得沪宁战役和阿亚库乔战役大捷，被玻利瓦尔授予"阿亚库乔大元帅"。翌年解放上秘鲁，成立玻利瓦尔共和国，并任总统。1828年，他辞职后返回大哥伦比亚。1830年年初，他任大哥伦比亚议会主席。

同年6月4日,他在前往基多途中在塞尔瓦德贝卢埃科斯被暗杀。

(4) 以拉腊为名

拉腊 (Lara) 是巴斯克语中的一个姓氏,意为"蕨"或"多蕨之地"。委内瑞拉拉腊州的名字于1881年开始使用,是为纪念委内瑞拉独立运动中的著名将领哈辛托·拉腊 (Jacinto Lara) 将军。拉腊1778年生于拉腊州卡罗拉。1810年,他加入争取委内瑞拉独立的爱国部队,积极参加米兰达和玻利瓦尔领导的独立运动,在多次战役中战功显赫,特别是在阿拉乌雷战役和卡拉沃沃战役中。1816年,他升任中校,玻利瓦尔任命他为仪仗队队长;1817年,他获上校军衔;1818年,他在卡拉博索战役中协同玻利瓦尔击溃巴勃罗·莫里略 (Pablo Morillo) 率领的殖民军;1819年,他担任爱国军副总参谋长,后升任总参谋长;1822年,他转战秘鲁并被任命为准将;1824年,参加苏克雷领导的沪宁战役;1824年,参加阿亚库乔战役,成为战斗英雄,后晋升为少将。1843~1847年,拉腊任巴基西梅托省省长,1859年,他在巴基西梅托去世,1911年7月24日,他的遗体被葬入委内瑞拉伟人祠。

(5) 以莫纳加斯为名

莫纳加斯 (Monagas) 的姓氏源于拉丁语"monicus"或"monachus",意为"修道士""隐士"。1909年委内瑞拉马图林州从巴塞罗那州分离出来时,取名为莫纳加斯州,以纪念委内瑞拉独立运动中的知名人物,即当过委内瑞拉总统的何塞·塔德奥·莫纳加斯 (José Tadeo Monagas, 1784 - 1868) 和何塞·格雷戈里奥·莫纳加斯 (José Gregorio Monagas, 1795 - 1858) 兄弟。塔德奥·莫纳加斯1847~1851年和1855~1858年两次任总统。格雷戈里奥·莫纳加斯1851~1855年任总统。

(6) 以安索阿特吉为名

委内瑞拉安索阿特吉州 (Anzoátegui) 的名字是1909年8月4日为纪念独立运动中的爱国军将领何塞·安东尼奥·安索阿特吉 (José Antonio Anzoátegui) 而取。安索阿特吉1789年11月14日生于安索阿特吉首府巴塞罗那,1819年11月15日去世于潘普洛纳。1810年,他参加拉美独立运动,在阿拉乌雷战役和卡拉沃沃战役中表现出色。因在1817年4月圣菲利佩战役和 1819 年 8 月博亚卡战役中英勇杀敌，他被晋升为少将。安索阿特吉是来自巴斯克人的一个姓氏，意为"萨乌科之地"。萨乌科是一种结发黑果实的灌木，其果实有药用价值。

3. 纪念阿根廷国父圣马丁和其他名人的地名

（1）以圣马丁为名

拉美民族英雄何塞·德圣马丁（José de San Martín）被尊为阿根廷和智利以及秘鲁的国父，阿根廷、智利和秘鲁的许多地名以他的名字命名。

阿根廷门多萨省的圣马丁市最初名叫拉雷杜克西翁（La Reducción）和罗德奥德莫亚诺（Rodeo de Moyano）。罗德奥德莫亚诺是以住在这里的第一个西班牙人的名字命名。后来建城时取名为"Villa de los Barriales"，西班牙语意为"泥塘镇"，因为该地区地处门多萨河与图努扬河交汇处，河水经常泛滥，土地常常一片泥泞。1823 年改名为新圣马丁镇（Villa Nueva de San Martín），以纪念阿根廷国父圣马丁。他曾在此购买土地，并训练安第斯山军，促进了城市的发展。后来，该城简称为圣马丁。以圣马丁为名的阿根廷地名还有圣菲省的圣马丁县、克连特斯省的圣马丁县、圣胡安省的圣马丁县、圣地亚哥德尔埃斯特罗省的圣马丁县、米西奥内斯省的解放者圣马丁将军县、圣路易斯省的解放者圣马丁将军县、查科省的解放者圣马丁将军县和巴塔哥尼亚高原的圣马丁湖（与智利共有，在智利该湖被称为奥希金斯湖）等。秘鲁等国也有纪念圣马丁的地名，如秘鲁北部的圣马丁区圣马丁县，哥伦比亚塞萨尔省城镇圣马丁等。

圣马丁是阿根廷民族英雄和南美独立运动领导人，他 1778 年生于阿根廷拉普拉塔亚佩尤的一个土生白人家庭。青年时期就读于马德里。1789 年，他加入西班牙军队，后参加当地的秘密革命团体"劳塔罗"。1810 年，拉普拉塔发生"5 月革命"，开始了独立战争。1812 年年初，圣马丁返回祖国投身于独立战争。1813 年年底，他被任命为北方军司令，1814 年，他任库约省省长，并建立了"安第斯军"。1817 年 1 月，圣马丁和奥希金斯率安第斯军翻越安第斯山，同年 2 月 14 日，解放圣地亚哥。1818 年 2 月 12 日，智利宣告独立。同年 4 月 5 日，圣马丁率军在迈普战役中击败西班牙殖民军，巩固了智利的独立。1820 年，圣马丁率军从海上进军秘鲁，秘鲁宣告独立，圣马丁被推举为秘鲁"护国公"。1822年7月，圣马丁在瓜亚基尔会见玻利瓦尔，之后返回秘鲁。9月辞去秘鲁"护国公"之职，1824年4月，他到法国隐居，1850年8月17日逝世，享年72岁。

（2）以贝尔格拉诺为名

阿根廷查科省贝尔格拉诺将军县（General Belgrano）之名是为纪念阿根廷独立运动领导人之一、阿根廷国旗设计者曼努埃尔·贝尔格拉诺（Manuel Belgrano）。贝尔格拉诺1770年6月3日生于布宜诺斯艾利斯，青年时期曾在西班牙萨拉曼卡大学和巴利亚多利德大学学习。1793年，他成为一名律师，1794年，他担任政府首任秘书。他创建了绘画、数学和航海学校。1806年英军入侵期间，贝尔格拉诺参军保卫布宜诺斯艾利斯。他积极参加争取独立的"5月革命"，并受命进军巴拉圭。1812年2月27日，他设计出阿根廷国旗。他率领爱国军队在北方与殖民军浴血奋战，在图库曼、萨尔塔等地多次取得胜利。为此，制宪大会奖给他4万金比索，但他把钱全部捐出，准备在塔里哈、胡胡伊、图库曼和圣地亚哥德尔埃斯特罗建立学校，可惜钱被当时的三人委员会和后来的政府挪作他用。1816年，他参加图库曼制宪大会，1820年6月20日，贝尔格拉诺因病去世。以贝尔格拉诺为名的地方还有拉里奥哈省贝尔格拉诺将军县、米西奥内斯省曼努埃尔贝尔格拉诺将军县（General Manuel Belgrano）、圣路易斯省贝尔格拉诺县（Belgrano）、圣菲省贝尔格拉诺县、圣地亚哥德尔埃斯特罗省贝尔格拉诺县等。

（3）以萨韦德拉为名

玻利维亚波托西省科尔内利奥萨韦德拉县（Cornelio Saavedra）是以阿根廷首届洪他（委员会）主席科尔内利奥·茹达斯·塔德奥·德萨韦德拉－罗德里格斯（Cornelio Judas Tadeo de Saavedra y Rodríguez，1759 - 1829）的名字命名的，他在1810年5月25日至12月18日任洪他主席。他出生在玻利维亚波托西的奥图约（Otuyo），曾积极参加争取阿根廷独立的"5月革命"。

4. 纪念智利国父奥希金斯和乌拉圭国父阿蒂加斯的地名

（1）以奥希金斯为名

智利一些地名以其国父奥希金斯将军（详见智利第六大区——解放者

贝纳尔多奥希金斯将军区）为名，如智利第十一大区——卡洛斯伊瓦涅斯德尔坎波将军的艾森区城镇奥希金斯城（Villa O'Higgins）和巴塔哥尼亚高原的奥希金斯湖（Lago O'Higgins）。奥希金斯湖是智利与阿根廷共有湖泊，面积为1013平方公里，最深处为836米，其深度在全世界排名第五。该湖横跨智利与阿根廷两国的国界线，在智利境内被称作奥希金斯湖，在阿根廷境内被称作圣马丁湖（Lago San Martín）。两国人民以这样的方式分别纪念各自的国父和民族英雄奥希金斯和圣马丁，两个名字都得到国际承认。阿根廷查科省还有一个名叫奥希金斯（O'Higgins）的县。

（2）以阿蒂加斯和其他人为名

乌拉圭阿蒂加斯省和首府阿蒂加斯是为纪念该国民族英雄何塞·赫瓦西奥·阿蒂加斯（José Gervasio Artigas，1764－1850）。阿蒂加斯是乌拉圭独立运动的领袖。1807年，他曾参加抵抗英军入侵蒙得维的亚的战争。1811年，他参加拉普拉塔地区独立运动，任乌拉圭起义军司令。同年4月，他返回乌拉圭，领导独立战争。5月，他率军在拉斯彼德拉斯击败西班牙殖民军。1815年，阿蒂加斯率军攻占蒙得维的亚，成立了议会和政府，他宣布自己为"自由人民的保护者"。1816年，葡萄牙军队从巴西入侵乌拉圭，翌年1月占领蒙特维的亚。阿蒂加斯坚持了3年的斗争，1820年1月，他被迫流亡到巴拉圭。1850年9月23日，他病逝于巴拉圭。1855年，他的遗体被运回蒙得维的亚安葬。他被尊为"乌拉圭国父"。

弗洛雷斯省城镇安德雷西托（Andresito）是19世纪30年代弗洛雷斯省省长阿尔弗雷多·普伊赫（Alfredo J. Puig）所建，以乌拉圭独立运动领袖何塞·赫瓦西奥·阿蒂加斯的印第安部将之名命名，此人也被称为安德烈斯·塔夸里（Andrés Tacuarí）或安德烈斯·阿蒂加斯（Andrés Artigas）。

5. 纪念哥伦比亚独立运动英雄人物的地名

1536年哥伦比亚沦为西班牙殖民地后，哥伦比亚人民一直为争取独立和解放而斗争。1810年7月20日，哥伦比亚宣布脱离西班牙独立，但被镇压，哥伦比亚人民继续进行斗争。1819年，南美"解放者"玻利瓦尔领导的起义军在波亚卡战役中获胜后，哥伦比亚最终获得独立。在国家争取摆脱殖民统治的斗争中，涌现出许多民族英雄和斗士。独立后，许多城镇以这些英雄和斗士的名字为名，以永久缅怀他们的丰功伟绩。

哥伦比亚北桑坦德省（Norte de Santander）与桑坦德省以桑坦德命名。弗朗西斯科·保拉·德桑坦德（Francisco de Paula Santander，1792－1840）是哥伦比亚独立运动领袖。他于1810年加入反对西班牙殖民统治的起义军，1818年他晋升为少将，成为西蒙·玻利瓦尔的得力助手，翌年晋升为中将。同年12月哥伦比亚共和国成立后他担任副总统。1828年，他被指控参与谋杀玻利瓦尔而被流放，先后流亡欧美。1830年大哥伦比亚共和国瓦解后，他于1832年当选为新格拉纳达共和国总统，1837年任总统期满后他成为参议员。

纳里尼奥省（Nariño）之名是为纪念哥伦比亚独立运动的先驱安东尼奥·纳里尼奥（Antonio Nariño，1785－1823）。纳里尼奥是第一批参加反对西班牙殖民统治的哥伦比亚革命者之一。1795年，他因翻译和传播"人权宣言"而入狱，后逃往法国和英国。1797年，他返回新格拉纳达继续斗争，再次被捕，被关押在卡塔赫纳，后被革命者救出后返回波哥大，1811年9月，他成为昆迪纳马卡省省长。后被保皇军逮捕，在加的斯被关押4年，1820年，他被西班牙革命者释放。纳里尼奥返回新格拉纳达，1821年，在西蒙·玻利瓦尔支持下，他成为大哥伦比亚国共和国副总统，2个月后辞职。

阿夫雷戈（Abrego）为北桑坦德省城镇，其名是为纪念哥伦比亚独立运动女英雄梅塞德斯·阿夫列戈（Mercedes Abrego，1770－1813）。她曾为西蒙·玻利瓦尔缝制准将服。1813年，殖民当局当着她两个孩子的面将她处死。

科尔多瓦省（Córdoba）之名是为纪念哥伦比亚独立运动英雄何塞·马里亚·科尔多瓦·穆尼奥斯（José María Córdoba Muñoz 1799－1829）。科尔多瓦曾就读于麦德林军事工程学院。1815年，他参加帕洛河战役，在委内瑞拉成为何塞·安东尼奥·派斯（José Antonio Páez）的部将。之后他投奔西蒙·玻利瓦尔。1819年8月，发起潘塔诺·德瓦加斯与博亚卡战役，玻利瓦尔任命他为安蒂奥基亚省省长，他指挥了安蒂奥基亚的卡萨多雷斯战役。1820年2月，在乔罗斯·布兰科斯战役中他率军击败企图占领波哥大的西班牙上校弗朗西斯科·瓦尔莱塔（Francisco Warleta）。1822年，科尔多瓦负责与驻扎在厄瓜多尔的苏克雷军队联合，他参加的皮钦查战役获得大胜，这也使哥伦比亚获得独立。科尔多瓦又参加了苏克雷领导的阿亚库乔战役，在战胜西班牙殖民军首领何塞·德拉塞尔纳（José de la Serna）的战斗中起了关键作用。1829年10月17日，科尔多瓦在安蒂奥基亚省埃尔桑图阿里奥被谋杀。为了纪念他，哥伦比亚北方的一个省以他的名字命名。

托利马省城镇阿梅罗（Armero）建于1895年，最初名叫圣洛伦索（san Lorenzo），1930年改为现名，以纪念哥伦比亚独立运动先驱何塞·莱昂·阿梅罗（José León Armero，1775－1816）。1810年，他当选为昆迪纳马卡共和国第一届议会议员，1812年8月，被任命为马里基塔省临时副省长。1814年12月，马里基塔省脱离西班牙完全独立并成立共和国，他被任命为总统。1816年11月1日，阿梅罗被埃韦尔尼奥·穆利略（Ebernio Murillo）枪杀。

乌伊拉省城市特略（Tello）由胡安·何塞·梅萨（Juan Jose Mesa）建于1811年，当时取名拉乌尼翁（la Unión）。1936年改名为特略，以纪念独立运动先驱何塞·马里亚·特略·萨拉斯（Jose Maria Tello Salas）上校。

梅塔省首府比亚维森西奥（Villavicencio）建于1840年。1850年10月21日，波哥大省议会下令将该城改为现名，以纪念哥伦比亚独立运动先驱安东尼奥·比亚维森西奥－贝拉斯特吉（Antonio Villavicencio y Verástegui，1775－1816）。比亚维森西奥生于基多，他积极参加争取哥伦比亚独立的斗争，1815年8月15日至11月15日曾在哥伦比亚执政。1816年6月6日，他被保皇军队杀害。

里萨拉尔达省首府佩雷拉（Pereira）1869年改为现名，当时卡塔戈市政会命名该城为佩雷拉镇（Villa de Pereira），以纪念弗朗西斯科·佩雷拉·马丁内斯博士（Francisco Pereira Martínez，1783－1863）。佩雷拉是位律师，他积极支持西蒙·玻利瓦尔领导的独立运动。玻利瓦尔的爱国军队在卡奇里战役中失败后，佩雷拉与弟弟曼努埃尔逃亡到该地区。他想在该地区建立一座城市，但未来得及实现就去世了，在他死后第六天，他的朋友雷米希奥·安东尼奥·卡尼亚尔特（Remigio Antonio Cañarte）开始在此建城，并以他的名字为该城命名。

6. 纪念玻利维亚和巴拉圭独立运动英雄人物的地名

（1）玻利维亚

1538 年玻利维亚沦为西班牙殖民地后，玻利维亚人民为了赢得独立，一直在与殖民当局展开英勇斗争，涌现出许多英雄人物。为了缅怀争取国家独立中的英雄，玻利维亚有不少地方以英雄的名字来命名。

玻利维亚圣克鲁斯省圣瓦尔内斯县首府瓦尔内斯（Warnes）之名是为纪念独立战争英雄、阿根廷人伊格纳西奥·瓦尔内斯（Ignacio Warnes，1770-1816）上校。瓦尔内斯生于布宜诺斯艾利斯，青年时从军。1810 年参加"5 月革命"，投身爱国军队，后参加贝尔格拉诺指挥的北方军，晋升为中校，并被任命为步兵第六团团长。1813 年，贝尔格拉诺派他领兵解放了圣克鲁斯德拉谢拉，同时他晋升为上校。1816 年 11 月 21 日，瓦尔内斯在同弗朗西斯科·哈维尔·阿吉莱拉（Francisco Javier Aguilera）率领的保皇军作战中不幸中弹身亡。

蒙特罗（Montero）是圣克鲁斯省桑蒂斯特万县首府。根据 1912 年 12 月 4 日法令，取名蒙特罗以纪念马塞利亚诺·蒙特罗（Marceliano Montero）上校。蒙特罗青年时期加入伊格纳西奥·瓦尔内斯的军队，1816 年首次参加战斗。后来他前往阿根廷北方，在圣马丁指挥下参加了迈普和查卡布科战役，还参加了玻利瓦尔和苏克雷指挥的沪宁战役及阿亚库乔战役。在因加维战役（Batalla de Ingavi）中他率军击溃了奥古斯丁·加马拉（Agustín Gamarra）率领的秘鲁军队，他因此被誉为国家英雄。

拉巴斯省佩德罗多明戈穆里略县（Pedro Domingo Murillo）设立于 1838 年 1 月 8 日，当时取名为塞尔卡多（Cercado）。1912 年 10 月 17 日改为现名，以纪念 5 月革命的领导人佩德罗·多明戈·穆里略（Pedro Domingo Murillo）。

奥鲁罗省爱德华多阿瓦罗亚县（Eduardo Abaroa）设立于 1903 年 10 月 16 日，其名是为纪念太平洋战争中的玻利维亚英雄爱德华多·阿瓦罗亚（Eduardo Abaroa 1838-1879）。他原是一名商人，战争期间志愿入伍，在指挥托帕特尔战役中英勇牺牲。他被认为是在太平洋战争中起到最重要作用的玻利维亚英雄之一。

丘基萨卡省阿苏尔杜伊县（Azurduy）的全名为胡安娜阿苏尔杜伊德帕迪利亚县（Juana Azurduy de Padilla）。其名是为纪念19世纪玻利维亚女英雄胡安娜·阿苏尔杜伊·德帕迪利亚（Juana Azurduy de Padilla，1781 – 1862），她和其夫曼努埃尔·阿森西奥·帕迪利亚（Manuel Asencio Padilla，1773 – 1816）一起进行过反对西班牙殖民统治的斗争。

丘基萨卡省海梅德苏达涅斯县（Jaime de Zudáñez）之名是为纪念拉美独立运动中丘基萨卡地区的革命领导人之一海梅·德苏达涅斯（Jaime de Zudáñez，1772 – 1832）。

丘基萨卡省托米纳县（Tomina）首府帕迪利亚（Padilla）建于1583年6月23日，取名为圣米格尔德拉拉古纳（San Miguel de la Laguna）。1584年1月14日被奇里瓜诺人摧毁。1586年6月24日由梅尔乔尔·德罗达斯（Melchor de Rodas）重建，取名圣胡安德罗达斯（San Juan de Rodas）。1827年改为现名，以纪念玻利维亚独立运动先驱曼努埃尔·阿森西奥·帕迪利亚（Manuel Ascencio Padilla）。

丘基萨卡省埃尔南多·西莱斯县（Hernando Siles）首府蒙特阿古多（Monteagudo）之名是为纪念1809年5月25日丘基萨卡革命领导人之一贝尔纳多·德蒙特阿古多·卡塞雷斯（Bernardo de Monteagudo Cáceres，1789 – 1825）。

丘基萨卡省诺尔辛蒂县（Nor Cinti）首府卡马尔戈（Camargo）曾被称为帕斯帕亚（Pazpaya）和圣地亚哥镇（Villa Santiago）。现名卡马尔戈是为纪念玻利维亚英雄何塞·维森特·卡马尔戈（José Vicente Camargo，1785 – 1816）。卡马尔戈是印第安艾马拉族酋长。1814～1816年，他曾在诺尔辛蒂、塔卡基拉、帕尔卡格兰德等地区进行反对西班牙殖民统治的斗争。1816年4月3日，他和其他爱国者一起被殖民当局处死。1827年1月3日，苏克雷元帅宣布该城改名为卡马尔戈，以纪念为争取国家独立而英勇牺牲的英雄何塞·维森特·卡马尔戈。

波托西省何塞阿隆索德伊瓦涅斯县（José Alonso de Ibáñez）之名是为纪念1617年玻利维亚人民反抗西班牙殖民统治斗争中的英雄何塞·阿隆索·德伊瓦涅斯（José Alonso de Ibáñez）。

(2) 巴拉圭

巴拉圭从1537年沦为西班牙殖民地，到1811年赢得独立，经历了近300年的殖民时间。在反抗西班牙的野蛮统治、争取民族独立的斗争中，涌现出许多可歌可泣的英雄人物。巴拉圭独立后，人们没有忘记那些为国家独立浴血奋斗过的英雄人物，以他们的名字命名一些城镇，以永远缅怀他们的丰功伟绩。

伊塔普阿省城镇何塞费利克斯博加多上校城（Coronel José Félix Bogado）是根据1913年12月19日总统法令建立的，并以南美独立运动英雄何塞·费利克斯·博加多（Coronel José Félix Bogado，1777－1829）上校的名字命名。博加多1777年生于巴拉圭比亚里卡，青年时期加入圣马丁军队，随军翻越安第斯山解放智利，后远征秘鲁，参加了胡宁、阿亚库乔等战役。因战绩卓著，玻利瓦尔晋升他为骑兵上校。1829年11月21日，他因患上肺炎去世。

中央省城镇费尔南多德拉莫拉（Fernando de la Mora）旧称萨瓦拉奎（Zavala Cué），旧名源于这个地区当时有大片土地属于一个姓氏为"Zavala"的人。现名是为纪念巴拉圭独立运动的重要人物费尔南多·德拉莫拉（Fernando de la Mora，1785－1820）。1806~1807年，他在抵抗英军入侵拉普拉塔总督区时发挥了重要作用。他曾被选为富尔亨西奥·耶格罗斯（Fulgencio Yegros）领导的执政委员会秘书。1820年，德拉莫拉被何塞·加斯帕尔·罗德里格斯·德弗朗西亚政府逮捕，后来他死于狱中。

卡萨帕省城镇富尔亨西奥耶格罗斯（Fulgencio Yegros）之名是为纪念巴拉圭独立运动中的名人富尔亨西奥·耶格罗斯（Fulgencio Yegros，1780－1821）。耶格罗斯青年时代从军，曾参加1806~1807年反对英国侵略的斗争和争取巴拉圭独立的斗争。1810年，他晋升为上尉，后担任米西奥内斯省省长。1811年，他带兵前往亚松森参加巴拉圭革命。同年5月14日巴拉圭宣布独立后，他领导由5人组成的执政委员会，同年9月开始与何塞·加斯帕尔·弗朗西亚（José Gaspar Rodríguez de Francia）轮流执政。1814年5月，弗朗西亚成为巴拉圭独裁统治者。1820年，耶格罗斯因参加反对弗朗西亚独裁统治的斗争而被捕，1821年7月17日，他被弗朗西亚杀害。

瓜伊拉省城镇毛里西奥何塞特罗切上尉城（Capitán Mauricio José Troche）之名是为纪念巴拉圭独立运动的先驱毛里西奥·何塞·特罗切（Mauricio José Troche）。

（五）纪念独立后重要历史人物的地名

19世纪20年代以后，拉美国家纷纷摆脱西班牙的殖民统治获得独立。这些国家独立后，出现过许多捍卫民族独立、为维护国家主权进行斗争和积极从事改革的著名人物。拉美一些国家用这些为国家和人民事业做出过重要贡献的人物姓氏为地名，以表彰他们的功勋，缅怀他们的业绩，这些地名也反映了历史、社会发展的轨迹。

1. 纪念总统的地名

（1）纪念墨西哥总统的地名

被誉为"墨西哥自由之父"的改革家华雷斯的身高虽仅1.35米，却是墨西哥人人敬仰的民族英雄。在1858年至1872年间，他曾5次出任墨西哥总统。他制定了墨西哥1857年宪法和1859年的改革法，宣布没收教会财产，实行政教分离，改善印第安人的地位和生活，并在其任总统期间全力实行这些措施。他领导墨西哥人民击退英、法、西三国联军的武装干涉，并粉碎了法国在墨西哥建立的傀儡帝国。

华雷斯1806年出生在瓦哈卡城附近的圣普韦布洛格拉塔奥村一个印第安农民家庭。他3岁时父母双亡，成为孤儿，舅父收养了他。因家境贫寒，他小时当过牧童和学徒，了解社会底层人民的疾苦。1829年，他进入瓦哈卡科学和艺术学院学习，专攻法律与政治。求学期间他深受欧美自由民主思想的影响。毕业后华雷斯成为一名律师，经常为印第安人的合法权益出庭辩护。后来他担任了瓦哈卡州州长，推行了不少维护印第安人利益的措施。1846年美国与墨西哥战争爆发，他领导当地人民进行了抗击美国侵略的斗争。

在19世纪50~60年代墨西哥著名的"革新运动"中，华雷斯成为领导这场资产阶级革命的自由派领袖，他为反对封建势力、建立和巩固民主共和制度进行了长期不懈的斗争。1853 年，因受保守派独裁政府的迫害，他被迫流亡美国，并在美国积极组织武装起义。1854 年国内自由派发动起义后，他立即回国投入斗争。他曾领导制定墨西哥 1857 年宪法和 1859 年的改革法，宣布没收教会财产，实行政教分离，并采取了分配土地、改善印第安人地位和生活等一系列进步措施。为保卫新宪法，他坚决采取行动，严厉镇压反动的教会势力。

1861 年，华雷斯领导人民胜利地结束内战，回到墨西哥城，并当选为总统。为扼杀新生政权，英国、法国、西班牙三国结成新的"神圣同盟"，以保护欧洲国家在墨西哥的经济利益为借口，对墨西哥进行赤裸裸的武装干涉，妄图阻挠墨西哥的改革运动。面对国内外反动势力的猖狂进攻，华雷斯镇定自若，毫不屈服，他领导人民奋起保卫祖国。由于英、法、西三国之间矛盾重重，最后只有法军单独向墨西哥发动进攻。法国入侵者在侵占墨西哥城后，便把奥地利的一个大公马克西米连扶上墨西哥王位。华雷斯领导人民进行了反抗法国侵略的战争。在最困难的日子里，他的政府辗转迁至北部边境小镇帕索，在此设立反法斗争总司令部，这个小镇成为爱国力量的活动中心。经过 5 年艰苦卓绝的斗争，华雷斯依靠全国人民的力量和世界人民的支持，终于在 1867 年把法国侵略者赶出了墨西哥，推翻了马克西米连的反动统治，并处死了这个傀儡皇帝，取得了卫国战争的伟大胜利，墨西哥又一次获得独立。战后华雷斯再次当选总统。由于积劳成疾，1872 年 7 月 18 日，他与世长辞。华雷斯是墨西哥近代史上最杰出的人物之一，是捍卫国家独立和主权的民族英雄，墨西哥人民深深怀念他。为永远纪念华雷斯，1888 年，墨西哥议会决定把反法斗争的中心帕索改名为华雷斯城。

华雷斯城（Ciudad Juárez）位于墨西哥北部边陲的布拉沃河南岸，与美国的帕索隔岸相望。这座城市 1659 年 12 月由圣方济各会传教士加西亚·德圣弗朗西斯科（Fray García de San Francisco）所建，取名瓜达卢佩圣母德曼索斯德尔帕索德尔里奥德尔诺尔特传教区（Misión de Nuestra Señora de Guadalupe de Mansos del Paso del Río del Norte），简称帕索（Paso），1888 年改为现名,以纪念美洲历史上第一位印第安人总统贝尼托·华雷斯(Benito Juárez)。

使用华雷斯为名的墨西哥城镇有多处,如哈利斯科州阿卡特兰德华雷斯城(Acatlán de Juárez)原称圣安娜阿卡特兰(Santa Ana de Acatlán)。根据1906年3月22日颁布的第1158号令,改为现名。哈利斯科州华雷斯谷镇(Valle de Juárez)原名德马萨米特拉镇(Valle de Mazamitla),1911年改为现名。索诺拉州城镇贝尼托华雷斯(Benito Juárez)原名为科洛尼亚伊里加西翁(Colonia Irrigación),西班牙语意为"移居灌溉区",1996年改为现名。以华雷斯为名的还有格雷罗州市镇贝尼托华雷斯(Benito Juárez)和首府圣赫罗尼莫德华雷斯(San Jerónimo de Juárez),米却肯州华雷斯市(Juárez)和其首府贝尼托华雷斯(Benito Juárez),瓦哈卡州城镇瓦哈卡德华雷斯(Oaxaca de Juárez),墨西哥州城镇奇科洛阿潘德华雷斯(Chicoloapan de Juárez)、瑙卡尔潘德华雷斯(Naucalpan de Juárez)、阿尔莫洛亚德华雷斯(Almoloya de Juárez)、阿梅卡梅卡德华雷斯(Amecameca de Juárez),米却肯州市镇希基尔潘首府希基尔潘德华雷斯(Jiquilpan de Juárez),瓦哈卡州城镇伊斯特兰德华雷斯(Ixtlán de Juárez),伊达尔戈州城镇奥米特兰德华雷斯(Omitlán de Juárez)、萨波特兰德华雷斯(Zapotlán de Juárez)和瓦哈卡州城镇格拉塔奥德华雷斯(Guelatao de Juárez)等。

② 以维多利亚为名

新莱昂州市镇萨利纳斯维多利亚(Salinas Victoria)以墨西哥总统瓜达卢佩·维多利亚(Guadalupe Victoria,1786–1843)的姓氏为名。维多利亚曾参加推翻西班牙殖民政权的墨西哥独立运动,是墨西哥独立战争中的重要将领之一,1823年,他参加了推翻伊图尔维德帝制的斗争。维多利亚在任总统职期间与英国、美国、中美洲联邦共和国和大哥伦比亚建立了外交关系,他主张取消奴隶制。

③ 以格雷罗为名

前述格雷罗州以墨西哥第二任总统维森特·格雷罗(Vicente Guerrero,1782–1831)为名。格雷罗为19世纪初墨西哥独立运动领导人之一,他率领起义军多次击溃殖民军。1829年4月1日,他担任墨西哥总统,12月4

日，其副总统阿纳斯塔西奥·布斯塔曼特（Anastasio Bustamante）发动政变，格雷罗被迫撤出首都。12月17日，墨西哥城卫戍部队也加入了政变，1831年2月14日，格雷罗在瓦哈卡州奎拉潘被处死。1842年，他的遗体被运回墨西哥城安葬。

以墨西哥第二任总统格雷罗为名的地方还有奇瓦瓦州格雷罗城（Ciudad Guerrero），塔毛利帕斯州新格雷罗城（Nueva Ciudad Guerrero），格雷罗州城镇阿尔科萨乌卡德格雷罗（Alcozauca de Guerrero）、科阿瓦尤特拉德格雷罗（Coahuayutla de Guerrero），哈利斯科州城镇格雷罗（Villa Guerrero），南下加利福尼亚州城镇格雷罗内格罗（Guerrero Negro）等。奇瓦瓦州格雷罗城的全名是维森特格雷罗（Vicente Guerrero），原名拉康塞普西翁镇（Villa de la Concepción），西班牙语意为"圣母受孕镇"，1859年4月11日该城改为现名。塔毛利帕斯州新格雷罗城建于1750年，取名为圣伊格纳西奥德洛约拉德雷维利亚镇（Villa del Señor San Ignacio de Loyola de Revilla），后改为现名，以区别因修建法尔孔大坝而被淹没的旧格雷罗城。对南下加利福尼亚州城镇格雷罗内格罗原名的由来存在不同看法，一些人认为源于美国一艘名叫黑勇士号（The Black Warrior）的捕鲸船，黑勇士号的西班牙语写为"Guerrero Negro"。这艘来自马萨诸塞州的满载金银的捕鲸船，19世纪50年代在该城附近海域沉没。

④ 以其他总统为名

奇瓦瓦州城镇戈麦斯法里亚斯（Gómez Farías）之名是为纪念墨西哥总统巴伦廷·戈麦斯·法里亚斯（Valentín Gómez Farías）。19世纪30～40年代，他曾5次短暂地任墨西哥总统，分别是1833年4月1日至5月16日，1833年6月3日至6月18日，1833年7月5日至10月27日，1833年12月16日至1834年4月24日，1846年12月23日至1847年3月21日。

伊达尔戈州城镇图兰辛戈德布拉沃（Tulancingo de Bravo）和墨西哥州城镇巴耶德布拉沃（Valle de Bravo）是为纪念墨西哥总统尼古拉斯·布拉沃·鲁埃达（Nicolás Bravo Rueda，1786－1854）。尼古拉斯·布拉沃将军参加过墨美战争中的查普尔特佩克堡保卫战，他曾在1839年、1842～1843年和1846年三次任墨西哥总统。

格雷罗州城镇奇拉帕德阿尔瓦雷斯（Chilapa de álvarez）是墨西哥一座古老的城镇，其名中的"阿尔瓦雷斯"（álvarez）是为纪念胡安·阿尔瓦雷斯·乌尔塔多·德卢纳将军（Juan álvarez Hurtado de Luna，1790－1867）。他曾参加墨西哥独立战争、墨美战争、改革战争。他支持贝尼托·华雷斯的改革，支持罢免独裁者圣安纳，1855年，他担任了几个月的墨西哥总统。

格雷罗州城镇特拉帕德科蒙福特（Tlapa de Comonfort）之名中的"科蒙福特"是为纪念何塞·伊格纳西奥·格雷戈里奥·科蒙福特·德洛斯里奥斯（José Ignacio Gregorio Comonfort de los Ríos，1812－1863）将军。科蒙福特曾参加阿尤特拉革命，1855年12月11日至1857年11月30日，他任墨西哥代理总统，1857年12月1日至17日，任墨西哥总统。

普埃布拉州城镇萨波蒂特兰德门德斯（Zapotitlán de Méndez）后一部分"德门德斯"是为纪念墨西哥总统胡安·内波穆塞诺·门德斯（Juan Nepomuceno Méndez，1824－1894），他曾任普埃布拉州州长，1876年12月6日至1877年2月16日，他任墨西哥总统。

哈利斯科州城镇恩卡纳西翁德迪亚斯（Encarnación de Díaz）之名中的"迪亚斯"是指波菲里奥·迪亚斯（Porfirio Díaz，1830－1915）。从1876年至1911年，迪亚斯曾9次任墨西哥总统，一直实行独裁统治。

科阿韦拉州城镇弗朗西斯科马德罗（Francisco I. Madero）得名于1936年，为纪念墨西哥总统弗朗西斯科·伊格纳西奥·马德罗·冈萨雷斯（Francisco Ignacio Madero González 1873－1913）。马德罗曾领导推翻波菲里奥·迪亚斯（Porfirio Diaz）独裁政权的斗争。1911年10月15日，他当选墨西哥第33届总统。1913年2月，维多利亚诺·韦尔塔（Victoriano Huerta）发动军事政变，推翻马德罗政权并将其逮捕。2月23日，马德罗和副总统何塞·马里亚·皮诺·苏亚雷斯（José María Pino Suárez）在押解他们的汽车上被杀害。普埃布拉州城镇夸皮亚斯特拉德马德罗（Cuapiaxtla de Madero）、塔毛利帕斯州城镇马德罗（Ciudad Madero）和杜兰戈州城镇弗朗西斯科马德罗（Francisco I. Madero）等也都是为纪念马德罗而命名的。

联邦区贝努斯蒂亚诺卡兰萨区（Venustiano Carranza）之名是为纪念墨西哥革命领导人之一、墨西哥首任立法总统何塞·贝努斯蒂亚诺·卡兰萨·加尔萨（José Venustiano Carranza Garza，1859－1920）。卡兰萨曾在马德罗政府中任科阿韦拉州州长。马德罗总统被害后，1914年，他联合农民军推翻韦尔塔的统治，夺取政权。1916年，召开全国立宪会议，1917年2月5日，通过新宪法，恢复宪政民主体制，实行政教分离。1920年，卡兰萨被奥夫雷贡所发动的政变推翻后被杀害。

米却肯州城镇阿尔瓦罗奥夫雷贡（álvaro Obregón）之名是为纪念墨西哥总统阿尔瓦罗·奥夫雷贡·萨利多（álvaro Obregón Salido，1880－1928）。他是1910年墨西哥革命的领导人之一，于1920年发动推翻卡兰萨的政变，并于1920～1924年任墨西哥总统，1924年，他再次当选总统后于同年7月17日被暗杀。以奥夫雷贡为名的城镇还有伊达尔戈州城镇普罗格雷索德奥夫雷贡（Progreso de Obregón）、索诺拉州城镇奥夫雷贡（Ciudad Obregon）、墨西哥城阿尔瓦罗奥夫雷贡区（álvaro Obregón）、哈利斯科州城镇卡尼亚达斯德奥夫雷贡（Cañadas de Obregón）等。

米却肯州城镇拉萨罗卡德纳斯（Lázaro Cárdenas）和金塔纳罗奥州城镇拉萨罗卡德纳斯之名是为纪念纪念墨西哥总统拉萨罗·卡德纳斯。他于1934～1940年任墨西哥总统。在职期间他推动农业改革，在农牧地区创建村社，实行石油工业国有化，并建立了墨西哥国家革命党（墨西哥革命制度党）。

（2）纪念乌拉圭总统的地名

乌拉圭拉瓦耶哈省城镇何塞巴特列奥多涅斯（José Batlle Ordóñes）建于1883年6月25日，原名尼科佩雷斯（Nico Pérez）。1907年3月19日改为现名，以纪念乌拉圭前总统何塞·巴特列－奥多涅斯（José Batlle Ordóñes，1856－1929）。巴特列－奥多涅斯青年时期留学法国，深受资产阶级革命民主思想的熏陶。1881年回国后，他积极投身政治活动，成为红党改革派的代表人物之一。1886年，他创办《日报》，宣传资产阶级民主思想，反对寡头统治，抨击独裁政权和反动教会，制造改革舆论，使这家报纸很快成为红党改革派的喉舌。因参加武装起义，他曾被逮捕和被流放，但他在党内外的威望不断提高，不久就担任红党全国执委会主席。1899年，他被选为参议员和参议院议长。在1903年举行的大选中，红党改革派获得胜利，巴特列-奥多涅斯当选为乌拉圭第十五届总统。

巴特列-奥多涅斯在两次执政（1903~1907年，1911~1915年），特别是第二次执政期间，在政治、经济、教育等方面进行了内容广泛的改革。其一，打击外国资本，主要是英国垄断资本，实行工商业和财政金融部门国有化；其二，发展国民经济，保护民族工业；其三，兴办教育事业，开发人力资源；其四，制定新宪法，改善社会福利；其五，改革政府体制，为制定新宪法制造舆论。在他第二次执政期间，他制定了废止教会人士参加官方仪式活动的规定，并减少对教会的财政资助。巴特列-奥多涅斯的改革措施确立了资产阶级代议制政体，稳定了政局，推动了资本主义的发展，使原来落后的南美小国乌拉圭一跃成为拉丁美洲比较发达的国家之一，一度赢得拉美"民主橱窗"的称誉。巴特列-奥多涅斯的改革不仅在乌拉圭现代史中占有重要地位，而且对其他拉美国家也产生了深刻影响。

乌拉圭里韦拉省（Rivera）建省于1884年10月1日。其名是为纪念乌拉圭首任总统弗鲁克托索·里韦拉（Fructuoso Rivera）。他曾参加过争取独立、反对葡萄牙和巴西的多次战役，并参加过反对白党的斗争。

乌拉圭阿蒂加斯省城市托马斯戈门索罗（Tomás Gomensoro）以1872~1873年乌拉圭总统托马斯·戈门索罗·阿尔文（Tomás Gomensoro Albín，1810-1900）的名字命名。戈门索罗生于索里亚诺省的多洛雷斯，他是红党成员。1872年3月，他担任乌拉圭临时总统，执政仅一年，1873年2月卸任。

阿蒂加斯省城镇巴尔塔萨布卢姆（Baltasar Brum）最初名叫伊斯拉卡韦略斯，西班牙语意为"头发岛"，后改为现名，以纪念巴尔塔萨·布卢姆总统（Baltasar Brum 1883-1933）。他曾任公共教育部部长（1913~1915年）、外交部部长（1914~1915年）和总统（1919~1923年）。

卡内洛内斯省城镇华金苏亚雷斯（Joaquín Suárez）之名是为纪念乌拉圭前总统华金·苏亚雷斯（Joaquín Suárez，1781-1868）。1811年，他开始参加争取乌拉圭独立的斗争，曾任政府的外交部部长，1843~1851年任乌拉圭总统。

（3）纪念委内瑞拉总统的地名

委内瑞拉有个市镇名叫罗穆洛加列戈斯（Rómulo Gallegos），这是为纪念委内瑞拉总统、著名作家罗穆洛·加列戈斯（Rómulo Gallegos, 1884 – 1969）。1884 年 8 月 2 日，加列戈斯出生在加拉加斯一个城市贫民家庭。青年时期，他在委内瑞拉中央大学攻读法律。求学期间，他如饥似渴地阅读大量世界名著，从书中汲取了营养，开拓了眼界，增长了知识，为以后走上文学创作道路打下了坚实的基础。加列戈斯的青年时代，正是委内瑞拉处于寡头统治的时代。胡安·维森特·戈麦斯（Juan Vicente Gómez）对委内瑞拉实行了长达 27 年的专制统治，残酷镇压人民反抗寡头统治的运动。加列戈斯目睹社会的腐败现象，心中充满对戈麦斯政权的憎恶，埋下了创作反对寡头政治小说的种子。1909 年 1 月，他与几个大学好友创办了《黎明》报，并在第一份报上发表了他的第一篇文章《人与原则》。这家表达青年人呼声的报纸锋芒所向直指戈麦斯的专制政权，所以发行不过几个月，便被戈麦斯封杀。此后，加列戈斯转为从事短篇小说和剧本的创作，在刊物上发表了许多短篇小说，同时也写了不少剧本。1913 年，他的第一本短篇小说集《冒险家》（Los aventureros）公开出版，得到了文艺界的好评。随后，他决定把全部精力投入创作长篇小说。1920 年，他的第一部长篇小说《最厚的索拉尔》（El último solar）出版，作品真实地反映了委内瑞拉青年一代在寡头统治下的苦闷与彷徨。1925 年，他发表了《拉特雷帕多拉》（La trepadora），书中提出了解决委内瑞拉民族问题的办法。1929 年，西班牙巴塞罗那的阿拉卢塞出版社出版了他精心创作的《唐娜巴巴拉》（Doña Bárbara），这部长篇小说是他的成名之作，也是拉丁美洲文学史上反对寡头统治小说的代表作之一。这部小说的出版，受到委内瑞拉人民的热烈欢迎，引起了巨大的反响。他的小说被译成多种文字，他的名字和他的作品很快在全世界传播开来，从而奠定了他在委内瑞拉及拉丁美洲文学史上的重要地位。

1931 年，戈麦斯为了笼络人心，捞取政治资本，任命加列戈斯为阿普拉州参议员。加列戈斯不为名利所诱，拒绝担任参议员，并毅然流亡美国纽约。一年后，他离开纽约前往西班牙。在西班牙侨居期间，他继续写作，佳作一部部问世。1934 年发表《坎塔克拉罗》（Cantaclaro），1935 年出版《卡纳伊马》（Canaima）。1935 年独裁者戈麦斯病死，加列戈斯结束了几年在国外颠沛流离的生活，回到国内，并就任孔特雷拉斯内阁的教育部部长。回国后的几年中，他又接二连三地创作出多部长篇小说。1936 年发表《可怜的黑人》(Pobre negro)，1942 年出版《异乡人》(El forastero)，1943 年发表《在同一块土地上》(Sobre la misma tierra)。

加列戈斯一边从事文学创作，一边参与委内瑞拉的政治活动。1941 年，他加入新成立的委内瑞拉民主行动党，并被提名为该党的总统候选人，但竞选失败。1947 年 12 月，加列戈斯作为委内瑞拉民主行动党的总统候选人再次参加竞选。在参加选举的 162 万多名选民的投票中，他获得了 87 万多张选票，从而当选为委内瑞拉总统。但 1948 年 11 月，即他执政不到一年，他的政府便被美国支持下的军事政变推翻，加列戈斯被迫去职，再次流亡国外。1953 年冬天，当他在美国俄克拉荷马州的诺曼侨居时，完成了他一生中的最后一部长篇小说《山洞口的炭火》(La brasa en el pico del cuervo)。1958 年 1 月，人民群众支持的一次军事政变推翻了希门尼斯的独裁政府，加列戈斯结束了长期的流亡生活，第二次返回了自己的祖国。1969 年 4 月 5 日，这位 20 世纪杰出的作家因病与世长辞。

(4) 纪念玻利维亚总统的地名

玻利维亚有多个地名以几任总统为名。

玻利维亚圣克鲁斯省赫尔曼布施县 (Germán Busch) 之名是为纪念前总统赫尔曼·布施·贝塞拉 (Germán Busch Becerra, 1904 – 1939)。赫尔曼·布施 1904 年 3 月 23 日生于圣克鲁斯省哈维尔。其父是德国人，母亲是西班牙人。他从小随父母居住于贝尼省的特立尼达，1922 年进入军事学校，1929 年获少尉军衔。赫尔曼·布施因在 1932～1935 年玻利维亚与巴拉圭进行的查科战争中表现英勇而被视为玻利维亚的民族英雄。1937 年，他发动政变，推翻托罗政府并就任总统。1938 年，他与巴拉圭签订永久和平协定。同年召开立宪大会，通过新宪法，赫尔曼·布施当选为总统。新宪法宣布全部矿山财富和资源归国家所有，政府对国家的经济命脉，主要是贸易和工业有干预的权利。但由于反对派的反对和破坏，赫尔曼·布施被迫取消该宪法。1939 年 3 月，他宣布自己为"集权统治者"，同年 8 月 23 日自杀身亡。

圣克鲁斯省何塞米格尔德贝拉斯科县（José Miguel de Velasco）的名字是为了纪念曾在1828年、1829年、1839~1941年和1848年四次任临时总统的何塞·米格尔·德贝拉斯科（José Miguel de Velasco，1795-1859）。贝拉斯科出生、去世于圣克鲁斯省，是军人和政治家，曾积极参加独立运动。

拉巴斯省包蒂斯塔萨韦德拉县（Bautista Saavedra）设立于1948年11月17日，其名是为纪念1920~1925年玻利维亚总统包蒂斯塔·萨韦德拉·马列亚（Bautista Saavedra Mallea，1870-1939）。

拉巴斯省何塞曼努埃尔潘多县（José Manuel Pando）之名是为纪念1899~1904年玻利维亚总统何塞·曼努埃尔·潘多（José Manuel Pando，1848-1917）。

拉巴斯省洛艾萨县（Loayza）全称何塞拉蒙洛艾萨县（José Ramón Loayza），其名是为纪念玻利维亚副总统何塞·拉蒙·德洛艾萨·帕切科（José Ramón de Loayza Pacheco Pacheco，1751-1839），他在1828年12月18~26日任玻利维亚临时总统。

贝尼省何塞·巴利维安县（José Ballivián）之名是为纪念前玻利维亚总统何塞·巴利维安（José Ballivián，1805-1852），他曾参加摆脱西班牙殖民统治的独立运动，抵抗秘鲁的入侵。1847~1852年，他任玻利维亚总统。

奥鲁罗省拉迪斯劳·卡夫雷拉县（Ladislao Cabrera）设立于1941年10月13日，其名是为纪念太平洋战争中的玻利维亚英雄拉迪斯劳·卡夫雷拉（Ladislao Cabrera Vargas，1830-1921）。他曾做过律师、记者、教授，在太平洋战争卡拉马战役中他率军英勇抵抗智利军队。1881年，他曾任玻利维亚临时总统。

圣克鲁斯省桑蒂斯特万主教县（Obispo Santistevan）城镇费尔南德斯阿隆索（Fernández Alonso）或称费尔南德斯阿隆索港（Puerto Fernández Alonso）之名是为纪念1896~1899年任玻利维亚总统的塞韦罗·费尔南德斯·阿隆索·卡瓦列罗（Severo Fernández Alonso Caballero，1849-1925）。他因1898年的内战失败而辞职。

波托西省恩里克巴尔迪维索县（Enrique Baldivieso 或 Enrique Valdivieso）之名是为纪念玻利维亚副总统恩里克·巴尔迪维索·阿帕里西奥（Enrique

Baldivieso Aparicio，1902 – 1957）。他于 1938 ~ 1939 年任玻利维亚副总统。

波托西省何塞马里亚利纳雷斯县（José María Linares）之名是为纪念玻利维亚总统何塞·马里亚·利纳雷斯·利萨拉苏（José María Linares Lizarazu，1808 – 1861）。利纳雷斯 1857 年任总统，1858 年，他宣布自己是"终身独裁者"，1861 年，他被政变推翻，流亡智利，并于同年去世。

波托西省托马斯弗里亚斯县（Tomás Frías）是以玻利维亚总统托马斯·弗里亚斯·阿梅特耶尔（Tomás Frías Ametller，1804 – 1884）的名字为名，他曾在 1872 ~ 1873 年和 1874 ~ 1876 年两次任玻利维亚总统。

塔里哈省阿尼塞托阿尔塞县（Aniceto Arce）是以 1888 ~ 1892 年玻利维亚总统阿尼塞托·阿尔塞·鲁伊斯（Aniceto Arce Ruiz，1824 – 1906）为名。他是塔里哈省人。

(5) 纪念巴拉圭总统的地名

巴拉圭国内有好几个以总统名字命名的地方。

科迪勒拉省城镇圣贝纳迪诺（San Bernardino）是以总统贝纳迪诺·卡瓦列罗将军（Bernardino Caballero，1839 – 1912）为名。1881 年德国移民建立该城时为纪念他们的故乡为该城起名为新巴伐利亚。第一次世界大战结束后，来自坦噶尼喀和苏台德地区（Sudetenland）的大批移民抵达此地，改城名为贝纳迪诺卡瓦列罗将军城（Bernardino Caballero），以纪念贝纳迪诺·卡瓦列罗总统，简称圣贝纳迪诺。贝纳迪诺·卡瓦列罗 1839 年 5 月 20 日生于巴拉圭伊布奎，1880 ~ 1882 年任巴拉圭临时总统，1882 ~ 1886 年任总统，1912 年 5 月 26 日去世，葬于国家英雄公墓。

巴拉瓜里省埃斯科瓦尔（Escobar）的全称为帕特里西奥埃斯科瓦尔将军城（Gral. Patricio Escobar）。其名是为纪念巴拉圭总统帕特里西奥·埃斯科瓦尔（Patricio Escobar，1843 – 1912）将军。他曾是 19 世纪 60 年代巴拉圭与三国联盟战争中的英雄，1886 年 11 月 25 日至 1890 年 11 月 25 日，他任巴拉圭总统。

上巴拉圭省佛朗哥总统城（Presidente Franco）之名是为纪念巴拉圭总统曼努埃尔·佛朗哥（Manuel Franco 1871 – 1919）。他曾担任司法部部长、内政部部长、参议员和大学校长，1916 年 8 月 15 日，他任巴拉圭总统，

1919年6月5日，佛朗哥因心脏病去世。为了纪念他，首都古老的索尔街改名为佛朗哥总统街。

博克龙省何塞费利克斯埃斯蒂加里维亚元帅镇（Mariscal José Felix Extigarribia）之名是为纪念1939~1940年任职的巴拉圭总统何塞·费利克斯·埃斯蒂加里维亚（Mariscal José Felix Extigarribia，1888－1940）元帅。埃斯蒂加里维亚最初学习农业，获得学位后于1910年投笔从戎。1928年，他被任命为军队参谋长，1939年晋升为元帅，同年8月15日任巴拉圭总统，1940年9月7日因飞机失事遇难。

卡萨帕省城镇伊希尼奥莫里尼戈将军城（Gral. Higinio Morínigo）之名是为纪念巴拉圭总统伊希尼奥·莫里尼戈（Higinio Morínigo，1897－1983）将军，他于1940年9月7日至1948年6月3日任巴拉圭总统。

（6）纪念智利总统的地名

除前述智利第十大区洛斯拉格斯区首府蒙特港是为纪念智利总统曼奴埃尔·蒙特·托雷斯、第十一大区艾森区是为纪念智利总统卡洛斯·伊瓦涅斯·德尔坎波外，智利还有一些地方以总统为名。

第三大区阿塔卡马区瓦斯科县城镇弗莱里纳（Freirina）建于1752年10月21日。现名得于1824年4月8日，以纪念当时智利的最高领导人拉蒙·弗莱雷·塞拉诺（Ramón Freire Serrano，1787－1851），他于1827年当选为智利总统。

第八大区比奥比奥区城镇布尔内斯（Bulnes）建于1788年，取名拉尔基（Larqui）。1839年改名为圣克鲁斯德布尔内斯（Santa Cruz de Bulnes），简称布尔内斯，其名是为纪念智利总统曼努埃尔·布尔内斯（Manuel Bulnes，1799－1866），他于1841~1846年任智利总统。

第四大区科金博区利马里县首府奥瓦耶（Ovalle）建于1831年4月21日，其名是为纪念智利副总统何塞·托马斯·奥瓦耶（José Tomás Ovalle，1787－1831），他曾两次任智利临时总统。

智利海湾蒙特海军中将湾（Golfo Almirante Montt）北邻安东尼奥巴拉斯半岛，东、南接智利大陆，西邻迭戈波尔塔莱斯岛。其名是为了纪念智利前总统豪尔赫·蒙特·阿尔瓦雷斯（Jorge Montt Alvarez，1845－1922）。蒙特从军多年，曾参加太平洋战争。1891～1896年，蒙特任智利总统，卸任后返回军队，获中将衔，1898～1913年，蒙特任智利军队总长。

（7）纪念拉美其他国家总统的地名

拉美其他国家也有不少以前任总统名字命名的地名，如前述萨尔瓦多卡瓦尼亚斯省（Cabañas）之名是为纪念萨尔瓦多总统何塞·特立尼达·卡瓦尼亚斯，萨尔瓦多莫拉桑省（Morazán）和洪都拉斯弗朗西斯科莫拉桑省之名是为纪念中美洲联邦共和国总统弗朗西斯科·莫拉桑，尼加拉瓜卡拉索省之名是为纪念埃瓦里斯托·卡拉索总统、马德里斯省名是为纪念何塞·马德里斯·罗德里格斯总统，多米尼加埃斯派利亚特省之名是为纪念乌利塞斯·弗朗西斯科·埃斯派利亚特总统、蒙塞尼奥尔诺乌埃尔省之名是为纪念亚历杭德罗·阿多尔福·诺乌埃尔总统，巴尔韦德省之名是为纪念总统何塞·德西代里奥·巴尔韦德将军等。

阿根廷查科省城镇罗克萨恩斯佩尼亚（Roque Sáenz Peña）之名是为纪念1910～1914年任阿根廷总统的罗克·萨恩斯·佩尼亚（Roque Sáenz Peña，1851–1914）。

秘鲁洛雷托区拉蒙卡斯蒂利亚元帅省（Mariscal Ramón Castilla）是以秘鲁拉蒙·卡斯蒂利亚元帅（1797～1867）命名，他曾于1844年2～12月、1845年4月至1851年4月、1855年1月至1862年10月和1863年4月四次任秘鲁总统。

厄瓜多尔瓜亚斯省阿尔弗雷多巴克里索市之名是为纪念厄瓜多尔总统阿尔弗雷多·巴克里索·莫雷诺（Alfredo Baquerizo Moreno，1859–1951），他于1916～1920年任该国总统。

萨尔瓦多圣米格尔省城镇圣拉斐尔奥连特（San Rafael Oriente）是为纪念总统拉斐尔·萨尔迪瓦尔（Rafael Zaldivar，1834–1903）。他于1876～1885年任该国总统。

2. 纪念政要官员的地名

（1）墨西哥

①恰帕斯州

恰帕斯州城镇贝胡卡尔德奥坎波（Bejucal de Ocampo）之名是为纪念墨

西哥法学家梅尔乔·奥坎波（Melchor Ocampo，1814－1861）。1850年，他曾任财政部部长，后受桑塔·安纳总统迫害逃亡国外，在美国新奥尔良与贝尼托·华雷斯等人相遇。他出版支持在墨西哥实行改革的小册子。贝尼托·华雷斯执政时期，他曾任内政部部长等职，起草了促进了政教分离的改革法，1861年6月3日，他被保守派劫持并被害。

城镇奥科索科奥特拉德埃斯皮诺萨（Ocozocoautla de Espinoza）之名中的"埃斯皮诺萨"（Espinoza）是1928年后加上去的，为纪念恰帕斯州首任州长雷蒙多·恩里克斯·埃斯皮诺萨（Raymundo Enríquez Espinosa）。

城镇图斯特拉古铁雷斯（Tuxtla Gutiérrez）之名中的"古铁雷斯"（Gutiérrez）是为纪念恰帕斯州前州长华金·米格尔·古铁雷斯·卡纳莱斯将军（Joaquín Miguel Gutiérrez Canales，1796－1838）。古铁雷斯将军是恰帕斯州圣马可图斯特拉人。1830年，他曾当选恰帕斯州州长，但就任才几个月便因内部争斗而辞职。1833年，他再次当选该州州长，1834年上任后不久又被驱逐。

城镇安赫尔阿尔维诺卡尔索（Angel Albino Corzo）之名是为纪念1856～1860年任恰帕斯州州长的安赫尔·阿尔维诺·科尔索（Angel Albino Corzo，1816－1875）。

城镇尼古拉斯鲁伊斯（Nicolás Ruíz）原名圣迭戈德拉雷福尔马（San Diego de la Reforma），1934年2月14日改为现名，以纪念19世纪恰帕斯州州长尼古拉斯·鲁伊斯·马尔多纳多尼（Nicolás Ruiz Maldonado）。

城镇埃尔帕韦尼尔德贝拉斯科苏亚雷斯（El Porvenir de Velasco Suárez）之名中的"德贝拉斯科苏亚雷斯"（de Velasco Suárez）是为纪念1970～1976年任恰帕斯州州长的曼努埃尔·贝拉斯科·苏亚雷斯（Manuel Velasco Suárez）。

②墨西哥州

墨西哥州城镇图尔蒂特兰德马里亚诺埃斯科韦多（Tultitlán de Mariano Escobedo）之名的后一部分是1902年10月2日墨西哥州议会下令添加的，以纪念马里亚诺·埃斯科韦多将军（Mariano Escobedo，1826－1902）。他是墨西哥著名军人，曾率军抵抗美国的入侵，并参加改革战争和抵抗法国干涉的战争，曾任圣路易斯波托西州州长和新莱昂州州长。

城镇特拉尔内潘特拉德巴斯（Tlalnepantla de Baz）之名中的"德巴斯"（de Baz）是为纪念出生于该城的著名医生、革命家古斯塔沃·巴斯·普拉达（Gustavo Baz Prada），他曾两次担任墨西哥州州长。

城镇阿亚潘戈德加夫列尔拉莫斯米连（Ayapango de Gabriel Ramos Millán）之名的后一部分是1950年8月23日墨西哥政府决定添加的，以纪念墨西哥众议员和参议员加夫列尔·拉莫斯·米连（Gabriel Ramos Millán, 1903-1949）。米连创建了全国玉米委员会，通过杂交增加了玉米的产量，1949年9月26日，他因飞机失事身亡。

城镇阿特拉科穆尔科德法韦拉（Atlacomulco de Fabela）之名的后一部分是1987年9月3日添加的，为纪念墨西哥州州长伊西德罗·法韦拉·阿尔法罗（Isidro Fabela Alfaro, 1882-1964）。法韦拉是位律师、作家、历史学家、外交家、学者。1942年3月至1945年9月，他曾任墨西哥州州长，还曾任墨西哥外交部部长及驻法国、阿根廷大使。

城镇梅尔乔奥坎波（Melchor Ocampo）曾名为圣米格尔特拉霍穆尔科（San Miguel Tlaxomulco），1894年墨西哥州议会下令改为现名，以纪念墨西哥政治家梅尔乔·奥坎波（Melchor Ocampo, 1814-1861）。他曾任墨西哥众议员，贝尼托·华雷斯执政时期担任过内政部部长、外交部部长，还任过米却肯州州长。

③ 格雷罗州

格雷罗州城镇阿塞利亚（Arcelia）建于1893年1月1日，原来所在村落名叫特雷罗翁多（Terrero Hondo），西班牙语意为"低洼的泥土"。1872年改名为阿罗约格兰德（Arroyo Grande），西班牙语意为"大河"，这是因为该村位于一条河旁。1889年改为现名，其名将格雷罗州州长弗朗西斯科·奥塔罗拉·阿尔塞（Francisco Otálora Arce）和其夫人塞利亚（Celia）的名字相结合，组成为阿塞利亚（Arcelia）。

城镇布埃纳维斯塔德奎利亚尔（Buenavista de Cuéllar）之名中的"奎利亚尔"（Cuéllar）是为纪念1877年任格雷罗州州长的拉斐尔·奎利亚尔（Rafael A. Cuéllar）将军。

阿尔塔米拉诺城（Ciudad Altamirano）是蓬加拉瓦托首府，其名是为纪念律师、作家、政治家伊格纳西奥·曼努埃尔·阿尔塔米拉诺（Ignacio Manuel Altamirano，1834－1893），他曾任总检察长、最高法院院长、驻巴塞罗那领事等。阿尔塔米拉诺著有《仁慈》（Clemencia）、《山中圣诞节》（La Navidad en las montañas）等书。

④哈利斯科州

哈利斯科州城镇德格利亚多（Degollado）1848年建立时名为圣伊格纳西奥德洛斯恩西诺斯（San Ignacio de los Encinos），后改名为圣伊格纳西奥德洛斯莫拉莱斯（San Ignacio de los Morales）。根据1861年12月31日政府颁布的第30号令，改为现名，以纪念何塞·桑托斯·德格利亚多·桑切斯（José Santos Degollado Sánchez，1811－1861）将军。他是贝尼托·华雷斯的支持者，曾任米却肯州州长、国防部部长和外交部部长。

巴利亚塔港（Puerto Vallarta）由瓜达卢佩·桑切斯·托雷斯（Guadalupe Sánchez Torres）建于1851年12月12日，取名为拉斯佩尼亚斯德圣玛利亚德瓜达卢佩（Las Peñas de Santa María de Guadalupe），后城名缩减为拉斯佩尼亚斯港（Puerto Las Peñas）。1918年5月31日改为现名，以纪念哈利斯科州州长伊格纳西奥·巴利亚塔（Ignacio L. Vallarta，1830－1893）。他还担任过墨西哥外交部部长、最高法院院长等职。

科罗纳镇（Villa Corona）之名为纪念担任过哈利斯科州州长的拉蒙·科罗纳·马德里加尔（Ramón Corona Madrigal，1837－1889）。

城镇萨波蒂特兰德巴迪略（Zapotitlán de Vadillo）之名的后一部分是根据1968年4月6日颁布的第8376号法令添加的，以纪念哈利斯科州州长巴西利奥·巴迪略（Basilio Vadillo，1885－1935）。他是著名的教育家、外交家、政治家。1918～1920年他任联邦众议员，1921～1922年任哈利斯科州州长。

城镇亚瓦利卡德冈萨雷斯加略（Yahualica de González Gallo）之名中的"冈萨雷斯加略"（González Gallo）是根据1964年3月19日颁布的第7929号令添加的，以纪念生于该城的哈利斯科州州长何塞·德赫苏斯·冈萨雷斯·加略（José de Jesús González Gallo，1900－1957）。他于1947～1953年任该州州长。

⑤ 克雷塔罗州

克雷塔罗州城镇埃塞基耶尔蒙特斯（Ezequiel Montes）由胡利安·贝拉斯克斯·费雷戈里诺（Julián Velázquez Feregrino）建于1861年，当时名为克拉尔布兰科（Corral Blanco），西班牙语意为"白色畜牧场"。1920年改名为埃塞基耶尔蒙特斯（Villa de Ezequiel Montes），以纪念生于该州卡德雷塔的律师、教授埃塞基耶尔·蒙特斯·莱德斯马（Ezequiel Montes Ledesma, 1820-1883），他曾任墨西哥外交部部长和司法和公共教育部部长、最高法院法官等职务。

城镇阿梅阿尔科德邦菲尔（Amealco de Bonfil）之名的后一部分是1985年克雷塔罗州议会下令添加的，以纪念农民领袖、曾任农牧业部部长的阿尔弗雷多·邦菲尔（Alfredo Bonfil）。

⑦ 伊达尔戈州

伊达尔戈州城镇瓦斯卡德奥坎波（Huasca de Ocampo）之名中的"奥坎波"（Ocampo）是为纪念梅尔乔·奥坎波（Melchor Ocampo, 1814-1861）。梅尔乔·奥坎波曾两次任米却肯州州长，还曾任墨西哥外交部部长等职。

城镇帕丘卡（Pachuca）的全名为帕丘卡德索托（Pachuca de Soto），其名中的"德索托"（de Soto）是1920年添加的，为纪念成立伊达尔戈州的推动者、议员曼努埃尔·费尔南多·索托（Manuel Fernando Soto, 1825-1898）。索托生于伊达尔戈州的图兰辛戈，曾任墨西哥最高法院大法官、墨西哥州州长。

城镇特南戈德多里亚（Tenango de Doria）之名中的"德多里亚"（de Doria）是为纪念前伊达尔戈州州长胡安·克里索斯多莫·多里亚（Juan Crisóstomo Doria）上校。

城镇夸乌蒂特兰德加西亚巴拉甘（Cuautitlán de García Barragán）之名中的"德加西亚巴拉甘"（de García Barragán）是为纪念哈利斯科州州长马塞利诺·加西亚·巴拉甘（Marcelino García Barragán, 1895-1979）。他还担任过墨西哥国防部部长一职。

⑧ 奇瓦瓦州

奇瓦瓦州城镇阿乌马达镇（Villa Ahumada）建于1874年，当时名为拉沃尔德马格达莱纳（Labor de Magdalena）。1894 年，奇瓦瓦议会决定将该城名改为现名，以纪念当时奇瓦瓦州州长米格尔·阿乌马达·绍塞达（Miguel Ahumada Sauceda，1814－1917），他还担任过哈利斯科州州长。1916 年，该城镇改名为冈萨雷斯镇（Villa González），以纪念奇瓦瓦州州长亚伯拉罕·冈萨雷斯（Abraham González，1864－1913），他曾参加反对独裁者波菲里奥·迪亚斯和其在奇瓦瓦州代理人的斗争，是弗朗西斯科·马德罗的支持者。1911 年成为奇瓦瓦州州长。1913 年 2 月马德罗总统被韦尔塔发动的政变推翻后，冈萨雷斯也被解除州长职务；当年 3 月 6 日，他被押往墨西哥城，途中被人推下火车致死。因当地居民不同意改名为冈萨雷斯镇，1923 年 5 月 12 日又恢复了旧名——阿乌马达镇。1995 年，奇瓦瓦州议会颁布的城市法定名称为米格尔阿乌马达（Miguel Ahumada），但未被人们认可。

奇尼帕斯城（Chínipas）的全称为奇尼帕斯德阿尔马达（Chínipas de Almada），该城由耶稣会传教士佩德罗·胡安·卡斯蒂尼（Pedro Juan Castini）和胡利奥·帕斯夸尔（Julio Pascual）建于 1626 年 12 月 31 日。城名中的"阿尔马达"（Almada）是为纪念奇瓦瓦州州长弗朗西斯科·阿尔马达（Francisco R. Almada，1896－1989）。1929～1930 年，他曾任奇瓦瓦州州长。阿尔马达还是位历史学家和著名学者，曾任奇瓦瓦州自治大学历史系主任，撰写过多部有关奇瓦瓦州和其他州的历史著作。

⑨杜兰戈州

杜兰戈州城镇戈麦斯帕拉西奥（Gómez Palacio）建于 1885 年。其名是为纪念杜兰戈州州长弗朗西斯科·戈麦斯·帕拉西奥－布拉沃（Francisco Gómez Palacio y Bravo，1824－1886），1867～1880 年，他任杜兰戈州州长，他是位作家和教育家，精通希腊语、拉丁语、英语、法语、德语和意大利语。

莱尔多城（Ciudad Lerdo）建于 1884 年 11 月 16 日。其名是为纪念米格尔·莱尔多·德特哈达·克拉尔－布斯蒂略斯（Miguel Lerdo de Tejada Corral y Bustillos，1812－1861），他是墨西哥总统塞瓦斯蒂安·莱尔多·德特哈达（Sebastián Lerdo de Tejada）之兄，参加过改革战争，曾任墨西哥财政部部长、外交部部长等职，并曾是总统候选人。著有《自征服至今的新墨西哥的对外贸易》(*Comercio Exterior de México desde la Conquista hasta hoy*)等书。

⑩ 墨西哥城

墨西哥城古斯塔沃阿道弗马德罗区（Gustavo A. Madero）建立于1563年，当时称为瓜达卢佩镇（Villa de Guadalupe）。1828年，其名中添加了"伊达尔戈"，称为瓜达卢佩伊达尔戈镇（Villa de Guadalupe Hidalgo），以纪念墨西哥总统伊达尔戈。1931年，该城成为墨西哥联邦区的一个区，取现名，以纪念墨西哥总统弗朗西斯科·马德罗之弟古斯塔沃·阿道弗·马德罗（Gustavo Adolfo Madero, 1875 – 1913）。1910年，他曾参加反对波菲里奥·迪亚斯的墨西哥革命，1913年被暗杀。

⑪ 其他州

科阿韦拉州城镇拉莫斯阿里斯佩（Ramos Arizpe）建于1577年，取名为巴列德拉斯拉沃雷斯谷（Valle de las Labores），西班牙语意为"农活谷"，因为此处位于谷地，泉水多，适宜耕作。1606年改名为圣尼古拉斯德拉卡佩利亚尼亚（Valle de San Nicolás de la Capellanía），原因是西班牙传教士给谷地带来了圣尼古拉斯像。1850年5月19日改为现名，以纪念墨西哥联邦制的推动者米格尔·拉莫斯·阿里斯佩（Miguel Ramos Arizpe, 1775 – 1843）。拉莫斯·阿里斯佩是该城人，1821年当选第一届立宪大会科阿韦拉州议员，在墨西哥几届政府中担任过要职。

科利马州阿尔瓦雷斯镇（Villa de álvarez）建于1556年，当时名为圣弗朗西斯科德阿尔莫洛阳（San Francisco de Almoloyán）。1860年改为现名，以纪念出生于该城的科利马州首任州长阿尔瓦雷斯。

米却肯州城镇穆希卡（Múgica）原名萨拉戈萨（Zaragoza），1969年12月9日改为现名，以纪念弗朗西斯科·何塞·穆希卡·贝拉斯克斯（Francisco José Múgica Velázquez, 1884 – 1954）将军。他于1915~1916年任塔巴斯科州州长；1920~1921年任米却肯州州长；1940~1946年任南下加利福尼亚州州长；他还在1934~1935年任墨西哥国家经济部部长；1935~1939年任墨西哥交通与公共工程部部长。

新莱昂州城镇圣佩德罗加尔萨加西亚（San Pedro Garza García）建于

1596 年，当时名为圣佩德罗德洛斯诺加莱斯庄园（Hacienda de San Pedro de los Nogales），得名是为纪念圣徒彼得，"洛斯诺加莱斯"（los Nogales）的西班牙语意为"胡桃树"。1882 年 12 月 14 日改名为加尔萨加西亚（Garza García），以纪念新莱昂州州长赫纳罗·加尔萨·加西亚（Genaro Garza García）。

金塔纳罗奥州城镇费利佩卡里略普埃尔托（Felipe Carrillo Puerto）是以尤卡坦州州长费利佩·圣地亚哥·卡里略·普埃尔托（Felipe Santiago Carrillo Puerto，1874－1924）之名命名，他于 1922～1924 年任尤卡坦州州长，1924 年 1 月 3 日被枪杀。

圣路易斯波托西州阿里亚加镇（Villa de Arriaga）之名是为纪念墨西哥国家功臣何塞·庞西亚诺·阿里亚加·莱哈（José Ponciano Arriaga Leija，1811－1865）。他是一名律师，曾支持贝尼托·华雷斯（Benito Juárez）与洛佩斯·德圣安纳进行斗争。

塔毛利帕斯州迈内罗镇（Villa Mainero）建于 1924 年，其名是为纪念塔毛利帕斯州政治家、1896～1901 年任塔毛利帕斯州州长的瓜达卢佩·迈内罗（Guadalupe Mainero）。

塔巴斯科州城镇哈尔帕德门德斯（Jalpa de Méndez）之名的后一部分是后添加的，为纪念墨西哥民族英雄格雷戈里奥·门德斯·马加尼亚（Gregorio Méndez Magaña，1836－1887）上校，他曾于 1863～1866 年率军击败入侵塔巴斯科州的法国军队。1864～1867 年他任塔瓦斯科州州长。

尤卡坦州城镇莫图尔德卡里略普埃尔托（Motul de Carrillo Puerto）之名中的"卡里略普埃尔托"（Carrillo Puerto）是为纪念尤卡坦州州长费利佩·卡里略·普埃尔托（Felipe Carrillo Puerto，1872－1924），1922～1924 年他曾任尤卡坦州州长。

（2）玻利维亚

玻利维亚圣克鲁斯省安德烈斯伊瓦涅斯县（Andrés Ibáñez）旧称塞尔卡多（Cercado），西班牙语意为"院子"。1944 年 12 月 6 日改为现名，以纪念玻利维亚政治家、联邦运动的倡导者安德烈斯·伊瓦涅斯博士（Andrés Ibáñez，1844－1877）。伊瓦涅斯毕业于萨苏克雷圣弗朗西斯·哈维尔大学。

曾担任政府秘书,并批准圣克鲁斯绿白色省旗。1868年,他担任市政会成员,1874年当选国会议员,1876年任圣克鲁斯省省长,1877年5月1日被反对派杀害。

拉巴斯省埃利奥多罗卡马乔县(Eliodoro Camacho)设立于1908年11月5日,以参加过太平洋战争的上校军官和政治家埃利奥多罗·卡马乔(Eliodoro Camacho,1831-1899)命名。1883年,卡马乔创建了自由党,主张政教分离。1884年、1888年和1892年,他曾三次作为总统候选人参加竞选,但均失败。

拉巴斯省弗朗斯塔马约县(Franz Tamayo)设立于1826年1月23日,当时取名为考波尔坎(Caupollcán)。1967年12月20日改为现名,以纪念玻利维亚作家、诗人和政治家弗朗斯·塔马约·索拉雷斯(Franz Tamayo Solares,1878-1956)。他是艾马拉人与西班牙人的混血儿。1931年他曾被任命为外交部部长,1934年虽在总统大选中胜出,但被军事政变所废除。

拉巴斯省阿贝尔伊图拉尔德县(Abel Iturralde)之名源于玻利维亚政治家阿贝尔·伊图拉尔德·帕拉西奥斯(Abel Iturralde Palacios)。

波托西省拉斐尔布斯蒂略县(Rafael Bustillo)之名是为纪念太平洋战争期间任玻利维亚外交部部长的拉斐尔·布斯蒂略(Rafael Bustillo,1813-1873)。

丘基萨卡省贝利萨里奥波埃托县(Belisario Boeto)之名是为纪念太平洋战争中任玻利维亚外交官的贝利萨里奥·波埃托(Belisario Boeto)。

(3) 乌拉圭

乌拉圭弗洛雷斯省(Flores)以乌拉圭工党领袖贝南希奥·弗洛雷斯(Venancio Flores)的姓氏为名。他生于该省首府特立尼达,19世纪40~60年代,他是乌拉圭活跃的政治家和军人。

弗洛雷斯省城镇伊斯梅尔科蒂纳斯(Ismael Cortinas)建于1950年10月18日,城名是为纪念民族党政治家、记者和剧作家伊斯梅尔·科蒂纳斯(Ismael Cortinas,1884-1940)。他生于本地,1915~1925年任众议员,1924~1929年任参议员,1929~1933年任国家行政委员会成员。1933年卡夫列尔·特拉(Gabriel Terra)发动政变后,他被流放。

（4）其他国家

阿根廷圣克鲁斯省城镇格雷戈雷斯省长（Gobernador Gregores）之名是为纪念 1932~1945 年圣克鲁斯省省长胡安·曼努埃尔·格雷戈雷斯（Juan Manuel Gregores, 1893-1947）。

巴拉圭阿耶斯总统省城镇本哈明阿塞瓦尔（Tomás Benjamín Aceval）之名是为纪念巴拉圭外交家托马斯·本哈明·阿塞瓦尔（Tomás Benjamín Aceval, 1845-1900）。1877 年，他任巴拉圭外交部部长，曾向美国总统阿耶斯递交文件，对解决巴拉圭与阿根廷之间有关查科领土主权问题发挥了重要作用。

委内瑞拉阿科斯塔（Acosta）是法尔孔州的一个城镇，其名是为纪念 19 世纪委内瑞拉政治家、军人何塞·欧塞维奥·阿科斯塔·佩尼亚（José Eusebio Acosta Pena）。阿科斯塔 1824 年生于卡鲁帕诺城，1882 年 4 月 25 日去世于库马纳城。1876 年他曾拒绝总统候选人提名，1881 年他任贝穆德斯州（现苏克雷州）州长。死后其遗体存放于库马纳圣伊内斯教堂，委内瑞拉国会曾下令将其遗体转至国家公墓，但因库马纳居民的反对而未成。

哥伦比亚瓜希拉省城市乌里维亚（Uribia）是 1935 年 3 月在原有土著村落基础上再建的城市，取名乌里维亚是为纪念自由党重要人物拉斐尔·乌里韦-乌里韦（Rafael Uribe Uribe, 1859-1914）。乌里韦-乌里韦曾是律师、记者、外交家和军人，曾积极参加 1899~1902 年自由党反对保守党的战争。

智利第十大区洛斯拉格斯利安基韦省城镇巴拉斯港（Puerto Varas）之名是为纪念智利政治家安东尼奥·巴拉斯（Antonio Varas, 1817-1886）。他曾任三届政府的内政部部长，两次任参议长。

3. 纪念军人的地名

（1）墨西哥

墨西哥经历过独立战争、改革战争、反对法国干预战争、墨美战争等战争，涌现出许多英雄，为了铭记他们的丰功伟绩，墨西哥有许多地名以这些英雄为名。

格雷罗州城镇库特萨马拉德平松（Cutzamala de Pinzón）之名中的"平

松"（Pinzón）是 1871 年 6 月 14 日格雷罗州州长弗朗西斯科·阿尔塞（Francisco Arce）颁布第 5 号令添加的，以纪念墨西哥军人欧蒂米奥·平松·马丁内斯将军（Eutimio Pinzón Martínez，1820–1867），他曾参加阿尤特拉革命、改革战争和抵抗法国干预的战争。

伊达尔戈州城镇诺帕拉（Nopala）全称诺帕拉德比利亚格兰（Nopala de Villagrán），其名中的"诺帕拉"源于纳瓦特尔语的"Nopalli"（仙人掌）和"la"（地方），全词义为"仙人掌之地"。"德比利亚格兰"（de Villagrán）是 1868 年 1 月 29 日墨西哥议会下令添加的，以纪念 1867 年 8 月在维查潘战死的墨西哥军人维森特·比利亚格兰·古铁雷斯（Vicente Villagrán Gutiérrez）上校。

哈利斯科州城镇阿特马哈克德布里苏埃拉（Atemajac de Brizuela）原来的全称为阿特马哈克德拉斯塔夫拉斯（Atemajac de las Tablas），1903 年 4 月 25 日，哈利斯科州议会通过法令将该城改为现名，以纪念墨西哥军官米格尔·布里苏埃拉（Miguel Brizuela，1822–1866）上校。他从青年时代起就定居于阿特马哈克，多次任哈利斯科州的议员。法国第二次干预墨西哥期间，布里苏埃拉上校秘密生产枪炮等武器供给墨西哥军队抗敌。1866 年 12 月 18 日，他在拉科罗尼利亚战役中英勇牺牲。

普埃布拉州阿卡特兰德奥索里奥（Acatlán de Osorio）之名中的"德奥索里奥"（de Osorio）是为纪念华金·奥索里奥（Joaquín Osorio）上校，法国第二次干预墨西哥期间，他在当地与法军的战斗中英勇牺牲。

塔巴斯科州巴兰坎德多明戈斯（Balancán de Domínguez）之名中的"多明戈斯"（Domínguez）是为纪念 1914 年墨西哥革命期间，战死在该城的何塞·马里亚·多明戈斯·苏亚雷斯（José Eusebio Domínguez Suárez）上校。

哈利斯科州特查卢塔德蒙特内格罗（Techaluta de Montenegro）之名是为纪念劳罗·德蒙特内格罗（Lauro de Montenegro）上校。

（2）阿根廷

阿根廷有很多以各种军衔军官之名命名的城镇。

以上尉军官命名的城镇有布宜诺斯艾利斯省的萨米恩托上尉城（Capitán Sarmiento）和索拉里上尉城（Capitán Solari）。

以上校军官命名的城镇有布宜诺斯艾利斯省的布兰德森上校城（Coronel Brandsen）、普林格尔斯上校城（Coronel Pringles）、苏苏亚雷斯上校城（Coronel Suárez）、比达尔上校城（Coronel Vidal）多雷戈上校城（Coronel Dorrego）和查科省迪格拉蒂上校城（Coronel Du Graty）。

以准将军官命名的城镇有布宜诺斯艾利斯省的派准将城（Comodoro Py），丘布特省的里瓦达维亚准将城（Comodoro Rivadavia）。

以将军军官命名的城镇有布宜诺斯艾利斯省的阿雷纳莱斯将军城（General Arenales）、贝尔格拉诺将军城（General Belgrano）、科内萨将军城（General Conesa）、达尼埃尔将军城（General Daniel Cerri）、吉多将军城（General Guido）、J. 马达里亚加将军城（General J. Madariaga）、拉马德里德将军城（General Lamadrid）、拉斯埃拉斯将军城（General Las Heras）、拉瓦列将军城（General Lavalle）、曼西利亚将军城（General Mansilla），查科省的将军城（General O'Brien）、平托将军城（General Pinto）、何塞德圣马丁将军城（General José de San Martín）、皮兰将军城（General Pirán）、罗德里格斯将军城（General Rodríguez）、皮内多将军城（General Pinedo）、贝迪亚将军城（General Vedia）、比列加斯将军城（General Villegas），丘布特省的莫斯科尼将军城（General Mosconi）。

此外还有以少校军官命名的城镇如布宜诺斯艾利斯省的布拉托维奇少校城（Mayor）。

（3）巴拉圭

巴拉圭独立后，曾经历过 1864~1870 年巴西、阿根廷和乌拉圭与巴拉圭之间的巴拉圭战争以及 1932~1935 年巴拉圭与玻利维亚之间的格兰查科战争。战后，巴拉圭用两次战争中本国著名军人的姓氏作为一些城镇的名称。

涅恩布库省城镇马丁内斯少校镇（Mayor Martínez）旧称佩德罗·冈萨雷斯城（Pedro González），后改为何塞德赫苏斯马丁内斯少校城，简称马丁内斯少校城。其名是为纪念 1865~1870 年巴拉圭战争中的巴拉圭英雄马丁内斯少校，他生于该城。

阿曼拜省城镇巴多上尉镇（Capitán Bado）设立于 1914 年 7 月 25 日，

原名"Ñu Verá",意为"光辉的田野"。现名是为纪念曾参加巴拉圭战争的来自皮拉尔城的上尉军官何塞·马迪亚斯·巴多（José Matías Bado），他曾参加三国联盟战争。

卡瓜苏省首府奥维多上校城（Coronel Oviedo）建于1758年，当时名为罗萨里奥德阿霍斯的圣母（Nuestra Señora del Rosario de Ajos）。现名是为纪念巴拉圭战争中的著名军人弗洛朗坦·奥维多（Florentín Oviedo）上校。

卡萨帕省城镇马西埃尔（Maciel）之名是为纪念19世纪70年代巴拉圭战争中的军人曼努埃尔·安东尼奥·马西埃尔（Manuel Antonio Maciel）上校。

卡宁德尤省城镇弗朗西斯科卡瓦列罗阿尔瓦雷斯将军市（GeneralFrancisco Caballero Alvarez）原名普恩特基阿（Puente Kyha），意为"吊床桥"，因当地卡拉帕河上有一麻绳连接的晃动的椰木吊桥而得名。1987年设立为市时改为现名，以纪念巴拉圭著名军人弗朗西斯科·卡瓦列罗·阿尔瓦雷斯（GeneralFrancisco Caballero Alvarez）将军。他在格兰查科战争中获"查科十字勋章"和"保卫者十字勋章"。1949年3月5日，他晋升为少将，曾任巴拉圭陆军与海军部部长以及驻玻利维亚、厄瓜多尔和英国大使。

（4）其他国家

其他拉美国家有些地名也用军人的名字命名。

智利第十五大区阿里卡和帕里纳科塔区拉戈斯将军镇（General Lagos）建于1927年12月30日，其名是为纪念智利著名军人、步兵司令佩德罗·拉戈斯·马尔尚（Pedro Lagos Marchant，1832－1884）准将。太平洋战争中，他于1880年7月7日率领智利军队击溃秘鲁军队，攻占了阿里卡。

第八大区比奥比奥区牛布莱省城镇平托（Pinto）由何塞·曼努埃尔·平托·阿里亚斯（José Manuel Pinto Arias）将军建于1860年10月6日，并以他自己的姓氏命名。第八大区比奥比奥区康塞普西翁省城镇科罗内尔（Coronel）建于1849年8月30日。其名西班牙语意为"上校"。

委内瑞拉莫纳加斯州城镇埃塞基耶尔萨莫拉（Ezequiel Zamora）其名是为纪念19世纪委内瑞拉军人和政治家埃塞基耶尔·萨莫拉将军，他曾支持有利于农民的土地改革。

乌拉圭特雷因塔伊特雷斯省恩里克马丁内斯将军城（General Enrique

Martinez）和阿蒂加斯省迭戈拉马斯准将城（Brigadier General Diego Lamas）是为纪念该国的著名军人迭戈·拉马斯准将。

4. 纪念文化、科技名人的地名

拉美国家有些城镇是以该国文化领域名人的名字命名，蕴含着丰富的历史文化知识。

（1）墨西哥

恰帕斯州城镇阿尔塔米拉诺（Altamirano）原名圣卡洛斯（an Carlos），1933年，恰帕斯州州长将其改名为恩里克镇，以纪念原州长雷蒙多·恩里克斯（Raymundo Enríquez）。1935年1月25日，该城改为现名，以纪念伊格纳西奥·曼努埃尔·阿尔塔米拉诺（Ignacio Manuel Altamirano）。阿尔塔米拉诺是墨西哥政治家和浪漫主义时期的印第安作家、诗人、文学评论家和文史学家，曾参与改革战争，后来又参加过反对法国武装干涉的战争。他担任过墨西哥最高法院的审判官、政府公共工程和经济发展部的官员、联合议会议员和驻西班牙巴塞罗那总领事及驻巴黎的外交官。阿尔塔米拉诺毕生从事文艺批评和撰写文学史的工作，是墨西哥文坛上著名的文学家，代表作有长篇小说《埃尔萨科》《科莱门西亚》等。

恰帕斯州城镇辛塔拉帕德菲格罗亚（Cintalapa de Figueroa）之名中的"Cintalapa"源于纳瓦特尔语，意为"地下水"，"Figueroa"是1942年1月6日添加的，是为纪念墨西哥著名诗人罗杜尔福·菲格罗亚·埃斯金卡（Rodulfo Figueroa Esquinca，1866 - 1899）。1890年，他出版了自己的第一部诗集《遗忘，三首歌中的小诗》（Olvido, pequeño poema en tres cantos），在他去世两年后，出版了他的《诗集》（Poesías），1927年，又出版了他的《恰帕斯抒情诗》（Lira Chiapaneca）。

科阿韦拉州阿库尼亚城（Ciudad Acuña）简称阿库尼亚（Acuña）。1880年，该城名为加尔萨加兰（Garza Galán）。1884年改名为孔格雷加西翁拉斯巴卡斯（Congregación Las Vacas），西班牙语意为"牛聚集之地"。1912年改名为阿库尼亚镇（Villa Acuña），以纪念墨西哥著名诗人和作家曼努埃尔·阿库尼亚·纳罗（anuel Acuña Narro，1849 - 1873）。阿库尼亚的主要作品有《夜曲》（Nocturno）和《那时和今天》（Entonces y hoy）等。1873

年 12 月 6 日，他可能因为感情问题而自杀身亡。

瓜纳华托州城镇普里西马德布斯托斯（Purísima de Bustos）根据总督马丁·恩里克斯·德阿尔曼萨（Martín Enríquez de Almanza）的命令兴建于 1603 年 1 月 1 日，取名圣胡安德尔博斯克（San Juan del Bosque）。1649 年改名为圣母德拉康塞普西翁（Nuestra Señora de la Limpia Concepción），西班牙语意为"纯洁圣母受孕"。1834 年该城改名为普里西马德尔林孔（Purísima del Rincón）。1954 年议会下令改为现名，以纪念出生于该城的墨西哥著名画家埃梅尔希尔多·布斯托斯（Hermenegildo Bustos，1832－1907）。布斯托斯以画肖像著称，其作品曾在墨西哥城美术博物馆和巴黎、伦敦、东京等地展出。

瓜纳华托州城镇圣克鲁斯德胡文蒂诺罗萨斯（Santa Cruz de Juventino Rosas）由新西班牙总督巴尔塔萨·德苏尼加·索托马约尔－门多萨（Baltasar de Zúñiga Guzmán Sotomayor y Mendoza）1821 年扩建于科蒙图奥索庄园（hacienda de Comontuoso），取名圣克鲁斯德科蒙图奥索（Santa Cruz de Comontuoso）。名中的"Santa Cruz"是科蒙图奥索庄园的保护神。墨西哥独立后，1826 年改名为圣克鲁斯（Santa Cruz）。1912 年 5 月 24 日，瓜纳华托州议会颁布第 93 号令，将城名改为圣克鲁斯德加莱亚纳（Santa Cruz de Galeana），以纪念墨西哥独立运动英雄埃梅内希尔多·加莱亚纳（Hermenegildo Galeana，1762－1814）。根据居民要求，1939 年 1 月 1 日，瓜纳华托州议会颁布第 197 号令，将城名改为胡文蒂诺罗萨斯，以纪念出生于该城的墨西哥著名作曲家、小提琴家胡文蒂诺·罗萨斯·卡德纳斯（Juventino Rosas Cadenas，1868－1894）。其代表作为 1888 年创作的《波浪之上》（Sobre las olas）。1956 年 6 月 17 日，瓜纳华托州议会决定将城名改为圣克鲁斯德胡文蒂诺罗萨斯。

克雷塔罗州城镇佩德罗埃斯科韦多（Pedro Escobedo）建于 1754 年，取名为阿罗约塞科（Arroyo Seco），西班牙语意为"干枯的小河"。1904 年改为现名，以纪念克雷塔罗州外科医生佩德罗·埃斯科韦多（Pedro Escobedo，1798－1844），他创立了国家医药学校。

塔巴斯科州城镇英雄的卡德纳斯（Heroica Cárdenas）建于 1797 年 4 月

22 日。原名圣安东尼奥德洛斯纳兰霍斯（San Antonio de los Naranjos），1851 年改名为圣安东尼奥德卡德纳斯（San Antonio de Cárdenas），以纪念塔巴斯科州名人何塞·爱德华多·德卡德纳斯-罗梅罗博士（José Eduardo de Cárdenas y Romero, 1765–1821）。他是传教士，又是诗人、作家，也是英雄的卡德纳斯城的奠基人，曾担任尤卡坦州梅里达圣伊尔德丰索神学院拉丁文教授和墨西哥城圣胡安德莱特兰学院副院长，始终致力于塔巴斯科脱离尤卡坦州独立。1868 年，为表彰该城人民参加抵抗 1863 年法国的干预战争，塔巴斯科州议会授予该城"英雄的"称号，该城的全名改为现名。

（2）委内瑞拉

委内瑞拉塔奇拉州和特鲁希略州都有名叫安德烈斯贝略（Adrés Bello）的市镇，它们是为纪念委内瑞拉和拉丁美洲的文化巨匠安德烈斯·贝略（Adrés Bello, 1781–1865）。

1781 年 11 月 29 日，安德烈斯·贝略出生于加拉加斯。他 6 岁时开始在拉蒙·班洛斯滕的学校接受教育。第二年，他成为施恩会修道院传教士克里斯托瓦尔·克萨达的学生。克萨达传教士知识渊博、思想活跃，他借助讲解荷马、维吉尔的古典诗歌让贝略学会了拉丁文，并通过讲授世界著名文学家、剧作家的名著培养了贝略对语言、文学、戏剧等的兴趣，对日后贝略的成长发挥了重要作用。1796 年年初，贝略不到 15 岁便同其师一道翻译了拉丁文的史诗《La Eneida》第 5 卷，从此他踏上了文学创作之路。翌年 1 月，贝略进入皇家与教皇大学学习。1797 年 9 月，贝略升入哲学班，从师拉斐尔·埃斯卡洛纳博士。他除了学习逍遥学派和繁琐哲学的学说外，还学习逻辑学、算术、代数和几何，为后来学习实验物理打下基础。1800 年 1 月，德国地理学家洪堡在委内瑞拉考察时，贝略有幸作为他的翻译和向导，并从中得到很多有益的教诲，从他身上学到刻苦钻研的精神。同年 6 月 14 日，在大学小教堂举行的毕业典礼上，校长何塞·维森特·马奇利安达授予贝略人文学科硕士的学位证书，同时，他还获得物理学科的头等奖。后来，贝略又在大学里进修法律和医学专业，但不久因经济原因而离开学校。就从这一年起，贝略开始写诗。此后的 10 年间，他创作了大量优美动人的诗篇，如 1800 年所著《埃尔阿纳乌科颂》《我的愿望》（Mis deseos），

1806年所著《加拉加斯大主教弗朗西斯科·伊巴拉去世了》，1806～1808年所著《牧歌》《致一名女演员》，1808年所著《拜伦胜利的颂歌》(Los sonetos a la victoria de Bailén)、《船之歌》等。他创作的诗歌既有古典主义色彩，又有浪漫主义的风格。

1808年10月24日，贝略担任委内瑞拉第一家报纸《加拉加斯报》的编辑，成为委内瑞拉第一名记者。1809年，他同弗朗西斯科·伊斯纳尔迪(Francisco Isnardi)一起创办了委内瑞拉最早的杂志《星》。同年，他撰写了《委内瑞拉历史概要》。1810年4月，受执政委员会的派遣，他随同西蒙·玻利瓦尔和路易斯·洛佩斯·门德斯一起出使英国，寻求英国的支持并购买武器。7月10日，他与玻利瓦尔一行抵达英国后，贝略再也没有机会返回祖国委内瑞拉。1823年，贝略在伦敦创办了他的第一本杂志《美洲图书馆》。1825年7月1日，他在伦敦创办的第二本杂志《美洲文集》问世。

1828年9月，智利总统弗朗西斯科·安东尼奥·平托(Francisco Antonio Pinto)决定为他及其全家前往智利提供一切费用，并请他担任重要职务。1829年6月25日，贝略一家乘英轮"希腊人"号抵智利瓦尔帕莱索港。1833年，智利参议院通过贝略成为智利正式公民的动议。1837年，贝略当选为参议员。他在智利担任了《阿拉乌干人》杂志主编，在这本杂志上发表了大量诗作、戏剧评论文章，他在智利期间创作并翻译了大量诗歌。1833年，贝略发表童话诗《彗星》；1841年7月智利圣地亚哥耶稣会教堂失火后，他写出《教堂的烈火》；1846年，完成幽默讽刺诗《时尚》；1849年，出版讽刺诗《烟草》；1861年，出版寓言《人、马和牛》《绵羊》《亚萨的诗》。贝略还是优秀的文学评论家，1841年2月，他在《阿拉乌干人报》上发表文学评论《浪漫主义和古典主义概述》；1850年，出版著作《东方古典文学和希腊古典文学》。贝略是语言大师，精通英、法、希腊和拉丁文，曾翻译荷马、雨果、拜伦、普劳图斯、柏拉图等文学大师的许多作品。1842年，出版译著《幻影》和《去奥林匹斯山》；翌年，出版译著《精灵》。贝略还是哲学家，教授过哲学，出版过不少哲学著作。1844年发表了10篇有关哲学和哲学评论的文章，后汇编在《哲学理解》一书中。贝略也是西班牙语的语法专家,1835 年,他出版了《西班牙语的正音学和格律学》一书;1841 年出版《西班牙语动词时态变位概念分析》;1847 年出版《西班牙语语法》,这本为拉美人撰写的语法书深受欢迎,曾 5 次再版,成为很多拉美国家学校使用的教材。贝略又是法学家,1840 年 8 月,智利参议院委托他和另外一个人共同起草《智利民法》。他还在天文学方面进行了探索,1848 年,他出版了《宇宙志》一书。贝略致力于智利的教育事业,1840 年起到大学授课,为智利培养了大批优秀人才。1843 年 7 月 18 日,贝略被任命为智利大学哲学、人文、法律和政治系教授,7 月 21 日,又被任命为智利大学校长。贝略还是一位出色的外交家,1834 年,他被任命为智利外交部部长,他为智利总统起草过许多演说稿,并为外交部撰写了许多声明和文件。贝略在智利生活了整整 36 年,1865 年 10 月 15 日,贝略因患支气管炎和斑疹伤寒与世长辞。

安德烈斯·贝略是委内瑞拉和拉丁美洲的文化巨匠,是启蒙文化的一代宗师,对世界文化的发展做出了重要贡献。1851 年 11 月 20 日,西班牙皇家学院一致通过贝略为名誉院士。贝略逝世后,委内瑞拉为了永远铭记这位伟人,出版了他的全集,把加拉加斯一所大学命名为"安德烈斯·贝略天主教大学"。委内瑞拉作家协会设立了"安德烈斯·贝略文学奖金",奖励委内瑞拉和拉美国家有突出成就的作家。智利人民同样怀念他,出版了他的全集,共 15 卷。智利政府还把外交部所属的外交学院命名为"安德烈斯·贝略外交学院",以纪念这位为智利做出过重大贡献的伟人。

(3) 玻利维亚

波托西省莫德斯托奥米斯特县(Modesto Omiste)之名以玻利维亚作家莫德斯托·奥米斯特·蒂纳赫罗斯(Modesto Omiste Tinajeros,1840－1898)为名。莫德斯托·奥米斯特还是记者、教育家、律师、政治家、外交家和历史学家。他出生于波托西城,在圣弗朗西斯科·哈维尔·德丘基萨卡大学法学系毕业后,他曾在皮钦查国立学校任教,后成为驻美大使。他创建了自由党,创办了《时代报》(El Tiempo)。著有《玻利维亚史》(Historia de Bolivia)、《加拉加斯,解放者的摇篮》(Caracas, cuna del libertador)等书。由于莫德斯托·奥米斯特对玻利维亚教育和文化做出了重要贡献,他的诞辰日——6月6日——被定为玻利维亚"教师日"。

波托西省达尼埃尔坎波斯县（Daniel Campos）之名是为纪念出生在该地的诗人达尼埃尔·坎波斯（Daniel Campos, 1829－1910），他最著名的诗作是《塞利查》（Celichá）。

塔里哈省伯德特奥康瑙尔县（Burdett O'Connor）是以南美独立战争编年史学者弗朗西斯科·伯德特奥康瑙尔（Francisco Burdett O'Connor）的名字命名。

丘基萨卡省路易斯卡尔沃县（Luis Calvo）首府巴卡古斯曼镇（Villa Vaca Guzmán）原名穆尤潘帕（Muyupampa），1947年11月14日改为现名，以纪念玻利维亚的历史学家、文学家和外交家圣地亚哥·巴卡·古斯曼（Santiago Vaca Guzmán, 1847－1896）。

（4）巴拉圭

瓜伊拉省城镇费利克斯佩雷斯卡多索（Félix Pérez Cardozo）由巴拉圭都督阿古斯丁·费尔南多·德皮内多建于1778年，最初名叫亚蒂（Hiaty），1957年，巴拉圭当局下令将该城改名为费利克斯佩雷斯卡多索，以纪念巴拉圭著名的音乐家、诗人费利克斯·佩雷斯·卡多索（Félix Pérez Cardozo, 1908－1952）。他曾收集和整理大量巴拉圭民歌，并为多首巴拉圭民间诗配乐。

瓜伊拉省城镇纳塔利西奥塔拉韦拉（Natalicio Talavera）建于1918年，其名是为纪念巴拉圭著名诗人纳塔利西奥·塔拉韦拉（Natalicio Talavera, 1839－1867）。

（5）智利

智利第九大区阿劳卡尼亚区考廷省城镇戈尔贝亚（Gorbea）是根据1904年4月29日智利总统赫尔曼·列斯科·埃拉苏里斯（Germán Riesco Errázuriz）签署的第924号法令正式设立的，其名是为纪念西班牙著名数学家、智利大学物理与数学系主任安德烈斯·安东尼奥·德戈尔贝亚（Andrés Antonio de Gorbea, 1792－1852）教授。

第九大区阿劳卡尼亚区考廷省城镇特奥多罗施密特（Teodoro Schmidt）原名维利奥（Huilio），其名马普切语意为"斗牛地"。1936年，德裔工程师特奥多罗·施密特·克萨达（Teodoro Schmidt Quezada）设计的弗莱雷—里埃尔铁路动工，为纪念这位工程师，该城由维利奥改为现名。

（6）乌拉圭

乌拉圭拉瓦耶哈省城镇何塞佩德罗巴雷拉（José Pedro Varela）之名是为纪念乌拉圭教育改革者何塞·佩德罗·巴雷拉（José Pedro Varela）。

索里亚诺省城镇何塞恩里克罗多（José Enrique Rodó）得名于1924年，其名是为纪念1917年去世的乌拉圭杂文作家、文艺评论家何塞·恩里克·罗多（José Enrique Rodó）。

马尔多纳多省城镇皮里亚波利斯（Piriápolis）以该城奠基者弗朗西斯科·皮里亚（Francisco Piria）的姓氏为名。皮里亚1847年8月21日生于蒙特维的亚，小时被送往意大利的叔叔家。其叔叔是耶稣会传教士，他对皮里西的教育，使他积累了许多历史、神学和哲学知识。他青年时期返回乌拉圭，做过生意，并创办了《人民论坛报》。1890年，他在甜面包山附近买下2700公顷土地，建立了皮里亚波利斯。

科洛尼亚省城镇胡安拉卡塞（Juan Lacaze）之名是为纪念为该城发展做出过极大贡献的胡安·路易斯·拉卡塞（Juan Luis Lacaze）。

（7）哥伦比亚

哥伦比亚昆迪纳马卡省城镇马德里（Madrid）原住居民为萨加苏卡人（Sagasuca），首任村长阿隆索·迪亚斯（Alonso Díaz）为村落取名为萨加苏卡印第安人村（Pueblo de indios de Sagasuca）。1563年6月7日，西班牙法官迭戈·德比利亚法涅（Diego de Villafañe）抵达后称其为塞雷苏埃拉（Serrezuela），这是西班牙语"sierra"（山脉）的缩小词，得名是因该村位于一座高山脚下。1875年11月17日，昆迪纳马卡省发布第14号令，将该城改名为马德里，以纪念文学家佩德罗·费尔南德斯·马德里（Pedro Fernández Madrid）。马德里1817年生于古巴哈瓦那，曾在该地居住，1875年2月7日去世。1973年昆迪纳马卡省议会根据该市市长的请求下令恢复塞雷苏埃拉的名称。1976年11月16日，根据议会第14号法令，该城又恢复了马德里的名称。

5. 纪念城市奠基人和地产拥有者的地名

拉美国家有些城市以其奠基者命名，以缅怀他们对城市诞生发挥的重要作用，也让后人牢记城市发展的历史。

（1）墨西哥

墨西哥阿瓜斯卡连特斯州城镇林孔德罗莫斯（Rincón de Romos）建于 1639 年，当时名叫乔拉镇（Villa de Chora）。1658 年，迭戈·罗莫·德比瓦尔船长（Diego Romo de Vivar）购买了佩德罗·林孔·德阿特亚加（Pedro Rincón de Arteaga）的林孔庄园，这之后城名也以交易双方姓氏结合的方式改为林孔德罗莫斯。

哈利斯科州城镇乌尼翁德图拉（Unión de Tvla）之名中的"乌尼翁"（Unión）西班牙语意为"连接、接合、联合、团结、联盟"等；城名的后半部分"图拉"（Tvla）是该城四个奠基者的姓氏托佩特（Topete）、比利亚塞尼奥尔（Villaseñor）、拉斯卡诺（Lazcano）和阿雷奥拉（Arreola）头一个字母的结合。

尤卡坦州城镇普罗戈雷索德卡斯特罗（Progreso de Castro）原名普罗戈雷索港（Puerto Progreso），西班牙语意为"进步港"。1884 年该港口的奠基人胡安·米格尔·卡斯特罗（Juan Miguel Castro，1803 - 1884）在梅里达城逝世，尤卡坦州议会下令在城名中加入"卡斯特罗"一词，以纪念胡安·米格尔·卡斯特罗。

阿瓜斯卡连特斯州城镇卡尔维略（Calvillo）之名是为纪念该城奠基人何塞·卡尔维略（José Calvillo）。

哈利斯科州城镇阿兰达斯（Arandas）得名于 17 世纪，以该城奠基者之一的姓氏为名。

哈利斯科州城镇博拉尼奥斯（Bolaños）原称博拉尼奥斯皇家镇（Villa del Real de Bolaños），城名中的"博拉尼奥斯"（Bolaños）来自 16 世纪末在该地区经营矿业的矿主姓氏。

（2）玻利维亚

玻利维亚潘多省尼古拉斯苏亚雷斯县（Nicolás Suárez）之名源于玻利维亚企业家尼古拉斯·苏亚雷斯·卡利亚乌（Nicolás Suárez Callaú，1851 - 1940）。他在 20 世纪初建立起大型跨国橡胶公司，在玻利维亚贝尼省和潘多省拥有 8 万平方公里的土地、5 万头牛和 6 艘轮船，在阿克里、玛瑙斯、贝伦和伦敦等地设有分公司。

拉巴斯省何塞曼努埃尔潘多县首府圣地亚哥德马查卡（Santiago de Machaca）建于1986年4月29日，"马查卡"是所在地区地产主的姓氏。

（3）其他国家

哥伦比亚梅塔省城镇雷斯特雷波（Restrepo）建立于1905年，其名是为纪念该城的奠基人埃米利亚诺·雷斯特雷波（Emiliano Restrepo）。

哥伦比亚桑坦德省城镇帕拉莫（Páramo）建立于1768年，其名是为纪念城市的奠基者胡安·内博努塞莫·帕拉莫（Juan Neponucemo Páramo）。

阿根廷内乌肯省城镇普洛蒂埃尔（Plottier）1935年3月26日由来自乌拉圭的医生阿尔韦托·普洛蒂埃尔（Alberto Plottier）建立，为了纪念城市的奠基者，遂以其姓氏"普洛蒂埃尔"命名。

智利第四大区科金博区城镇萨拉曼卡（Salamanca）建于1844年11月29日，其名源于该城奠基人马蒂尔德·萨拉曼卡女士（doña Matilde Salamanca）的姓氏。

智利第十大区洛斯科格斯奇洛埃省城镇库拉科德贝莱斯（Curaco de Vélez）建于1660年，以奠基者之一的姓氏命名。

巴拉圭伊塔普阿省奥夫利加多县（Obligado）的土地原属阿根廷人帕斯托·塞尔万多·奥夫利加多博士（Pastor Servando Obligado），他将土地卖给该县奠基人鲁道夫·米勒（Rodolfo Müller）和吉列尔莫·伊姆劳埃尔（Guillermo Ymlauer），他们于1912年5月25日在此建立居住点，并以原土地拥有者奥夫利加多的姓氏为该地命名。

乌拉圭索里亚诺省城镇卡多纳（Cardona）建于1903年，其名是多罗特奥·胡安·卡多纳（Doroteo Juan Cardona）和布劳略·米格尔·卡多纳（Braudio Miguel Cardona）的姓氏，他们是最早获得这一地区地产的人。

6. 以其他人士为名

阿根廷有些地名源于当地名人旺族的姓氏，如图库曼省的阿吉拉雷斯（Aguilares）源于该地区一个名叫佩德罗·阿吉拉雷斯的大地产家族，取该家族的姓氏为城名。

图库曼省城镇蒙特罗斯（Monteros）之名取自当地很多人的姓氏蒙特罗

斯。但一些人认为，在西班牙语中"Monteros"意为"山中人"，取此名是因居住于伊瓦廷地区的古圣米格尔人拒绝迁往新地区，纷纷逃往附近山中。

哥伦比亚北桑坦德省城镇埃兰（Herrán）之名源于哥伦比亚美式咖啡发展史中的重要人物佩德罗·阿尔坎塔拉·埃兰（Pedro Alcántara Herrán）。

乌拉圭还有些城镇以当地名人命名，如阿蒂加斯省城镇贝尔纳韦利韦拉（Bernabe Rivera），哈维尔德比亚纳（Javier de Viana）；塞罗拉尔戈省城镇拉蒙特里戈（Ramón Trigo），伊西多罗诺夫利亚（Isidoro Noblia），里奥布兰科（Rio Branco）；杜拉斯诺省城镇卡洛斯雷莱斯（Carlos Reyles）等都是如此。

智利第十二大区麦哲伦－智利南极区省城镇威廉斯港（Puerto Williams）建于1953年，当时取名路易莎港（Puerto Luisa.）。1956年8月22日改为现名，以纪念爱尔兰水手约翰·威廉斯·威尔逊（John Williams Wilson）。1843年9月21日，他以智利政府的名义夺占了麦哲伦海峡，建立了布尔内斯堡。

第九大区阿劳卡尼亚区考廷省城镇萨韦德拉（Saavedra）建于1852年，1906年，科尔内利奥·萨韦德拉（Cornelio Saavedra）带领一批从托尔滕堡和卡涅特来的移民在此落户，为该城取此名，以纪念科尔内利奥·萨韦德拉。

第二大区安托法加斯塔区城镇玛丽亚埃伦娜（María Elena）之名是为纪念"北科亚"硝石精炼厂经理埃利亚斯·卡佩伦斯·史密斯（Elías Cappelens Smith）之妻玛丽·艾伦·康登（Mary Ellen Condon）。

特立尼达和多巴哥加斯帕雷岛（Gasparee Island）之名源于该岛的拥有者加斯帕·德佩尔辛（Gaspar de Percín）。该岛面积1.29平方公里，位于西班牙港以西12公里。

特立尼达和多巴哥桑格雷格兰德区城镇巴伦西亚（Valencia）之名源于该地区庄园主的姓氏巴伦蒂亚（Valentia）。

巴拉圭上巴拉圭省城镇卡萨多港（Puerto Casado）之名源于19世纪一个西班牙人在阿根廷罗萨里奥城成立的"卡洛斯·卡萨多公司"（Empresa Carlos Casado）。

危地马拉萨卡特佩克斯省城镇圣米格尔杜埃尼亚斯（San Miguel Dueñas）之名中的"圣米格尔"（San Miguel）是表示对天使圣米格尔（San Miguel）的尊敬，"杜埃尼亚斯"（Dueñas）西班牙语意为"女主人"。其来源一说佩德罗·德阿尔瓦拉多（Pedro de Alvarado）征服该地后，命令所有印第安人奉养在战争中失去丈夫的女人，故该城被称为"杜埃尼亚斯"；一说建城时奠基人是该地区的主人米格尔·杜埃尼亚斯（Miguel Dueñas），遂以他的名字命名。

（六）源于自然地理的地名

拉丁美洲东濒大西洋，西临太平洋，北部为加勒比海和墨西哥湾，南部隔德雷克海峡与南极洲相望。拉丁美洲地势西高东低，西部是墨西哥高原和安第斯山脉，东部则是高原和平原相间排列。巴西高原是世界上最大的高原，亚马孙平原是世界上最大的冲积平原。拉丁美洲河流众多，亚马孙河、奥里诺科河和拉普拉塔河是三条主要河流，其中亚马孙河是世界上水量最大、流域面积最广的河流。拉美许多国家的西班牙语地名是反映了当地自然地理的特色。

1. 以海洋、河流、瀑布等为名的地名

（1）以海洋为名的地名

哥伦比亚大西洋省（Atlántico）、尼加拉瓜北大西洋自治区（Región Autónoma del Atlántico Norte）和南大西洋自治区（Región Autónoma del Atlántico Sur）均因濒临大西洋而得名。大西洋之名源于古希腊神话中一位名叫阿特拉斯（Atlas）的英雄。他的兄弟普罗米修斯因盗取天火给予人类温暖而触犯天条，万神之王宙斯判他死刑，将他绑在高加索山上，让雄鹰啄其心肝。阿特拉斯也受到宙斯的惩罚，让他肩扛巨大的地球，永远不准放下。人们看到大西洋海域宽广，无边无际，以为它就是大力神阿特拉斯的栖身之所，就把它称为阿特兰蒂科（Atlantic），西班牙语中的"Atlántico"是"Atlas"的形容词。

秘鲁阿亚库乔区拉马尔省（La Mar）之名的西班牙语意为"海洋"，特立尼达和多巴哥圣费尔南多市马拉贝利亚镇（Marabella）之名的西班牙语意为"漂亮的大海"。

巴拉圭上巴拉圭省内格拉湾（Bahía Negra）之名西班牙语意为"黑色小海湾"。乌拉圭卡内洛内斯省拉科斯塔城（Ciudad de la Costa）之名西班牙语意为"海岸城市"。危地马拉伊萨瓦尔省（Izabal）之名源于巴斯克语"zabal"，意为"宽的"，可能指该城所靠近的海湾宽阔。

（2）以河流、瀑布、温泉为名的地名

① 墨西哥

奇瓦瓦州城镇圣尼古拉斯德卡雷塔斯（San Nicolás de Carretas）是从一个商人在卡雷塔斯河边建起的货摊慢慢发展起来的，后来该城便以卡雷塔斯河名为名。

奇瓦瓦州城镇圣弗朗西斯科德孔乔斯（San Francisco de Conchos）之名中的"孔乔斯"（Conchos）源于从西向东流经该城的奇瓦瓦州最长的河流孔乔斯河（río Conchos）。

圣路易斯波托西州城镇里奥贝尔德（Río Verde）由方济各会传教士建于17世纪初，其名西班牙语意为"绿色的河"。

塔毛利帕斯州城镇里奥布拉沃（Río Bravo）之名的西班牙语意为"北布拉沃河城"。该城位于北布拉沃河南，故以该河名命名。

克雷塔罗州城镇阿罗约塞科（Arroyo Seco）之名西班牙语意为"干枯的小河"。1833~1840年，该城曾改名为瓜达卢佩镇（Villa de Guadalupe），以纪念瓜达卢佩圣母，后又恢复原名。

杜兰戈州城镇埃尔萨尔托（El Salto）之名西班牙语意为"瀑布"。

哈利斯科州城镇奥胡埃洛斯德哈利斯科（Ojuelos de Jalisco）之名中的"奥胡埃洛斯"（Ojuelos）西班牙语意为"活泼的眼睛"，得名是因建设该城时发现有多个"水眼"（ojos de agua），即泉水。

② 玻利维亚

潘多省几个县都以流经本地的河流名字命名，阿布纳尔特县（AbunáIt）之名源于流经该县北部地区与巴西的界河阿布纳河（río Abuná）。马德雷德迪奥斯县（Madre de Dios）之名源于流经该县北部地区的河流马德雷德迪奥斯河（río Madre de Dios），该河是与马努里皮县的界河。马努里皮县（Manuripi）之名源于流经该县的河流马努里皮河（río Manuripi）。

贝尼省马莫雷县（Mamoré）之名源于马莫雷河（río Mamoré），马莫雷河是马莫雷县和亚库马县（Yacuma）的界河。伊特内斯县（Iténez）之名源于流经该地区的伊特内斯河（río Iténez）。

圣克鲁斯省伊奇洛县（Ichilo）设立于1926年4月8日，其名源于流经该地区的伊奇洛河（río Ichilo）。萨拉县（Sara）设立于1883年9月25日，其名为原始土著人查内部落的词汇，他们称流经这里的河为"萨拉河"（Sara），意为"平静的水"，西班牙殖民者称这条河为格兰德河（río Grande），西班牙语意为"大河"。

塔里哈省城镇圣路易斯德恩特雷里奥斯（Entre Ríos）之名西班牙语意为"在河流之间"，它曾遭土著奇里瓜诺人几次摧毁，因此该城曾有过4个名称：建于1616年的拉斯贝加斯德拉新格拉纳达城（Ciudad de Las Vegas de la Nueva Granada）、建于1872年7月3日的圣卡洛斯镇（Villa de San Carlos）、建于1800年8月25日的圣路易斯（San Luis）和建于1832年11月10日的圣路易斯德恩特雷里奥斯（San Luis de Entre Ríos）。

贝尼省巴卡迪埃斯县（Vaca Díez）首府里韦拉尔塔（Riberalta）建于1894年2月3日，其名由西班牙语两个词"ribera"（河或海岸）和"alta"（高的）组合而成，全词义为"高的河（海）岸"。19世纪中叶，玻利维亚西北地区的探险家深入热带雨林地区，他们发现了由两条大河合流而形成的30多米高的溪壑，后来在这里逐渐建起一座城市。1880年10月8日埃德温·希斯（Edwin Heath）把它命名为巴兰卡克洛拉达（Barranca Colorada），西班牙语意为"红色的溪壑"，后改为现名。

③乌拉圭

拉瓦耶哈省城镇索利斯德马塔奥霍（Solís de Mataojo）设立于1874年8月12日，以环绕该城的两条河流索利斯河与马塔奥霍河命名。

卡内洛内斯省城镇阿瓜斯科连特斯（Aguas Corrientes）之名西班牙语意为"流水"。

罗恰省城镇阿瓜斯杜尔塞斯（Aguas Dulces）之名西班牙语意为"甜水"。

马尔多纳多省城镇拉巴拉（La Barra）之名源于西班牙语，意为（河入口处）"沙滩""沙洲"，指河流入海口附近地区，这里指马尔多纳多河。

④ 委内瑞拉

亚马孙州城镇里奥内格罗（Río Negro）之名西班牙语意为"黑河"。

米兰达州城镇里奥奇科（Río Chico）之名西班牙语意为"小河"。

苏克雷州城镇里奥卡里韦（Río Caribe）之名西班牙语意为"加勒比河"。

⑤ 哥伦比亚

哥伦比亚玻利瓦尔省城镇阿罗约翁多（Arroyo Hondo）之名西班牙语意为"水深的小河"；里奥别霍（Rio Viejo）之名西班牙语意为"老河"。

塞萨尔省城镇里奥德奥罗（Rio de Oro）之名西班牙语意为"金河"。

⑥ 其他国家

阿根廷圣克鲁斯省里奥奇科县（Río Chico）之名西班牙语意为"小河"。

智利第十四大区洛斯里奥斯区城镇布埃诺（Río Bueno）之名西班牙语意为"好的河"。

厄瓜多尔埃斯梅拉达斯省城镇里奥贝尔德（Río Verde）之名西班牙语意为"绿河"。

特立尼达和多巴哥福尔坦角市城镇瓜波（Guapo）之名西班牙语意为"漂亮的"，原为福尔坦角市一条河的名字，这条河被称为"漂亮的河"。

（3）以湖泊、沼泽为名的地名

① 墨西哥

圣路易斯波托西州城镇拉古尼利亚斯（Lagunillas）之名西班牙语意为"多小湖"，得名是因该城周围多湖。

科阿韦拉州城镇夸特罗谢内加斯（Cuatro Ciénegas）之名西班牙语意为"四个沼泽"，得名是因该地附近多泉水，使土壤潮湿并形成湖泊，故到此地的第一批移民取其名。该城全名为夸特罗谢内加斯德卡兰萨（Cuatro Ciénegas de Carranza），名中的"卡兰萨"（Carranza）是为纪念墨西哥前总统贝努斯蒂亚诺·卡兰萨（Venustiano Carranza），他于1915～1920年任墨西哥总统。

新莱昂州城镇谢内加德弗洛雷斯（Ciénega de Flores）原名巴列德卡里萨尔（Valle de carrizal），其名西班牙语意为"芦苇塘谷镇"，后改为现名。城名中的"谢内加"（Ciénega）意为"泥塘"，全词义为"弗洛雷斯的泥塘"，因为这片土地曾属于地产主弗洛雷斯（Flores）。

② 智利

智利第十一大区卡洛斯伊瓦涅斯德尔坎波将军的艾森区城镇拉戈贝尔德（Lago Verde）之名西班牙语意为"绿湖"。

第十四大区洛斯里奥斯区城镇拉戈兰科（Lago Ranco）之名西班牙语意为"兰科湖"。

第十四大区洛斯里奥斯区城镇洛斯拉戈斯（Los Lagos）之名西班牙语意为"诸湖"。

③ 阿根廷

阿根廷内乌肯省洛斯拉戈斯县（Los Lagos）之名西班牙语意为"诸湖"。

圣克鲁斯省的阿根廷湖县（Lago Argentino）和布宜诺斯艾利斯湖县（Lago Buenos Aires）也以湖为名。

查科省城镇拉古纳林皮奥（Laguna Limpia）之名西班牙语意为"清洁的小湖"。

④ 其他国家

厄瓜多尔苏昆毕奥斯省城镇拉戈阿格里奥（Lago Agrio）之名西班牙语意为"酸湖"。

萨尔瓦多查拉特南戈省城镇拉拉古纳（La Laguna）之名西班牙语意为"小湖"。

（4）以山脉为名的地名

拉美国家一些地方以山脉为名。

① 墨西哥

科阿韦拉州城镇谢拉莫哈达（Sierra Mojada）之名西班牙语意为"潮湿的山脉"。得名是因该城位于一个山麓地带，这里的矿藏使山麓变了颜色，如同淋湿了一样。

杜兰戈州城镇佩尼奥恩布兰科（Peñón Blanco）之名中的"Peñón"西

班牙语意为"巨石"或"石山","Blanco"意为"白色的",全词义为"白石山"。

索诺拉州佩尼亚斯科港(Puerto Peñasco)之名西班牙语意为"岩石港",得名于 1826 年。那一年英国皇家海军上尉罗伯特·威廉·黑尔·哈迪(Robert William Hale Hardy)航行到该地区寻找珍珠和贵金属,他把这里命名为"Rocky Point",意为"岩石角"。拉萨罗·卡德纳斯总统(Lázaro Cárdenas)执政时将此地改名为"Puerto Punta Peñasco",西班牙语意为"岩石角港"。

② 其他国家

玻利维亚圣克鲁斯省拉科迪勒拉德洛斯奇里瓜诺斯县(La Cordillera de los Chiriguanos)之名西班牙语意为"奇里瓜诺斯人的山脉",得名是因瓜拉尼族的奇里瓜诺斯人占据了安第斯山脉的大片地区,该城简称为科迪勒拉县(Cordillera)意为"山脉"。

巴拉圭涅恩布库省城镇塞里托(Cerrito)之名是西班牙语"cerro"(山)的缩小词,取该名是因该地是全省唯一地势高的地区。

以山脉和与山脉有关词为名的拉美地名还有很多。

哥伦比亚考卡省拉谢拉市(La Sierra)之名西班牙语意为"山脉";阿根廷布宜诺斯艾利斯省城镇谢拉奇卡(Sierra Chica)西班牙语意为"小山脉";乌拉圭塞罗拉尔戈省(Cerro Largo)之名西班牙语意为"绵长的山";卡内洛内斯省城镇蒙特斯(Montes)之名西班牙语意为"山",佛罗里达省城市塞罗科罗拉多(Cerro Colorado)之名西班牙语意为"红山",阿蒂加斯省城镇特雷斯赛罗斯(Tres Cerros)之名西班牙语意为"三座山";智利火地岛省城镇普里马维拉(Primavera)之名源于"Springhill",意为"春山";特立尼达和多巴哥圣胡安拉文蒂列区的拉斯奎瓦斯海滩(Las Cuevas Beach)之名西班牙语意为"山洞海滩",圣胡安-拉文蒂列郡城镇拉斯奎瓦斯(Las Cuevas)之名西班牙语意为"多山洞";乌拉圭卡内洛内斯省城镇拉斯彼德拉斯(Las Piedras)之名西班牙语意为"石头",彼德拉平塔达(Piedra Pintada)之名意为"彩石",派桑杜省城镇彼德拉斯科洛拉达斯(Piedras Coloradas)之名西班牙语意为"红色石头"。

哥伦比亚乌伊拉省城市希甘特（Gigante）之名西班牙语意为"巨人"，其名来源有几种猜测：一说该城所在地原有一个名为希甘特的庄园，其名是因当地马坦山（Cerro Matambo）上出现一巨人形象；一说当地曾发现生活于亿万多年前的乳齿象化石，故以"巨人"为该城命名。

（5）以谷地、平原、草原为名的地名

玻利维亚圣克鲁斯省巴耶格兰德县（Vallegrande）和阿根廷胡胡伊省城镇巴耶格兰德（Valle Grande）之名西班牙语意为"大山谷"。

阿根廷圣胡安省巴耶费尔蒂尔（Valle Fértil）之名西班牙语意为"肥沃的山谷"。

哥伦比亚北桑坦德省城镇洛斯帕蒂奥斯（Los Patios）之名西班牙语意为"空地"，因为古时这里是一片长满仙人掌和金合欢的开阔平原。

玻利维亚圣克鲁斯省弗洛雷斯县城镇潘帕格兰德（Pampa Grande）之名西班牙语意为"大草原"。

阿根廷查科省城镇潘帕德尔因菲耶尔诺（Pampa del Infierno）之名西班牙语意为"地狱草原"。

2. 形容地方特色的地名

（1）以自然景色为名的地名

哥伦比亚梅塔省城市维斯塔埃尔莫萨（Vista Hermosa）之名西班牙语意为"美丽景色"，因当地风景迷人。该城最初名叫杜尔塞港（Puerto Dulce），是根据河名命名。杜尔塞（Dulce）西班牙语意为"甜"，杜尔塞港即"甜港"。

阿根廷查科省四月二日县首府埃尔莫索铁姆波（Hermoso Campo）之名西班牙语意为"美丽的田野"。

阿根廷科连特斯省城镇贝利亚比斯塔（Bella Vista）、巴拉圭上巴拉那省贝利亚比斯塔县（Bella Vista）和伊塔普阿省贝利亚比斯塔县（Bella Vista）之名西班牙语意为"好景色"。

玻利维亚圣克鲁斯省城镇布埃纳维斯塔（Buenavista）、哥伦比亚金迪奥省城镇布埃纳维斯塔（Buenavista）和巴拉圭卡萨帕省布埃纳维斯塔县（Buenavista）之名西班牙语意为"好风景"，它们的名字源于西班牙城市布埃纳维斯塔德巴尔达维亚（Buenavista de Valdavia）。

（2）以城镇、村镇、房屋、土地为名的地名

墨西哥杜兰戈州城镇普韦布洛努埃沃（Pueblo Nuevo）之名西班牙语意为"新村镇"，它是来自雷阿尔德米纳斯德圣迭戈德尔里奥（Real de Minas de San Diego del Río）的一群移民建立起的村镇，故称"新村"。该地区曾有种植甘蔗的土著特佩瓦诺人的村落，被称为"甘蔗村"。墨西哥瓜纳华托州城镇普埃布洛努埃沃（Pueblo Nuevo）、哥伦比亚科尔多瓦省城镇普埃布洛努埃沃（Pueblo Nuevo）和委内瑞拉法尔孔州市镇普埃布洛努埃沃（Pueblo Nuevo）也以"新村镇"为名。

哥伦比亚玻利瓦尔省城镇比利亚努埃瓦（Villanueva）、瓜希拉省城镇比亚努埃瓦（Villanueva）和玻利维亚潘多省费德里科罗曼县城镇比亚努埃瓦（Villa Nueva）之名西班牙语意也为"新镇"。

厄瓜多尔洛斯里奥斯省城镇普韦布洛别霍（Pueblo Viejo）之名西班牙语意为"旧村镇"。

哥伦比亚乌伊拉省城镇比利亚别哈（Villavieja）之名西班牙语意为"旧镇"。

哥伦比亚马格达莱纳省城镇西蒂奥努埃沃（Sitionuevo）建于1550年，其名西班牙语意为"新地方"，其中"Sitio"意为"地方"，"nuevo"意为"新的"。

委内瑞拉梅里达州城镇（Pueblo Llano）之名西班牙语意为"朴实村"，得名是因1559年西班牙殖民者胡安·德马尔多纳多（Juan de Maldonado）抵达此高原地区时，觉得当地村民朴实、慈善，故名。

墨西哥恰帕斯州城镇帕伦克（Palenque）由多明我会传教士佩德罗·洛伦索·德拉纳达（Pedro Lorenzo de la Nada）建于1567年，其名西班牙语意为"栅栏""围桩"。

墨西哥金塔纳罗奥州城镇穆赫拉斯岛（Isla Mujeres）位于加勒比海穆赫拉斯岛上，遂以岛名为名。1517年弗朗西斯科·埃尔南德斯·德科尔多瓦（Francisco Hernández de Córdoba）率领一支远征队发现该岛。他们观察到岛上的土著人崇拜月亮玛雅女神伊斯切尔（Ixchel），并在海滩上摆放女人形状的祭品，遂把该岛命名为"Isla Mujeres"，即"女人岛"。

墨西哥奇瓦瓦州城镇卡萨斯格兰德斯（Casas Grandes）之名西班牙语意为"大房子"。新西班牙总督路易斯·德贝拉斯科（Luis de Velasco）命探险家弗朗西斯科·德伊瓦拉（Francisco de Ibarra）赴北部探险。在西马德雷山区，探险者们发现了一个村庄，村庄里的建筑高达七层。殖民者们惊叹于建筑的辉煌，于是弗朗西斯科·德伊瓦拉为此地取名为"大房子"。

墨西哥奇瓦瓦州城镇新卡萨斯格兰德斯（Nuevo Casas Grandes）之名西班牙语意为"新大房子"，因靠近卡萨斯格兰德斯而得名。

墨西哥瓜纳华托州城镇铁拉布兰卡（Tierra Blanca）之名西班牙语意为"白色土地"。

墨西哥圣路易斯波托西州城镇铁拉努埃瓦（Tierra Nueva）之名西班牙语意为"新土地"

墨西哥格雷罗州城镇铁拉克拉拉达（Tierra Colorada）之名西班牙语意为"红色土地"，得名是因该城地处红土地区。

（3）以地理位置为名的地名

墨西哥科阿韦拉州城镇弗朗特拉（Frontera）之名西班牙语意为"边境"。得名是因该地区生活着许多外国人，并有一个美国移民点。当地居民认为他们生活在边境，故取其名。

墨西哥塔巴斯科州城镇弗龙特拉（Frontera）建于1780年，其名的西班牙语意也为"边境"。

巴拉圭中央省之名表明该省位于该国的中央。

巴拉圭上巴拉那省埃斯特城（Ciudad de Este）之名西班牙语意为"东方城"。

阿根廷布宜诺斯艾利斯省城镇奥连特（Oriente）之名西班牙语意为"东方"。

墨西哥塔巴斯科州城镇森特罗（Centro）之名西班牙语也意为"中心"，表明其地理位置位于塔巴斯科州中心。

（4）以其他事物为名的地名

乌拉圭卡内洛内斯省城镇巴罗斯德卡拉斯科（Barros de Carrasco）之名西班牙语意为"白泥"。20世纪初，由于在这个地区道路上来回奔走的大车留下当地特有的白泥痕迹，随之出现该地名。那时要去邻省拉瓦列哈的人们，都说"我要穿过白泥地"。1963 年，该城改名为胡安安东尼奥阿蒂加斯上尉城（Juan Antonio Artigas），以纪念乌拉圭独立运动领袖何塞·赫瓦西奥·阿蒂加斯的祖父。2007 年 6 月，乌拉圭议会批准颁布 18136 号法令，恢复原来的名字巴罗斯德卡拉斯科。

智利第五大区瓦尔帕莱索区洛斯安第斯省城镇卡列拉尔加（Calle Larga）建于 1891 年，其名西班牙语意为"长街"。

3. 以金属等矿石为名

墨西哥州城镇伊斯塔潘德奥罗（Ixtapan del Oro）之名后一部分"德奥罗"（del Oro）为西班牙语，"oro"意为"金"，得名是因 1894 年在这里发现了金矿。墨西哥州另一城镇埃尔奥罗（El Oro）之名西班牙语也意为"金"。

哥伦比亚梅塔省城镇富恩特德奥罗（Fuente de Oro）之名西班牙语意为"金泉"。

哥伦比亚乌伊拉省城镇拉普拉塔（La Plata）之名西班牙语意为"银"。

乌拉圭圣何塞省城镇普拉塔城（Ciudad del Plata）之名西班牙语意为"银城"。

墨西哥米却肯州城镇圣克拉拉德尔科布雷（Santa Clara del Cobre）由圣奥古斯丁教派传教士弗朗西斯科·德比利亚富埃尔特（Francisco de Villafuerte）建于 1553 年。其名中的"科布雷"（Cobre）西班牙语意为"铜"，得名是因当地盛产这种金属，当地人擅长制作铜工艺品。1858 年，该城曾改名为圣克拉拉德波图加尔（Santa Clara de Portugal），但始终未被人们所接受，后又恢复原名。

墨西哥州卡尔邦镇（Villa del Carbón）最初名为德拉佩尼亚德弗朗西亚圣母（Nuestra Señora de la Peña de Francia），源于当地教堂名。后在该名前添加"卡尔邦新镇"（Villanueva del Carbón），西班牙语意为"煤炭新镇"。最后简称为卡尔邦镇（Villa del Carbón）。

墨西哥圣路易斯波托西州城镇萨利纳斯德伊达尔戈（Salinas de Hidalgo）由西班牙殖民者胡安·德托洛萨（Juan de Tolosa）建于 1596 年，取名萨利纳斯德尔佩尼奥恩布兰科，其名西班牙语意为"白色岩石山上的盐矿"。这里的"萨利纳斯"(Salinas)西班牙语意为"盐矿",得名是因该地有许多盐矿,至今仍在该地采盐。这些盐矿位于佩尼奥恩山(cerro del Peñón)下。

委内瑞拉亚马孙州城镇首府拉埃斯梅拉尔达(La Esmeralda)之名西班牙语意为"祖母绿"。

智利第五大区瓦尔帕莱索区基约塔省城镇拉卡莱拉(La Calera)建于1844年,其名为西班牙语,意为"石灰矿"。400多年前,智利土著人已在该城城南的小山中开采石灰岩和生产石灰。

智利第九大区阿劳卡尼亚区考廷省城镇比亚里卡(Villarrica)之名西班牙语意为"富镇"。由智利总督赫罗尼莫·德阿尔德雷特(Jerónimo de Alderete)建于1552年。16世纪,在当地山上和森林的河流中发现了金子,开采金和银成为当时智利主要的经济活动,因此将该城命名为比亚里卡。

(七) 源于动植物的地名

前述印第安语地名中出现不少以动植物名字命名的地名,与此同时,拉美地区西班牙语地名中也包含大量动植物的名字。

1. 墨西哥

墨西哥印第安地名中有许多以动植物名字命名的地名,其西班牙语地名中也有很多动植物的名称。

(1) 以动物命名的地名

圣路易斯波托西州城镇阿尔马蒂略德洛斯因方特(Armadillo de los Infante)之名中的"阿尔马蒂略"(Armadillo)西班牙语意为"犰狳","德洛斯因方特"(de los Infante)是为纪念19世纪初该城第一家印刷厂的厂主因方特家族。

圣路易斯波托西州城镇贝纳多(Venado)之名西班牙语意为"鹿"。第一批居民来此定居时,他们发现了一眼小泉,泉边有许多鹿,于是此地的第一个名字是圣塞瓦斯蒂安奥霍德阿瓜德尔贝纳多(San Sebastian Ojo de

Agua del Venado）。名中"圣塞瓦斯蒂安"（San Sebastian）是天主教圣人名，"奥霍德阿瓜"（Ojo de Agua）西班牙语意为"水眼"，指上述小泉，"贝纳多"（Venado）西班牙语意为"鹿"。

尤卡坦州拉加尔托斯河（Río Lagartos）之名西班牙语意为"鳄鱼河"。贝尔纳尔·迪亚斯·德尔卡斯蒂略（Bernal Díaz del Castillo）在其撰写的《征服新西班牙真实史》（*Historia verdadera de la conquista de la Nueva España*）中披露，作者等人在一次探险中为储备淡水而考察该地一条河，发现这条河里有大量鳄鱼，于是把该地区称为"鳄鱼河"。

南下加利福尼亚州托尔图加斯港（Bahía Tortugas）之名西班牙语意为"龟湾"。

下加利福尼亚州城镇蒂华纳（Tijuana）建于1889年，该城镇名源于当地一座红山的名字"Tijuan"或"Ticuan"，意为"斜靠的龟"。

（2）以植物命名的地名

恰帕斯州城镇拉特立尼达德（La Trinitaria）之名西班牙语意为"三色堇"。原名萨帕卢塔（zapaluta），意为"侏儒之路"。

恰帕斯州城镇比利亚弗洛雷斯（Villaflores）原名圣卡塔丽娜拉格兰德（Santa Catarina la Grande）。1893年，恰帕斯州州长埃米利奥·拉瓦萨（Emilio Rabasa）下令改为现名，此名西班牙语意为"鲜花镇"。比利亚弗洛雷斯有"坎塔拉纳斯"（Cantarranas）之称，"坎塔拉纳斯"西班牙语意为"蛙歌唱"，因为该地雨水汇集成多个小湖，众多青蛙经常齐声鸣叫。

科利马州城镇曼萨尼略（Manzanillo）之名源于西班牙语"Manzanilla"，意为"母菊树"。

纳亚里特州城镇洛萨莫拉达（Rosamorada）之名西班牙语意为"紫色玫瑰"，得名是因在该城中心发现一种名为"clavellina"的枝叶繁茂的紫色花树。

恰帕斯州城镇拉斯罗萨斯（Las Rosas）之名西班牙语意为"玫瑰"。

哈利斯科州城镇埃尔利蒙（El Limón）之名西班牙语意为"柠檬"。

新莱昂州城镇萨维纳斯伊达尔戈（Sabinas Hidalgo）建于1693年，当时取名为雷亚尔德圣地亚哥德拉斯萨维纳斯（Real de Santiago de las Sabinas）。

其中,"圣地亚哥"是因建城那天,正好是使徒圣地亚哥日,名中的"拉斯萨维纳斯"(las Sabinas)西班牙语意为"桧树",因当地多桧树。后改名为萨维纳斯伊达尔戈镇(Villa de Sabinas Hidalgo),以纪念墨西哥国父米格尔·伊达尔戈-科斯蒂利亚(Miguel Hidalgo y Costilla)。1971年定为现名。

哈利斯科州城镇拉韦尔塔(La Huerta)之名西班牙语意为"菜园",得名是因该地区曾有个菜园子。

2. 厄瓜多尔

厄瓜多尔的动植物种类繁多,以巨龟命名的加拉帕戈斯群岛举世闻名。

这个群岛位于远离大陆的东太平洋中,由13个主要岛屿和几百个小岛及礁石群组成,总面积7900多平方公里。它是厄瓜多尔的一个省,称为加拉帕戈斯省。"加拉帕戈斯"(Galápagos)西班牙语意为"龟"。

加拉帕戈斯群岛是由火山岩凝固而成,这个群岛是在1535年被发现,西班牙人托马斯·德贝尔兰加主教率领一批殖民者出海探险,途中遇到风暴,木船被海潮推到群岛的岸边。他们所带的饮水早已用光,想在岛上找点水喝,可上岸后却大失所望。眼前出现一派荒凉的景象,礁石嶙峋,根本找不到一点水源。正当他们干渴难忍之际,忽然有人发现可以在丛生的仙人掌上摄取水分,这使他们绝路逢生。贝尔兰加随即把这个群岛取名为恩坎塔达斯群岛,西班牙语意为"魔鬼之岛"。

这个群岛素有"活的生物进化博物馆"之称,岛上奇花异草荟萃,珍禽异兽云集。随着时间的推移,加拉帕戈斯群岛逐渐为人们所知,到这里来的船只也越来越多。人们注意到,群岛虽然荒凉,然而岛上的动物种类繁多,大蜥蜴、巨龟、海狮、海豹、鸬鹚、企鹅和火烈鸟随处可见,其中最引人注目的要算陆地巨龟。巨龟是世界上最古老的动物之一,大的长1.2米,重250公斤左右。它们匍匐在岸边草丛中,身披铠甲,犹如卫士。人们根据岛上盛产巨龟的特点,把岛名改为加拉帕戈斯,在古代西班牙语中,"加拉帕戈斯"即为"巨龟"之意。1830年2月12日,厄瓜多尔政府宣布接管这个岛屿,并于1832年把它正式划入国家版图。1892年,为纪念哥伦布航行到此400周年,厄瓜多尔政府把这个群岛改名为科隆群岛,但至今人们仍习惯地称它为加拉帕戈斯群岛。

3. 哥伦比亚

哥伦比亚是世界上17个动植物品种最多的国家之一。该国拥有1815种鸟类，占地球总量9000种的20%多。它的爬行动物种类数量居世界第四位。与此同时，森林面积约占全国面积的一半以上，它是仅次于巴西的世界上拥有植物种类数量居第二位的国家，有4万~4.5万种植物。哥伦比亚的许多地名都以动植物为名。

(1) 以动物命名的地名

考卡山谷省城市埃尔阿吉拉（El águila）之名西班牙语意为"秃鹰"。

大西洋省城镇马纳蒂（Manatí）之名西班牙语意为"海牛"。西班牙征服这里前，该地称为马阿巴纳（Mahabana），以纪念一位名叫马阿达（Mahada）的酋长。1680年，西班牙上尉迭戈·雷沃列多（Diego Rebolledo）在此建立村镇，最初名为圣路易斯贝尔特兰（San Luis Beltrán），以纪念经过此地的多明我会传教士路易斯·贝尔特兰（Luis Beltrán）。后来当地渔夫在村镇周围的泥塘中发现海牛，便把该村镇改名为马纳蒂。

大西洋省城镇波内德拉（Ponedera）之名西班牙语意为"产卵的地方"。1743年11月23日弗朗西斯科·佩雷斯·德瓦加斯在此建城时，马格达莱纳河入海口处的海岸边聚集了大量鬣蜥和龟，它们在此产卵，故而得名。

(2) 以植物命名的地名

大西洋省城镇帕尔马尔德巴雷拉（Palmar de Varela）之名西班牙语意为"巴雷拉的棕榈林"。1806年卡塔里诺·巴雷拉（Catalino Varela）在此建立村镇。村镇周围生长着名为"美洲油棕"的棕榈林，后来该城便以"棕榈林"和奠基者巴雷拉的名字命名。

梅塔省城镇瓜马尔（Guamal）之名西班牙语意为"合欢树"，因当地生长着许多各种类型的秘鲁合欢树（guama）。

马格达莱纳省城镇皮维海（Pivijay）之名的西班牙语意为当地一种树名。为了逃离马格达莱纳河洪水的袭击，1774年5月30日，西班牙人何塞·弗洛雷斯·德隆戈里亚（José Flórez de Longoria）、胡安·巴莱拉（Juan Valera）、安东尼奥·桑切斯（Antonio Sánchez）与来自罗萨里奥·德瓜伊马罗镇的120家百姓抵达此地安顿下来。他们在卡尼奥·谢戈河畔建城时发现这里生长着许多名叫皮维海（Pivijay）的树，于是将该城称为皮维海。

4. 智利

前述智利动植物种类繁多，有许多以马普切语动植物名命名的地名，在其西班牙语地名中也不乏动植物名称。

（1）以动物命名的地名

第十五大区阿里卡和帕里纳科塔区城镇卡马罗内斯（Camarones）之名的西班牙语意为"虾"。

第二大区安托法加斯塔区城镇梅希约内斯（Mejillones）建于1842年，其名是西班牙语"mejillón"（贻贝）的复数形式。智利北方沿海盛产贻贝，这曾是当地土著人的主要食品。

（2）以植物命名的地名

第五大区瓦尔帕莱索区城镇诺加莱斯（Nogales）建于1878年，其名西班牙语意为"胡桃树"。以前这个地方曾有个用于粉碎谷物的磨，磨的两侧长着一对胡桃树。人们向这个磨的方向走去时，习惯地说去胡桃树那儿，于是，人们把胡桃树当作该地的地名。

瓦尔帕莱索区圣安东尼奥省城镇阿尔加罗博（Algarrobo）建于1945年12月7日，其名西班牙语意为"角豆树"。得名是因建城时，这里有大量的角豆树。角豆树是常青树，树高8～10米。

瓦尔帕莱索区圣安东尼奥省城镇埃尔基斯科（El Quisco）建于1956年，其名西班牙语意为"仙影拳"，这是一种属仙人掌科的植物。

瓦尔帕莱索区瓦尔帕莱索省城镇比尼亚德尔马（Viña del Mar）建于1878年5月31日，其名由"Viña"（葡萄园）和"Mar"（海）两词组成，全词义为"海边的葡萄园"。得名是因第一批西班牙殖民者来到此地后，建立了一个很大的葡萄园，这个葡萄园一直到1827年才改作他用。

第十大区洛斯拉格斯区利安基韦省城镇洛斯穆埃尔莫斯（Los Muermos）建于1962年，其名西班牙语意为"心叶船形果树"，当地多此树。

5. 乌拉圭

（1）以动物命名的地名

乌拉圭有些西班牙语地名以动物命名。阿蒂加斯省城镇塔曼杜阿（Tamandua）之名意为"食蚁兽"；城镇帕索德尔莱昂（Paso del Leon）之名意为"狮的通道"。

杜拉斯诺省城镇拉帕洛马（La Paloma）和罗查省（Rocha）城市拉帕洛马之名西班牙语意为"鸽子"。

（2）以植物命名的地名

乌拉圭有些西班牙语地名以植物命名。索里亚诺省城镇帕尔米塔斯（Palmitas）之名西班牙语意为"棕榈树"。1920年，乌拉圭宣布修建一条通往海边的公路，公路要经过约500米高的地方，那个地方长有大量棕榈树，于是新建的村镇被叫作帕尔米塔斯。

阿蒂加斯省城镇帕尔马（Palma）之名西班牙语意为"棕榈"；另一城镇帕尔玛索拉（Palma Sola）之名西班牙语意为"孤独的棕榈树"。

卡内洛内斯省城镇埃尔皮纳尔（El Pinar）之名西班牙语意为"松林"；拉弗洛雷斯塔（La Floresta）之名西班牙语意为"树林"。

佛罗里达省城镇萨兰蒂格兰德（Sarandí Grande）源于一条河流名，该河名的西班牙语意为"大枣型油柑"。

罗查省城镇拉克罗尼利亚（La coronilla）之名西班牙语意为"小冠花"。

6. 特立尼达和多巴哥

（1）以动物命名的地名

科瓦塔巴基特塔尔帕罗区城镇托尔图加（Tortuga）之名西班牙语意为"龟"，得名因该地区曾发现大量陆龟。

（2）以植物命名的地名

马图拉（Matura）位于特立尼达岛东北海岸，其名西班牙语意为"高大的树林"。

西帕里亚区城镇塞德罗斯（Cedros）位于特立尼达岛西南的一个半岛上，其名西班牙语意为"雪松"，得名是因当地有许多长得相当高大的雪松。

桑格雷格兰德区城镇托科（Toco）之名西班牙语意也为"雪松"。

特立尼达岛曼萨尼利亚海滩（Manzanilla Beach）之名源于西班牙语，是"苹果"（Manzana）的缩小词，因当地多苹果树而得名，这里的苹果树结的果实个头很小。

西班牙港东 29 公里处的村镇布拉索塞科（Brasso Seco）之名西班牙语意为"干枯的枝叶"。

科科斯湾（Cocos Bay）之名西班牙语意为"可可湾"。

7. 其他国家

（1）以动物命名的地名

委内瑞拉亚马孙州城镇奥塔瓦波首府拉通岛（Isla Ratón）之名西班牙语意为"鼠岛"。

委内瑞拉安索阿特吉州城镇西蒙罗德里格斯首府埃尔蒂格雷（El Tigre）之名西班牙语意为"老虎"。

玻利维亚拉巴斯省帕卡赫斯县（Pacajes）首府科罗科罗（Corocoro）之名源于南美的一种鸟名。

玻利维亚拉贝尼省城镇巴卡迪埃斯（Vaca Díez）之名西班牙语意为"十头牛"。

萨尔瓦多圣安娜省城镇埃尔孔戈（El Congo）之名西班牙语意为"长毛吼猴"。

阿根廷丘布特省弗洛伦蒂诺阿梅基诺县首府卡马罗内斯（Camarones）之名西班牙语意为"虾"。

巴拉圭卡宁德尤省城镇拉帕洛马（La Paloma）之名西班牙语意为"鸽子"。

（2）以植物命名的地名

洪都拉斯阿特兰蒂达省首府拉塞瓦（La Ceiba）之名西班牙语意为"木棉树"，该城临海地区生长着许多高大挺拔的木棉树，早年从圣文森特岛来到此地的加里夫纳人把木棉树视为从天上到大地游览的阶梯，因而将这个地方称作"拉塞瓦"。

萨尔瓦多查拉特南戈省城镇拉帕尔马之名西班牙语意为"棕榈树"，建城于殖民时期，所在地旧称拉帕尔米塔（La Palmita），其名西班牙语意为"小棕榈树"。巴拿马达连省首府也叫拉帕尔马（La Palma）。

（八）与数字、日期、天文、天气相关的地名

1. 以数字和日期为名的地名

拉美国家有些地名以数字或日期为名，再现了当年发生的重大事件。

秘鲁瓦努科区五月二日省之名是纪念战胜西班牙舰队的日子。1866 年 5 月 2 日，卡斯托·门德斯·努涅斯（Casto Méndez Núñez）率领的西班牙舰队进攻秘鲁卡亚俄港。秘鲁舰队和军队在临时总统普拉多将军（General Mariano Ignacio Prado）统率下，英勇抗击敌人的侵略。在智利、玻利维亚、厄瓜多尔和墨西哥等国的支持下，秘鲁人民击退了西班牙舰队，保卫了秘鲁的独立。为了纪念 1866 年 5 月 2 日这一秘鲁历史上重要的日子，出现了五月二日省的地名。

巴拉圭科迪勒拉省三月一日城（Primero de Marzo）的得名是因在巴拉圭同巴西、阿根廷和乌拉圭的战争中，巴拉圭总统弗朗西斯科·索拉诺·洛佩斯（Francisco Solano López）于 1870 年 3 月 1 日战死在科拉山，从而结束了巴拉圭反对三国联盟的战争，这一天便被用来称呼该城。

巴拉圭圣佩德罗省城镇十二月二十五日（Veinticinco de Diciembre）之名是为纪念 1842 年 12 月 25 日在首都亚松森宣布民族独立这一重要日子。卡萨帕省五月三日县（Tres de Mayo）也是以日期为名。

阿根廷有许多以日期为名的地方，如查科省四月二日县（Dos de Abril）、五月一日县（Primero de Mayo）、五月二十五日县（Veinticinco de Mayo）、七月九日县（Nueve de Julio）和十月十二日县（Doce de Octubre）；里奥内格罗省的五月二十五日县（Veinticinco de Mayo）、七月九日县（Nueve de Julio）；圣胡安省五月二十五日县（Veinticinco de Mayo）和七月九日县（Nueve de Julio）；米西奥内斯省五月二十五日县（Veinticinco de Mayo）；圣菲省七月九日县（Nueve de Julio）；拉潘帕省五月二十五日镇（Colonia 25 de Mayo）等。

乌拉圭除了前述特雷因塔伊特雷斯省首府特雷因塔伊特雷斯（Treinta y Tres）意为"三十三"外，还有几个以日期为名的城镇，如佛罗里达省八月

二十五日镇（Veinticinco de Agosto）、五月二十五日镇（Veinticinco de Mayo）；罗查省七月十八日镇（Dieciocho de Julio）和四月十九日镇（Diecinueve de Abril）。

其他国家以日期为名的地方有厄瓜多尔马纳维省五月二十四日城（Veinticuatro de Mayo）、特立尼达和多巴哥城镇森特诺第一百个（Centeno）等。

此外，含有数字的地名还有许多，如阿根廷查科省特雷斯伊斯莱塔斯（Tres Isletas）之名西班牙语意为"三个岛"，科连特斯省第一河县（Departamento Río Primero）、第二河县（Departamento Río Segundo）、第四河县（Departamento Río Cuarto）；委内瑞拉米兰达州苏克雷市的城镇洛斯多斯卡米诺斯（los Dos Caminos）之名西班牙语意为"两条路"；玻利维亚奴夫洛德查韦斯县城镇夸德罗卡尼亚达斯（Cuatro Cañadas）之名西班牙语意为"四个峡谷"等。

2. 以天文或气象为名的地名

拉美国家有些地名以天文或气象为名，十分有趣。

乌拉圭卡内洛内斯省城镇阿特兰蒂达（Atlántida）之名西班牙语意为"毕星团"。"毕星团"是疏散星团之一，属移动星团，位于金牛座，它的几个亮星位于毕宿，由此而得名。

哥伦比亚地处热带，气候因地势而异，大部分地区年降水量在 2000 毫米左右。有些城镇便以气候特点为名，例如乔科省城市略罗（Lloró）由安东尼奥·罗维拉－皮科特（Antonio Rovira y Picot）建于 1807 年，该城年均降雨量为 13300 毫米，其名略罗（Lloró）的西班牙语意为"哭过"，意指下雨很多。

特立尼达和多巴哥城镇拉卢内（La Lune）位于特立尼达岛维多利亚地区，其名源于西班牙语"Luna"，意为"月亮"，因为该地区在月光下显得分外美丽。

（九） 寓托式地名和讹传形成的地名

拉美和加勒比国家的许多地名具有丰富的文化内涵，有一些地名是以寓托方式而来，表达人们的情绪和观念；有一些地名的得来却没有一定的规律，属于讹传形成的地名。

1. 寓托式地名

有些拉美国家的地名为寓托性地名，是西班牙语的术语或俗语，反映人们对地理实体的认识，或者反映人们的思想观念，表示某种情绪、想法、意愿或感情。

（1）以自由为名

拉美国家不少省市以自由为名，表达对自由的渴望和追求。乌拉圭圣何塞省城市利伯塔德是由卡洛斯·克拉乌索列斯（Carlos Clauzolles）建于1872年。城名意为"自由"，表达了第一批移民渴望和追寻自由的思想。

意为"自由"的地方还有阿根廷查科省利伯塔德县（Libertad），萨尔瓦多拉利伯塔德省及其城镇拉利伯塔德（La Libertad），墨西哥恰帕斯州城镇拉利伯塔德，厄瓜多尔圣埃莱娜省城镇拉利伯塔德，委内瑞拉科赫德斯州市镇（Ricaurte）首府利伯塔德和安索阿特吉州市镇利伯塔德，乌拉圭圣何塞省城镇利伯塔德和秘鲁拉利伯塔德大区及城镇拉利伯塔德等。

（2）以和平为名

在拉美国家，以和平为名的地方也很多，有的是殖民者对土著居民的欺骗，有的是表达人民对战乱的厌恶和对和平的企盼。

危地马拉上韦拉帕斯省和下韦拉帕斯省之名中的"韦拉帕斯"（Verapaz）是"verdadera paz"的简称，意为"真正的和平"。多明我会传教士巴托洛梅·德拉斯卡萨斯（Bartolomé de las Casas）通过传教欺骗土著人，使西班牙殖民者和平占领该地区，故取名"韦拉帕斯"。萨尔瓦多圣维森特省也有一座名叫韦拉帕斯的城镇。

哥伦比亚卡萨纳雷省城镇帕斯德阿里波罗（Paz de Aripóro）中的"帕斯"（Paz）西班牙语也意为"和平"。胡安·内波姆塞诺·莫雷诺将军（Juan Nepomuceno Moreno）是该城的奠基者。1850年，当地居民为了纪念1839年12月31日去世的莫雷诺将军，改城名为莫雷诺（Moreno）。20世纪中叶，因国内动乱，该城曾变成一片废墟。后为纪念该地区的平定，改为现名。

墨西哥哈利斯科州城镇拉曼萨尼利亚德拉巴斯（La Manzanilla de La

Paz）1882 年由来自瓜达拉哈拉等地的移民所建，取名拉曼萨尼利亚（La Manzanilla），西班牙语意为"母菊"或"苹果"。1969 年墨西哥颁布的第 8452 号令为该城城名添加了"德拉巴斯"，意指该城人民热爱和平。

墨西哥州城镇拉巴斯（La Paz）得名一说是因西班牙人抵达前，特拉托阿尼人（tlatoani）在该地区聚集，签订了和平条约；一说得名是因该地区传统的和平状态。圣路易斯波托西州拉巴斯镇（Villa de La Paz）和乌拉圭卡内洛内斯省城镇拉巴斯（La Paz）亦以"和平"为名。

以和平为名的地方还有哥伦比亚桑坦德省城镇拉巴斯、阿根廷卡塔马卡省拉巴斯县（Departamento La Paz）、门多萨省城镇拉巴斯县（La Paz）和恩特雷里奥斯省城镇拉巴斯等。

（3）以独立为名

经历过 300 多年殖民统治的拉美国家，在进行了长期艰苦卓绝的斗争后，纷纷赢得独立。为了永远铭记光荣的历史，很多省市以独立为名。

如阿根廷查科省独立县（Independencia）、拉里奥哈省独立县（Independencia），巴拉圭瓜伊拉省独立县，委内瑞拉米兰达州独立镇和多米尼加共和国独立省等。

（4）以团结为名

哥伦比亚纳里尼奥省城镇拉乌尼翁（La Unión）之名西班牙语意为"团结""联合""联盟"等，得名于 1847 年。当时这个地区有两个大地产主，一个是来自帕斯托的拉阿尔普哈拉庄园主（Agustin Guerrero），一个是来自厄瓜多尔的埃尔库西略庄园主（Juan Vivanco），他们的地产以一条路为界。在当地政府协调下，他们通过友好协商，各自让出公路两旁的一块土地，在这块土地上兴建了一个城镇，取名为拉乌尼翁，意为"团结"。哥伦比亚拉苏克雷省拉乌尼翁市（La Unión）、托利马省拉乌尼翁市也以"团结"为名。

其他拉美国家以团结为名的地方有秘鲁阿雷基帕区拉乌尼翁省（La Unión）和瓦努科区五月二日省首府拉乌尼翁（La Unión），阿根廷圣地亚哥德尔埃斯特罗省城镇拉乌尼翁城（Villa Unión）、丘布特省城镇乌尼翁海滩（Playa Unión），萨尔瓦多拉乌尼翁省和首府拉乌尼翁（La Unión），巴拉圭圣佩德罗省城镇拉乌尼翁，危地马拉萨卡帕省城镇拉乌尼翁、克萨尔特南戈省城镇圣弗朗西斯科拉乌尼翁（San Francisco La Unión），萨尔瓦多拉乌尼翁省和首府拉乌尼翁等。乌拉圭阿蒂加斯省城镇贝利亚乌尼翁（Bella Unión）之名西班牙语意为"美好的联盟"。

（5）以宪法为名

墨西哥南下加利福尼亚州宪法城（Ciudad Constitución）原名（El Crucero），意为"十字路口"，指其位置在几条路的中间，后改名为宪法镇（Villa Constitución），最后改为现名。该城的主要大道称为奥古斯丁·奥拉切亚阿维莱斯将军大道（Boulevard Gral. Agustín Olachea Avilés），这是为纪念支持该城发展的奥兰切亚将军，他曾任南下加利福尼亚州州长。

阿根廷圣菲省孔斯蒂图西翁县（Constitución）、乌拉圭萨尔托省城镇孔斯蒂图西翁、智利第七大区马乌莱区塔尔卡省城镇孔斯蒂图西翁等也都是以"宪法"为名。

（6）以改革为名

墨西哥恰帕斯州雷福马（Reforma）建于1883年，其名西班牙语意为"改革"，是为纪念华雷斯总统实行的改革。危地马拉圣马可省城镇拉雷福马（La Reforma）之名也意为"改革"。

（7）以胜利为名

厄瓜多尔瓜亚斯省城镇埃尔特里温福（El Triunfo）之名西班牙语意为"胜利"。该城原来名为博卡德洛斯萨波斯（Boca de los Sapos）。1960年秘鲁大选期间，总统候选人何塞·马里亚·贝拉斯科来到该城，其支持者高呼"洛斯萨波斯和贝拉斯科在一起！""贝拉斯科和洛斯萨波斯在一起！"贝拉斯科在演说中说："我当选总统后，这座梅里达城镇将不再叫博卡德洛斯萨波斯，而是叫埃尔特里温福（胜利），因为你们的选票将让我赢得胜利。"后来贝拉斯科就任总统后，该城果然改名。此外，萨尔瓦多乌苏卢坦省城镇埃尔特里温福和埃尔特里温福港（Puerto El Triunfo）也以"胜利"为名。

墨西哥州维多利亚镇（Villa Victoria）最初名为尼尼尔（Niñil），马萨瓦语（mazahua）意为"新村"。1882年5月2日改为现名，"Victoria"西班牙语意为"胜利镇"。

（8）以新世界为名

1492 年哥伦布发现美洲大陆后，从 15 世纪末开始，美洲被称为"新世界"（Mundo Nuevo），以区别于"旧世界"（Viejo Mundo），即欧洲人早已了解的欧洲、亚洲和非洲。有意思的是，拉美和加勒比国家有的地方也名叫新世界，如特立尼达和多巴哥科瓦塔巴基特塔尔帕罗区城镇新世界（Mundo Nuevo）。玻利维亚波托西省还有一座名叫新世界的火山（Volcán Mundo Nuevo）。

（9）以希望为名

危地马拉克萨尔特南戈省城镇拉埃斯佩兰萨（La Esperanza）之名西班牙语意为"希望"，得名于 1910 年 4 月 7 日建城时。1943 年 2 月 12 日，该城曾改名为拉维多利亚（La Victoria），因遭到反对，1945 年 9 月 26 日又改回原名拉埃斯佩兰萨。以"希望"命名的地方还有墨西哥普埃布拉州埃斯佩兰萨（Esperanza）、阿根廷南极地区的埃斯佩兰萨站（Esperanza）等。

秘鲁乌卡亚利区阿巴德神父省首府埃斯佩兰萨港（Puerto Esperanza）之名西班牙语意为"希望港"。巴拉圭卡宁德尤省城镇新埃斯佩兰萨（Nueva Esperanza）之名西班牙语意为"新的希望"。

智利第十二大区麦哲伦-智利南极区乌尔蒂马埃斯佩兰萨省（Ultima Esperanza），西班牙语意为"最后的希望"。

（10）以进步为名

危地马拉有好几个以"进步"命名的地方。除前述埃尔普罗格雷索省外，圣马可省城镇新普罗格雷索（Nuevo Progreso）之名西班牙语意为"新进步"。该城建于 1889 年 10 月 17 日，当时取名为埃尔普罗格雷索（El Progreso），后来改名为埃斯特拉达卡夫雷拉（Estrada Cabrera），这是当时执政的总统姓氏。1908 年 11 月 4 日，该城改名为圣华金（San Joaquín），这是该城保护神的名字。1920 年 5 月 3 日，该城最后定名为新普罗格雷索。胡蒂亚帕省（Jutiapa）也有个名叫埃尔普罗格雷索（El Progreso）的城镇。

其他拉美国家以"进步"命名的地方有墨西哥的城镇埃尔普罗格雷索（El Progreso）、乌拉圭卡内洛内斯省城镇普罗格雷索（Progreso）等。

(11) 其他

危地马拉埃斯昆特拉省城镇拉德莫克拉西亚（La Democracia）之名西班牙语意为"民主"。

哥伦比亚塞萨尔省城镇拉格洛里亚（La Gloria）之名西班牙语意为"光荣"。

哥伦比亚桑坦德省城市孔特拉塔西翁（Contratación）之名源于西班牙语"contratos"，意为"契约"或"合同"，是指基内罗人（quineros）与商人之间达成的契约。

巴拉圭卡瓜苏省雷帕特里亚西翁区（Repatriación）之名西班牙语意为"返回祖国"。该区居民多是从阿根廷、巴西和其他国家返回家乡的，故得其名。

哥伦比亚桑坦德省城市索科罗（Socorro）1681年由何塞·德阿奇拉（José de Archila）与何塞·迪亚斯·萨米恩托（José Díaz Sarmiento）修建，其名西班牙语意为"救命"。

委内瑞拉瓜里科州城镇埃尔索科罗（El Socorro）和阿根廷布宜诺斯艾利斯省城镇埃尔索科罗也都以"救命啊"为名。

特立尼达和多巴哥布恩因文托镇（Buen Intento Village）之名西班牙语意为"好主意"。

2. 讹传形成的地名

有些拉美地名是讹传下来的地名，后来虽知是误会，但地名已经形成，也就延续下来。

智利第十大区洛斯拉格斯区奥索尔诺省奥克太港（Puerto Octay）的名字得来有个传说：该城最初只有一家杂货店，店主是个姓"Oght"的德国人，当有人问在什么地方能到买东西时，人们便会对他说："到Oght那儿去。"随着时间的推移，"Oght"逐渐演变成为"Octay"，并成为城名。

五 印第安语同西班牙语结合而成的地名

在拉丁美洲国家地名中，我们可以发现，大部分地名是由印第安语和西班牙语两部分组成的。原因之一是这部分地名出现于西班牙和葡萄牙征服美洲过程中，欧洲殖民者在给新建立的城镇命名时，习惯在原来印第安土著地名上加上圣徒名字或天主教节日的名字，表现出浓厚的宗教色彩；或加上宗主国国王、殖民者或奠基者的名字，以炫耀他们征服美洲的"功绩"。原因之二是拉美国家独立后，一部分地名添加了英雄人物、总统、政要和各界突出人士的名字，以缅怀他们对国家的贡献。原因之三是随着时间的推移，两种文化不断融合，一些地名也发生变化，一些印第安语名字和西班牙语名字有机地融合在一起，组成新的有趣的称谓。

（一）印第安语同西班牙语结合组成的地名

除前述墨西哥加利福尼亚州首府墨西卡利（Mexicali）之名是墨西哥（México）和加利福尼亚（California）两个名字相结合的产物，以及哥伦比亚塞萨尔省首府巴耶杜帕尔（Valledupar）是西班牙语"巴耶"（Valle）和土著酋长"Eupari"名字的结合外，拉美和加勒比国家还有一些地名是印第安语同西班牙语的结合。

哥伦比亚乌伊拉省城镇埃尔皮塔尔（El Pital）名中的"Pital"为印第安帕埃斯族语，来源于该地区著名酋长的名字"Pitaló"或"Pitayó"。西班牙殖民者占领该地区后，1564年根据王室法令将当地土著地名"Pitaló"或"Pitayó"与西班牙语相混合，加上西班牙语定冠词"El"，改为"El Pital"。

北桑坦德省城市特奥拉马（Teorama）之名源于原始居民酋长"Tiurama"，后神父亚历杭德里诺·佩雷斯（Alejandrino Pérez）将其修改为"Teoramay"，使其相似于希腊语的"Theos"（上帝）和"rama"（田野）。这样，"Teorama"就意为"上帝的田野"或"上帝的风景"了。

（二）印第安语与西班牙语总统名字结合的地名

墨西哥格雷罗州科阿瓦尤特拉德格雷罗（Coahuayutla de Guerrero）之名中的"科阿瓦尤特拉"（Coahuayutla）为纳瓦特尔语，由"cuáhuitl"（树，植物）、"ayotli"（南瓜）和"tla"（盛产……之地）组成，全词义为"盛产南瓜的地方"。城名中的"德格雷罗"（de Guerrero）是为纪念墨西哥第二任总统维森特·拉蒙·格雷罗·萨尔达尼亚（Vicente Ramón Guerrero Saldaña，1782-1831）。

墨西哥格雷罗州蒂斯特拉德格雷罗（Tixtla de Guerrero）之名中的"蒂斯特拉"（Tixtla）源于纳瓦特尔语的"textli"（玉米面团）和"tla"（在），全词义为"在玉米面团中"。城名中的"格雷罗"（Guerrero）是为纪念出生在该城的墨西哥第二任总统维森特·格雷罗。

墨西哥伊达尔戈州城镇图兰辛戈（Tulancingo）全称图兰辛戈德布拉沃（Tulancingo de Bravo），其名中的"图兰辛戈"（Tulancingo）是纳瓦特尔语"Tullantzinco"的变形，意为"在灯芯草后面"；其名中的"德布拉沃"（de Bravo）是为纪念墨西哥总统尼古拉斯·布拉沃·鲁埃达（Nicolás Bravo Rueda，1786-1854）。他曾在1839年、1842~1843年和1846年三次任墨西哥总统。

（三）印第安语与西班牙语政要、军人名字结合的地名

墨西哥哈利斯科州城镇亚瓦利卡德冈萨雷斯加略（Yahualica de González Gallo）建于 1542 年。其名源于纳瓦特尔语"Ayahuallican""Yahualican""Ahualica"或"Yagualica"，意为"群山环抱的地方"，得名是因该城位于群山环抱的高原上。1964 年 3 月 19 日，墨西哥议会颁布第 7929 号令，在城名中添加德冈萨雷斯加略（de González Gallo），以纪念生于该城的哈利斯科州州长何塞·德赫苏斯·冈萨雷斯·加略（José de Jesús González Gallo, 1900 - 1957）。

墨西哥伊达尔戈州城镇诺帕拉（Nopala）全称诺帕拉德比利亚格兰（Nopala de Villagrán），其名中的"诺帕拉"源于纳瓦特尔语的"nopalli"（仙人掌）和"- la"（地方），全词义为"仙人掌之地"，名中的"德比利亚格兰"（de Villagrán）是 1868 年 1 月 29 日墨西哥议会下令添加的，以纪念 1867 年 8 月在维查潘战死的墨西哥军人维森特·比利亚格兰·古铁雷斯（Vicente Villagrán Gutiérrez）上校。

（四）印第安语与西班牙语圣徒名字相结合的地名

哥伦比亚考卡山谷省城市圣胡安包蒂斯塔德瓜卡里（San Juan Bautista de Guacarí）之名由"San Juan Bautista"和"Guacarí"两部分组成。"Guacarí"来自土著语"goa"（领土或地区）和"Cari"（加勒比），意为"加勒比地区"。历史学家劳尔·席尔瓦·霍尔金（Raúl Silva Holguín）则认为"Guacarí"意为"白鹭湖"，"圣胡安包蒂斯塔"（San Juan Bautista）是耶稣十二位使徒之一圣约翰的西班牙语变体，该城简称圣胡安。

乔科省首府基夫多城中的"基夫多"是曾统治该城所在地区的土著酋长的名字。1648 年，传教士弗朗西斯科·德奥尔第一次建城时取名西塔拉（Citará），后改称圣弗朗西斯科德基夫多（San Francisco de Quibdó），加上了天主教圣徒弗朗西斯科的名字，该城简称基夫多。

（五）印第安语与西班牙语英雄名字相结合的地名

墨西哥莫雷洛斯州城镇萨卡特佩克德伊达尔戈（Zacatepec de Hidalgo）之名中的"萨卡特佩克"（Zacatepec）源于纳瓦特尔语，一说由"zaca-tl"（草）和"tēpe-tl"（山）组成，全词义为"草山"；一说由"zaca-tl"（草）和"tēpe-tl"（地方）组成，全词义为"草之地"。城名中的"伊达尔戈"（Hidalgo）是为纪念墨西哥国父米格尔·伊达尔戈。

墨西哥米却肯州城镇萨瓦约德莫雷洛斯（Sahuayo de Morelos）是萨瓦约首府。萨瓦约（Sahuayo）源于纳瓦特尔语"Tzacuatlayotl"，由"tzacuatl"（瓮）和"ayotl"（龟）组成，全词义为"龟形瓮"。城名的后一部分是纪念墨西哥独立运动英雄何塞·马里亚·莫雷洛斯（José María Morelos）。

墨西哥格雷罗州城镇西瓦塔内霍德阿苏埃塔（Zihuatanejo de Azueta）名字中的"Zihuatanejo"一说源于普雷佩查语的"itzi"（水）、"huata"（山）和"nejo"（黄色的），全词义为"黄山之水"；一说源于纳瓦特尔语"cihuatl"（女人）、"tzintli"（缩小词）和"co"（地方），全词义为"漂亮女人之地"。城名中的"阿苏埃塔"（Azueta）是为纪念墨西哥民族英雄何塞·阿苏埃塔·阿瓦德（José Azueta Abad, 1895–1914）。1914 年，他在抵抗美国人入侵的韦拉克鲁斯战斗中英勇牺牲。

六　源于葡萄牙语的地名

葡萄牙语是世界上使用最广泛的语种之一，居世界流行语种的第6位，全世界操葡萄牙语者约2.3亿人，其中巴西就占2.01亿人，而葡萄牙只有1200万人。葡萄牙语是16世纪随着葡萄牙殖民者抵达巴西而被引入这里的。1757年，葡萄牙殖民当局下令禁止使用土著图皮语，从此葡萄牙语逐渐成为巴西多数居民使用的语言。1759年耶稣会传教士被驱逐后，葡萄牙语被确立为巴西的官方语言。几百年来巴西葡萄牙语的发展深受印第安语和非洲语言的影响，掺杂了大量印第安语和非洲语言的词汇。巴西葡萄牙语还借用大量欧美语言的词汇，来自英语的词汇更多表现在现代科学、金融用语方面，来自法语的词汇更多表现在食品、家具、奢侈品制造方面。此外，在巴西葡萄牙语中还有来自德语、意大利语的词汇。巴西葡萄牙语与其发源地的葡萄牙语已有很大不同，在读音、句法上有很多差异。

在巴西地名中，存在着大量源自葡萄牙语的地名。同拉美使用西班牙语的国家一样，巴西的葡萄牙语地名，或是由当年葡萄牙殖民者和后来的葡萄牙移民所取，或是由已把葡萄牙语当作官方语言的各国居民所取。这些地名有的出自历史名人的名字，有的带有浓厚的宗教色彩，有的是山川、自然风光的写照，有的来自动植物、矿物之名……凡此种种，不一而足。

（一）纪念历史名人的地名

同拉美的许多国家一样，巴西的许多地名中使用了历史人物的名字。

从这些地名中，可以看出巴西历史发展的脉络，了解历史人物与城市之间的紧密联系。

1. 纪念欧洲国家国王、巴西皇帝、皇室人物、殖民官员和外国元首的地名

葡萄牙是巴西的宗主国，曾对巴西实行了300多年的统治。葡萄牙殖民者在巴西建立城市时，常常以其国王名字作为城名，以表示葡萄牙对该地的统治权和对其国王的尊重。例如，里约热内卢州国王港（Angra dos Reis）得名于1502年1月6日"国王日"。这一天葡萄牙航海家加斯帕尔·德莱莫斯（Gaspar de Lemos）率船队在巴西格兰德岛登陆，把该地命名为"Angra dos Reis"，葡萄牙语意为"国王港"。米纳斯吉拉斯州城镇蒂拉登特斯（Tiradentes）建于1702年，当时名为圣若泽德尔雷城（São José del Rey），葡萄牙语意为"国王的圣若泽"。法国和荷兰殖民者也曾染指巴西，巴西的一些地名也留下了这些国家的痕迹。马拉尼昂州首府圣路易斯（São Luís）就是以法国国王路易十三（Louis XIII）之名命名。帕拉伊巴州首府若昂佩索阿（João Pessoa）1588年曾改名为菲利佩亚（Filipéia），以纪念西班牙国王菲利普二世。1634～1654年，又改名为弗雷德里克斯塔德特（Frederikstadt），以纪念奥兰治亲王弗雷德里克·亨德里克（Frederik Hendrik，1584－1647）。

巴西的独立同巴西皇帝佩德罗二世紧紧联系在一起。为了纪念这位皇帝，巴西的许多城市都使用了他的名字。里约热内卢州彼得罗波利斯（Petrópolis）之名葡萄牙语意为"佩德罗城"，就是以巴西皇帝佩德罗二世（Pedro Ⅱ）的名字为名。该城曾为巴西皇帝的夏宫所在地，1894～1902年曾为里约热内卢州首府。建于1854年的皮奥伊州佩德罗二世城，其名也是为纪念巴西皇帝佩德罗二世。

与此同时，佩德罗二世的皇后以及皇室成员的名字也出现在巴西地名中。马拉尼昂州的因佩拉特里斯（Imperatriz）是该州第二大城，建于1856年，其名葡萄牙语意为"皇后"，所指的就是特雷莎·克里斯蒂娜皇后（Teresa Cristina，1822－1889），1843年，她与巴西皇帝佩德罗二世结婚。

巴伊亚州福莫萨（Formosa）建城于18世纪下半叶，1843年8月1日正式升格为城市，全称福莫萨皇后城（Vila Formosa da Imperatriz），也是为纪念巴西皇后特雷莎·克里斯蒂娜。城名中的"福莫萨"（Formosa）葡萄牙文意为"美丽，漂亮"，指该地区风景如画。

巴西皮奥伊州首府特雷西纳（Teresina）以巴西皇帝佩德罗二世的妻子特雷莎·克里斯蒂娜（Theresa Cristina）的昵称特雷西纳（Teresina）命名。

圣卡塔琳娜州若因维利（Joinville）由德国、瑞士和挪威移民建于1851年，是圣卡塔琳娜州最大的城市和巴西南部地区第三大城。若因维利原名科洛尼亚多尼亚弗朗西斯卡（Colônia Dona Francisca），其名的葡萄牙语意为"弗朗西斯卡夫人殖民点"。弗朗西斯卡夫人是巴西公主，是佩德罗一世的女儿。1843年，她同若因维利亲王法兰西斯多莱昂（François d'Orléans）结婚。后来该城改为现名，以纪念若因维利亲王法兰西斯多莱昂。有趣的是，这位亲王从未去过也根本不了解这座城市。

南里奥格兰德州本托贡萨尔维斯原名科洛尼亚多尼亚伊萨贝尔（Colónia Doña Isabel）。1875年，700多名意大利移民抵达此地，建立起移民点，取名为科洛尼亚多尼亚伊萨贝尔（Colónia Doña Isabel），以表示对巴西公主伊萨贝尔夫人的尊重。

巴西河流罗斯福河（Rio Roosevelt）长640公里，原名困惑河（Rio da Dúvida），后改称现名，以纪念美国前总统西奥多·罗斯福（Theodore Roosevelt, 1858－1919）。西奥多·罗斯福是美国第26任总统（1901~1909），人称老罗斯福。他曾任美国海军副部长，1900年当选副总统。1901年，美国总统威廉·麦金莱被刺后继任总统，1906年，他因调解日俄战争获诺贝尔和平奖，1912年，他退出共和党另组进步党参加大选，但败于民主党候选人伍德罗·威尔逊，从此退出政坛。1913年，在美国自然历史博物馆资助下，西奥多·罗斯福前往巴西中部亚马孙河流域热带雨林探险。他率领科学考察团考察了困惑河的源头，考察团成员中有其子克米特·罗斯福和巴西著名探险家Candido Rondon等16人。在困惑河探险途中，西奥多·罗斯福曾腿部受伤并感染疟疾，在队医和儿子的照料下，他身体基本康复并完成考察返回美国。他以在巴西雨林的探险经历，撰写并出版了《穿越巴西野林》（Through the Brazilian Wilderness）一书。后来为了纪念他对困惑河的这次考察，将河名改为罗斯福河。

2. 纪念英雄人物的地名

在巴西争取民族独立过程中，各族人民为了摆脱葡萄牙的殖民统治，多次揭竿而起，举行声势浩大的起义，涌现出许多不畏强暴、英勇斗争的英雄人物，有些人为此献出了自己宝贵的生命。巴西人民以这些英雄的名字作为城名，以缅怀他们的光辉业绩。

米纳斯吉拉斯州蒂拉登特斯（Tiradentes）升级为城市后，1718 年改为现名，以纪念生于此地的巴西民族英雄蒂拉登特斯（Tiradentes, 1746 - 1792）。蒂拉登特斯葡萄牙语意为"拔牙者"。他本名若阿金·若泽·达席尔瓦·沙维尔（Joaquim José da Silva Xavier），因会医治牙病而被称为蒂拉登特斯。若阿金·沙维尔青年时代先经商，后从军，但因本人是土生白人而得不到升迁。他曾大量阅读法国思想家的著作，深受法国启蒙运动和美国独立战争的影响，逐渐成为争取巴西独立的英勇斗士。1789 年年初，米纳斯吉拉斯省总督决定征收其管区拖欠的全部税款，激起管区人民的愤怒。沙维尔利用这个时机，组织密谋者准备发动起义，以推翻殖民统治，建立共和国。他亲自设计了新国家的国旗，并前往里约热内卢发动群众。就在准备起义的过程中，密谋者中出现了叛徒，1789 年 5 月，沙维尔和其他密谋者相继被捕。为了挽救同伴的生命，沙维尔毅然承担一切责任，表现出大义凛然、视死如归的英雄气概。1792 年 4 月 21 日，"拔牙者"被处以绞刑，其他起义者则被流放非洲。沙维尔的尸体被肢解，头颅被挂在里卡城广场上示众。沙维尔是巴西民族独立运动的先驱，被后人誉为"巴西独立之父"。巴西共和国成立后，巴西政府把每年的 4 月 21 日定为全国性纪念日，以后又颁布法令，宣布沙维尔为"巴西民族的守护神"，国会大厦更名为"蒂拉登特斯宫"。巴西国内许多城市的广场也以他的名字为名，如里约热内卢、圣保罗、贝洛奥里藏特、库里蒂巴登等城市都有以他名字命名的广场。

3. 以政要、名人为名的地名

在巴西地名中，有许多是以为国家发展做出过贡献的政要人物姓氏为名的，包括政治家、外交家、经济学家等。从这些地名中，可以看到 1889 年推翻帝制建立起共和政体后巴西的发展轨迹。

以总统名字命名的城市有皮奥伊州弗洛里亚努（Floriano），该城建于1897年7月8日，其名是为纪念巴西总统弗洛里亚努·维埃拉·佩肖托（Floriano Vieira Peixoto，1839－1895），他于1891年11月23日至1894年11月15日任巴西总统。

圣卡塔琳娜州首府弗洛里亚诺波利斯（Florianópolis）之名是为纪念1891～1894年的巴西第二任总统马歇尔·弗洛里亚诺·佩肖托（Marshal Floriano Peixoto）。

以外交家名字命名的城市除前述阿克里州首府里奥布朗库是为纪念巴西外交部部长里奥·布朗库男爵外，阿克里州城镇阿西斯布拉西尔（Assis Brasil）之名是纪念若阿金·弗朗西斯科·德阿西斯·布拉西尔大使（Joaquim Francisco de Assis Brasil，1857－1938）。阿西斯是巴西政治家、外交家和作家，1903年曾与巴西外交家里奥·布朗库男爵一起与玻利维亚签署《彼德罗波利斯条约》，结束了包括阿克里州在内的两国领土争端。他是巴西自由党（Partido Liberal del Brasil）的创始人，担任过巴西南里奥格兰德州州长。

巴西有些地名以州长名字命名。塞尔希培州梅纳德将军城（General Maynard）建于1963年，其名是为纪念奥古斯托·梅纳德·戈麦斯将军（Augusto Maynard Gomes，1886－1957），1930年11月至1935年3月和1942年3月至1945年10月，他曾两次担任塞尔希培州州长，后于1947～1951年和1955～1957年，两任巴西联邦参议员。

米纳斯吉拉斯州瓦拉达里斯州长市（Governador Valadares）设立于1938年1月30日，其名是为纪念贝内迪托·瓦拉达里斯州长（Benedito Valadares，1892－1973），他于1933～1945年任米纳斯吉拉斯州州长。

有些地名以其他政要命名。戈亚斯州城镇塞纳多尔卡内多（Senador Canedo）葡萄牙语意为"卡内多参议员"，是为纪念戈亚斯州第一位参议员安东尼奥·达席尔瓦·卡内多（Antônio Amaro da Silva Canedo）。南马托格罗索州穆尔蒂纽港（Porto Murtinho）和巴拉那州城镇若阿金穆尔蒂纽（Joaquim Murtinho）之名都是为纪念巴西里奥和马托格罗索银行总裁若阿金·穆尔蒂纽。

4. 纪念军人的地名

巴西有不少以军人名字命名的地名，其中包括拉美独立运动中曾参加玻利瓦尔领导的爱国军队的巴西军人，也有参加过 1865~1870 年巴西联合阿根廷、乌拉圭对巴拉圭作战的巴西军人，以及对巴西发展做出过贡献的军人。

伯南布哥州城镇阿布雷乌利马（Abreu e Lima）之名是为纪念巴西军人若泽·伊纳西奥·德阿布雷乌－利马（José Inácio de Abreu e Lima，1794－1869），他曾参加委内瑞拉独立战争，是玻利瓦尔麾下的将军之一。玻利瓦尔逝世后他返回巴西，1844 年回到家乡伯南布哥州从事写作。著有《巴西史纲》（Compêndio de História do Brasil）等书，并曾为多家报刊撰稿。

里约热内卢州第三人口大城卡希亚斯公爵城（Duque de Caxias）和南里奥格兰德州南卡希亚斯城（Caxias do Sul）之名是为纪念卡希亚斯公爵路易斯·阿尔韦斯·德利马－席尔瓦（Luís Alves de Lima e Silva，Duque de Caxias，1803－1880）。他 15 岁进入里约热内卢军事学院，开始军事生涯。曾于 1856 年、1861 年和 1875 年三次任巴西部长会议主席（相当于总理）。1866 年，他任巴西陆军总司令，参加三国联盟战争，并成为巴西帝国历史上唯一的一名公爵。

巴西里约热内卢州城镇杜克德卡希亚斯（Duque de Caxias）的名字也是为纪念巴西军队摄政官、卡希亚斯公爵路易斯·阿尔韦斯·德利马－席尔瓦，他于 1803 年生于此城。

南马托格罗索州城镇安东尼奥若昂（Antônio João）建于 1964 年，其名是为纪念巴拉圭战争（三国联盟战争）中的巴西英雄安东尼奥·若昂·里贝罗（Antônio João Ribeiro，1823－1864）。

普拉西多德卡斯特罗（Plácido de Castro）是阿克里州的一座城市，其名是为纪念巴西军人（José Plácido de Castro）。普拉西多－德卡斯特罗曾与巴西外交家里奥·布朗库男爵一起与玻利维亚签署《彼德罗波利斯条约》，结束了包括阿克里州在内的两国领土争端。

南里奥格兰德州城镇本托贡萨尔维斯（Bento Gonçalves）建于 1890 年，其名是为纪念巴西军人本托·贡萨尔维斯·达席尔瓦（Bento Gonçalves da

Silva，1788－1847）。

5. 以城市奠基人命名的地名

巴西人民饮水不忘掘井人，在巴西地名中，有很多都是以其奠基者的名字命名的。

帕拉伊巴州城镇索萨（Sousa）之名是为纪念该城的奠基者本托·弗莱雷·索萨（Bento Freire de Sousa）。1730~1732 年，他在该地建立起第一座教堂，并由此发展成为一座城市。索萨（Sousa）是葡萄牙语中的一个姓氏，源于葡萄牙北部名为萨克萨（Saxa）的河流，拉丁文意为"礁石"。许多人姓索萨（Sousa），如巴西首任总督托梅·德索萨（Tomé de Sousa，1503－1579）、葡萄牙画家阿马德奥·德索萨·卡多佐（Amadeo de Souza Cardoso，1887－1918）和巴西外交家路易斯·马丁斯·德索萨·丹塔斯（Luiz Martins de Souza Dantas，1876－1954）等。

米纳斯吉拉斯州城镇特奥菲卢奥托尼（Téofilo Otoni）之名是为纪念该城奠基人特奥菲卢·贝内迪托·奥托尼（Teófilo Benedito Ottoni，1807－1869），他 1864~1869 年曾任巴西帝国众议员和参议员。

里约热内卢州城镇圣贡萨洛（São Gonçalo）是里约热内卢州第二人口大城，建于 1579 年。其名是为纪念该城的奠基者、葡萄牙人贡萨洛·贡卡尔韦斯（Gonçalo Gonçalves）。

圣卡塔琳娜州城镇布卢梅瑙（Blumenau）建于 1850 年。当时德国赫尔曼·布鲁诺·奥托·布卢梅瑙博士（Hermann Bruno Otto Blumenau）与 17 个德国移民一起乘船在伊塔雅伊河流域考察，他们在该地区扎营，并开始兴建房屋，后这里逐渐发展为城市。该城以其奠基者布卢梅瑙博士的姓氏为名。

6. 以文化名人为名

巴西文化丰富多彩，在拉美文化中占有重要地位，若热·亚马多等作家驰名世界。巴西地名中，以文化名人命名的不胜枚举。例如，马拉尼昂州城镇胡安利斯博阿（João Lisboa）之名是为纪念该州作家胡安·弗朗西斯科·利斯博阿（João Francisco Lisboa，1812－1863）。

建于 1938 年的皮奥伊州城镇路易斯科雷亚（Luís Correia）之名是为纪念

生于该城的作家、记者路易斯科雷亚·德莫赖斯（Luís de Morais Correia）。

巴伊亚州城镇小西蒙斯（Simões Filho）之名是为纪念巴西《午报》（*La Tarde*）的创始人埃内斯托·西蒙斯（Ernesto Simões Hijo）。

7. 以各界人士为名

除上述以文化名人命名的地名外，巴西还有取自其他各界名人名字的地名。

南马托格罗索州城镇巴塔瓜苏（Bataguassu）、巴塔伊波拉（Bataiporã）和巴塔图巴（Batatuba）等名源于捷克斯洛伐克的鞋制作工艺大师贾恩·安东宁·巴塔（Jan Antonin Bata，1898—1965）。1932年，巴塔逃离法西斯德国来到巴西，他被称为"鞋王"，拥有多家公司和多家商店，并兴建巴塔瓜苏、巴塔伊波拉、巴塔图巴等城镇。

里约热内卢州城镇贝尔福罗舒（Belford Roxo）建于1890年，其名是为纪念工程师雷蒙多·泰塞伊拉·贝尔福·罗舒（Raimundo Teixeira Belfort Roxo）。他是里约热内卢城的建筑总监，与工程师保罗·德弗朗廷（Paulo de Frontin）一起解决了这个地区夏季缺水的问题。

朗多尼亚州城镇维列纳（Vilhena）之名是为纪念1908年被任命为巴西电报局局长的阿尔瓦罗·科蒂纽·德梅洛·维列纳（álvaro Coutinho de Melo Vilhena）。20世纪初，维列纳城的奠基者坎迪多·龙东（Candido Rondon）中校在该地区建立了一个电报站，后以电报站为核心逐渐发展成城市，于是人们就用电报局局长阿尔瓦罗·科蒂纽·德梅洛·维列纳的姓氏为该城命名。

皮奥伊州第二大城巴纳伊巴（Parnaíba）建于1844年，其名据说是为纪念第一个到达该地探险的多明戈斯·迪亚斯·达席尔瓦（Domingos Dias da Silva，1641—1705），是以他的出生地圣保罗州巴纳伊巴城的名字作为该城城名。

8. 以职业或民族为名

巴西有些地名是以某种职业或民族为名的。例如，戈亚斯州城镇米内伊罗斯（Mineiros）之名的葡萄牙语意为"矿工"，得名是因1873年在该地区定居的第一批考察者来自米纳斯吉拉斯州（意为马托斯将军的矿山）。

1905 年，这个定居点发展为城市，取名米内伊罗（Mineiro），意为"矿工"。1933 年，城名又改为米内伊罗（Mineiro）的复数形式米内伊罗斯（Mineiros）。

圣卡塔琳娜州城镇卡萨多尔（Caçador）建于 1934 年，其名的葡萄牙语意为"猎人"。

圣卡塔琳娜州城镇纳韦坎特斯（Navegantes）建于 1962 年，其名葡萄牙语意为"航海者"。

帕拉州城镇阿巴埃特图巴（Abaetetuba）原名阿巴埃特（Abaete），意为"身体和品学兼优之人"。1943 年 12 月 30 日，该州议会颁布的第 4505 号法令将城名改为现名阿巴埃特图巴，图皮语意为"真正的人群"，由 "abá"（人）、"eté"（真正的）和 "tyba"（群）组成。

马托格罗索州城镇高乔港（Porto dos Gaúchos）设市于 1955 年 5 月 3 日，最初来此地定居的是南里奥格兰德州的高乔人，故以高乔命名该城。

（二）源于宗教的地名

巴西是一个主要由移民组成的国家，移民来自世界不同的国家和地区，因而集中了西方和东方的多种宗教信仰。天主教是巴西各种宗教中最大的宗教，天主教徒有 1.3 亿人，占全国总人口的 73% 以上，巴西也是世界天主教徒最多的国家。天主教伴随葡萄牙殖民者进入巴西，1552 年，葡萄牙王室派往巴西的主教在巴伊亚建立了第一个主教辖区，天主教成为巴西的国教，在巴西占据了统治地位，天主教成为殖民统治的一个重要支柱。1889 年，君主制被推翻，共和国宣布诞生。1890 年 1 月 7 日，巴西公布了有关政教分离的法案。如今，尽管天主教已不是巴西的国教，但它仍无处不在，影响力依然很大。巴西的许多地名与宗教密切相关，具有浓厚的宗教色彩。

1. 以耶稣基督、圣母、圣灵和三位一体命名的地名

巴西的不少地名与耶稣基督、圣灵、圣母有关。天主教崇奉耶稣基督为救世主，认为只有上帝及其子耶稣基督才能拯救人类。耶稣的母亲玛利亚升天后成为中保圣人，天主教尊她为圣母。天主教还认为，圣灵是上帝与人的中介，启迪人的智慧和信仰，使人弃恶从善。因此，在巴西地名的形成过程中，大量使用了耶稣基督、圣灵、圣母和三位一体的名字。

前面已述巴伊亚州首府萨尔瓦多（Salvador）意为"救世主"；北里奥格兰德州首府纳塔尔（Natal）意为"圣诞"；帕拉伊巴州首府若昂佩索阿曾名为达斯纳维斯圣母镇；圣卡塔琳娜州首府弗洛里亚诺波利斯原称圣母德斯特罗，意为"圣母流放"；塞阿拉州首府福塔莱萨是"圣母升天堡"的简称；圣埃斯皮里图州之名意为"圣灵"，除此之外，巴西还有一些地名与耶稣基督、圣灵、圣母和三位一体有关。

马托格罗索州城镇费利斯纳塔尔（Feliz Natal），其名葡萄牙语意为"幸福的圣诞节"。

塞尔希培州城镇德索科罗圣母（Nossa Senhora do Socorro）之名葡萄牙语意为"我们永爱圣母"。

圣保罗州瓜城镇鲁柳斯原名圣母康塞普西翁（Nossa Senhora da Conceição），其名葡萄牙语意为"圣母受孕"。

巴拉那州城镇圣若昂杜斯皮尼艾斯（São José dos Pinhais）设立于1853年1月8日，其名由"圣若昂"（São José）和"皮尼艾斯"（Pinhais）组成。"圣若昂"是为纪念圣母玛利亚的丈夫、耶稣的养父圣若昂，"皮尼艾斯"葡萄牙语意为"森林"，这是因为该地区森林密布。

圣埃斯皮里图州维拉镇（Vila Velha）由葡萄牙殖民者瓦斯科·费尔南德斯·孔蒂诺（Vasco Fernandes Coutinho）建于1535年，当时名为圣埃斯皮里图镇，其名葡萄牙语意为"圣灵镇"。1549年改为现名，葡萄牙语意为"旧镇"。

米纳斯吉拉斯州城镇迪维诺波利斯（Divinópolis）建于1767年，其名葡萄牙语意为"圣灵城"。原名圣埃斯皮里图（Espírito Santo），葡萄牙语意为"圣灵"。

戈亚斯州城镇特林达迪（Trindade）之名葡萄牙语意为"三位一体"。传说1840年，在一个叫作巴罗普雷托（Barro Preto）的小村子里，康斯坦丁诺·沙维尔（Constantino Xavier）和其妻安娜·罗莎（Ana Rosa）在自家的地里发现了一块绘有三圣一体（指圣父、圣子、圣灵三位一体）给圣母玛利亚加冕的磁牌。人们认为发现这块磁牌是个奇迹，遂建立起一个供奉这块磁牌的教堂。周围的人们纷纷云集此地，逐渐形成村镇，并以特林达迪（三位一体）为该镇命名。

2. 以天主教圣徒和著名教士命名的地名

巴西天主教对圣徒十分尊崇，认为圣徒具有超自然的力量，近乎神。2007年5月12日，罗马教皇本笃十六世册封巴西修士弗里亚尔·加尔旺（Friar Galvao）为圣徒，使其成为巴西本土的第一位圣人。弗里亚尔·加尔旺一生拯救了很多受病魔折磨的人，在巴西具有很大的影响力。同拉美西班牙语国家一样，巴西有许多地方用圣徒名字命名。除已述圣保罗州和首府圣保罗意为"使徒保罗"，圣卡塔琳娜州（Santa Catarina）之名是为纪念圣徒卡塔琳娜外，以天主教圣徒和著名传教士命名的地名还有许多。

戈亚斯州城镇德斯科贝尔托河畔圣安东尼奥（Santo Antônio do Descoberto）得名一是该城位于德斯科贝尔托河畔，二是为纪念圣徒安东尼奥。传说1728年一位葡萄牙金矿主的奴隶干活中间坐下休息时，突然发现前面的树枝上挂着圣安东尼奥的像，他们把像取下来交给了金矿主。人们在此地修建了一座教堂，存放圣安东尼奥像。很快这个教堂成为朝圣地，吸引了众多的信徒。后来该城取名为圣安东尼奥德蒙特斯克拉罗斯（Santo Antônio de Montes Claros），1982年改为现名。

马托格罗索州城镇多姆阿基诺（Dom Aquino）建于1920年左右。其名是为纪念库亚巴大主教弗朗西斯科·德阿基诺·科雷亚（Francisco de Aquino Correia, 1885-1956）。他曾任马托格罗索州州长，著有多部文学作品，他也是马托格罗索州第一位加入巴西文学科学院的人。

3. 以保护神为名的地名

巴西许多城市都有自己的保护神，有保护神的节日，并以保护神命名。

戈亚斯州城镇卢西亚尼亚（Luziania）建于1746年，其名是为纪念该城的保护神圣卢西亚。

圣保罗州城镇圣贝尔纳多杜坎普（São Bernardo do Campo）由若昂·拉马略（João Ramalho）建于1553年，其名是为纪念该城保护神圣贝尔纳多德克拉拉瓦尔（São Bernardo de Claraval）。

圣保罗州城镇圣若泽杜里奥普雷图（São José do Rio Preto）城名中的"圣若泽"（São José）是该城保护神，每年3月18日为该城的"圣若泽节"。

马托格罗索州城镇圣特雷西娜（Santa Terezinha）之名是为纪念该城保护神圣特雷西娜。

塞尔希培州城镇伊塔波兰加达阿胡达（Itaporanga d'Ajuda）城名中的"达阿胡达"（d'Ajuda）为该城保护神圣母达阿胡达（Nossa Senhora da Ajuda），"伊塔波兰加"（Itaporanga）图皮语意为"漂亮的石头"，由"itá"（石头）和"poranga"（漂亮的）两词组成。

（三） 源于历史事件的地名

巴西的有些地名记录了历史长河中发生的一些事件，有的揭露了葡萄牙殖民者镇压人民的暴行，有的歌颂了巴西人民的英勇斗争，这些地名成为佐证历史的重要资料。

巴伊亚州城镇维多利亚达孔基斯塔（Vitória da Conquista）建于1783年，其名葡萄牙语意为"征服的胜利"，简称孔基斯塔（Conquista），葡萄牙语意为"征服"。葡萄牙人若昂·贡加尔韦斯·达科斯塔（João Gonçalves da Costa）奉葡国王之命来到巴西，同土著因博雷人（Imboré）和蒙戈约人（Mongoió）交战获胜后建立该城，并将该城命名为维多利亚达孔基斯塔。

伯南布哥州城镇雅博阿唐杜斯瓜拉拉佩斯（Jaboatão dos Guararapes）建于1593年，其奠基者为本托·路易斯·菲盖拉（Bento Luiz Figueira）。该城第一个名字为雅博阿唐（Jaboatão），源于土著印第安语的"Yapoatan"，这是该地区一种树的名字，这种树的木材可用于造船。1989年改为现名雅博阿唐杜斯瓜拉拉佩斯，以纪念在瓜拉拉佩斯山发生的历史性战役。瓜拉拉佩斯战役是指17世纪巴西人民为结束葡萄牙人的入侵在累西腓南面的瓜拉拉佩斯山进行的两次战役。第一次战役发生在1648年4月19日，巴西在这次战役中组建了自己的军队；第二次战役发生在1649年2月19日。

皮奥伊州城镇巴塔利亚（Batalha）始建于1794年，其名葡萄牙语意为"战斗"。在建城过程中，葡萄牙殖民者和土著居民发生激烈战斗，最后土著人被赶走，故葡萄牙人将新建城市命名为巴塔利亚。

马托格罗索州北阿雷格里港（Porto Alegre do Norte）之名葡萄牙语意为"北快乐港"。该地区有大量雪松，可用作建筑木材。木材商沿塔里拉佩河经过5天航行，抵塞德罗兰迪亚，卖掉货物后，在这里举行狂欢庆祝，这个镇子变成一个"相当快乐的港口"，其名也随之改为北阿雷格里港。城名中的"北"字是为与南里奥格兰德州首府阿雷格里港（Porto Alegre）相区别。

（四）源于自然风光的地名

巴西幅员辽阔，自然景色旖旎多姿、美不胜收，许多地方的地名与那里的自然风光密切相关。

马托格罗索州城镇上博阿维斯塔（Alto Boa Vista）中的博阿维斯塔葡萄牙语意为"美妙的景色"。

伯南布哥州城镇贝洛雅尔丁（Belo Jardim）之名葡萄牙语意为"漂亮的花园"。

帕拉伊巴州城镇大坎皮纳（Campina Grande）是帕拉伊巴州第二人口大城，设立于1697年12月1日，其名葡萄牙语意为"宽阔的田野"。

伯南布哥州城镇奥林达（Olinda）建于1535年，其名葡萄牙语意为"多美啊"。传说这片土地的捐赠者杜阿尔特·科埃略（Duarte Coelho）曾发出"在这里建设一座城镇该有多美啊"的赞叹，后来"多美啊"（Oh linda）就成为该城的城名。但另一说"多美啊"是在赞美一位名叫阿马蒂斯·德高拉（Amadis de Gaula）的女人。

里约热内卢州城镇坎普斯杜斯戈伊塔卡塞斯（Campos dos Goytacazes）之名葡萄牙语意为"土著戈伊塔卡塞斯人的田野"。

圣保罗州城镇坎皮纳斯（Campinas）之名葡萄牙语意为"田野"。原来该城还曾称为"Campinas de Mato Grosso"，葡萄牙语意为"森林密布的田野"，表明了该地区的自然特色。

托坎廷斯州城镇帕拉伊索杜托坎廷斯（Paraíso do Tocantins）设立于1963年10月23日，其名葡萄牙语意为"托坎廷斯的天堂"。"天堂"（Paraíso）之名是由建设巴伦—巴西利亚公路的国家公司负责人阿德胡利奥·巴尔塔萨尔（Adjúlio Balthazar）夫人卢西亚·德梅洛·巴尔塔萨尔（Luzia de Melo Balthazar）所取。1958年她来到此地时，被这里的自然美景，特别是被清澈见底、波光粼粼的佩尔纳达河与布里蒂河所陶醉，故以"天堂"命名。

米纳斯吉拉斯州城镇波苏阿雷格里（Pouso Alegre）设立于1848年10月19日。原来这里是一座小村落，1596年由欧洲殖民者建立，取名为马托西尼奥杜曼杜（Matosinho do Mandu）。1797年，贝尔纳多·若泽·德洛雷纳（Bernardo José de Lorena）州长路过此村，被乡村的自然美景所吸引，他说："这个村不应该叫曼杜，应该叫波苏阿雷格里。"在葡萄牙语中，波苏阿雷格里意为"美妙的逗留地"。

（五） 以山河湖海等地形为名的地名

巴西是南美洲最大的国家，也是世界上面积第五大国家。它东濒大西洋，海岸线长约7400公里。巴西地形以高原和平原为主，巴西高原是世界最大的高原，广阔的亚马孙平原则是世界上面积最大的冲积平原。巴西河流众多，河网密集，拥有亚马孙、巴拉那和圣弗朗西斯科三大河系。世界流域最广、流量最大的亚马孙河大部分在巴西境内。境内多激流和瀑布，蜚声世界的伊瓜苏大瀑布就在该国西南部的世界第五大河巴拉那河上。巴西的许多地名取自山河湖海，生动地反映出巴西的地形特点。

巴西有些地名与海洋有关，如前述巴伊亚州意为"海湾"，伯南布哥州首府累西腓之名派生于葡萄牙语"Arrecife"，意为"礁石"。

巴西更多地名与河流联系在一起，有些地区名直接来自河名。

托坎廷斯州城镇福莫索杜阿拉瓜亚（Formoso do Araguaia）之名来自穿过该城的福莫索河（Río Formoso），其名葡萄牙语意为"漂亮的河"。

南马托格罗索州城镇里奥布里良特（Rio Brilhante）之名源于流经该城的布里良特河（Rio Brilhante）。

马托格罗索州城镇扎佩萨尔（Sapezal）是以流经该城的扎佩萨尔河（Rio Sapezal）为名。在河名"Sapezal"中，"sapê"是一种禾本科植物，可用作房屋的遮盖物。

圣卡塔琳娜州城镇阿拉兰瓜（Araranguá）之名源于阿拉兰瓜河，"Araranguá"意为"城市街道"，因为该城市的街道十分宽阔。

圣保罗州城镇里贝朗普雷图（Ribeirão Preto）以流经此地的里贝朗普雷图小溪名字命名，里贝朗普雷图葡萄牙语意为"黑色小溪"。

亚马孙州城镇阿乌塔塞斯（Autazes）之名源于流经该城的"Río Autaz-Açú"河与"Río Autaz-Mirim"河。

米纳斯吉拉斯州城镇乌贝兰迪亚（Uberlandia）之名来自流经此地的乌贝兰迪亚河（Río Uberlandia）。乌贝兰迪亚（Uberlandia）源于图皮语"Yberaba"，由"'y"（水，河）和"berab"（明亮的）两词组成，全词义为"明亮的水"。

马托格罗索州城镇帕拉那伊塔（Paranaíta）之名取自流经该城的帕拉那伊塔河（Río Paranaíta）。帕拉那伊塔的得名与帕拉南州（Paraná）有关，帕拉那伊塔城的很大部分居民来自帕拉南州，后缀"ita"意为"石头"。

圣保罗州城镇圣若泽杜里奥普雷图（São José do Rio Preto）城名中的"里奥普雷图"（Rio Preto）葡萄牙语意为"黑河"，这条河把该城一分为二，该城即以这条河命名。由于此地森林茂密，河水也被映衬得如同黑色，故称为黑河。

南里奥格兰德州城镇里奥格兰德（Rio Grande）之名葡萄牙语意为"大河"。该城附近有一条连接多斯帕托斯湖（Lagoa dos Patos）和米林湖（Lagoa Mirim）的河流，故得此名。该城的别称为"海上新娘"（Noiva do Mar）。

南里奥格兰德州城镇维亚马奥（Viamão）建于1741年。其名来源说法不一，大多数人认为源于葡萄牙语"Vi a mão"，意为"我看见一只张开的手",因为在该城周围的山丘上可以看到瓜伊巴河(Guaíba River)和它的五条支流——雅奎河(Jacuí)、卡伊河(Caí)、格拉瓦泰河(Gravataí)、塔夸里河(Taquari)与多斯西诺斯河(Rio dos Sinos),这五条支流犹如一只张开的手,所以把该城称作维亚马奥。一说源于"Ibiamon"一词,意为"鸟之地",一说此名意为"山间通路",一说其名是葡萄牙吉马朗伊什省的古名"Viamara"。

托坎廷斯州城镇阿拉瓜廷斯(Araguatins)之名是阿拉瓜亚河(Araguaia)与托坎廷斯河(Tocantins)名字的结合,1943年根据该市市长安东尼奥·卡瓦略·穆里西(Antonio Carvalho Murici)的提议改为现名。

马托格罗索州城镇里贝朗卡斯卡列拉(Ribeirão Cascalheira)城名中的"Ribeirão"葡萄牙语意为"河岸边",因为第一批居民定居于河畔,"Cascalheira"葡萄牙语意为"采石坑"。

马托格罗索州城镇阿瓜博阿(Agua Boa)之名葡萄牙语意为"好水",其名源于街道旁有一条小河,那里有一个供水点。最早印第安特苏瓦人(Tsuvá)和马拉赫佩人(Marajepéi)在此居住。

里约热内卢州城镇沃尔塔雷东达(Volta Redonda)之名葡萄牙语意为"圆形曲线",是指流经该城的南帕拉伊巴河蜿蜒流淌的形状。

有些地名以舟筏为名,如南里奥格兰德州城镇佩洛塔斯(Pelotas)建于1812年,是南里奥格兰德州第三人口大城。其名葡萄牙语意为"皮革筏",是指用白珊瑚树制作和用兽皮包裹的船。

南里奥格兰德州第四大城市卡诺阿斯(Canoas)之名葡萄牙语意为"独木舟"。

巴西一些地名与湖泊有关,如南马托格罗索州第四大城市特雷斯拉瓜斯(Três Lagoas)之名葡萄牙语意为"三个湖",因该地区有三个湖泊而得名。

米纳斯吉拉斯州城镇塞蒂拉瓜斯(Sete Lagoas)建于1880年11月30日,其名葡萄牙语意为"七个湖"。

巴西有些地名以瀑布为名,如南马托格罗索州城镇塞蒂克达斯(Sete Quedas)之名葡萄牙语意为"瀑布",取自该地区的塞蒂克达斯瀑布(Salto de Sete Quedas）。

南里奥格兰德州城镇卡舒埃里纳（Cachoeirinha）设立于 1966 年 5 月 15 日，其名葡萄牙语意为"小瀑布"，该城得名是因城附近有一个小瀑布。

巴西有些地名与山有关，如马托格罗索州城镇新蒙蒂韦尔德（Nova Monte Verde）设市于 1991 年 12 月 20 日。蒙蒂韦尔德葡萄牙语意为"绿山"，源于该城附近的蒙蒂韦尔德山（Monte Verde）。城名中添加了"新"（Nova）字，是为与里约热内卢州、米纳斯吉拉斯州和圣保罗州的蒙蒂韦尔德相区别。

皮奥伊州城镇皮科斯（Picos）建于 1890 年 12 月 12 日，其名源于葡萄牙语，意为"山峰"，该城镇被群峰环抱，故得名。

南马托格罗索州城镇蓬塔波朗（Ponta Porã）之名是葡萄牙语同瓜拉尼语相结合。"Ponta"是葡萄牙语，意为"尖"，这里指该地区的马拉卡茹山顶，"Porã"是瓜拉尼语，意为"漂亮的"，蓬塔波朗意为"漂亮的山顶"。

伯南布哥州彼得罗利纳（Petrolina）建于 1870 年，其名源于"Pedra Linda"，葡萄牙语意为"漂亮的石头"。

（六）以动植物为名的地名

巴西地处热带，雨量充沛，花木葱茏。亚马孙热带雨林大部分位于巴西境内，这里繁衍着全球一半以上的动植物种类，释放的氧气约占世界总量的1/3，被誉为"地球之肺"。巴西许多地区以动植物为名。

马拉尼昂州城镇巴卡瓦尔（Bacabal）之名意为"棕榈树"。1920 年 4 月 17 日建城时该地有大量巴卡瓦棕榈树，故以巴卡瓦尔为名。

帕拉州城镇卡斯塔尼亚尔（Castanhal）之名葡萄牙语意为"核桃树"，因该地区多核桃树。

巴伊亚州城镇茹阿泽鲁（Juazeiro）以生长于当地的茹阿泽鲁树命名。

马托格罗索州城镇北阿雷格里港（Porto Alegre do Norte）原名塞德罗兰

迪亚（Cedrolandia），葡萄牙语意为"雪松之地"，因为该地区有大量雪松，亚马孙热带雨林中生长的这种雪松可用作建筑木材。

马托格罗索州城镇卡纳拉那（Canarana）之名源于当地一种禾本科植物的名称。

圣卡塔琳娜州城镇克里西乌马（Criciúma）之名源于巴西一种类似竹子的禾本科植物名称。

马托格罗索州城镇索里索（Sorriso）之名一说来自意大利语"Só riso"，意为"只有稻子"，因为原来意大利移民在该地区只种水稻；一说从字面上看，意为"微笑"。

巴西动物种类繁多，热带哺乳动物、爬行动物、无脊椎动物、两栖动物和海洋生物应有尽有，同时巴西又是鸟类品种最多的国家。

亚马孙州城镇新阿伊拉奥（Novo Airão）之名葡萄牙语意为"新苍鹭"，是由西班牙语"Airón"转译而来。

马托格罗索州城镇多姆阿基诺（Dom Aquino）原名穆图姆（Mutum），源于一种名叫"mutuns"的鸟。

帕拉伊巴州城镇阿拉拉（Arara）之名因过去这里曾有大量阿拉拉鸟而得名。

巴拉那州城镇卡斯卡韦尔（Cascavel）之名一说是一群葡萄牙殖民者在该地区一条河流附近安营过夜，发现一个大的响尾蛇窝，于是称这个地方为"Cascavel"，葡萄牙语意为"响尾蛇"；一说"Cascavel"源于拉丁文"caccabus"，意为"冒泡的沸水"。

马拉尼昂州城镇蒂蒙（Timon）是马拉尼昂州第三大城，其名葡萄牙语意为"蜥蜴"。

米纳斯吉拉斯州城镇帕托斯德米纳斯（Patos de Minas）之名，由"patos"（鸭子）和"minas"（米纳斯）两词组成，全词葡萄牙语意为"米纳斯的鸭子"。得名是因建城时，该地区的湖中有很多鸭子。

帕拉伊巴州第三大城帕托斯（Patos）之名葡萄牙语意为"鸭子"，其名源于附近的多斯帕托斯湖（Lagoa dos Patos），葡萄牙语意为"鸭子湖"，因湖中多鸭而得名。

（七）以金属、钻石等为名的地名

巴西地大物博，矿藏十分丰富，主要有铁、锰、锡、铝、工业钻石、宝石等。巴西一些地名以金属、钻石为名，向世人展现出巴西富饶的矿业资源。

皮奥伊州城镇奥埃拉斯（Oeiras）建于1695年，1759年曾成为皮奥伊州首府，1851年，该州首府迁往特雷西纳。奥埃拉斯之名源于拉丁文"aurarias"，是"aurarai"宾格复数，意为"金矿"。当时在此地兴建该城时，这里有许多金矿采掘活动，故得名。

米纳斯吉拉斯州黑金城（Ouro Preto）建立于1711年，原名"富镇"（Vila Rica）。1720年，该城曾为米纳斯吉拉斯州首府。1823年，该城改称黑金城，因在该地区发现内部含金的黑石而得名。此地黄金开采量巨大，一度使巴西黄金产量占世界总产量的70%。18世纪末，这里的黄金资源枯竭，但古老的巴洛克式建筑保存完好。1980年，黑金城而被联合国教科文组织批准为世界文化遗产。

托坎廷斯州城镇蒂亚诺波利斯（Dianópolis）建于1884年8月26日，当时名叫圣若泽杜杜罗（São José do Duro）。"杜罗"（Duro）是"D'ouro"的缩写，葡萄牙语意为"金"。1934～1938年，弗朗西斯科·德拉斯沙加斯·莫拉（Francisco de las Chagas Moura）任该市市长时将城名改为现名。

米纳斯吉拉斯州城镇迪亚曼蒂纳（Diamantina）建于1713年，原名蒂茹科村（Arraial do Tijuco），因葡萄牙人在附近的山坡和河谷中发现了大量的钻石，遂改名为迪亚曼蒂纳，葡萄牙语意为"钻石"。20世纪初，南非发现含量更高质量更佳的钻石矿，迪亚曼蒂纳的钻石加工业逐渐衰落。该城因保存有完整的殖民时期的巴洛克式建筑，被联合国教科文组织批准为世界文化遗产。

马托格罗索州城镇迪亚曼蒂努（Diamantino）之名葡萄牙语意为"钻石"。1746年该地区发现钻石，该城迅速发展起来，并以"钻石"为名。

七　源于英语的地名

伯利兹、圭亚那、圣卢西亚、特立尼达和多巴哥、牙买加等加勒比国家，曾是英国殖民地，英语为这些国家的官方语言，大部分地名也都以英语为名。有些遭受过西班牙统治的国家，譬如牙买加、特立尼达和多巴哥等也遗留下不少西班牙语地名，但不少西班牙语地名已被英语化了。

（一）以英文姓氏为名的地名

牙买加的许多地名以英国国王、牙买加总督或高级官吏的名字为名。

曼彻斯特区维多利亚城（Victoria Town）以英国维多利亚女王命名。

克拉伦登区城镇卡莱尔湾（Carlisle Bay）之名是为纪念1678~1680年任牙买加总督的卡莱尔伯爵（Earl of Carlisle）。

曼彻斯特区城镇波鲁斯（Porus）由传教士詹姆斯·菲利波（James Phillippo）建于1840年，作为被解放奴隶居住的自由镇。当时名为韦尔莱昂内尔（Vale Lionel），以纪念牙买加总督莱昂内尔。现名一说可能与附近地区渗水的泥土有关，在英语中"porous"意为"渗水的"；一说"Porus"指的是波拉斯兄弟（Porras），他们曾与哥伦布一同被困在牙买加；一说"Porous"是"Las Pocas"（很少的东西）的误传。

圣安德鲁区城镇格兰特庄园（Grants Pen）以1866~1874年牙买加总督约翰·彼得·格兰特（John Peter Grant）的姓氏为名。他是牙买加最有能力的总督之一。

威斯特摩兰区城镇摩根桥（Morgan's Bridge）、克拉伦登区摩根谷（Morgan's Valley）和摩根路（Morgan's Pass）都是以威尔士船长亨利·摩根（Henry Morgan）的姓氏为名，后来他成为牙买加代理总督。

波兰特区凯瑟琳峰（Catherine's Peak）之名取自著名海盗出身的总督亨利·摩根（Henry Morgan）的妻子凯瑟琳·朗（Catherine Long）的名字。据说她是第一位登上高峰的妇女。

圣安德鲁区城镇坦普尔霍尔（Temple Hall）之名是以1718～1722年牙买加总督尼古拉斯·劳斯（Nicholas Lawes）的岳父、当地地产主托马斯·坦普尔（Temple Hall）的姓氏为名。17世纪尼古拉斯·劳斯把咖啡种植引入牙买加，1698年，他与托马斯·坦普尔的女儿结婚。

圣托马斯区城镇班尼斯特湾（Bannister Bay）之名是为纪念苏里南总督班尼斯特上校（Col. Bannister）。1667年，他把英格兰人和犹太人带到此地。

圣伊丽莎白区城镇桑斯特高地（Sangster's Heights）之名以牙买加副总理唐纳德·桑斯特（Donald Sangster）的姓氏为名。

克拉伦登区城镇朗维尔（Longville）之名英文译为"朗镇"。"朗"是指1655年随英国远征队到达牙买加的殖民者，他被任命为议会发言人，后来又成为首席法官，朗维尔地区曾归他所属。

圣玛利区城镇里士满（Richmond）原属米克（Meek）家族地产，被称为米克斯普林（Meek Spring），英语意为"米克的春天"。后来这块地卖给了里士满公爵（Duke of Richmond），故城名改为现名。

牙买加一些地名使用的是当地地产主的名字。

圣詹姆斯区罗斯霍尔（Rose Hall）之名英语意为"罗斯的庄园"。罗斯·凯利（Rose Kelly）是牙买加的一个女庄园主。

圣詹姆斯区城镇塔洛克（Tulloch）以苏格兰罗斯人约翰·塔洛克（John Tulloch）的姓氏命名。1769～1837年，他是该地区的主人。

圣凯瑟琳区盖伊斯山（Guys Hill）以该地第一个领主理查德·盖伊（Richard Guy）的姓氏命名，他曾参加1655年占领牙买加的行动。

特里洛尼区城镇邓肯斯（Duncans）所在地1784年建城时属于彼得·邓肯斯（Peter Duncans）的领地，遂以他的姓氏命名。

圣伊丽莎白区阿普尔顿庄园（Appleton Estate）之名源于原庄园主詹姆斯·阿普尔顿（James Appleton）。

圣托马斯区城镇鲍登（Bowden）之名取自英国殖民者威廉·鲍登（William Bowden）的姓氏，他是大法官奥利弗·克伦威尔（Oliver Cromwell）带领的最早来到该地区的 500 名殖民者之一。

圣凯瑟琳区城镇尤尔特敦（Ewarton）之名由英语姓氏"Ewart"和后缀"ton"组成，"ton"英语意为"城"。

威斯特摩兰区城镇奥钱布雷克（Auchenbreck）是以苏格兰古老的奥钱布雷克家族的姓氏为名。

特里洛尼区城镇乔斯哈特（Joe's Hut）英语意为"乔的房屋"。乔是移居此地的第一个英国人，他建成的房屋被称为"乔的房屋"。

曼彻斯特区赫伦山（Heron's Hill）以在此地拥有好几个庄园的亚历山大·乔治·赫伦（Alexander George Heron）的姓氏为名，他希望死后把自己葬在此山的山顶上，这样他就能永远看到自己的庄园。

圣卢西亚的罗德尼湾（Rodney Bay）之名源于英国海军军官乔治·布里奇斯·罗德尼（George Brydges Rodney）。

圣卢西亚南部沿海村镇拉博里埃（Laborie）之名源于 1784～1789 年法国圣卢西亚总督拉博里埃男爵的姓氏。

特立尼达和多巴哥太子城区城镇斯图尔特山（Mount Stewart）、斯特雷克镇（Straker Village）、西班牙港市城镇约翰约翰（John John）和科瓦塔巴基特塔尔帕罗区城镇威廉镇（Williamsville）都是以英语姓氏为名。此外，以英语姓氏为名的还有克拉克斯顿湾（Claxton Bay）、埃克尔村（Eckel Village）、威廉村（Williamsville）等。

多米尼克圣马克区城镇斯科特斯黑德（Scotts Head）之名来自英国军人乔治·斯科特（Colonel George Scott）中校。1761 年，他加入英军，并参加了从法国手中夺占多米尼克的战役，1764～1767 年，他任多米尼克代理总督，监督建设了斯科特斯黑德半岛岬角上的堡垒。

还有许多国家的城镇以英语姓氏为名。

危地马拉伊萨瓦尔省城镇利文斯顿（Livingston）之名是为纪念美国立

法者爱德华·利文斯顿（Edward Livingston）。1825年他草拟了《路易斯安那民法典》，其法后来被危地马拉自由党政府所采纳。

圣文森特和格林纳丁斯的城镇查普曼斯（Chapmans）、克利夫顿（Clifton）、德里克（Derrick）、坎伯兰（Cumberland）、杜波伊斯（Dubois）、彭布罗克（Pembroke）、里士满（Richmond）、拉特兰谷（Rutland Vale）、桑迪湾（Sandy Bay）、布赖顿村（Brighton Village）、卡姆登公园（Camden公园）、凯恩花园（Cane Garden）、卡里尔村（Carriere Village）、查尔斯城（Charlestown）、克莱尔谷（Clare Valley）、洛弗尔村（Lovell Village）、洛曼斯山（Lowmans Hill）、佩吉特农场（Paget Farm）等都是以英语姓氏为名。

伯利兹奥兰治沃克区城镇道格拉斯（Douglas），格林纳达的城镇比顿（Beaton）、埃利霍尔（Elie Hall）、格伦维尔（Grenville）、威利斯（Willis）等以及蒙特塞拉特的费尔菲尔德（Fairfield）、弗里思（Frith）、弗格蒂（Fogarty）、哈里斯（Harris）、里士满（Richmond）、威克斯（Weekes）、塞勒姆（Salem）、科克山（Cork Hil）、戴维山（Davy Hill）、迪克山（Dick Hill）等也都是以英语姓氏为名。

（二）反映历史进程的地名

从牙买加的一些地名中，可以看到牙买加历史发展的进程。圣安娜区的发现湾（Discovery Bay）是因哥伦布1494年在此登陆，发现此湾而得名。

圣安德鲁区奥古斯特城（August Town）英语意为"八月城"。1838年8月1日，牙买加奴隶获得自由，这一天被命名为"解放日"。该城被命名为奥古斯特城，以纪念奴隶解放的日子。

圣凯瑟琳区独立城（Independence City）之名是为庆祝1962年牙买加脱离英国获得独立。

圣詹姆斯区尤尼蒂（Unity）之名英语意为"团结"。其名得来还有一段故事：原来有一对兄弟，弟弟向哥哥借钱买地，遭到哥哥拒绝，从此两人关系恶化，星期六他们去教堂，听了关于团结重要的讲道。哥哥受到启发，主动借钱给弟弟买地，他们把这块地称为尤尼蒂。

特立尼达和多巴哥查瓜纳斯市的城镇爱丁堡（Edinburgh）、爱丁堡加登斯（Edinburgh Gardens）和爱丁堡镇（Edinburgh Village）的名字都与菲利普王子、爱丁堡公爵（Prince Philip, the Duke of Edinburgh）有关。可能是1985年建立这些城镇时，正赶上英国女王伊丽莎白二世和菲利普王子对特立尼达和多巴哥进行国事访问。

（三）体现自然风貌的地名

特立尼达和多巴哥科瓦塔巴基特塔尔帕罗区城镇怀特兰德（Whiteland）之名英语意为"白色土地"；多巴哥岛城镇劳兰德斯（Lowlands）之名英语意为"低地"；多巴哥岛黑罗克（Black Rock）之名英语意为"黑岩石"；罗克利谷（Rockly Vale）之名英语意为"岩石谷"；桑格雷格兰德区城镇菲欣格庞德（Fishing Pond）之名英语意为"鱼塘"。

圣基茨和尼维斯的尼维斯岛城镇巴斯（Bath）之名英语意为"洗浴"，得名是因该村镇靠近一个火山温泉，几百年来人们常到这里来用温泉洗浴、治疗、健身。英国也有一座名叫巴斯的城镇。

圣文森特和格林纳丁斯城镇南方河流（South Rivers）以河流为名；斯普林村（Spring Village）之名英语意为"泉水村"。

伯利兹伯利兹区城镇大福尔（Big Falls）之名英语意为"大瀑布"；奥兰治沃克区布卢克里克（Blue Creek）之名英语意为"蓝溪"。

特立尼达和多巴哥圣伊丽莎白区城镇古特斯（Gutters）坐落在斯伯尔特里山（Spur Tree Hill）脚下，其名意为"水沟"。每逢大雨过后，山上的水从三个方向流向城里，城里一片汪洋，像个水沟，故得名。

（四）体现宗教色彩的地名

牙买加多数居民信奉基督教，一些地名与宗教紧密相关，如克拉伦登区城镇查珀尔顿（Chapelton）的一名种植园主在1666年修建了一所教堂，当地人常说"去城里的教堂"（the chapel in the town）。随着时间的推移，"教堂城"（Chapel Town）成了该城城名，后来两词合写，简化成"Chapelton"。

圣安德鲁区城镇纳恩斯彭（Nun's Pen）之名英语意为"修女种植园"。最初是海地人亨利·阿奎因（Henri D'Aquin）的地产，他的女儿们都想当修女，让父亲在其种植园里修建了一座天主教堂。

圣基茨和尼维斯的尼维斯岛城镇丘奇格朗德（Church Ground）之名英语意为"教堂之地"。

伯利兹奥兰治沃克区城镇印第安丘奇（Indian Church）之名英语意为"印第安教堂"。

伯利兹奥兰治沃克区城镇马萨圣（Santa Martha）、圣拉萨罗（San Lazaro）、克罗萨尔区城镇圣维克多（San Victor）和蒙特塞拉特城镇圣彼得（St. Peter's）、圣约翰（St. John's）、圣帕特里克（St. Patrick's）、圣乔治山（St. George's Hil）等都是以圣徒名字命名的。

（五）以动植物为名的地名

牙买加一些地方以动物的名称为名。

圣托马斯布尔湾（Bull Bay）之名英语意为"公牛湾"，还曾一度被称作"考湾"，英语意为"母牛湾"。两个地名都与牛有关，这是因为历史上海盗曾在岛上猎杀野牛。

克拉伦登区布尔黑德山（Bull Head Mountain）之名英语意为"公牛头山"。该山海拔748米，是牙买加最高峰。

汉诺威区城镇法特霍格夸特（Fat Hog Quarter）之名英语意为"肥猪肉"，取名因该地区养了很多猪。汉诺威区多尔芬斯黑德山英语译为"海豚山"，取名因该山形状像海豚的鼻子、头和鳍。

特立尼达和多巴哥太子城区城镇蒙基城（Monkey Town）之名英语意为"猴城"。

格林纳达的城镇大克雷菲什（Great Crayfish）之名英语意为"大龙虾"。

伯利兹拉莱多区蒙基里弗城（Monkey River Town）之名英语意为"猴河城"。

蒙特塞拉特的城镇伍洛卡斯特谷（Locust Valley）之名英语意为"蝗虫谷"。

牙买加还有不少以植物为名的城镇。

圣安德鲁区城镇韦特阿比特（Wait-a-Bit）之名英语意为"有钩刺的灌木"。这种灌木原产非洲，常作树篱之用，非洲奴隶把它移植到牙买加。

特里洛尼区锡达谷（Cedar Valley）之名英语意为"雪松谷"。

圣詹姆斯区辛纳蒙山（Cinnamon Hill）之名英语意为"樟树山"，此山上曾有许多樟树，故得名。

圣安娜区城镇班布（Bamboo）之名英语意为"竹"。

汉诺威区城镇弗恩格利（Fern Gully）之名英语意为"蕨沟"，此处遍地长有涡蕨，故得名。

伯利兹伯利兹区城镇克鲁克特特里（Crooked Tree）之名英语意为"弯曲的树"；奥兰治沃克区城镇奥古斯特派因里奇（August Pine Ridge）之名英语意为"八月松岭"。

特立尼达和多巴哥以植物为名的城镇有佩纳尔德韦区城镇班布镇（Bamboo Village），英语意为"竹镇"；太子城区城镇锡达山（Cedar Hill）之名英语意为"雪松山"。

圣文森特和格林纳丁斯的城镇奥林奇希尔（Orange Hill）之名英语意为"橙山"；罗斯霍尔（Rose Hall）之名英语意为"玫瑰庄园"。

蒙特塞拉特城镇伍德兰兹（Woodlands）之名英语意为"树林"。

（六）以民族为名的地名

特立尼达和多巴哥科瓦塔巴基特塔尔帕罗区城镇卡尔森菲尔德（Carlsen Field）之名英语意为"苏格兰人的土地"。

蒙特塞拉特城镇佛兰芒斯（Flemmings）之名意为"佛兰芒人"。

（七）以英文短语和寓托式名字为名的地名

有些地名是由英语短语组成，如牙买加克拉伦登区法埃诺（Far Enough）之名英语意为"远远不够"，它出自苏格兰人的一句话"远远不够的法院和国王"（far enough from courts and kings）。

圣伊丽莎白区城镇埃诺考尔尤诺科姆（I-No-Call-You-No-Come）之名英语意为"我不叫你你别来"。早年间，马伦人（非洲奴隶后裔）不欢迎突然造访的来客，为了不让来客进来，便故意带他走弯弯曲曲的道路，以减少来客的好奇心。

圣伊丽莎白区城镇拉布尔英瓦因萨瓦纳（Labour-in-Vain Savannah）之名英语意为"在草原上白干活了"，是指每年干旱季节在这个地区干活啥也得不到。

波兰特区城镇西米诺莫尔（See me no More）之名英语意为"再看不到我了"。此地是林木茂密的沟壑，在修路前，一个人穿过沟时，别人就见不到他了，故而得名。

特里洛尼区奎克斯特普（Quick Step）之名英语意为"快一步"。这句话产生于18世纪英国军人与马伦人（Marron，非洲奴隶后裔）作战期间。

特里洛尼区城镇坦安西（Tan an' See）之名英语意为"停下看田野美丽风景"，指那里有悬崖，在上面可以观看到周围美丽的风景。

曼彻斯特区城镇弗洛格曼（Flog Man）之名英语意为"鞭打人"。

有些地名是寓托式名字，表达了人们的情绪、意愿等。特立尼达和多巴哥查瓜纳斯市城镇费利西蒂（Felicity）之名英语意为"幸福"；太子城区弗兰德希普（Friendship Village）以友谊为名；科瓦塔巴基特塔尔帕罗区尤宁镇（Union Village）之名英语意为"团结镇"；科瓦塔巴基特塔尔帕罗区城镇弗里波特（Freeport）之名英语意为"自由港"。

圣文森特和格林纳丁斯的城镇北尤宁（North Union）之名英语意为"北方联盟"，城镇利伯蒂洛奇（Liberty Lodge）之名英语意为"自由村"，弗兰德希普（Friendship）之名英语意为"友谊"

（八）其他

危地马拉伊萨瓦尔省城镇埃尔埃斯托尔（El Estor）之名据说源于英语"store"，意为"商店"。

牙买加克拉伦登区城镇戈尔德迈因（Gold Mine）之名英语意为"金矿"，此地曾有金矿；城镇旧哈伯（Old Harbour）之名英语意为"旧港"，原名埃斯基韦尔（Esquivel），其名是为纪念该城奠基者西班牙人埃斯基韦尔。

特立尼达和多巴哥有个城镇叫信号山（Signal Hill），科瓦塔巴基特塔尔帕罗区蔡斯镇（Chase Village）之名英语意为"猎人镇"。

八　源于法语的地名

法语属于印欧语系罗曼语族，全世界有 8700 万人把它作为母语，使用法语的人近 3 亿，它是联合国、欧洲联盟等国际组织的工作语言。公元 5 世纪后，随着民族大迁徙，高卢人使用的拉丁语和法兰克人所讲的日耳曼语逐渐融合，成为一种混合性语言，从公元 939 年卡佩王朝开始，法语成为法国唯一的官方语言。法语中的很多词汇来源于拉丁文或日耳曼语。哥伦布发现新大陆后，法国也步西班牙、葡萄牙后尘，在拉美一些地区建立起自己的殖民地和海外领地，法语也随之在拉美和加勒比地区安家落户，成为在拉美地区被广泛使用的语言之一。如今在美洲，法语是仅次于西班牙语和英语的第三大语言。海地、法属圭亚那和法属西印度群岛等法国海外省和海外领地都广泛使用法语。拉美和加勒比地区法语与传统法语有许多共同之处，但在发音、语法、构词等方面又有自己的特色，而且该地区各地之间的法语也有很多差别。拉美和加勒比地区的法语地名大致分为以下几类。

（一）以法国殖民者、名人命名

特立尼达和多巴哥图纳普纳皮亚科区村镇洛皮诺（Lopinot）是以法国殖民者洛皮诺伯爵夏尔·约瑟夫（Charles Joseph Count de Loppinot, 1738－1819）的姓氏为名，他曾任法国驻北美殖民军中将。福尔坦角市城镇卡普德维尔（Cap de Ville）之名源于法国庄园主卡普·德维尔（Cap de Ville）；城镇德阿巴迪（D'Abadie）是以法国克里奥尔人庄园主的名字命名。

海地北方省圣拉斐尔区城镇皮尼翁（Pignon）由让·纪尧姆·德皮尼翁（Jean Guillaume de Pignon）建于1699年，他是法国和西班牙签约占领海地后最早到达此地的法国商人和庄园主之一。他和其家族控制着这里大量的土地和贸易，并以他的姓氏为该城命名。

圣卢西亚南部沿海村镇拉博里埃（Laborie）之名源于1784~1789年法国圣卢西亚总督拉博里埃男爵。

（二）以独立运动领导人命名

海地阿蒂博尼特省戴沙林区及城镇戴沙林（Dessalines）以海地革命领导人之一让·雅克·戴沙林（Jean-Jacques Dessalines）的姓氏命名。戴沙林城被称为"新世界第一个黑人首都"。1804年，马尔尚城（Marchand）成为新独立的海地的首都，不久之后该城就改名为戴沙林，以纪念海地第一位国家元首。1806年10月戴沙林被刺后，太子港成为海地的首都。

海地西部省太子港区城镇佩蒂翁城（Pétionville）建于1831年，以海地总统亚历山大·萨贝斯·佩蒂翁（Alexandre Sabès Pétion，1770-1818）的姓氏命名。

（三）以法语姓名为名

格林纳达以法语姓名为名的城镇有拉萨热斯（La Sagesse）、拉苏比兹（La Soubisse）、拉塔斯特（La Taste）、迪凯纳（Duquesne）等。

圣文森特和格林纳丁斯以法语姓名为名的城镇有拉克鲁瓦（La Croix）等。

（四）带有宗教色彩的地名

拉美和加勒比法语地区有许多城镇以圣徒名字命名，如海地阿蒂博尼特省马尔梅拉德区城镇圣迈克尔德拉阿塔拉亚（Saint-Michel-de-l'Attalaye）由西班牙中校何塞·德古斯曼－梅伦德斯（José de Guzmán y Meléndez）建于1768年，当时名为圣米格尔德拉阿塔拉亚（San Miguel de la Atalaya），后改用法语名称。北方省圣拉斐尔区（Saint-Raphaël）之名是以圣徒拉斐尔命名。

特立尼达和多巴哥太子城区圣马德琳（Sainte Madeleine）、圣弗朗西斯科（San Francique）与法国海外省瓜德罗普圣安妮（Saint Anne）、圣罗丝（Saint Rose）、圣克洛德（Saint Claud）、马提尼克圣吕斯（Sainte-Luce）等城镇也都以圣徒为名。

法国海外省马提尼克城镇拉特里尼特（La Trinite）之名法语意为"三位一体"。

（五）表现自然环境的地名

特立尼达和多巴哥（Morne Bleu）的图纳普纳皮亚科郡山脉，高542米，其名法语意为"蓝山"。桑格雷格兰德区城镇格朗德里维埃（Grande Riviere）之名法语意为"大河"。

多巴哥城镇莱斯科泰奥（Les Coteaux）之名法语意为"山坡"。

迭戈马丁区城镇卡伦纳奇（Carenage）之名源于英语"careening"，意为"倾斜"，这是指到达海港的轮船进行维修时，需要将船倾斜或翻过来清洗。最初给流经此地的河取名为"Le Carenage"，后成所在海湾名，最后又成为该城镇名，但去掉了"Le"。

科瓦塔巴基特塔尔帕罗区皮埃尔角（Pointe-a-Pierre）是法语地名，源于西班牙语的"Punta de Piedras"，意为"石头角"；城镇芒特多尔（Mount D'Or）之名法语意为"黄金山"；城镇昂巴尔卡德雷（Embarcadere）之名法语意为"码头"或"船舶"。

桑格雷格兰德区城镇珀蒂特鲁（Petit Trou）之名法语意为"小洞"。

海地东南省贝勒安塞区城镇贝勒安塞（Belle-Anse）之名法文意为"美

丽的海湾",原名萨尔特龙（Saltrou），后改为现名，但至今仍有争议。

中部省米雷巴莱斯区（Mirebalais）城镇索特多（Saut-d'Eau）之名法语意为"瀑布"，以一个名叫勒索特（Le Saut）大瀑布的名字命名，意为"跳跃"。

西北省让里贝尔区（Jean-Rabel）和里贝尔城（La ville de Jean-Rabe）之名源于让里贝尔河（La riviere de Jean-Rabel）。东北省和东南省也各有一个名叫里贝尔的城镇。

（六）以动植物为名的地名

特立尼达和多巴哥城镇特鲁马卡凯（Trou Macaque）之名法语意为"猕猴洞"。

福尔坦角市利萨斯角（Point Lisas）之名法语意为"猫角"；安塞富梅区（Anse Fourmi）之名法语意为"蚂蚁湾"；丰德斯阿芒德斯（Fondes Amandes）之名法语意为"杏树林"。

城镇尚普斯弗吕埃尔斯（Champs Fluers）位于圣胡安之东、库雷佩之西，其名法语意为"鲜花之地"；城镇帕耶（Paille）之名法语意为"稻草"。

海地南方省莱斯卡耶斯区（Les Cayes）城镇瓦谢岛（Île à Vache）之名，法语意为"牛岛"。1492年，这里被宣布属于西班牙王国，此后两个世纪该地名为巴卡岛（Isla Vaca）。1697年法国控制伊斯帕尼奥拉岛西部后，将该地西班牙名称法语化，变为瓦谢岛。

西北省和平港区城镇拉托尔蒂埃（La Tortue）之名法语意为"龟"。

（七）以职业、民族等为名的地名

特立尼达和多巴哥图纳普纳皮亚科区城镇布兰希瑟塞（Blanchisseuse）之名法语意为"洗衣妇女"，得名是因船长在船上看到在河边洗衣服的妇女。

特立尼达岛北海岸的村镇拉菲耶特（La Fillete）之名法语意为"小姑娘"。

桑格雷格兰德区城镇马特洛（Matelot）之名法语意为"水手"。

西帕里亚区城镇阿沃卡特（Avocat）之名法语意为"律师"。

圣胡安拉文蒂列区城镇布尔格米拉特雷塞（Bourg Mulatresse）之名法语意为"黑白混血儿"。

西帕里亚区城镇博纳塞（Bonasse）之名法语意为"老实人"。

（八）以法语短语为名的地名和寓托式地名

特立尼达和多巴哥城镇桑斯苏西（Sans Souci）位于多巴哥岛东北角，其名法语意为"不在乎""不关心"。

科瓦塔巴基特塔尔帕罗区城镇博纳阿旺蒂雷（Bonne Aventure）之名法语意为"喜欢冒险"。

圣胡安拉文蒂列区城镇蒙雷波斯（Mon Repos）之名法语意为"我在休息"。

多米尼克圣帕特里克区城镇德利塞斯（Delices）之名源于法语，意为"欢乐"。此地风景优美，有迷人的白河（White River）和维多利亚瀑布（Victoria Falls），来到这里的人都会感到欢乐无比，故得名。

克拉罗河马亚罗区城镇普莱桑塞（Plaisance）之名法语意为"娱乐"。

科瓦塔巴基特塔尔帕罗区普莱桑塞公园之名法语意为"娱乐公园"。

（九）表现历史事件的地名

多米尼克圣帕特里克区城镇马萨克雷（Massacre）之名法语意为"屠杀"，因1674年多米尼克土著人在此遭欧洲殖民者屠杀而得名。

九　源于外国地名的地名

在拉美国家的地名中有不少是外国地名的翻版。除了许多地名与宗主国的地名同名外，还有相当一部分城镇的名称直接采用了其他国家和地区的城名。

（一）以英国城镇为名的地名

1655年英国占领牙买加后，殖民者以英格兰城镇的名字为牙买加的许多地方命名，以此表示对家乡故土的怀念和对牙买加土地的占有。如圣詹姆斯区城镇剑桥（Cambridge）和威斯特摩兰区小伦敦（Little London）分别以英格兰著名城市剑桥和伦敦为名。圣伊丽莎白区城镇纽马基特（Newmarket）用的是英格兰城镇纽马基特的名字；圣伊丽莎白区城镇沃斯霍尔（Vauxhall）以伦敦一家有名的菜馆为名。特里洛尼区城镇法尔茅斯（Falmouth）是1767~1771年的牙买加总督威廉·特里洛尼（William Trelawny）以其英国家乡法尔茅斯之名命名。

来自苏格兰的英国人用苏格兰家乡的名字给占领的牙买加土地命名。如圣伊丽莎白区城镇阿伯丁（Aberdeen）、埃尔德斯利（Elderslie）和斯特灵堡（Stirling Castle）、波兰特区城镇贝里戴尔（Berrydale）、克莱德戴尔（Clydesdale）、圣托马斯区城镇多尔维伊（Dalvey）、莫伊霍尔（Moy Hall）、圣安德鲁区城镇帕皮内（Papine）、斯特灵（Stirling Castle）、特里洛尼区城镇斯图尔顿（Stewarton）、威斯特摩兰区城镇卡洛登（Culloden）和金斯敦区城镇邓弗里斯（Dumfries）等都是以苏格兰的地名为名。圣安德鲁区斯托尼山（Stoney Hill）以苏格兰一所老宅的名称命名。

牙买加有些地名源于威尔士，如曼彻斯特区城镇威尔士（Wales）由威尔士人爱德华·摩根（Edward Morgan）建于1811年，以威尔士命名。圣安娜区城镇兰多维里（Llandovery）和夫霍尔（Cardiff Hall）、圣玛利区城镇彭布罗克（Pembroke）、克拉伦登区城镇登比格（Denbigh）、波兰特区城镇伊桑塞德（Ythanside）和班戈山（Bangor Ridge）之名也都是取自威尔士的地名。

历史上，特立尼达和多巴哥曾被西班牙、荷兰、法国和英国反复争夺和占领，1812年，它成为英国殖民地，许多地方以英国地名命名。西帕里亚区城镇布赖顿（Brighton）以英国东萨塞克斯郡海滨城市布赖顿为名，多巴哥岛城镇普利茅斯（Plymouth）之名源于英国德文郡南海岸城镇普利茅斯，城镇普尔（Pool）之名源于英国东南沿海多塞特郡城镇普尔，城镇斯卡伯勒（Scarborough）之名源于英国北约克郡北部沿海城镇斯卡伯勒。

圣胡安拉文蒂列区城镇喀里多尼亚（Caledonia）之名取自苏格兰高地城镇喀里多尼亚，是苏格兰该城的拉丁文名字。"Caledonia"之名一说源于苏格兰当地一个部落名；一说源于凯尔特语"caled"，意为"坚硬的"，"Caledonia"意为"坚硬的土地"。迭戈马丁区城镇格伦科（Glencoe）之名源于苏格兰高地城镇格伦科，城镇蒙特罗斯（Montrose）源于苏格兰安格斯地区城镇蒙特罗斯，多数人认为该词源于盖尔语"monadh"（荒野）和"rois"或"ros"（半岛或岬角），全词义为"荒凉的半岛"。西班牙港城镇圣克莱尔（St Clair）之名源于苏格兰城镇圣克莱尔，这个名称与克莱尔家族有关，这个姓源于13世纪法国北部诺曼底的圣克莱尔（St Clare）。迭戈马丁区城镇卡梅伦（Cameron）之名源于苏格兰北拉纳克郡、法夫郡和西邓巴顿郡的城镇卡梅伦，卡梅伦是苏格兰古老的家族姓氏。

多巴哥岛城镇格拉摩根（Glamorgan）以威尔士原有的十三郡中格拉摩根郡为名。

格林纳达城镇贝尔蒙特（Belmont）以英格兰开夏郡城镇贝尔蒙特为名。

伯利兹伯利兹区城镇波士顿（Boston）以英国城镇波士顿为名。

拉美地区讲西语和葡语的国家也有一些地方以英国地名为名，如巴西的巴拉那州城镇隆德里纳（Londrina）之名由来到巴西的英国人所取。1924年，英国人西蒙·约瑟夫·弗雷泽（Simon Joseph Fraser）抵达巴西巴拉那州的北部地区，翌年，他和几个朋友一起创建了巴拉那北方土地公司。他们发现这里的林区雾霭弥漫，与雾都伦敦很相似，于是把这个地区命名为隆德里纳（Londrina），其名意为"源自伦敦"。

巴拉圭卡瓜苏省城镇新伦敦（Nueva Londres）建于1893年，因第一批居民是来自澳大利亚的移民，故为该城取名为新澳大利亚（Nueva Australia）。20世纪初，城名改为新伦敦。

智利第三大区阿塔卡马区城镇巴耶纳尔（Vallenar）由安布罗西奥·奥希金斯（Ambrosio O'Higgins）建于1789年，其名是为纪念他在爱尔兰斯莱戈郡的出生地巴利纳里（Ballenary），后西班牙语化为巴耶纳尔。

（二） 以葡萄牙地名为名的地名

巴西曾是葡萄牙殖民地，留下了许多以葡萄牙地名为名的城镇。例如，巴西帕拉州城镇圣塔伦（Santarém）是巴西亚马孙地区最古老的城市之一，由神父若昂·费利佩·贝滕多尔夫（João Felipe Bettendorf）建于1661年，其名源于葡萄牙城市圣塔伦。

巴西塞阿拉州城镇克拉图（Crato）由方济各会传教士卡洛斯·马里亚·德费拉拉（Carlos María de Herrara）建于1764年，以13世纪建立的一座葡萄牙城市克拉图之名命名。

巴西米纳斯吉拉斯州城镇波苏斯迪卡尔达斯（Poços de Caldas）建于1872年，其名来自葡萄牙中部旅游城市卡尔达斯达赖尼亚（Caldas da Rainha）。

（三） 以欧洲其他国家城市为名的地名

在拉美生活着大量的欧洲移民，在他们的影响下，拉美国家一些城镇以意大利、法国、比利时等欧洲国家地区的名称为名。

1. 以意大利地名为名

意大利探险家哥伦布发现美洲大陆，此后几百年间大批意大利移民来到拉丁美洲，拉美国家不少地区以意大利城名作为地名。

墨西哥米却肯州城镇新意大利（Nueva Italia）是 1909 年由意大利人丹特·库西（Dante Cusi）建立的，为了表示对自己祖国的怀念，取城名为新意大利。

巴拉圭中央省城镇新意大利（Nueva Italia）是 20 世纪 20 年代为安顿第一次世界大战中的意大利逃难者而建。

特立尼达和多巴哥圣费尔南多市城镇罗马（La Romaine）以意大利首都罗马名字命名。

哥伦比亚金迪奥省城镇萨伦托（Salento）之名取自意大利南部地区萨伦托。

哥伦比亚乌伊拉省城镇帕莱尔莫（Palermo）以意大利城市帕莱尔莫为名。

哥伦比亚金迪奥省城市赫诺瓦（Génova）之名和危地马拉克萨尔特南戈省城镇赫诺瓦（Génova）均以意大利城市热那亚（Genova）为名。

巴西圣保罗州城镇奥萨斯库（Osasco）是圣保罗州第五大城。19 世纪末，意大利人安东尼奥·阿古（Antonio Agu）在此建城，以自己在意大利西北方的家乡城市奥萨斯库为该城命名。

2. 以德国地名为名

拉美国家有一些地名以德国地名为名。

阿根廷布宜诺斯艾利斯省城镇德国镇（Germania）以德国为名。

巴拉圭圣佩德罗省新德国镇（Nueva Germania）建于 1887 年，其奠基者、德国移民贝恩哈德·弗尔斯特博士（Bernhard Förster）为该城取名新德国。

智利第五大区瓦尔帕莱索区马尔加马尔加省阿莱马纳镇（Villa Alemana）建于 1894 年，其名西班牙语意为"德国镇"。该城最初名为比尼亚德米拉弗洛雷斯（Viña Miraflores），其名西班牙语意为"观花葡萄园"。该城的主要居民由来自德国、意大利、西班牙、瑞士和南斯拉夫等国的移民组成，后经投票，定城名为阿莱马纳镇。

萨尔瓦多乌苏卢坦省城镇柏林（Berlín）建于 1885 年，奠基者为一个名叫塞拉芬·布伦南（Serafín Brennen）的德国人，他在一次海难中幸存下来，留在了此地。

牙买加圣伊丽莎白区城镇柏林（Berlin）之名源于德国首都柏林，其名由来自柏林的地产主亨利·布莱因海姆（Henry Bleinheim）所取。

巴西南里奥格兰德州城镇新汉堡（Novo Hamburgo）是以德国城市汉堡（Hamburg）为名，1824年第一批德国移民抵达这里后，该城市迅速发展起来，德国移民便以新汉堡为该城命名，新汉堡也被称为"鞋都"。

牙买加汉诺威区城镇布莱尼姆（Blenheim）和曼彻斯特区城镇布莱尼姆之名源于德国巴伐利亚布莱尼姆村，在该村所在地曾发生一次著名的战役。1704年8月13日，马尔勃罗公爵与欧根亲王合作，在布莱尼姆击败法国－巴伐利亚联军。

格林纳达城镇慕尼黑（Munich）以德国城市慕尼黑为名。

3. 以欧洲其他国家地名为名

玻利维亚圣克鲁斯省萨拉县城镇拉贝尔希卡（La Bélgica）之名的西班牙语意为"比利时"。

特立尼达和多巴哥科瓦塔巴基特塔尔帕罗区城镇滑铁卢（Waterloo）是以距比利时首都布鲁塞尔南20公里的滑铁卢镇为名。圣文森特和格林纳丁斯也有名叫滑铁卢（Waterloo）的城镇。1815年，拿破仑率领法军在滑铁卢与英国、普鲁士联军展开激战，法军惨败。后来，"滑铁卢"一词被用来比喻惨痛的失败。世界上还有许多地方以滑铁卢为名，如美国亚拉巴马州、加利福尼亚州、伊利诺伊州、印第安纳州、堪萨斯州、路易斯安那州、马里兰州、密歇根州、密苏里州、蒙大拿州、内布拉斯加州、新罕布什尔州、新泽西州、新墨西哥州、纽约州、北卡罗来纳州、俄亥俄州、俄勒冈州、南卡罗来纳州、得克萨斯州、弗吉尼亚州、威斯康星州都有以滑铁卢命名的地名；加拿大新斯科舍省、安大略省和魁北克省都有名为滑铁卢的城镇；英国伦敦有滑铁卢区，多塞特郡、西约克郡、北约克郡、默西赛德郡都有滑铁卢镇；澳大利亚新南威尔士州、南澳大利亚州、维多利亚州和西澳大利亚州有滑铁卢镇；新西兰和塞拉利昂也有滑铁卢镇。

巴西里约热内卢州城镇新弗里堡（Nova Friburgo）是1818年葡萄牙、

巴西和阿尔加尔弗联合王国国王若奥六世（João VI）为联合德国反对法国，授权瑞士弗里堡州在里约热内卢州坎塔加洛区建立的一个瑞士殖民点。1819～1820年，有1400多名瑞士人来到在此定居，他们将该地区称为"Nova Friburgo"，意为"新弗里堡"，这个地名流传至今。

哥伦比亚考卡山谷省城镇日内瓦（Ginebra）建于1909年，原名拉斯普拉亚斯（Las Playas），其名西班牙语意为"海滩"。1954年，考卡山谷省政府下令以瑞士国际都市日内瓦为该城镇命名。

哥伦比亚考卡山谷省城镇凡尔赛（Versalles）以法国城市凡尔赛为名。该城原名拉弗洛里达（La Florida），1894年5月18日改名为凡尔赛。为确定城名，该城的建设者曾多次进行讨论，后来决定采用凡尔赛之名，一是因为他们都来自安蒂奥基亚省，这个省有座名叫凡尔赛的城镇；二是凡尔赛也是法国的著名城市。

哥伦比亚卡克塔省城镇阿尔巴尼亚（Albania）、桑坦德省城镇阿尔巴尼亚（Albania）和瓜希拉省城镇阿尔巴尼亚（Albania）与欧洲国家阿尔巴尼亚同名；金迪奥省城镇黑山（Montenegro）与欧洲黑山共和国同名，该城原名金迪奥镇（Villa Quindío），因城区有一座小山，上面曾覆盖浓郁的森林，故以黑山命名。

牙买加特里洛尼区城镇斯德丁（Stettin）之名源于波兰城市什切青（Szczecin），二次大战结束前该市一直被德国占领，故城名采用德语的发音，称斯德丁。

牙买加圣伊丽莎白区城镇利蒂茨（Lititz）之名源于捷克摩拉维亚地区的小镇利蒂茨。

（四） 与美国和拉美国家城市同名的地名

在拉美国家中，有一些地名与美国的地名同名。哥伦比亚卡尔达斯省城镇宾夕法尼亚（Pensilvania）和桑坦德省城镇加利福尼亚（California）分别与美国宾夕法尼亚州和美国加利福尼亚州同名。

智利第八大区比奥比奥区比奥比奥省城镇洛杉矶（Los ángeles）由曼索·德贝拉斯科（Manso de Velasco）建于1739年5月26日，与美国城市洛杉矶同名，西班牙语意为"天使"。

哥伦比亚卡尔达斯省城镇菲拉德尔菲亚（Filadelfia）和巴拉圭博克龙省首府菲拉德尔菲亚（Filadelfia）与美国宾夕法尼亚州最大的城市费城（Philadelphia）同名。

特立尼达和多巴哥有个名叫好莱坞（Hollywood）的城镇。

伯利兹伯利兹区比斯凯湾（Biscayne）与美国比斯凯湾同名。

在拉美国家中，与邻国地名同名或地区同名的地方有很多。

巴西南里奥格兰德州乌拉圭亚纳（Uruguaiana）是南里奥格兰德州中面积最大的城市，以邻国乌拉圭名字命名。19世纪上半叶，巴西、阿根廷和乌拉圭曾激烈争夺该地区。1820年，葡萄牙、巴西和阿尔加尔弗联合王国把该地区纳入南里奥格兰德州。之后，乌拉圭占领该地，建立乌拉圭教堂（Capilla del Uruguay），随后出现的城镇名为圣安娜多乌拉圭（Santana do Uruguai），附属于圣安娜德尔拉夫拉门托（Santa Ana del Libramento）。该地区重归巴西后，1843年2月24日，圣安娜多乌拉圭脱离圣安娜德尔拉夫拉门托，改称乌拉圭亚纳。阿根廷恩特雷里奥斯省乌拉圭县（Departameno Uruguay）也与南美国家乌拉圭同名

巴拉圭科迪勒拉省城镇新哥伦比亚（Nueva Colombia）以南美国家哥伦比亚为名。

哥伦比亚乌伊拉省城镇拉阿根廷（La Argentina）以南美国家阿根廷为名。

特立尼达和多巴哥西帕里亚区城镇布宜诺斯艾利斯（Buenos Ayres）和哥伦比亚考卡省城镇布宜诺斯艾利斯与阿根廷首都布宜诺斯艾利斯同名。

墨西哥锡那罗亚州城镇哥斯达黎加（Costa Rica）与中美洲国家哥斯达黎加同名，西班牙语意为"附属的海岸"，得名是因该地区土地肥沃，盛产甘蔗。巴西南马托格罗索州哥斯达黎加（Costa Rica）也以中美洲国家哥斯达黎加同名。

特立尼达和多巴哥有个名叫巴西（Brazil）的城镇。

圣文森特和格林纳丁斯有个名叫秘鲁谷（Peruvian Vale）的城镇。

哥伦比亚卡克塔省城市波多黎各（Puerto Rico）、阿根廷米西奥内斯省城镇波多黎各与加勒比海波多黎各自由邦同名。

阿根廷恩特雷里奥斯省城镇圣萨尔瓦多（San Salvador）由米格尔·佩德罗·阿塔纳西奥·马拉林（Miguel Pedro Atanasio Malarín）建于1889年12月25日，其名与中美洲国家萨尔瓦多首都圣萨尔瓦多同名。得名是因城市奠基人建城所在地属于他的母亲奥罗拉·圣索韦尔·德马拉林（Aurora Saint-Sauver de Malarín），其母姓氏为法语"圣索韦尔"，转为西班牙语就是圣萨尔瓦多。

阿根廷圣路易斯省的阿亚库乔县（Ayacucho）、胡宁县（Junín），哥伦比亚昆迪纳马卡省城镇胡宁（Junín）分别与秘鲁的城镇阿亚库乔和胡宁同名。

巴西戈亚斯州城镇瓦尔帕莱索德戈亚斯（Valparaíso de Goiás）建于1979年，取智利第二大城市瓦尔帕莱索名，是为纪念来自瓦尔帕莱索的一位土木工程师，他曾参与制订该城住房计划。哥伦比亚安蒂奥基亚省瓦尔帕莱索（Valparaíso）、卡克塔省城市瓦尔帕莱索（Valparaíso）和卡克塔省城市瓦尔帕莱索（Valparaíso）也以智利城市瓦尔帕莱索为名。

哥伦比亚卡萨纳雷省城镇蒙特雷（Monterrey）与墨西哥第三大城蒙特雷同名。

巴拉圭伊塔普阿省城镇拉巴斯（La Paz）、阿根廷卡塔马卡省拉巴斯州与玻利维亚首都同名，西班牙语意为"和平"。

智利第八大区比奥比奥区牛布莱省城镇云盖（Yungay）建于1891年12月21日，以秘鲁城市云盖为名。

（五）以中东地区为名的地名

伯利恒是巴勒斯坦中部城市，位于犹太山地顶部、耶路撒冷以南，海拔680米，人口约25万。其名希伯来文意为"面包之家"，它是耶稣的诞生地和基督教圣地，每年吸引世界成千上万的天主教徒和基督教徒前往朝圣。贝伦（Belén）为伯利恒（Bethlehem）的西班牙语译法。除前述阿根廷卡塔马卡省城镇贝伦和巴西帕拉州首府贝伦外，拉美国家还有好几个城镇以伯利恒为名，如哥伦比亚纳里尼奥省城镇贝伦（Belén）、里萨拉尔达省城镇贝伦德翁布里亚（Belén de Umbría）等。1902 年，主教马尼萨莱斯·格雷戈里奥·纳西安塞诺·奥约斯（Manizales Gregorio Nacianceno Hoyos）访问贝伦德翁布里亚时说："这个地方很像一个马槽，应该叫它为贝伦。"到 1911 年，贝伦终于成为该城的名字，城名中的"翁布里亚"（Umbría）为该地区一土著部落名字。

哥伦比亚卡克塔省贝伦德洛斯安达基埃斯（Belén de los Andaquíes）由方济各会传教士哈辛托·马里亚·德基托（Jacinto María de Quito）建于 1917 年 2 月 17 日，其名中的"安达基埃斯"是纪念曾在此居住的印第安人。

洪都拉斯伦皮拉省城镇贝伦、秘鲁亚马孙省城镇贝伦、巴拉圭城镇贝伦（Belén）、哥伦比亚乔科省城镇贝伦德巴希拉（Belén de Bajirá）也都以伯利恒名字命名。

也有以中东国家和城镇为名的地方，如哥伦比亚科尔多瓦省蒙特利巴诺（Montelíbano）之名意为"黎巴嫩山"，得名是因一位来自黎巴嫩的人在该城自家商店门口竖立起一块牌子，上面写着"蒙特利巴诺"，以此作为对家乡故土的思念，后来人们便把"黎巴嫩山"作为该城的城名。

哥伦比亚桑坦德省城镇约旦（Jordán）和巴西阿克里州城市约旦（Jordão）采用了中东国家约旦的名字。

厄瓜多尔瓜亚斯省帕莱斯蒂纳市（Palestina）、哥伦比亚乌伊拉省帕莱斯蒂纳市和危地马拉克萨尔特南戈省城镇帕莱斯蒂纳德洛斯阿尔托斯（Palestina de Los Altos）之名中的"帕莱斯蒂纳"（Palestina）意为巴勒斯坦。

萨尔瓦多拉巴斯省城镇耶路撒冷（Jerusalén）是以中东黎凡特地区一座古老城市为名，以色列和巴勒斯坦都宣布它为自己的首都。

圣文森特和格林纳丁斯有个名叫美索不达米亚（Mesopotamia）的城镇。

（六）以非洲地区为名的地名

哥伦比亚安蒂奥基亚省城镇阿尔及利亚（Argelia）和考卡山谷省的阿尔及利亚（Argelia）都以北非国家阿尔及利亚为名。

哥伦比亚考卡山谷省城镇埃尔开罗（El Cairo）以北非国家埃及的首都开罗为名。

哥伦比亚金迪奥省城镇拉特瓦伊达（La Tebaida）之名源于1899年路易斯·阿朗戈·卡多纳（Luis Arango Cardona）等人建立的拉特瓦伊达农场，拉特瓦伊达取自埃及的一个地区名，基督教修道士曾隐居在那里进行忏悔和祈祷。

哥伦比亚昆迪纳马卡省城镇乌迪卡（útica）之名源于古代北非的一座城市。

牙买加圣伊丽莎白区戈申（Goshen）之名来自圣经上所说的埃及一个地方，意为"最好的地方"。

牙买加圣安娜区城镇卡拉巴尔（Calabar）以尼日利亚东南部城镇卡拉巴尔之名为名，当时那里的许多非洲奴隶来自尼日利亚的这个城镇。

哥伦比亚昆迪纳马卡省城镇尼洛（Nilo）以流经布隆迪、卢旺达、坦桑尼亚、乌干达、埃塞俄比亚、苏丹、埃及7个国家的世界第一长河尼罗河为名。1783年3月5日，传教士弗朗西斯科·安东尼奥·鲁伊斯（Francisco Antonio Ruíz）在该地区建立当地第一座教堂。他发现流经此地的帕圭伊河（Río Pagüey）泛滥时很像尼罗河，遂把教堂命名为尼洛教堂。后来，教堂的名字逐渐成为该城镇名字。

（七）源于亚洲国家的地名

随着亚洲移民逐渐增多，一些加勒比国家也出现了以亚洲国家地名命名的地方。

特立尼达和多巴哥太子城区城镇戈尔康达（Golconda）之名源于印度安得拉邦首府海德拉巴的戈尔康达城堡。公元 11 世纪，印度教最早在此处建立戈尔康达城堡，1518～1687 年，这里成为穆斯林土邦王库杜布·沙王朝的居城。城堡建在海拔 458 米的高处，分为内外两层，外层城墙设有 8 个城门。该城堡集印度、波斯和阿拉伯建筑风格为一体，巍峨壮观，但如今这座昔日的皇城已成为废墟，任人凭吊。

特立尼达岛查瓜纳斯市城镇加尔各答（Calcutta）以印度城市加尔各答之名命名。

西帕里亚区城镇法扎巴德（Fyzabad）由长老会传教士肯尼思·格兰特（Kenneth J. Grant）建于 1871 年，其名源于印度的城镇法扎巴德（Faizabad），法扎巴德在英国殖民统治印度时期也叫"Fyzabad"。

佩纳尔德韦区城镇伯勒格布尔（Barrackpore）之名源于印度西孟加拉邦城市。名中的"barracks"意为"兵营"，因为从 1772 年起这里就开始驻扎军队。

科瓦塔巴基特塔尔帕罗区金德纳格尔（Chandernagore）其名源于印度城镇金德纳格尔，意为"月光照亮的地方"。

太子城区城镇印度斯坦（Hindustan）之名是居住在此地的印度移民所取。

牙买加出自印度的地名有圣安娜区和特里洛尼区交界处的城镇孟加拉（Bengal），此名源于印度孟加拉地区；圣安娜区城镇马德拉斯（Madras）之名来自印度马德拉斯地区，19 世纪中叶，有一批来自那个地区的印度契约劳工到牙买加甘蔗种植园干活。

特立尼达和多巴哥还有名叫韩国村（Korea Village）和菲律宾（Phillipine）的城镇。

（八）源于大洋洲的地名

大洋洲与拉美国家关系并不太多，有意思的是这里也有一些来自大洋洲的地名。

前述巴拉圭卡瓜苏省城镇新伦敦（Nueva Londres）曾名叫"新澳大利亚"（New Australia）。

牙买加圣安德鲁区城镇韦鲁阿（Wai Rua）之名来自新西兰一地区名，意为"在河边的地方"。

参考书目和网站

〔美〕艾·巴·汤姆司：《拉丁美洲史》，商务印书馆，1973。

〔澳〕艾德里安·鲁姆：《世界地名》，杨德业等译，测绘出版社，1982。

白文祥编《世界地名常用词翻译手册》，中国地图出版社，2005。

〔美〕E. 布拉德福德·伯恩斯：《简明拉丁美洲史》，湖南教育出版社，1989。

郭伟成：《你好，墨西哥》，世界知识出版社，2003。

焦震衡：《委内瑞拉》，社会科学文献出版社，2015。

焦震衡编《世界地名故事》，科学普及出版社，1983。

焦震衡编《外国象征标志手册》，新华出版社，1988。

焦震衡等：《巴西》，世界知识出版社，2000。

焦震衡、杜福祥编《外国名胜大观》，科学普及出版社，1985。

李春辉：《拉丁美洲史稿》，商务印书馆，1983。

李春辉、苏振兴、徐世澄主编《拉丁美洲史稿》第三卷，商务印书馆，1993。

李建中：《简明拉丁美洲文化词典》，旅游教育出版社，1997。

李明德主编《简明拉丁美洲百科全书》，中国社会科学出版社，2001。

邵献图等编《外国地名语源词典》，上海辞书出版社，1983。

万方祥、李希平：《环球地名趣谈》，测绘出版社，1990。

吴德明：《拉丁美洲民族问题研究》，世界知识出版社，2004。

肖德荣主编《世界地名翻译手册》，知识出版社，1985。

徐世澄：《古巴》，社会科学文献出版社，2003。

徐世澄：《墨西哥》，世界知识出版社，2000。曾昭耀：《玻利维亚》，社会科学文献出版社，2005。

中国地名委员会编《外国地名译名手册》，商务印书馆，1983。

中国社会科学院拉丁美洲研究所：《拉丁美洲历史词典》，上海辞书出版社，1993。

Adela Menutti, María Mercedes Menutti, , *Geografía Argentina y Universal*, Buenos Aires, Edil, 1980.

Albaiges Olivart, Josep María, *Enciclopedia de los topónimos españoles*, Planeta, Barcelona, 1998.

Alfredo Barrera Vásquez, *Diccionario Maya-Español-Maya*, Cordemex, ed. , Mérida, Yucatán, México, 1980.

Alfredo Barrera Vásquez, Diccionario Maya Cordemex, Ediciones Cordemex, Mexico, 1980.

Arciniegas, Germán. *Aérica, 500 años de un nombre. Vida y época de Amerigo Vespucci*, Villegas Editores, Colombia, 2005.

ángel María, *Teogonía e historia de los mexicanos*, Ed. Porrúa, 1979.

ángel Rosenblat, *El nombre de la Argentina*, EUDEBA-Editorial Universitaria de Buenos Aires, Buenos Aires, 1964.

Barry W Higman, & B. J. Hudson, *Jamaican Place Names*, University of the West Indies Press, Kingston, 2009.

Beek, Rosanna, *Place Names of Jamaica*, The University of the West Indies Press, Kingston, 1975.

Carlos Alberto Mantellero Ognio, Diccionario de la Toponimia Austral de Chile, Valparaíso, Chile, 1984.

Carlos Gispert, ed, Enciclopedia de Costa Rica, Editorial Océano, 2002.

Carlos Ramírez Sánchez, *Toponimia indígena de Chile. Nombres de lugares indígenas de Osorno, Llanquihue y Chiloé* (Chile), UNIPRINT. ISBN, Valdivia, 1997.

Carmen Fiallos, . Los Municipios de Honduras, . Editorial Universitaria, Tegucigalpa, 1989.

Centro Nacional de Registros, *San Salvador*, *Monografía departamental y sus municipios*, Editorial Evergráficas, S. L., León (España), 2004.

CONAPO, "Distribución territorial de la población", en *La situación demográfica de México*, CONAPO, México. 1998.

Demetrio Ramos Pérez & Luis Suárez Fernández, *Historia general de España y América*, Rialp, Madrid, 1989.

Diccionario geografico de la Republica de Chile, British Library, Historical Print Editions, 2012.

Diccionario Geográfico Universal, Editorial América, S. A., 1982.

Dr. Artagnan Pérez Méndez, "Ese Moca Desconocido", Talleres Amigos del Hogar, Santo Domingo, 2000.

Edgardo Otero, *El origen de los nombres de los países*, Gargola, Buenos Aires, 2009.

Emilio Nieto Ballester, *Breve diccionario de topónimos españoles*, Alianza Editorial, 1997.

Enciclopedia de Los Municipios y Delegaciones de México Estado de Sonora (in Spanish), Mexico, Instituto para el Federalismo y el Desarrollo Municipal., 2010.

Enciclopedia de los Municipios y Delegaciones de México-Campeche (in Spanish). Mexico, Instituto para el Federalismo y el Desarrollo Municipal and Secretaría de Gobernación, 2010.

Enciclopedia el Gran Maestro,: Ceac, Lima, 2002.

Enciclopedia Océano de Venezuela, Editorial Océano, Barcelona España, 2001.

Enrique de Gandía, *Amérigo Vespucci y sus cinco viajes al Nuevo Mundo.*, Fundación Bank Boston, Buenos Aires, 1991.

Frances Karttunen, An Analytical Dictionary of Nahuatl, University of Texas Press, 1983.

Galasso, Norberto, *Historia de la Argentina*, Colihue, Buenos Aires, 2011.

George Baudot, ed., *Historia de los Indios de la Nueva España*. Castalia, Madrid, España, 1985.

George R. Stewart, "Names on the Globe", Oxford University Press, 1975.

German de Granda Gutiérrez, Español de América, español de Africa y hablas criollas hispánicas: Cambios, contactos y contextos, Publisher: Gredos, Madrid, 1994.

Gobierno del estado de Veracruz, 《Historia del origen del nombre y Escudo de Veracruz》, 2011.

Government of the State of Mexico, Nombre del Estado de México (in Spanish), 2007.

Guido Gómez de Silva, *Diccionario geográfico universal*, Academia Mexicana de la Lengua, Ciudad de México, 1998.

Gutierre Tibón, *Historia del nombre y de la fundación de México*, Fondo de Cultura Económica, México, 1980.

Hugh Thomas, *El imperio español, de Colón a Magallanes*, Editorial Planeta, Barcelona, 2003.

Inez Knibb Sibley, Dictionary of place-names in Jamaica, Institute of Jamaica edition, 1978.

Instituto Geográfico Nacional, *Diccionario Geográfico de El Salvador*.

Ismael Montes de Oca, *Enciclopedia geográfica de Bolivia*, Atenea, La Paz, 2005.

Ismael Montes de Oca, *Enciclopedia geográfica de Bolivia*, Atenea, La Paz, 2005.

Joan Corominas, Diccionario crítico etimológico de la lengua castellana, Francke Verlag in Bern, Switzerland, 1954.

José de Acosta, *Historia natural y moral de las Indias*, Fondo de Cultura Económica, México, 1965.

Juan Benavides Estrada, *Geografía del Perú 2do año de Secuandaria*, Escuela Nueva, Lima, 1999.

Kopka, Deborah *Central & South America*, Educational Press, Dayton, OH,

USA, Lorenz, 2011.

La Monja Alférez, *Enciclopedia de México*, Mexico, 2001.

Lyle Campbell, *American Indian languages*: The historical linguistics of Native America, Oxford University Press, New York, 1997.

Manuel Aguilar-Moreno, Handbook to Life in the Aztec World, California State University, Los Angeles, 2006.

Manuel Orozco y Berra, *Historia antigua y de las culturas aborígenes de México*, Ediciones Fuente Cultural, México, 1954.

Marco Aurelio Villa, Aspectos geográficos del Distrito Federal, Corporación Venezolana de Fomento. , Caracas, 1967.

Marcos Amorim Coelho, *Geografia do Brasil*, Moderna, São Paulo, 1996.

Michel Antochiw Kolpa, Título de la Ciudad y Escudo de Armas de San Francisco de Campeche (1714 – 1777), Gobierno del Estado de Campeche, México, 2009.

12, 000 Minibiografias, Editorial América S. A. , Panamá, 1986.

Nueva Enciclopédia Ilustrada Folha, Folha de la Mañana, São Paulo, 1996.

Oscar Schmieder, Geografia de América Latina, Fondo de Cultura Económica, México, 1980.

Pancracio Celdrán, *Diccionario de topónimos españoles y sus gentilicios*, Espasa, 2002.

Peter Waldmann, América Latina, Editorial Herder, Barcelona, 1984.

P. Ernesto de Moesbach, Idioma Mapuche, . Imprenta San Francisco, Padre Las Casas, Chile, 1962.

Queretaro. gob. mx. 《Querétaro de Arteaga-Información general e historia del estado》 (en español), 2011.

Ranz Yubero, José Antonio, *Diccionario de toponimia de Guadalajara*, Aache ed. , Guadalajara, 2007.

Robert W. McColl, Encyclopedia of World Geography, Golson Books, New York, 2005.

Roberto Blancarte, . Historia de la Iglesia Católica en México. , Fondo de

Cultura Económica, México, 1992.

Rolando SAAVEDRA Villegas, Visión Histórica y Geográfica de Tomé, Ediciones Perpelén, 2006.

Talleres Litográficos de Instituto Geográfico Nacional, San Salvador, 1986.

Tibón, Gutierre, *Historia del nombre y de la fundación de México*, Fondo de Cultura Económica, México, 1980.

《Enciclopedia de los Municipios de México-Gobierno del Estado de Hidalgo》, *Instituto Nacional para el Federalismo y el Desarrollo Municipal*, 2010.

http://www.mfa.gov.cn/.
http://www.xinhuanet.com/.
http://www.people.com.cn/.
http://baike.baidu.com/.
http://ilas.cass.cn/.
http://www.sohu.com/.
http://es.answers.yahoo.com/question/index?qid=20070528134745AAiA4xr.
http://travel.veryeast.cn/.
http://es.wikipedia.org/.
http://www.britannica.com/.
http://www.encyclopedia.com/doc/1E1-GuadaluV.html, www.geocicities.com/.
http://www.viajes-a.net/ciudad/Chachapoyas-82755.htm.
http://www.toursclub-travel.com/MadreDeDios.htm.
http://foro.univision.com/univision/board/message?board.id=historia&message.id=3423.
http://www.periodicoelsur.com/noticia.aspx?idnoticia=29349.
http://www.theangryyoungman.com/2006/03/las_sergas_de_esplandian.html.
http://www.statoids.com/ucl.html.
http://www.vivenciaandina.com/viajes-a-peru/parque-nacional-huascaran.htm.
http://www.answers.com/topic/reyles-carlos.

http：//www.biografiasyvidas.com/biografia/l/lavalleja.htm.

http：//www.biografiasyvidas.com/biografia/v/velasco_josemiguel.htm.

http：//www.biografiasyvidas.com/biografia/y/yegros.htm.

http：//www.answers.com/topic/tom-s-gomensoro-alb-n.

http：//www.eurosur.org/guiadelmundo.bak/01_paises.htm.

http：//www.lablaa.org/blaavirtual/biografias/leonjose.htm.

http：//www.findagrave.com/cgi-bin/fg.cgi?page=gr&GRid=26673207.

http：//www.myetymology.com/encyclopedia/Yh%C3%BA_(Paraguay).html.

http：//uni.dooland.com/article.php?id=267.

http：//www.hotelenmiami.net/noticiasmiami/.

http：//aprenderespanholesfacil.spaces.live.com/Blog/cns！458DBFE672F45FA3！1888.entry.

http：//bogado.es.tl/Historia-de-Coronel-Bogado.htm.

http：//www.coronelbogado1913.blogspot.com.

http：//www.staff.uni-mainz.de/lustig/guarani/felix_perez_cardoso.htm.

http：//www.skyscrapercity.com/showthread.php?t=700640.

墨西哥

http：//www.e-local.gob.mx/work/templates/enciclo/puebla/.

http：//www.elclima.com.mx/toluca.htm.

http：//enciclopedia.sonora.gob.mx/RunScript.asp?Page=287&p=ASP\Pg287.asp.

http：//dns.veracruz.gob.mx.

http：//www.luxuriousmexico.com/.

http：//www.mexicodesconocido.com.mx/.

http：//www.huesped.com.mx/node/844.

http：//www.visitanayarit.com.

巴拿马

http：//www.encuentra24.com/panama-es/region/bienes-raices/prov-bocasdel-toro.

http://www. centrodereservas. net/? Page = 87.

http://revistavenamerica. com/home/leer_ articulo. php? contenido = 55.

http://chiriqui2000. tripod. com/info/david. htm.

http://www. chitrenet. net/david. html.

http://www. monografias. com/trabajos79/provincia-colon/provincia-colon2. shtml.

http://www. publicatepanama. com/colon. html.

http://www. skyscrapercity. com/showthread. php? t = 1299045.

http://chitre. municipios. gob. pa/index. php/sobre-el-distrito/historia/item/historia.

伯利兹

http://www. mundicolor. es/centroamerica-caribe/belice-belize.

http://www. law. stetson. edu/international/caribbean/home/media/belize-pdf. pdf.

http://www. travelbelize. org/destinations/corozal.

http://www. belize. com/orange-walk-town.

危地马拉

http://www. eguate. com/.

http://embajadadeguatemala. org/.

http://mapasdeguatemala. com/.

www. deguate. com/.

www. mijutiapa. com/.

www. elportaldepeten. com/.

www. viajeaguatemala. com/.

http://mundochapin. com/.

www. monografias. com/.

www. rutahsa. com/.

http://propertiesinantigua. com/.

www. significadode. org/.

www. totonicapan. org.

哥斯达黎加

http：//www. angelfire. com/http：//www. xplorhonduras. com/toponimias-de-honduras/.

http：//hondurasensusmanos. info/ http：//minasdeoro. info/ http：//www. monografias. com/.

http：//www. zmvs. org/ http：//old. latribuna. hn/www. misabueso. com/.

http：//www. ordenamientoterritorial. hn/images/creacion_ municipios/santa_ barbara/gualala. pdf.

http：//munasbar. org/www. atlasdeladiversidad. net/http：//www. tutiempo. net/.

http：//www. territorioscentroamericanos. org/www. skyscrapercity. com/.

http：//es. wikipedia. org/.

尼加拉瓜

http：//www. manfut. org/.

http：//www. inifom. gob. ni/.

http：//www. inifom. gob. ni/.

http：//rivas. info. ni/.

http：//es. wikipedia. org/.

萨尔瓦多

http：//es. wikipedia. org/.

www. fundar. org. sv/.

www. suchitoto-el-salvador. com/.

www. gobernacion. gob. sv/.

www. mipuebloysugente. com/.

www. culturaelsalvador. co/.

www. fisdl. gob. sv/.

www. skyscrapercity. com/.

巴西

http://www. natalbr. com. ar/historia/.

http://rutasbrasil. com/region_ nordeste_ brasil_ paraiba. html.

http://global. britannica. com/EBchecked/topic/442730/Paraiba.

http://www. viajeabrasil. com/san-luis-de-maranhao/historia-de-san-luis-de-maranhao. php.

厄瓜多尔

http://www. viajandox. com/historia-azuay. htm.

http://carchi. gob. ec/index. php? option = com_ k2&view = item&id = 59: tulc% C3% A1n&Itemid = 372.

Rervista Yachaikuna, 1, marzo 2001 Historia del Pueblo Cañari Isidoro Quinde Pichisaca.

http://icci. nativeweb. org/yachaikuna/1/quinde. pdf.

http://www. viajandox. com/chimborazo/riobamba-canton. htm.

http://www. enciclopediadelecuador. com/temasOpt. php? Ind = 624&Let = .

http://www. buenastareas. com/ensayos/Estudianye/2813443. html.

http://www. comunidadandina. org/predecan/doc/libros/SISTE22/EC/EC_ BABAHOYO. pdf.

http://www. viajandox. com/manabi/manta-historia. htm.

http://www. tenainforma. com/mitos10. htm.

http://ecuador. pordescubrir. com/el-volcan-tungurahua. html.

http://www. kalipedia. com/geografia-ecuador/tema/principales-caracteristi-cas. html? x = 20080805klpgeogec_ 6. Kes&ap = 0.

http://www. banrepcultural. org/blaavirtual/antropologia/amerindi/choco. htm.

http://www. skyscrapercity. com/showthread. php? t = 861516.

http://www.elcolombiano.com/BancoConocimiento/I/inirida_es_un_destino_con_nombre_de_flor/inirida_es_un_destino_con_nombre_de_flor.asp.

http://www.amazonascolombia.es/Mocoa/23.

http://www.ecoturismo-colombia.com/zona_cafetera/quindio/armenia.htm.

http://www.sogeocol.edu.co/documentos/arch_san_and.pdf.

http://www.buenastareas.com/ensayos/San-Andr%C3%A9s-y-Providencia/3549915.html.

http://www.sedsanandres.gov.co/media/files/CARACTERIZACION%2020 12-1.pdf.

http://www.colegioeuropeo.edu.co/Historia-Tolima/historia-del-tolima-1.html.

http://www.colarte.com/colarte/conspintores.asp?idartista=19821.

http://historiacantonmilagro.wordpress.com/12-leyenda-sobre-la-fundacion-de-milagro-15-de-diciembre-de-1876/.

委内瑞拉

www.rutas4wd.com/.

www.gobiernoenlinea.ve/.

www.gobiernoenlinea.ve/.

http://www.buenastareas.com/ensayos/Origen-Del-Nombre-Carabobo/927145.html.

www.gobiernoenlinea.ve/.

www.serbi.luz.edu.ve/.

www.iglesiagilgal.org；www.meridiano.com.ve.

www.barinas.net.ve/.

http://www.biografiasyvidas.com/biografia/a/anzoategui.htm.

阿根廷

http://www.paginadigital.com.ar/.

www.comunidad.ciudad.com.ar/.

秘鲁

www. peru. tk/.

www. congreso. gob. pe/.

哥伦比亚

http：//www. banrepcultural. org/blaavirtual/antropologia/amerindi/choco. htm.

http：//www. skyscrapercity. com/showthread. php？t＝861516.

http：//www. elcolombiano. com/BancoConocimiento/I/inirida_es_un_destino_con_nombre_de_flor/inirida_es_un_destino_con_nombre_de_flor. asp.

http：//www. amazonascolombia. es/Mocoa/23.

http：//www. ecoturismo-colombia. com/zona_cafetera/quindio/armenia. htm.

http：//www. sogeocol. edu. co/documentos/arch_san_and. pdf.

http：//www. buenastareas. com/ensayos/San-Andr％C3％A9s-y-Providencia/3549915. html.

http：//www. sedsanandres. gov. co/media/files/CARACTERIZACION％2020 12－1. pdf.

http：//www. colegioeuropeo. edu. co/Historia-Tolima/historia-del-tolima－1. html.

http：//www. colarte. com/colarte/conspintores. asp？idartista＝19821.

圭亚那

http：//caribbeanpress. org/wp-content/uploads/2014/05/Edgar-Mittelholzer-Lectures-Volume－3. pdf.

乌拉圭

http：//www. tacuy. com. uy/Servicios/Canelones/.

http：//www. bienvenidoauruguay. com. uy/index. php？option＝com_content&view＝article&id＝103&Itemid＝204.

http：//www. tacuy. com. uy/Servicios/Rocha/.

http：//www. mec. gub. uy/academiadeletras/DANNOMBRE/Viana. htm.

智利

http://www. chileestuyo. cl/regiones/region-de-la-araucania. html.

http://www. interpatagonia. com/paseos/lagossarmiento/.

http://www. villaohiggins. com/blog/2006/07/hans-steffen-el-gran-explorador-de-la. html.

http://www. scielo. cl/scielo. php? script = sci_arttext&pid = S0718 - 23762005000100008.

www. etimologias. dechile. net/.

www. educarchile. cl/; www. sportstour. cl/.

http://www. profesorenlinea. cl/castellano/Toponimia. htm.

www. educarchile. cl/.

www. chile. com.

www. yamana. cl.

www. chilecollector. com.

http://www. visitingchile. com/regiones/region-centro/region-valparaiso/provincia-petorca/provincia-petorca. php.

http://www. biblioredes. cl/BiblioRed/Nosotros + en + Internet/amigospetorca/Nombre + de + Petorca.

玻利维亚

http://www. boliviaweb. com/cities/trinidad. htm.

巴拉圭

http://www. gameo. org/encyclopedia/contents/puerto_casado_departamento_de_alto_paraguay.

http://www. ongmita. org/paraguay. html.

http://www. tripwolf. com/en/guide/show/11150/Paraguay/Piribebuy.

http://www. vivenciaandina. com/viajes-a-paraguay/ciudad-de-este. htm.

http://www. ongmita. org/paraguay. html.

巴巴多斯

http://www. audioenglish. org/dictionary/glebe. htm.

www. encyclo. co. uk/define/Bathsheba.

http://dic. academic. ru/dic. nsf/eng_ rus_ apresyan/8442/bathsheba.

http://en. wikipedia. org/wiki/Parishes_ of_ Barbados.

http://www. accessbarbados. com/barbados_ parishes. php.

http://www. totallybarbados. com/barbados/About_ Barbados/Local_ Information/Barbados_ Parishes.

http://www. cyclopaedia. fr/wiki/Parishes_ of_ Barbados.

http://travel. ezine9. com/the - 11 - parishes-of-barbados - 13f0bbf8b9. html.

http://www. funbarbados. com/Sights/IndexParishes. html.

http://www. uniserveuk. com/travel/guides/b/barbados/info/parishes. html.

http://www. barbadospocketguide. com/our-island-barbados/parishes. html.

安提瓜和巴布达

http://www. britannia. com/history/stgeorge. html.

http://www. antiguanice. com/v2/client. php? id = 697.

Read more: http://www. surnamedb. com/Surname/Codrington#ixzz38YjyiOxn.

巴哈马

http://www. myoutislands. com/bahamas-resorts/eleuthera-map. cfm.

http://www. caribbean. com/cms/The_ Bahamas/Nassau_ Cable_ Beach_ Paradise_ Island/The_ Bahamas_ Out_ Islands_ L174. html.

http://www. rumcayherald. com/.

http://www. statoids. com/ubs. html.

http://www. myoutislands. com/bahamas-resorts/san-salvador-map. cfm.

http://bahamas4u. com/exumashistory. html.

http://www. bahamasvacationsearch. com/bahamas-islands. html.

http://www. monografias. com/.

www. elnuevodiario. com. do/.

http://es. wikipedia. org/.

www. buenastareas. com/.

http://miguelgp555. tripod. com/.

www. barahona. org/.

http://hoy. com. do/.

www. ecured. cu/.

http://guiarepublicadominicana. com/.

http://lospopulosos. weebly. com/.

http://soydelbarriolafe. webcindario. com/.

http://uval. lacoctelera. net/.

http://html. rincondelvago. com/.

www. jmarcano. com.

www. provinciasdominicanas. org/.

www. fedomu. org. do/.

www. ufhec. edu. do/.

www. quisqueyavirtual. edu. do/.

http://jesusfrias. com/.

www. aciprensa. com/.

http://guiarepublicadominicana. com/.

http://es. interactiva. org/.

www. viajes-a. net/.

http://hoytetoca. com/.

www. puertoplata. com. do/.

www. mi-rd. com/.

www. educando. edu. do/.

www. viajard. com/.

http://www. maguana. net.

多米尼加

http://www.monografias.com/.

www.elnuevodiario.com.do/.

http://es.wikipedia.org/.

www.buenastareas.com/.

http://miguelgp555.tripod.com/.

www.barahona.org/.

http://hoy.com.do/.

www.ecured.cu/.

http://guiarepublicadominicana.com/.

http://lospopulosos.weebly.com/.

http://soydelbarriolafe.webcindario.com/.

http://uval.lacoctelera.net/.

http://html.rincondelvago.com/.

www.jmarcano.com.

www.provinciasdominicanas.org/.

Dr. Artagnan Pérez Méndez, "Ese Moca Desconocido", Santo Domingo Talleres Amigos del Hogar, 2000.

www.fedomu.org.do/.

www.ufhec.edu.do/.

www.quisqueyavirtual.edu.do/.

http://jesusfrias.com/.

www.aciprensa.com/.

http://guiarepublicadominicana.com/l.

http://es.interactiva.org/.

www.viajes-a.net/.

http://hoytetoca.com/.

www.puertoplata.com.do/.

www.mi-rd.com/.

www. educando. edu. do/.

www. viajard. com/.

http：//www. maguana. net.

多米尼克

http：//www. dominica. dm/index. php/history-a-culture.

http：//www. dominica. dm/index. php/history-a-culture.

http：//www. dominicacompanies. com/features/caribpeople. html.

http：//kalinagobaranaaute. com/carib_ territory/history/.

http：//www. travelmath. com/cities-in/Dominica.

http：//portsmouth. communitytourism. dm/about-us/history/.

http：//www. portsmouthdominica. org/portsmouth_ history/.

http：//www. st-josephstatue. com/saint_ joseph. htm.

http：//lennoxhonychurch. com/article. cfm？id＝374.

http：//baike. baidu. com/view/982348. htm？fr＝aladdin.

http：//destinationdominica. org/WhattoDo/Attractions/Rivers. aspx.

The history and pictures of Dominica's volcanoes-Morne Trois Pitons. By Thomson Fontaine.

http：//www. thedominican. net/articlesone/troispitons. htm.

格林纳达

http：//www. gov. gd/about_ grenada. html.

http：//www. statoids. com/ugd. html.

http：//www. carriacouvacations. com/index. html.

http：//www. regal-diving. co. uk/sites/default/files/pdfs/Diving%20in%20Grenada%20and%20Carriacou. pdf.

古巴

www. ecured. cu/；www. archivocubano. org；http：//es. wikipedia. org/.

www. bedincuba. com/; www. pprincipe. cult. cu/.

http://guije. com/pueblo/pinar/.

http://www. archivocubano. org/varia/ortega_pinar. html.

http://www. ecured. cu/index. php/Artemisa_(Provincia).

http://www. bedincuba. com/cuba/cuba_informacion_geografia_provincia_la_habana_municipio_san_jose_de_las_lajas. htm.

http://www. ecured. cu/index. php/Matanzas.

http://es. cyclopaedia. net/wiki/Nueva-Gerona.

www. cip. cu/.

海地

http://www. lonelyplanet. com/haiti/port-au-prince/history.

http://www. fmprc. gov. cn/mfa_chn/.

http://uhhp. com/haiti/name_history. html.

http://thelouvertureproject. org/.

http://www. lonelyplanet. com/haiti/northern-haiti/cap-haitien/history#ixzz3Bw3HRtAX.

http://global. britannica. com/.

http://www. cyclopaedia. es/wiki/Lake_of_Miragoane.

http://www. hougansydney. com/les-cayes. php.

http://rjny. org/jacmel. html.

圣卢西亚

http://www. soufriere. communitysaintlucia. com/about-soufriere-2/.

http://aboutstlucia. sluhoo. com/exploring%20the%20west. htm.

http://lamaisoncreole. over-blog. com/categorie-11479215. html.

http://www. encyclopedia. com/topic/Dauphin_(city). aspx.

http://www. soufrierefoundation. org/about-soufriere/history.

圣文森特和格林纳丁斯

http://www.spicevibes.com/index.php/photo-galleries/49-grenada/history/95-a-brief-history-of-the-town-of-st-george-s.

http://islandpropertyguide.com/island-info.php.

http://baike.baidu.com/view/682861.htm.

http://wap.abang.com/london/guanguanglondon/f/stdavidsday.htm.

http://hanyu.iciba.com/wiki/104341.shtml.

http://www.cyclopaedia.es/wiki/Barrouallie.

特立尼达和多巴哥

http://www.triniview.com/Arima/arima.html.

http://www.bestoftrinidad.com/communities/chaguanas.html.

http://www.ehow.com/about_5217193_history-san-juan-trinidad.html.

http://www.newsday.co.tt/news/0,70058.html.

http://jsa.revues.org/1856.

http://www.rampantscotland.com/placenames/placename_port_of_spain.htm.

http://www.trinoutdoors.com/pages/area.htm.

http://www.statoids.com/utt.html.

https://answers.yahoo.com/question/index?qid=20100706100100AAz41Tp.

http://english.turkcebilgi.com/Siparia.

http://www.definitions.net/definition/demerara.

http://quranicnames.com/mahdia/.

牙买加

http://www.jamaicatravelandculture.com/destinations/hanover/lucea.htm.

http://jamaica-gleaner.com/pages/history/story0013.html.

http://jamaicagenealogy.org/jamaica-parish-reference/.

http://www.medellin.es/psituacion.htm.

地名索引

A

阿巴埃特图巴 383

阿班凯 75

阿贝尔伊图拉尔德县 332

阿波罗 161，253

阿伯丁 408

阿布雷乌利马 380

阿布纳尔特县 348

阿查卡奇 220

阿蒂博尼特省 168，404

阿蒂加斯 118~120，202，204，267，275，280，305~306，318，337，346，352，356，361~362，368

阿蒂加斯将军区 202

阿蒂加斯省 118，204，275，280，306，318，337，346，352，361~362，368

阿蒂拉 202

阿蒂塔拉基亚 242

阿尔巴尼亚 413

阿尔比纳 108

阿尔达马 293~295

阿尔弗雷多巴克里索市 324

阿尔赫西拉斯 288

阿尔霍胡卡 229

阿尔及利亚 417

阿尔加罗博 361

阿尔科萨乌卡德格雷罗 315

阿尔马蒂略德洛斯因方特 357

阿尔莫洛亚 241，296，314

阿尔莫洛亚德阿尔基西拉斯 296

阿尔莫洛亚德华雷斯 314

阿尔塔米拉诺 327，337

阿尔塔米拉诺城 327

阿尔特米萨省 161

阿尔特米萨市 161，259

阿尔特佩克希 229

阿尔瓦雷斯镇 330

阿尔瓦罗奥夫雷贡 317

阿尔瓦罗奥夫雷贡区 317

阿尔瓦伊 196

阿夫雷戈 307

阿夫塔奥角 216

阿根廷 46~53，55~56，59~60，80~81，120，122，126，128，186，192，194~195，198，204，218~221，261，

263，265～268，271～274，278，280，282，284，289，304～306，309，324，333～336，350～353，355，363～370，380，411，414～416

阿根廷湖县 351

阿瓜博阿 390

阿瓜卡特兰 237

阿瓜佩河 205

阿瓜斯卡连特斯 16，344

阿瓜斯卡连特斯州 16，344

阿瓜斯科连特斯 349

阿瓜斯杜尔塞斯 350

阿哈尔潘 229

阿哈库瓦 241

阿基尔市 247

阿基拉斯 207

阿基斯蒙 251

阿基斯特拉 229

阿卡波内塔 236

阿卡蒂克 235

阿卡赫特 245

阿卡霍奇特兰 238

阿卡科亚瓜 240

阿卡特兰德奥索里奥 334

阿卡特兰德华雷斯 314

阿坎巴罗 252，297

阿坎拜 251～252

阿坎塞 246

阿科班巴 193

阿科斯塔 333

阿克里 63，207，221，344，379～380，416

阿克里州 63，207，379～380，416

阿克林 135

阿克托潘 240

阿空加瓜 193，221

阿空加瓜山 193，221

阿孔卡瓜 212，217，219～220，264

阿孔奇 256

阿库尔科 230，293，295

阿库尼亚城 337

阿库莱奥湖 214

阿奎齐奥德尔坎赫 252

阿拉戈斯州 63，68

阿拉瓜廷斯 390

阿拉瓜伊 204

阿拉瓜州 113，268，270，298

阿拉胡埃拉 26

阿拉胡埃拉省 26

阿拉卡茹 68，208

阿拉拉 392

阿拉兰瓜 389

阿拉萨河 204

阿莱马纳镇 411

阿莱普埃 215

阿兰达斯 344

阿劳卡 96，115，127，210～211，213～215，264，288，342，346，357

阿劳卡尼亚区 127，210～211，213～215，264，288，342，246，357

阿劳卡省 96

阿劳科 126～127，209，213，288

阿雷格里港 72，387，391

阿雷瓜 59

阿雷基帕 76，191，219，367

阿雷基帕区 76，191，219，367

阿雷纳莱斯将军城 335

阿里卡 124～125，219，336，361

阿里卡和帕里纳科塔区 124，219，336，361

阿里马市 179，274

阿里斯佩 255，230

阿里亚加镇 331

阿利卡韦河 217

阿连德 293，297

阿连德谷镇 293

阿罗约塞科 338，348

阿罗约翁多 222，350

阿马奎卡 235

阿马帕州 63

阿马特佩克 236

阿马坦 238

阿曼拜省 60，335

阿梅阿尔科德邦菲尔 328

阿梅卡 230，314

阿梅卡梅卡德华雷斯 314

阿梅罗 308

阿穆图伊基梅水库 218

阿纳姆比 205

阿尼塞托阿尔塞县 322

阿帕斯特拉德卡斯特雷洪城 244

阿帕斯科德奥坎波 230

阿潘戈 227

阿普尔顿庄园 396

阿普雷州 112，275

阿普里马克 75，191，193，196

阿普里马克区 75，191，193

阿奇布埃诺 217

阿塞利亚 326

阿斯特拉德特拉萨斯 251

阿苏阿省 142

阿苏阿市 142

阿苏艾省 86

阿苏尔杜伊县 310

阿索格斯 87

阿塔赫阿 251

阿塔卡马区 125，191，195，198，214，219，323，410

阿特拉科穆尔科德法韦拉 326

阿特莱基萨扬 229

阿特兰蒂达 28，260，263，265

阿特兰蒂达省 28，260，363

阿特劳特拉 229

阿特马 196，334

阿特马哈克德布里苏埃拉 334

阿特萨拉 228

阿滕戈 230

阿滕吉略 230

阿托马约尔德尔雷伊 145

阿托托尼尔科埃尔格兰德 241

阿托托尼尔科德图拉 241

阿托马约尔省 145

阿托亚克 230

阿托亚特姆潘 228

阿瓦查潘 37

阿瓦查潘省 37

阿瓦卡特兰 238

阿瓦卢尔科德梅尔卡多 295

阿瓦索洛 297

阿瓦索特佩克 237

阿瓦特兰 237

阿瓦尤特拉德格雷罗 315，372

阿韦韦蒂特拉 237

阿沃卡特 407

阿乌马达镇 328~329

阿乌塔塞斯 389

阿西斯布拉西尔 379

阿西斯港 275

阿亚库乔港 115

阿亚库乔区 76，119，274，302，348

阿亚库乔县 415

阿亚潘戈德加夫列尔拉莫斯米连 326

阿耶斯镇 60

阿耶斯总统省 60，287，333

阿伊拉 190，392

阿约拉斯 286

阿约特兰 233

埃尔阿吉拉 360

埃尔埃斯托尔 402

埃尔奥罗省 88

埃尔德斯利 408

埃尔蒂格雷 363

埃尔东塞略 225

埃尔基斯科 361

埃尔开罗 417

埃尔孔戈 363

埃尔利蒙 358

埃尔莫索铁姆波 353

埃尔南达里亚斯 201

埃尔帕拉伊索省 30

埃尔帕韦尼尔德贝拉斯科苏亚雷斯 325

埃尔皮纳尔 362

埃尔皮塔尔 372

埃尔普罗格雷索 42，249，369

埃尔普罗格雷索省 42，249，369

埃尔萨尔托 348

埃尔塞沃 144~145

埃尔塞沃省 144

埃尔索科罗 370

埃尔特里温福 368

埃尔特里温福港 368

埃克尔村 396

埃克苏马群岛 137

埃兰 346

埃雷迪亚 27，96，261，275，280

埃雷迪亚省 27，280

埃雷拉省 22，265

埃利奥多罗卡马乔县 332

埃利霍尔 397

埃龙加里夸罗 245

埃莫西略 11

埃诺考尔尤诺科姆 401

埃帕索尤坎 238

埃普 216

埃普库拉 216

埃塞尔查坎 247

埃塞基耶尔蒙特斯 328

埃塞基耶尔萨莫拉 336

埃斯科瓦尔 322

埃斯奎纳帕德伊达尔戈 292

埃斯昆特拉 42，370

埃斯梅拉达斯 88，350

埃斯梅拉达斯省　88，350

埃斯派利亚特省　145，324

埃斯佩兰萨港　369

埃斯特城　59，355

埃斯特利　33

埃斯特利省　33

埃斯皮里托桑托谷城　267

埃斯皮塔　248

艾瓜　204

艾丽斯城　136

艾利安图　217

艾利亚　217

艾利亚卡拉　217

爱德华多阿瓦罗亚县　309

爱丁堡　398

爱丁堡加登斯　398

爱丁堡镇　398

安巴托　92

安达尔加拉　195

安达赫斯　197

安达科略　197

安达瓦伊拉斯州　193

安德雷西托　306

安德烈斯贝略　339

安德烈斯德皮卡　191

安德烈斯伊瓦涅斯县　331

安的列斯群岛　2，99，129，152，154，173，176～177，181，259

安蒂奥基亚省　95，223～224，266，273，277，307～308，413，415，417

安东尼奥港　184

安东尼奥若昂　380

安戈尔　214

安赫尔阿尔维诺卡尔索　325

安赫尔莫　268

安赫尔瀑布　268

安基韦　213，215～217，333，361

安卡什　75，189～191，193～197，274

安卡什区　189～191，193～197，274

安库德　216

安娜雷金纳　105

安塞富梅　406

安索阿特吉州　114，268，270，275，298，303，363，366

安塔　107，158，160，166，197，253～254

安塔米纳　197

安提瓜和巴布达　4，129～130，133～134，153～154，157，170～171，177

安图科　212

安托法加斯塔　125，129，197，209，213，219，346，361

安托法加斯塔区　125，129，197，209，213，219，346，361

昂巴尔卡德雷　405

昂斯拉雷　174

昂斯拉雷区　174

奥埃拉斯　393

奥埃瑙　199

奥比斯波桑蒂斯特万县　277

奥波德佩　256

奥尔金省　164

奥尔金市　164

奥尔姆埃　220

奥夫利加多县　345

奥古斯特城　397

奥胡埃洛斯德哈利斯科　348

奥基托阿　257

奥科索科奥特拉德埃斯皮诺萨　325

奥科塔尔　35

奥科特兰　235

奥科特佩克　31，228

奥科特佩克省　31

奥科辛戈　240

奥科约阿卡克　236

奥克库特斯卡布市　246

奥克太港　370

奥奎兰　232

奥兰乔省　31

奥兰治沃克区　24，266，268，272～274，397～400

奥雷利亚纳省　91

奥连特　324，355

奥林波堡　60

奥林达　387

奥林奇希尔　387，400

奥鲁罗　83，218，220，309，321

奥鲁罗省　83，220，309，321

奥马苏约斯　219

奥梅特佩克　227

奥米特兰德华雷斯　314

奥纳瓦斯　256

奥佩尔琴　247

奥钱布雷克　396

奥萨斯库　411

奥斯库特斯卡布　247

奥斯丘克　257

奥斯托蒂帕基略　230

奥苏姆巴　229

奥特索洛特佩克　231

奥瓦耶　323

奥维多上校城　336

奥维多上校镇　58

奥希金斯城　306

奥希金斯湖　304，306

奥亚圭　219

奥伊卡塔　224

奥伊斯廷　133

奥伊瓦　223

B

八海里罗克　140

巴奥鲁科省　142

巴巴奥约　90

巴巴多斯　4，129～134，153，156，177，273

巴布达岛　130～131

巴蒂卡　107

巴多上尉镇　335

巴尔塔萨布卢姆　318

巴尔韦德省　151，324

巴尔沃亚　73，283～284

巴哈马群岛　2～3，129，135～138，259，284

巴基西梅托　115，303

巴卡德瓦奇　255

巴卡迪埃斯　349，363

巴卡迪埃斯县　349

巴卡诺拉　255

巴卡瓦尔 391

巴科阿奇 255

巴拉奥纳 92，143

巴拉奥纳省 143

巴拉瓜里 59，200~201，265，322

巴拉瓜里省 59，200~201，265，322

巴拉卡尔 247

巴拉圭 46，53，56~61，81，198~203，263~266，271~272，274~275，279~281，285~287，305~306，309，311~312，320，322~323，333，335~336，342，345~346，348，352~353，355，363~364，367，369~370，380，410~411，414~416，419

巴拉那 51，58~59，63，71~72，201，204，207，265，353，355，379，384，388，392，410

巴拉那州 63，71~72，207，379，384，392，410

巴拉斯港 333

巴兰基亚 96

巴兰坎 246，334

巴兰坎德多明戈斯 334

巴里奥斯港 42

巴里纳斯 112~113，225，298

巴里纳斯州 113，225

巴利亚塔港 327

巴列省 32

巴伦西亚 115~116，299，346

巴罗列 177

巴罗斯德卡拉斯科 355~356

巴拿马城 21，23，284

巴拿马共和国 21

巴拿马省 23

巴纳伊巴 382

巴尼 149，413

巴塞罗那 114，303，319，327，337

巴思谢巴 134

巴斯 7，12~14，26，31，38，42，52，81~83，96，100，110，148，170，172，194，218~219，231，238，240，242~243，246，265，277，284~285，300，303~304，309，321，326，330~332，334，338~339，345，348，355，363，366~367，398，415~416

巴斯特尔 170，172

巴塔哥尼亚 50，53，129，261，278，285，304，306

巴塔瓜苏 382

巴塔利亚 387

巴塔图巴 382

巴塔伊波拉 382

巴图科 214

巴托皮拉斯 253

巴维斯佩 256

巴西 46~47，53，56，58，60~73，75，81，83，92，95，104，107，110，115，119~121，132，161~163，190，198，206~208，238，284，306，318，327，335，347~348，360，364，370，375~388，390~393，409~416

巴西利亚 62~63，69，284，388

巴亚莫 164

巴耶德布拉沃 315

巴耶杜帕尔 98，222，279，371

巴耶费尔蒂尔 353

巴耶格兰德 353

巴耶格兰德县 353

巴耶纳尔 410

巴伊亚州 63，68，208，376，382，384，
　　386，388，391

班布 256，400

班布镇 400

班戈山 409

班尼斯特湾 395

包蒂斯塔萨韦德拉县 321

包鲁 208

鲍登 396

贝迪亚将军城 335

贝尔福罗舒 382

贝尔格拉诺将军城 335

贝尔格拉诺将军县 305

贝尔格拉诺县 305

贝尔蒙特 409

贝尔莫潘 23

贝尔纳韦利韦拉 346

贝胡卡尔德奥坎波 324

贝拉瓜斯省 23，271

贝勒安塞 405

贝勒莱内 133

贝里戴尔 408

贝里群岛 136

贝利萨里奥波埃托县 332

贝利亚比斯塔 353

贝利亚乌尼翁 368

贝伦 65，280，344，416

贝伦德巴希拉 416

贝伦德洛斯安达基埃斯 416

贝伦德翁布里亚 416

贝洛奥里藏特 70，378

贝洛雅尔丁 387

贝纳多 357～358

贝尼托华雷斯 314

贝尼省 82，206，266，320～321，344，
　　349，363

贝努斯蒂亚诺卡兰萨 232，316

贝泰蒂瓦 222

贝图里亚 261

北阿巴科 138

北阿雷格里港 387，391

北安德罗斯 138

北部省 167，192

北大西洋自治区 36，347

北里奥格兰德州 63，67，384

北美洲 1～2，4，178，

北桑坦德省 101～102，223，271，307，
　　346，353，372

北伊柳塞拉 139

北尤宁 401

本哈明阿塞瓦尔 333

本托贡萨尔维斯 377，380

比奥比奥区 127，210～212，215，217，
　　264，268，279，286，288，323，336，
　　414～415

比查达省 104

比达尔上校城 335

比顿 397

比尔孔 210

比利亚埃尔莫萨 13

比利亚别哈 354

比利亚弗洛雷斯 358

比利亚格兰 297，334，373

比利亚里卡 264

比利亚努埃瓦 22，26，90，354

比利亚维森西奥 100~101

比列加斯将军城 335

比列塔 285

比米尼 136，259

比那尔德里奥省 161

比那尔德里奥市 161

比尼亚德尔马 361

比丘肯 215

比斯凯湾 414

比斯塔贝利亚 288

比亚瓜伊 205，264

比亚克拉拉省 162

比亚克拉拉市 162

比亚里卡 58，311，357

彼德拉平塔达 352

彼德拉斯科洛拉达斯 352

彼得罗波利斯 376

彼得罗利纳 391

秘鲁 45~47，52~53，55，66，72~
82，84，86，88，92，122~123，126，
186~187，189~197，218~220，263~
264，266，268，271~274，277，281，
286，288~289，300，302~305，309，
311，321，324，336，348，360，364，
366，367~369，415~416

秘鲁谷 415

别德马 49，53

别霍港 90

宾夕法尼亚 413~414

滨海萨凡纳 183

波多黎各 3，129，135，140，259，272，
283，415

波多韦柳 65

波尔塔丘埃洛 265

波哥大 94~96，99~100，103，222~
224，300，307~308

波兰特区 182，184，395，401，408~409

波鲁斯 394

波内德拉 360

波帕扬 97，103

波萨达斯 52~53

波士顿 409

波斯尼亚 277

波苏阿雷格里 388

波苏斯迪卡尔达斯 410

波索阿尔蒙特 286

波图格萨州 114，302

波托西 82~84，196，218，220，251，
257，264，266，272，305，310，321~
322，326，331~332，341~342，348，
350，355~357，367，369

波托西省 83，196，220，305，310，
321~322，332，341~342，369

玻利瓦尔 76~77，81~82，85，87，
93，96，102，109~110，222，268，
289，298~300，302~303，305~309，
311，340，350，354，380

玻利瓦尔省 87，96，222，298，350，354

玻利维亚　13，46，56，63，73，81～
　　83，122，125，186～187，192～194，
　　196，198，206，218～221，264～267，
　　269，272，274，277，279，285～286，
　　289，298，300，302，305，309～310，
　　320～322，331～332，335～336，341～
　　342，344，348～349，352～354，363～
　　365，369，379～380，412，415
伯堡　175
伯堡区　175
伯德特奥康瑙尔县　342
伯勒格布尔　418
伯利兹　2，4，23～25，40，266，268，
　　272～274，394，397～400，409，414
伯利兹城　24，273
伯利兹区　24，398，400，409，414
伯南布哥州　63，68，207，380，386～
　　388，391
柏林　411～412
博阿科　33
博阿科省　33
博阿维斯塔　65，387
博尔多　211
博哈卡　225
博卡斯德尔托罗　21
博卡斯德尔托罗省　21
博科伊纳　253～254
博克龙省　61，323，414
博拉尼奥斯　57～58，199～200，205，344
博兰斯　131
博列　175，211
博纳阿旺蒂雷　407

博纳奥　148
博纳塞　407
博亚卡省　96，222，224～226，265，280
布埃纳维斯塔　98，288，326，353
布埃纳维斯塔德巴尔达维亚　353
布埃纳维斯塔德奎利亚尔　326
布埃纳维斯塔县　353
布埃纳文图拉　118，220，280，295
布蒂亚　204
布恩因文托镇　370
布尔格米拉特雷塞　407
布尔黑德山　399
布尔内斯　323，346
布卡拉曼加　103，220
布拉索塞科　363
布拉托维奇少校城　335
布莱克角　136
布莱尼姆　412
布赖顿　397，409
布赖顿村　397
布兰德森上校城　335
布兰希瑟塞　406
布里奇敦　132，134
布卢菲尔兹　36
布卢克里克　398
布卢梅瑙　381
布罗科蓬多　108
布罗科蓬多区　108
布斯班萨　224
布宜诺斯艾利斯　47～50，57，117，121，
　　205，265，267，274，305，309，334～
　　335，351～352，355，370，411，414

布宜诺斯艾利斯省 49，205，265，267，274，334~335，352，355，370，411

C

蔡斯镇 402

查查波亚斯 75

查尔科 228，242

查尔奇维坦 239

查尔斯敦 172

查瓜纳斯市 179，398，401，418

查哈里 205

查卡斯 83，195

查科省 50，204，265，304~306，324，335，351，353，364~367

查拉科 197

查拉特南戈 38，263，265~266，281，351，363

查帕拉 32，230

查佩科 208

查皮 212

查珀尔顿 398

查普尔特南戈 232

查普尔瓦坎 232

查普曼斯 397

昌波通 247

长岛 138

D

达尔肯城 139

达哈朋 143

达哈朋省 143

达连省 22，284，363

达马斯河 261

达尼埃尔将军城 335

达尼埃尔坎波斯县 342

大福尔 398

大礁 137

大坎皮纳 387

大坎普 69

大克雷菲什 399

大湾省 168

大西洋省 96，221，273，347，360

戴维 22，153，156，176~177，278，397

戴维山 397

丹格里加 24~25

道格拉斯 397

德格利亚多 327

德国镇 411

德梅拉拉-马海卡区 106

德里克 376，397

德利塞斯 407

德林顿 131

德内里 174~175

德内里区 174

德斯科贝尔托河畔圣安东尼奥 385

德索科罗圣母 384

登比格 409

邓弗里斯 409

邓肯斯 395

邓莫尔城 137

迪格拉蒂上校城 335

迪古林河 210

迪凯纳 404

迪克山 397

迪维诺波利斯　384
迪亚曼蒂纳　393
迪耶普湾城　171
的的喀喀湖　81，187～189
第二河县　365
第四河县　365
第一河县　365
蒂华纳　358
蒂库尔　248
蒂拉登特斯　376，378
蒂蒙　392
蒂米尔潘　236
蒂帕科克　222
蒂斯科科布　246
蒂斯特拉德格雷罗　372
蒂瓦奎　226
蒂西明　246
蒂亚诺波利斯　393
迭戈马丁区　179～180，405，409
东北部省　167
东大巴哈马　137
东南部省　169
东圣多明各　151
独立城　168，397
独立省　146，367
独立县　367
杜波伊斯　397
杜克德卡希亚斯　380
杜拉斯诺　119，275，346，362
杜拉斯诺省　119，275，346，362
杜兰戈　14，234，264，287，291，316，329，348，351，354

杜兰戈州　14，234，264，287，291，316，329，348，351，354
杜瓦特省　144
杜伊塔马　222
多尔芬斯黑德山　399
多尔维伊　408
多芬　167，174
多芬区　174
多卡　212，324
多雷戈上校城　335
多洛雷斯伊达尔戈　291
多米尼加共和国　140，166，271，367
多米尼克国　152～153
多姆阿基诺　385，392

E

厄瓜多尔　46，72，79，84～92，94，104，110，186，194，262～264，268，271～272，298，300，308，324，336，350～351，354，359，364～368，416
恩卡纳西翁　58，316
恩卡纳西翁德迪亚斯　316
恩里克巴尔迪维索县　321
恩里克马丁内斯将军城　336
恩塞纳达　270
恩特雷里奥斯　51，205，263，265，349，367，414～415
恩特雷里奥斯省　51，205，263，265，367，414～415
二月三日城

F

发现湾　397

法埃诺 401

法尔孔州 115, 268, 274, 298, 300, 333, 354

法尔茅斯 131, 183, 408

法格纳诺湖 278

法卡塔蒂瓦 226

法特霍格夸特 399

法扎巴德 418

凡尔赛 413

费尔菲尔德 397

费尔南多德拉莫拉 311

费格特里 171

费利克斯佩雷斯卡多索 342

费利佩卡里略普埃尔托 331

费利斯纳塔尔 384

费利西蒂 401

丰德斯阿芒德斯 406

菲拉比托瓦 222, 226

菲拉德尔菲亚 61, 414

菲律宾 161, 283~284, 418

菲欣格庞德 398

佛兰芒斯 400

佛朗哥总统城 322

佛罗里达 12, 120, 134, 277, 352, 362, 364

佛罗里达省 120, 277, 352, 362, 364

夫霍尔 409

弗恩格利 400

弗格蒂 397

弗拉姆 285

弗莱里纳 323

弗兰德希普 401

弗赖本托斯 121, 277

弗赖莱穆埃尔托 277

弗朗特拉 54, 288, 355

弗朗斯塔马约县 332

弗朗西斯科德奥雷利亚纳 91

弗朗西斯科德米兰达 300

弗朗西斯科卡瓦列罗阿尔瓦雷斯将军市 336

弗朗西斯科马德罗 316

弗朗西斯科莫拉桑省 30, 324

弗雷马科斯 277

弗雷什克里克 136

弗里波特 137, 401

弗里波特城 137

弗里登胡普 106

弗里思 397

弗龙特拉 30, 286, 355

弗洛格曼 401

弗洛雷斯 43, 119, 266~267, 281, 306, 332, 351, 353, 358, 360, 362, 411

弗洛雷斯省 119, 266~267, 306, 332

弗洛里达县 289

弗洛里亚诺波利斯 72, 379, 384

弗洛里亚努 379

弗洛伦西亚 97

福尔罗兹 134

福尔坦角市 179, 350, 403, 406

福梅克 225

福莫萨 51, 376~377

福莫萨省 51

福莫索杜阿拉瓜亚 389

福斯卡 225

福塔莱萨 66~67，384

复活节岛 278~279

复活节河 279

富恩特德奥罗 356

富尔亨西奥耶格罗斯 311

富塔拉弗肯湖 213

富塔莱乌福 213，218

富特罗诺 216

G

盖伊斯山 395

高乔港 383

哥伦比亚 21，23，46，72，84~85，92~104，110，186，192，220~221，224~225，260~261，264~267，270~271，273，275，277，279~282，288，298，300，302，304，306~308，314，333，343，345~347，350，352~354，356，360，365~367，370~373，411，413~417

哥斯达黎加 2，4，21，25~27，32，227，266，271，274，280，283，414

戈尔贝亚 342

戈尔德迈因 402

戈尔康达 418

戈麦斯法里亚斯 315

戈麦斯帕拉西奥 329

戈麦斯普拉塔 277

戈麦斯 277

戈纳伊夫 168

戈申 417

戈亚尼亚 69

戈亚斯州 63，65，69，379，382，384~385，415

戈伊利亚里斯基斯卡 196

格拉玛省 164

格拉摩根 409

格拉纳达 34，89，92~94，155，287，299，307，349

格拉纳达省 34，287

格拉纳多斯 276

格拉塔奥德华雷斯 314

格拉西亚斯 28，30~31

格拉西亚斯阿迪奥斯省 30

格兰德湾 154

格兰特庄园 394

格朗德里维埃 405

格雷戈雷斯省长 333

格雷罗城 315

格雷罗内格罗 315

格雷罗州 10，227~228，234，237，240，242，244，270，272，314~316，326，333~334，355，372，374

格林纳丁斯区 176~177

格伦科 409

格伦维尔 156，397

格罗宁根 109

格罗斯岛 175

格罗斯岛区 175

古巴 3~4，129，134，143，158~165，180~181，259，266~268，271，282，300，343

古鲁皮 208

古斯塔沃阿道弗马德罗区 330

古特斯 398

古亚夫 157

瓜波 350

瓜达拉哈拉 16~17,287,293,295~296,367

瓜达卢佩 12,14,118,243,254,265~266,313~314,327,330~331,348

瓜达卢佩维多利亚 243

瓜莱瓜丘 205

瓜兰巴雷 202

瓜兰达 87

瓜里科州 114,265,272,279,300,370

瓜鲁柳斯 208

瓜伦巴雷 203

瓜马尔 360

瓜纳华托 20,231,239,251~252,254,267,271,290~291,293,297,338,354~355

瓜纳华托州 20,231,239,251~252,254,267,271,290~291,293,297,338,354~355

瓜纳卡斯特省 26

瓜纳雷 114

瓜皮特里奥 212

瓜奇南戈 235

瓜乔奇 254

瓜斯塔托亚 42

瓜苏夸 200~201

瓜塔维塔 225

瓜维亚雷省 99

瓜希拉省 100,223,333,354,413

瓜亚基尔 89,262,272,305

瓜亚拉梅林 206

瓜亚斯省 88,262,298,324,368,416

瓜亚伊比区 201

瓜伊拉省 57,199~201,263,312,342,367

瓜伊尼亚省 99,264

瓜伊特卡斯 218

关塔那摩省 165

关塔那摩市 165

圭亚那 46,104~108,110,394,403

国王港 376

H

哈伯岛 137

哈德巴尔加因 138

哈尔帕德门德斯 331

哈尔潘德塞拉 229,276

哈夫韦树 185

哈卡尔特南戈 250

哈卡拉 244

哈拉 16~17,43,146,221,229~231,274,276,287,293,295~296,367

哈拉帕 16,43,221,231,274,276

哈拉帕德恩里克斯 16

哈拉帕省 43,274,276

哈拉特拉科 229

哈里斯 397

哈利斯科 11,17,230,233,235,239~241,243~245,254,264,266,273,275~276,287,291~293,295~296,298,314~317,327~329,334,344,348,358~359,366,373

哈利斯科州 11,17,230,233,235,

239~241，243~245，254，264，266，
273，275~276，287，291~293，295~
296，298，314~317，327~329，334，
344，348，358~359，366，373
哈洛斯托蒂特兰 230
哈迈 243
哈瓦那 158~162，266，343
哈瓦那省 161
哈维尔德比亚纳 346
哈亚卡特兰德布拉沃 229
海地 3~4，28，100，128~129，140，
144，146，148，150~151，165~169，
171，181，220~221，263，284，289，
299，301，363，399，403~406
海地角 167
海罗克 137
海梅德苏达涅斯县 310
海湾群岛省 31
韩国村 418
汉诺威区 182，399~400，412
好莱坞 414
何塞阿隆索德伊瓦涅斯县 310
何塞巴特列奥多涅斯 317
何塞德圣马丁将军城 335
何塞恩里克罗多 343
何塞费利克斯埃斯蒂加里维亚元帅镇 323
何塞费利克斯博加多上校城 311
何塞马里亚利纳雷斯县 322
何塞马里亚莫雷洛斯 292
何塞曼努埃尔潘多县 321，345
何塞米格尔德贝拉斯科县 321

何塞佩德罗巴雷拉 343
和平港 167，406
赫尔曼布施县 320
赫雷夸罗 254
赫伦山 396
赫诺瓦 411
赫苏斯 150，263，266，327，335，373
黑巴克里索港 88
黑河 53，64~65，121，183，218，350，389
黑金城 393
黑罗克 398
黑山 413
洪都拉斯 2，4，15，25，27~30，32，
36，39~40，221，260，265，273，282，
324，363，416
洪加佩奥 253
胡安拉卡塞 343
胡蒂卡尔帕 31
胡蒂亚帕 43，369
胡蒂亚帕省 43，369
胡胡伊 51~52，219，263，273~274，305，353
胡胡伊省 51，263，273~274，353
胡宁湖 289
胡宁区 77，191
胡宁县 415
胡奇特兰 236
胡奇特佩克 236
华金苏亚雷斯 318
华雷斯城 19，313~314
华雷斯谷镇 314

华纳卡特兰 235

滑铁卢 106, 412

怀特兰德 398

惠加尔帕 33

惠灵顿堡 106

火地岛省 55, 352

霍尔镇 133

霍胡特拉 241

霍科特佩克 235

霍拉尔潘 242

霍纳卡特兰 236

霍纳卡特佩克 237

霍诺特拉 237

霍努塔 238

霍普城 137~138

霍奇米尔科区 239

霍奇斯特拉瓦卡 238

霍奇特佩克 237

霍亚巴赫 249

J

基布多 98, 222

基多 85~86, 89, 91, 101, 104, 300, 303, 308

基尔波 212

基尔基尔 212

基尔普埃 209

基夫多城 374

基拉 45, 207, 216, 224~225, 241, 310

基拉科 216

基拉克乌 216

基拉莱乌 216

基拉尼亚恩科 216

基拉潘 216

基里韦 217

基利马里 217

基列科 213

基涅 216

基涅卡温 216

基涅卡文 216

基宁科 216

基切省 43~44, 249, 274

基图潘 243

基因迪区 201

基约塔 220, 268, 357

吉多将军城 335

加查拉 225

加尔各答 418

加拉加斯 110~111, 272, 298~302, 319, 339~341

加拉帕 88, 221, 268, 271, 359

加拉帕戈斯省 88, 359

加莱亚纳 295, 338

加利福尼亚 7, 171, 256~257, 259, 266~271, 280, 297, 315, 330, 358, 368, 371, 412~414

加鲁阿佩 206

加鲁帕 206

加梅萨 222

加斯帕雷岛 346

迦南 160, 261

剑桥 408

金德纳格尔 418

金迪奥省 102, 288, 353, 411, 413, 417

金斯敦　176～177，182～184，408

金斯敦区　182，184，408

金塔德蒂尔科科　212

金塔纳罗奥州　11，246～248，292，317，331，354

旧哈伯　402

旧莫雷洛斯　292

旧危地马拉　44

橘园城　24

K

喀里多尼亚　409

卡阿贝拉群岛　204

卡阿瓜苏　201

卡贝萨斯港　36

卡布尔加湖　215

卡德雷塔希门尼斯　295

卡多纳　44，345，417

卡尔邦镇　356

卡尔达斯省　97，265，282，413～414

卡尔弗科　213

卡尔基尼　248

卡尔纳利　242

卡尔奇省　87

卡尔森菲尔德　400

卡尔特佩克　243

卡尔瓦斯　190，195

卡尔维略　344

卡古斯曼镇　342

卡瓜苏省　58，199，201，281，336，370，410，419

卡哈卡伊　196

卡哈马卡　76，196，268，274

卡哈马卡区　76，268，274

卡哈维尔卡　197

卡霍拉　249

卡卡蒂　205

卡克萨　225

卡克塔省　97，225，413，415～416

卡库佩　57，199

卡拉巴尔　417

卡拉弗肯湖　213

卡拉瓜塔伊　201

卡拉克穆尔　247

卡拉皮库伊巴　208

卡拉斯　86，195，355～356

卡拉索省　33，324

卡拉韦　215

卡拉沃沃州　115，271，275，300

卡莱尔　131～132，394

卡莱尔湾　132，394

卡莱姆　211

卡雷尼奥港　104

卡里尔村　397

卡里奇　254

卡里亚库和小马提尼克　154，156～157

卡利普利　213

卡列卡列河　212

卡列拉尔加　356

卡伦纳奇　405

卡洛登　408

卡洛斯雷莱斯　346

卡洛斯伊瓦涅斯德尔坎波将军的艾森区　128，306，351

卡马尔戈　310

卡马圭　163

卡马圭省　163

卡马罗内斯　361，363

卡梅伦　409

卡门城　281

卡米尼亚　220

卡姆登公园　397

卡纳拉那　392

卡纳特兰　234

卡纳辛市　247

卡内洛内斯　118，260，318，348～349，352，355，362，365，367，369

卡内洛内斯省　118，260，318，348～349，352，355，362，365，367，369

卡尼亚达莫雷洛斯　292

卡尼亚达斯德奥夫雷贡　317

卡尼亚尔省　87

卡尼亚拉尔　191

卡涅特　288，346

卡宁德尤省　60，201～203，336，363，369

卡诺阿斯　390

卡皮斯特莱　171～172

卡皮亚塔　203

卡普尔瓦克　236

卡萨布兰卡　286

卡萨多尔　383

卡萨多港　346

卡萨纳雷省　97，266，366，415

卡萨帕　58，203，311，323，336，353，364

卡萨帕省　58，203，311，323，336，353，364

卡萨斯格兰德斯　355

卡萨伊尔卡　190

卡舒埃里纳　391

卡斯卡帕拉　197

卡斯卡韦尔　392

卡斯塔尼亚尔　391

卡斯特里　173～174

卡斯特罗　11，69，79，83，122，164，286，344，380

卡塔戈　25～26，102，308

卡塔戈省　26

卡塔赫纳　96，299，307

卡塔马卡　49～50，194～195，220，265，274，280，367，415～416

卡塔马卡省　49，194～195，265，274，280，367，415～416

卡特岛　136

卡图埃特　203

卡瓦尼亚斯省　38，324

卡维尔多　289

卡温达　252

卡西卡　226

卡希亚斯公爵城　380

卡亚俄　75～76，364

卡亚俄区　75～76

卡永　171～172

卡尤　216

卡尤马普　216

卡约区　24

凯恩花园　397

凯库拉　216

凯瑟琳峰　395

坎伯兰　397

坎博里乌　207

坎昆　246

坎佩切　18，247~248，272，281

坎佩切州　18，247~248，272，281

坎皮纳斯　387

坎普斯杜斯戈伊塔卡塞斯　387

坎萨卡布　248

坎图尼尔金　248

康塞普西翁　29，35，50，57，60，99，120，127，139，147，155，205，211，215，217，274，279~281，315，336，338，384

康塞普西翁火山　280

康塞普西翁省　57，211，215，217，279~281，336

康沃尔郡　131，182~183

考卡河　97，103，261

考卡山谷省　103，280，298，360，373，413，417

考卡省　97，103，273，288，302，352，414

考克内斯　210，214~215

考普利　216

考廷省　210~211，213，215，264，342，346，357

科阿卡尔科德贝里奥萨瓦尔　231

科阿瓦尤特拉德格雷罗　315，372

科阿韦拉州　17，253，272，293，295，297，316~317，330，337，350~351，355

科埃莱姆　213

科伯恩城　139

科查尤约　212

科迪勒拉省　57，199~203，287，322，364，414

科顿格劳德　172

科尔查瓜省　209~210，268

科尔多瓦　14，25，34，50，74，98，223，265~266，282，287，307~308，354，416

科尔多瓦省　50，98，223，265~266，282，307，354，416

科尔克查卡　196

科尔基希尔卡　197

科尔内利奥萨韦德拉县　305

科尔陶科　209

科尔特斯省　29

科尔韦瓦皮湖　218

科瓜　226

科赫德斯州　116，366

科胡特佩克　38

科基马特兰　234

科金博区　125，197~198，209，323，345

科卡兰　212

科科斯湾　363

科克莱省　22

科克山　397

科库拉　241

科拉科略　197

科利豪特　154

科利马　20，231，234，240，243，264，330，358

科利马州　20，231，234，240，243，264，330，358

科利普利　214

科利亚瓦西　195

科连特斯　50～51，57，204～206，268，349，353，365

科连特斯省　50，204～206，268，353，365

科隆　22，28，266，282～283，359

科隆东南区　283

科隆省　22，28，282

科隆县　266，282

科隆中央和东北区　283

科罗　24，26，108，112，115，239，251，301，327，334，336，352，354，363，370，384

科罗内奥　251

科罗内尔　336

科罗尼区　108

科罗萨尔　24

科罗萨尔区　24

科洛阿潘德华雷斯　314

科洛尼亚德尔萨克拉门托　119

科洛尼亚省　119，343

科洛特兰　233

科马尔卡尔科　243

科马拉　193，243

科马亚瓜　28～29

科马亚瓜省　29

科门达多尔　144

科摩韦纳区　108

科内萨将军城　335

科帕利略　238

科派纳拉　232

科潘省　29

科皮乌莱姆　211

科皮亚波　125，219

科恰班巴　83，193，196，298

科恰班巴省　83，193，196，298

科苏梅尔　247

科塔萨尔　297

科托帕希省　87～88

科图伊　150

科瓦　179～180，191，225，322，362，369，396，398，400～402，405，407，412，418

科瓦拉奇阿　225

科瓦塔巴基特塔尔帕罗区　179，362，369，396，398，400～402，405，407，412，418

科万　41

科维哈　83

科亚姆　211

科亚伊马　223

科伊艾克　129，213

科尤特佩克　231

科约阿坎　234

克拉克斯顿湾　396

克拉伦登区　182～183，394～395，398～399，401～402，409

克拉伦斯城　138

克拉罗河　179～180，407

克拉罗河马亚罗区　179～180，407

克拉图　410

克莱德戴尔　408

克莱尔谷　397

克赖斯特彻奇尼古拉区　170

克雷塔罗州　20，239，271，276，281～282，294，297，328，338，348

克里斯特彻奇区　133

克里西乌马　392

克利夫顿　397

克鲁克德岛　137

克鲁克特特里　400

克鲁斯港　6，268

克丘　50，54，56，73～81，83，88～90，92，97，99，101～102，104，125，186～187，189～198，216，219，233，251，289

克丘科　216

克萨尔特南戈　43，249，270，368～369，411，416

克萨尔特南戈省　43，249，270，368～369，411，416

克塔梅　225

肯普斯湾　139

孔巴尔巴拉　198，209

孔比塔　224

孔多尔科查　191

孔戈纳斯　208

孔孔　212

孔斯蒂图西翁　288～289，368

孔斯蒂图西翁县　368

孔特拉塔西翁　370

库埃纳瓦卡　9

库基奥　233

库库蒂利亚　223

库库努瓦　226

库库塔　96，101，221，223

库拉考廷　214

库拉科德贝莱斯　345

库拉尼佩　214

库雷普托　217～218

库里比洛　210

库里蒂巴　71～72，206，378

库里科　212，215

库利亚坎　19

库鲁瓜蒂　201～202

库鲁鲁　204

库鲁苏夸蒂阿　206

库马纳　113～114，302，333

库姆巴尔　222

库尼亚皮鲁　204

库珀斯城　138

库斯卡特兰省　38

库斯科　73～74，77，82，86，186～188，192，271，273

库斯科区　77，192，271，273

库特萨马拉德平松　333

库亚巴　69，206，385

库尤尼－马扎鲁尼区　106

夸德罗卡尼亚达斯　365

夸雷姆　118，204

夸罗　9，204，245，252，254

夸皮亚斯特拉德马德罗　316

夸特罗谢内加斯　350

夸乌蒂特兰德加西亚巴拉甘　328

夸乌特拉　234～235，238，292

夸乌特佩克德伊诺霍萨　233

夸希马尔卡德莫雷洛斯区 292

夸希尼奎拉帕 238

奎尔纳瓦卡 237

奎克斯特普 401

奎拉马罗 254

奎拉帕 45，238

昆迪纳马卡省 99，223～226，277，307，343，415，417

昆卡 86，126，288

昆科 213

L

拉阿尔塔格拉西亚省 146～147，282

拉阿根廷 414

拉埃斯梅拉尔达 357

拉埃斯佩兰萨 30，94，369

拉巴拉 143，350

拉巴斯 7，31，38，81～83，194，218～219，265，277，309，321，332，345，363，366～367，415～416

拉巴斯省 31，38，83，194，219，265，277，309，321，332，345，363，416

拉巴斯县 367

拉巴斯州 415

拉贝尔希卡 412

拉贝加省 145，147

拉博里埃 396，404

拉博列 175

拉博列区 175

拉布尔英瓦因萨瓦纳 401

拉德莫克拉西亚 370

拉迪斯劳·卡夫雷拉县 321

拉丁美洲 1～2，110，258，262～263，273，282，289，299～302，318～319，339，341，347，371，411

拉尔马纳尔科 242

拉菲耶特 407

拉斐尔布斯蒂略县 332

拉弗洛雷斯塔 362

拉戈阿格里奥 351

拉戈贝尔德 351

拉戈兰科 351

拉戈斯德莫雷诺 296

拉戈斯将军镇 336

拉格洛里亚 370

拉古纳林皮奥 351

拉古尼利亚斯 350

拉基拉 224

拉吉德岛 139

拉加尔托斯河 358

拉卡莱拉 357

拉科迪勒拉德洛斯奇里瓜诺斯县 352

拉克鲁斯 6，15～16，55，251，253，257，267～268，277，374

拉克鲁斯德塔拉塔拉 268

拉克罗尼利亚 362

拉拉古纳 118，310，351

拉腊州 115，280，303

拉雷福马 368

拉里奥哈 52，305，367

拉里奥哈省 52，305，367

拉利伯塔德 38，78，191，283，366

拉利伯塔德区 78，191

拉利伯塔德省 38，283，366

拉利瓜 192, 214
拉卢内 365
拉罗马纳 146~147
拉罗马纳省 146~147
拉马德里德将军城 335
拉马尔省 274, 348
拉曼萨尼利亚德拉巴斯 366
拉梅塞德 265, 282
拉蒙卡斯蒂利亚元帅省 324
拉蒙特里戈 346
拉米里基 222
拉莫斯阿里斯佩 330
拉纳维达德 140, 263
拉帕德科蒙福特 316
拉帕尔马 363
拉帕尔米塔 363
拉帕洛马 362~363
拉潘帕省 52, 364
拉佩尔湖 212
拉普拉塔 46~49, 80, 82, 116~117, 119, 203, 283, 304, 306, 311, 347, 356
拉萨罗卡德纳斯 317
拉萨热斯 404
拉桑省 30, 39, 274, 324
拉塞雷纳 126
拉塞瓦 28, 363
拉斯埃拉斯将军城 335
拉斯彼德拉斯 306, 352
拉斯奎瓦斯 294, 352
拉斯奎瓦斯海滩 352
拉斯鲁阿 250
拉斯罗萨斯 358

拉斯图纳斯 163~164
拉斯图纳斯省 163
拉苏比兹 404
拉塔昆加 88
拉塔斯特 404
拉特兰谷 397
拉特里尼特 405
拉特立尼达 358
拉特立尼达德 358
拉特瓦伊达 417
拉通岛 363
拉托尔蒂埃 406
拉瓦列将军城 335
拉瓦耶哈省 120, 283, 317, 343, 349
拉韦尔塔 359
拉韦省 213
拉文蒂列 179~180, 272, 352, 407, 409
拉乌尼翁 39~40, 308, 367~368
拉乌尼翁城 367
拉乌尼翁省 39, 367~368
拉谢拉市 352
拉亚松森 40, 112~113, 280
利亚伊利亚伊 217
拉尤 177, 199
拉约恩 294, 296
拉约内斯 294
莱昂省 34, 87, 280, 287
莱蒂西亚 95
莱尔多城 329
莱利多尔普 109
莱姆 211, 213
莱瑟姆 107

莱斯科泰奥 405

兰巴雷 200，202

兰达德马塔莫罗斯 294

兰多维里 409

兰金 250

兰卡 27，96，120，126，128，211，243，286，349，355

兰卡瓜 126

兰科 65，214，216，307，328，346，351，356

朗多尼亚州 63，65，382

朗姆岛 139

朗维尔 395

劳兰德斯 398

劳塔罗 80，126，209～210，304

雷东达岛 130～131

雷尔格莱乌福 216

雷福马 368

雷克莱 216

雷利文图 216

雷梅科 212

雷奈科 213

雷帕特里亚西翁区 370

雷斯特雷波 345

雷塔卢莱乌省 44，249～250，273～274

雷西斯滕尼亚 50

雷希多拉 297

累西腓 68，386，388

里奥阿查 100

里奥班巴 87

里奥贝尔德 348，350

里奥布拉沃 348

里奥布兰科 65，346

里奥布朗库 63，65，379

里奥布里良特 389

里奥德奥罗 350

里奥格兰德 63，67，72，377，379～380，383～384，387，389～391，412，414

里奥加列戈斯 54

里奥卡里韦 350

里奥内格罗 53，218，350，364

里奥内格罗省 53，218，364

里奥奇科 350

里奥奇科县 350

里贝朗卡斯卡列拉 390

里贝朗普雷图 389

里卡镇 15，58，125

里萨拉尔达省 102，308，416

里士满 395，397

里瓦达维亚准将城 335

里瓦斯 35，280

里瓦斯省 35，280

里韦拉 121～122，264，275，318，349

里韦拉省 121，275，318

里约热内卢 62～63，68，70～71，120，207，284，376，378，380～382，387，390～391，412～413

里约热内卢州 63，70，207，376，380～382，387，390～391，412～413

利安基韦省 213，215～217，333，361

利安加奴科湖 197

利伯蒂洛奇 401

利伯塔德 38，78，191，283，366

利伯塔德县　366

利蒂茨　413

利马　20，29，74～75，78，80，82，103，195，197，217，223，231，234，240，243，264，266，271，281～282，308，323，330，358，367，380

利马区　78，195，197

利蒙　25，27，358

利蒙省　27

利纳雷斯　210，286，322

利萨斯角　406

利图埃切　215

利韦尔塔多尔　298

利韦里亚城　27

利文斯顿　396～397

利亚克塔　194

利亚伊利亚伊　217

列肯　212

林登　107

林孔德罗莫斯　344

柳塔　219

隆德里纳　410

隆基迈　211

隆加维　210

卢比亚诺斯　236

卢鲁阿科　221

卢马　211，291

卢马科　211

卢特卡　30，36

卢西亚尼亚　385

鲁西　28，78～79，182，299

路易斯卡尔沃县　342

路易斯科雷亚　381～382

绿海龟礁　137

略罗　222，365

伦戈　214

伦瓜萨克　224

伦皮拉港　30

伦皮拉省　31，416

罗阿坦　31

罗德里格斯将军城　335

罗德尼湾　396

罗克海峡　140

罗克利谷　398

罗克萨恩斯佩尼亚　324

罗赖马州　63，65

罗马　9，15，61，68，71，113，117～118，130～131，133，146～147，153，156～157，161，170，177，269，273，298，385，411

罗穆洛加列戈斯　318

罗纳镇　327

罗恰　121，350

罗恰省　121，350

罗萨莉　153

罗森　50

罗斯福河　377～378

罗斯霍尔　395，400

罗素　152～154

洛阿河　220

洛艾萨县　321

洛弗尔村　397

洛哈　89，92

洛哈省　89，92

洛雷托　78，95，194，272，281，324

洛雷托区　78，194，324

洛洛尔　210

洛曼斯山　397

洛皮诺　403

洛萨莫拉达　358

洛杉矶　268，414

洛斯阿尔达马斯　295

洛斯埃雷拉斯　296

洛斯安赫莱斯　268

洛斯多斯卡米诺斯　365

洛斯拉戈斯　351

洛斯拉戈斯县　351

洛斯拉格斯区　128，210～211，213，215，217，268，277，323，361，370

洛斯雷耶斯德萨尔加多　279

洛斯里奥斯区　127，210，214，216，350～351

洛斯里奥斯省　89～90，354

洛斯穆埃尔莫斯　361

洛斯帕蒂奥斯　353

洛斯桑托斯　23，269

洛斯桑托斯城　23，269

洛斯桑托斯省　23，269

洛斯特克斯　113

洛塔　152，215，390

M

马奥　72，106，152，389～390

马巴鲁马　105

马波乔河　123，213

马查拉　88

马达里亚加将军城　335

马德拉斯　418

马德里　34，304，324，327，335，343

马德雷德迪奥斯　79，264，348～349

马德雷德迪奥斯区　79

马德雷德迪奥斯县　348

马迪亚　107，336

马丁内斯少校镇　335

马尔多纳多　17，79，90，112，114，120，204，325，343，350，354

马尔多纳多港　79

马尔多纳多省　120，204，343，350

马尔加-马尔加河　194

马尔加马尔加省　209，220

马尔卡拉　195

马格达莱纳河　96，100，221，261，360

马卡帕　63～64

马卡斯　37，90

马克特肖普　171

马库斯帕纳　242

马拉开波　110～112，301

马拉凯　113

马拉尼昂州　63，66，376，381，391～392

马拉普　195

马兰博　222

马里　9～11，20，42，63，78，98，101，104，107～109，125，162，179，217，219，267，276，292～295，297，307～308，316，322～323，325，334，368，374，410，412，416

马里科　217

马里科伊 217

马里昆加 217

马里莱乌 217

马里梅利 217

马里亚诺巴列萨 276

马利纳尔科 236

马利纳尔特佩克 227

马列科河 213

马罗维纳区 108

马略阿 215

马莫雷县 349

马那瓜 32~34

马那瓜省 34

马纳蒂 360

马纳维省 90,365

马瑙斯 64~65

马尼萨莱斯 97,416

马努里皮县 349

马帕斯特佩克 232

马切塔 225

马萨克 143~144,195,407

马萨克雷 143~144,407

马萨米特拉 233,314

马萨特兰 234

马萨特南戈 45,250

马萨特佩克 234

马塞约 68

马什港 136

马斯卡努 246,249

马塔加尔帕 34

马塔加尔帕省 34

马塔莫罗斯镇 293~294

马坦萨 162,223

马坦萨斯省 162

马坦萨斯市 162

马特洛 407

马特瓦拉 257

马托格罗索州 63,69,206,208,379~
　380,382~387,389~393,414

马图拉 362

马图林 113,303

马乌林州 217

马西埃尔 336

马修城 138

马亚贝克省 161

马亚瓜纳 138

马亚圭斯 283

玛丽亚特立尼达桑切斯省 147

迈内罗镇 331

迈普 216,304,309

麦德林 95~96,307

麦哲伦海峡 246,249,284,346

麦哲伦浅滩 284

麦哲伦山 284

曼彻斯特区 182,184,394,396,401,
　409,412

曼德维尔 184

曼迪尤 57,204

曼格罗夫岛 138

曼科卡帕克县 194

曼克瓜山 211

曼努埃尔贝尔格拉诺将军县 305

曼萨尼利亚海滩 362

曼萨尼略 358

曼特 11，95，145，231，315

曼西利亚将军城 335

芒基黑尔 172

芒特多尔 405

毛阿 208

毛科 217

毛里西奥何塞特罗切上尉城 312

毛林 213

梅尔乔奥坎波 326

梅里达 11，15，124，287，299，339，344，354，368

梅利 216~217

梅利波利亚 216

梅利肯 216

梅利鲁佩 216

梅利莫尤 216

梅利皮利亚 216

梅利普利 216

梅洛 57，59，119，149，203，382，388

梅纳德将军城 379

梅彭 183

梅塞德斯 122，307

梅森湾 135

梅斯蒂卡坎 241

梅斯基蒂克 13，235

梅索内斯伊达尔戈 291

梅塔省 100，275，308，345，353，356，360

梅特佩克 227，236，238

梅希约内斯 361

美索不达米亚 416

美洲 1~5，15，18，21~23，25，27~28，30，32，36，39~40，45~47，56~57，61，66~68，72~74，78，80~81，84，86，91~94，96，104，107，110~111，113，115~117，122，130，132，135，138~140，142~143，148，150，152，155，159，165~166，169，176，178，186，189~191，198，200~201，203~205，209~210，218~221，227，231，237~238，243，246，251，258~259，262~263，271，273，278，281~284，289~291，299~302，314，318~319，324，339，340~341，347，360，369，371，388，403，411，414~415

门多萨 10，48~49，52，82~83，86，126，221，270，274，286，288，296，304，338，367

门多萨省 52，221，274，304，367

蒙得维的亚 117~118，120~122，272，283，306

蒙得维的亚省 120

蒙瓜 226

蒙哈斯 276

蒙基城 399

蒙基里弗城 400

蒙雷波斯 407

蒙塞尼奥尔诺乌埃尔省 148，324

蒙特港 128，323

蒙特哥贝 183

蒙特海军中将湾 323

蒙特克里斯蒂省 148，151

蒙特雷 13~14，415

蒙特里亚 98~99

蒙特利巴诺 416

蒙特罗 309，345，409

蒙特罗斯 345，409

蒙特莫雷洛斯 292

蒙特普拉塔 148

蒙特普拉塔省 148

蒙特斯 328，352，385

孟加拉 418

米德艾兰 172

米德尔塞克斯郡 182

米尔帕阿尔塔区 239

米格尔伊达尔戈区 291

米库 173，175

米库区 175

米拉格罗 262，273

米拉瓜纳 168

米拉瓦尔姐妹省 146

米兰达 93，98，113，223，298~303，350，365，367

米兰达州 113，298，300，302，350，365，367

米纳斯 20，63，69~70，120，207~208，354，376，378~379，381~382，384，388~393，410

米纳斯吉拉斯州 63，69~70，207~208，376，378~379，381~382，384，388~393，410

米内伊罗斯 382~383

米斯克县 196

米斯特兰 241

米却肯州 9，234，245，252~254，257，279，292，314，317，326~328，330，356，374，411

米图 104

米西奥内斯省 52，59，205~206，264~265，271~273，286，304~305，311，364，415

米歇尔角 153~154

米亚卡特兰 244

摩根桥 395

莫德斯托奥米斯特县 341

莫尔岛 138

莫卡 145~146

莫科阿 101~102

莫克瓜 79，81，192，220

莫克西城 138

莫拉桑 30，39，249，274，324

莫兰特湾 185

莫雷利亚 9~10，292，297

莫雷洛斯州 9，231，234，236~237，239，241，244，292，374

莫罗纳圣地亚哥省 90

莫纳加斯州 113，275，298，303，336

莫斯科尼将军城 335

莫图尔德卡里略普埃尔托 331

莫托辛特拉 232

莫伊霍尔 408

莫约班巴 80，192

墨西哥 2，4~12，14~15，17，19~20，23，29~34，40，42，104，164，227，229，231，233~236，238~240，242，244~246，251~254，256~257，264~273，275~276，279~282，286~287，289~298，312~317，324~331，

333~334，337~339，344，347~348，350~351，354~357，359，364，366~369，371~374，411~412，414~415

墨西哥城　5~7，11，34，267，291，293~295，313~315，317，329~330，338~339

墨西哥州　6，9，229，231，236，240，242，244~245，251~252，267，271，273，280，292~294，296~297，314~315，325~326，328，356，367~368，412

墨西卡利　7，371

姆博卡亚蒂　201

慕尼黑　412

穆尔蒂纽港　379

穆尔钱　215

穆赫拉斯岛　354

穆莱赫　256~257

穆纳市　248

穆涅卡斯县　219，277

穆斯特尔斯湖　284

穆希卡　330

N

拿骚　106，135~137，139

纳波省　90

纳恩斯彭　399

纳尔逊港　139

纳瓜　138，148

纳卡胡卡　242

纳考梅　32

纳科　104，124~125，219，255，336，361

纳科里奇科　255

纳纳瓦　287

纳瑙雷　223

纳里尼奥省　101，222，267，282，307，367，416

纳塔尔　67，384

纳塔盖马　223

纳塔利西奥·塔拉韦拉　342

纳维达德　140，263~264

纳韦尔瓦皮湖　218

纳韦坎特斯　383

纳沃霍阿　256

纳沃拉托　239

纳西米恩托　264

纳亚里特州　12，230，236，238，266，358

南阿巴科　139

南安德罗斯　139

南部省　50，59，77，119，168~169

南大西洋自治区　36，347

南方河流　398

南里奥格兰德州　63，72，377，379~380，383，387，389~391，412，414

南马托格罗索州　63，69，379~380，382，389~391，414

南美洲　1~2，4，46~47，56~57，61，66~68，72~74，80~81，84，86，91~92，104，107，109，116~117，122，178，190~191，198，200，203，209，219，258，278，284，301~302，388

南圣克鲁斯　268

南下加利福尼亚州 7，256，269，271，
　　297，315，330，358，368
南伊柳塞拉 139
瑙卡尔潘德华雷斯 314
内格拉湾 348
内格雷特 286
内格罗河省 121，277
内莫孔 226
内萨瓦尔科约特尔城 231
内斯特拉尔潘 242
内瓦 99～100，143
内乌肯 53，218，284，289，345，351
内乌肯省 53，218，284，289，345，351
尼古拉城 170
尼古拉斯鲁伊斯 325
尼古拉斯苏亚雷斯县 344
尼加拉瓜 2，4，25，27，32～36，136，
　　221，265，280，282，287，324，347
尼科尔斯城 136，138
尼克里区 108
尼洛 417
尼佩斯省 168
尼泰罗伊 207
尼亚恩杜拜 204
尼亚基尼亚 204
尼亚库鲁图 204
尼亚平达 204
涅恩布库省 59，200，275，335，352
宁韦 217
纽夫莱河 213
纽卡斯尔 171
纽马基特 408

纽米区 199
奴夫洛德查韦斯县 286，365
诺加莱斯 331，361
诺姆布雷德赫苏斯 263
诺帕拉 334，373
诺帕尔特佩克 236

P

帕尔马 22，66，246，249，269，36，
　　362～363
帕尔马尔德巴雷拉 360
帕尔马斯 66，269
帕尔米塔斯 362
帕迪利亚 83，310
帕拉代斯 106
帕拉马里博 107～109
帕拉马里博区 109
帕拉莫 345
帕拉那伊塔 389
帕拉区 109
帕拉伊巴州 63，67，376，381，384，
　　387，392
帕拉伊索杜托坎廷斯 388
帕拉州 63，65，207～208，383，391，
　　410，416
帕莱尔莫 411
帕莱纳 210，213
帕勒姆 131
帕伦克 354
帕美托角 172
帕纳巴 248
帕尼马维达 210

帕皮内　408

帕乔　224

帕丘卡　8~9，239，328

帕丘卡德索托　8~9，328

帕斯德阿里波罗　366

帕斯卡　224，276，285

帕斯科区　79，196~197

帕斯塔萨省　91

帕斯托　101，223，252，345，367

帕斯托奥尔蒂斯　252

帕特斯夸罗　252

帕托斯　389，392

派帕　224

派桑杜　120~121，275，277，352

派桑杜省　120~121，275，277，352

派准将城　335

潘多省　83，264，344，348，354

潘吉普利　210

潘帕　48，52，191，219，342，353，364

潘帕德尔因菲耶尔诺　353

潘帕格兰德　353

佩德尔纳莱斯　148

佩德尔纳莱斯省　148

佩德罗埃斯科韦多　338

佩德罗多明戈穆里略县　309

佩德罗二世城　376

佩德罗胡安卡瓦列罗　60

佩蒂翁城　404

佩吉特农场　397

佩拉维亚省　149

帕莱斯蒂纳德洛斯阿尔托斯　416

帕莱斯蒂纳市　416

佩雷拉　69，102，308

佩略韦　210

佩洛塔斯　390

佩穆科　211

佩纳尔　179~180，400，418

佩纳尔德韦区　179~180，400，418

佩尼奥恩布兰科　351，356

佩尼亚斯科港　352

佩诺诺梅　22

佩皮特谷　180

佩斯卡　224

佩斯克伊拉镇　255

佩塔特兰　244

佩滕省　43

佩托　192，248，289

佩瓦霍　205

彭布罗克　397，409

彭哈莫　252，290

彭卡维　211

彭科　211

蓬加拉瓦托　227，327

蓬卡斯　154

蓬塔阿雷纳斯　129

蓬塔波朗　391

蓬塔戈尔达　25

蓬塔雷纳斯　27

蓬塔雷纳斯省　27

皮埃尔角　405

皮奥霍　222

皮奥伊州　63，66，207，376~377，379，381~382，387，391，393

皮尔迈肯河　210

皮戈特斯 130
皮基加潘 232
皮科斯 391
皮拉尔 59~60，265，336
皮兰将军城 335
皮雷 217，265
皮里贝布伊 199
皮里亚波利斯 343
皮连 218
皮内多将军城 335
皮尼翁 404
皮奇德瓜 209
皮奇莱姆 211
皮钦查省 91
皮丘卡尔科 257
皮斯科 191
皮斯科瓦西 191
皮特鲁夫肯 215
皮特鲁弗肯 215
皮瓦莫 254
皮维海 360~361
皮乌拉 79，197
皮乌拉区 79，197
皮约 91
平托 335~336，340
平托将军城 335
珀蒂特鲁 405
朴次茅斯 152~153
普埃布拉德萨拉戈萨 7~8
普埃布拉州 7~8，30，228，233，237，242~243，245，268，292~293，316，334，369

普杜 210
普尔 112，154，228，232，236，292，315，395~396，409
普卡尔帕 81
普克尔东 211
普孔 210
普拉 32，46~49，55，69，80，82，116~117，119，140，148~149，159，175，197，203，205，217，273，277，283，304，306，311，319，326，347，356，364，380，413
普拉卡维 217
普拉兰 175
普拉兰区 175
普拉塔城 82，356
普拉塔港 140，149
普拉塔港省 149
普拉西多德卡斯特罗 380
普莱桑塞 407
普莱桑塞公园 407
普里马维拉 352
普里西马德布斯托斯 338
普利茅斯 137，409
普卢马伊达尔戈 291
普鲁安迪罗 252
普鲁拉 250
普伦 213
普罗戈雷索德卡斯特罗 344
普罗格雷索 42，249，317，369
普罗格雷索德奥夫雷贡 317
普洛蒂埃尔 345
普马伊雷 220

普曼克　210

普纳塔县　193

普诺　79~80，219

普诺区　79，219

普丘卡维　214

普塔恩多　212

普特雷　219

普图马约省　101，271，275，282

普韦布洛别霍　354

普韦布洛努埃沃　354

普西翁德拉贝加　147

普耶韦　210

Q

七月九日县　364

七月十八日镇　365

奇阿　225~226

奇尔卡　190

奇尔卡班巴　190

奇尔夸乌特拉　238

奇尔潘辛戈德洛斯布拉沃　10

奇格纳瓦潘　228

奇瓜扬特　217

奇基利斯特兰　233

奇基穆拉　41

奇基穆拉省　41

奇金基拉　225

奇科阿森　227

奇克拉约　78

奇克苏卢布　246

奇孔夸克德华雷斯　231

奇拉帕德阿尔瓦雷斯　316

奇里基省　21

奇廉　126，210

奇马尔蒂坦　243

奇马尔特南戈　41

奇马尔特南戈省　41

奇米查瓜　222

奇纳比塔　226

奇南德加　33

奇南德加省　33

奇瑙特拉　250

奇尼克　249

奇尼帕斯　329

奇帕克　224

奇奇瓦尔科　240

奇塔　103，224

奇特雷　23

奇瓦塔　222，224

奇瓦特兰　240

奇瓦瓦　17，19，239，253~254，257，267，272，276，291~296，315，328~329，348，355

奇瓦瓦州　17，19，239，253~254，257，267，272，276，291~296，315，328~329，348，355

齐卡特拉科扬　233

齐塞克　250

起义者城　297

恰帕斯州　16~17，227，232，238~240，244，257，273，276，281，294，324~325，337，354，358，366，368

恰乌特拉德塔皮亚　297

乔查　212

乔尔乔尔　211

乔孔塔　225

乔卢特卡省　30

乔斯哈特　396

乔治城　137，157，181

乔治敦　104~105，107，177

切克霍尔　134

切兰　252

切马克斯　247

切皮卡　212

切图马尔　11，247

秦特松特桑　252

钦博拉索省　87

青年岛特区　165

丘布特省　50，218，335，363，367

丘基萨卡省　82~83，302，310，332，342

丘坎迪罗　253

丘林　195

丘鲁穆科　257

丘马　219，270

丘奇格朗德　399

丘钦　197

丘亚兰乔　250

琼塔莱斯省　33

R

让里贝尔区　406

热雷米　168

日内瓦　413

茹阿泽鲁　391

若阿金穆尔蒂纽　379

若昂佩索阿　67，376，384

若因维利　377

S

萨波蒂特兰德门德斯　316

萨波潘　235

萨波特兰德华雷斯　314

萨尔蒂略　18，253

萨尔塞多　118，146，262

萨尔塔　53~54，205，274，305

萨尔塔省　53，205，274

萨尔托　60，89，121，280，348，368

萨尔托德尔瓜伊拉　60

萨尔托省　121，280，368

萨尔瓦多　2，4，27，36~40，51~52，62，68，135，139，164，221，227，263，265~266，270，274，281，283，324，351，363，366~368，384，411，415~416

萨尔瓦莱昂德伊盖　147

萨卡帕　45，368

萨卡帕省　45，368

萨卡普　9，252

萨卡特卡斯　19~20，266，291，296

萨卡特卡斯州　19，266，291

萨卡特科卢卡　38

萨卡特兰　237

萨卡特佩克德伊达尔戈　292，374

萨卡特佩克斯省　44，266，273，347

萨科阿尔科德托雷斯　296

萨夸尔潘　244

萨拉马　41，109，249

萨拉马卡区　109

萨拉曼卡 18，305，345

萨拉县 349，412

萨兰蒂格兰德 362

萨里郡 182

萨利纳斯德伊达尔戈 356

萨利纳斯维多利亚 314

萨伦托 411

萨马卡 224

萨马纳省 149

萨米恩托上尉城 334

萨莫拉 90，92，112，288，336，358

萨普拉拉胡山 197

萨莫拉钦奇佩省 92

萨瓦拉 117，208，311

萨瓦里帕 255

萨瓦约德莫雷洛斯 374

萨维纳斯伊达戈 358~359

萨韦德拉 51，126，201，213~214，305，321，346

萨尤拉 233

三月一日城 364

塞阿拉州 63，66，207，384，410

塞德罗斯 362

塞蒂克达斯 390

塞蒂拉瓜斯 390

塞尔希培州 63，68，207，379，384，386

塞勒姆 397

塞里托 352

塞罗德帕斯科 79

塞罗科罗拉多 352

塞罗拉尔戈省 119，277，346，352

塞姆波阿拉 245

塞纳多尔卡内多 379

塞萨尔省 98，222，277，279，304，350，370~371

森松特佩克 39

塞塔基拉 225

塞维利亚 7，67，90，110，130，132，283，288

桑迪角 139，170

桑迪湾 397

桑蒂斯特万主教县 321

桑格雷格兰德 179，181，346，362，398，405，407

桑格雷格兰德区 179，181，346，362，398，405，407

桑斯苏西 407

桑斯特高地 395

桑坦德省 101~102，220，223，261，266，271，281，307，345~346，353，367，370，372，413，416

森特拉 238

森特罗 355

森特纳里奥 289

森特诺 365

沙托布莱尔 177

上巴拉圭省 60，322，346，348

上巴拉那省 59，201，353，355

上博阿维斯塔 387

上博格 139

上德梅拉拉－伯比斯区 107

上塔库图－上埃塞奎博区 107

上塔夸里 208

上韦拉帕斯省 41，249~250，366

尚普斯弗吕埃尔斯　406

圣埃莱娜　91，366

圣埃莱娜省　91，366

圣埃斯皮里图岛　267

圣埃斯皮里图州　63，69~70，384

圣埃斯塔尼斯劳德科斯特卡　275

圣埃斯特万　274

圣安德烈斯　102，191，274，281

圣安德烈斯拉腊因萨尔　281

圣安德烈斯普罗维登西亚省　102

圣安德鲁区　133，153，156，176~177，182，185，394~395，397，399~400，408~409，419

圣安东尼奥　69，95，273~274，339，361，385

圣安东尼奥伊洛特南戈　274

圣安娜　37，57，86，170，182，184，275，288，314，363，397，400，409，414，417~418

圣安娜区　57，182，184，288，397，400，409，417~418

圣安娜省　37，363

圣安娜湾　184

圣安妮　170，405

圣安妮桑迪角区　170

圣奥古斯丁埃姆博斯卡达　287

圣奥古斯丁梅特斯基特兰　238

圣巴巴拉　32，149

圣巴巴拉德萨马纳　149

圣巴巴拉省　32

圣巴勃罗　249，274，277

圣巴勃罗塔马乌　249

圣巴尔瓦拉　96，275，286

圣保罗　62~63，69~71，130~131，154，172，208，378，382，384~387，389，391，411

圣保罗查尔斯敦　172

圣保罗卡皮斯特莱区　172

圣保罗区　131，154

圣保罗州　63，71，208，382~387，389，391，411

圣贝纳迪诺　322

圣彼得　130~131，133~134，154，172，399

圣彼得区　131，133~134，154

圣戴维区　153，156，176~177

圣迪奥尼西奥德尔马尔　281

圣地亚哥　18，20~23，32~34，40，44，47，55，75，80，89~90，103~104，111，115，120，123~124，126，128，142，146，151，164~165，181~182，192，213~214，216~217，220，241，265，270~272，278，281，286，304~305，310，331，340，342，345，358~359，367

圣地亚哥岛　271

圣地亚哥德阿纳亚　281

圣地亚哥德贝拉瓜斯　271

圣地亚哥德尔埃斯特罗　55，265，304~305，367

圣地亚哥德尔埃斯特罗省　55，265，304~305，367

圣地亚哥德古巴省　164

圣地亚哥德古巴市　165

圣地亚哥德卡利　103~104，271

圣地亚哥德克雷塔罗　20~21，271

圣地亚哥德库斯科区　271

圣地亚哥德洛斯卡瓦列罗斯　151

圣地亚哥德帕尔玛斯　271

圣地亚哥德帕拉伊索　271

圣地亚哥德普里斯卡尔　271

圣地亚哥德丘科省　271

圣地亚哥德圣拉斐尔　271

圣地亚哥德圣拉蒙　271

圣地亚哥德苏尔科　271

圣地亚哥德瓦伊利亚马尔卡　220

圣地亚哥哈米尔特佩克　271

圣地亚哥河　271

圣地亚哥罗德里格斯省　151

圣地亚哥马拉瓦迪奥　271

圣地亚哥萨卡特佩克斯　271

圣地亚哥省　90，151，271

圣迭戈　234，272，276，325，354

圣迭戈德亚历杭德里亚　276

圣多明各　91~92，100，113，121，140~142，151~152，166~167

圣多明各德洛斯特萨奇拉斯省　91

圣多明各省　151~152

圣菲　51，53~55，94~95，130~131，133~134，158，265，272，285，303~305，364，368

圣菲利普区　131，133~134

圣菲省　55，265，304~305，364，368

圣费尔南多　50，112，115，120，148，179，194，275，286，288，348，411

圣费尔南多德阿普雷　112

圣费尔南多德蒙特克里斯蒂　148

圣费尔南多市　179，288，348，411

圣费利克斯　275

圣费利佩　83，116，149，212，217，245，264，273

圣费利佩特奥特拉尔辛戈　245

圣弗朗西斯科德孔乔斯　348

圣弗朗西斯科德马科里斯　144，146

圣弗朗西斯科戈特拉　39

圣弗朗西斯科拉乌尼翁　368

圣弗洛拉　274

圣格雷戈里奥　90，275

圣贡萨洛　381

圣豪尔赫河　260

圣何塞　6，22，25~26，53，64，99，101，121，150，161~162，255，274，283，293，356，366

圣何塞阿连德镇　293

圣何塞德奥科阿　150

圣何塞德奥科阿省　150

圣何塞德尔瓜维亚雷　99

圣何塞德拉斯拉哈斯市　161~162

圣何塞德马约　121

圣何塞皮努拉　274

圣何塞省　121，274，283，356，366

圣赫罗尼莫德华雷斯　314

圣胡安　13，35，50~51，54，58~59，74~76，80，90，99，101，103，114，144，150，179~181，232，245，254，272，282，295，304，310，338~339，352~353，364，373，406~407，409

圣胡安包蒂斯塔　13，59，80，272，373

圣胡安包蒂斯塔德瓜卡里 373

圣胡安查穆拉 232

圣胡安德拉马瓜纳 150

圣胡安德洛斯莫罗斯 114，272

圣胡安河省 35，282

圣胡安拉文蒂列区 179～180，272，352，407，409

圣胡安省 54，144，150，272，304，353，364

圣胡安特奥蒂瓦坎 245

圣华金 274～275，281，369

圣基茨和尼维斯 4，129，169～172，273，398～399

圣加夫列尔 275

圣卡洛斯 35，40，79～80，116，274，279，282，337，349

圣卡洛斯阿尔萨塔特 274

圣卡洛斯县 274

圣卡塔琳娜州 63，72，207～208，377，379，381，383～385，389，392

圣凯瑟琳区 182，184，395～397

圣科斯梅达米安 275

圣克拉拉德尔科布雷 356

圣克莱尔 409

圣克里斯托瓦尔 114，150，159～160，276

圣克里斯托瓦尔德拉斯卡萨斯 276

圣克里斯托瓦尔省 150

圣克鲁斯 7，44，53～54，58，80，84，143，145，152，193，222，249，265，267～268，274～275，277，286～287，289，296，309，320～321，323，331～333，338，349～353，412

圣克鲁斯阿蒂萨潘 267

圣克鲁斯德阿卡特佩克 267

圣克鲁斯德阿米尔帕斯 267

圣克鲁斯德布卡拉尔 268

圣克鲁斯德尔基切 44，268

圣克鲁斯德胡文蒂诺罗萨斯 267，338

圣克鲁斯德罗萨莱斯 296

圣克鲁斯德洛斯塔克斯 268

圣克鲁斯德米斯特佩克 267

圣克鲁斯德莫姆波克斯 222

圣克鲁斯德农达科 267

圣克鲁斯德帕帕卢特拉 267

圣克鲁斯德伊通杜西亚 267

圣克鲁斯谷 268

圣克鲁斯省 54，80，84，193，265，267～268，274，277，286，289，309，320～321，331～333，349～353，412

圣克洛德 405

圣拉斐尔 144，271，274，324，404～405

圣拉斐尔奥连特 324

圣拉萨罗 399

圣卢克区 153

圣卢西区 133～134

圣路易斯 13，54，66，223，251，255，257，264，266，272，274，304～305，326，331，348～350，355～357，360，367，376，415

圣路易斯波多西 13

圣路易斯波多西州 13

圣路易斯德辛塞 223

圣吕斯 405

圣罗克冈萨雷斯德圣克鲁斯　275

圣罗曼　274

圣罗萨利亚德卡马戈　295

圣罗莎　29，45，52，269，274，281

圣罗莎德尔姆布图伊　281

圣罗莎德科潘　29

圣罗莎省　45

圣罗丝　246，249，405

圣马德琳　405

圣马蒂亚斯特拉兰卡莱卡　243

圣马丁　75，80，126，169，192，233，265，268，275，304~306，309，311，335

圣马丁德罗斯利亚诺　275

圣马丁区　80，192，304

圣马丁托托尔特佩克　233

圣马科斯　16~17，44，125，270

圣马科斯省　44，270

圣马克区　154，157，396

圣马太　165，270

圣玛尔塔　97，100，261

圣玛格丽塔　274

圣玛利亚　264~265

圣迈克尔德拉阿塔拉亚　405

圣迈克尔区　133~134

圣米格尔　19，28，36，39，55，73~74，228，237，274，293~294，310，324，326，346~347，405

圣米格尔德阿连德　293

圣米格尔德图库曼　55

圣米格尔杜埃尼亚斯　347

圣米格尔霍斯特拉　237

圣米格尔省　39，274，324

圣米格尔伊克西特兰　228

圣尼古拉斯　142，281，290，330，348

圣尼古拉斯德卡雷塔斯　348

圣帕特里克　154，157，176~177，399，407

圣帕特里克区　154，157，176~177，407

圣佩德罗　13，29，57，80，119，150，201，229，272~273，275，330~331，364，368，411

圣佩德罗城　273

圣佩德罗德尔伊夸曼迪尤　57

圣佩德罗德洛斯米拉格罗斯　273

圣佩德罗德马科里斯　150

圣佩德罗德马科里斯省　150

圣佩德罗加尔萨加西亚　330

圣佩德罗乔卢拉　229

圣佩德罗省　57，201，275，364，368，411

圣佩德罗苏拉　29，273

圣佩德罗县　273

圣乔治　130，133，140，153，155~157，170~171，176~177，399

圣乔治巴斯特尔区　170，246，249

圣乔治金哲兰区　170

圣乔治山　399

圣乔治区　130，133，153，156，170，176~177

圣若昂杜斯皮尼艾斯　384

圣若泽杜里奥普雷图　386，389

圣萨尔瓦多　36~38，51~52，68，135，139，164，263，415

圣萨尔瓦多岛　135，139，263

圣萨尔瓦多德胡胡伊　51~52

圣萨尔瓦多省　38

圣萨尔瓦多县　263

圣塞瓦斯蒂安　20，273，357~358

圣斯皮里图斯　163，266~267

圣斯皮里图斯省　163，266~267

圣塔伦　410

圣特克拉　38

圣特雷莎　275

圣特雷西娜　386

圣托马斯　133~134，142，172，182，185，196，273，395~396，399，408

圣托马斯布尔湾　399

圣托马斯德洛斯普拉塔诺斯　273

圣托马斯低地区　172

圣托马斯火山　273

圣托马斯米德艾兰区　172

圣托马斯区　133~134，182，185，273，395~396，408

圣维克多　399

圣维森特　39，366

圣维森特省　39，366

圣文森特和格林纳丁斯　4，129，157，176~177，397~398，400~401，404，412，415~416

圣伊格纳西奥　24，59，151，271，274，281，315，327

圣伊格纳西奥德萨瓦内塔　151

圣伊丽莎白区　182，395~396，398，401，408，412~413，417

圣伊萨贝尔　226，229，275

圣约翰　25，54，121，124，130~131，133~134，150，153，157，165，171，270，272，373，399

圣约翰费格特里区　171

圣约翰卡皮斯特莱区　171

圣约翰区　131，133~134，153，157，171

圣约瑟夫　133~134，153，167

圣约瑟夫区　133~134，153

圣詹姆斯区　133，182~183，395，397，400，408

圣詹姆斯温沃德区　171

十二月二十五日　364

十月十二日县　364

舒瓦瑟尔　174

舒瓦瑟尔区　174

斯德丁　413

斯卡伯勒　181，409

斯科特斯黑德　396

斯佩特城　134

斯普林村　398

斯坦克里克区　24

斯特拉古铁雷斯　16~17，325

斯特雷克镇　396

斯特灵　408

斯特灵堡　408

斯图尔顿　408

斯图尔特山　396

斯托尼山　409

四月二日县　353，364

四月十九日镇　365

松索纳特　37

松索纳特省　37

苏埃斯卡　225

苏尔特佩克　232

苏弗里耶尔 154，175

苏弗里耶尔区 175

苏哈 225

苏克雷 82～83，103，113～114，223，270，298，302～303，308～310，331，333，350，365，367

苏克雷省 103，223，270，302，367

苏克雷州 113，298，302，333，350

苏库姆比奥斯省 92

苏里南 46，104，106～109，395

苏利亚州 111，113，225，298

苏姆帕瓦坎 236

苏奇特佩克斯省 45，250，272

苏塔陶萨 226～227

苏亚雷斯上校城 335

索阿塔 224

索波 226

索查 226

索科罗 370，384

索里索 392

索里亚诺省 121，318，343，345，362

索利斯德马塔奥霍 349

索洛拉 45，249

索洛拉省 45，249

索莫托 34

索诺拉州 10～11，255～257，264，267，272，276，291，314，317，352

索萨 68～69，381

索塔基拉 224

索特多 406

索特尔 157

索图塔 248

索约帕 256

T

塔拜瀑布 206

塔比奥 226

塔尔卡 127，217，221，288，368

塔尔卡瓦诺 217，221

塔尔帕德阿连德 293

塔尔塔尔 209

塔菲别霍 220

塔科塔尔帕 238

塔克纳 80，219

塔克纳区 80，219

塔夸伦博 122

塔夸伦博省 122

塔拉帕卡区 125，191，219～220，286

塔兰达夸奥 254

塔雷坦 253

塔里哈 84，206，305，322，342，349

塔里哈省 84，206，322，342，349

塔里莫罗 254

塔里姆巴罗 252

塔卢莱乌 44，249～250，273～274

塔洛克 395

塔马鲁戈 211

塔马苏拉德戈迪亚诺 298

塔曼杜阿 361

塔毛利帕斯州 12，14，231，234，291～292，297，315～316，331，348

塔帕尔帕 241

塔佩 200，204～205，255

塔佩比夸 205

塔奇拉州　114, 225, 283, 298, 300, 339
塔瓦斯科州　286, 331
塔瓦伊　203
太子城　179~180, 396, 399~401, 405, 418
太子城区　179~180, 396, 399~401, 405, 418
太子港　163, 166~168, 404
坦安西　401
坦加曼达皮奥　253
坦皮科　234
坦普尔霍尔　395
陶萨　226~227
特阿帕　230
特奥多罗施密特　342
特奥菲卢奥托尼　381
特奥卡尔蒂切　245
特奥奎塔特兰德科罗纳　239
特奥拉马　223, 372
特波斯特兰　239
特波特索特兰　229
特查卢塔德蒙特内格罗　334
特尔查克港　248
特古西加尔巴　28, 30
特胡皮尔科德伊达尔戈　292
特基斯基亚克　240
特基斯基亚潘　239
特卡克斯　247
特卡利特兰　243
特卡马查尔科　228
特坎托　248
特科　38, 51, 233, 240, 246, 248, 251~252
特科洛特兰　233
特科曼　240
特科姆　248
特科萨乌特拉　240
特克帕坦　244
特拉尔蒂萨潘　241
特拉尔内潘特拉德巴斯　326
特拉尔潘区　242
特拉霍穆尔科德苏尼加　241
特拉基尔特南戈　244
特拉科阿奇斯特拉瓦卡　234
特拉科特佩克　228
特拉克帕克　241
特拉利斯塔基利亚　242
特拉纳拉帕　228
特拉内潘特拉　241
特拉斯卡拉德希科滕卡特尔　17
特拉斯卡拉州　17
特拉斯科阿潘　7, 243
特拉韦利尔潘　243
特拉亚卡潘　242
特拉伊格恩　213
特兰奇诺尔　243
特雷斯拉瓜斯　390
特雷斯赛罗斯　352
特雷斯伊斯莱塔斯　365
特雷西纳　66, 377, 393
特雷因塔伊特雷斯　122, 336, 364
特雷因塔伊特雷斯省　122, 336, 364
特里洛尼区　182~183, 395~396, 400~401, 408, 413, 418

特立尼达 3~4, 37, 39, 48, 83, 119, 129, 147, 154, 177~181, 261, 266~268, 272, 274, 288, 320, 324, 332, 346, 348, 350, 352, 358, 362, 365, 369~370, 394, 396, 398~403, 405~407, 409, 411~412, 414, 418

特立尼达和多巴哥 3~4, 129, 177, 179, 266, 268, 272, 274, 288, 346, 348, 350, 352, 362, 365, 369~370, 394, 396, 398~403, 405~407, 409, 411~412, 414, 418

特立尼提帕美托角区 172

特林达迪 384~385

特鲁马卡凯 406

特鲁希略 29, 78, 116, 142, 146, 148~150, 275, 298, 300, 302, 339

特鲁希略州 116, 275, 298, 300, 302, 339

特略 308

特洛洛阿潘 227

特马斯卡尔特佩斯 229

特莫阿亚 242

特莫松 248

特木科 127

特纳 90~91, 241, 253, 289

特纳马斯特兰 241

圣纳西索 274

特南戈德多里亚 328

特内哈帕 227

特内里费 273, 288

特帕尔辛戈 231

特帕蒂特兰德莫雷洛斯 292

特帕切 256

特佩阿卡 228

特佩阿普尔科 228

特佩蒂特兰 228

特佩克斯 44~45, 250, 266, 271~273, 347

特佩特拉奥斯托克德伊达尔戈 292

特皮克 12, 230, 296

特斯卡尔蒂特兰 230

特斯卡尔亚卡克 230

特特拉德奥坎波 228

特特潘戈 243

特瓦坎 37, 231, 245

滕霍 226

铁拉阿马里利亚 219

铁拉布兰卡 355

铁拉克拉拉达 355

铁拉努埃瓦 355

廷哈卡 225

廷加姆巴托 253

通贝斯 74, 80

通贝斯区 80

通古拉瓦省 92

通哈 96, 225

通卡斯 248

图尔蒂特兰德马里亚诺埃斯科韦多 325

图尔坎 87, 275

图尔梅克 222

图尔特佩克 237

图库鲁伊 207

图库曼省 55, 220, 345

图拉德阿连德 293

图兰辛戈　315，328，372
图兰辛戈德布拉沃　315，372
图卢姆　248
图纳普纳　181，274，403，405~406
图钦　223
图斯卡奎斯科　244
图斯潘　234
图斯特拉古铁雷斯　16~17，325
图塔　222，224，248
图塔萨　222
托多斯洛斯桑托斯湖　269
托多斯桑托斯　269~270
托多斯桑托斯库丘马坦　270
托尔滕　215，346
托尔图加　166~167，358，362
托尔图加斯港　358
托卡　41，95，225，240
托坎廷斯州　63，65，208，388~390，393
托科　219，362
托科皮亚　219
托莱多区　25，268，273
托利马省　103，223，308，367
托利曼　235
托卢卡德莱尔多　6
托罗　16，21，288，298，320
托马斯弗里亚斯县　322
托马斯戈门索罗　318
托马特兰　235
托梅　68，86，211，215，381
托纳　223，240~242
托纳尼特拉　240
托尼拉　245

托塔蒂切　240
托特内斯　108
托托拉潘　233
托托尼卡潘　45，250
托托尼卡潘省　45，250
托托特兰　233
托瓦蒂　203

W

瓦尔迪维亚　123~124，126~128，209~210，214
瓦尔坎雪山　195
瓦尔梅州　195
瓦尔内斯　309
瓦尔帕莱索　126，167，192，209，211~212，214，217，220，264，268，274，286，289，340，356~357，361，411，415
瓦尔帕莱索德戈亚斯　415
瓦尔帕莱索区　126，192，209，211~212，214，217，220，264，268，274，286，289，356~357，361，411
瓦尔彭　215
瓦哈卡德华雷斯　18~19，314
瓦哈卡州　18~19，257，267，271，281，291，312，314~315
瓦卡伊班巴　193
瓦克丘拉　233
瓦拉达里斯州长市　379
瓦拉基尔科　195
瓦拉斯　75
瓦马列斯州　191

瓦马丘科　191

瓦曼加　76，191

瓦穆斯蒂特兰　237

瓦尼卡区　109

瓦尼马罗　252

瓦奴科　77，193，196

瓦奴科区　77，193，196

瓦乔　195

瓦斯卡德奥坎波　328

瓦斯卡尔　189～190，195，198

瓦斯卡兰　189～190

瓦斯科　69～70，73，195，214，284，286，323，331，384

瓦塔班波　256

瓦乌奇南戈　237

瓦希科里　238

瓦谢岛　406

瓦扬卡　191

瓦伊拉斯州　193，195

瓦伊利亚班巴　193

瓦伊马　247

瓦伊塔卡卡　193

瓦伊瓦斯山脉　196

万博　195

万卡维利卡　77，196

万卡维利卡区　77，196

万卡约　77～78

万萨凯　190

万萨拉　190

危地马拉　2，4，23，27，32，35～37，40～45，246，249～250，266，268，270～274，276，347～348，366，368～370，396～397，402，411，416

危地马拉城　32，40，42，44，268，271

危地马拉省　42，250，274

威尔士　50，153～154，156，171，177，395，409，412

威克斯　109，397

威利斯　397

威廉村　396

威廉斯港　346

威廉镇　396

威斯特摩兰区　182～183，395～396，408

韦尔什曼霍尔　134

韦胡卡尔　235

韦霍蒂坦　239

韦拉克鲁斯州　15～16，251，257

韦拉帕斯　41，249～250，366

韦鲁阿　419

韦帕克　255

韦丘拉弗根湖　218

韦斯利　153

韦特阿比特　400

韦特南戈　42，250，270

韦韦特南戈省　42，250，270

韦韦托卡　240

韦伊波斯特拉　244

维查潘　238，334，373

维多利亚　12，14，70，157，164，180，218，243，284，288，314，316，365，368～369，386，394，407，412

维多利亚城　12，14，394

维多利亚达孔基斯塔　386

维多利亚镇　368

维尔京群岛 259

维拉镇 384

维列纳 382

维曼吉略 240

维齐拉克 234

维斯基卢坎 236

维斯塔埃尔莫萨 353

维特苏科城 237

维亚马奥 389~390

委内瑞拉 46，92~94，104~105，109~115，129，154~155，177，225，265~268，270~275，279~280，283，298~303，307，318~320，333，336，339~341，350，354，357，363，365~367，370，380

翁比塔 225

翁弗瓦赫特 109

翁萨加 223

沃尔塔雷东达 390

沃佩斯省 104

沃斯霍尔 408

乌贝兰迪亚 389

乌迪卡 417

乌尔蒂马埃斯佩兰萨省 369

乌卡亚利区 81，369

乌拉圭 46，116~122，198，202~204，206，260，266~267，272，274~275，277，280，283，305~306，317~318，332，335~336，343，345~346，348~349，352，355~356，361~362，364~369，380，414

乌拉圭县 414

乌拉圭亚纳 414

乌里安加托 252

乌里维亚 333

乌鲁阿奇 254

乌鲁班巴谷地 192

乌鲁米塔 223

乌鲁亚潘 252

乌马瓦卡 219

乌迈塔 200

乌曼 249

乌尼翁德圣安东尼奥 273

乌尼翁德图拉 344

乌尼翁海滩 367

乌努克马 248

乌斯怀亚 55

乌斯潘坦 249

乌苏卢坦 39，265，368，411

乌苏卢坦省 39，265，368，411

乌瓦克 225

乌瓦拉 226

乌伊拉省 94，99，192，265，288，308，353~354，356，372，411，414，416

乌伊斯卡斯 195

乌尤尼 220

五月二十四日城 365

五月二十五日县 364

五月二十五日镇 364~365

五月三日县 364

五月一日县 364

伍德兰兹 400

伍洛卡斯特谷 400

X

西班牙港 178~179，346，363，396，409

西班牙韦尔斯 140

西班牙镇 184~185

西北省 167，406

西部省 168~169，404

西大巴哈马 140

西德梅拉拉区 105

西蒂奥努埃沃 354

西多巴哥 181

西恩富戈斯省 162

西恩富戈斯市 162

西格莱贝 133

西克克罗斯罗德 134

西拉奥 231

西米哈卡 225~226

西米诺莫尔 401

西纳坎坦 232

西纳坎特佩克 232

西帕孔 223

西帕里维尼区 109

西帕里亚 179，181，274，362，407，409，414，418

西帕里亚区 179，181，274，362，407，409，414，418

西蒙玻利瓦尔 298

西塔夸罗 252

西瓦塔内霍德阿苏埃塔 374

西印度群岛 1~3，110，129，132，134，158，169，173，176~177，258~259，403

希尔上校 137

希尔斯堡 158

希甘特 201，353

希基尔潘德华雷斯 314

希基皮尔科 244

希马尼 146

希诺特加 34

希诺特加省 34

希诺特佩 33

希洛特辛格 245

锡达谷 400

锡达山 400

锡那罗亚州 19，234，239，256，267，292，414

下博格 140

下加利福尼亚州 7，256，266~267，269~271，279，297，315，330，358，368

下韦拉帕斯省 41，249~250，366

夏洛特区 176~177

宪法城 368

小伦敦 408

小西蒙斯 382

谢戈德阿维拉省 163

谢戈德阿维拉市 163

谢拉莫哈达 351

谢拉奇卡 352

谢内加德弗洛雷斯 351

辛纳蒙山 400

辛塞莱霍 103

辛塔拉帕德菲格罗亚 337

新阿姆斯特丹 106，108

新阿伊拉奥　392

新埃斯帕塔州　112，275

新埃斯佩兰萨　369

新德国镇　411

新弗里堡　412~413

新哥伦比亚　414

新格雷罗城　315

新汉堡　412

新赫罗那　165

新卡萨斯格兰德斯　355

新莱昂州　266，271，287，292，294~296，314，330，351，358

新伦敦　410，419

新洛哈　92

新蒙蒂韦尔德　391

新莫雷洛斯镇　292

新尼克里　109

新普罗格雷索　369

新塞哥维亚省　35，265，287

新圣胡安　272

新圣卡洛斯　274

新世界　369，404

新特立尼达　266

新意大利　411

信号山　402

Y

牙买加　3~4，93，129，171，176，181~185，268，272~273，288，299，394~395，397~402，408~409，412~413，417~419

亚奥诺瓦克　228

亚伯拉罕湾　138

亚瓜里　204

亚瓜龙　201

亚卡雷　204

亚库伊　204

亚奎巴　206

亚奎瓦　206

亚拉圭州　116，266，273，298

亚马孙区　75

亚马孙省　95，416

亚马孙州　63~65，75，95，115，208，350，357，363，389，392

亚美尼亚城　102

亚佩尤　80，205，304

亚斯卡瓦　247

亚松森　40，55~57，84，112~113，280，311，364

亚塔伊蒂　201

亚瓦利卡德冈萨雷斯加略　327，373

亚乌特佩克德萨拉戈萨　236

雅博阿唐杜斯瓜拉拉佩斯　386

雅克梅勒　169

伊比蒂米　200

伊波拉　204，382

伊布奎　200，322

伊达尔戈城　292

伊达尔戈德尔帕拉尔　291

伊达尔戈镇　291，330，359

伊达尔戈州　8~9，228，232~233，238~240，242~245，281，289，291，293~294，314~315，317，328，334，372~373

伊瓜拉帕　245

伊瓜苏瀑布　198～199

伊基克　125，129

伊基托斯　78，95，194

伊卡　77，82，111，188～189，191，224，272

伊卡区　77，191

伊丽莎白港　177

伊穆里斯　256

伊纳瓜　138

伊尼里达港　99

伊帕卡拉伊　199

伊帕内　199

伊帕廷加　207

伊皮亚莱斯　223

伊奇洛县　349

伊萨　8，42，93，140～141，149，226，229，248，275，348，377，396，402

伊萨马尔　248

伊萨瓦尔省　42，248，396，402

伊桑塞德　409

伊斯梅尔科蒂纳斯　332

伊斯塔卡尔科区　244

伊斯塔帕拉帕区　244

伊斯塔帕卢卡　242

伊斯塔潘德奥罗　356

伊斯特拉瓦卡德拉约恩　294

伊斯特拉瓦坎德尔里奥　230

伊斯特兰　230，253，314

伊斯特兰德尔里奥　230

伊斯特兰德华雷斯　314

伊斯特瓦坎　231

伊苏卡尔德马塔莫罗斯　293

伊塔　19，53，58，193，199～200，202，204～205，207～208，214，222～224，255～256，263，266，275，285，311，345，353，381，386～387，389，415

伊塔布纳　208

伊塔蒂　205

伊塔圭　223～224

伊塔库姆布　204

伊塔夸克塞图巴　208

伊塔佩比　204

伊塔皮兰加　208

伊塔普阿波蒂区　202

伊塔普阿省　58，199，202，263，266，275，285，311，345，353，415

伊塔塔河　214

伊塔雅伊　207，381

伊塔伊瓦特　205

伊泰图巴　208

伊陶瓜　200

伊特内斯县　349

伊图萨因戈　206

伊瓦格　103，223

伊瓦拉　14，89，287，355

伊乌　199

伊西多罗诺夫利亚　346

伊希尼奥莫里尼戈将军城　323

耶卡皮斯特拉　241

耶路撒冷　71，154，270，280，415～416

因蒂布卡省　30

因佩拉特里斯　376

因切　168

音巴布拉省　89

印度斯坦　418

英雄的卡德纳斯　338~339

尤蒂　203

尤尔特敦　396

尤卡坦州　11, 14, 246~248, 264, 287, 331, 339, 344, 358

尤克里　204

尤里里亚蓬达罗　252

尤尼蒂　397

尤宁镇　401

尤斯卡兰　30

约旦　416

约翰约翰　396

约帕尔　97

云盖　190, 193~197, 415

Z

扎佩萨尔　389

智利　46, 52, 54, 73, 80~81, 89, 111, 122~129, 186, 191~192, 194~195, 197~198, 209~217, 219~221, 261, 263~264, 268~269, 271~273, 277~280, 283, 286, 288~289, 304~306, 311, 321~324, 333, 336, 340~342, 345~346, 350~352, 356~357, 361, 364, 368~370, 410~411, 414~415

中阿巴科　136

中安德罗斯　136

中部省　168, 406

中美洲　1~2, 4, 23, 25, 27, 30, 32, 36, 39~40, 221, 227, 246, 258, 263, 314, 324, 414~415

中央省　59, 199~200, 202~203, 285, 311, 355, 411

中伊柳塞拉　136

自由港　137, 167, 401

总督港　137

图书在版编目(CIP)数据

拉丁美洲地名考察/焦震衡著.－－北京：社会科学文献出版社，2017.1
（中国社会科学院老年学者文库）
ISBN 978－7－5097－9798－3

Ⅰ.①拉…　Ⅱ.①焦…　Ⅲ.①地名－研究－拉丁美洲　Ⅳ.①K973

中国版本图书馆 CIP 数据核字（2016）第 239183 号

中国社会科学院老年学者文库
拉丁美洲地名考察

著　　者／焦震衡
出 版 人／谢寿光
项目统筹／高明秀　仇扬
责任编辑／张苏琴
出　　版／社会科学文献出版社·当代世界出版分社（010）59367004
　　　　　地址：北京市北三环中路甲 29 号院华龙大厦　邮编：100029
　　　　　网址：www.ssap.com.cn
发　　行／市场营销中心（010）59367081　59367018
印　　装／三河市尚艺印装有限公司
规　　格／开　本：787mm×1092mm　1/16
　　　　　印　张：31.25　字　数：480 千字
版　　次／2017 年 1 月第 1 版　2017 年 1 月第 1 次印刷
书　　号／ISBN 978－7－5097－9798－3
定　　价／128.00 元

本书如有印装质量问题，请与读者服务中心（010-59367028）联系

▲ 版权所有 翻印必究